Brasil, ame-o ou deixe-o

anos 70

A625

Anos 70: ainda sob a tempestade
/ Adauto Novaes (organização). – Rio de Janeiro: Aeroplano: Editora
Senac Rio, 2005
488p. : il; 18 x 18 cm

ISBN 85-86579-63-7

1. Brasil – Vida intelectual – Século XX. 2. Artes – Brasil – História – Século XX. 3. Cultura – Brasil – História. 4. Brasil – Política e governo – 1969 – 1974.
I. Novaes, Adauto.

04-3324
CDD 981.0643
CDU 94(81).088
008509

Coordenadoras desta edição:
Ana Maria Bahiana e Heloisa Buarque de Hollanda

Produção editorial:
Christine Dieguez

Capa e Projeto Gráfico:
Tita Nigri

Editoração Eletrônica:
Renata Vidal

Revisão:
Itala Maduell

Aeroplano Editora e Consultoria Ltda.
Av. Ataulfo de Paiva, 658 sala 402
Leblon – Rio de Janeiro – RJ
CEP 22.440-030
Tel: (21) 2529-6974
Telefax: (21) 2239-7399
aeroplano@aeroplanoeditora.com.br
www.aeroplanoeditora.com.br

Senac Rio

Presidente do Conselho Regional:
Orlando Diniz

Diretor Regional:
Décio Zanirato Junior

Editor:
José Carlos de Souza Júnior

Av. Franklin Roosevelt, 126/ Sala 604
Centro - Rio de Janeiro - RJ
CEP 20.021-120
Tel: (21) 2240-2045
Fax: (21) 2240-9656
www.rj.senac.br/editora

ADAUTO NOVAES / organizador

Ainda sob a tempestade

/sumário/

música popular

literatura

teatro

/sumário/

cinema

televisão

SOBRE ESTA EDIÇÃO

Anos 70 foi publicado originalmente em cinco pequenos volumes, como resultado de uma pesquisa coordenada por Adauto Novaes. Esta pesquisa, que veio a público no final de 1979, portanto ainda em meio aos acontecimentos que relata, teve como resultado um dos mais interessantes panoramas sobre a produção cultural nas áreas de cinema, literatura, música, teatro e televisão no país, sob as pressões de censura e autocensura de um dos períodos mais violentos do governo militar pós-1964.

Escrito por artistas e intelectuais atuantes naquele momento, o conjunto destes textos traz, além de importantes levantamentos e interpretações sobre a década, uma perspectiva crítica especialmente singular, na medida em que é também marcada pelos impasses e pela atmosfera político-social da época.

Para esta edição, além de reunir o material num único volume, optamos pela não atualização dos textos originais, priorizando seu valor histórico e documental. O único texto atualizado é o de José Carlos Avellar, por opção do autor. Como complementação a este procedimento, cada ensaio é antecedido por um comentário que traz a visão atual de cada autor sobre seu próprio texto, escrito 25 anos atrás.

O desejo e a decisão de reeditar *Anos 70: ainda sob a tempestade* vieram da certeza de que é não só importante como urgente divulgar este riquíssimo testemunho de uma época ainda não completamente entendida e analisada.

Os editores

OBSERVAÇÃO INTEMPESTIVA

O tempo nos distanciou dos anos 70 para que pudéssemos ganhar o direito de falar deles mais livremente. Vinte e cinco anos depois, lemos nos ensaios aqui publicados nesta nova edição muito mais e muito menos do que um estudo cultural de época: muito menos porque, naquelas circunstâncias, era impossível inventariar todos os dados expressivos de uma cultura submetida à irracionalidade da ditadura militar – vivíamos ainda sob a tempestade *(basta lembrar que, "por razões de Estado", a origem dos textos, pesquisas produzidas na Fundação Nacional de Arte, não pôde ser identificada na primeira edição); muito mais porque, além do declínio da ditadura, neles lemos o começo da mais radical das transições culturais do país, dois movimentos – fim da ditadura e transição cultural – que devem ser pensados na sua particularidade. Os ensaios guardam, portanto, virtudes e defeitos de origem, isto é, o olhar inicial que às vezes aceita com entusiasmo o que é oferecido à primeira vista; o olhar provocador que vai além do que é dado a ver. Assim, encontramos nestes textos caminhos para entender a realidade oculta em observações apenas esboçadas graças às quais podemos fazer hoje certas correspondências significativas com nosso tempo. Só este recuo no tempo nos permitiu perceber isso.*

Para esta nova edição, convidamos os autores ao comentário conceitual – e às vezes pessoal – de seus textos, confrontando o tempo do pensamento original e o tempo da história cultural contemporânea. O resultado é a demarcação mais clara das fronteiras que separam épocas de contrastes: impossível negar uma mutação histórica que, há 25 anos, apenas se anunciava, transformações prodigiosas à nossa volta e em nós mesmos, na política, nos costumes, nas artes, com um predomínio quase absoluto da indústria da cultura. Mais do que rememorar histórias, esta nova edição do Anos 70 *apresenta-se, pois, como um conjunto de estudos que nos levam a compreender esta passagem de uma época a outra. Sentimos que a maior mudança está naquilo que o poeta Paul Valéry define como o esquecimento das duas maiores invenções da humanidade, o passado e o futuro. Vivemos hoje o culto do efêmero e do volátil, o "presente eterno", no qual o fato histórico perdeu todo o significado. Daí a importância da reedição destes ensaios. Dependemos cada vez mais das "ciências positivas" e das invenções tecnológicas como se elas nos bastassem. Os hábitos históricos tendem a desaparecer, e, sem eles, não se cria nenhum hábito do espírito, que é exatamente o que define uma cultura e permite a criação de valores. Lembremos a observação de Georg Simmel sobre a tragédia da cultura: a indústria cria produtos sem que eles sejam necessários. É exatamente a criação de necessidades artificiais que produz seres insensatos.*

Por fim, o confronto entre os textos originais e os comentários acabou por estabelecer um diálogo silencioso do pensamento com o pensamento, uma retomada daquilo que estava apenas esboçado. Borges nos diz que se escreve apenas um texto sob a forma de permanente reescritura, ainda que sua seqüência seja acidentada e contraditória.

Adauto Novaes
Setembro de 2004

AINDA SOB A TEMPESTADE

Durante quatro meses, dezenove pesquisadores trabalharam neste primeiro processo de reflexão sobre a cultura da década de 70 no Brasil. De início surgiram algumas contradições que, longe de serem resolvidas no plano teórico, estão refletidas nos ensaios. A primeira delas, a mais evidente, consiste em realizar um trabalho sob a influência dos limites políticos de uma tempestade que continua a inundar consciências e práticas. Seria ilusório pensar que, nestas circunstâncias, o mais combativo dos críticos – isolado no seu trabalho individual – guarda uma aguda clareza política. A lógica do sistema consiste em tirar dele a matéria-prima – filmes, peças, músicas, exposições, livros etc. – e sem ela muitas vezes a crítica é condenada a repetir o discurso sobre a censura, tarefa importante de denúncia mas insuficiente, porque esteriliza o campo de reflexão teórica. Alguns dos ensaios aqui publicados tentam superar esta contradição invertendo o caminho: analisam, por exemplo, a obra não apenas através da sua relação externa com a censura, mas procuram dissecar principalmente as contradições internas às próprias concepções estéticas engendradas pela censura, e definir até onde a representação formal de peças de teatro, filmes, músicas etc. foi permeável às ordens, contra-ordens e decretos. É o método que permite mostrar o caráter específico e contraditório de determinadas manifestações culturais.

O conhecimento da realidade cultural discutida em cada um dos sete livros dessa coleção e o desenvolvimento teórico pretendido levaram os autores a um confronto com a nova contradição: a verdade tem caráter de classe. O pensamento brasileiro – apesar dos avanços em sentido contrário – guarda ainda elementos de uma pesada herança e a influência de uma concepção cultural que foi hegemônica entre os intelectuais, durante um razoável período da nossa história recente: o populismo-reformista. Esta tendência, ao abrir mão do conceito e da prática da luta de classes, cria enormes barreiras para se chegar até mesmo perto da verdade. Daí os cultores dessa linha de pensamento sempre lidarem com meias-verdades que impedem a verificação, o conhecimento da unidade orgânica e contraditória de todos os aspectos da cultura. Quando, por decreto, se define que duas concepções culturais se fundem em uma só, isto é, quando se define arbitrariamente que os interesses da "burguesia nacional" e sua cultura nacional popular são os mesmos da grande massa de trabalhadores, instaura-se o imobilismo, torna-se impossível o avanço teórico, porque jamais a burguesia vai criar novas concepções de cultura que neguem seus interesses fundamentais enquanto classe. A não ser que por uma contorção mental (e histórica) se pense que ela pretenda um dia se negar enquanto classe. O combate a tais concepções foi a preocupação de alguns textos da pesquisa do *Anos 70*. Daí a intenção de resgatar as importantes tentativas de resistência cultural da década. Em alguns ensaios fica demonstrado que a resistência foi muito limitada em função de dois outros problemas: 1. se o sistema dominante sempre propõe representações culturais sistematizadas – e essa é uma das forças de sua ideologia –, ao longo dos anos 70 a revolta cultural se apresentou de forma espontânea e desorganizada; 2. onde houve tentativa de sistematização da revolta, ela se deu, ainda aqui, sob a essência da conciliação de classe, fruto das velhas concepções do populismo cultural da década de 60, que ignoram não a existência de contradição entre duas linhas de pensamento – a do dominante e a do dominado – mas o caráter antagônico dessa contradição.

Enfim, o leitor está diante de um primeiro balanço e análise das principais manifestações culturais da década na música popular, literatura, teatro, cinema, televisão, música clássica e artes plásticas. Mais do que o balanço, o que importa neste trabalho é a disposição de abrir novas formas de análise e crítica.

Adauto Novaes
Setembro de 1979

música popular 70

O minuto e o milênio ou Por favor, professor, uma década de cada vez *é um texto datado por definição, como avisa o título, jogando com as datas e com a dificuldade de datar. Até aí, nenhuma novidade. Na década de 70 a canção popular brasileira oriunda das transformações e dos estímulos poderosos da bossa nova ocupou um grande espaço nas rádios FM e dominou o mercado visível do disco. Que uma música tão incomum pudesse ter-se tornado algo como um bem comum é um fato que transpira e inspira positividade ao meu texto, em termos afins ao* ethos *e ao* pathos *das canções da época. Soprava um vento criador sobre a lenta saída da ditadura. Não vou retomar essa questão aqui, nem tentar me aprofundar sobre. Para manter mais teso o arco, a ponto de parti-lo, só quero reconhecer que, de lá pra cá, a adorniana "regressão da audição", que eu refutava, avançou avassaladoramente. E que o Brasil permanece, para mim, não obstante, como um lugar de intensa e polimorfa criatividade musical. "Até quando e até onde?" são perguntas que se estendem e se comprimem ao longo desses tempos, e que estão no – a seu modo divertido – texto de 1979.*

Mas eu preciso mesmo é falar de outra coisa. Num artigo publicado em 1998, "Democratização no Brasil 1979-1981 (Cultura versus Arte)"[1], Silviano Santiago inclui O minuto e o milênio *entre os textos que operaram, durante esses três anos precisos, uma mudança de tom e de perspectiva no modo de se entender a cultura e a política no Brasil. No meu caso específico, tratava-se, segundo Silviano, da "primeira crítica severa à grande divisão (*The Great Divide*, segundo a expressão já clássica de Andreas Huyssen) entre o erudito e o popular", opondo-se ao rebaixamento deste. Surpreendia, segundo o crítico, que o gesto, litigioso para a "minoria letrada", envolvendo – entenda-se a entrelinha – um lance pioneiro de introdução da problemática dos* Cultural Studies, *viesse de "um jovem intelectual com formação na Universidade de São Paulo". De maneira significativamente oposta, o filósofo uspiano Paulo Arantes havia visto no meu texto uma formulação da questão da música popular condizente com os termos analíticos* próprios a um bom aluno de Antônio Cândido, seguida do que ele chamou de uma "debandada para a ideologia francesa". O encaixe simétrico e antitético dos dois comentários diz muito, certamente, sobre a posição que eu tentava explorar. De fato, eu saía programadamente do perfil do uspiano estrito (sem deixar nunca de ser, orgulhosamente, um uspiano uspianista) e estava ao mesmo tempo longe de me enquadrar no modelo do desconstrutivista correto, como se verá.

Porque o ponto que interessa, pelo menos para mim, é um outro. Silviano diz que, "mais surpreendente ainda", é que de mim "tenha partido a primeira leitura simpática e favorável do cantor Roberto Carlos, ainda que, para tal tarefa, o crítico [eu] tenha de se travestir pela fala da sua [minha] mulher, caindo literalmente numa gender trap" (o grifo é meu). Ele refere-se, como é fácil de supor, ao trecho intitulado "Romântico, demasiado romântico", e, baseado no mesmo Huyssen, afirma que eu me vi incapaz de tratar do assunto Roberto Carlos e o deleguei para a mulher porque regredi à postura misógina que identifica o feminino com a cultura de massas, ambas supostamente incapazes da reflexão crítica. Entenda-se o raciocínio: para falar de Roberto Carlos tem que ser ela, e não pode ser eu, porque eu, o intelectual masculino, num dispositivo entre consciente e inconsciente, resisto a descer a tal ponto. Essa derrapada falocêntrica me incluiria, afinal, no "paradigma de rebaixamento do feminino pelo masculino", que remonta ao caso Flaubert/Emma Bovary, tal como analisado por Huyssen.

Sei bem o quanto Silviano valoriza, com certo exagero, esse O minuto e o milênio, e sou reconhecido ao interesse que ele lhe dá como sintoma daquele momento de democratização. Mas voltemos ao ponto. Silviano supõe que eu sofra da incapacidade de falar de Roberto Carlos, depois de ter me proposto a isso, e que eu recue para preservar a superioridade intelectual masculina. Diz sobre mim: "O crítico se sente incapaz (o grifo é meu) de pensar o paradoxo do oculto mais óbvio. Será que isso é tarefa para mim?, deve ter perguntado a si antes de dar continuidade ao artigo. José Miguel cai na armadilha do gênero (...), incapaz *(o grifo é meu) de responder à questão que é formulada pelo encadeamento orgânico do seu raciocínio analítico. Eis que pede ajuda à sua mulher [sic] (o sic é dele) para que responda e escreva sobre Roberto Carlos. A* profundidade *da escuta de Roberto Carlos* só pode *(o grifo é meu) ser captada por ouvidos femininos".*

Ora, a idéia de que eu esteja barrado interiormente para falar de Roberto Carlos, transferindo obrigatoriamente *o assunto para a mulher e obedecendo às "trapaças" de um falocentrismo arraigado e recôndito, é uma aplicação de um esquema pré-pronto, colhido em Huyssen, que não tem qualquer base no meu texto. Silviano, aliás, não oferece nenhum vestígio textual da sua suposição. Eu falo de Roberto Carlos quando quero (inclusive na passagem citada), e escolho me deixar falar por outra fala porque o foco da questão – a música popular-comercial como um todo, e Roberto Carlos em particular – é dialógico por excelência. Em primeiro lugar, estou sendo livre (liberdade é* poder fazer*) e independente (independência é* poder não fazer*). Em segundo lugar,* O minuto e o milênio ou Por favor, professor, uma década de cada vez *é todo escrito, desde o título, em vozes múltiplas: ele passa pelo registro da dissertação acadêmica, pela paródia do jargão jornalístico, pela glosa do slogan político deslocado, por uma espécie de fluxo-da-consciência crítica insone, pelas barbas e rebarbas da linguagem poética, etc. O interesse que o próprio Silviano viu nele (assim como a "debandada" que Paulo Arantes chamou de "ideologia francesa") é inseparável da vontade, que nele transparece, bem ou mal, de atacar por muitos lados e tons a complicada multiplicação desse objeto – a música popular-comercial e sua "avassaladora presença (...) no cotidiano brasileiro" – que exigia a ultrapassagem da tal grande divisória dos gêneros artísticos, engolfando junto com ela todo um mundo de divisórias discursivas e existenciais. Para mim, essa polifonia é a verdadeira* data *do texto: o gesto, cheio de frescor e de ilusão – mas não de ingenuidade – daquele momento. Por isso mesmo é surpreendentemente inocente, num crítico como Silviano, a cena hipotética em que eu, suspendendo a pena, me perguntaria – "será que isso* *é tarefa para mim?" – "antes de dar continuidade ao artigo". Esse anacrônico e imaginário "suspender da pena", que interrompe* por um momento *a continuidade da escrita, não condiz com o regime plural e assumidamente descontínuo dela,* todo o tempo. *A plurivocalidade vem sendo trabalhada e* conquistada *pelo texto a cada movimento. Quando passo a palavra a "minha mulher", não é porque* não posso *(escrever sobre cultura de massas), mas porque* posso *(passar a voz a outro). E porque posso travestir-me gozosamente em minha mulher.*

Uma informação de caráter pessoal torna-se relevante aqui. A "minha mulher", Lúcia, a quem me refiro no texto e de quem fiquei viúvo em 1982, foi uma aluna brilhante do curso de Letras, a quem jamais faltou, entre muitas outras qualidades, capacidade crítica e reflexiva. Quando fazíamos, como colegas na universidade, trabalhos em grupo, mais de uma vez professores acharam que a parte escrita por ela, pela qualidade que viam ali, tinha sido escrita por mim: em suma, caíam na mesma armadilha do gênero, essa sim, em que caiu o Silviano. Porque as anotações que ela fez, a meu pedido, sobre Roberto Carlos, incorporadas ao texto na forma de uma folha de caderno casual, são um pequeno conjunto de observações livres e originais sobre o tema: a idéia de que Roberto Carlos trabalha com "células emocionais primitivas", correspondentes a "momentos secretos" de validade geral, com o que têm de inconfessável, vazadas em "substantivos simples", "cenas visíveis" e "coisas palpáveis", não tem nada de irrelevante, e, sabendo a que se destinava, foi trocada entre nós com amor/humor.

É que nossa formação pessoal desde a entrada na maioridade, nossa transa amorosa, nossa educação afetiva tinham sido feitas justamente pela música popular brasileira daqueles anos. A idéia de que à mulher restavam as posições subalternas já estava fora da nossa mais remota cogitação.

Afinal, está lá, no último parágrafo do texto de Huyssen, que "a emergência de novos tipos de mulheres" faz com que "a velha estratégia de representação de gênero tenha se tornado obsoleta". Isso vale evidentemente para a crítica politicamente correta, que deveria analisar as estratégias discursivas em seu contexto, em vez de recorrer automaticamente a um suposto modelo de Emma Bovary. "A atribuição universalizante de feminilidade à cultura de massa sempre dependeu da exclusão real das mulheres da alta cultura e de suas instituições". Ali onde essas exclusões se tornam "coisa do passado", a velha retórica perde "seu poder de persuasão, porque as realidades mudaram"[2]. Nos anos 70.

Agosto de 2004

/ comentário de José Miguel Wisnik /

NOTAS

[1] In Antelo, Raul; Camargo, Maria Lúcia de Barros; Andrade, Ana Luiz; Almeida, Tereza Virgínia de (org). *Declínio da arte – Ascensão da cultura*. Florianópolis, Abralic/Letras Contemporâneas, 1998, p. 11-23.

[2] Huyssen, Andreas. "A cultura de massa enquanto mulher – O 'outro' do modernismo". *Memórias do modernismo* (tradução de Patricia Farias). Rio de Janeiro, Editora UFRJ, 1997, p. 65.

O MINUTO E O MILÊNIO OU POR FAVOR, PROFESSOR, UMA DÉCADA DE CADA VEZ

José Miguel Wisnik

Continua em vigor na música comercial-popular brasileira a convivência entre dois modos de produção diferentes, tensos mas interpenetrantes dentro dela: o *industrial*, que se agigantou nos chamados anos 70, com o crescimento das gravadoras e das empresas que controlam os canais de rádio e TV, e o *artesanal*, que compreende os poetas-músicos criadores de uma obra marcadamente individualizada, onde a subjetividade se expressa lírica, satírica, épica e parodicamente.

Especialistas europeus e críticos da chamada "cultura de massas" afirmam que a implantação da indústria cultural imprime nos "produtos de arte" a marca da repetição e da estandardização, suprime a margem de operação estética pessoal, ao mesmo tempo em que programa mercadologicamente a imagem individual do artista.

Mas à primeira vista já dá pra saber que existe uma espécie de "artesão canoro" (como já se disse com intenções pejorativas) que continua a desenvolver uma poética carnavalizante, onde entram aqueles elementos de lirismo, de crítica e de humor: a tradição do carnaval, a festa, o *non sense*, a malandragem, a embriaguez da dança, e a súbita consagração do momento fugidio que brota das histórias do desejo que todas as canções não chegam pra contar.

O segundo capítulo do tema do "vazio cultural" na música dos anos 70, e que acompanha o da indústria cultural, chama-se "censura". Esta vestiu-se a rigor ao longo desses tempos; no momento usa traje esporte. No entanto, sustenta o crítico Gilberto Vasconcellos, em seu livro *De olhos na fresta*,[1] que a tradição da malandragem na música popular, especialmente aquela que atravessa a história do samba, instrumenta-a para contrapor à ordem repressiva um contradiscurso, mesmo que cifrado. E exemplifica a autoconsciência desse processo com a música *Festa imodesta*, feita por Caetano Veloso para o disco *Sinal fechado*, de Chico Buarque. Filigranando a sua apologia imodesta do compositor popular com citações de Assis Valente e de Noel Rosa, a letra canta: "Tudo aquilo / que o malandro pronuncia / que o otário silencia / passa pela fresta da cesta / e resta a vida".

Salve o prazer e salve-se o compositor popular: ele passa um recado, que não é propriamente uma ordem, nem simplesmente uma palavra, e nem uma palavra de ordem, mas uma pulsação que inclui um jogo de cintura, uma cultura de resistência que sucumbiria se vivesse só de significados, e que, por isso mesmo, trabalha simultaneamente sobre os ritmos do corpo, da música e da linguagem.

O conto *O recado do morro*, de Guimarães Rosa, apresenta um mito que, além de bonito, oferece um modelo figurado que serve para interpretar melhor isso que estou falando agora: ali, há um "recado" ouvido por um eremita, recado que vem do fundo da terra, de "debaixo do barro do chão", e que passa de boca em boca de forma ininteligível por sete personagens marginais (visionários, crianças, débeis mentais), o sétimo dos quais lhe dá a forma acabada de uma canção – é o cantor popular. Graças à progressiva transmissão do recado, que passa dos estágios de fragmentárias intensidades dionisíacas até sua apolínea forma final, o herói toma consciência de que está sendo vítima de uma cilada, e se salva da morte.

Não conheço descrição melhor. A música popular é uma rede de recados, onde o conceitual é apenas um dos seus movimentos: o da subida à superfície. A base é uma só, e está enraizada na cultura popular: a *simpatia anímica*, a adesão profunda às pulsações telúricas, corporais, sociais que vão se tornando linguagem.

Na conjuntura de repressão dos anos 70, a música popular desses poetas portadores do recado compreendeu talvez mais do que nunca a especificidade da sua força, e ela vem do prazer, diz a *Festa imodesta*, de Caetano, e da força indomável, diz *O que será* (*À flor da pele/À flor da terra*), de Chico Buarque (essa música é talvez a forma mais completa do recado da música popular como captação das forças erótico-políticas, dionisíaco-apolíneas).

Os pedaços do recado que procuram maior explicitação política ficam embargados na alfândega da Censura, ou logram passar com uma ironia camaleônica pelo seu bico estreito. É o caso de *Corrente*, samba de Chico Buarque, verdadeiro exercício da chamada "dialética da malandragem" aplicada ao confronto com a ordem proibidora da Censura. Nessa música, ele faz aparentemente um "samba pra frente" em que finge um *mea culpa* pelo seu famoso e censurado *Apesar de você*, aderindo ironicamente à "corrente pra frente" que era um *slogan* do "milagre brasileiro" (já abalado à altura do lançamento do disco *Meus caros amigos*). Mas a (falsa) palinódia é subvertida pelo drible do corpo, e a letra é cantada de trás pra frente, com deslocamento do ritmo e da melodia que altera a ênfase, e daí a sintaxe e o sentido das frases. "Talvez precise até tomar na cara / pra ver que o samba está bem melhorado", "talvez precise até tomar na cara / pra confessar que andei sambando errado" (onde a entoação a princípio sugeria que o poeta se compenetrava da melhora do estado geral de coisas, a ênfase revela de repente os constrangimentos da força e do arbítrio). A contra-corrente é contra-ideologia passada de mão em mão. No final dessa música, o verso "Isso me deixa triste e cabisbaixo" aponta pra duas direções, uma melancólica e outra auto-irônica: "não ver a multidão sambar contente", mas "fazer um samba bem pra frente". O humor crítico deixa o poeta cansado do elaborado malabarismo necessário para dar trânsito à ambígua mensagem, trânsito este que permanece cifrado e duvidoso. Canção acabada, obra aberta, corrente fechada.

No seu livro, Gilberto Vasconcellos centra a atenção na dupla Chico e Caetano, e é realmente nesses dois artistas que a tensão poética em jogo atinge a sua parada mais alta. As correspondências, afinidades e diferenças entre Chico Buarque e Caetano Veloso precisam ser acompanhadas de perto, porque elas contêm as correlações mais significativas. Não é à toa que freqüentemente um é jogado contra o outro: sabe-se que são realmente duas forças. No entanto, temos a mania maldita de só enfrentar a complexidade da cultura brasileira na base da *exclusão*, de Emilinha ou Marlene a Mário de Andrade ou Oswald de Andrade, e daí a Chico Buarque ou Caetano Veloso.

POR MAIS DISTANTE QUE POSSA APARECER

Uma década é isto: o planeta girando dez vezes. Sempre foi, mas desta vez ficou mais visível. Tudo de novo ao redor do Sol. Pela TV. Ver a Terra da Lua e estar lá e estar aqui. Mas como?[2]

A viagem pra fora da Terra alterou a nossa consciência, como se uma parte desta se desprendesse do planeta e nos visse ao longe, e ouvisse no espaço o nosso eco ecológico. Caetano cantou em cima do lance: "Quem esteve na Lua viu / quem esteve na rua também viu / quanto ao mais é isso e aquilo / e eu estou muito tranqüilo / pousado no meio do planeta / girando ao redor do Sol" (*A voz do vivo*, 1969). Embora não o diga nesse momento, essa música foi feita depois de Caetano ter se encontrado "preso na cela de uma cadeia", em fins de 1968 e começo de 69, de onde ele vê "as tais fotografias / em que apareces inteira / (...) Terra / Terra / por mais distante / o errante navegante / quem jamais te esqueceria" (como ele diria dez anos mais tarde, no disco *Muito*, 1978).

As duas músicas estão ligadas por um arco, e entre o oculto óbvio do fim dos anos 60 e o óbvio oculto do fim dos 70 estão dez voltas de história.

Mas só quem entende que o tempo se faz de cruzamento de tempos é que pode compreender este símbolo: um homem encerrado numa prisão descobre a Terra como uma mulher, e estando dentro dela, excessivamente dentro, está de fora e a vê inteira. Estando preso está desgarrado, numa espécie de lugar nenhum que é o chão de todas as utopias muitas vezes sonhadas de dentro das cadeias, e eis que se redescobre este chão concreto: é a carne em que viajamos todos (no nada: ponto-de-fuga do espaço-tempo), a carne do planeta e a nossa. O desgarramento da Terra, lançado por uma ficção-científica real, é acompanhado de um novo enraizamento nela (uma nova necessidade de dar-lhe carinho), um *desprender-se* que é acompanhado de uma *pregnância*, palavra que também quer dizer gravidez: a Terra é um ovo, e vem a ser fecundada de novo por esta viagem. Um ovo que se leva na palma da mão, como uma chama. (A gente vai levando). Chico e Caetano: *Terra* e *Cio da terra*.

Tudo isto é algo mais do que uma história individual. São símbolos para os quais "contribuem" acontecimentos de várias ordens: o AI-5, a tecnologia espacial, o vértice aflorante da consciência ecológica. Se o AI-5 que leva o cantor à cadeia é o acontecimento intestino que vai viabilizar a férrea política de "desenvolvimento e segurança" dos anos seguintes, enquanto isso a Ciência dos centros desenvolvidos chega ao seu momento de devaneio, essa espécie de passeio no espaço, essa aventura que, entre cara e gratuita, nos coloca cara a cara com o enorme e o ínfimo, e a consciência ecológica, que irá passar pela via da contracultura e da negação da ideologia desenvolvimentista, prepara o desdobramento (morte e renascimento) de seus sonhos. A percepção poética trabalha com a multiplicidade dos tempos, e a sua riqueza vem daí.

Por mais distantes que possam parecer, na música *Terra* cruzam-se a Bahia e a Índia, o minuto e o mito, a década, o milênio e a hora do Brasil.[3]

SOCIOLOGIA DO OUVIDO
TOCADA DE OUVIDO (I)

Não é possível ir falando em canção comercial popular como se ela tivesse um uso puramente estético-contemplativo, como se ela fosse um objeto de arte exposto num museu ou executado sobriamente numa sala de concerto. Uma das dificuldades de se falar sobre ela é levar em consideração a multiplicidade dos seus usos, que corresponde à multiplicidade dos modos como ela é escutada. Acrescenta-se a essa dificuldade o fato de que a música não é um *suporte* de verdades a serem ditas pela letra, como uma tela passiva onde se projetasse uma imagem figurativa; talvez seja mais freqüente, até, o caso contrário, onde a letra aparece como um veículo que carrega a música.

Que tipo de consumo se produz?, é a pergunta que fazemos diante da massa sonora que transborda por todos os lados com o avanço da indústria cultural nos últimos anos, e que inclui o agigantamento das gravadoras e do volume de sua produção, das rádios como excitadores do mercado musical, da televisão e do efeito de ressonância mercadológica que ela extrai da utilização da trilha sonora como *jingle* do produto *novela*, e da novela como chamada para o produto *trilha sonora em disco.*

Em primeiro lugar, é evidente que se trata de um complexo industrial-ideológico que procura explorar ao máximo a força penetrante que a música tem: o extraordinário poder de propagação social que vem de sua própria materialidade, do seu caráter de objeto/subjetivo (está fora mas está dentro do ouvinte!), simultâneo (vivido por muitas pessoas ao mesmo tempo), e do enraizamento popular de sua produção no Brasil.

De um lado, sabemos que esse "tratamento" industrial-capitalista tende a conferir à canção os traços da mercadoria produzida em série, que tem como horizonte a estandardização, isto é, a subordinação da linguagem a padrões uniformizados de vendabilidade. O pensador alemão Theodor W. Adorno, por exemplo, afirma que, no interior desse tipo de produção para o lucro, a mercadoria engana o ouvinte ao seduzi-lo com a promessa do valor-de-uso da sua fruição, quando a única coisa que ela realmente oferece é seu prestígio consumível, o fantasma de um valor musical intrínseco que ela não tem. Assim é que os apelos dessa música "regressiva", segundo ele, excitam e não satisfazem, agradam pela "novidade" do prazer que freqüentemente parecem oferecer, e decepcionam permanentemente pelo fundo de redundância e mesmice que abrigam e freqüentemente escondem. O fantasma da "aura" de arte que às vezes as cerca, ou do atrativo que suas "embalagens" sonoras prometem, seria desse modo tão ilusório como nas ilhas grã-finas das propagandas do cigarro: um valor-de-uso falsificado ou imaginário que encobre, vicariamente, o valor-de-troca.[4]

Trocada em miúdos, essa tese sustenta a idéia de uma "regressão da audição", onde a escuta musical deixa de ser escuta, e o uso que se faz da música não é um uso musical, passando a ser ora pose de "consumo-de-cultura", ora *relax*, distração fantasiosa, exercício muscular técnico-ginástico.

A má vontade para com a música popular em Adorno é grande. Podemos entendê-la num europeu de formação erudita. Por um lado, o uso musical para ele é a escuta estrutural estrita e consciente de uma peça, a percepção da progressão das formas através da história da arte e através da construção de uma determinada obra. Por outro, o equilíbrio entre a música erudita e a popular, num país como a Alemanha, faz a balança cair espetacularmente para o lado da tradição erudita, porque a música popular raramente é penetrada pelos setores mais criadores da cultura, vivendo numa espécie de marasmo kitsch e digestivo (aliás, nos países europeus, o que trouxe de volta a grande vitalidade da música popular, quando foi o caso, foram os meios elétricos e o rock).

Ora, no Brasil a tradição da música popular, pela sua inserção na sociedade e pela sua vitalidade, pela riqueza artesanal que está investida na sua teia de recados, pela sua habilidade em captar as transformações da vida urbano-industrial, não se oferece simplesmente como um campo dócil à dominação econômica da indústria cultural que se traduz numa linguagem estandardizada, nem à repressão da censura que se traduz num controle das formas de expressão política e sexual explícitas, e nem às outras pressões que se traduzem nas exigências do bom gosto acadêmico ou nas exigências de um engajamento estreitamente concebido.

NO, NO, Y NO

Aqui seria preciso levar sempre em consideração certas características da prática musical brasileira, e entre elas: no Brasil, a música erudita nunca chegou a formar um sistema onde autores, obras e público entrassem numa relação de certa correspondência e reciprocidade. Lamente-se ou não esse fato, o uso mais forte da música no Brasil nunca foi o estético-contemplativo, ou da "música desinteressada", como dizia Mário de Andrade, mas o uso ritual, mágico, o uso interessado da festa popular, o canto-de-trabalho, em suma, a música como instrumento ambiental articulado com outras práticas sociais, a religião, o trabalho e a festa. Com a urbanização e a industrialização, esse uso ganhou uma amplitude ainda maior na caixa de ressonância das grandes cidades, com o advento do rádio, do disco, e do carnaval moderno. Sobre o batuque coletivo do samba foi se desenhando o *melos* individual do sambista que canta com malícia e altivez a sua condição de cidadão precário, entre a "orgia" e o trabalho, numa dialética da ordem e da desordem.[5] Assim também é que muito da música sertaneja foi tomando características urbanas, e Luís Gonzaga veio a cantar para o Brasil inteiro.

Foi se formando uma linguagem capaz de cantar o amor, de surpreender o quotidiano em flagrantes lírico-irônicos, de celebrar o trabalho coletivo ou de fugir à sua imposição, de portar a embriaguez da dança, de jogar com as palavras em lúdicas configurações sem sentido, e de carnavalizar na maior (subvertendo-a em paródia) a imagem dos poderosos.

Tudo isso constitui um artesanato que foi se desenvolvendo nas dobras e nas sobras, nas barbas e nas rebarbas do processo de modernização do país; ao mesmo tempo em que a música popular mais se tornava mercadoria, convivia com chuvaradas de música estrangeira, e se difundia por meios elétrico-industriais.

O fenômeno da música popular brasileira talvez espante até hoje, e talvez por isso mesmo também continue pouco entendido na cabeça do país, por causa dessa mistura em meio à qual se produz: a) embora mantenha um cordão de ligação com a cultura popular não-letrada, desprende-se dela para entrar no mercado e na cidade; b) embora deixe-se penetrar pela poesia culta, não segue a lógica evolutiva da cultura literária, nem filia-se a seus padrões de filtragem; c) embora se reproduza dentro do contexto da indústria cultural, não se reduz às regras da estandardização. Em suma, não funciona dentro dos limites estritos de nenhum dos sistemas culturais existentes no Brasil, embora deixe-se permear por eles.

Sendo assim, esse tipo de música não tem uma pureza a defender: a das origens da Nação, por exemplo (que um romantismo quer ver no folclore), a da Ciência (pela qual zela a cultura universitária), a da soberania da Arte (cultuada tantas vezes hieraticamente pelos seus representantes eruditos). Por isso mesmo, não pode ser lido simplesmente pelos critérios críticos da Autenticidade nacional, nem da Verdade racional, nem da pura Qualidade. Trata-se de um caldeirão – mercado pululante onde várias tradições vieram a se confundir e se cruzar, quando não na intencionalidade criadora, no ouvido atento ou distraído de todos nós.

É claro que uma tal zona do agrião se constitua num campo repuxado por todos os lados: pela redundância e pelos mais descarados (bem ou malsucedidos) expedientes comerciais; pelo crivo do bom gosto que quer filtrar alguns de seus setores e detê-los no bolsão de um padrão mais "alto" em contraposição a outras manifestações "inferiores"; pela vontade de se fazer passar por "autêntica" arte "popular".

Mas o mais interessante é que um sistema aberto como esse passa periodicamente por verdadeiros saltos produtivos, verdadeiras sínteses críticas, verdadeiras reciclagens: são momentos em que alguns autores, isto é, alguns artistas, individualmente e em grupos, repensam toda a economia do sistema, e condensam os seus múltiplos elementos, ou fazem com que se precipitem certas formações latentes que estão engasgadas. Podemos apontar alguns, talvez os mais salientes desses mo(vi)mentos metacríticos: o nascimento do samba em 1917, a bossa nova, o tropicalismo, o pós-tropicalismo (como chamar a década de 70?).

1. *Pelo telefone* (1917): Donga faz um oportuno aproveitamento dos elementos rítmicos sincopados que estavam em vigor desde o fim do século XIX, "plagia" um partido-alto que se ouvia na casa de Tia Ciata, tematiza os poderes da dança e da repressão conivente ("O chefe da polícia / pelo telefone / manda me avisar") que faziam a matéria da "dialética da malandragem", agora investida de um novo nível tecnológico (o telefone), grava tudo em disco e com isto torna-se "autor". Estava "inventado" o samba, e para que isso acontecesse era preciso que se encontrassem a música negra, suas elaborações popularescas e urbanas, o telefone, o gramofone, o mercado musical incipiente, projetados sobre a ambígua e resvaladiça área de confluência entre a ordem do trabalho e a da festa na sociedade carioca. Pode começar o carnaval (dois meses depois do qual, como se sabe por aquela marchinha, Cabral inventou o Brasil...).

2. A bossa nova (começo dos anos 60): como é sabido de sobra, reprocessa a batida do samba e a harmonia das canções com influxos do jazz e da música impressionista, torna as letras mais concentradas e dá um calafrio camerístico na tradição do canto em dó-de-peito; em suma, precipita sobre o mercado uma síntese em adensamento das linhas da canção de massa em vigor no Brasil, da canção erudita internacional do jazz, e cria um novo padrão de produção técnica, de uso da voz e do violão (João Gilberto), tendo como cor local o desenvolvimento juscelinista, e instrumentando toda uma geração surgida na década de 60. Em tempo: cria no interior da música popular um subsistema que compreende uma linha-de-exportação e uma linha-de-expressão intelectualizada que será o casulo de toda a floração "universitária" que atravessará de festivais a década de 60 (a bossa nova deixa mais à vista a espinha de classe média que sustenta a música comercial-popular de que estamos falando, e essa espinha ficará para sempre atravessada na garganta do crítico, aliás impressionante, José Ramos Tinhorão).

3. O tropicalismo (fim dos anos 60): devolve a MPB universitária herdeira da bossa nova ao seu meio real, a "geléia geral brasileira", foco de culturas. Caetano: contribuição milionária de todos os gêneros musicais, tanto na composição como na reinterpretação iluminadora, na releitura e na citação do cancioneiro. Mudança da textura do som, seja pela guitarra elétrica, pelos novos registros da voz, pela parafernália instrumental mobilizada por Rogério Duprat. Assim, o tropicalismo promove um abalo sísmico no chão que parecia sustentar o terraço da MPB, com vista para o pacto populista e para as harmonias sofisticadas, arrancando-a do círculo do bom gosto que a fazia recusar como inferiores ou equivocadas as demais manifestações da música comercial, e filtrar a cultura brasileira através de um halo estético-político idealizante, falsamente "acima" do mercado e das condições de classe. No fermento da crise que espalha ao vento, o tropicalismo capta a vertiginosa espiral descendente do impasse institucional que levaria ao AI-5.[6]

SOCIOLOGIA DO OUVIDO TOCADA DE OUVIDO (II)

O sax da alta madrugada, as duplas caipiras tocam cedo porque os trabalhadores do campo começam cedo, a música-geral de acordar a cidade, os funcionários motorizados, os motoristas de táxi, o rádio o dia inteiro ligado da empregada, o rádio de pilha do operário da construção, a música de fundo das lojas, o som em freqüência modulada, o quarto dos adolescentes, as sinfonias e quartetos depois das refeições. A música por todos os lados, uma espécie de hábito, uma espécie de *habitat*, algo que completa o lugar de morar, o lugar de trabalhar, seu uso constante num preencher dos hiatos do meio ambiente, do meio ambiente físico e subjetivo, a música distração, distrai o trabalho, distrai o lazer, faz contraponto cego com o que eu vou fazer, papel de parede, pano-de-fundo, ponto-de-fuga, acompanhamento em harmônico, agudo, da atividade viver, em toda parte, uma espécie de cenário, jardim portátil. A música assim ouvida: um tecido que passa por dentro de um corpo de diferenças, o tecido *conjuntivo*: serve à unidade do organismo ocupando todos os espaços livres de maneira a não deixar vazios, liga os diferentes órgãos entre si e os sustenta e os protege. Hermeto Magal, Soriano Veloso etc. Todo dia ela faz quase sempre igual, transborda pelo quotidiano, preenche parte das fraturas entre o real e o imaginário, matéria sonora, massa ora bem mais fina ora bem mais grossa. Assim agindo uma força conservadora: não: mais simplesmente uma força protetora. Como a religião: espírito de um mundo sem espírito?

O ORGASMO É O ÓPIO DO POVO VIVA O COITUS INTERRUPTUS

O que acontece ao se calar a boca de um vulcão semi-ativo: desses que exalam há séculos um vapor contínuo? Um grito, um clamor que o tempo todo escapa entre o que se deseja e o que vive: talvez só seja possível entender o uso da música assim, perguntando da sua força, e da força da demanda que a sustenta no ar. Se toda a música usada por nós fosse calada de repente, talvez isso abalasse *profundamente* a ordem das coisas, pois, pelo menos por um momento, tornaria o insuportável insuportável.

Mas acontece que ela não se cala: parece que há nela um filão que é da ordem daquilo "que não pode mais / se calar", como diz certa canção de Caetano Veloso feita para Roberto Carlos (*Muito romântico*). Assim como o orgasmo do povo não pode ser promovido ou interrompido por um *slogan*, a necessidade de música também não se interrompe com palavras. O uso político da força musical está ligado a isso. É o que explica a perspectiva daqueles que, em nome de uma crítica radical da ordem social e do papel consolador da arte, e conscientes disso, gostariam que ela se *calasse* de vez. Por outro lado há a perspectiva daqueles que, já que ela não se cala, e já que é forte, que pelo menos *falasse* a verdade, dissesse a que vem, e se tornasse veiculadora de mensagens políticas. E isso de fato tende a acontecer, mas se nem sempre é possível, também nem sempre o *conteúdo* político é o desejo dessa força estranha, a música. Ela está em algum lugar entre o silêncio e as palavras. Há também uma perspectiva política diferente, que não quer nem que a música se cale como tal, nem que se cale para deixar que as palavras falem, mas que seja música, que exista como força, que seja assim mesmo uma estranha no campo de forças, e que atue como propulsora a seu modo próprio.

UMA ESTRANHA NO CAMPO DE FORÇAS

Os maiores nomes da música popular brasileira nos anos 70, aqueles consagrados, vieram da década anterior, já tinham um passado. Assim, são artistas que, mais ou menos intensamente, viveram o fim de 1968 como um trauma, alguns deles enfrentando prisão e exílio. A sua música contém um comentário disto, e, afinal, congratula-se com o fato de ser ela mesma uma força, uma fonte de poder, o de extrair de seus próprios recursos uma capacidade de resistência. Poderíamos dizer que essa música comporta mais do que uma resistência: algo como um resgate.

Ao longo da década, várias composições marcantes de Milton Nascimento, Caetano Veloso, Chico Buarque, Gilberto Gil vão indicando uma visão da música como *poder*, "poder psicológico, social, político, espiritual e mágico". Esse poder advém de sua atuação sobre o corpo, e se desdobra numa figuração do corpo social. A primeira dessas músicas, que abre a série, e que se pode dizer que funda um caminho, é *Águas de março*, de Tom Jobim: nela não se vê mais a melancolia sem saída de *Sabiá* (parceria de 1968 com Chico Buarque), que adivinhava o exílio e o regresso à sombra de uma palmeira "que já não há", nem a melodia requintada pela modulação contínua dessa música de uma espécie de maneirismo bossanovístico supermagistral. Em vez disso, uma melodia simples, pontuando ritmicamente as constatações mais concretas: "É / pau / é / pedra / é o fim do caminho", fim do caminho que encerra um ciclo e inicia outro, ciclo histórico e ciclo natural. E a passagem não é esquemática, vive-se o momento de transição que é sempre fim e começo, simultaneamente o impasse e já a disponibilidade: o estrepe no pé, o carro enguiçado, o fim da picada, o fim da canseira, o queira ou não queira, as águas de março, as "promessas de vida em meu coração".

Outro momento importante é o disco *Construção*, de Chico Buarque (1971). Na música que dá título ao LP, a queda do operário da construção busca ser recuperada no mosaico trágico, quero dizer, no mosaico mágico onde os estilhaços da construção poética formam a figura múltipla e ambígua de uma morte da qual se pode renascer, num novo corpo multiplicado. É por aí que o desencanto precoce (que vinha assediando muito de perto a música de Chico Buarque no fim dos anos 60) se transforma numa virulência incisiva (*Deus lhe pague*).

"Agora não pergunto mais pra onde vai a estrada / agora não espero mais aquela madrugada / vai ter / vai ter / vai ter de ser / faca amolada / o brilho cego de paixão e fé / faca amolada" (*Fé cega, faca amolada*, de Milton Nascimento e Ronaldo Bastos, 1975): reversão da canção de protesto dos anos

60, que prometia messianicamente o futuro, num engajamento para com o presente, tendo como instrumento e arma a "faca só lâmina" do brilho de luz – *alucinação* e *lucidez*. A poesia não se paralisa olhando o *dia-que-virá*: em vez disso, se põe inteiramente, e em movimento, no tempo em que está.

Essa música de Milton Nascimento e Ronaldo Bastos era cantada no show dos Doces Bárbaros, que reunia em grupo Caetano, Gil, Gal Costa e Maria Bethânia (1976). Ela passa por ali como um elo a mais do recado que está também em *Um índio* e em *Gênesis*, de Caetano. São duas músicas meio proféticas, meio videntes. A primeira fala de um índio que descerá de uma estrela brilhante num ponto eqüidistante entre o Atlântico e o Pacífico. A segunda, de uma tribo que ainda vê, "quando tomam vinho", na cara de uma jia (uma rã), o espírito original de tudo. Não se trata de profecias propriamente ao pé da letra, pois o índio que chegará (no momento em que for exterminada a última nação indígena) traz consigo tudo o que já existe, preservando em sua totalidade aquilo de vital que desaparece. O ponto de encontro dessas "profecias", entre o extremo passado e o extremo futuro, entre o Atlântico e o Pacífico, no centro do tempo e do espaço, é o *aqui* e o *agora*, onde está o espírito de tudo e o sentido de tudo: oculto, soterrado, e, no entanto, cristalino e óbvio ao mesmo tempo, se se souber ver. Seja portanto num tom épico, como o do *Índio*, cantado por Bethânia, ou no tom de uma vidência abstrusa, primitiva e tecnológica, de *Gênesis*, as profecias falam do momento presente, e, ao contrário do que pode parecer de um certo ângulo, te colocam dentro da história, de uma história total, e não fora dela.

Em 1976, Chico Buarque capta o recado das vozes que sussurram na noite de uma realidade desconhecida, nas alcovas, no breu das tocas, nos botecos, nos mercados: as duas canções que recebem o nome de *O que será* (*À flor da pele* e *À flor da terra*) sugerem a convergência do erótico e do político, subordinados a um só *princípio*. *O que será* que não tem descanso nem cansaço, esse *inominável* que se recorta no avesso do *princípio de realidade (limite, sentido, certeza, tamanho, governo, censura, decência, vergonha), realidade* que fica pairando como uma fantasmagoria castradora sobre a expansão da *energia*, ou, como chamá-lo?, libido, desejo, vontade de contato, amor. Podemos, sim, chamá-lo: o *princípio*, seja o que for, ou como for. E no *princípio* reside a espécie de atualidade mítica que percorre essas músicas: a força dos começos, da criação, da gênese, a força do princípio que habita tudo e que vive para sempre, e portanto, agora, nesse preciso momento. Há nisso uma superação mitopoética dos antagonismos: festa, dança, carnaval, alegria.

Podemos já presumir todo esse percurso numa figura, que engloba a tensão em que vive essa tradição da música popular: ao *máximo divisor comum* que baseia a divisão da sociedade de classes, a divisão entre capital e trabalho, a divisão entre força de trabalho e propriedade dos meios de produção, a música popular contrapõe o *mínimo múltiplo comum* da sua rede de recados (pulsões, ritmos, entoações, melodias-harmonias, imagens verbais, símbolos poéticos) abertos num leque de múltiplas formas (xaxado, baião, rock, samba, discoteca, chorinho etc. etc. etc.). Trata-se de recuperar permanentemente esse mínimo múltiplo comum como uma força que luta contra o máximo divisor comum[7]. Para que essa luta se sustente como uma tensão, e não se transforme em pura ideologia (que apresentasse afinal a sociedade de classes e a música popular como representantes de um interesse comum), é preciso que ela esteja investida da vitalidade "natural" dos seus usos populares, ou então que seja reconstruída e transfigurada continuamente pelos poetas-músicos conscientes do complexo de forças e linguagens que ela encerra. É o que acontece com essa linha de compositores de que estou falando.

Resta saber até quando e até onde será possível repartir esse salário mínimo múltiplo comum de cintilância.[8]

ROMÂNTICO, DEMASIADO ROMÂNTICO

A crítica não está preparada para falar de Roberto Carlos.

Bate com diferentes intensidades na mesma tecla: cantor comercial.

Cansa de dizer o óbvio: que vende cada vez mais discos.

Dança.

Esquece de pensar o oculto mais óbvio: que tipo de força o sustém no ar por tanto tempo. Por que ele?

Pedi à minha mulher que escrevesse sobre isso. Ela disse: voz poderosa, suave, louca, ele realiza melhor do que ninguém o desejo de um canto espontâneo, arranca matéria viva de si e entra em *detalhes, coisas mal acabadas, células emocionais primitivas, momentos quase secretos de todo mundo* (como as frases decoradas que a gente prepara para lançar ao outro na hora de partir e que não chega a dizer nem a confessar), uma qualidade romântica, ingênua e vigorosa, que unifica a sem-gracice, o patético, a doçura, o lirismo que há em todos, e fica forte, quase indestrutível, pois soma anseios, ilusões, ideais que também pairam por aí, mais além, estranhos à realidade quotidiana de muitos. Roberto assim é catalisador, antena, receptor de uma emissora poderosa de ondas freqüentes e persistentes de desejos reprimidos, aos quais dá nomes: substantivos simples, que compõem cenas visíveis, coisas palpáveis, que confortam inseguranças e pensamentos incompletos e dão matéria viva ao sonho.

UMA COLCHA DE RECADOS

Talvez seja possível falar um pouco mais de Caetano Veloso a partir de Roberto Carlos, ele que fez nesses anos três canções para Roberto: *Como 2 e 2*, *Muito romântico* e *Força estranha*. Todas elas são metacanções que refletem sobre o ato de cantar, e que injetam algo de reflexão crítica nas veias dessa poderosa corrente de romantismo de massas do qual Roberto Carlos é o portador. Ao fazer isso, Caetano não destrói o que há de romântico em Roberto; ao contrário, potencia tudo isso (a ironia, aliás, é um dos expedientes românticos para acentuar a tensão entre o sentimento espontâneo e a mediação da mercadoria). A ironia consiste no deslocamento perpétuo que faz de toda interpretação uma versão entre outras: "Noutras palavras sou muito romântico" cantado por Roberto, cantado por Caetano com piano romântico, cantado por ele com um coral solene. Como a "criança irônica" de que falavam os românticos alemães (Novalis), o poeta é uma espécie de Eros cujas flechas saem de um arco tenso entre os pólos da ingenuidade e da não-ingenuidade. O cantor refere-se ao fato de ser um portador da voz, um porta-voz do desejo (a força que me leva a cantar o que pede pra se cantar), com a qual o sujeito se reconhece (sou o que soa) e se estranha (eu minto mas minha voz não mente). Minha voz me difere e me identifica; noutras palavras, sou ninguém que sou eu que é um outro – essas três canções são instantâneos de Roberto Carlos feitos por Caetano Veloso, instantâneos de Caetano Veloso feitos por Roberto Carlos através de Caetano Veloso.[9]

Caetano volta-se também para Jorge Ben, para comemorar-homenagear a força rítmica lírica, comemorar a espontaneidade prodigiosa, render graças, perguntar: como é possível, apesar de tudo, a espontaneidade, a técnica e a espontaneidade, lirismo e arte, qualquer coisa e jóia, juntas.

Essa atitude de Caetano pode ser vista em pelo menos três níveis: uma poética da identidade como drama, no nível pessoal; uma procura da força da beleza pura e das forças elementares da cultura que sobrevém ao disco *Araçá azul*, ponto mais avançado da fragmentação das linguagens no roteiro de Caetano; uma interpretação do sistema da música popular como um campo de forças onde atua uma poética da vida brasileira desbordante, não centralizada, lugar da perda de uma pedra muiraquitã que passa de mão em mão num jogo desnorteante, uma pedra que não se fixa mais em um lugar, exatamente como a idéia de cultura nacional que brilha em toda parte, nenhuma num esplendor de fragmentos.

Se o tropicalismo é o sonho da abertura de um baú (que precede o fechamento político de 1968) que contém as quinquilharias, as traquitandas e as maravilhas acumuladas ao longo de uma história recalcada, a volta do exílio contém a consciência de que não há mais aquele baú a abrir, que o processo produtivo acelerou os signos culturais numa centrifugadora, e que os seus movimentos reais não podem ser percebidos em centros localizados, nem em linhas retas, mas em círculos abrangentes.

Caetano lê o destino através do labirinto de labirintos da linguagem, do labirinto de canções, ele sabe ir e voltar por esse labirinto; e ao voltar ao começo, solitário/solidário, indica o que existe *lá*. É assim que ele penetra fundo na existência.

Chico Buarque, artesão habilíssimo, lê as entranhas dos homens: sua lírica dramática é extremamente sensível ao corpo que sofre e que goza. Sua poesia-música está cheia de imagens de contundência e de intensidade corporal: ela capta a *entranha sensível*, e por isso é tão fina para o *erótico*, o social (lendo o futuro tal como ele se escreve nas vísceras dos que sofrem) e o *feminino*.

E ASSIM SE PASSARAM DEZ ANOS
(E Milton e Gil e Jorge Ben e Gal e)

Outubro/Novembro de 1979

NOTAS

[1] Os quatro primeiros parágrafos do texto podem ser lidos, se se quiser, como um "noticiário" crítico, do qual eles parodiam levemente o tom.

[1] Gilberto Vasconcellos, *Música popular: de olhos na fresta*, Rio, Graal, 1977.

[2] "A Terra distante me faz lembrar das primeiras imagens do homem na Lua, o momento histórico presenciado pela TV. Os astronautas saltavam como cangurus e jogavam golfe. Pareciam felizes, encantados. Toda a teatralização dos locutores terrestres falando do maior feito da humanidade, da ciência e da tecnologia, todo o palavreado não conseguia desviar a minha atenção do que eu simplesmente via – os astronautas brincando num playground fantástico. Mas quando a câmera mostrou a face da Lua contra o firmamento escuro, o que eu vi foi inesquecível e incompreensível. Ali estava a Terra, do outro lado do vídeo, numa outra dimensão de realidade. Como era concebível que eu estivesse ali, estando eu aqui?!", "Meditação diante de uma foto dez anos velha, e eterna", de Paulo Neves, em *Psicologia atual*, Ano I, nº 9. A leitura das canções se desprende naturalmente deste texto.

[3] "Inspiração quer dizer: estar cuidadosamente entregue ao projeto de uma música posta contra aqueles que falam em termos de década e esquecem o minuto e o milênio", dizia o Manifesto do Movimento Jóia (1975). "A década e a eternidade, o século e o momento, o minuto e a história", dizia o Manifesto do Movimento Qualquer Coisa, do mesmo ano (ou semana, ou minuto ou hora).

[4] Theodor W. Adorno, "Sobre el caracter fetichista en la musica y la regresión del oído", *Disonancias*, Madrid, Rialp, 1966.

[5] Esse tema é desenvolvido no livro de Gilberto Vasconcellos, com base no ensaio de "Dialética da malandragem", de Antonio Cândido.

[6] Veja a leitura de Celso Favaretto, em *Tropicália: alegoria alegria*, São Paulo, Kairós, 1979.

[7] Esta sacada vem formulada em entrevista de Matinas Suzuki Jr., "Recuperando a dimensão mágica da música", para o *Folhetim*, São Paulo, 28 de outubro de 1979.

[8] "Realce, uma maneira de dizer a luz geral. Denominar o brilho anônimo, como um salário-mínimo de cintilância a que todos tivessem direito", Gilberto Gil, 1979.

[9] "(...) para entender alguém que, não obstante, só entende pela metade, é preciso entendê-lo primeiro totalmente e melhor que ele a si próprio, para, em seguida, só entendê-lo pela metade, exatamente como a metade de si mesmo", diz Schlegel, um dos românticos alemães do século passado. Diz também: "A ironia é a consciência clara da eterna agilidade do caos infinitamente pleno". Essas citações estão em *O Romantismo*, de vários autores, São Paulo, Perspectiva, 1978.

Fazendo algo que eu não costumo sequer considerar – reler e re(vi)ver o que já fiz – deparei-me, nestes textos, com alguns fatos intrigantes, interessantes, picantes e saborosos que, por si só, já servem de endosso a um projeto de longa vida (para ver o que acontece nos capítulos seguintes).

Escritos no calor da refrega, propositalmente sem tempo ou espaço para distanciamento e desaquecimento, estes textos falam de uma era de intensa transição. Qual era que não é de transição, certo? Mas 1979 via o Brasil ainda ditatorial explorando vagas avenidas de liberdades civis, a poucos anos de democratização, internet e Aids. Ganharíamos e perderíamos, quase simultaneamente, uma geração brilhante de artistas e criadores – entre os quais se incluem alguns de meus mais ausentes amigos. E quando a Roda girasse mais dez anos teríamos eleito um presidente em que em breve não confiaríamos mais, escolhido ídolos que nos abandonariam antes de ver a maturidade de suas carreiras, visto nossas grandes cidades incharem e se vergarem sob o peso de uma miríade de poderes paralelos, perdido quase todas as nossas economias e boa parte da nossa população jovem e/ou qualificada no que talvez tenha sido o maior ou único movimento de emigração, de diáspora de um povo – o brasileiro – que detesta sair da terra onde nasceu.

À luz disso, como são palpitantes estas descobertas e constatações do final dos 70, uma década que sempre se viu tão blasée, cool e deliciosamente perversa e que, com o benefício da lente longa, surge tão surpreendentemente pura e ingênua.

O que mais me chamou a atenção:

A enorme falha que, felizmente, veio a ser suprida duas décadas depois pelo livro Eu não sou cachorro, não, *de Paulo Cesar de Araújo: os anos 70 são o tempo da cristalização, eclosão e disseminação do que viria a se chamar "brega" ou "cafona", a música ultrapopular nascida da trituração do pop com os mais diversos temperos multirregionais, fronteiriços e pan-nacionais do Brasil. E, como Paulo Cesar tão bem aponta em seu trabalho, é nos 70 que este poderoso substrato cultural e musical abraça temas de real valor incendiário e impressionante modernidade: estilo de vida, drogas, aborto, controle da natalidade, sexualidade, discriminação racial e social. Entendo por que não o incluí: ele não fazia parte do meu universo consciente. Não havia sido treinada, intelectual e esteticamente, para registrar sua existência – e não registrei. Embora sua trilha tenha se mostrado indelevelmente gravada no disco rígido da minha memória afetiva da época.*

A durabilidade daquela que provavelmente, à época, eu via como a expressão musical mais fragilizada e ameaçada: a instrumental, que parecia lutar para se manter flutuando num universo de aves canoras de grande brilho. Sem a carga da língua, do verbo, e nutrida por códigos conhecidos que reportam ao jazz, a música instrumental do Brasil ganhou facilmente o mundo, alimentando por sua vez um sem-número de outras manifestações.

Dois outros estilos que eu na época provavelmente tratei com luvas de pelica, temendo que se quebrassem sob o efeito de tempos ou mercado, provaram ser infinitamente mais resistentes que minha vã e limitada sabedoria: samba e rock. O último estava literalmente na véspera de sua maior explosão popular – a maré que se chamou Rock Brasil ou B Rock e que teve no Rock in Rio de 1985 seu momento definidor. A força desta eclosão foi tamanha que, na verdade, acabou por ofuscar completamente a primavera rock dos anos 70, criando na mente de duas gerações a ilusão de que tudo começa em 1982. O samba, que nos 70 apenas flertava com um grande impacto de mercado – especialmente via Clara Nunes e, numa outra esfera, Paulinho da Viola e Chico –, mostrou ter fôlego de maratonista, terminando os 90 como uma das mais importantes matrizes musicais, culturais e econômicas do setor.

Indetectável em seu futuro triunfo até pelos mais otimistas, como eu, que nele viam o sinal de uma interessantíssima opção estilística, o funk voou tão ou mais alto que estes dois e, num movimento naturalmente inevitável, veio a eles se fundir 25 anos depois, naquela que é, possivelmente, a melhor e mais saborosa salada musical destes novos tempos.

E finalmente – como quase todas as premissas econômicas que sustentavam meus raciocínios de 1979 iriam se tornar inúteis e irrelevantes com um único fato novo – a digitalização.

A "LINHA EVOLUTIVA" PROSSEGUE – A MÚSICA DOS UNIVERSITÁRIOS

Ana Maria Bahiana

Música universitária, a rigor, não existe. É melhor ver e pensar o universitário *na* música, como classe, e tentar traçar o modo de ação que ele, assim, desenvolveu ao longo desta década. Sua presença não é novidade: a ascensão do compositor de formação universitária – vale dizer da classe média urbana em seu estrato superior, que constitui a maior parte da população das universidades brasileiras – e a ascensão da própria bossa nova, a instalação da "linha evolutiva" de que falou Caetano Veloso.[1] Universitários eram Tom Jobim (Arquitetura), Edu Lobo (Direito), Carlos Lyra (Arquitetura). Universitários seriam Caetano (Filosofia), Gil (Administração), Chico Buarque (Arquitetura) – e Milton Nascimento escapou de ser justamente porque pertencia a família modesta demais para aspirar a algo além de um curso médio, como o de Contabilidade.

Portanto, a formação universitária – não propriamente os bancos das faculdades, que todos abandonaram a meio caminho, assim que música se tornou uma profissão, mas o ambiente em torno das universidades, a circulação de idéias – está no miolo da música brasileira nesta e nas duas décadas passadas. A visão do veio principal da música, no Brasil, é, necessariamente, a visão das universidades – ainda mais que a crítica constante, em profundidade, surgida em meados dos anos 60, é, também, de extração universitária. Isso significa, em última análise, que o circuito se fecha de modo perfeito: a música sai da classe média, é orientada pela classe média e por ela é consumida. Observar o que aconteceu com a "música universitária" no Brasil dos anos 70 é observar o que aconteceu com a classe média e com a universidade brasileira nesta década.

Continuação natural dos anos 60, os universitários têm acesso ao cenário e aos meios de produção da música brasileira através dos festivais, em dois momentos breves, mas distintos e marcantes: um, envolvendo os dois últimos anos da década passada e os dois primeiros desta, traz a produção do eixo Rio-São Paulo, sensibilizado de modo direto pelos acontecimentos musicais do período 1965-68; outro, que é anunciado a partir de 1972, mas se realiza concretamente três ou quatro anos depois, marca a presença dos migrantes, dos compositores universitários fora do eixo, os nordestinos, a quem as explosões dos anos 60 chegam tarde e repercutem de modo diverso, com diferentes resultados.

É necessária uma palavra sobre os festivais, antes de tentarmos compreender seus personagens. Grande feira de amostras da música brasileira de classe média e formação universitária – apesar da existência da Bienal do Samba e de festivais de música carnavalesca, a fama da palavra se deve basicamente a esse tipo de compositores e platéias –, os festivais cumpriram várias funções – e, com o esvaziamento dessas funções, sua transferência para outras áreas, se esvaziaram também. Os festivais eram, basicamente, a grande vitrine onde o artista se mostrava exatamente ao seu público em potencial. E, como decorrência, o supermercado das gravadoras, que ali podiam escolher, com estreita margem de erro, seus novos produtos, já testados pelo confronto com o público. O elemento concorrência – em si absurdo, já que se tratava de julgar e premiar obras completamente díspares em forma e intenção – servia como atrativo extra, tempero, e ordenava os contatos artista/platéia, favorecendo a cristalização de tendências, grupos, torcidas.

A censura e a repressão direta, com prisões e exílios, tiraram dos festivais sua função de ponto de encontro e reduziram-nos apenas a feiras para novas contratações. Mas, com a recessão da indústria do disco – da qual ela só se refaria a partir de 1974/75 –, até esse papel se tornou supérfluo. As gravadoras preferiam investir nos nomes já contratados – e foi justamente nesta década de 70 que os estreantes dos festivais, como Chico, Milton, Gil e Caetano, tornaram-se "estrelas" em popularidade e bons vendedores de discos. Nos poucos casos de novas contratações, preferiam "fazer as compras" diretamente, mesmo porque, tolhida em sua liberdade de criar e exacerbado apenas o lado de competição, disputa, a produção que começa a aparecer nos festivais decresce consideravelmente em substância, gerando um ser estranho, híbrido e fugaz, conhecido como "música de festival" – da qual *BR-3*, de Antonio Adolfo e Tibério Gaspar, vencedora do Festival Internacional da Canção de 70, talvez seja um dos exemplares mais típicos.

1972 pode ser considerado o ano final da era dos festivais – e, também, o ano que marca a entrada em cena da terceira geração de compositores a eles ligados, a segunda geração de universitários dos anos 70. Em 1975, a Rede Globo tentaria trazer de volta a fórmula, sem êxito – os compositores e seu público já tinham encontrado novos canais de comunicação. E, curiosamente, no ano final da década, mais uma vez os festivais ameaçam voltar, embora seja difícil prever sucesso para uma fórmula já tão exaurida e ultrapassada pelos próprios procedimentos dos músicos e das platéias. É interessante observar que, enquanto um dos festivais anunciados – o da TV Tupi, dirigido pelo veterano Solano Ribeiro – mantém o antigo formato de competição regulada por um júri de críticos, outro – o da Rede Globo – reflete de modo exato o estado de coisas na indústria do *show-business* do Brasil – prescindindo do intermédio de terceiros, as próprias gravadoras escolherão (e contratarão) os vencedores. O que significa "fazer as compras diretamente", apenas, agora, com o teste ao vivo avalizando a aquisição – e revela o ponto de controle a que a indústria do disco chegou no panorama da criação musical do país.

Quando a década de 70 começa, os festivais já passaram de muito seu pique máximo, arrebanhando e lançando a segunda geração de compositores universitários, primeira pós-bossa nova. A repressão, com prisões, exílios e censura constante, esvaziara qualquer conteúdo que os certames algum dia puderam ter – e, ao mesmo tempo em que abria (à força) um espaço para novos nomes, impedia que eles surgissem, ou melhor, instalava-se como presença absoluta no próprio processo de criação. Havia também o próprio desgaste dos festivais, em si – na década anterior, existiam pelo menos quatro: o da TV Excelsior (1965/66) e o da Record (1965/68), em São Paulo, o Festival Internacional da Canção, da Rede Globo (1966/72), no Maracanãzinho, e o Universitário (1969/72), da Tupi, no Rio. Na nova década, sobreviviam apenas o FIC e o Universitário – mais tarde, com a opção do Festival de Juiz de Fora, onde o nível qualitativo era alto, mas a repercussão, mínima, por estar fora do eixo Rio-São Paulo. Nos dois, o desgaste já deixara suas marcas: o FIC ficara reduzido a uma feira livre para novas contratações, um espetáculo para grandes platéias, onde a apresentação valia mais que a música em si; e o Universitário tentava ser a porta imediata de escoamento da produção de novos compositores, "uma espécie de vestibular para o Internacional", como disse José Jorge Miquinioty, letrista do compositor Ruy Maurity.[2]

É nesse cenário que surge a primeira leva de universitários dos anos 70, a geração da entressafra, espremida entre as comparações com o passado recente, o impacto das discussões levantadas com os anos 60 (conteúdo/forma, participação política direta/revolução estética, busca de raízes/assimilação e síntese de elementos externos), e a repressão que se instalava no presente – e, possivelmente, no futuro.

Parece desnecessário dizer que não eram muitos e estavam confusos. De concreto, e em comum, tinham apenas a certeza de que a universidade não os levaria muito longe, e a esperança de que os festivais fossem sua porta de saída, o acesso à profissionalização na música – e não havia muito além disso. "O festival é o único meio que o jovem compositor dispõe para se lançar no meio musical", Ivan Lins disse em 1970, quando concorria a seu segundo Universitário. "A maioria dos estudantes não gosta dos programas de calouros ou das estações de rádio, já que, na maioria das vezes, estão arriscados a passar por vexames que podem comprometê-los definitivamente."[3] A observação de Ivan é reveladora de como os compositores universitários se viam, na época – e, na verdade, ainda se vêem até hoje, em grande parte. Parcela escolhida da criação musical do país, detentora da continuidade da "linha evolutiva", *boa demais* para se submeter aos "vexames" dos programas de calouros e das estações de rádio – estas últimas, essenciais a qualquer carreira profissional, e por onde todos eles, gostando ou não, tiveram que passar. Em 1976, Luís Gonzaga Jr. – não por acaso, o de formação mais popular e nessa época começando o processo de "abertura" de sua música que o tornaria um dos compositores de maior sucesso dos últimos dois anos 70 – mostrava-se acostumado e até divertido com essa realidade antes execrada. "Você sabe do que gosto? De trabalhar disco em rádio. Trabalho mesmo. Rapaz, meu sonho era ter um programa de rádio. Show da noite, sabe como é? Eu fui a uma porção de programas desses, transei com os caras, é fácil entrar na deles."[4]

Podemos abordar e tentar compreender esta primeira leva de universitários dos anos 70 através das carreiras de dois deles: Ivan Lins e Luís Gonzaga Jr. Os dois são contemporâneos em idade, em formação e no desenvolvimento de seus trabalhos – e o que acontece com eles e sua música, ao longo da década, é revelador de quem eram, o que pensavam e criavam esses compositores universitários dos primeiros anos 70 (embora seja sempre bom lembrar que não se trata de buscar estereótipos, figuras *típicas*: Ivan e Gonzaguinha são antes exemplos de um grupo de criadores, num dado momento).

Ivan Lins vinha de uma família de classe média da Tijuca e cursava Química; Luís Gonzaga Jr., filho de Luís Gonzaga e de uma cantora de coros de gravação e casas noturnas, criado pelos padrinhos no Morro de São Carlos, ambiente decididamente popular da Zona Norte do Rio, estudava Economia (Ivan completaria seu curso e pensaria seriamente em seguir a carreira; Gonzaguinha deixou o seu no meio). Seus caminhos vão se encontrar exatamente nos festivais universitários da Tupi – e, como conseqüência, nas reuniões de músicos e compositores universitários cariocas que vão dar origem, em 1970, ao MAU – Movimento Artístico Universitário, de curta duração.

A história de suas estréias é muito semelhante: surgem no Universitário, atraem alguma atenção, passam ao Internacional, são alvo de interesse de gravadoras e meios de comunicação, integram o MAU numa atitude mais de defesa que de ataque, cerrando em torno de sua formação universitária expressa no nome do grupo, e acabam dilacerados pela superexposição – justamente o que mais temiam –, agravada por seu próprio despreparo diante das exigências do mercado onde, afinal, tinham buscado entrar. O programa de TV *Som Livre exportação*, da Rede Globo – criado para capitalizar e massificar o que os homens de TV viam como nova tendência de mercado, a faixa universitária de público –, é o marco. Inventado a partir do MAU e por causa dele, logo se esvazia, mostra sua verdadeira face e ameaça corroer as frágeis carreiras de seus contratados. Ivan se afasta do MAU para tentar o estrelato máximo, individual – "Quando estávamos juntos, meu sucesso quase sempre passava despercebido. Paralelamente, perdi contratos e chances de ganhar mais, só para ficarmos unidos, pensando que isso ajudaria a todos", disse, em 1971[5] – mas um ano depois está arrependido, sentindo-se (com razão) desgastado, *queimado*, e esse impasse se arrastaria penosamente por quatro anos de silêncio quase total, com Ivan recolhido e quase esquecido, depois de alçado às glórias de sucesso instantâneo, em 1970 e 71. "A televisão usa a sua música para se promover, em vez de ser ao contrário, é angustiante".[6]

Gonzaguinha, ao contrário, prossegue – em grande parte porque, de temperamento fechado, pouco dado a sorrisos, e música mais densa (como se verá a seguir), não se prestava para o papel de ídolo. Findos naturalmente o MAU e o *Som Livre exportação*, continua produzindo, gravando, e obtendo a mesma exposição mínima da sua estréia – resguardado, portanto, dos riscos do sucesso. Sua obra, muito coesa, só não está a salvo da censura, que recolhe seu compacto *Comportamento geral*, seu primeiro LP, e veta a maior parte da produção destinada aos álbuns de 1974 e 75, *Luís Gonzaga Jr.* e *Plano de vôo*.

Entretanto, ambos encerram a década registrando índices altos de popularidade (com seus sinais óbvios: boa vendagem de discos, lotação de shows) e prestígio junto à crítica. Para entendermos o que aconteceu a ambos – e, por extensão, o que aconteceu à esfera de produção e consumo de música que integram e representam – devemos olhar o que pensam e o que criam. Aparentemente, seria simples resumir em duas linhas o sucesso de cada um: Ivan Lins seria o "estudante burguesão" (como ele mesmo se definiu), "consumido pela máquina", que faz autocrítica, arrepende-se de seus erros, adota uma postura mais politizada por influência de um novo parceiro (Vitor Martins) e, portanto, passa a merecer atenções. Gonzaguinha representaria o "artista popular" massacrado pela repressão que, às custas de luta e sacrifício pessoal, mantém sua carreira, se afirma através dela, mas só atinge popularidade maior quando enfatiza seu lado mais doce, a produção de canções de amor, de consumo sempre seguro. Seriam, assim, trajetórias em sentido inverso, da amenidade à densidade e vice-versa.

Estes elementos existem. De fato Ivan Lins surge com uma produção de canções de amor, baladas de letras banais, e perspectivas nada revolucionárias de fazer sucesso, transformar-se em ídolo. De fato sucumbe às pressões geradas por sua própria ambição e só se refaz, profissionalmente, a partir de sua união com Vitor Martins e sua autocrítica pública, incessante nas entrevistas a partir de 1976/77. "O que acontecia comigo acontecia com quase todos os jovens da minha idade. Eu era o protótipo do brasileiro da época. O cara alienado, que não pensava em nada e não queria pensar, com uma formação bem capenga de classe média. (...) Foi a partir de 73/74 que eu realmente tomei consciência de uma série de coisas e passei (...) a enfrentar não só estes problemas, mas outros."[7] "Embora eu não renegue toda a minha fase inicial, tenho que reconhecer que então eu estava meio perdido, numa de garotão que ainda não sabe o que quer... Hoje o meu trabalho é mais tranqüilo, mais pensado, porque eu também sou mais calmo, mais consciente."[8]

E de fato Gonzaguinha mantém a duras penas sua carreira e atinge sucesso comercial e popular quando despe-se da grande dose de amargura que revestia seu trabalho. "Este é o disco mais ritmado, dançante, contente, é o trabalho mais envolvente que já fiz", ele disse, a propósito de *Moleque Gonzaguinha*, seu álbum de 1977. "Fiz um disco dançável porque estou com muita vontade de dançar, de completar e expandir minha alegria".[9] E a respeito de sua carreira passada, em 1979: "Verifiquei que estava colocando pra fora apenas parte do que eu era".[10]

Mas as duas linhas não fazem trajetórias tão simples. Tanto há uma dose grande de cálculo na "autocrítica" de Ivan – "Vitor e eu conversávamos muito, ele me mostrava como eu tinha me desgastado com a crítica, com o público. O Vitor me mostrava as áreas onde eu estava queimado: na crítica, no público estudantil. A gente refletia sobre isso, ele dizia: Olha, primeiro vamos limpar sua barra, anular essa imagem que você tinha do seu passado."[11] Quanto à "mudança" de Gonzaguinha, não é substancial a ponto de representar uma ruptura real na sua trajetória criativa: os mesmos temas, a mesma inquietação diante das desigualdades sociais, o mesmo humor ferino e cortante diante das contradições brasileiras e a mesma densidade melódica e harmônica permanecem em sua produção de 1972 ou de 79, mesmo cantada por intérpretes românticos como Maria Bethânia, ou efervescentes como as Frenéticas.

Não foram apenas as mudanças de orientação que firmaram estes universitários na produção da década. Na verdade, eles não mudaram tanto assim, e, acima das diferenças, as semelhanças entre eles é que são notáveis. Gonzaguinha e Ivan produzem o mesmo *tipo* de música, baseada na bossa nova e assimilando informações variadas tanto da música urbana do Brasil quanto do estrangeiro. "No início, minha música era uma mistura de *soul* com bossa nova, passando em seguida para uma fase de um samba mais misturado, mas aproximado das características mais verdadeiras do samba. Já a fase em que estou agora mostra uma diversificação maior, que resultou até na criação de um fado", diz Ivan.[12] Gonzaguinha: "(Faço) a coisa que desde menino venho fazendo o tempo todo e que se chama bolero, samba-canção, forró, muito ritmo mesmo, muita batucada. Principalmente esta, que ouço há anos no Rio e vem desde o Sul do país e se estende até a África, o Caribe, o que, no fim, vai dar tudo na mesma."[13]

E quando Ivan se une a Vitor Martins, até o texto se aproxima – guardadas as devidas diferenças de estilo –, ou seja, fixa-se na elaboração poética do quotidiano brasileiro, a reportagem de seus dilemas, contradições (e é interessante notar que, enquanto o texto de Gonzaguinha ganha leveza, sutileza, humor, o de Vitor para Ivan recua no tempo para encontrar o Gonzaguinha de seis, sete anos atrás, amargo e muitas vezes panfletário).

E se o pensamento expresso nas letras das músicas a princípio era diverso – Gonzaguinha desde o início preocupado com o aspecto social, Ivan inclinado para a vertente mais amena da bossa nova – a atitude de ambos diante de seu trabalho era, em resumo, idêntica – e expressa o pensamento e atitude de sua geração e do contexto em que ela viveu. Ambos acreditavam estar compondo para si, sem ceder a interferência alguma do exterior, do mercado; ambos desdenhavam o *sucesso*, no que ele representaria de aumento de vendagens, riqueza e conivência com "a máquina" – até esquivavam-se dele, ou melhor, de pensar sobre ele; ambos acreditavam estar exercendo, com seu trabalho, uma missão *educadora* do povo brasileiro, acostumando-o a padrões mais complexos de audição, de consumo. Era, portanto, mesmo depois da ampla discussão trazida pela Tropicália sobre consumo e mercado, uma retomada da postura da bossa nova, da busca de uma música *desenvolvida*. Ivan: "Eu nunca fiz música consumível. Tanto é verdade que quando estourei fiquei quase maluco. Eu só penso em som, em fazer o que me agrada."[14] Gonzaguinha: "Não entro em festivais para competir, mas para mostrar minhas músicas, meu trabalho."[15] Ivan: "No próximo LP que vou fazer vai ter música clássica, prelúdios, mil harmonias, coisas que eu gosto de fazer. Se num LP quatro músicas vão ser consumidas, no resto eu aproveito para mandar o meu recado."[16] Gonzaguinha: "Temos que dar ao público uma criação de boa qualidade, mas que seja facilmente compreendida por todos. Não faço isto por dinheiro ou sucesso. Quero apenas comunicar uma determinada experiência a um número maior de pessoas"[17] "É uma questão de aprimoramento do gosto. Educar o povo para que ele tenha condições de exigir o melhor para si."[18]

O sucesso de ambos no final da década representaria não tanto um triunfo do mercado sobre o criador, com uma derrota ou retrocesso deste, mas uma adequação, um ajuste entre os dois. Afinal, o público que passou a consumi-los foi o mesmo que sempre esteve lá – o de classe média, formação superior – e o fato de eles ecoarem mais nessa faixa se deve antes à maturidade de seus *projetos pessoais* diante da música – o reconhecimento da necessidade do trabalho braçal, da atuação junto às gravadoras, rádios, imprensa. É claro que o aumento de interesse do público, em geral, por música brasileira criou o terreno propício para que eles colhessem os frutos desse trabalho.[19]

Nos derradeiros anos dos festivais, 1971 e 72, emerge a segunda leva de universitários.[20] É bem mais numerosa e, com exceção de Walter Franco (paulista) e Sergio Sampaio (capixaba), distante do eixo Rio-São Paulo que até então movera a música popular. Embora à primeira vista sua formação e propósitos sejam semelhantes aos de seus antecessores – e as idades sejam próximas – eles têm diferenças marcantes, que determinam toda a sua atuação nesta década.

São compositores migrantes, a quem os elementos dos festivais chegaram com pequeno, mas significativo atraso, via TV. Trazem consigo, portanto, vivências novas, a luta contra a província, o deslocamento do provinciano na "cidade grande", o problema da sobrevivência cultural, tal como é vista em seu meio e longe dele. São dados novos, que, expressos claramente em música, texto e postura, alimentarão a produção musical do país, abrirão novas frentes de discussão e enriquecerão o debilitado veio "universitário". Ednardo: "A gente tinha muita coisa para mostrar que a província não comportava".[21] Zé Ramalho: "João Pessoa é uma cidade pequena, restrita, onde a influência é o que vem do Sul, é como um grande alto-falante repetindo as coisas daqui de baixo."[22] Geraldo Azevedo: "Como nós estávamos perdidos nessa época! A gente não entendia nada de arranjo, orquestra, nada disso. A gente estava tonto, tinha uma... não é humildade, não, é uma falta de segurança, de certeza do que a gente estava fazendo. A gente não reclamava nada, aceitava tudo" (comentando sua atuação no Festival Universitário de 1969).[23] Belchior: "O meu disco é o de um nordestino na cidade grande. Agora um Nordeste verdadeiro, não um Nordeste mítico, dos livros, que o eixo cultural Rio-São Paulo inventou para consumo próprio, para explorar cada vez mais as pessoas."[24] Marcus Vinícius: "A nordestinidade é uma contingência natural. Mesmo que eu diga que sou inglês, louro, de olhos azuis, não vou ser. É uma contingência da qual não posso fugir."[25]

Trazem, também, no núcleo mesmo de sua produção, uma gama muito maior de elementos, que englobam todo o universo da música nordestina (Fagner, Belchior, Alceu Valença, Ednardo, Geraldo

Azevedo, Zé Ramalho, Marcus Vinícius), um tanto de vanguardas eruditas (Walter Franco, Marcus Vinícius) e uma dose de rock bastante generosa (todos os nordestinos, Walter Franco, mais o baiano Raul Seixas, que se inclina decididamente para o gênero). A chegada desses elementos, e principalmente o modo como esse novo grupo os manipula, no sentido da síntese, da dissecação, mistura, fusão, o modo como eles vêem e trabalham esses dados é fundamental para a revitalização não apenas da música de extração universitária, mas de todo o processo musical brasileiro.

De um modo geral, todos eles passam por um caminho semelhante, diverso do grupo imediatamente antecessor, nutrido em primeiro lugar de bossa nova. É o caminho de toda uma geração, no Brasil – ouvem música popular de origens diversas na infância e adolescência, são marcados pelo rock na juventude e retomam as primeiras influências depois, nesta década, de formas diversas, com outra leitura. Belchior: "A informação rock é um dado natural, como na época o Orlando Silva tinha uma informação fox. Eu não sou do tempo da bossa nova, sou do tempo do rock." Alceu Valença: "Não fui atrás, de propósito. A coisa foi chegando e entrando no meu ouvido. E eu senti muito, porque achei muito parecido com as coisas que eu já conhecia e gostava, o rojão. Aquela choradeira do Elvis, por exemplo, aquele oh-oh-oh, puxa, eu disse, isto é arretado igual violeiro, choradeira de violeiro, sabe como é?"[26] Walter Franco: "(Meus ídolos) são John Lennon, o vanguardista-erudito americano John Cage e João Gilberto – a santíssima trindade dos joões."[21] Fagner: "Minha formação musical é uma mistura. Tem os forrós da casa dos meus primos, lá na roça de Orós. Tem os discos do meu irmão, que eram Ademilde Fonseca, Silvio Caldas, Noel Rosa. Depois teve os Beatles. A primeira vez que ouvi *I wanna hold your hand* na rua, eu fiquei parado, paralisado. Me pegou totalmente. Aí teve Roberto Carlos."[27] Zé Ramalho: "É claro que o rock e os Beatles expressavam uma realidade deles, lá, mas aquilo me tocou a sensibilidade, então não havia por que jogar fora. Mas a força do repente foi tamanha que, se algum lado me saiu perdendo, foi meu lado antigo, de roqueiro." [27]

Há mais uma diferença essencial – embora ainda crendo na importância da "qualidade do trabalho", na "missão de semeadura" junto ao gosto do público. Walter Franco: "Existe uma tribo dos que caminham à frente da manada, dos que amam, dos que têm fé neles mesmos e em suas pequenas, infinitas descobertas. Essa tribo sempre foi necessária e odiada. É a minha." [21] A nova leva se mostrava mais disposta a pensar de imediato os problemas do mercado, a considerar a possibilidade do sucesso, da popularidade, da fama e das vendagens. Com mais timidez, retomavam em certa medida as propostas da Tropicália, do contato e da indagação direta sobre a música de massa, seja bolero ou rock'n'roll. E, justamente por isso, muitas vezes se colocavam em tensão diante desses nomes egressos dos anos 60 – embora a ruptura, muitas vezes ameaçada, não tenha de fato acontecido, ficando apenas no plano das citações, teorias e até rusgas pessoais (como a que envolveu Caetano Veloso e Fagner).

Belchior: "Nós somos uma geração esvaziada. Durante várias gerações seguidas, os ídolos foram os mesmos. Na faixa de alguns, estamos entrando no mercado para pôr em xeque suas proposições, pois se o tropicalismo atacou o "bom gosto" oficial da música brasileira, ele mesmo criou um novo critério que hoje está envelhecido e envilecido, ao longo de várias gerações. E é contra esse velho "bom gosto" deles que estamos chegando com nosso trabalho, dialeticamente." [25]

Por maturação e expansão do mercado, por abrandamento da repressão, por maior e mais rapidamente organizada estrutura pessoal diante das exigências de uma carreira profissional em música. Belchior: "Eu crio muito melhor quando tenho sucesso. Quero definir a palavra sucesso em meus termos: a possibilidade de cantar mais, de fazer meu disco etc."[24] Fagner: "Antes eu fazia discos para não vender. Eu tenho toda a consciência disso, embora na época não soubesse disso. Agora fiz um disco para vender. Não foi feito propositalmente pensando nisso, com esse objetivo, não tem um fim puramente de jogada, de grana. Não; é um disco com todas as coisas exatamente como eu queria dizer. Mas é um disco que me possibilita uma escolha: ele pode vender ou não."[28] Esta segunda leva acabou forçando a abertura de um espaço amplo em que passaram a se movimentar não apenas seus integrantes, mas também seus antecessores, os primeiros "universitários" dos anos 70. Inclusive em termos de "popularidade", de êxito de vendas, dois deles conseguiram ultrapassar as bordas do público habitual, classe média e de formação superior – Raul Seixas e Belchior, seguidos um pouco de longe, mais para o final da década, por Fagner.

Quando a década se encerra, a "linha evolutiva" da música brasileira não tinha sofrido nem danos irremediáveis – como os anos sombrios da repressão faziam supor – nem grandes progressos. A proposta de uma nova síntese e de uma discussão constante sobre as relações criador/indústria/mercado, anunciada pela Tropicália, simplesmente se viu completada e executada, incorporadora ao dia-a-dia. Ao próprio veio central da produção musical de formação universitária.

A MULHER FALA E CANTA

A presença da mulher como força de produção, na música, ultrapassando o papel de mera intérprete de canções alheias (e masculinas), é um dado importante da década de 70. Evidentemente, não pertence a ela com exclusividade: há Chiquinha Gonzaga no início do século e Dolores Duran nos anos 50, para citar dois exemplos. O que se viu nesta década foi o aparecimento de uma quantidade considerável de mulheres compondo – e, de imediato, nos dois anos finais do período, uma encampação do fato pela indústria do disco, que, revertendo a máxima até então em uso, "mulher não vende disco", passou a investir nas novas criadoras, na tentativa de empacotar e vender mais um produto que, possivelmente, atendia a novas necessidades do mercado.

É óbvio, contudo, que a *música* – no sentido de melodia/harmonia, orquestração, execução instrumental – produzida por um homem e por uma mulher tem qualidades, defeitos e dificuldades idênticas. Difícil crer que fatores hormonais ou fisiológicos sejam capazes de alterar a organização das notas e a armação de acordes. Mesmo assim, a presença da mulher *é* um dado novo: pelo *texto* de seu trabalho, que vai assumir, como na literatura e na poesia, um valor de depoimento, de qualidades confessionais, e pela simples *existência* da mulher dentro de um sistema que não só a ignorava como rejeitava.

Quando uma compositora como Joyce diz: "Mulher não é considerada pra nada. Vai ser considerada na música?"[29], ou quando outra compositora, Sueli Costa, comenta sua tardia estréia em disco individual (aos 10 anos de carreira, em 1975), dizendo: "Era muito estranho. Uns não acreditavam. O Grisolli foi um que estranhou: 'Como é? Mulher compositora?' Outros me achavam um bicho estranho. Queriam me fazer assim um produto exótico. Mulher compondo música é mesmo muito estranho. (...) No começo doía, me incomodava. Eu sentia bem como era tratada... sabe como é... teve um cara aí de uma gravadora que queria me dar uns uísques, fazer uma transa, e depois ver se ia gravar. Essas coisas. Eu estranhei no começo. Fiquei quente de ódio" [29], temos de fato, aí, um acontecimento.

A partir de Joyce e Sueli Costa, lentamente a princípio, mais aceleradamente no final, a década de 70 vê surgir uma geração de mulheres compondo. A imensa maioria está na área "universitária", embora exista Leci Brandão na esfera do samba e Marina Lima e Angela RoRo devam ser consideradas antes *drop-outs*, marginais de classe média, que propriamente de formação estudantil. Musicalmente, trabalham os mesmos materiais que seus companheiros de geração – jazz, blues, bossa nova, canção, as mais velhas, um tanto de rock as mais jovens (embora Fátima Guedes, a mais moça de todas, prefira decididamente as informações mais conservadoras, do samba-canção ao bolero).

Mas, no texto – com exceção de Sueli Costa, que trabalha constantemente com parceiros homens, permitindo-se raramente uma canção com música e letra de sua autoria –, as mulheres trouxeram contribuições novas na escolha de temas, no testemunho dos pontos de vista femininos diante do amor, trabalho, vida, com uma quantidade e veemência como não se viu antes. É interessante notar, também, que aproximadamente dois terços dessas compositoras se referem ao mundo urbano, na escolha das linguagens musicais e na narrativa das letras. Apenas Catia de França (paraibana) e Marlui Miranda (cearense, criada em Brasília) adotam o universo rural como ponto de referência, procurando trabalhar com materiais "de raiz" e preferindo suas sugestões ao aspecto confessional, pessoal, nas letras. E, de todas, somente Rita Lee – que fica numa espécie de limbo, entre a formação universitária que teve e a vivência de rock, que foi intensa – se afirmou como *performer*, como intérprete das próprias obras, vencendo uma espécie de timidez, comum a todas.

NOTAS

[1] "Isto é; o samba, passando a ser divulgado pelo rádio e pelo disco (vale dizer – por e para a classe média), mostra uma linha de evolução clássica, no sentido de coerente com a organicidade evolutiva de uma cultura." Caetano Veloso, "Primeira feira de balanço", jornal *Ângulos*, Salvador, 1965.

[2] Entrevista a Vander de Castro, *Fatos & Fotos*, agosto de 1970.

[3] Idem.

[4] Entrevista a Ana Maria Bahiana, *Jornal de Música*, janeiro de 1976.

[5] Revista *Amiga*, 2/3/1971.

[6] Entrevista a Maria Bernadette, *Última Hora*, 1º/11/1971.

[7] Jornal *Movimento*, 29/5/1978.

[8] Entrevista a Carlos Alberto Miranda, *O Globo*, 24/4/1977.

[9] Entrevista a Paulo Macedo, *O Globo*, 18/4/1977.

[10] Entrevista a Regina Echeverria, revista *Veja*, 26/10/1979.

[11] Entrevista a Ana Maria Bahiana, revista *Nova*, novembro de 1979.

[12] Entrevista a Carlos Alberto Miranda, *O Globo*, 24/4/1977.

[13] *Veja*, 24/4/1977.

[14] *Diário de Notícias / Domingo Ilustrado*, 25/7/1971.

[15] Entrevista a Ana Borges, *O Jornal*, 22/5/1970.

[16] *Diário de Notícias / Domingo Ilustrado*, 25/7/1971.

[17] *Jornal do Brasil*, 5/12/1971.

[18] *O Jornal*, 22/5/1970.

[19] Nesta geração encontram-se ainda Ruy Maurity, José Jorge Miquinioty, Cesar Costa Filho, Ronaldo Monteiro de Souza, primeiro parceiro de Ivan, e Aldir Blanc. Aldir, ex-médico psiquiatra, poeta, letrista, traz, através de sua parceria com João Bosco, um elemento intermediário – o próprio João. Mineiro de Ponte Nova, estudante de Engenharia em Ouro Preto, Bosco conhece Blanc via TV, exatamente ao assistir a um festival – o que já é um dado significativo. A parceria se consuma em 1973, quando João vem morar no Rio, e o produto desse trabalho é, a princípio, híbrido – Aldir tem toda a carga dos universitários cariocas, que retomavam a proposta do texto claro, explícito, *engajado*, enquanto João, defasado das discussões pela distância e marcado por Minas, tinha um trabalho melódico e harmônico mais intrincado, muitas vezes de tom *erudito*. Aldir acabou vencendo, como João admitiu na contracapa de seu disco de estréia, o compacto da série *Disco de bolso*, do *Pasquim*: "Não é o meu trabalho de hoje. Agora estou partindo para rumbas, boleros, sambas-enredo, sei que este disco é muito comportado. São aquelas primeiras águas que a gente precisa deixar sair." Com o texto de Blanc – e mais tarde Paulo Emilio, companheiro dos tempos do MAU – Bosco tem uma produção fecunda nesta década, já dentro do segundo momento destes universitários de

Rio-São Paulo, a busca da clareza, do explícito. Aldir Blanc, a *Opinião* (19/3/1976): "Somos um povo que necessita muito *dizer* seus problemas. Precisamos aprender nossas queixas reais, o porquê delas e de que forma dizê-las objetivamente. Não podemos prescindir da palavra."

[20] Marcos dessa chegada são os festivais Universitário de 1971, que Belchior vence com *Na hora do almoço*, e Internacional de 1972, que tem as presenças de Fagner (*Quatro graus*), Sergio Sampaio (*Eu quero botar meu bloco na rua*), Raul Seixas (*Let me sing*) e Walter Franco (*Cabeça*).

[21] *Veja*, 24/9/1975.

[22] Entrevista a Ana Maria Bahiana, *O Globo*, 12/4/1978.

[23] Entrevista a Ana Maria Bahiana, *O Globo*, 25/5/1977.

[24] Entrevista a Tárik de Souza, *Jornal do Brasil*, 8/8/1976.

[25] *Folha de São Paulo*, 14/9/1973.

[26] Entrevista a Ana Maria Bahiana, *Jornal de Música*, setembro de 1975.

[27] Entrevista a Ana Maria Bahiana, *O Globo*, 12/4/1978.

[28] Entrevista a Ana Maria Bahiana, *O Globo*, 8/11/1976.

[29] Entrevista a Ana Maria Bahiana, *Jornal de Música*, abril de 1975.

IMPORTAÇÃO E ASSIMILAÇÃO: ROCK, SOUL, DISCOTHEQUE

Ana Maria Bahiana

A notável expansão da indústria internacional do disco fez do Brasil – assim como de outros mercados, como a Europa, o Japão e a Austrália – uma praça importante para o consumo de padrões musicais produzidos no exterior, principalmente nos Estados Unidos. Na década de 70, dois movimentos de importação-consumo-diluição deixaram marcas na música brasileira, em níveis bem diferentes. Primeiro, o rock – com um consumo numericamente baixo (os grandes vendedores estrangeiros do gênero, como os grupos Rolling Stones e Led Zeppelin, atingiram, no Brasil, marcas medíocres de vendagem, entre as 10 e as 30 mil cópias, no máximo, com uma saída média, mensal, entre 2 e 5 mil unidades vendidas) –, que acabou por conseguir passar de forma indelével e indiscutível elementos de sua linguagem para a fala musical brasileira: o uso generalizado da eletricidade, de instrumentos eletrificados, a síntese entre suas estruturas rítmicas e as do baião, do samba e até mesmo do choro. Num momento posterior, a soul music e a música de discotheque – onde se deu o processo inverso, já que, consumidas em escala alta (principalmente a discotheque, cujos exemplares atingiram piques de venda muitas vezes superiores à casa das 100 mil cópias), mantiveram-se restritas aos padrões usuais de consumo, ou seja, foram esquecidas após o impulso inicial, sem deixar traço marcante no modo de fazer música, no Brasil.

Cada um desses gêneros de importação obedece a um ciclo próprio de chegada, consumo e assimilação, paralelos, às vezes, mas nunca convergentes.

A passagem do rock pelo Brasil segue duas linhas: a primeira, que poderíamos chamar de *ingênua*, perde-se originalmente nos últimos anos da década de 50, hiberna nos primeiros anos 60 e vem eclodir, de forma definitiva e em nível de massa, em 1965, com o programa de TV *Jovem Guarda* e o trio de artistas encabeçado por Roberto Carlos, que incluía ainda Erasmo Carlos e Wanderléa. A linha seguinte – que é a que nos interessa mais de perto, já que se dá em plena década de 70 – não se origina desta primeira: muito pelo contrário, a repudia. Os frutos desse rock'n'roll ingênuo serão, numa escala, Roberto Carlos e a canção de massa, pop, dos anos seguintes; em outra, uma parcela considerável da Tropicália, no momento em que esta cita e digere os dados do consumo de massa (Caetano Veloso: "Eu fui alertado para o Roberto Carlos por Maria Bethânia. Ela me dizia: Vocês ficam nesse papo furado e o que interessa mesmo é Roberto Carlos. Vocês já viram o programa *Jovem Guarda* na televisão? É genial, tem força, não é essa coisa furada aí. Eu senti aquela coisa brutal pelo modo como ela estava falando e, quando fui olhar, desbundei."[1]).

O rock consumido, copiado, assimilado e praticado no Brasil na década de 70 – com força e contorno definidos nos primeiros anos do período, até 1975/76 – vem, portanto, diretamente da matriz, da fonte exportadora. E, se vende poucas unidades fonográficas, consegue impressionar de tal forma uma geração de músicos e compositores que acaba permanecendo, mesmo quando suas formas externas mais evidentes já se dissolveram.

Neste ponto é de novo preciso distinguir duas etapas do processo. Numa, a mais aparente, há o que se chamou de "movimento rock" no Brasil, ou a tentativa de um "rock brasileiro". Começa imediatamente após o fim da Tropicália, com o exílio e o afastamento das figuras motrizes mais importantes da música brasileira. Nos grandes centros – Rio e São Paulo principalmente, mas Porto Alegre, Recife, Salvador e Curitiba também – o vazio de idéias, de movimentação e de debate provocado por essa ausência, pelo clima repressivo reinante, pelo esvaziamento da fórmula dos festivais conduz a uma geração emergente, com, na época, 17 a 22 anos, a admirar e, conseqüentemente, tentar imitar com fidelidade a música que vinha de fora – e que era, nessa época, vigorosa, incisiva, criativa e com propostas de modo de vida, de visão de mundo. Ouvir rock, informar-se sobre as idéias e atitudes de seus músicos e tentar tocar e ser como eles passa a ser uma forma fácil de sonho, de fuga, um novo objetivo, um ideal. Não era apenas a música – era a carga com que ela era vestida, as possibilidades de ruptura e restauração que ela anunciava. Na esteira do rock, os cabelos crescem, os contornos de uma "cultura marginal", "subterrânea", se anunciam, com jornais (*Flor do Mal*, *Presença*, *Rolling Stone*) e poesia mimeografada.

Os grupos que proliferam às dezenas dentro desse formato de adesão fiel ao modelo rock – importado principalmente da América pós-San Francisco, pós-Woodstock – falam claramente dessa assimilação, nem tanto na música, mas na postura existencial. Paulinho Machado, líder, em 1972, do grupo Sociedade Anônima – assíduo em concertos no Rio e em Niterói –, dizia, na época: "Nosso interesse em fazer rock não é restrito aos sons, maneiras, palavrinhas, bandeiras que faziam a moçada se sacudir. A gente sabe que há toda uma mentalidade a ser recriada, e é através do rock que isso vem se processando pelo mundo."[2] Arnaldo Baptista, então líder do grupo mais famoso dessa etapa, os Mutantes – egressos de um estágio fecundo na Tropicália, onde eram material de trabalho e síntese para Caetano e Gil –, escrevia no jornal *Rolling Stone*, meses depois: "Um dia, todo mundo vai ser cabeludo. Não haverá países nem religiões, como disse John Lennon."[3]

Radical em sua idolatria pelo modelo importado, fechado num grupo reduzido de consumidores – como atestam as vendagens dos maiores nomes do setor, os Mutantes, que nunca ultrapassaram a casa das 20 mil cópias –, esse "movimento" se manteria vivo por aproximadamente três anos mais, a partir de seu auge, em 1972. De 75 em diante, de modo lento mais decisivo, os grupos começam a se dissolver – por dissensões internas, muitas causadas por choque de idéias, de rumos a seguir, autocríticas, por problemas financeiros, também, já que um grupo de rock exige uma aparelhagem caríssima, importada, e as gravadoras se mostravam insensíveis ao rock feito no Brasil, como produto; e o público, que chegara a formar pequenas multidões de 2 mil espectadores em festivais ao ar livre como o Dia da Criação, em Caxias, em outubro de 1972, começa a desertar.

Para onde ele vai indica exatamente o ponto fraco de toda a tendência rock; quem absorve esse público e atrai novas platéias é o que se poderia chamar a segunda etapa dessa assimilação do rock no Brasil, nos anos 70 – compositores e músicos que, reconhecidamente influenciados pelas formas musicais importadas, procuram digeri-las, entendê-las, e não apenas cultuá-las. Daí surge um esforço de síntese, que acabará formando um dos veios principais de toda a música brasileira na década.

As raízes, obviamente, estão na Tropicália – mas Caetano e Gil fizeram o movimento inverso, de fora para dentro. Os primeiros sinais da síntese de dentro para fora vêm justamente em 1972, e passam quase despercebidos. Primeiro, há o encontro, aparentemente improvável, entre João Gilberto e o grupo Novos Baianos – que, desde sua criação, em 1969, tinha se dedicado exclusivamente a formas musicais elétricas, *pesadas*, até propositalmente distantes dos padrões vigentes na música brasileira (Galvão, poeta e mentor intelectual do grupo: "Samba naquela época era coisa só de universitário. Muito ruim, porque universitário não sabe fazer samba mesmo. Aí a gente nasceu anti-samba.")[4]. O fruto dessa união está no LP *Acabou chorare*, onde cavaquinhos e guitarras elétricas convivem pacificamente e que, apesar da boa repercussão de vendas e do sucesso da canção *Preta pretinha* (Morais e Galvão), não recebe da crítica a atenção devida, como arauto das primeiras mudanças e tentativas de digestão das informações estrangeiras.

No mesmo ano há uma outra tentativa de síntese mais diluída, mais intermediária – porque parte de músicos que tinham uma formação anterior não-roqueira, que tinham aderido ao rock mais recentemente: é o esforço do trio (Luís Carlos) Sá, (Zé) Rodrix & (Gutemberg) Guarabira de fundir os instrumentos eletrônicos com a viola sertaneja, o rock com o rasqueado e o baião, numa forma que foi chamada, por algum tempo, de *rock rural*. Da forma como é enunciado, o *rock rural* repercute pouco, deixando como únicos sinais visíveis de sua presença o trabalho futuro da dupla Sá & Guarabira, remanescente do trio original, e o interesse maior dos músicos essencialmente roqueiros do grupo Terço – que trabalhava com o trio e a dupla – em se aproximar de formas mais acústicas e menos copiadas.

Entretanto, por outras vias, diversos músicos e compositores estavam chegando a essa (rock/música sertaneja) e outras sínteses. No Festival Internacional da Canção de 1972 alguns sinais puderam ser distinguidos mas, como o LP *Acabou chorare*, passaram despercebidos. Presenças de estreantes como Fagner, Walter Franco, Raul Seixas indicam que existe uma geração que, embora influenciada pelo dado de fora, elétrico, estrangeiro, havia digerido a informação e começava a produzir novas formas de música.

Serão essas formas sintéticas que, pouco a pouco, atrairão o público antes voltado exclusivamente ao consumo do rock feito no Brasil e formarão uma platéia nova, na segunda metade da década, mais aberta à experimentação, sem preconceito tanto em relação à guitarra quanto ao uso de frevos, sambas e xaxados (repudiados com veemência pela platéia roqueira dos primeiros anos 70). Por obra, em grande parte, dessa geração de universitários marcados pelo rock – onde uma das poucas exceções é o mineiro Beto Guedes, que não chegou a freqüentar bancos universitários, passando direto dos grupos de baile para a tentativa da síntese – é que o dado elétrico, importado, será incluído com naturalidade na música brasileira, tornando comuns formas de marcação rítmica, estruturas de arranjo e instrumentação inteiramente repudiadas no início da década.

O rock como cópia exclusiva do modelo importado ainda conhecerá, nesta década, mais alguns anos de sobrevivência. Em 1973, chega a atrair pela primeira – e única – vez uma massa de público de real peso, através do grupo Secos & Molhados. Idealizado pelo ex-jornalista João Ricardo e contando com a privilegiada e agudíssima voz do cantor Ney Matogrosso (Gerson Conrad, músico, completava o trio), o Secos & Molhados se colocava inequivocamente como um grupo de tom rock – embora tentasse, no uso de textos de poesia brasileira, na incorporação da canção, do vira português, alguma forma tímida de síntese. ("Essa é a nossa linguagem: a reinvenção do próprio pop, porque isso é um processo que vem a partir de algum tempo, do underground, dos beatniks, dos hippies, e então talvez seja uma reinvenção disso, mas ainda dentro de uma infra-estrutura progressiva do pop."... "Eu me inspiro, por exemplo, no folclore, não para definir isso ou aquilo. É porque ele pinta, como pode pintar qualquer outra coisa, e por isso eu acho que ele também é rock, entende?")[5]

Sua carreira é breve e fulminante – entre ascensão e queda passam-se 12 meses –, tão fulminante que chega a dar a falsa impressão de que o rock havia se instalado mesmo no Brasil. Como legado, após sua extinção em 1974, o Secos & Molhados deixará um cantor extraordinário, um dos raros intérpretes masculinos surgidos numa década povoada de cantoras: Ney Matogrosso.

Até, aproximadamente, 1975/76, alguns grupos voltados exclusivamente para o modelo fechado do rock permanecem em atividade; o maior é o Mutante, de formação variada, sempre capitaneado pelo guitarrista Sérgio Dias Baptista, e que consegue o feito de uma discografia razoavelmente grande (seis LPs) e com um índice de vendas também razoável (20 mil cópias no disco *Tudo foi feito pelo sol*, de 1974). Mas já em 76 Sérgio parecia estar verbalizando as dúvidas que acabariam por dissolver o grupo, um ano depois – a exemplo do que já se dava, e continuaria ocorrendo, com praticamente todas as formações surgidas no período 1969/72: "É que nós chegamos a um tal nível cultural, musical, que começamos a nos perguntar profundamente sobre o que fazíamos, sobre o sentido mesmo do que a gente tocava, da música que a gente fazia. Nós sabíamos que tocávamos bem aquela música, aquele rock. Mas seria só isso? Bastaria só tocar bem?

Aí a gente foi vendo que não fazia sentido. Que bastava colocar um disco do Yes ou da Mahavishnu Orquestra do nosso lado que eles davam banhos na gente."[6]

Mas à medida que o público se cansa de consumir essa cópia pálida e passa a preferir a criação original de outro tipo de compositores, e à medida que se desgasta o apelo do rock como *forma alternativa* de viver e ver o mundo, os grupos vão se extinguindo e o "movimento rock" se esvaziando.

Como heranças imediatas ele deixará uma leva considerável de músicos e arranjadores que passarão a trabalhar com artistas e cantores variados, sem vínculo necessário com o rock: Arnaldo Brandão, ex-Bolha, toca com Caetano Veloso e Luiz Melodia; Túlio Mourão, ex-Mutantes, com Ney Matogrosso e Maria Bethânia; Candinho, ex-Módulo Mil, com o trompetista Márcio Montarroyos; Paulinho Machado, ex-Sociedade Anônima e Flato, com Zé Ramalho e Walter Franco – todos, só para exemplificar.

E também uma única figura de alcance extra-rock: Rita Lee, que se desliga dos Mutantes originais (ela mais os irmãos Sérgio e Arnaldo Dias Baptista) em 1972 e que atinge, em 1975, com o LP *Fruto proibido*, a marca das 180 mil cópias vendidas, índice jamais sonhado por artista algum de rock no Brasil. Nos anos seguintes continuaria mantendo essas marcas, o que garante uma existência segura, autônoma, mesmo depois que o rock como forma fechada desaparece do cenário brasileiro. Escrevendo músicas para Gal Costa e Zezé Motta, retomando o contato com Gilberto Gil (na excursão e disco *Refestança*, de 1977), Rita, apesar de sua raiz sem dúvida americana, se desliga formalmente do compromisso com o rock: "Sabe que eu não gosto de ficar dizendo que faço rock? Sabe que isso não quer dizer nada pra mim? Aí eu já pego e escrevo r-o-q-u-e, com *q* mesmo, já é uma outra coisa, não é ficar fazendo rock, radicalmente. Isso é impossível, gente. A gente vive aqui, no Brasil, tem que se ligar nisso. Falar das coisas daqui. Eu sou uma pessoa que anda na rua, ouve rádio, vê TV, conversa com as pessoas. Eu componho assim como eu vivo, como eu falo, como as pessoas falam à minha volta. Não curto roqueiro radical. É uma gente muito fechada, muito preconceituosa."[7]

Também, é claro, permanecem os Novos Baianos como uma das forças motrizes da síntese da segunda metade da década. Como grupo e também como matriz geradora de diversas carreiras: do compositor Morais Moreira, do grupo Cor do Som, do guitarrista Pepeu, da cantora Baby Consuelo.

É interessante notar que, quando o rock perdia o encanto no Brasil, novas formas de música passaram a ser exportadas para os mercados periféricos da indústria de discos centrada nos Estados Unidos – que, desde os primeiros anos da década, crescera enormemente, impulsionada, em sua maior parte, justamente pelo rock. Lá, a "velha" forma de música (o rock), embora já destituída de seu apelo inicial como opção de vida e contestação, mantinha-se viva e em circulação, mas o mercado crescera de tal forma que novos produtos eram necessários para preenchê-lo. O produto opcional mais importante que surgiu para dividir o mercado de música de massa, na América e fora dela, foi a música de dança, de origem negra: a discotheque, a funky music.

Antes de passar ao processo de exportação desse produto para o Brasil, é preciso delinear o que sejam essas formas, para entender como elas serão (ou não) absorvidas aqui. A música das populações negras urbanas, nos Estados Unidos, sempre existiu como um mercado uno, típico, de contornos definidos; é uma matriz forte e fecunda, que, por diversas vezes, ultrapassou as barreiras do mercado branco, penetrando em geral nas jovens classes médias e produzindo, entre outras coisas, o produto rock'n'roll. O que se passou na segunda metade dos anos 60 e primeiros anos 70, na América, foi mais um recuo dessa onda de produção negra: enquanto o mercado jovem e branco de rock se expandia e se tomava cada vez mais branco, a música negra – soul music em suas diversas variantes – recuou novamente, como já havia feito nos anos 50, para seus consumidores habituais. Com o esgotamento progressivo das fórmulas brancas de fazer música – principalmente as que bebiam nas fontes européias, chamadas clássicas – um novo *crossover* se anunciou. Assim, a partir de meados dos anos 70, duas linhas de produção emergem na América, partindo do dado negro: uma mantém-se mais fiel aos padrões de gosto das populações jovens e negras das cidades – é a mais nova vestimenta da soul music, a funky music; outra aproveita apenas os padrões rítmicos, o pulso dançante, e dilui em formas mais comedidas e apropriadas para consumo em larga escala – é a discotheque.

As duas formas abrigam-se sem esforço, ao lado do rock, no vasto mercado americano. Mas, uma vez exportadas, assumem contornos novos, de modismo substitutivo. Assim, para a nova camada emergente de jovens brasileiros, brancos, de classe média, a discotheque apresenta-se como a "nova moda" – destituída dos apelos existenciais e até políticos da "moda anterior", o rock, ela oferece, contudo, os atrativos da novidade, do que "está em uso lá fora", a possibilidade da evasão pelo dispêndio da energia física e pelo atordoamento sistemático dos sentidos, via tecnologia sonora e aparato visual. E para as populações jovens e negras dos grandes centros brasileiros – principalmente São Paulo e Rio – a soul music com suas variantes apresenta-se como uma opção digna diante do interesse cada vez maior da classe média branca por sua produção usual, o samba; como o rock fizera nos primeiros anos da década, a soul music vai acenar aos jovens negros como uma alternativa viável de busca de identidade, reação, resistência, contestação aos padrões vigentes, dentro e fora da comunidade negra.

É curioso lembrar que os bailes de soul music – que, pela assiduidade e maciça freqüência, chegaram a assumir contornos de movimento, recebendo, de fora para dentro, a denominação de Black Rio, a que se seguiram Black São Paulo, Black Pertinho (Porto Alegre) etc.[8] – surgiram exatamente dos bailes de rock, prática comum nos subúrbios cariocas e paulistas no início da década. Com grupos ao vivo e depois, cada vez mais, com música em fita, esses bailes misturavam, inicialmente, rock e soul, escolhidos pelos padrões mais dançáveis. À medida que o rock foi se afastando da forma dançável, e que sua platéia passou a se interessar mais por ouvir, considerando-o uma linguagem musical *séria*, capaz de transformações mentais, políticas e existenciais, o repertório dos bailes foi ficando cada vez mais negro – assim como seus freqüentadores.

Com uma indústria fonográfica mais articulada em termos de marketing, as duas novas formas importadas – soul e discotheque – tornaram-se alvo de maciças produções. Curiosamente, contudo, o rastro que ambas deixaram no modo de fazer música no Brasil, nesta década, foi bastante menor que o do rock, menos favorecido pelas companhias de disco.

A discotheque, que vendeu grandes quantidades de discos (e matrizes importadas) principalmente em 1978 (na esteira do filme *Embalos de sábado à noite* e da novela de TV *Dancin'Days*), não conseguiu forjar no Brasil sequer um copista digno de ser lembrado. Alguns criadores, com menor ou maior felicidade, se aproximaram de sua fórmula com intenções de sátira (Gonzaguinha – *O preto que satisfaz*), citação (Belchior – *Corpos terrestres*, *Como se fosse pecado*; Gilberto Gil – *Realce*) ou incorporação (Frenéticas – *Dancin'Days*, *A felicidade bate à sua porta*; Rita Lee – *Corre corre*, *Chega mais*). Mas disso não passou.

Com a soul music – e, de um modo mais abrangente, com os modos negros e americanos de fazer música – já se deu um processo parecido com o do rock. Surgiu, num primeiro momento, uma leva de compositores, cantores e grupos votados à cópia dos cânones exatos da soul music americana – alguns, como Tim Maia e Cassiano, vindos de uma reverência mais antiga ao gênero, já nos anos 60. E, com exceção quase única destes dois, este bloco de artistas foi rapidamente esquecido – tanto pelo público aficionado de soul, que confinou preferindo a música original, quanto por outras platéias em potencial.[9]

Mas, da mesma forma como o rock havia sido desmontado e reinterpretado por músicos alheios ao culto da forma fechada, a soul music veio marcar e interessar muitos trabalhos, sendo citada por Caetano Veloso no LP *Bicho* (1977), incorporando-se totalmente às novas produções de Gilberto Gil (*Refavela*, 1977, *Nightingale*, 1978, *Realce*, 1979) e forjando uma linha de criação única em sua síntese, a de Luiz Melodia – que, criado no rico ambiente de samba do Morro de São Carlos, teve sua adolescência marcada por soul e blues, surgindo daí uma música naturalmente sintética e de formato marcantemente pessoal.

NOTAS

[1] "O rock e eu", entrevista de Caetano Veloso a Ana Maria Bahiana, revista *Rock*, setembro de 1975.

[2] Entrevista de Paulinho Machado e Carlos Alberto Sion, jornal *Rolling Stone*, 16/5/1972.

[3] Texto de Arnaldo Baptista, jornal *Rolling Stone*, novembro, 1972.

[4] "Os Novos Baianos vão para o mundo", entrevista de Galvão a Ana Maria Bahiana, *Jornal de Música*, outubro de 1975.

[5] "Entrevista antes da separação", entrevista do grupo a Antônio Carlos Morari, livro *Secos & Molhados*, Ed. Nórdica, 1974.

[6] "A nova mudança dos Mutantes", entrevista a Ana Maria Bahiana, *O Globo*, 3/8/1976.

[7] "Essa tal de Rita Lee", entrevista a Ana Maria Bahiana, *Jornal de Música*, setembro de 1977.

[8] O marco dessa denominação é a extensa matéria "Black Rio", da repórter Lena Frias para o *Jornal do Brasil* de 17/7/1976.

[9] Na matéria "Enlatando Black Rio", redigida por Ana Maria Bahiana e apurada por Aloysio Reis, Antônio Carlos Miguel, Gabriel 0'Meara, Guerra, Liana Fortes e Paulo Macedo (*Jornal de Música*, fevereiro de 1977), as gravadoras anunciavam uma grande ofensiva no mercado black, muitas antevendo, já, um novo "movimento". "Sem afirmar nada, apenas guiado por sua intuição e experiência, André Midani, da WEA, acredita que possa surgir do Black Rio o primeiro movimento musical inteiramente negro a produzir um tipo de música que não seja o samba", Nelson Motta afirmou em sua coluna no *Globo* de 2/1/1977. Ao *Jornal de Música*, Roberto Menescal, da Polygram, disse: "Parodiando o Midani, que disse que a saída era o rock, eu diria que a saída é o soul." No entanto, a maioria dos nomes mencionados pelos executivos do disco na matéria ou estão hoje esquecidos, ou abandonaram a carreira ou mudaram radicalmente a orientação de seu trabalho, optando, como o cantor Carlos Dafé e a Banda Black Rio, por um formato mais nitidamente de samba. Inclusive porque, no nível superficial do consumo de modismos, a volta da gafieira com seu elenco de sambas (e também boleros e sambas-canção) encerrou a década de 70.

MÚSICA INSTRUMENTAL – O CAMINHO DO IMPROVISO À BRASILEIRA

Ana Maria Bahiana

A denominação "música instrumental" – ou, como preferem os próprios músicos, "música improvisada" – parece, a princípio, elástica e abrangente. Esteve constantemente em pauta durante a década, foi retomada como assunto de investigação e debate inúmeras vezes, principalmente a partir da metade final dos anos 70. Mas, na verdade, o assunto central dessas discussões, o tema oculto sob a designação "música instrumental" – palavra que, por definição, deveria se aplicar a toda forma musical executada exclusivamente com instrumentos, sem o concurso do texto cantado, o que incluiria desde o choro até a música dita "clássica" ou "erudita" – não era tão imenso como fazia supor. Referia-se, basicamente, às formas musicais cunhadas na informação do jazz e à geração de seus praticantes, os instrumentistas dispersos com o esvaziamento da bossa nova e o desinteresse do mercado e da indústria fonográfica.

Portanto, ao tentar compreender em perspectiva a produção e a discussão da "música instrumental" nos anos 70, é preciso fazer essa distinção. Dois grandes assuntos foram levantados e debatidos nestes anos. Assuntos diversos e freqüentemente – mas não necessariamente – comunicantes: um, a problemática profissional do músico enquanto classe; outro, a disputa pela atenção do público, da indústria fonográfica e dos meios de comunicação empreendida por esses músicos de formação jazzística, herdeiros ou continuadores (muitas vezes sobreviventes) da linhagem da bossa nova.

Os problemas e dificuldades profissionais da classe de instrumentistas – onde se incluem desde os músicos de sinfônica até os integrantes de bandas carnavalescas – não surgiram nesta década. E nela não foram solucionados, apesar de terem atraído, talvez como nunca antes, a atenção dos meios de comunicação, principalmente a imprensa. Em 1977, a morte do violinista Macumbinha (Benedito Inácio Garcia) e sua família (mulher, dois filhos) por um escapamento de gás tido mais como suicídio que acidente deu a ênfase dramática num debate que já havia sido levantado desde o início da década. "O sindicato, a Ordem dos Músicos, como outros sindicatos, nada fazem, nada reivindicam. Existe o medo da intervenção. Os músicos têm todos os dias seu mercado de trabalho aviltado. Se fecham em pequenos grupelhos de características mafiosas, pra disputarem as sobras de um mercado de trabalho ocupado pela importação de cultura de consumo, importação essa que dá altos lucros para os empresários, mas faz os espectros da fome rondarem os lares dos trabalhadores brasileiros", escreveu Plínio Marcos, na época.[1]

Mas o problema não era tão simples, nem tão recente. As fases de fartura e penúria para o músico como profissional parecem antes obedecer a ciclos, e as queixas contra inimigos que roubam espaço do instrumentista vêm de outras décadas, mudando apenas o nome do acusado: iê-iê-iê, discoteca (não a dos anos 70, mas a dos 60), fita pré-gravada. Os problemas principais, que apenas nesta década aproximaram-se de uma solução, dizem respeito antes à organização da classe – único meio eficiente de fazer valer o direito de qualquer categoria profissional, artística ou não. Indagado sobre as causas das dificuldades de sobrevivência e afirmação do instrumentista, no Brasil, o trompetista Márcio Montarroyos não hesitou em responder: "É porque não têm organização, não querem ir à luta. O músico que fica em casa estudando e chorando porque ninguém lhe dá valor não adianta".[2] E de fato, em parte realimentados pelo próprio interesse da imprensa em levantar seus problemas – pagamento justo pelos horários de estúdio, maior aproveitamento do músico em casas noturnas e gravações de publicidade, facilidade de compra de bons instrumentos, quase sempre importados e sujeitos a alta taxação –, os esforços dos músicos no sentido de pressionar suas organizações, em geral tidas como inoperantes, principalmente a Ordem dos Músicos, trouxeram alguns resultados práticos. Reajustes periódicos do pagamento por período de gravação e atuação em espetáculos e casas noturnas, revogação do ISS pago sobre cachês, assistência médica e auxílio funeral foram algumas das conquistas principais da classe nesta década.[3]

Mas, além da mera sobrevivência, o que se discutiu foi a efetiva participação do músico no processo criador, a retomada da velha disputa cantor versus instrumentista, *música cantada* e *música improvisada.* Mais uma vez, é um problema cíclico – a períodos de predominância da fala e do texto seguem-se fases de rebuscamento harmônico e improviso. Os anos 70 viram o *estouro* da ponta de um desses ciclos e o começo do parto de mais uma forma nova de música improvisada – e uma nova platéia.

O último grande momento instrumental do Brasil tinha sido a bossa nova. Após quase uma década de refinamento harmônico e depuração da síntese jazz/samba – operada, em sua maior parte, por uma geração coesa de instrumentistas, contemporânea em idade, cabeça, formação – a palavra recuperou espaços com o *racha* da música de participação, ou protesto, de meados dos anos 60.[4] O predomínio do texto atingiu seu pique máximo com os festivais, nos derradeiros anos 60 e primeiros 70 – e quando a censura empenhou esforços para emudecer a música brasileira, os primeiros murmúrios da música instrumental – sem texto, portanto, teoricamente, incensurável e livre – se fizeram ouvir.

Eram músicos – quase todos compositores – da derradeira geração formada em jazz e bossa, que iam começar a entrar em cena com força quando a palavra instaurou seu reinado. Em doses menores, havia sobreviventes da própria bossa, exilados no posto de acompanhantes de cantores ou no exterior, mesmo – a eterna Meca, o amplo mercado próspero com capacidade quase infinita de absorção de mão-de-obra.

Na teoria, os primeiros anos 70 deveriam registrar, portanto, um ciclo natural e espontâneo de música instrumental. Mas tal não se deu, por muitos motivos. Primeiro, o jejum forçado imposto às platéias não criou de imediato um interesse por música instrumental, mas esfriou *todo* o processo criativo e consumidor de música no Brasil – de tal forma que a indústria do disco, por exemplo, só começou a registrar dados positivos de crescimento a partir de 1974. Havia, de um lado, uma enorme apatia do público e desinteresse total das gravadoras; e, de outro, uma atrofia dos próprios criadores em potencial, depois de anos acompanhando cantores, fechados em círculos restritos, autofágicos, isolados e queixosos, desanimados inclusive pelos próprios problemas imediatos, profissionais, da classe.[5]

A gradual modificação do comportamento do mercado, a partir de 1976/77 – vitalizado em geral, e em geral interessado em música – acabou trazendo à luz não exatamente um *boom* de música instrumental – o que talvez fosse dramático e até esperado por alguns, mas dificilmente resultaria em efeitos duradouros – mas pelo menos alguns nomes de real consistência, aumentando assim o leque de opções, acrescentando a música improvisada, já em uma forma nova, distante de seus tempos de jazz/bossa, à prática musical do país.

O interesse do público não veio subitamente, e não surgiu do nada. Curiosamente, um dos fatores que ajudaram a criar uma platéia para a música improvisada foi um dos maiores acusados – o rock. Assim como as platéias jovens dos primeiros anos 60 tinham educado o ouvido para o improviso consumindo jazz – e esperando uma fusão tipo jazzística dos músicos – as platéias novas, que começam a se interessar por música em meados dos anos 70, tinham seu gosto formado em grande parte pela liberdade de improviso do rock mais "progressivo", mais aproximado do jazz e dos clássicos – e, ao encontrar essa qualidade em músicos brasileiros, fizeram eco. Na verdade, não seria exagero afirmar que grande parte do público que tornou possível a existência de uma atividade constante da música improvisada, no Brasil, seja constituída por roqueiros desiludidos com os sucedâneos nacionais de sua música favorita. "Acho que a música instrumental no Brasil está começando a dar pé. (...) Agora já se encontra num show do Egberto, que é som puro, toda a garotada do rock." disse, em 1976, o saxofonista/flautista Mauro Senise. E completou: "Está começando a surgir nesse pessoal uma outra concepção de som, porque, embora o rock também seja muito bom, ficar só nele não dá."[6] Mariozinho Rocha, um dos diretores artísticos da gravadora Odeon (responsável por dois verdadeiros "sucessos" do setor, Egberto Gismonti e Wagner Tiso), foi mais explícito: "Os grupos instrumentais estrangeiros, como Focus, o de Rick Wakeman, vieram dar nova perspectiva ao mercado da música instrumental. O último LP de Egberto Gismonti vendeu 14 mil cópias, e o de Wagner Tiso, com apenas três semanas, já está com duas mil vendidas".[7]

Também não se podem subestimar os esforços da imprensa e da crítica, trazendo o assunto incessantemente à tona na metade final da década, conseguindo em parte compensar o alheamento do rádio e da TV.[8] E as próprias iniciativas dos músicos, despertados enfim para a necessidade da coesão – o Projeto Trindade, particular e independente, concebido pelo cantor Luís Keller e pela fotógrafa e cineasta Tânia Quaresma, pode não ter alcançado a totalidade de suas metas grandiosas (funcionar como uma entidade, uma fundação alternativa de apoio ao músico, produzindo shows e discos) mas conseguiu atrair a atenção de gravadoras e meios de comunicação e, acima de tudo, aproximar os músicos uns dos outros, acima das rivalidades e medos, durante seu ciclo de shows, em 1978.[9]

A realização, extremamente bem-sucedida, de uma verdadeira maratona de música improvisada, em 1978 – o Festival de Jazz de São Paulo, em setembro –, serviu para atestar a existência inequívoca de um interesse pelo gênero. Apesar de não se poder descartar o apelo dos grandes nomes estrangeiros – John McLaughlin, Chick Corea, Larry Coryell, George Duke – e a tendência ao modismo. "Ouço muita gente falar do Hermeto. Mas poucos entendem", afirmou Theo de Barros, ex-companheiro de Hermeto no Quarteto Novo, em dezembro de 1978. "Não sei se feliz ou infelizmente, ele está sendo tratado como um modismo. (...) Mas esse público jovem que o acompanha oferece uma vantagem. Dele você sempre consegue arrancar um aplauso, mesmo que seja por boa educação. Agora, o importante é ser fiel. E tenho minhas dúvidas: no momento em que a gente mais precisar desse público, será que ele não estará seguindo algum John Travolta?"[10]

Assim, com algum atraso, a geração de instrumentistas/compositores que lutava por um lugar no mercado desde a diluição da bossa nova começou a conquistar este espaço nesta década, não mais em conflito mas paralelamente à música cantada, com texto. Seria de imaginar que, pela demora e acúmulo, muitos seriam os músicos a passar por essa abertura. Nem tantos. Desacostumados a produzir para si, ou mal abastecidos de informação, por viverem em círculos fechados, os músicos, mesmo apresentando apuro técnico na execução, tinham pouco a mostrar em criatividade. ("Nosso problema principal é o de todo músico: o perigo da gente deteriorar como instrumentistas por falta de treino, de ensaio, de estudo", disse o tecladista e compositor Marcos Rezende[11], que desenvolveu uma carreira de 10 anos na Europa antes de retornar ao Brasil, em 1976, onde criou o grupo Index, de múltiplas formações. "Com tanta luta para sobreviver, tanto trabalho de estúdio, o músico acaba não tendo tempo para se dedicar a seu instrumento").

Um olhar sobre a produção instrumental ou improvisada – para distinguir o gênero do choro e do erudito, também instrumentais –, que finalmente aflora e encontra canais de escoamento a partir de 1976/77, vai revelar que os trabalhos mais consistentes e que melhor dialogam com as platéias são os que, justamente, rompem de certa forma com a cadeia jazz/bossa que foi seu berço. E incorporam dados novos, interessando-se sobretudo pela música dita de raiz. Nivaldo Ornellas, mineiro de Belo Horizonte, saxofonista, flautista – trabalhos com Milton Nascimento, sobretudo, mas também com Hermeto Paschoal e Egberto Gismonti –, tem, sobre isso, um depoimento esclarecedor: "No começo eu fazia as duas coisas (atuar como instrumentista e compor) bem juntas. Era muito influenciado pelo jazz, né, como todo músico, e as duas coisas eram parecidas, jazz e bossa. Eu compunha umas imitaçõezinhas de bossa nova, sabe? Mas não mostrava a ninguém, achava bem ruinzinho. Foi aí por 72, 73 que composição e trabalho instrumental começaram a ficar bem diferentes. Eu tocava uma coisa e compunha outra inteiramente diferente, saía assim, não tinha jeito. Era toda uma volta a Minas, àquela coisa de música religiosa, essas coisas."[12] (Nivaldo despontou como compositor no Projeto Trindade, em 1977, e gravou seu primeiro LP individual, *Memória das Minas*, no ano seguinte, dentro da série *Música Popular Brasileira Contemporânea*, da gravadora Polygram).

Como Nivaldo, outro mineiro, Wagner Tiso, evoluiu da raiz jazz/bossa para uma língua musical híbrida de clássicos, música regional e uma pitada de rock – que praticou, mais, nos anos do Som Imaginário, 1970/73. "Acho que essas coisas (jazz e música erudita) mais os sons de Minas mesmo, das igrejas, das fazendas, são os principais elementos do meu som. Ah, e tem o rock, é claro. Os Beatles, jazz e Beatles, pra mim, estão no mesmo plano."[13]

Ao se encerrar a década, a música instrumental tinha no Brasil pelo menos dois grandes nomes – não só em termos de qualidade e persistência de suas obras, mas até em apelo junto ao público. Dois nomes que exemplificavam perfeitamente essa passagem da linha jazz/bossa para uma linguagem mais misturada e mais ampla: Egberto Gismonti e Hermeto Paschoal.

Egberto, fluminense de Carmo, criado em Nova Friburgo, apareceu na fase final dos festivais (1969-70) fazendo – no piano e violão – um tipo de música que revelava sua formação de conservatório e suas preocupações com a elaboração dos arranjos. Durante quatro anos, seu trabalho em disco (e em ocasionais shows) seguiu essa linha: intrincadas peças onde a improvisação jazzística era controlada pelo preciosismo da ourivesaria orquestral, aproximando-se ora mais da canção (LP *Água e vinho*, 1972), ora dos processos "eruditos" (LP *Egberto Gismonti*, conhecido como "da árvore", 1973).

A partir de 1974 e do LP *Academia de danças*, Egberto começou a passar a limpo essas informações, decantando e fundindo a liberdade do improviso e a elaboração do arranjo com – cada vez mais – dados de música brasileira básica. Cada disco dos anos seguintes – e eles foram cada vez mais abundantes e freqüentes, principalmente a partir de uma bem-sucedida e premiada carreira no exterior, através do selo alemão ECM, dedicado a jazz e música de vanguarda – aprimorou mais esta fusão, e trouxe-a mais perto não de uma utópica e, no caso, impossível "simplicidade", mas de uma organicidade, uma unidade, uma originalidade que não devia nada aos patronos inaugurais do bossa/jazz, mas instaurava uma nova categoria, uma nova língua musical expressa através da execução instrumental. "Não sei bem o que foi, ou melhor, foi um processo acelerado por tudo isso", ele disse, em 1977, esclarecendo o processo de depuração de sua música. "De repente eu vi a mentira de tudo, a mentira, basicamente, que se escondia em diversos relacionamentos meus com as pessoas, com a música. Por exemplo, pra que ficar pondo cordas numa música que não pede cordas, apenas pra soar sinfônico, falsamente sinfônico, porque sinfônica mesmo é outra coisa, outros músicos, outra estrutura de música? Por que fazer isso só porque eu tinha decidido que essa era minha forma de música? Por que não tocar simplesmente do jeito que eu tinha composto?"[14]

O trabalho no exterior, para a ECM, em colaboração com o notável percussionista Naná Vasconcelos – "exilado" na Europa desde 1974 –, desenvolveu e apurou essa fala musical onde a liberdade essencial do improviso é entendida em si mesma, sem pagar tributo a nenhuma forma já estabelecida, como o jazz – os procedimentos musicais de Egberto são originais, próprios, obedecem aos impulsos e controles de seu criador e só podem ser chamados de "jazzísticos" se tomarmos o termo como sinônimo exato de improviso e livre associação musical, o que não seria verdadeiro.

É o mesmo procedimento encontrável em Hermeto Paschoal. Só que esse paraibano de Lagoa da Canoa chegou a esse – digamos – *improviso selvagem* por outros caminhos. Criado em família de músicos, ouvindo forrós e xaxados, Hermeto profissionalizou-se cedo como instrumentista de rádio, integrante dos "regionais" que acompanhavam cantores em Caruaru e Recife. No Rio desde 1958, Hermeto prosseguiu tocando em rádios e casas noturnas – o que significava acesso e prática de todo tipo de música, do samba-canção ao chorinho, passando pelo jazz – revezando-se no piano, acordeão, sax e flauta. Dez anos depois, integrava o Quarteto Novo, ao lado de Airto Moreira, Theo de Barros e Heraldo do Monte, no acompanhamento de Geraldo Vandré. E, pouco depois, ia para os Estados Unidos, a convite de Airto.

Na América, Hermeto foi "descoberto" por Miles Davis – segundo Airto, virou "o bicho de estimação do Miles" – e desenvolveu uma carreira respeitada como músico, compositor e arranjador, no meio de jazz. De volta ao Brasil em 1974 – embora continuasse viajando esporadicamente para os Estados Unidos – Hermeto começou a desenvolver uma linha de ação peculiar, única. Com apenas três discos lançados no Brasil (um em 1972 e os outros muito mais tarde, em 1978 e 79) e sem abrir mão de sua forma livre e muitas vezes caótica de trabalhar, transformou-se em figura de culto das platéias emergentes – a ponto de provocar o comentário de Theo de Barros sobre os perigos do modismo.

Mas, de fato, Hermeto foi ao encontro, perfeitamente, dos ouvidos desse novo público. Sua música é uma torrente de livre associações, onde a prática do improviso se desenvolve a partir de dados muito terra a terra, retomando os xaxados e xotes da infância e da adolescência, e citando o choro, o regional da juventude. E, como Egberto, mas por caminhos e com resultados diversos, tirando do jazz a exclusividade e a sinonímia do improviso, encontrando alternativas para a prática instrumental no Brasil. "Quando eu vou gravar, a minha preocupação é essa, só: fazer um trabalho sem qualquer influência. Eu improviso da minha maneira. Muita gente confunde improvisação com jazz. Brasileiro quer improvisar feito americano e quebra a cara."[15]

Impossível falar da música instrumental no Brasil, nos anos 70, sem mencionar a verdadeira emigração de músicos para a Europa e, principalmente, Estados Unidos – e suas conseqüências. Causada de imediato pela falta de horizontes profissionais nos últimos anos 60 e primeiros 70, a leva de instrumentistas que foram tentar a sorte no sempre utópico e sonhado mercado americano – onde parece haver lugar para todo tipo de música – na verdade apenas retoma um movimento migratório que nunca cessou de existir, neste século. Os acenos do Eldorado americano – com a Europa a reboque – não são desta década, é claro; o apelo de fazer "a Europa (ou a América do Norte) curvar-se ante o Brasil" já está na história de nossa cultura há muitos anos, para não dizer séculos – talvez desde a Independência. Nos anos 70 houve apenas um recrudescimento desse chamado – cuja última grande colheita fora justamente em fins da era bossa nova, levando consigo Tom Jobim, Sérgio Mendes, João Gilberto, Edu Lobo e muitos outros. O impasse profissional para o músico, no Brasil, e o crescimento do mercado nos Estados Unidos, coincidentemente, se incumbiram de atrair um lote considerável de instrumentistas da derradeira geração jazz/bossa, em levas sucessivas que começam em 1968/69 e diminuem de intensidade apenas nos anos finais da década.

Os resultados dessa migração, contudo, foram bastante inferiores ao otimismo dos viajantes, que viam, no próspero mercado americano, a solução imediata para todos os seus problemas. Lá, como cá, a música improvisada de qualidade, continuação natural do jazz, estava restrita a uma faixa pequena do público – embora, evidentemente, muito maior que o quinhão correspondente no Brasil. Nesse círculo fechado, os espaços já estavam praticamente ocupados – e a concorrência como forasteiro era duríssima. Restavam duas opções: ou entrar via Europa, onde algumas etiquetas mantinham um interesse constante por música instrumental de vanguarda (caso da ECM, de Egberto e Naná), ou empregar-se nas diversas opções do mercado americano, do rock à música para dançar.

Em todos os casos – quem conseguiu acesso diretamente ao creme do meio americano, quem penetrou via Europa e quem se colocou em grupos não necessariamente de jazz – tiveram mais sorte os percussionistas. É natural: há muito tempo a música "civilizada", seja americana, seja européia, sente-se atraída pelo "exotismo" e pela "selvageria" do "traço mais típico" da produção musical ao sul do Equador (ou a oeste da linha de Greenwich): a percussão. É o dado novo mais facilmente reconhecível e assimilável, e, no momento exato em que o jazz se inclinava mais e mais para as formulações rítmicas – a fusion, o jazz/rock – e que a indústria do disco encampava a música para dançar como gênero importante, a chegada de percussionistas egressos da América Latina era extremamente oportuna. Para muitos músicos brasileiros, o interesse americano pela percussão, quase exclusivamente, foi revelador da distância que havia entre o jazz praticado em seu berço próprio e o que eles pensavam ser uma variação brasileira do gênero. Enquanto improvisadores, seguindo um padrão estabelecido pelo jazz americano, só havia lugar se se tornassem percussionistas – ou adotassem claramente a linguagem do dono do mercado.

Fora da percussão, poucos conseguiram escapar a esse processo. Egberto, porque chegou ao mercado americano via ECM – onde tinha e tem toda liberdade de criação –, foi um deles. Hermeto, porque manteve-se teimosamente íntegro em sua maneira de criar e sem ambições a estrela, também. Já o trombonista Raul de Souza, morando nos Estados Unidos desde 1973, e gravando lá desde 75, traçou uma carreira que se afasta cada vez mais do Brasil e de seu estilo original e se embrenha a fundo na fusion music americana, um gênero que, segundo ele, "possibilita maior entendimento por parte do povo, que nem sempre entendia a bossa nova e o jazz"[16]. Profissionalmente bem-sucedido, líder de seu próprio grupo de cinco músicos e duas cantoras, Raul admite, no entanto, que é um em mil, e que, para chegar a esse ponto, "foi preciso comer muito pão duro, tomar muito cafezinho sem açúcar".[16]

Na área da percussão, as histórias de sucesso são mais freqüentes. Incluem o genial e irredutível Naná (outro contratado da ECM), Alírio Lima (John McLaughlin), Dom Um Romão (Weather Report), Paulinho da Costa (Chuck Mangione, Minnie Ripperton), Chico Batera, Laudir de Oliveira (Chicago, grupo mais para rock que para jazz) e Airto Moreira, este já candidato ao estrelato. Todos têm o mesmo depoimento a dar: o relato da curiosidade "civilizada" pela percussão "exótica" do Brasil. "Eles gostam muito da gente, colocam a gente nas alturas, você é uma especialidade, um tempero exótico que eles gostam. Mas não faz parte do dia-a-dia", diz Chico Batera, que atuou como músico de estúdio, free-lancer, em Los Angeles, de 1969 a 72.[17] "A gente se vira, né? Não vou meter a mão mesmo, como eu batia no candomblé, não vou tocar como se estivesse numa bateria", admite Laudir de Oliveira, que tocava em terreiros e blocos carnavalescos no Rio antes de viajar para os Estados Unidos com um grupo folclórico e acabar integrando o conjunto Chicago, a partir de 1975. "E nem precisa: qualquer coisa que eu faça tá bom, eles adoram qualquer coisa de ritmo brasileiro. (...) Agora, individualmente, é difícil um músico brasileiro influenciar de verdade, lá. Você tem de fazer a coisa, mas do jeito deles, senão eles não aceitam."[18]

O grande sucesso americano, o precursor da onda da percussão brasileira é o paranaense Airto Moreira, que viajou para tentar a sorte na América, com sua mulher, a cantora Flora Purim, em fins dos anos 60. Depois de uma passagem pelo grupo de Miles Davis e outra pelo Return to Forever de Chick Corea, Airto e Flora foram adotados definitivamente pelo cenário de jazz americano. Vencedores, vezes seguidas, das listas de "melhores do ano" da publicação especializada *DownBeat*, nas categorias Vocal Feminino e Miscelânea, Airto e Flora tentaram passar do estágio de nome respeitado no meio jazzístico a estrelas do grande mercado americano de música. Um salto difícil, quase impossível para um forasteiro, e que traz consigo, sempre, uma grande dose de submissão às formas estabelecidas de fazer música para vender, na América.

Os derradeiros anos 70 encontraram Airto neste impasse, no sem-pulo. Quem analisou com agudeza a trajetória de Airto e Flora no mercado americano – o que, por extensão, é uma síntese das ambições e dilemas dos músicos brasileiros no exterior – foi Egberto Gismonti (com quem, aliás, Airto fez um dos melhores álbuns de sua carreira, *Identity*, de 1975). "Lá, o cara tem de passar por vários estágios. Primeiro, a gravadora reconhece nele alguma coisa de interesse, que vale a pena gravar. Depois, ele passa a ser um cara que vale a pena gravar porque se sabe que ele vai dar um certo retorno. (...) Agora daí você pode passar pra outro estágio. Os caras vão te perguntar: você quer ir pro outro estágio, quer tentar o milhão de cópias, o disco de ouro e tal? Depende de você. É um jogo. Você tem de saber jogar. Se você não souber, samba. O Airto e a Flora, por exemplo, estão meio sambados porque quiseram dar esse pulo maior e não deram o retomo esperado, então não estão nem lá nem cá."[19]

NOTAS

[1] Folha de S.Paulo, 1º/7/1977.

[2] Entrevista a Maria Alice Paes Barreto, *Jornal do Brasil*, 6/9/1978.

[3] Entrevista de Wilson Sandoli, presidente da Ordem dos Músicos, a Jary Cardoso, *Folha de S.Paulo*, 26/7/1977.

[4] O baterista Edson Machado, falando a Sônia Nolasco Ferreira em Nova York, março de 1978: "Foi tanta letra que fizeram, intelectualizaram as músicas de tal forma que o pessoal deixou de escutar a melodia, ficou sem ouvido para o principal: a música" (*O Globo*, 25/3/1978).

[5] Uma brecha reduzida mas importante nesse período de marasmo foi o trabalho do grupo Som Imaginário. Liderado pelo tecladista e compositor Wagner Tiso, e com um núcleo integrado pelo baterista Robertinho e o baixista Luis Alves, o Som Imaginário teve ainda as participações de Tavito, Frederyko, Toninho Horta e Nelson Ângelo (guitarras), Naná Vasconcelos (percussão) e Zé Rodrix (teclados). Entre 1970 e 73, gravaram três álbuns para a Odeon.

[6] Entrevista a Liana Fortes, *Jornal de Música*, 23/9/1976.

[7] Entrevista a Paulo Cezar Guimarães Barbosa, *O Globo*, 11/9/1978.

[8] No final da década, a TV tentou em vão recuperar o tempo perdido incluindo um pouco mais de musicais em sua programação e, inclusive, tomando acintosamente a bandeira da "luta pela música instrumental brasileira". A Rede Globo, que estabeleceu padrões de atuação em TV, nesta década, namorou o tema pelo menos duas vezes: em 1977, com o malsucedido *Levanta poeira*, e em 1979, com *Alerta geral*, comandado pela cantora Alcione.

[9] A criação da série de LPs *Música Popular Brasileira Contemporânea*, pela gravadora Polygram (incluindo, no catálogo inicial, dois participantes de Trindade, Nivaldo Ornellas e Marcos Rezende), e o álbum individual de Wagner Tiso para a Odeon são, em grande parte, fruto do esforço do Projeto Trindade.

[10] Entrevista a Luis Henrique Romagnoli, *Jornal do Brasil*, 25/11/1977.

[11] Entrevista a Ana Maria Bahiana, *Jornal de Trindade*, novembro de 1978.

[12] Idem.

[13] Idem.

[14] Entrevista a Ana Maria Bahiana, *O Globo*, 29/2/1977.

[15] Entrevista a Ruy Fabiano e Ana Maria Bahiana, *Jornal de Música*, 21/1/1977.

[16] Jornal do Brasil, 7/9/1978.

[17] Entrevista a Tárik de Souza, *Jornal do Brasil*, 21/3/1976.

[18] Entrevista a Ana Maria Bahiana, *O Globo*, 31/10/1977.

[19] Entrevista a Ana Maria Bahiana, *O Globo*, 2/2/1979.

Arraial do Cabo, inverno de 1979. Em cima do sofá de alvenaria da casinha de pescador, refúgio daqueles anos de tensão e resistência, pilhas e pilhas de livros e recortes de jornais e revistas, organizados por temas: indústria fonográfica, censura, direitos autorais, discografias, política cultural... e entrevistas, muitas entrevistas. Sobre a mesa, a valente Lettera 22, confidente desta e de outras causas.

Foram meses de pesquisa para recolher informações e amarrar um balanço dessa década em que a cultura era proibida de se expressar. E foi nas costas da música popular que o chicote bateu mais forte, até porque nenhuma arte tinha, como ela, tamanha capacidade de mobilização. A música lotava estádios, tinha torcidas, levantava esperanças. Os compositores traduziam os recados do povo, que vibrava com cada sutileza, cada rasteira passada na censura. Eram heróis populares. Mas eram humanos, e como tal também tinham seus limites.

No início dos anos 70, de toda uma geração de talentos que foi revelada nos festivais, restavam por aqui muito poucos pra contar a história. Foi aí que a classe média foi apresentada ao samba e ao choro, e é disso que trata essa pesquisa. Para mim, foi também um balanço de uma década de atividade na grande imprensa, acompanhando o dia-a-dia dessa batalha.

Santa Teresa, outono de 2004

/ comentário de Margarida Autran /

SAMBA, ARTIGO DE CONSUMO NACIONAL

Margarida Autran

Esta foi a década do samba. Martinho da Vila e Clara Nunes, acompanhados de perto por Beth Carvalho, João Nogueira e Alcione, só não superaram as marcas de vendagem dos discos de Roberto Carlos, e se transformaram em ídolos populares. Sambistas da velha-guarda, fundadores das escolas de samba até então anônimos para o grande público, como Cartola, Donga, Monarco, Mano Décio da Viola e Dona Ivone Lara, conseguiram gravar seus primeiros LPs. E, no rastro deste sucesso, surgiu o "samba de gravadora", de Benito di Paula, Agepê, Luiz Airão e outros carbonos, que veio a desaguar na massificação da música de gafieira.

Este panorama fonográfico mostra como a máquina do disco funciona perfeitamente integrada à máquina estatal que, a partir de 1974, decretou ser o samba a linguagem musical nacional. Desgastado pelo esvaziamento da cultura nacional, reflexo de uma política repressiva que, em termos musicais, facilitou a invasão do mercado por ritmos importados, o governo precisava mudar sua orientação, em busca de uma imagem mais simpática ao povo. E, no momento em que passa a organizar a produção cultural, encampa e "amacia" as expressões culturais que, de maneira marginal e contestatória, conseguiram sobreviver à crise.

Ao definir o samba como "uma coisa marginal", por ser a forma de expressão mais natural da vida do morro, que "é uma comunidade de marginais", já em 1971 Paulinho da Viola fornecia os elementos que apontariam esta manifestação cultural como o veículo ideal da nova política, no setor musical – o que mais facilmente atinge a todas as camadas da população. Em entrevista a Torquato Neto, Paulinho afirmava ser o samba um dos elementos mais importantes da contracultura que florescia na época. "Marginal é o cara que se coloca contra o vigente. O marginal, no nosso tempo, sempre, é justamente o que é vivo, o que questiona, o que incomoda. O samba, nesse sentido, continua vivo, questionando, incomodando." (*Última Hora*, 28/7/1971)

Para a indústria fonográfica, espremida pela crise internacional do petróleo e da matéria-prima – que repercutia nas filiais das multinacionais que controlam a quase totalidade do mercado brasileiro –, o samba significava um investimento de poucos riscos, devido à sua boa aceitação no mercado. O ano de 1975 ficou definitivamente marcado, para as gravadoras, como "o ano do samba". E da grande virada da indústria do disco, que não parou mais de crescer.

Na verdade, desde o início da década o samba começa a mostrar seu potencial como artigo de consumo e seus LPs já se colocam entre os mais vendidos, após o período mais violento da crise que, de 1968 a 70, atingiu a música popular de modo geral. Naquela fase mais sombria, Martinho da Vila se manteve praticamente sozinho na divulgação do samba mais puro, atingindo sempre índices de mais de cem mil cópias vendidas, mesmo enfrentando uma campanha derrotista de uma certa imprensa alternativa, que lhe prenunciava um curto fôlego.

Outro foco de resistência foi o programa do radialista Adelzon Alves, que, entre meia-noite e quatro da madrugada, transformava a Rádio Globo do Rio em sentinela avançada da música popular brasileira, apresentando sambas e sambistas. Apesar do horário, o programa de Adelzon conseguiu uma inesperada audiência.

Foi em 1971 que alguns acontecimentos aparentemente isolados propiciaram as condições para a deflagração da maciça comercialização que, mais tarde, viria a desvirtuar toda uma cultura popular comunitária, que se expressa não só através do canto e da dança, mas também da linguagem falada, de costumes e até mesmo da culinária. O samba perderia suas características regionais para se transformar em cultura de massa, vendável a todo tipo de público, destinada a plasmar a identidade nacional buscada pelo Estado.

Assim, quando Clara Nunes atinge o sucesso com um LP produzido por Adelzon, no qual se define como intérprete de sambas, ela revela às gravadoras um filão que, com o costumeiro atraso em detectar novas tendências, elas passam a explorar, lançando no mercado uma enxurrada de cópias edulcoradas, os "sambões de parada". Outro dado importante daquele ano foi a retomada das noitadas de samba do Teatro Opinião, criadas em 1966 por um grupo de *iniciados*. Em 1971, passam a reunir em torno de compositores e ritmistas das escolas de samba uma platéia heterogênea e sequiosa, que vai motivar a moda das rodas de samba e sambões que se alastrou por clubes e churrascarias do Rio e de São Paulo. Paralelamente, na música de carnaval, o compositor salgueirense Zuzuca reduz as letras e simplifica a melodia de seus sambas-enredo (*Pega no ganzê*, em 1971, e *Tengo-tengo*, em 72), facilmente assimiláveis pela classe média que invadia as quadras das escolas de samba, transformando-os em êxitos comerciais.

O samba voltava assim à evidência, de forma quase espontânea, depois de ter sido relegado a segundo plano, na época da Bossa Nova, e de uma efêmera *redescoberta*, em meados da década de 60, quando intelectuais e compositores universitários que freqüentavam a gafieira Estudantina e o restaurante Zicartola, no Centro do Rio de Janeiro, tomam conhecimento da música de Nelson Cavaquinho, Cartola e Zé Keti e promovem os shows *Opinião* e *Rosa de Ouro*.

Certamente os bem-intencionados Jorge Coutinho e Leonides Bayer, promotores das noitadas das segundas-feiras no Opinião, não contavam que seu trabalho, "quase uma catequese", fosse contribuir para um fenômeno de massa, e até para a exploração do sambista, iludido com a possibilidade de acrescentar uns cruzeirinhos a seu magro orçamento.

"Às sextas-feiras e aos sábados, começo mais ou menos às 10 horas da noite numa churrascaria de Nova Iguaçu. Venho percorrendo clubes e churrascarias até o Bola Preta, onde dou o meu recado às três horas da madrugada. É assim que estou pagando meu aluguel e salvando o leite das crianças" – contou a Sérgio Cabral, em 1975, um compositor de escola de samba, funcionário público, com salário mensal de Cr$ 700, mais ou menos o que faturava em suas maratonas de fim de semana.

A ordem é sambar, decretou-se no país inteiro. Para Adelzon Alves, o que houve foi um esvaziamento dos clubes sociais, porque os jovens "não suportavam mais aquelas sociedades fechadas em si", partindo então para as quadras das escolas de samba, onde, com pouco dinheiro, "tomam leite-de-onça e ainda saem com uma mulata debaixo do braço". Preocupados com a evasão, os clubes teriam resolvido trazer o samba para suas sedes, promovendo rodas de samba. (*Visão*, dezembro de 1974)

Na verdade, o fenômeno não era tão simples e a divulgação do samba, apoiada pelas gravadoras, precisava do complemento de espetáculos ao vivo, onde todos pudessem dançar e esquecer o resto. E enquanto Sérgio Cabral vê o movimento como positivo, por abrir um mercado de trabalho para os músicos, Zé Catimba, compositor da Escola de Samba Imperatriz Leopoldinense, coloca as coisas sob o ponto de vista de sua classe: "O compositor é explorado. Na escola ele não ganha, mas faz com amor. Na roda o objetivo não é dar colher de chá ao compositor." E diante da denúncia de que os lucros da *Noite do samba quente* permitiram ao Cordão da Bola Preta, no Rio, fazer obras em sua sede, Zé Catimba diz que este lucro só é possível porque os compositores "não têm consciência profissional", aceitando trabalhar por preços aviltantes.

É a tomada de consciência dos músicos quanto à desproporção da divisão dos lucros advindos de seu trabalho que vai levar 21 sambistas a criar, em 1977, o Grupo de Ouro, entidade de classe que tinha como principal finalidade acabar com os intermediários e empresar suas próprias rodas de samba. Mas a roda do consumo gira mais rápido do que a capacidade de organização dos músicos e a imposição da onda dos bailes de *soul-music* e das discotecas, funcionando à base de fitas, tira do circuito a grande maioria das rodas de samba.

Esta nova incursão de ritmos importados, entretanto, não agrada às autoridades e dura pouco. Mais uma vez, marcando o final da década, o samba volta a ser utilizado como modismo, através da rápida transformação das discotecas em gafieiras, divulgadas pelas novelas em todo o Brasil. Após enfatizar que "não desci do morro ontem", a veterana sambista e ex-cantora de gafieira Elza Soares se confessa apreensiva: "Mas ninguém está me enganando. Quem sabe se não é uma mariola que estão dando e, depois, vem o gostinho do veneno? Acho até vergonha se falar em movimento em prol da música brasileira. Ela tem que existir sem movimento. Esse tal movimento não está me agradando. É feito pelas empresas, para ganharem dinheiro." (*Jornal do Brasil*, 9/9/1979)

Os espetáculos ao vivo, no entanto, são apenas uma parte da odisséia do sambista, que, ingênuo e desorganizado como categoria profissional, não consegue o justo preço por seu trabalho e talento criativo. Quando os produtores das gravadoras começam a subir o morro, em torno de 1974, em busca de matéria-prima de boa qualidade e baixo custo, os compositores, até então marginais, não conheciam as regras do jogo e, na maioria das vezes, levaram a pior.

"Todo mundo quer entrar no mundo do disco, mas de uma maneira errada", disse Martinho da Vila, uma das raras exceções. "Tive amigos que foram contratados para fazer uma gravação e pensaram que iam ser artistas profissionais. O cara larga o emprego e no dia seguinte está a ver navios, porque o interesse não é por ele, sambista, mas pelo assunto samba, por uma determinada música. (...) Fazem isso com o Monarco e com os mais novos também. O que tem de gente numa pior não está no mapa. Quando falei pro pessoal do samba que não deveriam se iludir, ficaram cabreiros, mas é que eu conheço o processo todo." (*O Globo*, 5/11/1978)

Fizeram bem os que não largaram seus empreguinhos e biscates, pois até hoje, apesar do estouro do samba e da quantidade de dinheiro que ele proporcionou às gravadoras e empresários, o compositor não consegue viver de música. Nem mesmo aqueles que, como Cartola, fundador da Estação Primeira da Mangueira e autor de dezenas de sambas, conseguiram gravar seus discos. Apesar da boa vendagem de seus três LPs – o primeiro deles gravado aos quase 70 anos de idade, em 1974 –, Cartola não dispensou sua aposentadoria como contínuo do Ministério da Indústria e Comércio. Dona Ivone Lara, que já fez até temporadas em Paris, passou a vida toda como enfermeira do Hospital do Engenho de Dentro; Alberto Lonato, da Velha Guarda da Portela e autor de vários sambas-enredo, ainda é lustrador de móveis; Nelson Sargento é pintor de paredes; Alvarenga faz vassouras para viver; Noca da Portela é feirante; Bala do Salgueiro tem uma banca de engraxate; e assim por diante.

Frustrados em seus empregos, eles não ousam deixá-los, pois sabem que, mesmo conseguindo gravar um disco, os direitos autorais manipulados pelas sociedades arrecadadoras (apesar da parcial reformulação no sistema de arrecadação e distribuição) não lhes permitiria a sobrevivência. Enfim, para o fornecedor da matéria-prima do sucesso, o que restou foi apenas a alegria de ver sua música cantada pelo país inteiro e uma ilusória sensação de aceitação ou até mesmo de ascensão social, como se observa pela declaração de Martinho da Vila:

"Se o samba e as escolas perderam a autenticidade, o sambista como pessoa física ganhou. Antes ele tinha medo, não dizia para ninguém que saía na escola, nem para a polícia. Hoje carteirinha de ala já quebra um galho, ele não é mais marginal, passou a ganhar dinheiro e pode chegar na casa mais requintada e todo mundo senta para falar com ele." (*O Globo*, 5/11/1978)

Essa subserviência à autoridade constituída e à classe dominante tem origem na própria história do samba, trazido da África pelos negros escravos na forma de um batuque sensual, a umbigada, ou *semba*, na língua angolana, e que se espalhou do Maranhão a São Paulo, recebendo nomes diversos, perdendo alguns de seus elementos e incorporando outros pela influência local.

Mas o samba, como é conhecido hoje no Rio de Janeiro, e daqui divulgado aos outros estados e até ao exterior, surgiu nas festas promovidas pelas *tias* baianas, que ainda no século XIX foram trabalhar na lavoura de café do Estado do Rio de Janeiro e mais tarde se instalaram na capital, localizando-se no bairro da Saúde, na Cidade Nova e nos morros próximos ao Centro da cidade, com suas músicas e suas festas. Foi em casa de Tia Ciata, a mais famosa dessas baianas festeiras, que nasceu *Pelo telefone*, tido como o primeiro samba gravado. Na verdade um "tango-samba carnavalesco", na definição de Donga, seu autor, mistura de ritmos bastante comum naquela época em que, da fusão de gêneros dançantes europeus e batuques africanos, ia nascendo a música urbana carioca.

Assim, nascido negro e escravo e cultivado durante décadas por moradores dos morros e bairros pobres, em sua maioria negros e mulatos, o samba na década de 70 subiu de status ao galgar as paradas de sucesso, mas os sambistas ficaram para trás, a não ser um número tão reduzido que dá para contar nos dedos de uma mão: o próprio Martinho, que não é mais da Vila, escola que nem mais freqüenta, mas de uma confortável casa do Grajaú; a mineira Clara Nunes, ex-operária tecelã e hoje dona de um teatro na Gávea; Beth Carvalho, que sempre morou nas imediações de Ipanema, onde não conseguiu passar incólume aos apelos da bossa nova; João Nogueira, ex-malandro do Méier e hoje bem instalado na Barra da Tijuca; e Alcione, que saiu de São Luís do Maranhão para cantar em até quatro boates por noite no Rio de Janeiro e que, ao voltar à terra, foi recebida pelo prefeito com banda de música, carro de polícia e de bombeiro e ainda ganhou a chave da cidade.

Eles vendem bem o ano inteiro e, desde que Martinho incluiu o samba-enredo e o partido alto em suas gravações, tornaram-se os maiores divulgadores do samba tipo escola de samba, gênero até esta década circunscrito aos terreiros e aos quatro dias de carnaval. "São todos iguais e com aquele estribilho fácil de pegar e depois vender muito disco", diz Martinho a respeito dos sambas-enredo compostos agora. "Se fui eu mesmo que mudei o samba-enredo e ele foi dar nisso, eu estou arrependido. As gravadoras deviam selecionar mais os discos de samba que estão lançando. Do jeito que a coisa vai, gravando qualquer samba só porque é moda e vai dar dinheiro, o negócio acaba cansando. Feito o iê-iê-iê." (*Veja*, 12/1/1977)

Aqui cabe um esclarecimento: os sambas-enredo de Martinho, embora modificados, não perderam suas características fundamentais, o que não acontece com os sambas tipo Zuzuca, mais próximos do samba de embalo, que não só tiveram influência altamente negativa na produção das escolas como mataram, definitivamente, a música de carnaval de salão, a marchinha carnavalesca, originária não da música negra, mas de ritmos europeus como o xote, a polca e a valsa. Na década anterior chegaram a ser lançadas 1.500 marchinhas por ano, mas diversos fatores contribuíram para sua extinção: as gravadoras não se interessam em gravá-las porque têm um período de vida limitado, o que representa pouca rentabilidade; as rádios deixaram de divulgá-las (os disc-jóqueis exigiam parceria e cobravam por sua execução, a ponto de alguns compositores chegarem a fazer uma cooperativa para comprar horário nas emissoras); os sambas-enredo pós-Zuzuca, cantados nos ensaios, aos quais comparecem de cinco a 10 mil pessoas por semana, ocuparam o vazio; a censura passou a proibir as letras das marchinhas que, tradicionalmente, tratam de temas maliciosos ou fazem crítica política, econômica e social (*Tem mutreta*, vencedora do concurso promovido pela Secretaria de Turismo de Brasília, em 1979, teve sua divulgação proibida). Assim, nem mesmo tentativas como a Convocação Geral, que contava com a máquina da TV Globo, conseguiram ressuscitar a música de carnaval.

Quando até ritmos de discoteca passaram a ser tocados nos bailes carnavalescos, seus freqüentadores se deslocaram definitivamente para as quadras das escolas, onde encontram divertimento bom e barato, e o carnaval de salão desapareceu. Nesses dez anos, o carnaval de rua também sofreu muitas modificações. Substituindo as manifestações espontâneas, como os blocos de sujo, os mascarados da zona rural e os foliões isolados, desenvolveu-se uma nova maneira de brincar, já regulamentada pela Riotur: as bandas de bairro, que, a partir da Banda de Ipanema, se espalharam pela cidade do Rio de Janeiro e pelo país inteiro. Sem música própria, elas cantam os sambas-enredo das escolas e velhas marchinhas. Os blocos subvencionados pelo Estado também passaram a ocupar um espaço maior entre as manifestações ao ar livre e, em 1979, havia 480 inscritos na Confederação dos Blocos Carnavalescos do Rio. Os dois maiores, o Cacique de Ramos e o Bafo da Onça, chegam a reunir um contingente de dez mil pessoas cada um. Sua música, embora contagiante, encontra problemas de divulgação pelos meios de comunicação. Mas este ano, o samba do Cacique, *Vou festejar*, por ter sido gravado por Beth Carvalho antes do carnaval, foi a música mais cantada no Brasil inteiro.

Intervindo mais diretamente no carnaval de rua, a Prefeitura do Rio passou a promover banhos de mar à fantasia, batalhas de confete e bailes populares nas praças, tentando assim impor o renascimento de brincadeiras espontâneas, que o próprio povo superou. "Carnaval para mim é esculhambação, é oportunidade de irreverências e de críticas, desde o tempo do entrudo", disse Fernando Pamplona durante simpósio patrocinado pela Riotur, em 1979, para discutir as perspectivas do carnaval. "Entrando o poder, tudo tem que entrar na ordem, quando o importante do carnaval é ir contra a ordem. Os subsídios tornam as agremiações dependentes dos recursos oficiais, que reprimem a força do carnaval." Para ele, o carnaval não admite a lei e a ordem, "senão a ordem do povo, que é maravilhosa".

Em novembro de 1975, os presidentes da Riotur e da Associação das Escolas de Samba assinaram um contrato, no qual as escolas são obrigadas a participar de todas as atividades programadas no calendário oficial de turismo da cidade e, para desfilar por iniciativa particular fora do calendário, terão de obter autorização prévia da Riotur, que nos desfiles oficiais arrecadará 60% da renda resultante. Era o decreto de morte da festa, para o sambista e para o povo.

Nascida da necessidade dos negros sambistas de se organizar, numa época em que o samba era tido como caso de polícia, "coisa de vagabundo, do pessoal que não prestava", a escola se transformou em "coisa de bacana" e, segundo Cartola, este foi o seu mal. "A gravadora paga uma porcaria – nem todo samba-enredo é bom – e manda pra frente. Chega o turismo e faz o que faz com as nossas escolas. Ninguém de dentro delas tem mais autoridade. A separação do samba e do povo só vai prejudicar os dois." (*Jornal do Brasil*, 20/4/1974).

Certamente, qualquer tentativa de organização do povo nunca é bem vista pelo poder. Assim, desde a década de 30 o governo interfere diretamente dentro das escolas. A questão foi apenas agravada nesta década em que o samba das escolas foi mais diretamente atacado, perdendo suas características, não só pela necessidade de adaptá-lo a um novo público, como pela própria organização do desfile, cuja rígida cronometragem prejudicou até o modo de compor, tirando sua dramaticidade. "A partir do momento em que se mexer no samba-enredo e que o compositor da escola não for o único, absoluto e total dono do samba-enredo, a coisa vai desmoronar perigosamente", afirmou o jornalista Antero Luiz durante o simpósio promovido pela Riotur.

As queixas dos velhos sambistas são unânimes. "O samba não nasceu para ser disciplinado", disse Monarco. "A gente escrevia as letras aprofundando o enredo, buscando no fundo dele seu significado. Hoje, larga o refrão e está pronto. Dizem que isto é samba-enredo. Eu não me convenço", afirmou Cartola, que, desgostoso, deixou de freqüentar a Mangueira. "Não é por mal, sabe? É que tem um cara novo lá que meteu na cabeça de querer me ensinar. E eu tenho medo de desaprender."

Procurados pelas gravadoras, quando estas perceberam que era mais fácil e barato utilizar o trabalho dos criadores originais do que produzir cópias, os sambistas das escolas usaram seu instrumento de trabalho para levantar seu protesto. E fizeram sambas como este, de Nelson Sargento: "Samba / inocente, pé no chão / A fidalguia do salão / te abraçou, te envolveu / Mudaram toda tua estrutura / Te impuseram outra cultura / E você não percebeu." (*Agoniza mas não morre*). Ou este outro, de Neném e Pintado: "Depois que o visual virou quesito / Na concepção desses sambeiros / O samba perdeu a sua pujança / Ao curvar-se à circunstância / Imposta pelo dinheiro / E o samba que nasceu menino pobre / Agora se veste de nobre / No desfile principal / Onde o mercenarismo impõe sua gana / E o sambista que não tem grana / Não brinca mais o carnaval / Ai, que saudade que eu tenho / Das fantasias de cetim / O samba agora é luxo importado / Organdi, alta costura / Com luxuosos bordados / E o sambista / Que mal ganha pra viver / Até mesmo o desfile / Lhe tiraram o prazer de ver" (*Visual*).

O descontentamento chegou a tal ponto que, em 1977, um grupo de sambistas liderado por Candeia, com o apoio de Paulinho da Viola, Elton Medeiros e do ator Jorge Coutinho, entre outros, juntou-se para criar uma nova escola onde pudessem fazer seus sambas como antigamente. E assim nasceu a Quilombos, que mais do que escola de samba pretende ser um núcleo de resistência à descaracterização da arte popular brasileira de origem negra. A Quilombos não está ligada à Riotur e não participa do desfile oficial.

"Há uma destruição quase sistemática da cultura brasileira", acredita Elton Medeiros, e continua: "Povo sem cultura é mais fácil de dominar. E país sem cultura própria é país sem alma, que existe apenas como fantasma de si mesmo" (*Veja*, 3/3/1976).

Já no final de 1979, surge outra entidade independente com a finalidade de defender nossa música: o Clube do Samba, presidido por João Nogueira. Além de promover bailes, pretende ocupar o lugar deixado vago pela Sociedade de Música Brasileira (Sombras) na luta pelos direitos do músico. Sua primeira iniciativa nesta área foi enviar aos ministros da Educação, das Comunicações e da Comunicação Social um documento denunciando a violação da legislação que estabelece a obrigatoriedade de execução de música brasileira nas emissoras de rádio, questão que até hoje ninguém conseguiu resolver.

Assim, se a década foi do samba, o mesmo não se pode dizer do sambista, que continua tão explorado e desprotegido quanto antes, com a agravante de ter visto sua música invadida, deturpada e reduzida a uma pasta unificada que hoje é servida ao Brasil inteiro na forma abrasileirada da discoteca: a nova gafieira, à qual o povo não tem mais acesso.

Angela Maria, que começou sua vida profissional como crooner do legendário Dancing Brasil, foi recentemente convidada para cantar na inauguração de uma gafieira, a Granfinagem (que não é outra senão o próprio Dancing Brasil adaptado à nova ordem). E ficou surpresa com o que encontrou: "No meu tempo de gafieira, elas eram freqüentadas por gente simples, empregadinhas domésticas. Agora, eu olhava em cima das mesas e, em vez da cachaça, da cerveja, só via garrafas de Chivas e outros uísques importados. Na porta, só tinha Pumas e Miuras."

"RENASCIMENTO" E DESCARACTERIZAÇÃO DO CHORO

Margarida Autran

No Rio, houve tumulto e briga na porta da Sala Cecília Meirelles, pequena para conter a multidão que queria ouvir Abel Ferreira, Luperce Miranda, Joel Nascimento, Déo Rian, Os Carioquinhas, Paulo Moura e o conjunto de Radamés Gnatalli. Em São Paulo, no coreto do Jardim da Luz, quase três mil pessoas cantaram e dançaram ao som da flauta de Altamiro Carrilho e da voz de Ademilde Fonseca, a Rainha do Chorinho.

Os dois concertos, patrocinados pelas prefeituras locais no final de 1976 e início de 77, marcaram indiscutivelmente a volta do choro, mas são também uma clara amostra da atuação oficial na cultura popular. Ao ser subvencionado pelo Estado e encampado pela indústria cultural, que pretenderam torná-lo competitivo no mercado nacional, este gênero basicamente intimista – que nos seus cem anos de existência nunca deixou de ser tocado amadoristicamente nos quintais dos subúrbios cariocas, onde nasceu – foi levado à descaracterização. Isso provocou o rápido esvaziamento de um boom criado artificialmente. "Esta volta do choro teve um problema gravíssimo", observa a jornalista Maria Helena Dutra. "Ele voltou muito oficial, de patrocínio, menos popular que cultural. Hoje quem quer ouvir choro tem que ir ao Planetário da Gávea, onde é executado em promoção da Secretaria de Cultura."

Foram um antológico espetáculo de Jacob do Bandolim e Elizeth Cardoso, no aniversário de Pixinguinha de 1968, e o excelente disco que dele resultou que chamaram novamente a atenção de pessoas mais ligadas à música popular brasileira para este som rico, criativo e de difícil execução, que tinha em Jacob seu principal – e quase solitário – divulgador. Jacob promovia, em sua casa, reuniões que revelaram alguns excelentes chorões, e acumulava um grande acervo de discos e partituras que, com sua morte, foram incorporados ao Museu da Imagem e do Som.

Mas só a partir de 1973, quando o show *Sarau*, de Paulinho da Viola, dirigido por Sérgio Cabral, apresentou à Zona Sul carioca o tradicional conjunto Época de Ouro, acompanhante de Jacob do Bandolim, o choro começou a interessar a um outro tipo de platéia: "Esse tal de choro é um barato. Dava o maior pé em Woodstock", escutou Sérgio Cabral de um jovem espectador. Em novembro de 1975, estimulados pela receptividade ao espetáculo, Sérgio, Paulinho da Viola, Albino Pinheiro e Juarez Barroso criaram o Clube do Choro, no Rio, promovendo concertos que reuniam chorões tradicionais, grupos recém-formados por músicos jovens e instrumentistas de formação erudita, como o Quinteto Villa-Lobos e o pianista Artur Moreira Lima, que estava então descobrindo o virtuosismo de Ernesto Nazareth.

Até então, quando a retomada do choro era ainda iniciativa de um grupo de intelectuais interessados em preservar a memória musical brasileira e apresentar aos instrumentistas uma opção ao vazio em que se encontravam, os concertos ainda tinham o clima que o choro exige e que, quando foram oficializados, não conseguiram mais ter. Tendo o improviso como característica fundamental, sua execução exige um envolvimento emocional entre os músicos e, segundo o flautista Bidé, único remanescente do regional Velha Guarda, do qual participaram Pixinguinha, Donga e João da Baiana, "esta música não é só para ser ouvida mas também sentida, nas suas fases de alegria e tristeza, porque a música para nós (chorões) é um diálogo de instrumentos. Enquanto o solo faz uma pergunta, os acompanhantes respondem com acordes harmônicos. E isto é uma coisa que só nasce de coração para coração" (Jornal *Movimento*, 29/11/1976).

Fusão abrasileirada de gêneros europeus e africanos, o choro foi criado no Rio de Janeiro, na década de 1870, por músicos em sua maioria amadores, pequenos funcionários públicos que se reuniam nas manhãs de domingo para executar, à sua moda, os tangos, xotes, polcas, mazurcas e habaneras que animavam os salões da alta burguesia. Como também sofriam a influência das danças negras, trazidas pelos escravos, como o lundu, o batuque e o jongo, estes músicos populares tinham uma maneira de tocar nostálgica, chorosa, que levou a que fossem conhecidos como chorões. Os conjuntos, que inicialmente eram formados apenas pelo terno flauta, violão e cavaquinho, aos quais se juntaram mais tarde outros instrumentos, como bandolim, bandola, oficleide, bombardino, trombone, pistom, clarineta e saxofone, eram chamados de choros. Esta denominação depois foi estendida às próprias músicas que executavam, e o choro transformado em gênero musical.

Sempre tocado amadoristicamente, mesmo por músicos profissionais que divulgavam em círculos restritos este gênero do qual o grande público nunca tomou muito conhecimento, o choro teve uma curta fase de sucesso, na década de 40, quando foi gravado por orquestras como a de Severino Araújo e a do Maestro Carioca. Mas logo desapareceu novamente, para ser enfim redescoberto nos anos 70, durante um período musicalmente marcado pelo esvaziamento da música urbana intelectualizada e pela maciça imposição de ritmos importados.

"As gravações eram raras, pois o gênero importado atendia plenamente às exigências de mercado e os conjuntos nacionais de rock e iê-iê-iê eram os mais solicitados", disse ao *Jornal de Música*, em março de 1976, o violonista Dino.

"Foi o início do rock e da Bossa Nova. De um lado, valorizaram-se os conjuntos de música internacional; de outro, reduziu-se o acompanhamento musical a poucos instrumentos, dando fim às grandes orquestras", acrescentou dois meses depois, em entrevista ao mesmo jornal, o clarinetista Abel Ferreira, recordando com tristeza a fase de desvalorização do músico brasileiro, que se estendeu de 1955 até a década de 70. E como muitos músicos ficaram sem emprego, alguns chegando a passar fome, os dois tomaram a mesma decisão, a única que lhes restava. "Eu, quando senti a barra, pensei: vou aderir. Afinal, eu tinha braços e ouvidos e precisava trabalhar. Comprei uma guitarra e fui tocar em baile", disse Dino, considerado o melhor violão de sete cordas do país, e integrante do conjunto Época de Ouro. Abel também foi animar os bailes de formatura, "executando de tudo, desde o bolero ao rock".

A música popular autenticamente brasileira era considerada quadrada e cafona e, segundo Paulinho da Viola, o músico que a tocasse "ganhava rótulos pejorativos como nacionalista, purista, saudosista". E ele explica este "preconceito" como "um problema da classe média, que sempre teve uma relação de consumo com a música e sempre a colocou como coisa secundária, de pano de fundo para outras coisas". E continua: "O problema maior é que durante algum tempo se discutiu o problema da cultura brasileira por um prisma universitário. Tudo o que cheirasse a brasileiro, usando um termo de Vianinha, fazia o pessoal torcer o nariz. E essa discussão toda, por essa perspectiva, só alienava ainda mais os verdadeiros valores populares. Depois houve uma certa abertura, o tropicalismo etc." (*Jornal de Música*, março de 1976).

Mas os tempos mudaram. O consumismo da classe média não se satisfazia mais com a alienação do rock, o mercado interno precisava se expandir para absorver a indústria cultural que se desenvolvia e a década de 70 traz em seu bojo uma necessidade do Estado de reformular sua política de cultura, na qual os intelectuais iriam assumir um novo papel.

Quando Roberto Moura define o choro como "a antimúsica de protesto" e afirma que "certamente não será uma coincidência o fato de que, num momento em que todas as artes brasileiras estão vivendo um clima de tensão, a MPB ter-se encaminhado para a ressurreição de um gênero tipicamente instrumental – onde não é preciso dizer nada" (*O Dia*, novembro de 1977), ele está abordando apenas um lado da questão. Talvez o fato de o choro não encontrar problemas com a Censura tenha facilitado seu rápido acolhimento por parte do novo projeto cultural brasileiro. Mas não foi o fator determinante.

Se em 1974/75 o governo decide promover formas espontâneas de cultura que, como o choro, sobreviviam de um modo marginal, buscando integrá-las ao mercado, é porque precisa de uma base de sustentação ideológica. E é nas manifestações culturais que já contam com uma base popular que ela será buscada. É preciso tapar o buraco cultural, "interpretando" os "anseios e aspirações" do povo e impondo-os de volta como novos padrões a serem adotados, em prol da preservação da "identidade cultural" do país.

Neste sentido, é interessante reler a declaração feita por Ricardo Cravo Albin à revista *Veja* de 5 de janeiro de 1977. Para ele, naquela ocasião só faltava mesmo "divulgação, particular e estatal" para que o choro "atinja com profundidade o povo, do qual é oriundo."

Esta divulgação, na verdade, já estava em plena execução. Tanto que, no ano de 1976, só o Departamento de Cultura da prefeitura carioca e a Companhia Internacional de Seguros investiram nela aproximadamente dois milhões de cruzeiros. O departamento estatal, em campanhas nas escolas e locais públicos e numa série de doze concertos (iniciada em 1975) em praças públicas, escolas, quadras de pequenas escolas de samba, encerrada apoteoticamente no espetáculo da Sala Cecília Meirelles. A empresa seguradora privada, na edição do álbum duplo *Chorada, chorões, chorinhos*, uma antologia organizada a título de brinde de Natal, cujo lançamento levou ao salão nobre do tradicional e elegante Copacabana Palace Hotel uma platéia de duas mil pessoas, entre circunspectos executivos e jovens com roupas ousadas, para assistir a um recital de três gerações de chorões, todos eles muito pouco à vontade em *smokings* certamente alugados para a inusitada ocasião.

Diante do sucesso de marketing que foi o lançamento de *Chorada, chorões, chorinhos*, que mereceu amplas reportagens nos órgãos da grande imprensa, outras empresas também investiram em sofisticados discos-brindes com repertórios chorísticos. E não só empresas privadas, como a Servenco e a Rede Globo. O Banco do Brasil, no Natal de 1977, presenteou clientes selecionados com um LP no qual o Quinteto Villa-Lobos interpreta choros de câmara de autoria de seu inspirador, sabidamente um amante do gênero.

Enfim, transformado de manifestação ingênua de músicos de subúrbio em meio de integração cultural, o choro é exportado dos botecos da Penha, via Projeto Pixinguinha (leia-se Funarte), para outras capitais do país. Em algumas delas vai encontrar pequenos redutos de chorões, que durante anos vinham se reunindo anonimamente e que agora, embarcando na recente euforia, já haviam se organizado em clubes do choro, à imagem e semelhança do grupo carioca. Este, no entanto, no momento em que o movimento fugiu ao seu controle, foi desativado, retornando à intimidade da Zona Norte, ao transferir seu acervo ao Clube do Choro da Tijuca. Já havia cumprido sua função, segundo seus diretores.

O mesmo se deu em São Paulo. Após dois anos de atividades, durante os quais editou um LP do excelente e até então desconhecido chorão Armandinho Neves, lançou um único número da revista *Urubu Malandro* e promoveu alguns shows, o Clube do Choro desobrigou seus 500 sócios de pagar os 20 cruzeiros de mensalidade e "agora espera o auxílio da Secretaria de Cultura" (*Veja*, 11/7/1979), a qual chegou a patrocinar, entre outros, um concerto de choro no aristocrático Teatro Municipal da cidade, em março de 1977.

Para surpresa dos não-iniciados, a popularização do chorinho revelou a existência, em São Paulo, de um importante núcleo da cultores deste gênero tipicamente carioca, representado principalmente pelo Conjunto Atlântico, que desde 1954 se reúne numa garagem transformada em estúdio no bairro de Casa Verde, e por Evandro e seu regional, atrações desde 1969 da boate Jogral, com dez LPs gravados, a maioria de choros. Antônio D'Auria, líder do Conjunto Atlântico, formado por mecânicos, motoristas, pesquisadores, ajustadores e pedreiros, foi contratado em 1977 pela Secretaria de Cultura para percorrer o interior do estado, onde descobriu pelo menos seis grupos de chorões. Em Santos chegaram a existir mais de trinta conjuntos, que até meados da década de 60 desfilavam no carnaval.

Em Brasília, onde chorões vindos do Rio iniciaram alguns músicos que ali encontraram, criando também em 1976 seu Clube do Choro, o nome mais conhecido é o do veterano Waldir Azevedo, autor de sucessos gravados no mundo inteiro, como *Delicado* e *Brasileirinho*, que lhe permitem – caso raro entre os músicos brasileiros – viver de direitos autorais. Fato que não acontece com Francisco Soares de Araújo, o legendário Canhoto da Paraíba, autor de quase uma centena de composições e respeitado por músicos como Pixinguinha e Jacob do Bandolim. Isolado em Recife, onde foi um dos fundadores do Clube do Choro daquela cidade, e apresentando-se em serestas para grupos restritos de admiradores, ele ainda vive de seu modesto salário de assistente social do Sesi de Pernambuco e só em 1977, por insistência de Paulinho da Viola junto a Marcus Pereira, conseguiu gravar seu primeiro LP de qualidade.

A indústria fonográfica, que como bem afirma Tárik de Souza "está sempre a reboque do que considera sucesso, sendo raro investir em alguma coisa cultural", chegou com algum atraso a esta retomada do choro. Foi quando as vendagens de discos de samba tiveram uma súbita queda, em 1977, que as gravadoras começaram a revirar seus arquivos em busca de velhos registros dos grandes mestres do choro, regravados a toque de caixa (só em julho de 1977 foram lançados seis discos, ao invés dos habituais dois LPs anuais) e, de maneira mais rápida e barata, aproveitaram os shows e festivais que reuniam velhos e novos chorões e os gravaram ao vivo, quase sempre com inevitável perda de qualidade.

"Pelo menos teoricamente já existe candidato ao trono de principal produto brasileiro para o mercado interno da MPB", escreveu Tárik de Souza no *Coojornal*, em setembro de 1977. "É o choro, praticamente adormecido com as mortes de Jacob do Bandolim (1969) e Pixinguinha (1972), que ressurge agora com uma força nunca vista."

Mas poucos foram os discos gravados em estúdio com os intérpretes, tão solicitados para shows que trouxeram de volta chorões tradicionais como Altamiro Carrilho, Waldir Azevedo, Abel Ferreira, Copinha, Dino e Raul de Barros, e revelaram uma geração intermediária, na qual Déo Rian e Joel Nascimento se destacaram. Um virtuose do bandolim chorão, considerado o herdeiro de Jacob, Joel ainda aguarda um registro à sua altura[1], enquanto o monstro sagrado da flauta, Altamiro Carrilho, encerra a década com um disco bem sintomático: *Os clássicos no choro*, onde toca Bach e Chopin em ritmo de chorinho. Quanto aos novos conjuntos, os raros que tiveram oportunidade de gravar tiveram seus trabalhos deturpados. É o que se vê no segundo disco do grupo Chapéu de Palha, onde o choro entra com uma entre cada três faixas de sambões de parada. A Fina Flor do Samba, conjunto formado para acompanhar a cantora Beth Carvalho e que também aderiu ao chorinho, desistiu de um suado contrato quando descobriu que tipo de produção a gravadora pretendia.

Esta atividade apressada e descuidada resultou numa avalanche de discos de choro, um ou outro inegavelmente antológicos, mas na imensa maioria apenas oportunistas (90% são regravações), que levaram à saturação do mercado e ao declínio da febre do chorinho. Contudo é importante ressaltar o papel de Marcus Pereira, que como publicitário teve a idéia de oferecer a seus clientes, no Natal de 1968, o disco *Brasil, flauta, cavaquinho e violão*, contendo choros gravados com artistas de sua casa de música, o Jogral. A experiência acabou por levá-lo a abandonar a publicidade e tornar-se um combativo produtor preocupado em promover a boa música brasileira. Assim, ele foi responsável pelos melhores discos de choro, como *Altamiro revive Pattapio*, *História de um bandolim – Luperce Miranda*, a gravação praticamente inédita da obra de Ernesto Nazareth na interpretação do pianista Artur Moreira Lima e o disco do Quinteto Villa-Lobos, no qual o choro recebeu um tratamento camerístico.

Mas a Marcus Pereira Discos não conseguiu sobreviver, num mercado monopolizado pelas multinacionais. Como produtor independente, Marcus passou a gravar suas produções na Copacabana, empresa fonográfica de capital nacional. "Quanto à explosão do choro, que vem alimentando as gravadoras multinacionais, é simples explicar. No mundo em que a gente vive, comida, saúde e educação são negócio. Por que a cultura estaria a salvo? É um negócio para as grandes empresas e não tenho dúvidas de que vai ser explorado assim. É uma visão realista do mundo em que vivemos. O resto é ingenuidade", escreveu ele em *O Globo* (27/9/1977).

Quanto aos músicos, inebriados com tão inexplicável sucesso, poucos tiveram a clareza do experiente Hermeto Pascoal, que, entre outras coisas, também entende de choro e de mercado: "... Por exemplo: eu acho que a onda do chorinho, a onda do rock e a onda do baião, a onda disso ou daquilo, são estas coisas que atrapalham. Fica todo mundo querendo ganhar dinheiro em cima disso aí. Esse negócio que estão fazendo com o chorinho é como se fosse a safra da laranja, a safra da banana, a safra da manga." (*Se a música fosse uma banana*, depoimento ao jornal *O Beijo*, novembro de 1977).

Até a Prefeitura e a Universidade de Londrina investiram suas verbas num festival de choro, deslocando para o Paraná uma respeitável caravana de grandes intérpretes do gênero. E os meios de comunicação de massa assumiram o papel que lhes era destinado no plano cultural em vigor, divulgando maciça e massificadamente a nova moda em todo o território nacional. Nunca os chorões deram tantas entrevistas a revistas e jornais e, embora os disc-jockeys confessassem sua dificuldade em selecionar boas gravações, o choro passou a ser veiculado com freqüência nas rádios, especialmente depois que virou *jingle* comercial e tema de telenovelas (*Bohêmios*, de Anacleto Medeiros, foi incluído na trilha musical de *Pecado capital* e *Brejeiro*, de Ernesto Nazareth, na de *Nina*, entre outros).

Na TV Cultura, *O choro das sextas-feiras*, produção dos jornalistas Júlio Lerner e J.R. Tinhorão, que desde 1975 apresenta o Conjunto Atlântico e convidados como Altamiro Carrilho e Ademilde Fonseca, tornou-se em dois anos o programa de maior audiência. Mas a escalada televisiva do choro culminou com o Festival da Bandeirantes, que, em outubro de 1977, inscreveu 1.200 músicas, enviadas de todo o país. Para Maria Helena Dutra, "os festivais foram terríveis, sem clima, porque o choro não é uma boa mercadoria para este tipo de espetáculo, já que não cria competição".

Repetido no ano seguinte, já com menos repercussão, o festival motivou uma polêmica sobre os caminhos do choro. Participando do júri, o crítico Tinhorão colocou-se contra os que pretendiam "modernizá-lo", afirmando que o festival revelou, no geral, "um apego e uma fidelidade muito grandes à forma-choro de tocar, enquanto criação musical a nível de músicos e compositores da classe média para baixo". E mais: "Quem quiser algo diferente que crie o Festival de Choro de Vanguarda, para gênios de alta classe média. Ou mate o povo que o incomoda com sua pobreza, sua rotina, sua falta de cultura, seu apego à tradição da *orelhada*, seu instrumental 'ultrapassado' e sua vocação para ser autêntico" (*Elites musicais começam a implicar com o choro*, *Jornal do Brasil*, 21/10/1978).

Contudo, esta "reciclagem" era inevitável – e até mesmo esperada – no momento em que o choro foi retirado de seu meio ambiente e divulgado para um novo público, desligado da tradição popular que durante um século o acompanhou. Classificado pelo crítico Ruy Fabiano como "talvez o único gênero de música progressiva nacional, rompendo em determinados momentos as fronteiras entre o popular e o erudito", não é de estranhar que, rompidas aquelas fronteiras, o choro aglutinasse à sua volta instrumentistas vindos de outras escolas, como a jazzística e a erudita, os quais, por sua própria formação, dificilmente se enquadrariam nos moldes originais. "Atualmente, fazer só choro é uma coisa cansativa devido ao policiamento e ao cuidado dos puristas, defensores e críticos da MPB, que dificultam qualquer passo adiante que se queira dar", queixou-se Paulo Moura, saxofonista oriundo do jazz (*Última Hora*, dezembro de 1976).

Foram também as possibilidades instrumentais desta música que despertaram o interesse das gerações que vieram depois da bossa nova e do tropicalismo – movimentos que valorizaram a linguagem musical propriamente dita, o som em si mesmo. E, enquanto em 1970 o musicólogo Mozart Araújo declarava ser difícil encontrar autênticos chorões "nestes dias de iê-iê-iê", devido à virtuosidade que o choro exigia de seus executantes, quatro anos mais tarde começam a surgir grupos de choro formados por músicos que não tinham sequer idade para se profissionalizar.

"Quando o choro começou a voltar – e eu não sei bem por que isto aconteceu – eu imaginei que fosse haver essa identidade com o pessoal mais novo, bastante aberto a uma linguagem instrumental", disse Paulinho da Viola ao *Jornal de Música*, em março de 1976. "Isso eu vinha observando nos meus shows, onde apresentava choros que empolgavam a garotada."

Os Carioquinhas, Galo Preto, Cinco Companheiros, Levanta Poeira, Anjos da Madrugada, Éramos Felizes e a Fina Flor do Samba foram formados por instrumentistas de 15 a 20 anos de idade. Rafael Rabello, ex-Carioquinhas, excepcional violão de sete cordas que substituiu o veterano Dino na turnê do Época de Ouro com o Projeto Pixinguinha, tinha apenas 14 anos quando foi "descoberto" por um diretor do Departamento Cultural carioca no Sovaco de Cobra (grupo de chorões que se reúne aos domingos num boteco da Penha Circular, transformado em atração para a classe média do Rio).

A maioria dos conjuntos então formados se mantiveram fiéis ao estilo tradicional, como Os Carioquinhas, que tocavam na mesma harmonia que o Época de Ouro. Outros já fizeram algumas modificações em sua formação, como A Fina Flor do Samba, que incluiu o solo de contrabaixo acústico, muita percussão e bateria, embora mantivesse um estilo de execução autêntico. Mas até Os Mutantes, o Vímana e outros grupos mais habitualmente ligados ao rock incorporaram o choro a suas apresentações.

Revelando mais intérpretes que compositores, esta retomada do choro pouco renovou o repertório de sucessos. As exceções ficam com *Meu caro amigo*, de Chico Buarque e Francis Hime, e o LP *Memórias chorando*, de Paulinho da Viola. Contudo, atendendo às regras de mercado, o gênero redescoberto foi incluído pelas gravadoras nos discos anuais de seus artistas contratados já que, afinal, "choro vende".

A Cor do Som, um conjunto formado por músicos com experiência de rock e frevo (via trio-elétrico baiano), chegou a conseguir o quinto lugar no primeiro Festival da Bandeirantes com sua composição *Espírito infantil* e, embora mestre Pixinguinha já dissesse que "choro é um negócio sacudido e gostoso", uma reportagem do *Jornal de Música* afirmava na ocasião que "A Cor do Som tirou o chorinho da eterna condição de relíquia e fez dele uma música viva, esperta, curiosa" e em seguida sugere que "*Espírito infantil* bem que poderia ser a infância de uma nova forma de fazer um tipo de música que precisa encontrar novos caminhos para sobreviver". Mas, mais adiante, o autor já duvidava da perseverança destes inovadores e da continuidade desta "nova forma" de fazer choro, ao prever que, a curto prazo, muita coisa poderia mudar e "a febre do choro, o modismo atual, certamente dará lugar a gente nova com novas idéias na cabeça". (*É fantástico o choro de plástico*, *Jornal de Música*, outubro de 1976)

Realmente. Transformado num "fantástico choro de plástico", ao ser adaptado aos anseios e aspirações da classe média – destinada a retomar seu papel de base social do regime –, o velho chorinho de Callado, Nazareth e Pixinguinha chegou ao final da década exaurido. Criado por músicos populares, que durante um século se esforçaram anonimamente para manter viva sua pureza original, ele não teve fôlego para se manter por mais tempo como produto de consumo de massa. Os bons instrumentistas que revelou partiram para outros caminhos (o que motivou a dissolução da maioria dos conjuntos) e os chorões tradicionais aproveitam o final da safra, enquanto não são forçados a se adaptar ao novo modismo: a gafieira.

NOTA

[1] Em 1980, Joel Nascimento foi o solista da série de concertos *Tributo a Jacob do Bandolim*, com o maestro Radamés Gnatalli e a Camerata Carioca. A gravação teve o apoio da Secretaria de Cultura do Estado do Paraná.

O ESTADO E O MÚSICO POPULAR: DE MARGINAL A INSTRUMENTO

Margarida Autran

No momento em que se iniciam os anos 70, Geraldo Vandré está em Paris, denunciado num IPM do 1º Distrito Naval, Caetano Veloso e Gilberto Gil estão em Londres, depois de passarem algum tempo presos no Brasil. Não são casos isolados: uma centena de músicos, entre eles os mais representativos da produção musical da década anterior, se espalham por sete países de quatro continentes, engrossando o contingente de brasileiros que, por absoluta falta de condições de continuar trabalhando em seu país, foram para o exterior. Seu êxodo faz parte de um processo mais amplo que atingiu a sociedade brasileira como um todo.

No Brasil, o silêncio ensurdecedor é quebrado apenas pelo som importado das guitarras elétricas, com graves conseqüências para a produção musical nacional. "A arte, até certo ponto, expressa um padrão determinado pela situação social e econômica da época. É possível que a grande arte ultrapasse as fronteiras desse determinismo, mas ele existe e tolhe uma porção de possibilidades artísticas", enunciou Aldir Blanc sobre a crise que a música popular enfrentava (Revista *Homem*, setembro de 1977). Na fase mais obscurantista do regime, a cultura era considerada um supérfluo e o músico popular era tido como um marginal, um elemento de alta periculosidade cuja produção passava obrigatoriamente pelo crivo da Polícia Federal, que determinava se podia ou não ser divulgada. E, mesmo quando o desgaste do sistema levou o governo a procurar um diálogo com os artistas, o mecanismo da censura não foi desativado.

Em novembro de 1971, doze compositores enviam uma carta à direção do VI Festival Internacional da Canção cancelando sua participação no certame, alegando a impossibilidade de se fazer arte diante da "exorbitância, a intransigência e a drasticidade do Serviço de Censura", que vetou as letras de músicas inscritas no festival. Dias depois, Chico Buarque, Tom Jobim e Sérgio Ricardo comparecem ao Dops do antigo Estado da Guanabara para depor em inquérito instaurado no Serviço de Censura Federal para "apurar responsabilidades na divulgação do manifesto contra aquele departamento". A TV Globo, que havia levado a carta ao conhecimento das autoridades, encerrou naquele ano a promoção do FIC. Mas, apesar da repercussão do fato no exterior, o panorama não mudou.

"A arte está anêmica, irada e medrosa. Os artistas não se preocupam mais com a beleza ou com a verdade de uma obra, mas com sua viabilidade. O Brasil, país tropical de cores vivas, vê sua arte tomar uma cor pastel", afirmou Ailton Escobar, ao denunciar o desinteresse do governo para com a cultura e sua opção pelo esporte como plataforma política para conquistar o grande público (*Jornal do Brasil*,

1º/1/1973). Quando o disco *Banquete dos mendigos*, do qual constam velhas composições como *Oração de Mãe Menininha*, de Dorival Caymmi, e *Asa branca*, de Luiz Gonzaga, e cuja venda reverteria em benefício de instituições mantidas pela ONU, é apreendido em todo o território nacional (1975), o diretor do Departamento de Censura, Rogério Nunes, justifica: "As músicas do disco, interpretadas por vários autores, entre os quais Chico Buarque, Paulinho da Viola, Raul Seixas, Edu Lobo e Gal Costa, têm conotações políticas desfavoráveis ao governo."

"O problema é que estou com um medo danado de mandar músicas novas para a censura, porque a proporção está: de cada três músicas, liberam uma. É claro que cheguei à autocensura. Mas, dentro desse limite que já me coloquei, eu acho que ainda tenho campo para fazer o negócio. Esse tipo de música que eu tenho feito, que para mim é uma coisa nova, é a razão de ser de fazer um disco novo. Elas estão dentro de limites que eu acho que, no espírito da Censura, podem passar. Agora, se eles me fizerem recuar mais ainda, eu paro", ameaçou Chico Buarque (*Veja*, setembro de 1971).

Embora tenha sido o compositor mais visado pela Censura, Chico não parou. E, com o passar do tempo, descobriu uma série de artimanhas das quais ele e outros compositores lançaram mão para facilitar a liberação de suas músicas. Uma delas foi a invenção de um músico fictício, o Julinho da Adelaide, que por ser desconhecido não enfrentava tantos problemas. Graças a Julinho da Adelaide, Chico conseguiu lançar *Chama o ladrão* e *Você não gosta de mim*, esta inspirada num incidente verídico: um policial, que foi à sua casa com uma intimação, no elevador pediu um autógrafo para a filha. Mas nem sempre esses *jeitinhos* davam certo. "Nesses casos, a gravadora, que encaminha a música para a Censura, teria que ser um cúmplice, mas descobri que, na verdade, a gravadora abria o jogo. Tinha medo de represálias e boicotava meu talento de simulador" (*Homem*, setembro de 1977).

Ainda não se tem uma estimativa total do número de letras vetadas ou mutiladas durante a década (só nos quatro últimos meses de 1972 foram proibidas 170), mas cabe ressaltar alguns casos em que a ação da censura atingiu as raias do absurdo, como o veto a poemas musicados de Carlos Drummond de Andrade e Manuel Bandeira, a proibição da música *Ministério da Economia*, composta em 1940 por Geraldo Pereira, sambista falecido em 1954, e a quase suspensão de um concerto de música de câmara promovido pela Pró-Arte, sob o pretexto da não identificação de nomes estrangeiros que constavam do programa (eram Haydn, Bocherini e Scarlatti).

Nos anos 70, não havia clima para a criação artística e, mesmo quando estatisticamente os problemas com a censura se reduziram, seus efeitos sobre toda uma nova geração de criadores permaneceram irreversíveis. Podados em suas primeiras investidas, estes jovens fatalmente se enquadraram na autocensura. Para eles, o certificado de liberação era algo tão normal quanto a carteira de identidade. "Para mim, para uma geração que se criou quase sem censura, é chocante ter que mandar textos, às vezes íntimos – toda criação requer uma entrega muito particular – para um funcionário examinar, dizer se pode ser divulgado ou não. Com o garoto que surge agora não é assim. Por isso tem tanta gente compondo em inglês, pois é mais fácil passar", constatou Chico Buarque (*Veja*, outubro de 1976).

Na verdade, as coisas não se deram de forma tão simples. Diante do massacre que sofreu a música popular brasileira, abafada pela repressão, a indústria fonográfica precisava criar novos produtos para abastecer um mercado em acelerada expansão, devido à política de concentração de renda. Seu crescimento nos anos 70 foi de 15% ao ano, em média, colocando-se no final da década como o sexto mercado fonográfico do mundo.

O vazio da produção nacional foi então preenchido pela importação maciça de *tapes* e matrizes estrangeiros e pela imposição de "imitações", como Chrystian, que não é outro senão José Pereira da Silva; os parceiros Paul Brian e Harry Thompson, aliás Sérgio Sá e Ary Piovezani; Steve McClean, na carteira de identidade Hélio da Costa Manso; Terry Winter, que não é outro senão o paulista Thomas William Standem (também compositor de músicas nordestinas sob o apelido de João Tomé e de músicas francesas assinando-se Marcel Denin) e outros, todos compondo em inglês.

A descaracterização da arte do Brasil resultou assim numa supervalorização de produtos culturais importados, a ponto de, em 1976, o então diretor geral da Fonograma, André Midani, declarar que o futuro da música popular brasileira estaria no rock.

Contudo, a partir de 1973/74, o desgaste do regime instaurado em 1964 obriga o Estado a adotar uma política de maior aproximação com as classes médias e setores mais descontentes, em busca de uma nova base de apoio. "Cultura também é desenvolvimento", decreta o governo, dentro desta nova perspectiva. E o ministro da Educação, Ney Braga, subitamente "preocupado com a aparente decadência da música popular brasileira e interessado em detectar as causas dessa crise", ordena ao Departamento de Assuntos Culturais (DAC) que faça sondagens entre compositores, pesquisadores e órgãos de produção e divulgação da música para estabelecer diretrizes da ação oficial nesta área.

"Houve a aproximação com Ney Braga porque havia um interesse grande do governo em ser simpático, em conquistar a simpatia popular, o que só pode ser feito através de artistas ou jogadores de futebol", revelou Maurício Tapajós, um dos músicos que participaram de uma comissão ouvida pessoalmente pelo ministro, em janeiro de 1975.

Essa reformulação na área da cultura era uma imposição do momento que se atravessava. "A sociedade dirigente não pode fundamentar seu papel apenas nas forças coercitivas", analisou o teatrólogo Paulo Pontes. "A partir de determinado momento, se ela aspira à continuidade, ela tem que ganhar a consciência da maioria das pessoas. Porque, senão, se criará um fosso intransponível entre a consciência da maioria e os projetos das classes dirigentes" (*Veja*, maio de 1976).

O novo plano de Ney Braga era uma ponte sobre o fosso, mas a manutenção da coerção garantia o controle estatal. E quando as sondagens do Ministério da Educação constataram os graves problemas do mercado de produção e consumo, concluindo que "se não for tomada uma providência, a força criativa da música brasileira desaparecerá", a principal sugestão encaminhada ao ministro por sua equipe foi a criação de um órgão para cuidar especialmente da música (popular e erudita). Isso seria facilitado com a instalação no Rio de Janeiro da Fundação Nacional de Arte, a Funarte, entidade encarregada de recolher recursos para incentivar o trabalho dos compositores, apoiar pesquisadores, financiar gravações eminentemente culturais e ainda fiscalizar o cumprimento das leis sobre divulgação e fabricação de discos, já que as principais dificuldades destacadas pelo Departamento de Ação Cultural do Ministério foram o não cumprimento do decreto que fixa a execução da música brasileira nas rádios e televisões e o fato de que 70% do mercado de discos estavam dominados pela música estrangeira.

Assim, enquanto o Estado decide organizar a produção cultural, entre os compositores a visão era a de que a situação só poderia melhorar caso fossem resolvidos "ou pelo menos atenuados" os problemas de direitos autorais e censura. Desorganizados como categoria profissional, com seus sindicatos – como todos os outros – desativados, eles ainda contavam com a agravante de ter a categoria dividida entre os sindicatos de músicos e os de compositores. Quanto às Ordens dos Músicos, os órgãos normativos da profissão, tanto a federal quanto as regionais permaneciam há muitos anos nas mãos de um mesmo grupo. Em São Paulo, o presidente da Ordem, Wilson Sândoli, era também o presidente do Sindicato, aonde chegou como interventor. No Rio, para não ficar atrás, Adelino Moreira era presidente da Sbacem (Sociedade Arrecadadora de Direitos Autorais) e do Sindicato dos Músicos. Assim, se o profissional reclamar com seu sindicato de que sua sociedade o rouba, estará duas vezes reclamando com a mesma pessoa.

"Cada Ordem regional é composta por 21 diretores, renovados em um terço por ano", explica Maurício Tapajós. "Se conseguirmos formar uma chapa de 14 heróis, entre titulares e suplentes, e ganhar a eleição, no ano seguinte temos que ganhar de novo para conseguir a maioria. E mesmo aí é preciso ganhar nos outros estados para chegar à Ordem Federal, caminho que demanda anos de consciência do músico em todo o Brasil."

Na época, só no Rio de Janeiro havia 22 mil músicos inscritos na Ordem, mas 17 mil não exerciam a profissão e apenas 5 mil tinham condições de votar. E quando, já em 1978, foi formada uma chapa só com músicos profissionalmente atuantes (Antônio Adolfo, Luizão, Aquiles do MPB-4, Airton Barbosa, Beth Carvalho, Dori Caymmi e Luiz Gonzaga Júnior), pouco mais de mil eleitores compareceram às urnas. Articulada e legalizada em apenas uma semana, a chapa teve uma vantagem de 60 votos no Grande Rio, mas perdeu no resto do estado, reduto da situação, por mais de 400.

Diante da dificuldade de atuar dentro das entidades de classe oficiais, no final de 1974 um grupo de profissionais criou a Sociedade de Música Brasileira, Sombras. Formada para agrupar independentemente autores, criadores e intérpretes de música ou letra (não era preciso pagar nada para participar), a Sombras, sociedade civil sem caráter lucrativo, tinha como princípio fundamental preservar, estudar e divulgar a música brasileira e defender os direitos por ela gerados.

A idéia não era nova e foi precipitada pela expulsão de um grupo de artistas de sua sociedade arrecadadora, a Sicam, simplesmente porque eles pediram uma prestação de contas, único direito dos compositores constante nos estatutos da sociedade. A arrecadação e distribuição de direitos autorais sempre foi um ponto de estrangulamento no exercício da profissão, sendo feita por um grande número de sociedades particulares, que reuniam entre seus filiados tanto os autores como os editores – ou seja, as gravadoras. Todas elas possuem suas próprias editoras, que abocanham 33% dos direitos sobre a obra. E embora ninguém seja obrigado a editar uma música para gravá-la, dificilmente vai conseguir fazer um disco se não der esta parceria à gravadora/ editora.

A distribuição dos direitos era feita de maneira arbitrária pelas arrecadadoras, que fixavam um "salário" irrisório aos autores, alegando a dificuldade de controlar a execução e venda de suas músicas em todo o país, tarefa delegada a seus fiscais. Diante do enorme volume de dinheiro manipulado pelas sociedades, fato constantemente denunciado pelos prejudicados, o governo decide intervir, criando o Conselho Nacional de Direito Autoral, com a finalidade de normatizar e fiscalizar esta atividade. Subordinado ao CNDA é criado também o Ecad, Escritório de Arrecadação de Direitos Autorais, órgão executivo formado pela junção das entidades arrecadadoras. Seu sistema de arrecadação e distribuição deveria ser feito eletronicamente, pelo Serpro, através da Caixa Econômica Federal, evitando-se assim possíveis desvios. Entretanto, embora aprovado pelo Congresso, o projeto encontrava-se estagnado em Brasília, desde 1973.

A Sombras contribuiu decisivamente para acelerar a vigência da lei que criou aqueles órgãos, mas não conseguiu que funcionassem como deveriam, ou seja, que a arrecadação não passasse pelas mãos dos fiscais. Como o Ecad era formado pelos mesmos homens que controlavam as arrecadadoras, eles conseguiram que apenas 30% da arrecadação fosse feita por amostragem enviada pelas rádios e televisões, quando deveria passar gradualmente para 50%, 70%, até que todo o sistema do Serpro fosse implantado. Os 5% de erro previstos pelo Serpro formariam então um fundo de reserva de direitos autorais, para atender aos músicos a quem a distribuição não enquadrasse.

Já no governo Figueiredo foi nomeada uma comissão para apurar as falhas do CNDA, o que motivou a demissão de todos os seus membros. Os substitutos seriam nomeados diretamente pelo presidente da República.

Quanto à Sombras, embora tivesse sua representatividade de classe admitida não só pelos músicos como pelo governo, foi desativada. O incêndio do MAM, onde ficava sua sede, queimou toda a sua documentação e arquivos. Além disso, sua diretoria (Tom Jobim na presidência, Hermínio Bello de Carvalho como vice, Aldir Blanc, Vitor Martins, Gutemberg Guarabira, Gonzaguinha e Macalé compondo a diretoria) não conseguiu legalizar a entidade nem promover outra eleição até o final do mandato de dois anos. "Não havia renovação", admite Maurício Tapajós, o secretário executivo. "Todo mundo estava muito feliz com seis ou sete trabalhando para 22 mil que não faziam nada. Mitos ou não mitos, eles não tinham paciência para ficar atrás de uma mesa cuidando de processos. Não tem poesia."

Outro saldo da Sombras, que conseguiu iniciar um processo de conscientização do profissional de música, foi o Projeto Pixinguinha, o mais importante da administração Ney Braga para o setor. O projeto surgiu de uma idéia de Hermínio Bello de Carvalho, baseada no sucesso da série de shows *Seis e meia*, levada ao palco do Teatro João Caetano, no Rio, entre 1976 e 78. Em dois anos (1978/79), o Projeto Pixinguinha realizou 1.468 espetáculos, levados a diversas capitais do país, onde foram vistos por mais de um milhão de pessoas. Para Hermínio, seu coordenador, os principais resultados foram a formação de platéias, a motivação para a criação de projetos semelhantes fora do eixo Rio-São Paulo e o fato de ter colocado ao alcance do povo artistas antes "inatingíveis", alguns por serem caros, outros por serem novos, e ainda aqueles que estavam esquecidos, "sepultados pelo sistema".

Com ingressos subsidiados, diz Hermínio, os espetáculos atingem um público que antes não tinha acesso a apresentações ao vivo. É a "conscientização das massas" através do poder da música, que "se alastra, projeta-se em círculos energéticos, é uma coisa feito aquele samba que fiz com Paulinho (da Viola), feito um mar se alastrou", justifica.

É inegável que o Projeto Pixinguinha divulgou em todo o país a música popular, basicamente aquela produzida no Rio e em São Paulo, criando um novo mercado de trabalho para o profissional. Mas, pelo menos nesse primeiro momento, deixou de fora as manifestações regionais, cuja riqueza é incontestável. Este aspecto seria abordado pela Feira Pixinguinha, destinada a promover os autores de outras regiões. Entretanto, com a saída de Ney Braga, uma drástica redução de verbas adiou o novo projeto.

A iniciativa do Estado de traçar os caminhos da cultura nacional é o aspecto mais importante da segunda metade da década. Toda produção cultural passou a depender, direta ou indiretamente, do poder público, pois o empresário privado não tem condições de competir com a máquina estatal. "O que sobra é uma pequena fatia do bolo, e está todo mundo brigando para disputar", diz Albino Pinheiro, o criador do *Seis e meia* e da Banda de Ipanema. Ele adverte que o fundamental, que é mexer na legislação da cultura popular, coisa que só o poder público pode fazer, não foi feito. E conclui: "Isto é um reflexo de toda a realidade brasileira."

Entre as reivindicações não atendidas estão o controle na importação de matrizes estrangeiras, o apoio à indústria nacional, a observância do decreto que estipula a percentagem de execução obrigatória de música brasileira, a isenção de taxas para importação de instrumentos por músicos profissionais e estudantes de música, a inclusão do ensino da música popular nas escolas de 1º e 2º graus e, principalmente, a liberdade de expressão.

"Hoje a tendência é para a vaselinagem", denunciou Aldir Blanc, em 1977, em depoimento à revista *Homem*, revelando que as gravadoras, através de seus advogados, barganham com o Departamento de Censura, que confia a eles o poder de dizer quais as músicas "graváveis" ou não. Chico Buarque e Edu Lobo confirmam esta forma mais sofisticada de repressão, que foge ao controle do compositor, e que é feita através de "pedidos, conselhos ditos de forma aparentemente afetuosa" por parte das multinacionais do disco.

Esta nova maneira de agir mostra que, como não pode manter descontente a produção empresarial capitalista que sua política econômica propicia, o governo transforma as multinacionais em seus aliados, através de uma série de acertos, como a isenção do ICM em troca da impressão de propaganda oficial nas capas dos discos e da relativa delegação do mecanismo da censura.

Exemplificando esta "barganha industrial", Aldir Blanc cita uma carta, com cópia nos arquivos da RCA, na qual o advogado da gravadora afirma a Brasília que "os equívocos saídos no disco *Galo de briga* não mais acontecerão este ano", pois a gravadora seria mais comedida no lançamento seguinte do compositor. "É preciso gerar dinheiro, a roda não pode deixar de girar", diz Aldir. "Eles se propõem a olear ainda mais essa roda. Isso tem um preço para o criador, para a cultura e, conseqüentemente, para aquele que ouve."

No final da década, quando a canção política retoma timidamente o espaço drasticamente fechado desde que Vandré puxou, no Maracanãzinho, o coro de 100 mil pessoas que cantavam o seu *Caminhando*, e o tema da anistia é abordado pelos compositores populares, é bom lembrar que o povo brasileiro só estará anistiado quando puder cantar livremente.

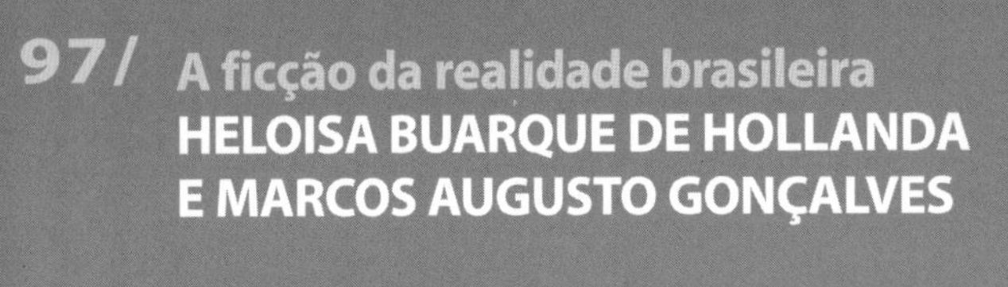

literatura
70

Da releitura do título deste ensaio ao texto propriamente dito, a viagem no tempo é a mesma. Voltam subtextos, memórias, histórias, paranóias. Sobretudo, 25 anos depois de sua primeira publicação, a leitura traz de volta o impasse provocado pelo slogan "Brasil, ame-o ou deixe-o". Escrito por quem optou, não sem conflitos, pela alternativa "1", ou seja, por quem ficou no país, o texto revela, em primeiríssimo lugar, a obstinação de provar e comprovar a vitalidade literária da década, a presença desafiadora de vozes ativas e reativas, a emergência de novos escritores, a permanência, enfim, de uma força crítica na produção literária no Brasil do Milagre. O texto empunhou, como bandeira de guerra, o desafio às avaliações correntes sobre o processo cultural do país ao longo da década de 70, à idéia de que se vivia uma espécie de "vazio". Naquela hora, a expressão "vazio cultural" tornou-se um quase lugar-comum, servindo para salientar o papel da repressão política e da censura sobre a produção de cultura. Se bem que fossem, de fato, anos de "sufoco", como se dizia na época, a noção de "vazio cultural" não deixava de conter uma dose de preconceito ou mesmo de desatenção em relação a uma série de manifestações do período. Se a ação da censura fazia-se sentir pesadamente sobre as artes, ainda assim produzia-se – e consumia-se. Ao lado de intelectuais que vinham de anos anteriores, a nova geração, que viria a explodir em passeatas em 1977, já começava a criar suas alternativas culturais. Novos grupos de teatro se haviam formado, filmes alternativos e experimentais estavam sendo feitos, a música popular se renovava e já estava em cena uma nova produção literária, notadamente poética, mas também ficcional.

Quando topamos traçar um panorama da ficção brasileira naqueles anos, tínhamos em mente que não se tratava de bater na tecla da censura e do vazio cultural, mas sim de investir na estratégia de mostrar que não só havia vida cultural na década de 70 mas também que ela tinha adquirido determinadas características, muitas delas moldadas pelas relações dos autores e das obras com o ambiente político.

Assim, o texto que produzimos, a convite do Adauto Novaes, acabou sendo uma espécie de inventário, um tanto "a sangue quente", da produção ficcional brasileira do período. Nesse sentido, temos mais travellings *do que closes.*

De olho no debate político e visceralmente ligados ao contexto, terminamos sacrificando a apreciação mais detida de determinadas obras em nome de um levantamento mais amplo da produção. A presença hiperdimensionada do contexto político e social em nosso exame da década, de certa forma, comprometeu nossa respiração crítica. Talvez isto seja na realidade mais um sintoma do "sufoco" que tanto identificamos nos artistas ao longo do texto.

/ comentário de Heloisa Buarque de Hollanda e Marcos Augusto Gonçalves /

A FICÇÃO DA REALIDADE BRASILEIRA

Heloisa Buarque de Hollanda
Marcos Augusto Gonçalves

Para Ana Cristina C., com o maior carinho

Para uma década inaugurada 13 meses depois do AI-5, a sondagem dos prognósticos e profecias em relação às perspectivas do campo da produção cultural é fascinante. Intelectuais, ciganas, jornalistas, futurólogos, cientistas e astrólogos se empenham nas mais insuspeitas e, ao mesmo tempo, sintomáticas previsões.

Em fevereiro de 1970, na revista *Visão*, o jornalista Paulo Francis arriscava, para a década que se abria, alguns palpites. O artigo, chamado "Um balaio de nacionalismo e experimentalismo", fazia referência às duas tendências básicas e antagônicas das artes brasileiras nos anos 60 e mencionava uma terceira, em cujo balaio caberiam ambas, e que tenderia a predominar nos próximos anos. Seria superado portanto, segundo Paulo Francis, o "extraordinário reacionarismo" das correntes nacionalistas e o "estéril alheamento face à sensibilidade nacional" das experiências vanguardistas.

Esse novo balaio, na certa mais lógico e mais realista, seria ainda sensível às contingências de modernização e universalização exigidas num país onde "o transistor acabou com o folclore".

Assim, a música popular, o cinema e o teatro – áreas privilegiadas dessa renovação e as que apresentam "real relevância social" – deveriam permanecer na vanguarda das artes brasileiras, atualizando definitivamente nos anos 70 as transformações que começaram a empreender nos últimos anos da década de 60.

Não parecerá, portanto, surpreendente verificar que, em suas previsões, Paulo Francis tenha reservado para a literatura um lugar um tanto apagado. Diante da extrema vitalidade e do alcance social do cinema, da música e do teatro, a literatura parece irremediavelmente defasada, empoeirada, velha, incapaz de problematizar as contradições presentes, de renovar-se e estabelecer-se num circuito mais amplo. Diz Paulo Francis:

> *Carlos Drummond de Andrade e João Cabral, por exemplo, são grandes poetas, mas cobrem um terreno já repisado* ad nauseam *desde a revolução simbolista e o que se chama um tanto vagamente de modernismo. No romance, o realismo permanece dominante. Os melhores prosadores (inclusive contistas), Dalton Trevisan ou Clarice Lispector – para ficarmos em duas variantes –, não atingiram o nível revolucionário de James Joyce, em 1910. (...) É perfeitamente possível produzir um bom conto realista, quando se dispõe do vigor inventivo de Dalton ou Clarice, mas eles não servem de guia à imaginação dos anos 70, do complexo industrial-tecnológico que molda a sociedade do futuro.*

Mesmo a obra de Guimarães Rosa não chegaria a constituir um referencial prospectivo, sendo mesmo "... velha quando a despimos dos magníficos ornamentos verbais, descrevendo aquela vida limitada por uma natureza implacável que reduz o homem a uma medida linear, a uma modesta composição de emoções básicas, sem muita relevância para o complexo ser humano da civilização industrial que já desponta nas metrópoles brasileiras".

Descartando, apesar de "seu extraordinário trabalho de sapa do academicismo" (*sic*), a permanência da vanguarda concretista, resta para Francis um único sinal de vitalidade na literatura, o romance *Quarup* de Antonio Callado, que tentaria, "num clima alucinatório mas sem perda da substância social", superar as dificuldades do realismo em apreender as contradições das sociedades capitalistas contemporâneas, apontando "um rumo atraente aos escritores de 70".

Muito pouco, como se vê, haveria de se esperar da literatura para esses anos 70. Prognóstico desmentido pela evidência que nos trouxe surpresa na área. Surge um número surpreendente de novos autores, ressurgem outros tantos, caracteriza-se o *boom* da ficção, concretizam-se alternativas por baixo e por cima da terra, correntes e contracorrentes. Assiste-se às tendências do nacionalismo e do populismo ressurgindo com forte apelo, e o mercado editorial ensaia sua maturidade comercial. Sobretudo, a literatura, mais do que na década anterior, atrai as atenções e inscreve-se significativamente na atualidade do debate cultural.

E é bom lembrar que o próprio Paulo Francis estréia como romancista, exatamente nesta década, com dois best-sellers: *Cabeça de papel* (1977) e *Cabeça de negro* (1978).

As questões que a modernização coloca para a produção cultural, certamente, estão na base do cálculo-prognóstico de balaio proposto por Paulo Francis. Mas de que depende esse balaio? Que processos agenciam essa superfície múltipla, contraditória, caótica que parece expressar a nova realidade cultural brasileira?

De fato, ao expressar uma nova composição de forças internas e um novo tipo de articulação do capitalismo brasileiro com o mercado mundial, o regime pós-64 irá trazer para o processo cultural uma série de implicações. A busca da integração com a produção industrial moderna, a transferência de capitais externos, a importação de novas técnicas e esquemas de organização produtiva vão exigir um reaparelhamento da produção cultural. Novas exigências de mercado, novas exigências técnicas. Por outro lado e por circunstâncias particulares, a forma de dominação política que acompanha essas transformações no Brasil favorece as interferências do Estado no processo cultural. Interferências nada desprezíveis que poderão ser notadas nos caminhos contraditórios do agenciamento da cultura e no rigoroso controle político da veiculação de mensagens. O que certamente passa a exigir da intelectualidade uma série de redefinições, recolocando em novas bases o debate acerca de suas funções e de seu lugar social, a composição de novas alianças, o estabelecimento de novas táticas.

Essa trama complexa de fatores sociais, políticos e econômicos terá, certamente, uma razoável influência nas prioridades estabelecidas pelos artistas e intelectuais com relação aos canais privilegiados para sua atuação e mesmo na opção por determinados esquemas formais e de linguagem.

Assim, a produção de filmes empenhados na conquista de mercado – ainda que se pague o ônus de simplificações políticas e formais – pode ser "tática" frente à necessidade primeira de combate às multinacionais da área; a divulgação de conteúdos "políticos" na música, ou na poesia, pode ser prioritária em relação às preocupações de linguagem, ou ainda a hierarquização de temas a serem tratados pela ficção ou mesmo pelo jornalismo levam em conta determinações "táticas".

E há quem fale num já famoso "vazio cultural". Há pouco, "corrigindo" Paulo Francis, descrevemos uma movimentação, na área literária, sem dúvida animadora.

Como teria se comportado a literatura nesse quadro perigoso de repressão, coerção e sedutoras alianças com o Estado?

Ou será que exatamente por ser de "menor relevância social" em relação às artes "modernas" e industriais tenha conseguido, de alguma maneira, escapar do cerco?

Se a proliferação de novos autores e o sensível aumento do movimento editorial não é por si só prova da vitalidade da literatura nesses anos 70, com o que concordamos de certa forma, tentaremos daqui por diante investigar como e quando ela expressa, nas opções de linguagem, produção e mercado, sintomas significativos de um debate vivo dentro do campo cultural.

Opção, evidentemente, que não deixa de ser "tática".

VAZIO CULTURAL: AME-O OU DEIXE-O

A década de 70 tem início numa conjuntura de franco fechamento político. As tentativas de resistência à consolidação do regime de 64, que arregimentam setores radicalizados da classe média, especialmente a massa estudantil, são desarticuladas pelo Estado, que, com a edição do AI-5, em dezembro de 1968, não deixa dúvidas sobre sua disposição de assegurar a "paz social". A intervenção nos movimentos contestatórios, a extinção das representações estudantis, os decretos 477 e 228, as demissões e aposentadorias na universidade, a censura prévia na imprensa, livros e espetáculos enfeixam a implantação do autoritarismo político preparando o país para ingressar numa nova era, sob o signo do binômio segurança/desenvolvimento. Aproveitando-se de uma conjuntura internacional favorável e assegurando o aprofundamento dos laços de dependência com o capital internacional, o Estado irá promover o clima eufórico e ufanista do "milagre brasileiro".

A modernização, levada a toque de caixa, parece envolver o país numa "atmosfera competente". A tecnoburocracia desenvolve-se, sofisticando seus métodos e seu discurso, agora povoado de siglas, fórmulas, índices e expressões retiradas do eficiente vocabulário técnico-administrativo norte-americano. As comunicações são modernizadas e a indústria cultural se desenvolve no sentido do mercado da classe média. Proliferam as enciclopédias em fascículos, tipo Abril e congêneres, as coleções as mais variadas, do mundo animal à filosofia grega, da Bíblia às revistas especializadas. A música popular assiste à emergência de marchinhas exortativas e o sambão jóia faz fundo musical para as novas churrascarias. As artes plásticas tornam-se um rentável negócio, concorrendo com a bolsa de valores, no teatro as grandes produções empresariais dominam a cena aberta, e o cinema começa a colocar-se a necessidade de assumir, definitivamente, sua maturidade industrial.

Mas é a TV que nesse momento irá melhor expressar o clima do "milagre". Trabalhando com a técnica mais recente, a TV constrói a imagem de um país moderno, um Brasil Grande, de obras monumentais, signos de uma potência emergente. A atualização de padrões culturais internacionalizados dita novos hábitos de consumo e comportamento para a burguesia e a classe média.

Por sua vez, a intelectualidade vive, nesse início de década, uma situação difícil e nova. Se o governo Costa e Silva dirigiu a ação de caráter repressivo às organizações populares e seus militantes, após as manifestações de 1968 essa ação atinge também setores da classe média. O contato com a polícia, a possibilidade da prisão, os maus tratos e a tortura, socialmente mais próximos das classes populares, passam a rondar o cotidiano e o imaginário dos filhos radicalizados das elites, estudantes, intelectuais e produtores de cultura.

A nova situação será experimentada sob formas diversas, tendendo a uma certa desarticulação no campo intelectual e das esquerdas, onde passa a ter lugar uma série de redefinições num clima mais ou menos geral de perplexidade. Se, por um lado, a situação política do país é desanimadora, por outro, o próprio discurso e a prática das oposições parecem vazios e desarticulados.

A insatisfação com as alternativas oferecidas pelo sistema e os desdobramentos de um processo de revisão de alguns pressupostos da militância política vão ser expressos em formas fragmentadas e minoritárias de radicalização da pequena-burguesia – o desbunde e a luta armada. Essas alternativas, sem dúvida diversas, não deixam, contudo, de apresentar elementos comuns e bastante significativos de um momento de desagregação, de falta de perspectivas, e de uma ansiosa busca de saídas. O privilégio da ação e os sentimentos colocados à frente das preocupações racionalizantes, a relativa descrença frente ao discurso intelectual e teórico, a valorização do corpo como lugar político são características gerais e comuns dessas experiências.

Na literatura, os novos autores parecem experimentar um certo tempo de espera, como que um recuo assustado, que, de resto, dura pouco. Mais tarde, em meados da década, o movimento editorial vai ser agitado pelo aparecimento de um número surpreendente de autores estreantes e pela presença efetiva no mercado de outros tantos já editados.

Por enquanto o quadro geral é constituído basicamente pela permanência de escritores já atuantes em anos anteriores.

Dalton Trevisan volta com *Cemitério de elefantes* (1964/70/72), *Morte na praça* (1964/70/72), *Vampiro de Curitiba* (1965/70), *Desastres do amor* (1968/70), *A guerra conjugal* (1969/70/73), e lança, em 1972, *Rei da Terra*. José J. Veiga reaparece com *A hora dos ruminantes* (1966/69/71/72), *Os cavalinhos de Platiplanto* (1959/70/72), *A máquina extraviada* (1968/74) e com o novo *Sombras de reis barbudos* (1972). Ainda dos autores que, como Dalton e J.J. Veiga, surgem nos anos 50 temos Autran Dourado com *A barca dos homens* (1961/71), *Uma vida em segredo* (1964/70/73), *Ópera dos mortos* (1967/71) e, lançados em 1970 e 72, *O risco do bordado* e *Solidão, solitude*. Da mesma "geração", Osmã Lins surge com *Avalovara* (1973), Murilo Rubião com *A casa do girassol vermelho* e *O pirotécnico Zacarias* (1974) e Adonias Filho com *Memórias de Lázaro* (1952/61/70/74), *Corpo vivo* (1962/66/70/72/73/74), *O forte* (1965/69/73), *Léguas da promissão* (1968/70/72) e o novo *Luanda beira Bahia* (1971/74). Dos que estréiam nos anos 60, Samuel Rawet reaparece com *Os sete sonhos* (1967/71), *Terreno de uma polegada quadrada* (1969) e *Viagem de Ashverus* (1970), Luiz Vilela com *Tarde da noite* (1970), Nélida Piñon com *Fundador* (1969), *A casa da paixão* (1972/73), *Sala de armas* (1973) e *Tebas do meu coração* (1974), João Ubaldo Ribeiro com *Sargento Getúlio* (1971), Ligia Fagundes Telles com *Antes do baile verde* (1970) e *As meninas* (1973), Rubem Fonseca com *Lúcia McCartney* (1969), *O Caso Morel* (1973) e *O homem de fevereiro a março* (1973).

Para além da presença sempre estimulante de Clarice Lispector e da força total com que ataca Jorge Amado, um traço parece dominar o panorama literário do momento: o desenvolvimento e até mesmo a inflação do conto.

Se o conto nos havia dado as formas já exemplares de Dalton, J.J. Veiga e Rubem Fonseca – que prosseguem pela década com *Rei da Terra*, *O pássaro de cinco asas*, *A faca no coração* e *Trombeta do anjo vingador* (Dalton), *Os pecados da tribo* (J.J. Veiga) e *Feliz Ano Novo* e *O cobrador* (Rubem) – e os bons trabalhos de Samuel Rawet e Luiz Vilela, vai explodir mais tarde como sendo a "nova ficção" brasileira por excelência.

Essa explosão, contudo, não vem sem perigos. O saldo médio da enorme quantidade de concursos literários, revistas e publicações não chega a ser muito animador.

Se novos bons contistas foram revelados, outros caíram na armadilha da forma curta e "fácil" do conto, trazendo para a literatura algumas escoriações e ferimentos graves. Perigos de qualquer explosão.

TESTEMUNHO OCULAR DA HISTÓRIA

São dois escritores veteranos que vão lograr maior repercussão expressando as dificuldades desse novo momento. Antonio Callado e Erico Verissimo ratificam suas preocupações com o relato ficcional voltado para a história e publicam, após *Quarup* e *Sr. embaixador*, romances marcantes da década de

60, *Incidente em Antares* e *Bar D. Juan*, ambos em 1971. A literatura assume, já nesse início de década, através de dois escritores "clássicos" do romance político recente, um papel que, se não chega a constituir uma novidade, vai estar reforçado e revalorizado pelas circunstâncias políticas e culturais do país: contar a história, testemunhar, colar-se ao real imediato.

Em *Bar D. Juan*, Antonio Callado volta-se para a cena política tematizando a desagregação da pequena burguesia radicalizada, a esquerda festiva, a opção pela guerrilha. Ao contrário do genial *Quarup*, que narra o trajeto de desalienação intelectual, onde a consciência trágica do Padre Nando assegura à narrativa uma forte coerência interna – mesmo dentro da própria experiência da contradição –, *Bar D. Juan* é um romance frágil. Frágil como o próprio projeto das guerrilhas que descreve. Aqui não há mais lugar para a figura unificadora do herói, mas para o painel menos orgânico de uma geração solapada e dividida entre problemas existenciais e o impulso de não abandonar o projeto da participação política. Projeto apaixonado, mas fracassado, dos heróis que freqüentavam o quartel-general do *Bar D. Juan*. Chama a atenção no romance a construção menos coesa da narrativa, focalizando partes de projetos e de sentimentos, opção formal que se vai consolidar e amadurecer definitivamente em *Reflexos do baile*, agora configurando a construção em mosaico.

É importante observar aqui a sensibilidade de Callado para esse momento, onde é um fato a dificuldade de avaliação dos movimentos da história recente. Callado, mais uma vez, comparece pontualmente, como nosso grande romancista político, mesmo em se tratando de retratar uma geração e uma experiência que lhes são, no caso, exteriores. Por isso mesmo, o resultado de *Bar D. Juan* é curioso, inclusive como sintoma da avaliação das táticas da luta armada que setores da esquerda faziam nesse instante.

Por sua vez, Erico Verissimo faz em *Incidente em Antares* uma vasta incursão pela história brasileira, dos antecedentes às conseqüências da nova ordem autoritária. Antares, cidade imaginária, palco de lutas entre famílias tradicionais, serve de álibi para o amplo painel que o romancista realiza do processo de industrialização e enfraquecimento das oligarquias rurais e das contradições da modernização na sociedade brasileira.

Condenados, por uma greve, a não serem enterrados, cadáveres (um músico avoado, uma prostituta, um bêbado, um sapateiro anarquista, um estudante assassinado e uma senhora da família dos Campolargos) erguem-se em praça pública e promovem uma série de denúncias, deixando às claras a hipocrisia que rege as relações políticas e pessoais dos responsáveis pelo poder e de figuras respeitáveis da localidade.

O incidente, profundamente marcante na vida de Antares, será com o decorrer dos tempos alvo de uma "operação-borracha" por parte dos poderosos, que desejam apagar da memória do município a desagradável e questionadora ocorrência.

Mais do que um romance de temática "oportuna", *Incidente em Antares* traz em sua própria estrutura alguns traços típicos da ficção brasileira no decorrer da década. Inicialmente, a preocupação da história, o desejo de contar essa história, narrá-la em contraposição à verdade oficial, escamoteadora como a "operação-borracha" dos figurões de Antares.

É um romance, portanto, que se quer realista, verossímil, mas que ao mesmo tempo deseja aludir a algo fora dele, no caso, a realidade social do país. Esse impulso, prezando a verossimilhança realista, a observação, o documento, estará convivendo, contudo, com uma certa tendência à alusão e à transcendência, própria da alegoria.

Tanto o trabalho de Callado como o *Incidente em Antares*, que chamamos de "testemunho ocular da história", apresentam esse duplo movimento, o compromisso com o realismo e o desejo de transcendência, de não naufragar na singularidade.

Essa questão, que é a questão mesma da dificuldade objetiva do realismo, e das formas de alusividade fragmentárias da alegoria, vai se desenvolver em níveis diferentes no correr da década. A respeito, recomenda-nos, com ênfase, o trabalho de Davi Arrigucci Jr. "Jornal, Realismo, Alegoria: o romance brasileiro recente", em *Achados e perdidos* (S. Paulo, Ed. Polis, 1979).

É interessante notar que o desejo de alusividade vai estar ocorrendo em circunstâncias particularmente difíceis para a divulgação de mensagens políticas. Mesmo a literatura, que ocupa um lugar até certo ponto privilegiado diante da censura oficial, na razão direta de seu alcance social e das próprias características de seu consumo, individualizado e "caseiro", não poderá deixar de experimentar as conseqüências das limitações que estão colocadas para a circulação de conteúdos políticos expressos de forma mais direta.

Essas limitações trazem, como um de seus efeitos, todo um taticismo que recodifica as linguagens, tornando-as um tanto esquivas, cheias de rodeios, deslocando as questões centrais para lugares periféricos, insinuando e aludindo. Trata-se de um procedimento mais ou menos generalizado que assume formas específicas no texto jornalístico, nas letras das canções, no filme, etc. e que chega em certos casos à própria comunicação cotidiana.

Uma questão um tanto complexa. Se as circunstâncias favorecem o desenvolvimento de traços alusivos e alegóricos, não há dúvida de que o problema dessa forma de representação não pode ser vinculado exclusivamente ao recurso de se burlar a censura com uma sucessão esperta de metáforas e alusões.

A "leitura das entrelinhas" fica na ponta da língua e pode ser feita de formas mais ou menos complexas. Pode ir da alusividade esquemática da *Fazenda Modelo* de Chico Buarque à releitura política do trabalho da ambigüidade em J.J. Veiga, ou à valorização oportuna dos traços realistas da violência em Rubem Fonseca.

Além do romance político, outra forma ligada ao relato testemunhal que se insinua definitivamente na ficção 70 é a memória. O narrador, em assumida primeira pessoa, volta-se para a reconstrução da sua história particular. Essa forma, a mais arcaica – e por que não atávica – da literatura perde e/ou ganha prestígio em determinados momentos históricos.

Seria precipitado atribuir de forma direta o sucesso do relato memorialista ao momento político coercitivo brasileiro. Entretanto, é inegável a constatação da emergência, nesta década, da primeira pessoa privilegiada, e até mesmo – principalmente na poesia – a emergência do que se poderia chamar de a escrita da paixão. A experiência vivida começa a ser valorizada em relação à racionalidade do romance de tese, e a penetração e o interesse suscitados por essas formas em segmentos de público bastante heterogêneos não podem ser minimizados.

Em 1975, no Ciclo de Debates Casa Grande, referindo-se à "invasão de nossa literatura pelo gênero da memória", Antônio Cândido chama atenção para a presença de "uma espécie de teimosia do mundo referencial". E nela, "a permanência desse desejo de ver a literatura representando o mundo em que vivemos".

1970: Pontualmente inaugurando a década, Antonio Carlos Villaça nos surpreende com a publicação de *O nariz do morto*, autobiografia que mescla lucidez, ironia e a minúcia da reconstituição no labiríntico universo da memória. Dois anos mais tarde, surge *Baú de ossos* e logo em seguida *Balão cativo*, de Pedro Nava, contador nato, que traça palmo a palmo sua infância mineira: são observações, casos, circunstâncias, num modo poético e, sobretudo, extremamente pessoalizado. E sua leitura interessa a gregos e troianos. Com *Solo de clarinete*, Erico Veríssimo afirma empenhar-se agora – logo depois do sucesso de *Incidente em Antares* – na realização de "um documento humano, mais do que um documento histórico". E confessa o desejo de confundir-se com o "menino que já foi".

Há por todo lado como que uma necessidade de contar – e ao mesmo tempo de ouvir – que se desenvolve em formas cada vez mais próximas do testemunho: seja o memorialismo, seja o registro alegórico, ou quase, da história imediata.

Uma última lembrança, ainda dentro do assunto: em alguns casos, desenvolveu-se na produção estreante outra forma testemunhal de descrição: é o que se poderia chamar de literatura de sintoma. Em *O afogado* (1971), seguido por *Açougue das almas* (1973/76/79), Abel Silva dá um flagrante num certo tipo de sentimento característico da intelectualidade e dos artistas desse momento. *O afogado* revela-se sobretudo biográfico, deixando contudo entrever sua matéria-prima de diário e anotações na qual registra a dúvida, a perplexidade, a asfixia de um tempo de espera. Sobre *Açougue das almas*, nos diz Antonio Houaiss: "Há aqui uma ânsia, triste talvez ou mais precisamente atristada", e deixa a pergunta no ar: "A quem filiá-lo?"

RIO DE JANEIRO, 1972: ME SEGURA QU'EU VOU DAR UM TROÇO

Na vitrola, a voz de Gal Costa sugeria: "Oh, sim, eu estou tão cansado / Mas não pra dizer que eu não acredito mais em você / Com minhas calças vermelhas, meu casaco de general / cheio de anéis, vou descendo todas as ruas/ E vou tomar aquele velho navio..."

Na estante, de uma parte, o esforço de reconstituição pela via do romance histórico, alegórico, a reconstrução do memorialismo; de outro, o *boom* da literatura pasteurizada de classe média.

Enquanto na moda, nos filmes e na TV a nostalgia dava o tom, a indústria cultural ensaiava um salto na trilha do mercado que capitalizava o clima em que se banhava o Brasil Grande. Desde *pocket books* do tipo bangue-bangue, espionagem, romance adocicado e tradução dos hits americanos até as belas publicações de mestres da música e da pintura. Na literatura, os editores investem, com sucesso, naquilo que se poderia chamar de literatura de "não escritores". Ou seja, a literatura que vai a reboque de um *star system* criado principalmente pela TV e pela grande imprensa. Crescem em vendagem Ibrahim Sued, Marisa Raja Gabaglia, Denner e Chico Anysio: o luxo do vazio.

No meio do luxo, Waly Salomão, parceiro de Caetano, Gil e Macalé, define, na época do lançamento de seu *Me segura qu'eu vou dar um troço*, o autor brasileiro como "um fim de comédia". Ironicamente sintonizado com o clima eufórico dos modernos slogans oficiais, interrompe o *Me segura*, como convém, para "um minuto de comercial".

> Me segura qu'eu vou dar um troço *é um livro moderno; ou seja, feito obedecendo a uma demanda de consumo de personalidades, a narração das experiências pessoais – experiências duma singularidade sintomática, não ensimesmada – se inclui como aproveitamento do mercado de* Minha vida daria um romance *ou* Diário de Anne Frank *ou* Meu tipo inesquecível *ou ainda como meu capítulo de contribuição voluntária para o volume* Who is who in Brazil. *Uma imagem à venda: comprem o macarrão do Salomão, salada do Salomão.*

Diz Waly, comentando seu lançamento:

> *Esse livro pouco significa para mim se não representar uma energia propulsora, se não apontar para a superação da asfixia do quadro circense em que nós estamos balançando na própria corda bamba.*

E na orelha do volume: "Viva a Banda Viva do Brasil / Alimento para as novas gerações / Por ocasião das retrospectivas da Semana da Arte Moderna de 22 / Um livro Prospectivo / Incremento para as novas gerações."

Um livro de montagem, um quebra-cabeça de flagrantes, uma tentativa de abrir frestas para o bárbaro e nosso, para os textos policiais, criminais, oficiais, para a escuta de orelha. É nesse inventário, tática "Pound Tsé Tung", que Waly trata as questões da dependência reflexa, do populismo, do provincianismo, e da atualidade de um redimensionamento em termos da militância cultural e/ou política.

É um texto que se faz de e a partir de uma aguda percepção para a sensibilidade e agressividade do fragmento. A estética do fragmento aqui é, sem dúvida, uma alternativa para a construção alegórico-simbólica do romance político, e revela antes de tudo uma desconfiança radical quanto às possibilidades de descrição do real, relativizando ainda, e principalmente, o próprio discurso literário.

Num texto mais recente nos diz Waly:

> *... de modo que o que me fascinou na idéia de escrever falar recontar para esses estranhos olhos ouvidos alheios foi a tentação de desenvolver uma conversa fiada bambambam caixa de fósforo desenrolar uma BALELA nome próprio da fábula literária foi o gosto de armar uma armadilha sonora de abrir um lance pai filho espírito santo de fiar uma persona uma máscara provisória que não chega a colar na cara porque nada como um dia depois do outro e Alegoria Alegoria ALEGORIA ALEGORIA é uma coisa efêmera logo logo se esquece...*

Waly, na literatura, junto com Torquato, Rogério Duarte, Jorge Mautner, Agripino (e vários outros artistas em áreas diferentes, como Ivan Cardoso, Hélio Oiticica etc. etc.) se identificam nesse momento com um tipo de intervenção anárquica dentro das aspirações culturais do Brasil Médici/Passarinho.

Um projeto cultural de desmontagem, mais "empenhado na campanha do que no resultado", e que reflete a temperatura geral da juventude atuante cujo projeto global de revolução é agora sensibilizado pela atenção à noção de "revolução individual". Waly "batalha" nos circuitos do sistema com um impulso libertário em muito próximo às experiências radicalizantes de contracultura no Brasil. A práxis de intervenção cultural pós-tropicalista, de certa maneira, absorvia as táticas que estavam sendo testadas na opção da outra face dessa juventude: aquela que aderiu à guerrilha urbana.

A publicação de *Me segura* é a grande novidade na produção jovem desse momento, desmentindo o que o consenso afirma como a apatia geral da juventude, a desarticulação de seu discurso etc. etc. ou, no falar dos censores, a alienação da geração AI-5.

Voltando às novidades surgidas por volta de 1972, temos o trabalho de Gramiro de Mattos com *Urubu-Rei* (1972) e *Os morcegos estão comendo os mamões maduros* (1973), saudados enfaticamente pela crítica. Os textos de Ramirão-ão-ão vão interessar principalmente pela volta da experimentação técnica com a linguagem, pela transgressão dos léxicos e dos códigos, em direção ao que seria uma multilinguagem do futuro cósmico, nessa acoplagem de tupinglês, portunhol, tupi-latim, sertanês baianês etc. etc., do qual daremos um pequeno exemplo:

"Ix/mi bonimaxõ bagualão aan xoto botça is' tupana itsamai kosmic's diamamon chim chifrablue kamic' kiaki auana angaingaba ixótraba jo minõe nopuama õe mixôiai m̃ikonom̃inã cofo botça iônôa codex of course del ecomonhamgaba..."

É bem verdade que em certos momentos o leitor consegue se orientar um pouco melhor do que no exemplo acima. Mas, apesar do interesse e da curiosidade que a elaboração propriamente textual que o trabalho de Gramiro nos oferece, ele não avança com a mesma força de intervenção do trabalho de Waly. Nesse sentido a experiência de José Agripino de Paulo com *Panamerica* nos parece mais bem-sucedida.

CRÍTICA TAMBÉM É POLÍTICA

Por altos e baixos andou a literatura no começo da década. Uma surpresa, porém, nos ofereceu a crítica literária, que nesse momento experimenta um salto qualitativo e se estabelece definitivamente num nível de reflexão crítica mais apurada e que passa a exigir o aperfeiçoamento de seus instrumentos teóricos e conceituais.

A escola de São Paulo, que já nos tinha dado um teórico do porte de Antônio Cândido, agora se desdobra nos excelentes trabalhos de Davi Arrigucci Jr., Roberto Schwarz, João Luiz Lafetá, Walnice Nogueira Galvão, Antônio Carlos de Brito, Carlos Voigt e tantos outros. Benedito Nunes em Belém do Pará, e no Rio, são publicados os trabalhos sempre importantes de Guilherme Merquior, a crítica acesa de Silviano Santiago e os trabalhos desenvolvidos na PUC-RJ por Luís Costa Lima, Affonso Romano de Sant'Anna, Gilberto Mendonça Telles etc.

Discutida, polemizada, rejeitada ou aplaudida, o fato é que o texto crítico e analítico sobre a literatura se impõe definitivamente.

Desse quadro, dois pontos chamam a atenção: o momento especialmente difícil experimentado pela universidade brasileira a partir de 1968, e um debate, que cresceu por volta de 1973, sobre a proliferação e, principalmente, o uso indiscriminado e muitas vezes esquemático das tendências estruturalistas, palavra de ordem nas faculdades de Letras cariocas.

A universidade, no correr dos 70, conheceu de perto o significado da desintegração e do vazio. Experimentando os efeitos da "limpeza" promovida pelo regime em 1968/69, torna-se um território apático e atônito, praticamente interditado à discussão da realidade do país.

A intervenção do regime na universidade se faz sentir – além dos casos concretos de demissões em massa, "aposentadorias" e "exportação" de alguns dos nossos melhores intelectuais – num clima de medo e desconfiança que atinge as próprias salas de aula e a práxis universitária no dia-a-dia dos professores e alunos.

Os já lendários "listões", a proibição da adoção de certos autores, tidos como indesejáveis, a constante ameaça da legislação repressiva e a própria infiltração policial tornam extremamente penosas as condições para o trabalho intelectual, especialmente nas áreas das ciências sociais e do homem.

Vive-se num clima geral de "competência" e "qualificação", com a extrema valorização das áreas técnicas, capazes de atender às exigências de formação de quadros para as novas empresas privadas ou estatais. À sofisticação técnica corresponde uma grande dificuldade para as abordagens críticas que tentem problematizar aspectos da realidade que o Estado prefere manter inquestionados.

Abre-se um campo fértil para as abordagens tecnicistas, com boa cotação para o behaviorismo, a economia neoclássica, o funcionalismo norte-americano etc. etc. O próprio marxismo em pauta – o "althusserianismo" – é tomado sintomaticamente num sentido muitas vezes acadêmico e mesmo técnico, mais preocupado com sua epistemologia do que capacitado a fornecer novas interpretações da realidade brasileira.

Na crítica literária, tendo como "centro" a Faculdade de Letras da PUC-RJ, assiste-se a emergência do estruturalismo. Lukács e Goldman dão lugar a Lévi-Strauss, ao formalismo russo e às novas correntes do estruturalismo europeu.

Não se trata de estabelecer uma vinculação mecânica entre a repressão às abordagens da tradição marxista e o surgimento dessas novas tendências na crítica. Ainda que, certamente, não sejam fenômenos isolados, essas relações são complexas e considerá-las numa hierarquia de causa e efeito seria por demais simplificado.

O estruturalismo é praticado nesse momento de formas diversas e, se em alguns casos dá lugar a um estéril e superficial jogo de esquemas e setinhas, em outros, vai estar, sem dúvida, contribuindo, para um avanço qualitativo da crítica.

É importante observar que a polêmica relativa ao estruturalismo é um fenômeno prioritariamente carioca, uma vez que a produção teórica de São Paulo – especialmente aquela ligada à orientação do professor Antônio Cândido – desenvolve um trabalho no sentido de uma crítica de fundo sociológico e marxista, dando continuidade e profundidade aos estudos realizados na década de 60. Não houve, portanto, nesta produção uma guinada tão sensível quanto a que vimos observando no Rio de Janeiro. A grande novidade que nos oferece a crítica paulista – mais ligada ao debate direto relativo às questões nacionais – vai ser a contribuição importantíssima no sentido de absorver no campo da crítica literária as questões das relações de dependência e do desenvolvimento que vinham sendo problematizadas pelo grupo de cientistas sociais ligados ao Cebrap.

Voltando à polêmica em torno do estruturalismo, ela se desenvolve inicialmente no ambiente universitário, alcançando um espaço mais amplo com a publicação dos trabalhos *Estruturalismo e teoria da literatura* (Luís Costa Lima), *O estruturalismo e a miséria da razão* (Carlos Nelson Coutinho), *O estruturalismo dos pobres e outras questões* (José Guilherme Merquior) e com o seu registro na "imprensa alternativa".

Em abril de 1973, comentando no Jornal *Opinião* (22) o livro de Carlos Nelson, Antonio Carlos de Brito refere-se ao estruturalismo como "o método do momento" e tenta explicar sua ascensão: "Sintomaticamente a maré estruturalista subia num momento em que os problemas e o método histórico saíam de cena ou ocupavam lugar cada vez mais secundário nas análises. Culminando um processo que se consolidou sobretudo a partir de 1968, o estruturalismo, em suas várias versões, domina hoje os setores mais 'esclarecidos' da universidade brasileira." Segundo Cacaso, essa adesão resumiria a "violência do impasse ao mesmo tempo existencial e intelectual de nossa vida presente".

Na mesma página, Luís Costa Lima, comentando *Formalismo e futurismo* (Krystyna Pomorscha), defende-se das críticas ao suposto elitismo dos estruturalistas: "Dizer que literatura não é a garota propaganda da realidade e que a palavra não é a pílula portátil com que carregamos as coisas parece uma terrível profanação."

Respondendo a outro artigo de Luís, *Quem tem medo da teoria?* (*Opinião*, 159), Carlos Nelson Coutinho – em *Há alguma teoria com medo da prática?* (Ibidem, 160) – refere-se ao estruturalismo: "Tal corrente, precisamente por basear-se num discutível conceito de "ciência" e "teoria", que tem como meta a formalização radical e a completa negação dos elementos ideológicos contidos nas objetivações estéticas, passou a defender – em concordância com o "espírito da época" – uma crítica literária "neutra".

Intervindo no debate, José Guilherme Merquior, furioso com a "gincana" dos "oficiantes do culto estruturalista", situa "métodos simplistas" e a "superstição mais do que ingênua da 'cientificidade'" nas condições concretas do nosso ambiente universitário: "Se o estruturalismo é, em si mesmo, uma inutilidade, muito útil se torna estudar as condições de florescimento do estruturalismo dos pobres, o que é a melhor maneira de desmistificá-lo."

A polêmica prossegue com os artigos de Cacaso – *Bota na conta do Galileu (Opinião,* 160), a tréplica de Luís Costa Lima – *Bloco do eu sozinho* (Ibidem, 164) e várias outras intervenções não só na imprensa mas em debates, mesas redondas etc.

A presença desse debate entre tendências da crítica literária, longe de guardar características de mera discussão acadêmica, investe-se de um evidente sentido político, e expressa, mesmo, um instante de luta ideológica no campo intelectual. Numa situação de isolamento e de dificuldade de circulação do discurso político mais direto, a intelectualidade liberal parece encontrar, no campo do debate cultural, um lugar possível para a problematização de questões políticas.

Essas discussões, muitas vezes, voltam-se sobre a própria intelectualidade e seus instrumentos de análise. A crítica como produção entra em pauta. Discute-se, defende-se, agride-se, cria-se uma política. Uma política que, ainda que confinada ao âmbito institucional e acadêmico, abriu brechas para a discussão mais geral da universidade brasileira tecnocrática e acrílica: a falta de alternativas, a desarticulação com a realidade nacional, o medo, a reformulação da universidade.

MILAGRE PROVISÓRIO

O ano de 1974 parece anunciar um quadro marcado pelo crescente agravamento da crise do milagre econômico, a relativa perda de coesão entre as forças que sustentam o regime, o crescimento da insatisfação popular e a paulatina retomada do debate político. A quebra do consenso no bloco do poder e as questões colocadas pelos movimentos sociais incipientes levam o Estado a trabalhar uma série de remanejamentos que se anunciam na política do general Geisel, sob a forma de uma "distensão lenta, gradual e segura".

Reconhecendo a crise e a necessidade de geri-la sem correr riscos de radicalização e descontroles, o Estado mantém-se na iniciativa política, realizando um jogo de ziguezague, em que as medidas de tendência liberalizante vêm acompanhadas, via de regra, de atos claramente autoritários, o que, segundo os porta-vozes oficiais, não significariam "retrocessos na política de distensão". De fato, a distensão deve ser entendida como uma política de gestão da crise, de preparação de readequações do Estado e da sociedade civil, capaz de fornecer às elites uma maior margem de participação nos processos decisórios e, ao mesmo tempo, de criar condições seguras para que a insatisfação política, que se amplia socialmente, possa se expressar nos limites institucionais.

No campo cultural, esse processo conta com uma forte presença do Estado, que se expressa contraditoriamente numa política que oscila entre a censura, repressiva, e o incentivo, produtivo. A originalidade da intervenção estatal na cultura nos parece ser dada nesse momento por essa dimensão produtiva, pela adoção de uma lógica positiva no tratamento da questão cultural: o Estado deixa tão-somente de reprimir e passa a fornecer programas para a intelectualidade, incentivos à produção, agências voltadas para a cultura.

O regime tenta tomar a iniciativa num terreno que, se sempre lhe pareceu ardiloso, passa a trabalhar aquilo que sempre lhe foi difícil e que esteve nas mãos, ainda que um tanto vigiadas, da intelectualidade – a política cultural.

A POLÍTICA CULTURAL: UMA QUESTÃO DE SEGURANÇA NACIONAL

A Política Nacional de Cultura, assinada pelo ministro Ney Braga e pelo presidente Geisel, sistematiza as prioridades e concepções que regem a ação do Estado na área cultural.

A não intervenção, o estímulo e o apoio a iniciativas individuais ou de grupos são os pressupostos declarados da PNC, que tem como maior objetivo:

"Preservar a identidade e a originalidade fundadas nos genuínos valores histórico-sociais e espirituais de onde decorre a feição peculiar do homem brasileiro: democrata por formação e espírito cristão, amante da liberdade e da autonomia."

A preocupação com a ideologia e a cultura parece fundamental num momento em que o Estado não pode mais se apresentar à sociedade apenas ou prioritariamente em sua dimensão negativa de coerção:

"O atual estágio do desenvolvimento brasileiro não pode dispensar a fixação de objetivos culturais bem delineados. O desenvolvimento não é um fato de natureza puramente econômica. Ao contrário, possui uma dimensão cultural que, não respeitada, compromete o conjunto. (...) Uma pequena elite intelectual, política e econômica pode conduzir, durante algum tempo, o processo do desenvolvimento. Mas será impossível a permanência prolongada de tal situação. É preciso que todos se beneficiem dos resultados alcançados. E para esse efeito é necessário que todos, igualmente, participem da cultura nacional."

A PNC tem um olhar espichado no futuro, pressente a necessidade de lançar bases culturais para conciliar e aplacar contradições, preocupa-se com a identidade cultural brasileira como elemento de solidariedade entre as classes, prepara-se para a possibilidade de uma transição:

"Uma política de cultura situa-se pois na dimensão ao mesmo tempo ideal e real que existe entre dois momentos históricos, um presente, outro futuro, de qualquer forma extensão do passado, e tem consciência de contribuir para a criação do que há de vir. (...) O alcance de tal política visa preencher os anseios e necessidades culturais de uma sociedade democrática."

São cinco os objetivos básicos da política a ser implantada: o conhecimento do que constitui o âmago do homem brasileiro, a preservação da memória nacional, o incentivo à criatividade: "dar ao homem brasileiro a plena utilização de seu potencial, visando capacitar recursos humanos para a área da cultura", a difusão e a integração, "sem as quais corre-se o indiscutível risco para a preservação da personalidade brasileira e, portanto, para a segurança nacional".

Assentada nesses objetivos, a PNC "entrelaça-se, como área de recobrimento, com as políticas de segurança e de desenvolvimento; significa, substancialmente, a presença do Estado como elemento de apoio e estímulo à integração do desenvolvimento cultural dentro do processo global de desenvolvimento brasileiro."

Como se vê, o Estado, nesse momento, parece se apropriar de questões que marcaram profundamente as concepções e o ideário de amplos setores da intelectualidade e dos produtores de cultura nos anos 60. Mas se, então, as questões do nacional e do popular inscreviam-se efetivamente na luta política, descortinando a possibilidade de estabelecer uma certa organicidade com os movimentos sociais, agora – quando a intelectualidade não consegue repensar essas questões em relação às novas condições da sociedade – torna-se possível ao Estado apropriar-se de algumas dessas categorias, recolocando-as sob seu controle e definição.

Debilitados politicamente, na medida em que não se apóiam num movimento de vontade popular, tornam-se questões "vazias" ou, mais que isso, preenchidas de seu significado puramente liberal-burguês e "humanista", atendendo prioritariamente ao reaparelhamento do Estado.

A articulação desse ideário com o princípio da segurança nacional parece revelar uma adaptação "sauvage" desse liberalismo, sua condição mesma de existência nos limites do capitalismo brasileiro, periférico, dependente.

Formulando uma política pautada em esquemas ideológicos um tanto ambíguos e abrangentes, o Estado consegue estabelecer um terreno possível de alianças com os intelectuais. Mais do que possíveis, essas alianças chegam a ser tidas como politicamente desejáveis.

Por opções de caráter tático ou não, o fato é que o Estado, seja pela sua "flexibilidade" ideológica, seja pelo investimento na precariedade material que rege o trabalho cultural no Brasil, consegue tornar-se o grande mecenas da cultura brasileira nos anos 70.

A intervenção estatal nos sugere o reconhecimento de uma crescente tendência à articulação institucional da produção cultural no Brasil. Coloca-se cada vez mais para o cinema, o teatro, as artes plásticas, a literatura etc. a necessidade de uma organização "madura", empresarial, adequada às condições de um capitalismo mais avançado, industrial, urbano, moderno, que, aos trancos e barrancos, vem constituindo-se no país. A conquista de mercado e a profissionalização apresentam-se como questões primordiais no próprio debate acerca das funções sociais e políticas da cultura na sociedade brasileira. Entre os autores, nas diversas áreas, parece vingar a consciência de que as artes não são um campo "isento", "limpo", uma espécie de reduto intocado pelo circuito do dinheiro. O caráter de mercadoria do produto cultural torna-se um dado cada vez mais presente, a exigir da intelectualidade a reelaboração de táticas para lidar com seu trabalho, com o mercado, com o capital..

Assumir a "maturidade", buscar circuitos alternativos, intervir no campo institucional... Novas questões para um debate que se desenvolve chegando muitas vezes a exasperações, com acusações do tipo "aderiu", "é conseqüente", "é inconseqüente", "desbundou" etc. (reveladora desse debate a súbita popularidade que a palavra "coopção" alcançou nesses anos 70).

Mal ou bem, a tendência à consolidação da organização empresarial da cultura está mais que presente como questão colocada pelas próprias condições sociais do país. Ao lado das multinacionais, o Estado surge como a alternativa melhor aparelhada, tendo-se em mente a fragilidade do capital privado nacional que investe no campo da cultura.

As preocupações com o empresarial, com a profissionalização e com a veiculação de conteúdos políticos vão estar um tanto imbricadas nesses anos 70. A busca de mercado para uma produção nacional, diversa daquela tão-somente comercial e digestiva que se ampliou nos anos do "vazio cultural", encontra a partir de meados da década condições um tanto favoráveis. Os espaços que são conquistados, a retomada gradual do debate político mais aberto, a própria crise que cada vez mais se faz presente despertam um grande interesse pela política, notadamente entre a juventude urbana e setores médios que constituem o público consumidor de cultura.

Surgem, portanto, condições para a consolidação de um mercado ou de uma faixa de mercado para a produção cultural nacional de dicção política.

Na música popular, no cinema e no teatro fazem grande sucesso as produções que conseguem passar pela censura ("não sei como isso passou, é ótimo" – um comentário bastante ouvido nas salas de espetáculo), aglutinando um público jovem perfeitamente sintonizado com as dificuldades dos seus, não seria exagero dizer, ídolos.

Mas, para surpresa da torcida, é a literatura que de fato explode nesse momento. Menos dependente do investimento estatal e gozando de uma relativa autonomia diante da censura (a que atraiu tão logo se mostrou presente, com o recolhimento de *Zero*, *Feliz Ano Novo* e *Em câmara lenta*), a literatura experimenta o chamado *boom* de 75, conseguindo atender, privilegiadamente, essa demanda pela política colocada no momento.

Referindo-se ao desempenho da literatura no ano de 1975, Flavio Aguiar dizia no jornal *Movimento*: "Ocorreu algo que há muito não se via: a literatura este ano foi assunto polêmico, tema de debates acirrados e concorridos. Ver para crer." A avaliação é consensual. O novo escritor passa a ser considerado um bom negócio, antigos escritores são relançados com roupagens novas, há o conhecido surto de poesia. No campo institucional, a premiação e a promoção de concursos literários se investe de sentido de patrocínio e incentivo. As empresas editoras testam o alcance comercial de lançamentos bem programados do ponto de vista mercadológico. A forma curta e direta do conto se consolida. Por outro lado, conhece-se a proliferação de revistas literárias que respaldam e se alimentam da boa maré que a literatura experimenta nesse momento: surge *Escrita*, *Ficção*, *Inéditos*, e as sofisticadas *José* e *Anima*, esta última revelando em seus dois números os melhores momentos da editoração periódica dessa hora. A grande imprensa, ainda que mais prudentemente, começa a abrir espaço para os suplementos literários.

Interessam-nos aqui algumas questões. Inicialmente, as razões desse sucesso, os fatores que favorecem o que foi chamado de "o *boom* de 75". Em segundo lugar, esses "debates acirrados": em torno de que questões se davam? Que elementos a produção literária estava colocando para ser alimento de intensa polêmica?

O BEM AMADO

Um sintoma que merece atenção diz respeito à inserção, nesse momento, de Jorge Amado no centro do debate literário. É desse debate a problematização de questões que extrapolam o campo específico da literatura para se articular com as indagações mais gerais quanto às novas táticas de atuação "dentro" ou "fora" do Estado, a busca de parâmetros para a produção nacional, as tentativas de realização de uma linguagem "popular" etc.

Efetivamente, Jorge Amado responde às aspirações de conhecimento do "âmago do homem brasileiro" através de uma literatura que ultrapassa o caráter regional baiano e se constitui nas formas emblemáticas do homem, do sabor e do narrar brasileiros. Em suma, é possível, neste momento, se definir em suas obras o que poderia ser a desejável "literatura de integração nacional" como já haviam sido bem-vindas a política integradora da CBD, as redes nacionais de telecomunicações etc. etc.

Por outro lado, Jorge Amado como padrão literário é ainda extremamente oportuno na medida de seu inegável know-how de contador de histórias, um dos narradores mais seguros e competentes de nossa literatura. Jorge Amado é o que se poderia chamar de um grande escritor profissional. Jorge Amado, o escritor de alta qualidade, aquele que desafia a impostação elitista da literatura que se confina às gavetas, aos sebos e às tertúlias universitárias. É de Ferreira Gullar a afirmação: "Prefiro Jorge Amado a Robbe Grillet e Michel Buttor juntos."

A seu lado, se ergue um segundo modelo: Nelson Rodrigues. Na mesma perspectiva, Nelson vai além do regionalismo suburbano carioca atingindo o que seria uma "dramaturgia brasileira" bem-feita, inteligentíssima, e, como Jorge Amado, de grande alcance de público. Não é por acaso que serão os dois grandes eleitos para as adaptações cinematográficas e televisivas de grande porte empreendidas no momento.

Se houve um tempo em que o parâmetro de qualidade para os jovens escritores havia sido Guimarães Rosa e Clarice Lispector, hoje a preferência por Jorge e Nelson denuncia, no mínimo, uma nova forma de se relacionar com o fazer literário e o mercado editorial. Agora, o escritor passa a se empenhar no sentido da demanda de mercado e de sua profissionalização. Do dom à prática, os novos escritores começam a se preocupar mais diretamente com as atividades sindicais e com a discussão em torno da questão dos direitos autorais.

Uma nova leva de escritores já mostra, ainda que de forma incipiente, um caminho no sentido de viver de suas atividades autorais. O escritor tradicional que exerce a literatura como um momento de criação desvinculado do seu desempenho profissional, que lhe garante o sustento em áreas diversas, cede terreno para aquele que, ao lado da "obra", vende sua força de trabalho através do exercício do escrever. São também letristas, roteiristas de cinema e televisão, cronistas, resenhistas. Surge a figura do escritor profissional, incluindo aí aqueles conhecidos como "alternativos" que, se não se inserem diretamente no mercado estabelecido, procuram novas formas de veiculação comercial para o seu produto.

Em meio à nova conjuntura que sugere as questões da profissionalização do escritor, a conquista de mercado e o confronto com as diretrizes da política cultural do Estado, o modelo e o debate em torno de Jorge Amado vinga definitivamente. Mas isso não vem sem conflitos.

Sobre Jorge Amado, ao lado das já tradicionais loas ao grande romancista baiano, setores da crítica se empenham numa análise mais apurada da construção de seus últimos romances, identificando uma forte proximidade com os padrões do best-seller contemporâneo, adaptados a um cenário pitoresco e tropical, com traços da ideologia populista.

Em "Amado, respeitoso, respeitável" (*Ensaios de Opinião* 2-1, 1975), Walnice Nogueira Galvão discute, no romance *Tereza Batista cansada de guerra*, essa composição. Assentado em elementos consagrados da construção literária, o best-seller faz-se ao gosto do mercado. Trata-se de uma ficção que "tem que patinhar no velho discurso realista em que a narrativa flui sem anzóis que enredem a atenção do leitor no próprio discurso ou na matéria narrada que não pode ser perigosa". Ao contrário da melhor narrativa contemporânea, o best-seller não se problematiza como escritura, não discute seus temas, naturaliza-se como relato de "dicção fluente e enredo com armadilhas de suspenso, essa a fórmula do sucesso".

Se no nível dos recursos formais o best-seller se limitasse a uma simplificação e vulgarização de elementos consagrados do fazer literário, no que se refere às idéias não chega tampouco a ser muito inspirado: "Ainda está para haver" – lembra Walnice – "a forma velha criando idéias novas ou idéias velhas criando formas novas". Sua força crítica mal chega perto dos limites do sistema literário ou ideológico vigentes. Seu "conteúdo social", obrigatório para uma boa colocação no mercado, é perfeitamente normalizado e absorvível. Dessa forma, "toda literatura best-seller é progressista, no pior sentido da palavra: sem uma pitada – mas que não exceda uma pitada – de ideais humanitários, nenhum best-seller cola mais".

Alguns dos ingredientes indispensáveis de novos filmes, livros e gibis da indústria cultural parecem traduzir-se em Jorge Amado na "fórmula pessoal infalível que é o reforçamento da mitologia baiana: comida de dendê e cachaça, praias e coqueiros, candomblé e mulatas, pretos e saveiros, coronéis e prostitutas, sexo e violência". E o progressismo na versão populista:

"A glorificação do 'povo' justificando qualquer barbaridade que sua ficção perpetre. Tudo o que é bom vem do povo e, por isso, todas as personagens são caricatas (...) Quem encarna as virtudes do povo – e, neste caso, a leitura óbvia é a resistência inquebrantável do povo brasileiro oprimido, bem por dessueto chavão menos usado – se não a prostituta Tereza?" E conclui Walnice:

"A proeza de Jorge Amado, agora, reúne, e reforça achados de seus livros anteriores. A prostituta que simpaticamente vagueia por todos eles se torna personagem principal e título, o alegre erotismo cruza a linha de perversão, a mitologia baiana é reiterada, o discurso indireto livre espertamente manipulado; Jorge Amado, enfim, pratica o kitsch de si mesmo."

Walnice não fecha com a "frente tática" que vê em Jorge Amado um caminho possível para a solução das questões que o mercado coloca para a produção literária neste momento, e aponta, com segurança, o centro do impasse que esse caminho traduz: a realização de uma literatura popular e nacional passa, necessariamente, pelo esquematismo ideológico e estético ou pela incapacidade de romper com a perspectiva populista na arte?

Essa questão é, sem dúvida, a questão do momento. A política da "distensão gradual" começa a dar seus primeiros passos e, portanto, a abrir espaços, brechas e frestas para a produção cultural.

Sob o signo de um difuso e ambíguo conceito de nacional e popular, se tornam coincidentes os objetivos da política cultural do Estado, que se abre agora para os temas da "memória", do "povo", da "história", temas esses altamente desejáveis, ainda que tratados sob perspectivas antagônicas pela intelectualidade de oposição.

Se arma, de certa forma, uma espécie de jogo entre interesses diversos e nesse jogo perigoso, como em todo jogo, existem os perdedores, os ganhadores, os *bleufeurs* e os que perdem a vez.

Se o Estado pretende agora chegar ao povo através da mediação do intelectual, como revela o projeto PNC em suas entrelinhas, os intelectuais se confrontam com a dificuldade de sua própria relação com o povo, como "objeto" de criação e principalmente como práxis política.

De qualquer forma, é esse o espaço da discussão que vai se desenvolver prioritariamente nesse estranho momento em que a literatura parece estar "dando certo": Jorge Amado vitorioso, o povo em questão, brechas para a fala sobre a política, a literatura assimilando traços do mercado internacional como violência, sexo, a *short-story*. E também aquela que se faz jornalística, clara, direta, "verdadeira", criando um espaço onde o interditado na imprensa pode ser contado no livro.

O CASO JOÃO ANTONIO

João Antonio renasce e cresce definitivamente nessa hora de maré alta da literatura.

Tido por alguns como uma "espécie de versão jornalística" de Jorge Amado, João Antonio, com a reedição de *Malagueta, perus e bacanaço* e os novos *Leão-de-chácara, Casa de loucos, Ô Copacabana!, Calvário e porres do pingente Afonso Henriques de Lima Barreto, Malhação do Judas carioca, Lambões de caçarola*, merece um considerável espaço de discussão na imprensa e na universidade. Sua grande novidade: a tematização do povo e o investimento num novo recorte para a figura do escritor: profissional/batalhador, comprometido de peito aberto com a realidade brasileira.

Em 1975, com posfácio de *Malhação do Judas carioca*, João Antonio publica o texto "Corpo-a-corpo com a vida", onde intervém de maneira direta no debate literário. Criticando as "posições beletristas" que não teriam mudado um milímetro sequer nos últimos 15 anos, propõe, para o escritor, um lugar *junto ao povo* que lhe permita expressar os temas fundamentais da vida brasileira:

"O de que carecemos, em essência, é o levantamento de realidades brasileiras, vistas de dentro para fora. Necessidade de que assumamos o compromisso com o fato de escrever sem nos distanciarmos do povo e da terra."

E vai João:

"O caminho é claro e, também por isso, difícil – sem grandes mistérios e escolas. Um corpo-a-corpo com a vida brasileira. Uma literatura que se rale nos fatos. Nisso sua principal missão – ser a estratificação da vida de um povo e participar da melhoria e da modificação desse povo. Corpo-a-corpo. A briga é essa. Ou nenhuma."

Mas voltemos à questão que João Antonio propõe. Como escritor de classe média, fala por um projeto cuja realização lhe é, em certo sentido, exterior. E é o desejo da superação dessa exterioridade que o mobiliza e, ao mesmo tempo, o contradiz: como falar de dentro se, de fato, se está um tanto fora?

Essa contradição não constitui um privilégio de João Antonio ou do "populismo", mas parece ser um impasse marcante em várias áreas da produção cultural nesse momento. Na literatura, uma das formas de "resolvê-la" será através dessa identificação escritor/marginal.

No caso de João Antonio, a figura do marginal se oferece como mediação para a identidade escritor/povo. Marginais, malditos, fora da ordem: o escritor como aquele que conhece dificuldades econômicas, aquele que, por injunções políticas, está afastado dos circuitos de decisão, aquele que exerce, até certo ponto de forma individual, a sua inadequação. O marginal representa o povo. O intelectual é igual ao marginal. Decerto, a figura do marginal como traço de união entre o escritor e povo é atraente nesse momento.

E é em torno dessa colocação que esquenta a polêmica em torno de um neopopulismo emergente na literatura, tendo agora, como centro, a figura de João Antonio.

Entretanto, não nos parece – como enfatizam "as cobranças" à literatura de João Antonio – que o problema esteja somente no fato de o escritor conceber essas relações através da figura do marginal, incorrendo numa simplificação de tipo populista, o que poderia ser resolvido pela opção de distinguir a classe operária de "povo" como massa difusa.

O populismo na literatura vai se realizar prioritariamente pela opção escamoteadora da linguagem que permite a "naturalização" da complexidade da relação intelectual/povo, independente, portanto, do fato de estar distinguindo "povo", marginal ou classe operária. A questão, na realidade, é *como* se opera essa tematização, até que ponto ela transforma seu objeto em objeto de consumo, ou, por outro lado, até que ponto o relato ficcional passa a ser o lugar, fetichizado, da solução de problemas políticos.

Ou como diz melhor Walter Benjamin: "Afinal o combate revolucionário não se desenvolve entre o capitalismo e o espírito, mas entre o capitalismo e o proletariado."

Na realidade, a consciência da posição do escritor no processo de produção parece ser a única alternativa viável para uma literatura que se quer revolucionária. E essa consciência exige certamente um trabalho mais conseqüente da linguagem e da própria noção de técnica literária.

João Antonio pretende descrever o povão, o submundo, o pivete, o jogador de sinuca, o leão-de-chácara, o malandro carioca, e o faz sob a ótica do cronista do Rio, herdeiro direto de Lima Barreto e aparentado a Jorge Amado. A ficção de João Antonio alcança sem dúvida bons momentos, é correta em outros, profissional sempre. É ainda artesão aprimorado na construção de tipos. Em *Malagueta, perus e bacanaço* atinge mesmo um bom nível literário. Torna-se um dos escritores mais vendidos, com excelente receptividade de público.

O que é questionável, entretanto, vai ser exatamente a maneira pela qual João Antonio tira dessa galeria de personagens um sabor renovado, pitoresco e "verdadeiro". Nada que problematize sua prática, que "marginalize" sua ficção repleta de marginais. Ao contrário, o neonaturalismo de João Antonio, por mais bem intencionado que seja, investe no mito da narrativa que se apodera do real, que o expõe "tal qual é", através de um olho quase de repórter em sua suposta e inocente "objetividade". E assim cai no próprio engodo do real que pretende criticar. Ou será que as formas de conceituar e de representar o "povo" não se constituem, realmente, numa questão de segurança nacional?

O que nunca é demais lembrar é que desejo de intervir no sistema não basta para que essa intervenção se dê. Estar falando da miséria do povo pode ser apenas mais um momento do mero abastecimento do aparelho de produção desse sistema.

É, provavelmente, essa percepção (nem sempre presente nos produtores de cultura) que leva o mercado editorial a perceber a oportunidade de abrir campo para as "obras-de-esquerda". E sem dúvida nesse momento, com esquemas de distribuição apurados, técnicas de marketing mais modernas, como melhores capistas, divulgação e até recursos como "fichas para leitura", as editoras se capacitam no sentido de criar ou dinamizar o mercado potencial da literatura.

Aqui não vai nenhuma crítica a esse fenômeno, altamente bem-vindo e importante para a própria vitalidade da literatura. O que chama a atenção, no caso, é como a literatura "política" passa a ser um excelente negócio no raiar da "abertura".

VERDADE, JORNALISMO E LITERATURA

Se os recursos da linguagem em João Antonio tornam-se lentes neutras, instrumentalizadas para a fotografia social, a "objetividade jornalística" surge como princípio construtivo em José Louzeiro, sob a forma não menos comprometida com o naturalismo do "romance-reportagem".

Num momento em que o jornal parece não poder mais informar, noticiar e muito menos se pronunciar, cresce por toda parte o desejo aguçado do testemunho, do documento, da exposição da realidade brasileira, o que, de certa forma, promove uma quase insatisfação com a narrativa literária. O discurso jornalístico, como técnica de referir-se ao fato, de oferecer para o leitor a realidade imediata, os esquemas de linguagem mais próprios para se dizer as-urgentes-verdades da história recente do país parecem agora uma saída para a literatura.

Esse recurso à linguagem do jornalismo torna-se todavia um tanto problemático se não se questiona seus pressupostos, se não se vai além de uma inversão de conteúdos, veiculando agora temas de crítica política e social. "O que é essa técnica" seria, sem dúvida, no caso, uma pergunta oportuna. A imprensa, tal como a produz a classe dominante, já constituiu um discurso específico. Pode-se dizer que o discurso jornalístico assenta-se em técnicas de composição, montagem, texto e ilustração que asseguram um estatuto de verdade – objetiva e imparcial – ao fato relatado. Esse estatuto entretanto se define por um escamotear do "como se relata", em favor da ilusão de uma exposição transparente do fato. Ou seja: o jornalismo, à medida que se torna cada vez mais moderno, mais perfeito, consegue promover a ilusão de uma acessibilidade imediata ao real. Se a função econômica do jornal é trazer ao público os fatos a que esse público não tem acesso, sua função política é configurá-los segundo determinações ideológicas e de mercado. Esse mecanismo nos lembra o do mito que não pretende ocultar, mas provocar uma distorção, evocar uma significação. Uma fala que despolitiza e naturaliza.

Por sua vez, a reportagem de autor, ou seja, a voga do romance-reportagem, parece estabelecer um compromisso entre o pressuposto da objetividade jornalística e de uma certa intervenção do subjetivo, aquilo que o elevaria ao estatuto de literatura.

O autor, aqui, como num jornalismo "desejável", se faz presente enquanto o narrador que relata um fato verídico – e na maior parte das vezes "perigoso" – extrai conclusões, arrisca conceituações e, finalmente, toma partido. A situação de romance, por outro lado, favorece a presença de um certo "calor humano", o privilegiar de algumas cenas ou mesmo sinais que se mostrem capazes de conter um teor alusivo a situações mais gerais. O repórter-escritor é aquele que, sem abrir mão da verdade dos fatos, se envolve com o *pathos* de seu relato. Estaríamos em frente, portanto, de um jornalista "sensibilizado" e, o que é mais importante, desvinculado da estrutura opressiva e compromissada do jornal. A situação é perfeita: a notícia livre, a informação verdadeira, isenta dos engodos jornalísticos, nesses tempos onde a lei de censura da imprensa retém 90% de informações "de utilidade pública".

Num primeiro momento, o retrato do povo, agora o retrato da verdade. E, certamente, de uma verdade que transcende à própria circunstância da notícia, que aqui se pretende alusiva de questões maiores e mais graves (e mais censuradas) da realidade social e política do país. A técnica do jornal é instrumento perfeito, o mal está na imprensa burguesa. É assim que o romance-reportagem crê na transparência de sua técnica, agora veiculando conteúdos proibidos.

A reportagem-verdade que realiza José Louzeiro acredita nisso. Tratando de Lúcio Flávio, Aracelli, dos amores da pantera e outros, tira seu efeito das mesmas premissas que organizam o discurso da imprensa institucional: a normalização da leitura, o relato verdadeiro. Assim, o romance-reportagem não consegue se estabelecer como discurso crítico ou político pela própria aderência que sugere às formas de produção das técnicas da reportagem.

É certo que, na situação um tanto difícil que se viveu nessa década, não é desprezível a "militância" de José Louzeiro, interessado na denúncia, e que conseguiu mobilizar um certo debate sobre aspectos da repressão policial, corrupção etc.

Essa certamente foi uma das formas que a literatura encontrou no sentido de "falar do momento", de articular recursos hábeis e estabelecer um certo código com o público leitor, num certo jeito de estar falando de uma coisa e expressando outra. Assim, quando Louzeiro se refere à barbaridade da repressão policial, ela sugere a violência da coerção política, o caso Aracelli pode estar significando uma situação mais ampla. Sem a eficácia do projeto de aludir ao todo do romance político dessa hora, ou de se inscrever criticamente no circuito, o romance-reportagem mostra como na maior parte da produção literária recente tornou-se urgente o investimento na necessidade de contar e de dizer a "realidade". Esse gênero, que no momento fazia sucesso no circuito de best-seller americano, vai proliferar e de certa forma respaldar o *boom* editorial.

Ainda que mantendo uma certa heterogeneidade em sua relação mais ou menos direta com o compromisso jornalístico e de mercado, surge um grande número de publicações no gênero, como *A prisão* de Percival de Souza, *A sangue quente* de Hamilton Almeida Filho, *A ilha* de Fernando Morais,

Cuba de Fidel de Ignácio de Loyolla, *O Caso Lou* de C.H. Cony, *Passaporte sem carimbo* de Antonio Callado e tantos outros.

A literatura de olho no jornalismo, a reportagem de olho na literatura. O romance-reportagem expressa, em sua forma limite, uma tendência mais geral da ficção dos anos 70 que se empenha numa espécie de neonaturalismo muito ligado às formas de representação do jornal.

Se em João Antonio e José Louzeiro essa proximidade dá lugar a um naturalismo típico, já em outros escritores a relação com o discurso jornalístico se apresenta de forma mais complexa, até mesmo, em alguns casos, comentando e problematizando a própria estrutura desse discurso.

Um bom exemplo é o romance *A festa*, de Ivan Ângelo, que conta a chegada de um trem de migrantes do Nordeste em Belo Horizonte, que se abre em leque para a narração poliédrica sobre os impasses da experiência política e existencial da classe média intelectualizada no Brasil 60/70.

Um romance feito de contos que se entrelaçam e se desdobram, pela composição em montagem de citações, notícias de jornal, discursos políticos, manifestos, textos-recortes.

É interessante nesse caso a observação do uso que Ivan Ângelo faz das técnicas do jornal e do cinema.

O filme, geralmente hábil em escamotear seus efeitos de corte e descontinuidade quando investe na "naturalidade do olhar", é aqui capitalizado em seu sentido inverso: é precisamente pela denúncia do arbitrário do corte e da pluralidade de pontos de vista que o romance estabelece uma suspensão de sentido e, portanto, um distanciamento crítico.

Não é muito diferente do cinema a superfície do jornal. A técnica de montagem e composição de notícias, fatos, legendas, fotos e chamadas que se complementam "harmonicamente", sem comprometer a autonomia de leitura de suas partes, é também remanejada aqui por Ivan Ângelo, no empenho de evidenciar suas frestas, seus vazios, sua natureza de fragmento. É assim que *A festa* compõe e decompõe sua narrativa. A verdade da notícia, tão cara ao jornalismo, é expressa pelo seu avesso exatamente quando surge evidenciado o procedimento de montagem. No trabalho de Ivan, a notícia informa um prisma do real, mas nem ela nem seu contexto parecem autorizados definitivamente para dizer o real.

É assim que o romance político de Ivan Ângelo espelha agora "de dentro" os impasses da experiência da história recente, oferecendo uma alternativa para a objetividade neutralizante das opções ligadas mais diretamente ao jornalismo ou às formas de representação simplesmente alusivas ao todo do momento político brasileiro.

Uma outra excelente surpresa na área das relações da literatura com as técnicas de montagem do jornal é o romance *Zero*, de Ignácio de Loyola Brandão. Depois de alguns anos na gaveta das editoras nativas, *Zero* consegue ser editado na Itália pela fechadíssima editora de vanguarda Feltrinelli. Esse trabalho, aliás, nos dá um mais que oportuno exemplo de como o experimentalismo de vanguarda pode ultrapassar o mero exercício formal e apreender, com eficácia, um real múltiplo e contraditório.

Zero, a princípio, se manifesta como uma grande alegoria do estado violentado e desagregado de um país que ainda espera por sua história. Um romance pré-histórico, como o classifica Loyola. Em *Zero*, o recurso ao fragmento e o próprio aproveitamento do espaço gráfico do livro, aqui e ali diagramado à moda dos jornais, promove um estilhaçamento da perspectiva naturalística do jornal. É exatamente desse processo de desmontagem, de colagem absurda de ruínas de uma realidade não menos absurda, que o autor extrai sua força e sua violência. É como se o estado zero explodisse os personagens, as situações, as falas, os relatos. A força temática e a significação maior de seus personagens vêm, inclusive, da situação deformante e anônima que domina a tensa atmosfera dessa pré-história. É assim que a técnica do fragmento aqui traduz a desagregação produzida pelo clima de opressão que acompanha, em todos os momentos, a narrativa de Loyola. Narrativa que consegue a proeza tantas vezes tentada no romance político recente de representar um certo "país da América Latíndia" cujos governantes, aliás, houveram por bem proibi-la de permanecer em circulação.

A festa e *Zero* parecem se afigurar, na profusão de lançamentos que têm lugar a partir de 1975, como alternativas àquela literatura que identificamos como de "integração nacional" e às formas jornalísticas com traços naturalistas e/ou populistas. São trabalhos que expressam a experiência social "desintegradora", que tratam do sentimento da inadequação, da perda, da fragmentação, expressando antes relações de crise do que de conciliação e ajustamento.

Poderíamos alinhar aqui os excelentes trabalhos de Antonio Callado (*Reflexos do baile*), Antonio Torres (*Um cão uivando para a Lua* e *Essa terra*), Sergio Sant'Anna (*Notas de Manfredo Rangel, repórter; Confissões de Ralfo; Simulacros*), Renato Pompeu (*Quatro olhos*) e Carlos Sussekind (*Armadilha para Lamartine*).

ARMADILHAS A QUATRO OLHOS

Dos citados, *Quatro olhos* e *Armadilha para Lamartine* trazem uma atração: a construção multifacetada agora tematizando uma questão cara à literatura e ao debate cultural do momento: a cultura.

Um parêntese: no sufoco da virada dos 60 para os 70, a valorização das possibilidades de percepção que a loucura e as experiências alucinógenas traz – ou a "nova sensibilidade", como foi chamada, torna-se um elemento fundamental das opções estéticas e sobretudo existenciais da contracultura brasileira. E aqui temos, no mínimo, dois conteúdos: a loucura como forma de transgressão da ordem institucional e social, e a loucura como liberadora de um discurso fragmentário que, de certa forma, checa e critica o modelo racionalizante do pensamento ocidental burguês. São desse tempo os trabalhos de Torquato Netto reunidos no livro *Os últimos dias de Paupéria*, os textos que compõem a publicação *Navilouca* e outros trabalhos onde as novas formas de apreensão do mundo se revestem de um forte teor crítico e anárquico. Fecha parêntese.

As sugestões que o tratamento do tema da loucura traz no sentido de crítica à ordem institucional e política certamente estão presentes em Carlos Sussekind e Renato Pompeu.

Armadilha para Lamartine descreve as relações de uma família liberal, um certo tipo de família "intelectualizada e aristocratizante" da classe média, as tramas emocionais que a compõem, o jogo de poderes que ali se estabelece. Campo fértil para o desajustamento de Lamartine e para sua temporada num hospital psiquiátrico. O livro é construído pela montagem sutilíssima de dois diários: o primeiro reúne escritos de Lamartine em sua passagem pelo sanatório, e o outro, do pai, Espártaco M, com anotações de sua varandola-gabinete.

Os diários são datados (outubro de 1954-agosto de 1955), e a escolha do momento político – muito presente no livro, seja em comentários no diário de Espártaco M, seja como contexto que cria problemas para a família – acaba sendo muito feliz. Entre leituras raras, preocupações com a saúde, jantares e atribuições, Espártaco M refere-se com sábia delícia às peripécias da política institucional, às eleições, à defesa do nacionalismo, à presença do capital estrangeiro, à ameaça de golpes pairando no ar.

A seleção e organização dos dois diários, que lhes confere caráter ficcional, deixa para o leitor a necessária leitura dos espaços, das frestas, das descontinuidades e dos nexos que se estabelecem na montagem. Capturado pelas armadilhas do texto, o leitor é convidado a participar de sua produção de sentido, onde poderá flagrar, pontuando a fala dos diários, uma irônica e violenta crítica a certos valores da classe dominante e de seus setores médios, no Brasil Café/JK.

O "desgarramento" de Lamartine recusa as concepções de mundo, gostos, preferências e ateísmos do progressista e liberal Espártaco M. Desgarramento todavia ambíguo, pois se contradiz: a "filosofia" – o controle – do pai não chega a romper de todo com os pressupostos que regem a inserção de sua família no corpo social, com ela segue partilhando uma mesma disposição, não menos ambígua, nos traços de seu relacionamento – frouxo mas, enfim, subordinado – com o mundo do trabalho da produção. Mas Lamartine, ainda que provisoriamente, expressa uma diferença: sua "loucura". É através dela que se apresenta a chance de um outro ponto de vista sobre os valores de seu próprio ambiente social. No embricamento cuidadosamente preciso e labiríntico das representações de Lamartine filho e Espártaco pai, deflagra-se a possibilidade da leitura crítica: as armadilhas da família e a percepção da instituição psiquiátrica como espaço político de gestão e controle social, onde a lógica do mundo dos "normais" pode ser reconhecida em toda a sua violência e loucura.

Em *Quatro olhos*, essa mesma leitura crítica se faz presente, num texto menos cheio de armadilhas. Uma narrativa que, desde o início, fala e parece duvidar de si mesma, de sua precisão, de sua capacidade de estabelecer-se definitivamente. De novo, como em Lamartine, uma escrita a "quatro olhos e um sanatório".

O narrador perde um romance que havia escrito, e tenta reconstituí-lo, a partir de sua passagem por um hospital psiquiátrico. A tentativa dessa reconstrução, que constitui o romance que lemos, confunde passagens do livro perdido, as andanças do narrador à sua cata e lembranças de episódios que poderiam fazer parte do romance perdido, sem que, de fato se possa ter certeza disso: "Não sei se falo da vida ou de coisas do livro ou mesmo se relato a memória ou estou inventando no momento".

Em *Quatro olhos*, a relação loucura-política é mais direta. A própria passagem do narrador pelo hospital, sua experiência com a perda da razão, seu processo de alienação estão significativamente vinculados à ação da polícia política.

Dessa forma, como nota Luís Costa Lima (*Réquiem para a Aquarela do Brasil*, 1978, mimeo.), o papel de controlador que em *Armadilha para Lamartine* é atribuído ao pai deixa aqui de ser personificado, aparecendo sob o perfil de uma entidade extensa e poderosa, não mais controladora apenas dos conflitos familiares: o Estado. Também em *Quatro olhos*, temos a presença – tão freqüente em romances dos anos 70 – da tematização dos recentes descaminhos da intelectualidade militante.

Em Renato Pompeu, essa discussão, ao ser tratada em vários níveis, se faz mais complexa. Aqui, a militância política em movimentos e organizações pré e pós-68 surge através da mulher do narrador, que alia seu impulso em direção "à luta ao lado das massas" a uma vida bem pouco "revolucionada" de filha da classe dominante.

Se a relativa distância experimentada pelo narrador em face dessa militância permite que ela seja vista em toda a sua dimensão contraditória, não faltará por certo ao romance a crítica das instituições, da opressão e da alienação social. E, afinal, é a própria literatura – que não deixa de ter sua dimensão institucional – que surge relativizada em sua suposta capacidade de se apoderar da realidade e de funcionar como instrumento privilegiado de intervenção política.

A militância, a loucura, a perda, a procura. Temas fundamentais e mesmo centrais da experiência social desse período que aqui se tornam elementos constitutivos da séria produção de Renato Pompeu.

Armadilha para Lamartine e *Quatro olhos:* não escondemos uma particular preferência por esses trabalhos, que, junto com *A festa* e *Zero*, mostram que, na literatura, o engajamento político pressupõe e mesmo só se realiza num engajamento com a própria linguagem.

PRODUTO NACIONAL CULTO

Artificial ou não, programado ou inevitável, o *boom* editorial de 1975 trouxe dividendos. Algumas editoras se firmaram, outras passaram a ter sua atenção voltada para o autor nacional. A Ática destaca-se investindo numa linha editorial agressiva que procura capitalizar as diversas formas de comercialização do livro. A Civilização Brasileira prossegue, com um salto nas listas de títulos, atenta à divulgação do trabalho de escritores brasileiros, sem, todavia, o apelo de marketing da Ática. Tornando-se oportuna do ponto de vista comercial a divulgação de novos autores, algumas multinacionais surgem no ramo e outras, nacionais, como a Codecri, aparecem com força total.

A produção se estabiliza e conhece um bom nível, com a proliferação de autores "médios", que, como se sabe, são mais expressivos, no sentido do "tom" de uma época, do que os altos vôos do grande autor episódico.

A conquista de mercado e o maior interesse que a literatura parece despertar, se favorecem alguns oportunismos editoriais, trazem, por outro lado, a possibilidade de uma maior divulgação do trabalho de escritores de diversos pontos do país, relativizando (ou reabastecendo?) o vicioso circuito Rio-São Paulo-Minas.

Norte-Sul, Leste-Oeste. Do Amazonas, Marcio Souza envia *Galvez, Imperador do Acre*. E, com ele, um folhetim maravilhoso modernista-tropical onde as contradições de um Brasil que "pode ser um absurdo" explodem no delirante cenário do ciclo da borracha, na ascensão e queda de Luiz Galvez. Provérbio quinhentista português: "Além do Equador tudo é permitido." Luiz Galvez: "Nem tudo."

A recuperação do humor, uma boa notícia, aparece também do outro lado do mapa nos contos vivos e rápidos e inventivos de Moacyr Scliar: *Balada do falso messias*, *Carnaval dos animais* e *História da terra trêmula*. Ainda do RS, Tânia Faillace, com *Vinde a mim os pequeninos* e *O 35° ano de Inês*. O Pará surpreende com *Minossauro*, segundo romance de Benedicto Monteiro, que desafia o regionalismo tradicional numa mixagem fortemente contextualizada, nas contradições da Amazônia contemporânea. Do Nordeste a dupla *Joaquinho Gato* de Juarez Barroso e *Parabélum* de Gilmar Carvalho: boas surpresas. Em Minas a grande presença de Roberto Drummond com *O dia em que Ernest Hemingway morreu crucificado* e *A morte de DJ em Paris*. Num quadro realístico-mágico-brasileiro, Roberto Drummond fecha sua lente no detalhe dessas marcas pessoais, mas transferíveis, como o maço de Hollywood, a escova Kolynos, o sal de frutas, as fantasias ou realidades das Ritas Hayworths e Tyrones Powers integrados no universo de personagens do Brasil urbano. É um tipo de jornalismo imaginário que reporta o universo marcado pelas mutilações e pelo conflito. Enquanto Wander Pirolli agita o mercado de livro infantil com os polêmicos *A mãe e o filho da mãe*, *O menino e o pinto do menino* e tantos outros.

O território da teoria nos surpreende com *Maíra* de Darcy Ribeiro (o índio enfim conquista seu espaço legítimo na ficção), com a nossa melhor e rara ficção científica em *Noites marcianas* e *O cão polvo de Antares* de Fausto Cunha, com a lucidez mágica e *As marcas do real* de Modesto Carone e com o trabalho de Silviano Santiago em *O banquete*, que brinca corrosivamente com as modalidades do conto, e *O olhar*, a novela edipiana da família belorizontina.

Do Rio, outras faces da moeda: Aguinaldo Silva num percurso que vem da reportagem policial ao universo subversivo do avesso da história das minorias sexuais. *Primeira carta aos andróginos*, *República dos assassinos*, *Geografia do ventre*, *No país das sombras*. E a "viagem" curiosíssima de Flávio Moreira da Costa com *Desastronauta*, *As armas e os barões*, *As margens plácidas*.

A tragédia carioca: a segura câmera lenta de Ary Quintella pegando o instantâneo e os não ditos em *Sandra Sandrinha* e a violência em *Terror e êxtase*, onde Cadinhos de Oliveira carrega nas tintas e na barra-pesada.

Sônia Coutinho, Rubem Mauro Machado, Helena Parente Cunha.

De além-mar, a presença ótima de Augusto Boal com a deliciosa e sangrenta aventura latina de *Jane Spitfire* e *Crônicas de nuestra América*. De além-mar, ainda, Paulo Francis invade o litoral com sua linguagem atropelada, memorialista, ensaística, jornalística e mobiliza as atenções e os debates nativos: *Cabeça de papel* e *Cabeça de negro*. A história contada pelo universo do Poder.

Observações: 1) É de leitura obrigatória *Lavoura arcaica* e *Um copo de cólera*, de Raduan Nassar, sem dúvida um dos melhores escritores que a ficção 70 revelou.

Por volta de 1976/77, ainda sob os efluxos do *boom*, a palavra "novo", de tão repetida, parece velha. Passemos, portanto, aos novíssimos. E aqui vai uma curiosidade: temos os novíssimos *da* ficção e os novíssimos *na* ficção. São autores que tiveram sua formação e informação no período pós-68, quando a universidade e o debate político e cultural apresentam condições bastante específicas. A própria experiência social dessa geração traz marcas e cicatrizes bastante evidentes. O apelido "geração do sufoco" já está datado e registrado em cartório.

E, nesse caso, é interessante notar um confronto de saídas que vieram se revelar nas diferenças entre os novíssimos *da* e *na* ficção.

Se a poesia conhecida como marginal se organizou em termos de mercado alternativo e de uma poesia que se quer antes de tudo gesto lúdico e vitalista, valorizando de preferência um pacto com o descompromisso do que a escrita profissionalizante, o conto dos novíssimos percorre o caminho inverso.

No rastilho do impulso experimentado pelo movimento editorial pós-74, esses escritores, basicamente dedicados ao conto ou à *short-story*, relacionam-se com a literatura como um compromisso marcadamente profissionalizante e de inserção no mercado. É dessa leva a maior parte dos jornalistas, roteiristas para TV e cinema e atividades afins a que já nos referimos anteriormente.

Mesmo em relação à representação de mundo que expressam, as diferenças são sensíveis: aqui, uma ficção de gosto realista, preocupada mais diretamente com o dia-a-dia das classes desfavorecidas e dos marginais. A publicação pela Codecri da antologia *Histórias de um novo tempo* (1977) explicita na introdução que se trata da "arte a se aproximar do cumprimento de sua função social". Essa antologia reúne os trabalhos de Julio Cesar Monteiro Martins, Luiz Fernando Emediato, Domingos Pellegrini Jr., Caio Fernando Abreu e Antônio Barreto.

Angústia, impotência, travestis, surfistas, a mulher, sexo e política. O universo que a geração do sufoco não reconhece como patologia. Marginais, malditos.

A produção do novíssimo conto se desdobra em muitos nomes e prolifera em edições. E, como já dissemos, certas vezes com algumas escoriações e ferimentos graves.

Por sua vez, os novíssimos da poesia, aqueles que se especializaram no drible do sufoco, arriscam alguns passos em direção à prosa. Não se poderia aqui falar de conto ou mesmo de ficção. É como que uma poesia que está querendo contar uma estória. É o *Quamperius* do Chacal, O *CatXupe* do Tavinho Paz, a correspondência e os diários da misteriosa Ana C. ou os textos de Angela Mellin.

De uma forma e de outra, bem ou mal, os novíssimos abriram brechas importantes para a fala de uma geração.

AEROPORTO INTERNACIONAL DO GALEÃO, 1979

"De Norte a Sul, de Leste a Oeste, o povo grita Luís Carlos Prestes." Milagre, distensão e abertura. Do Ato 5 à rearticulação partidária, do silêncio à explosão das manifestações, múltiplas, espontâneas, (des)organizadas. Nesse final de década um novo dado em cena: a emergência das reivindicações populares – agora de próprio punho: a insatisfação com as condições materiais de vida, com a política fornecida pelo regime e o ensaio de uma nova postura que parece desconfiar dos paternalismos. Energia e Vitalidade. Os estudantes reconstroem suas entidades e, à revelia, "consentida", do Estado, trazem de volta a UNE. A anistia, ainda longe de ser ampla, recebe os exilados, aguardados, saudados, festejados.

Panorama movimentado de um momento crítico. Projetos em disputa começam a se delinear com maior clareza. O Estado enfrenta a crise, tentando a todo custo assegurar a iniciativa no terreno político, promovendo reformas, decretando sua democracia, trabalhando "por cima" uma abertura de corte autoritário.

No campo das oposições o debate está aberto com as diferenças vindo à tona, novos campos se definindo, alianças se reavaliando. A "frente" recompõe-se, ou de fato tenta constituir-se, agora contando com a complexidade das diferenciações. Cinco mil alto-falantes pedindo apartes, colocando questões, dando lugar a um debate vivo e quente.

Entre a intelectualidade, as divergências que durante a década estiveram latentes, ou que apenas se insinuaram aqui e ali, chegam às páginas da imprensa. Odaras e ortodoxos, desbundados e reformistas, radicais e populistas – as posições definem-se ou são definidas num jogo que tem como pano de fundo os redimensionamentos das ligações intelectual-Estado-povo. Entre os apelos das agências estatais de cultura e a efervescência da retomada dos movimentos de massa os intelectuais balançam (inclusive os anos 70 na literatura).

Ensaiam-se alternativas à produção mais comprometida com esquemas institucionais. Grupos teatrais de bairro, portas de fábrica e universidade, a volta do Te-Ato Oficina, shows para levantar fundos para as entidades que se reorganizam, literatura de periferia, imprensa de bairro e de sindicato. E, finalmente, começa-se a perceber o potencial revolucionário de questões sobre a mulher, o negro, o índio, o homossexualismo e a ecologia.

A retomada do discurso político direto, sem dúvida, tende a retirar da literatura e da produção de cultura em geral o privilégio de ter sido um espaço onde, entre alegorias, artimanhas e alusões, manteve-se um debate sobre a realidade e o momento brasileiro. Espaço que nos deu bons momentos mas que serviu também de zona franca para que a literatura política dita de esquerda encampasse alguns equívocos ideológicos e de linguagem. Sem o álibi da censura e do fechamento repressivo que os 70 experimentaram, a literatura dos 80, a depender da conjunção dos astros, também tende a se repensar.

Por enquanto, o que é absolutamente legítimo e merecido, experimentam-se as emoções e surpresas que as brechas, conquistadas, da abertura oferecem.

No circuito, saem das gavetas filmes, peças, romances e canções censuradas que ganham a dimensão de documento e reconhecimento de terreno. A história vai sendo revista com o desejo vivo de avaliar experiências, de discutir essa realidade – que teve lá seus momentos de ficção terrível – do Brasil dos últimos anos.

Nesse impulso, literatura, depoimento e memória – de liberais, militares e militantes – esquentam as bancas e livrarias. *O outro lado do poder*, por Hugo Abreu, *As memórias de Gregório Bezerra* e *Guerrilha do Araguaia*, de Mourão Filho, *Exílio*, de Abelardo Jurema, *Tortura*, de Antonio Carlos Fon, *Milagre no Brasil*, de Augusto Boal, e ainda outras publicações como *O livro negro*, da USP, e *Os expurgos*, da UFRS.

Os personagens de *Bar D. Juan*, *Reflexos do baile*, *A festa*, *Quatro olhos*, *Em câmara lenta* pegam da pena e recontam suas histórias: *A esquerda armada*, testemunho dos presos políticos do Presídio Milton Dias Moreira; *Os exilados* de Cristina P. Machado, *Cartas sobre a anistia* de Fernando Gabeira, *Cartas do exílio* de Flávia Schilling.

As peças e músicas em cartaz neste domingo de outubro de 1979 dão o clima de um certo sentimento que estamos experimentando: *Jaz-o-coração, Explode o coração, Rasga o coração.*

É aí que chega o mineiríssimo Gabeira e pergunta: "O que é isso, companheiro?"

ANTONIO CALLADO

Escritor e jornalista. Autor das obras *A Assunção de Salviano* (1954), *A madona de cedro* (1957), *Quarup* (1967), *Bar D. Juan* (1971) e *Reflexos do baile* (1976)

Numa década de fechamento, como a de 70, que papel a literatura pôde desempenhar?

Em épocas assim, como se sabe, a literatura tende quase a se substituir à crítica direta dos acontecimentos. Quando a crítica é direta demais, a literatura pode perder, passados os acontecimentos, o valor que terá tido. Ou só reterá um valor de documento.

Como você vê a aproximação de literatura e jornalismo na ficção recente?

Eu diria que no Brasil o assunto está crescendo para lá de todos os limites. O que importa é a obra de literatura tal como acabada e apresentada ao público. Drummond é o nosso grande poeta e é também excelente cronista, inclusive com faro de repórter para os fatos importantes do dia-a-dia. Graham Greene é até hoje, quando já dobrou o cabo dos 70, um excelente jornalista, no sentido de escrever artigos diretos sobre acontecimentos internacionais. E para seus romances colhe material vivo tal como faz um repórter. Repito que a única coisa que conta é a obra acabada.

Que tipo de vida você imaginaria para o Padre Nando nestes dias de intensa movimentação política?

Uma coisa que eu acho que ele faria seria entrar para a Igreja outra vez. Quando se libertou de uma falsa Igreja que se transformava em arte pura e dava as costas ao povo, Nando, principalmente por intermédio da mulher, assumiu sua plena figura de homem e de revolucionário. A revolução direta não tendo sido ainda possível, ele bem poderia voltar ao aprisco, no sentido de colaborar com o bispo Casaldáliga, com D. Tomás Balduíno, com D. Paulo Evaristo Arns. Acho fascinante a evolução da Igreja no Brasil e vejo Nando muito bem inserido nela, nesta Igreja corajosa e que botou Deus no meio da rua de novo. Já comecei a tomar vagas notas para escrever, sem prazo e sem forma ainda, um livro que se chamará *A velhice do padre Nando*.

ABEL SILVA

Escritor e letrista. Autor das obras *O afogado* (1971), *O açougue das almas* (1974) e *Asas* (1974)

Abel, fale do seu trabalho nesses longos e negros anos 70.

Eu tenho três livros publicados, os dois primeiros escritos em 1968/69, um romance e um livro de contos – *O afogado* e *Açougue das almas*. Os dois escritos ao mesmo tempo e que são como verdadeiros sintomas do que eu, minha geração estávamos vivendo. Repare nos títulos dos livros: *Açougue das almas*, veja, agora o comércio de carne é feito por butiques e a morte do animal fica obscurecida, você não tem mais aquela crueza dos açougues. Na Zona Sul, pelo menos, não tem mais açougue, só butique de carne; mas nos açougues você via as carnes penduradas, coelhinhos rosados pendurados, porquinhos, quartos de boi, você via a morte, até a expressão da morte na cara de alguns animais você via. E neste período de 1968/69 no Brasil eu via tudo como um grande açougue, via tudo esquartejado, exposto aos pedaços, tudo ensangüentado. Eu poderia escrever mais 30 livros e todos teriam um título destes e falariam deste mesmo sentimento de esquartejamento. Eu reparo que na verdade todos os livros escritos naquela época são sintomas desta visão de terror.

Este procedimento é o que se costuma identificar como "Alegorias Táticas", num momento em que não se podia falar claramente?

Mas estas metáforas estão só nos títulos, dentro se diz tudo bem claramente. Em *O afogado* há um personagem que vai preso como terrorista, outro enlouquece, outro vai pras praias da Bahia, outro entra fundo nas drogas, outro vira místico, não há nenhuma alegoria tática, eu não estava em condições de armar táticas. *O afogado* é um livro sincero, cujo maior defeito é justamente não ter ultrapassado literalmente esta sinceridade.

Hoje você ainda acha que esta visão faz jus à época?

Não, eu acho que faltava distanciamento. Veja Portugal, teve uma ditadura por mais de 30 anos e quando ela acabou os críticos portugueses, os jornalistas, ficaram dizendo, pois bem, cadê os romances, as peças de teatro, cadê os poetas, os cineastas que reclamavam da censura e do obscurantismo, cadê as obras, como se fosse uma coisa imediata, pra cinco minutos depois. Mas você não pode exigir que um corpo enfraquecido pela doença, tão logo cessem os sintomas, a febre, as dores, você não pode querer que este corpo vá logo disputar 100 metros rasos. E com os narradores – os poetas não, os poetas podem jogar mais com o presente – mas os narradores necessitam de um tempo histórico, os narradores falam do passado. Então acabou a censura no Brasil, acabou o AI-5 e nós começamos a ter só agora os sintomas de uma verdadeira literatura pós-64, falo de literatura de inspiração política, mais madura, menos testemunhal. Acho que, por exemplo, *Reflexos do baile*, *A festa*, *Cabeça de papel* e *Cabeça de negro*, *Maíra*, esses são romances pós-64 – são os primeiros pós-ditadura no Brasil – entendeu? Agora eu, quando escrevi *O afogado*, com vinte e poucos anos, eu fiz um teste público, eu fui um ingênuo. Eu expus um rascunho, a minha experiência direta, o rascunho inclusive de minha formação literária. Tanto assim que depois destes dois livros eu fiquei seis anos sem editar. Só fui retomar com *Anima*. Só eu sei que tipo de crise foi essa, que tipo de processo foi esse. Porque eu já não me dava mais o direito de vozes que não fossem a minha, eu não queria ficar me escondendo de minha barra macaqueando velhas vanguardas. Não ia entrar neste tal "saudável beco sem saída" onde até hoje uns brilhantes cérebros de minha geração estão enfiados. "Nós precisamos aprender", como diz Melodia. Publiquei agora *Asas* porque já me ouvia quando me lia. Só quando estava em condições de voar. Quer dizer, *Asas* é assim o meu primeiro livro, mas eu gosto de ter escrito aqueles outros dois – aliás, *Açougue das almas* já está em terceira edição e as edições da Ática são grandes – porque foi um aprendizado, foi uma exposição corajosa. Na época pintavam José Agripino de Paula, João Ubaldo Ribeiro, Gramiro de Mattos, Jorge Mautner – são quatro que eu sinto que são da minha. Apesar de serem completamente diferentes uns dos outros e eu de todos eles. O João Ubaldo é hoje um escritor conceituado, mas *Setembro não tem sentido*, seu primeiro livro, é um livro de aprendiz. Daí pra *Sargento Getúlio* foi um grande passo! Já o processo de um Paulo Francis é outro. É um intelectual que investiu o tempo todo na crítica, no jornalismo, no ensaio onde você só arrisca mesmo a opinião. Então quando ele foi escrever romances ele já tinha não só um poder – aliás um grande poder, basta ver como a crítica tirou o cu da seringa, teve uma do Otto Lara Rezende, na *Veja*, que foi um primor de pessedismo –, ele tinha então este poder e um desembaraço de médico-cirurgião, de alguém acostumado aos mecanismos do corpo literário. Só faltava mesmo criar um. É a velha história do médico e do monstro. Outra coisa é você expor seus rascunhos juvenis escritos em quartinhos de empregada. Eu estava aprendendo tudo. Eu me perguntava: um escritor deve ou não escrever todo dia? Eu queria escrever todo dia! Escrevia!! Meu conceito de disciplina partia de uma generalidade absurda. Cada um tem que descobrir *a sua* disciplina, sua maneira de "manter-se em forma", como diz Norman Mailer. A minha vem de uma ligação poético-existencial plena. Quero estar o tempo todo capaz da percepção estética. Agora, se escrevo ou não é outra questão.

Abel, fala um pouquinho daqueles tempos. Como é que você vivenciou, experimentou o chamado vazio cultural dos 74 pra frente?

Eu percebo que foi um momento histórico completamente original no Brasil, porque foi um momento em que não só as classes economicamente inferiores sofreram o tacão do poder, mas também a classe média sofreu. Foi uma guerra civil, que dividiu a nossa história em antes e depois dela. Raras são as famílias burguesas que não tiveram filhos presos, malucos, exilados, paranóicos, drogados, então houve um envolvimento geral, qualquer mãe de classe média brasileira hoje é de uma certa maneira politizada, qualquer mãe mineira que antes só conhecia o terço e a família tem hoje um sentimento mais amplo porque um filho seu, um sobrinho, a filha de uma vizinha, o marido da filha, alguém ligado a ela de alguma maneira sofreu os efeitos desta guerra.

E os escritores?

Então os escritores como parte desta sociedade entraram na dança. O barco afundou pra todos. Foi o maior trauma coletivo brasileiro, foi a nossa guerra civil espanhola, nossa Guerra do Vietnã, foi muito maior que maio de 68 pra França, foi um envolvimento total, uma implosão. Então de 1974 em diante já começa a haver uma espécie de tomada de campo, a contagem dos mortos, a retirada dos feridos, um processo que vivemos hoje em seus últimos momentos. Nesse período negro surgiu também uma "crítica", um exercício masturbatório de intelectuais colonizados que teve na revista *Vozes* seu veículo principal. Ficava um cara falando dos quadrinhos, outro descobria que "a poesia agora está na música popular", outro analisava Capitu pelos princípios da antipsiquiatria, aquela beleza. E eram estes os caras que cobravam dos jovens escritores brasileiros uma obra de vanguarda, uma produção assim ou assado. Enquanto eles faziam aquela titica cultural. Cadê estes caras hoje? Pra eles não há anistia que resolva.

E a ala desbundada?

Qual delas? Torquato Netto, que você está citando, repare bem. O livro de Torquato editado depois de sua morte, por ele você percebe bem a trajetória de Torquato. Torquato surgiu na música popular com o tropicalismo. Na verdade surgiu antes, produzindo com Gil e Caetano. Pois bem, veio depois um grande período em que Torquato esteve totalmente marginalizado. A gente encontrava Torquato na rua, ele estava completamente frágil, no sentido de que se sentia à margem do espaço dos próprios companheiros, se sentia sozinho. E não foi só "loucura". Foi um período que só esse livro veio depois esclarecer. Foi, pra mim, o mais importante do poeta Torquato Netto. Ele estava secretamente fazendo uma obra de sintoma que teve uma grande qualidade cultural mas que principalmente expôs o homem Torquato, só naqueles textos a gente se defronta mesmo com ele, não é na *Navilouca*, não é nos *Super Oito*, não é na *Polem*. E, num certo sentido, a morte avalizou esta obra, sacramentou-a como testemunha, como verdade. Eu sou completamente contra a mistificação de Torquato no sentido careta. É preciso ver que a obra de Torquato é importante como a verdade do poeta no momento secreto, como experiência singular, não generalizável. Hoje, com a apologia do brilho e da vitória pessoal, Torquato estaria de novo em silêncio, marginalizado, pensando na morte.

Quais são as referências literárias de que você se lembra nesse período?

Bem, eu estava ouvindo música. Eu estava ouvindo Paulinho da Viola, estava ouvindo Caetano, estava ouvindo os não-literatos de minha geração. Eles estavam muito mais afinados com o que eu vivia, Capinam, Torquato e também Bob Dylan, Haevens, Joe Cocker, claro, além de todas as coisas brasileiras eu estava ouvindo o maná de minha geração internacional, Woodstock eu poderia mostrar pra meu filho como um show de minha rua, uma festa de São João. Aliás, essa coisa de década, de geração... Nossa década de 60 teve um golpe militar em 64 e o AI-5 em 68: uma porrada no princípio, outra no fim. Geração também é um conceito muito frágil – qual a geração de Clarice Lispector? Parece que é a mesma de Otto Lara Rezende – e daí? Eu estou começando agora. Eu sou da década de 80.

Abel, e o 75, quando esquenta a ficção e começa uma coisa que eu acho nova, que é o escritor se profissionalizando, lidando com direitos autorais, lidando com sindicatos, se organizando com editoras com mais sentido de marketing etc? O que você vê disso que se chama normalmente de boom*?*

Eu acho que a grande novidade do Brasil atual são os números. Quando o Jô Soares diz que "meu caso é números" é uma coisa inteligente, porque os números no Brasil são assustadores e toda reflexão sobre a cultura brasileira tem que levar nossos números em conta. Em 1982 o Brasil terá 50 milhões de eleitores, Maria Bethania, que já foi uma cantora de elite, vende hoje 700 mil discos, Roberto Carlos vende 2 milhões, Chico, 600 mil, sei lá. Um compositor jovem, no seu 5° ou 6° disco, já quer vender 100 mil cópias. O cinema brasileiro já supera *King-Kong*, os tubarões e os chefões, o teatro tem condições de crescer muito, foi quem mais sofreu com a censura, mas o teatro brasileiro pode crescer muito. É o momento em que o capital descobre que cultura brasileira dá lucro e ainda há, para o Brasil, o mercado do chamado terceiro mundo, a América Latina, a África. Esse é um dado novo, um dado que as elites culturais sempre desprezaram, mas que agora, com a abertura de um novo tempo, de um novo país, não dá mais pra desconhecer, todo mundo tem que sair à luta pelos novos espaços. Então o *boom* do contista... ora, o *boom* do contista! Aconteceu que algumas editoras resolveram acreditar que o escritor brasileiro vende, no caso os contistas. E os livros dos contistas venderam. Se houver um investimento sério em poesia, teremos o *boom* da poesia. Todos os *boons* são possíveis na cultura brasileira.

Quais eram na sua cabeça os principais nomes em 1975?

Ficção, poesia 75? A revista *Anima*. As revistas literárias desempenharam um papel muito importante nesta época. Reativaram o fogo. As editoras estavam cheias de burocratas sonolentos, preconceituosos, a maioria ex-escritores, todos acomodados com a derrota da cultura brasileira. As revistas como *Anima* faziam circular o sangue sadio, a produção mais inquieta, mais viva.

E a aproximação entre literatura e jornalismo? Como você vê isso em termos de mercado e de criação?

Isso de literatura jornalística é papo de jornalista, não é de escritor, não. Jamais conheci um jornalista que não fosse escritor, que não tivesse um livro inédito na gaveta, que não estivesse "armando alguma" pra cima da literatura. E vem sempre com aquele papo de Hemingway, de Graciliano, mas acontece que a literatura de Hemingway é literatura, claro, não é jornalismo editado em livro. Literatura tem a ver com a fantasia, o Eros, o não-fato. O fato em literatura, ao contrário do jornalismo, é o fenômeno gerador, é um mero trampolim para a linguagem, a criação.

E o romance-reportagem?

Estas reportagens editadas em livro? Ora, o meio não é a mensagem, pelo menos não sempre. Não existe jornalismo romanceado, ou é uma coisa ou outra. Eu acho que os grandes livros-de-jornalista escritos no Brasil foram os *Cabeças*, de Paulo Francis. E não são jornalismo, são literatura. Antonio Callado é jornalista tanto quanto Drummond é funcionário público.

Escuta, Abel, o que você tem a dizer sobre o neopopulismo que surgiu lá pelo final da década... e que pretende ficar?

O populismo é uma espécie de epidemia, ele aparece sempre que há uma maior abertura democrática. Porque o populismo na verdade é uma questão de mercado, é uma questão de quantidade. É uma redução da qualidade em função da quantidade. Graças ao populismo o sujeito pode entregar-se ao mais deslavado comercialismo resguardando a retaguarda com a desculpa do assunto político, da conscientização...

Mas e a bandeira política que eles carregam como sendo a literatura?

Bandeira política em arte... As bandeiras que todo populismo carrega se baseiam nas metáforas marcadas. São estas metáforas de manual, metáforas como cavalos de carruagem, que correm sob domínio, sempre carregando o sentido óbvio, não abrem o sentido, não voam. Populismo é antidialético, é sempre uma visão de cima para baixo, é orientador, didático e principalmente culposo.

Mas eles se julgam os porta-vozes do povo, você concorda?

Claro que não. O discurso populista é um discurso de circunstância, é oportunista. Em termos de arte isso é simplesmente fatal. Um artista tem que acreditar na capacidade de subversão da sua linguagem, não deve desejar *massagear* a maioria a qualquer custo.

Abel, você diria que Jorge Amado é populista?

Jorge Amado é um artista maravilhoso, um gênio da raça brasileira.

Mas o que se diz é que Jorge Amado mistifica o povo, vende o povo.

Isso é papo de crítico paulista. Jorge Amado é um *cavalo* do povo. É um fato, não é uma questão. É um escritor extraordinariamente coerente. É preciso reler hoje o que Oswald, a língua mais ferina da cultura brasileira, disse de Jorge Amado. A cada novo livro dele reaparece essa galeria obscura pra dizer que Jorge já era, que já não tem mais o mesmo pique. Ora, *Tieta* é um dos melhores livros de Jorge Amado. Junto com *Maíra* e os dois últimos de Clarice Lispector, está entre os melhores livros brasileiros contemporâneos. Eu noto que todo escritor adora Jorge e todo crítico quer tirar uma casquinha...

Eu queria saber do seu trabalho nesse quadro aí de emergência do populismo, de abertura, de final, de liquidação de década, de novos ventos...

Eu estou completamente concentrado em meu trabalho, não sei se está acabando a década de 70, não sei por onde anda o populismo, qual é a das vanguardas, isso só me interessa pra debate, quando sou excitado pra isso, mas na verdade eu busco outros alimentos. Em termos de poesia estou lendo pra trás – cada vez mais Bandeira, Jorge de Lima, Joaquim Cardozo, que eu considero um poeta absolutamente extraordinário, estou lendo Murilo Mendes, ah, Murilo... "As esferas dormem, os triângulos vigiam"... Quintana, Drummond. Eu quase só leio poesia.

Hoje você está trabalhando como?

Quero simplesmente estar anotando. Tenho uns textos urbanos, o nome talvez seja *Favos de pedra*, que é uma imagem de José Craveirinha, poeta moçambicano. São "percepções das esquinas", assim como *Asas* são "solos de lira elétrica". E estou preparando um livro de contos pra Ática de São Paulo, *Rajah das veredas*.

Você concorda que a literatura brasileira estava caminhando para a autobiografia?

Eu acho que a imaginação e o real estão muito próximos para um escritor. Tudo é pré-linguagem. Esta literatura testemunhal, ligada a uma experiência pessoal, tem lugar num país que sofre mudanças tão bruscas, um país dinâmico, novo. São como cartas de navegantes. Mas pra ser literatura o texto tem que atravessar o terreno do mero desabafo. Afinal em literatura nada é fato, tudo é literatura.

Mas com isso, Abel, você está dando mais um chega pra lá em toda essa ficção que está se dizendo historiadora da época, dessa década, que está voltada pro fato.

Pra mim os historiadores da década, de todas as décadas, são os loucos, os videntes, os cavalos da raça. Sem essa de fatos!

WALY SALOMÃO

Poeta e letrista. Autor da obra *Me segura qu'eu vou dar um troço* (1972)

Waly, como você avalia, hoje, o Me segura *em função do panorama político-cultural 70-73?*

Falar sobre o *Me segura...*?

Bem, uma coisa para mim é visceral: marcar o caráter IRREDUTÍVEL dele.

ELE está ali inteiro integral talqual uma rocha donde mina uma fonte d'água quem quiser saber do que ele trata não faça arrodeios se chegue mais para perto bote as palmas da mão em concha arregace suas mangas e beba DIRETO sem intermediários sorva daquele manancial intacto.

Eu não parei ali mas ele está lá intacto.

Que queriam de mim? A brandura dos que batem no próprio peito mea culpa mea máxima culpa?

Uma Madalena arrependida, expiando autocríticas? O prosseguimento moto contínuo do mesmo périplo? O *Me segura...* de novo? O *Me segura* nº 2?

O meu é um curso enviés torto oblíquo de través. O meu é um fluxo MEÂNDRICO.

Eu subo e desço mas não desagüei de todo ainda.

Em termos de linguagem, como você define o Me segura?

Antônio Cândido quase entendeu o alicerce do *Me segura* quando assinalou a RUPTURA DE GÊNEROS que ali de fato se perfaz...

Você o considera como literatura engajada, ou mesmo como um trabalho de intervenção política?

A MEDIDA DO HOMEM é uma espécie de curto KABUKI CABOCLO.

É TEATRO RELÂMPAGO pois possui estrutura homóloga ao COMÍCIO RELÂMPAGO.

TEATRO DA TORTURA visto do vértice do torturado.

CONCISÃO E BREVIDADE.

Que significações teve o desbunde na geração 70?

Desbunde e desbundado são o que pode refletir o olho reificador do sistema. In *SAINT GENET, COMEDIEN ET MARTIR* eu encontro esta frase que recorto com minha tesoura-síntese: "As pessoas de bem dão nome às coisas e estas conservam tais nomes."

Quem sabe o que eu sei quem está dentro da minha pele sou eu. Agora se você quer saber o que eu faço: então vá lá.

Sobre as outras questões a que você se refere: a História pode talvez não ser um pesadelo mas a historiografia político-cultural-literária certamente sempre será.

Uma receita de arte poética?

OLHO DE LINCE

quem fala que sou esquisito hermético
é porque não dou sopa estou sempre elétrico
nada que se aproxima nada me é estranho
fulano sicrano beltrano
seja pedra seja planta seja bicho seja humano
quando quero saber o que ocorre à minha volta
ligo a tomada abro a janela escancaro a porta
experimento invento tudo nunca jamais me iludo
quero crer no que vem por aí beco escuro
me iludo passado presente futuro
urro arre i urro
viro balanço reviro na palma da mão o dado
futuro presente passado
tudo sentir total é chave de ouro do meu jogo
é fósforo que acende o fogo da minha mais alta
[razão
e na seqüência de diferentes naipes
quem fala de mim tem paixão

ALEX POLARI

Preso político por engajamento na luta armada de 1970 a 1979. Autor das obras *Inventário de cicatrizes* (1978) e *Camarim de prisioneiro* (1979).

Em 1964, a ditadura tratou de quebrar a continuidade de um processo social que, mesmo nos moldes populistas, estava "engajando" muita gente e ficando perigoso. O período posterior, depois de uns dois anos de marasmo, encontrou a minha geração num processo de aprendizado de mundo voltado pra "fora". Nessa época, eu iniciava minha existência útil político-genital, tomava surf, ouvia Beatles, esses baratos. Desde 1966 havia recomeçado a rearticulação do ME e a invasão da Faculdade de Medicina foi o grande marco. A partir daí, esse processo, que culminou com 68, liberou as energias criadoras pra fora. Havia um espaço de legalidade pra que fosse assim, o que não houve, por exemplo, na geração de 70, que surgiu sob a égide da viagem "pra dentro". Bem, nessa época, quando fiz minha estréia, havia referências de participação social muito fortes. E o processo foi se polarizando à medida que o espaço que o Poder nos dava foi-se estreitando. Cada vez ficou mais difícil o meio-termo. O negócio foi virando ou arriscar a vida ou saltar fora e arranjar um Nirvana qualquer para se refugiar.

Foi isso precisamente que minha geração escolheu em 1969. Desbunde, piração ou guerrilha, já que a militância ao nível do reformismo era negada. Quem optou por alguma coisa intermediária optou geralmente pela integração total, pela corrupção ou pela mediocridade. Resistência marginal só houve essas duas.

LUÍS COSTA LIMA

Professor e crítico. Autor das obras *Por que literatura* (1966), *Lira e antilira* (1968), *Metamorfose do silêncio* (1974), *Perversão do trapezista* (1976), *Mimesis e modernidade* (1980)

Como você vê o desempenho da crítica nesses anos 70? Houve alguma evolução em termos de formação de quadros e aprofundamento teórico?

Na década de 70 consolidou-se o vazio da crítica que fora desempenhada pelos suplementos. A produção universitária, que poderia tê-la substituído, pelas deficiências de nossas instituições universitárias, junto com a degola promovida pelo Estado e o clima de terror estabelecido, não chegou a cumprir este papel. Como resultado prático, o exercício da crítica – entendido no sentido de militância judicativa – passou a se confundir com o exercício de um "bico" ou com a prática de intelectuais que começavam a aparecer. Dentro deste quadro, houve uma ruptura quanto à tradição do sistema literário nacional, sem a substituição da prática do rodapé de um Cândido ou de um Álvaro Lins.

Contudo, o balanço não é só negativo. Se é verdade que a produção universitária não desempenhou o papel idealmente esperável, em troca permitiu o aparecimento de nomes que, em conjunto, deram um vigor analítico que antes desconhecíamos. Não é por acaso que a grande maioria desses nomes esteja vinculado à USP – Schwarz, Lafetá, Davi Arrigucci, Walnice Galvão, João Alexandre Barbosa, etc. Seus livros permitirão pensar-se numa melhoria do padrão analítico se derem lugar a algum tipo de continuidade. Mas para tanto é necessário que se crie o hábito da discussão e do debate a sério, que continua em falta.

Se houve aprofundamento teórico, não sei. No sentido estrito da palavra, continua a nos faltar uma tradição teórica. No máximo foram dados alguns pequenos passos preliminares. De todo modo uma resposta menos incompleta só poderia ser dada pelo exame das obras então produzidas. Em sua falta, lembro apenas que é sintomática a ausência de repercussão, ao menos escrita, de um livro do peso de *Formalismo e tradição moderna* do Merquior. Esta ausência, de fato, me parece sintomática: a reflexão teórica é uma coisa de que ainda prescindimos. Até quando, como posso saber?

Como você vê hoje as polêmicas que nessa década tiveram lugar na universidade e na imprensa, a respeito dos métodos estruturais de análise literária?

Parece-me que elas derivaram de uma série de equívocos: a) os polemizadores não conheciam o que se estava falando; b) o fato de que o nome "estruturalismo" adquiriu entre nós uma amplidão tal, que aí cabia tudo o que aparecia como realce do *formal* e desprezo pela explicação histórica. A partir daí, por nossa inanidade teórica, criou-se a seguinte alternativa geral: 1) acusava-se o realce do *formal* e o abandono da explicação histórica de *formalismo.* A pichação substituía a indagação sobre o papel da forma na ficção, o que seria estrutura, porque a explicação histórica era posta em segundo plano, ou 2) aceitavam-se tal realce e tal menosprezo, sem tampouco indagarem-se suas razões teóricas, por ser uma posição mais cômoda e politicamente não problemática.

Em suma, acredito que tais polêmicas pouco esclareceram e, antes, ficaram como um curioso maniqueísmo. Ser acusado de "estruturalista" tornou-se xingamento, suspeita de colaboração com a ditadura etc. Como resultado, neste fim de década a chamada *intelligentsia* brasileira mostra-se, em geral, perplexa como uma criança que houvesse deixado a água escorrer de suas mãos.

Creio que o estruturalismo representa um momento, com falhas e acertos, de um requestionamento das ciências sociais, do papel da literatura em uma sociedade que cada vez mais não sabe o que fazer com ela, que deverá ser entendido para ser ultrapassado. Da maneira como foi recebido não terá passado de um modismo que não afetou nosso velho diletantismo.

Como você avalia sua participação e de outros críticos universitários na imprensa, num momento em que a literatura estava bastante presente no debate cultural?

Minha presença pessoal foi quase insignificante, resumida às raras oportunidades que me foram oferecidas (*Visão*, *Opinião*, *José*). A dos colegas paulistas, um pouco maior e melhor, mas tampouco decisiva. Na verdade, além dos meios jornalísticos e universitários terem, forçosamente, concepções diversas de seu trabalho, além da desconfiança mútua, a colaboração de professores na imprensa é dificultada pelos encargos burocráticos com que o pessoal universitário se defronta – orientação de teses, bancas de exame, administração. Acresce ainda os salários universitários que nos obrigam à busca de meios de complementação que os jornais não ofereceram (ou oferecem) a muitos. Em suma, como contribuição coletiva, não creio que tenhamos dado muito. Nem creio que tenha havido um interesse suficiente por parte dos encarregados das seções culturais, para o desenvolvimento e desdobramento dessas discussões. Pergunto-me mesmo se já haverá agora. Mas minha experiência, *estritamente pessoal*, não é muito animadora.

SILVIANO SANTIAGO

Professor e crítico. Autor das obras *Angelo* (1961), *O olhar* (1974), *O banquete* (1976), *Carlos Drummond de Andrade* (1976) e *Uma literatura nos trópicos* (1978)

Que problemas teóricos são colocados pela crítica literária brasileira contemporânea?

O principal problema que a crítica literária sempre coloca num país como o Brasil, embora nem sempre consiga envolvê-lo conceitual ou metodologicamente, é o da *atualização* do conhecimento.

Num país que sofreu violentas censuras culturais no período colonial e que, depois, sofreu uma benéfica mas às vezes castrante onda de nacionalismo, torna-se imperioso não só abrir as portas para o pensamento universal contemporâneo, como ainda deixar que exerça poder no processo de *avaliação* da nossa produção cultural nacionalista. Nesse sentido, a última década revela-se bastante decidida a enfrentar o touro à unha.

Mas é preciso tomar um cuidado inicial: nesse processo indiscriminado de atualização, embota-se muitas vezes o senso crítico do próprio projeto teórico, tornando-se ele apenas "estrangeirado". Pensando assim é que percebemos que só nos últimos cinco anos é que se tem colocado o problema da atualização dentro da perspectiva certa: a da dependência cultural. Se o processo de atualização é indispensável, pois *é ele* que não nos *deixa contentes com o nacionalismo estreito*, é por outro lado capital para que o nosso pensamento se inscreva numa órbita de preocupação e de discussão internacionais.

A discussão sobre a dependência impede, ainda, que esta entrada no universal, a nossa, se dê com as cores fáceis do ufanismo, ou seja, com a ingenuidade de quem acredita que uma vez mais o mundo se curvará diante do Brasil. O mundo se curvará, sim, no momento em que pudermos apresentar uma produção que traduza o contemporâneo, que indique estarmos livres das censuras culturais e que ateste que já acreditamos que o pensamento nosso não é autóctone. Mas, para isso, é necessário que o país, como um todo, *já tenha foros de independência tanto no plano econômico quanto no político*. E, como ainda não tem, urge colocar em primeiro plano o problema da dependência.

Dentro dessa perspectiva, o problema capital dos estudos teóricos sobre a literatura brasileira é o da literatura comparada. Sendo esta uma disciplina de origem européia, torna-se imperioso começar a pensá-la no aqui e agora. Creio que nestes últimos anos deu-se uma tentativa de desconstrução do aparato conceitual básico da literatura comparada. E os conceitos que mais têm sofrido críticas (desde, por exemplo, os primeiros escritos de Antônio Cândido) são os de fonte e influência.

Vistas sob a perspectiva da fonte e da influência, as literaturas dependentes serão sempre literaturas menores e... dependentes. O círculo é por demais vicioso para que o pensamento universitário da nossa geração ficasse contente com ele. Não é que sejamos contra, indiscriminadamente, o estudo de fontes e de influências, mas é que *a priori* já sabemos a que nos conduzirá ele no caso de uma literatura dependente. Daí a necessidade de estabelecer uma nova *estratégia de leitura*: minimizar toda a *dívida* (embora ela exista e seja forte) para com o estrangeiro, tentando maximizar (embora ela seja mínima) a contribuição *original* que, apesar dos pesares, é a marca certa da nossa inscrição na cultura.

Obviamente, para que este tipo de inversão se dê criticamente, temos de sair inicialmente (o que acontecerá depois não sabemos) dos padrões racionais de pensamento europeu. Somente um pensamento criado pela *imaginação do paradoxo* pode dar alguma contribuição para o adiantamento da discussão do problema como é estrategicamente (repitamos) posto. Pensar, por exemplo e com a ajuda ficcional de Borges, que Pierre Menard possa ter escrito o *Dom Quixote*.

Quais as tendências da crítica nesta década?

Dentro desta visão tripartida (atualização, dependência e estudos comparados), creio que duas correntes se firmaram no Brasil, pelo rigor, inventividade e conseqüência na prática da leitura. De maneira esquemática, diria que, em São Paulo, houve um interesse maior pelo neomarxismo, dando uma preocupação maior para com os aspectos sociológicos da abordagem do texto brasileiro. Esse grupo de estudiosos não deixa de marcar sua dívida para com os pensadores da Escola de Frankfurt, mas, ao mesmo tempo em que marcam o débito, tomam a peito a discussão do *lugar* da teoria marxista no Brasil. Só assim é que podemos compreender, por exemplo, a já célebre discussão sobre as "idéias fora do lugar", e sobretudo o conceito-chave de Roberto Schwarz, "ideologia de segundo grau". É este conceito contribuição originalíssima – e quão brasileira! – à teoria da ideologia. Ainda que seja um conceito discutido – e o foi –, ainda que seja um conceito discutível – e tudo em cultura o acaba sendo –, não deixa de ser uma contribuição original exatamente porque é ele que pode dar conta, dentro do pensamento de Schwarz, daquela visão tripartida a que nos referimos no início. É ele que nos ajuda a melhor compreender a importância (ou não) do "influxo externo" no *direcionamento* do nosso pensamento e da nossa ação culturais.

Schwarz falava de Machado de Assis, o nosso maior romancista, mas isso não o impediu de avançar a discussão teórica nestes lados do Atlântico. É este, a meu ver, o espírito da época e que não é compreendido (e às vezes mal compreendido e por isso caluniado) pelos que se acomodam nas comodidades do envelhecimento. O envelhecimento precoce é uma das atitudes que a nossa geração mais tem atacado.

Ainda de maneira esquemática, diria que no Rio de Janeiro se instala com grande sucesso uma revisão da crítica literária colocando-se o problema de maneira radical a partir da "matéria" que constitui o próprio objeto de estudo: *a linguagem*. Deixando que as discussões fossem geradas a partir deste núcleo, houve necessidade de um excessivo interesse (inicial, hoje já equilibrado) pelos estudos lingüísticos. No presente caso, as fontes teóricas se originaram sobretudo no formalismo russo e no estruturalismo francês de um lado, e do outro, no pensamento filosófico de Heidegger no que se refere ao problema da linguagem poética.

Ambos os grupos, no entanto, ainda estão devidamente conformados e informados pelos dois grandes trabalhos anteriores: o de Antônio Cândido, *Formação da literatura brasileira*, e o coletivo, sob a direção de Afrânio Coutinho, *A literatura no Brasil*. Ainda não houve uma retomada da "história literária" a partir da atualização que se deu nos anos 60/70. Aqui e ali, apenas indicações, indicações fortes que assinalam ser este talvez o tópico que preocupará a década de 80.

Esquematicamente ainda, diria que o principal problema teórico, colocado tanto pelo grupo de São Paulo como pelo do Rio, foi o da necessidade de a leitura do texto literário ser feita a partir de uma visão interdisciplinar. Tendo esta discussão se esquentado depois da violenta influência formalista no fim da década passada (inspirada não só no formalismo morfológico russo como no primeiro estruturalismo, de nítida influência lingüística), serviu ela para direcionar a prática de leitura da década em vista de uma apreciação negativa dos padrões anteriores da teoria literária entre nós. Os padrões rejeitados pelos grupos são os da crítica psicológica bem anterior (advindos da leitura dos *new critics* americanos) e os da crítica sociológica marxista (por demais presos à teoria do reflexo).

Assim, por exemplo, a partir da assimilação, discussão e prática de leitura feitas em torno de um Althusser, pôde-se acertar o passo da pesquisa teórica no Brasil, no que se refere ao possível congraçamento do marxismo e da psicanálise. E é esse congraçamento que retira de cena as leituras psicológicas e sociológicas, feitas pelas gerações anteriores, da literatura brasileira.

Situe a polêmica da crítica quando entra para o debate geral da imprensa e da universidade.

Como já deve estar ficando mais ou menos explicitado nas respostas anteriores, não é cômoda e fácil a posição da crítica universitária quando entra para o debate geral. Seus valores não são, *a priori*, o do "geral", pois *a universidade é o lugar por onde deve falar o saber* "científico" de uma sociedade, e este saber, apesar de *não* precisar necessariamente trabalhar com categorias elitistas, é no entanto o conhecimento de um grupo socialmente configurável e especializado.

Já a produção que se dá ao nível do "geral" deve se primar, a meu ver, por *divulgar*, de maneira correta e inteligente, aquilo que já está mais ou menos constituído ao nível especializado. É a maneira como a sociedade, no seu todo, pode se aproveitar dos enriquecimentos que grupos pequenos lhes podem dar. Assim sendo, esse conhecimento tem também o seu *lugar*, lugar de divulgação, que não é a sala de aula ou o seminário, mas a imprensa semi-especializada, ou não, grande ou nanica.

Vemos então que, para que a discussão entre o nível do "especializado" e do "geral" se possa dar com rendimento para ambas as partes, é preciso que se acertem antes os relógios. Ou então temos o que vemos de maneira geral hoje: certos jornais metendo o pau na crítica universitária por considerá-la "estrangeirada" ou elitista, de difícil acesso ao grande público, ou então certos professores universitários (de reconhecido valor intelectual) usando o espaço-jornal com artigos que obviamente lá não deviam estar, pois não levam em consideração a *competência* de quem, em princípio, os deve ler naquele lugar.

De um lado, preconceito. Do outro, elitismo. O que é realmente uma pena.

A isso se agregam dois defeitos tipicamente nossos, que complicam mais a situação: a falta de paciência e a censura artística. Para que os relógios se acertem, para que o diálogo se afirme bilateral, é preciso que sejamos generosos com o tempo. Essas coisas não se fazem num dia ou numa semana. Mas, tão logo começa uma polêmica, já na semana seguinte o assunto é desclassificado pelo jornal por falta de interesse. O outro defeito nosso, a censura artística, como já adiantamos antes, foi ela que impediu que a circulação do objeto livro se desse em números socialmente representativos. Ora, como esperar debate com o "geral" se o livro tem hoje, num país de 110 milhões de habitantes, uma tiragem de 3 mil exemplares? Como se pode esperar um verdadeiro e real debate com o "geral" se não existe *interesse* do grande público pela literatura?

Ou mudamos o nosso processo de acesso do analfabeto adulto (Mobral), ou da criança, ao mundo da linguagem e do livro, ou então ficaremos para sempre com uma cultura entregue a 50 mil pessoas, mãos especiais, e, apesar de não serem universitárias, são ainda por demais "especializadas".

A crítica literária articulou-se, ou não, à produção cultural da época?

Acho que sim. A produção cultural da década, no seu todo, tem encontrado um espaço bastante generoso tanto nos jornais (suplementos literários) como nas revistas semanais (seção de literatura). A pergunta que faço é se as editoras e o público a têm recebido com a mesma elegância e curiosidade.

As resenhas têm sido feitas com espírito, de maneira geral, elogiativo, mas isso é bom sobretudo num período em que o problema mais grave é o da falta de leitores. Creio que já houve períodos piores para a literatura, como os anos entre 1968 e 72. Creio mesmo que houve uma "sensibilidade" para o material das novas gerações. E quando não houve, as novas gerações constituíram um *lugar ao lado* da grande imprensa. Houve uma época em que a gente tinha a impressão de que havia mais tablóides numa banca do que grandes jornais.

Acredito ainda que certos valores da nova geração foram devidamente incorporados pela crítica (como exemplo, veja em particular a segunda parte de meu livro *Uma literatura nos Trópicos*), apesar de aqui e ali os próprios criadores terem se oposto ao trabalho crítico por intransigência grupal. Lembro-me da posição altamente conservadora de um Antônio Risério nos idos de 1972. Ele não pôde perceber que, naquele momento, se opera uma fragmentação definitiva no antigo experimentalismo dos anos

50 (concreto, neoconcreto), e que o crítico que estava tentando dar conta dessa fragmentação estava, apesar dos pesares, tendo uma atitude mais "jovem" do que a dele. Ele, por exemplo, de maneira alguma podia admitir que a sintaxe estava de volta no verso. Uma sintaxe diferente do hermetismo e do sublime de 45, diferente do verso longo e derramado dos anos 30, uma sintaxe que se realimentava na sua fonte original, 22. Era só isso que o crítico lhe dizia, analisando os poemas dos marginais.

Também a incorporação da música popular à literatura foi plenamente seguida pela crítica literária (apesar de forte oposição dos redutos da geração de 45). Desde o movimento Tropicália, os diversos grupos foram estudados com carinho e interesse, não havendo nos estudos, os que conheço, nenhuma marca de preconceito.

Existe um dado inesperado. Pode ser que exista algum Sousândrade escondido por aí e que a crítica e o público desconhecem. Contra essa injustiça não há antídoto; temos é de depositar todas as nossas esperanças na revisão da época que farão os críticos que devem surgir nesta geração.

A universidade tem acolhido também de maneira satisfatória a produção da década e, na medida do possível, tem reavaliado o seu aparato crítico para dar conta do objeto novo. O acolhimento se deu de duas formas: primeiro, introduzindo em sala de aula a produção mais definidora da época, através da leitura e da discussão dos textos seja dos autores já consagrados (produzidos nos últimos anos), seja dos autores mais jovens; segundo, incentivando os jovens mestrandos a abordar (caso assim o desejassem) a produção dos seus companheiros de idade, em teses de mestrado. Não deixa de ser este um fato inédito não só dentro da crítica literária universitária (na França, até há poucos anos, era preciso que o autor tivesse morrido para que se pudesse dar entrada com o pedido de tese. Podem adivinhar o tamanho da fila, na Sorbonne, no dia seguinte ao da morte de Albert Camus) como ainda dentro do pensamento crítico brasileiro.

JOÃO ANTONIO

Escritor e jornalista. Autor das obras *Malagueta, peru e bacanaço* (1963), *Leão-de-chácara* (1975), *Malhação do Judas carioca* (1975), *Casa de loucos* (1976), *Calvário e porres do pingente Afonso Henrique de Lima Barreto* (1977), *Lambões de caçarola* (1977) e *Ô Copacabana* (1978)

Num momento de intensa repressão, como foi a década de 70, que função política pôde desempenhar a produção cultural, em particular a literária?

Função política de resistência, o que é evidente. Embora sabendo que o produto cultural, numa sociedade paupérrima como a nossa – em que dois terços da população sequer podem comer ou morar –, fica orbitando o tímido trânsito de um bem de e para a classe média. E, mesmo assim, uma fatia privilegiada da classe média, pois também a classe média vem sendo acachapada no Brasil e se proletariza dia a dia. Necessário encarecer que um país pobre econômica e politicamente também é pobre culturalmente. Apesar de tudo, a função intelectual e política do escritor nessa sociedade brasileira tem crescido. Não há dúvida que, debaixo do AI-5, quando a censura abrangeu diretamente todas as formas de expressão, da televisão ao jornal, do teatro à vida sindical, a literatura cresceu de importância, principalmente a partir de 1975, quando os escritores, além de se deterem mais sobre as realidades brasileiras, passaram a fazer manifestações mais efetivas – assinando manifestos, participando de debates com estudantes universitários, influindo mais na vida da imprensa e, principalmente, se arredando da odiosa torre de marfim. Mesmo sem um projeto político e ideológico definido ou programado, é óbvio que as gerações jovens de escritores brasileiros estão colocadas à esquerda de um sistema que detém o poder. Afinal, uma literatura de verdade não pode existir apenas para o pó de vaidade de uma sociedade e, quando se preza, põe o dedo na ferida. Parece-me que o passo político mais importante dado pelo escritor brasileiro nesse sentido foi o de se conscientizar de que é mera ingenuidade achar que o poder se modificará a si mesmo. O poder, na verdade, fará tudo para permanecer, além de usar todas as manipulações da demagogia, do populismo e, principalmente, da corrupção.

A que você atribui a emergência da ficção nos meados da década? Que questões e que linguagem certas vertentes da produção ficcional colocavam para merecer a atenção do investimento editorial e do público?

A pressão origina a descompressão. E o sufocamento de todas as liberdades brasileiras foi um fato sinistro na década de 70. Aliás, a meu ver, continua vivo neste finalzinho de comédia macabra luso-afro-sino-nipo-ítalo-tupiniquim em que a palavra abertura não tem, na verdade, passado de uma ficção. Mas a literatura brasileira em 70 interessou a editores (como negócio) e a leitores (como consumo cultural) porque ela passou a falar de problemas que tocavam diretamente uma população. E ganhou, a meu ver e sentir, uma pluralidade de características entre os autores. Além disso, o país que tinha todos os meios de expressão rigorosamente vigiados tinha também uma literatura de tiragens medíocres, paupérrimas e até grotescas: afinal, para 122 milhões de brasileiros nós temos apenas 300 livrarias em todo o território nacional e tiragens de apenas 5 mil exemplares. Um livro como *Leão-de-chácara*, por exemplo, que ficou mais de 30 semanas na lista dos mais vendidos de *Veja*, não extraiu, até o momento, mais de cinco edições. No entanto, de Manaus a Ijuí, no Rio Grande do Sul, o que noto é o aparecimento da preocupação clara em atingir realidades brasileiras, acima de estilos ou tendências estéticas. Há uma riqueza e uma multiplicidade. Trocando em miúdos: a literatura feita pelo senhor Márcio Souza em nada lembra a de Juarez Barroso, que não tem nada a ver com a de Hermilo Borba Filho, Sérgio Albuquerque ou Luiz Vilela, que não se parece com a de Wander Pirolli ou a de Oswaldo França Júnior, que é independente do trabalho de Manoel Lobato, Roberto Drummond, Garcia de Paiva ou José J. Veiga, José Godoy Garcia ou Sérgio Faraco. Descendo para o Sul, além de Faraco, encontramos autores personais e marcantes e sem grandes similitudes entre si – Aguinaldo Silva, Moacyr Scliar, Josué Guimarães, Ignácio de Loyola Brandão, Raduan Nassar, Tânia Faillace, Marcos Rey, Rubem Fonseca, Sergio Sant'Anna, Plínio Marcos... Esses autores consolidam uma obviedade – o espaço cultural para o fazer literário é amplo, nele muitas experiências e linhas são válidas. E provam mais: uma literatura é feita de obras. E não de obras-primas. Numa literatura cabem uma escritora como Hilda Hilst ao mesmo tempo que um Caio Fernando Abreu ou um Domingos Pellegrini Jr. O que deve contar é o nível de qualidade. Bem. Apesar de todas as precariedades que temos com a distribuição e a divulgação, parece-me que há um rico público em potencial quando se pode oferecer esse nível de qualidade. Parece-me que sou, de todos os escritores atuais, um dos que mais viajam a convite de estudantes de letras e de comunicação para conferências e debates e, em nome dessa atividade, posso garantir que há para a literatura brasileira um excelente mercado inexplorado.

Pode-se dizer que o chamado boom *de 75 sofreu um decréscimo no final da década?*

Devemos ter, para começo de boa conversa, um solene desprezo pela expressão *boom* literário, como diz Wander Pirolli. O que houve e está havendo de certa forma é um esforço com momentos bons, maus e médios. Além de editores, nele entram até publicações nanicas como *Versus*, *Escrita*, *Ficção*, *Inéditos* e a participação com momentos muito vivos de tablóides como o ex-*Opinião*, o ex-*EX*, o próprio *Versus*, o pessoal dos nanicos apoiando, entrevistando, questionando, criticando, ajudando a brigar. Muita coisa feita paralelamente, como *Extra-Realidade Brasileira* ou *Livro de Cabeceira do Homem*. Volto a um ponto que me parece fundamental: o que motivou esse barulho? Ora, num país em que quase todos os meios de comunicação e de expressão artística estão violentamente vigiados, marcados corpo-a-corpo – TV, jornais da grande imprensa e também nanicos, revistas, teatro, música popular, dança, cinema, rádio – pela censura oficial, a literatura vem se prestando como uma válvula de escape, desembocadouro de muitas preocupações e inquietações. Ela, que extrai ridículas tiragens de 3, 4 e 5 mil exemplares por edição, é menos violentamente perseguida, apesar de casos vergonhosos de censura e apreensão: *Aracelli, meu amor*, de José Louzeiro; *Zero*, de Ignácio de Loyola Brandão, e *Feliz Ano Novo*, de Rubem Fonseca. Além da prisão de Renato Tapajós, autor de *Em câmara lenta*, e outras insânias. Assim, os sufocamentos e inquietações represadas acabaram se escoando pela literatura. Já que não foram possíveis outras saídas. Muito jornalismo de boa qualidade passou a ser feito em livro. Tentei, por exemplo, editar duas publicações em que lutei para incentivar o movimento: o *Livro de Cabeceira do Homem* e *Extra-Realidade Brasileira*, com *Malditos Escritores!*. Mas os dois duraram pouco, que a Censura Federal exigiu para ambos censura prévia. E eu particularmente não aceito mais trabalhar sob censura prévia. É preferível e menos aviltante vender gasparinos na praça pública. Mas o *Livro de Cabeceira do Homem* foi decepado no número três e *Extra-Realidade Brasileira*, no número quatro. Esses esforços, aliados a outros, de escritores, jornalistas e até de professores, historicamente ficarão. Como ficarão todos os que não aceitaram a omissão, o obscurantismo, a coação e lutaram contra o medo, a repressão e outras formas de violência e indignidade. Se o *boom* decresceu no final da década? Ora, mas não houve *boom*. Existiu apenas um esforço, uma chegada de caráter, um pingo de vergonha na cara. Apenas isso. Agora, como isso era muito necessário ao país, foi bastante importante. Afinal, a grande crise brasileira ainda continua sendo a imensa falta de caráter. E de vergonha, claro.

Como você vê a reação de alguns setores da esquerda ao que chamaram de uma literatura "neopopulista", surgida nos anos 70 e assim identificada pelo tipo de tratamento dedicado aos temas da marginalidade, do submundo e do "povo"?

Filhotes do estruturalismo, nada mais. Reações de colonizados e nenhum espírito de tolerância diante de fenômenos como Plínio Marcos, Wander Pirolli ou Domingos Pellegrini Júnior. E, principalmente, o resultado de todo um espírito que é típico do subdesenvolvimento: sentimento de menos valia ou complexo de inferioridade. A chamada alta "crítica" brasileira acha que deveríamos, *sem lastro cultural para tanto*, fazer obra de tal envergadura que pudesse ser aplaudida lá fora por, por exemplo, intelectuais como James Joyce, André Malraux, Thomas Mann ou Marcel Proust. Então, cada vez que se tenta navegar nessas altas esferas da arte e do pensamento, começamos a nos afastar de nossas realidades mais prementes. O que me parece que esta fatia de "críticos" está esquecendo é que precisamos reatar certas raízes brasileiras lá atrás: Manoel Antônio de Almeida, Afonso Henriques de Lima Barreto, Mário de Andrade, Oswald de Andrade, Graciliano Ramos e outros. Outro fator que é necessário questionar no país é a chamada "marginalidade". Quem realmente não é marginal num país em que dois terços da população estão marginalizados, em que a força de trabalho foi marginalizada e em que as verdadeiras reformas – urbanas e rurais – que desmarginalizariam essa população vêm sendo cinicamente proteladas, adiadas ou ferozmente evitadas e omitidas? Para a ótica dessa "crítica" me parece que sempre que se falar ou escrever sobre povo ou classes lesadas se causará, imediatamente, uma sensação de indecência, de transtorno e de heresia.

Como você vê as tendências da ficção brasileira contemporânea e como situaria o seu trabalho neste quadro?

Tendências proteiformes porque a própria realidade do país, inspiradora e motivadora dessa ficção, é multivariada. Zona Franca e devastações na Amazônia e a maior cooperativa de trabalhadores da América do Sul entre os triticultores de Ijuí, no extremo Sul, a cento e poucos quilômetros da fronteira com a Argentina. Ponte Rio-Niterói e quase 3 milhões de favelados no Rio de Janeiro. Três colheitas de feijão ao ano e o país ameaçado com uma economia de guerra. Sem lastro habitacional para o povo, o Rio de Janeiro tem, no entanto, uma classe média alta que mora pagando o condomínio mais caro do mundo: Ipanema-Leblon. O discreto *charme* buñuelesco é nada diante das festivalanças e desperdícios do Baixo Leblon ou da Gávea Pequena. Bóias-frias e limusines importadas. Escrevo apenas sobre o que conheço e sinto. Parto do princípio de que um homem saciado não pode entender um faminto. Tenho procurado dar voz a quem não tem nenhuma no mundo brasileiro de hoje: pivetes, marginalizados, gente sem eira nem beira, bem mais de 60 milhões de brasileiros. Meu personagem é desdentado ou tem mau hálito, é mestiçado, feio, sujo, mora em muquifos, mocambos e favelas. A maioria não tem Carteira de Trabalho assinada e sequer votou uma única vez na vida. Não faz três refeições por dia, não viaja de avião e só tem voz para gritar nos estádios de futebol, onde também – como em todas as áreas – é enganado, desrespeitado, usado e surrado pela polícia quando se torna inconveniente ou protestante. Vive fora de moda, não sabe usar os talheres e jamais é assunto dos jornais da grande imprensa. Mas é mais da metade do povo brasileiro.

No entanto, acho que o espaço cultural pode abarcar realizações proteiformes e todo escritor de verdade deve experimentar e assumir a sua inteira liberdade de criação. Assim, se tenho o direito de escrever uma peça de ficção como *Joãozinho da Babilônia* ou *Lambões de caçarola – Trabalhadores do Brasil*, também posso escrever coisas como *Afinação da arte de chutar tampinhas*. Mas no estágio brasileiro atual apenas uma pequena faixa da classe média – professores, estudantes, jornalistas, gente intelectualizada – lê os meus livros. Eu escrevo sobre o povo e até para o povo, mas sou consumido pela classe média. Ao povo, a meu ver, antes de livros, teríamos de dar proteínas, habitação e condições decentes de vida. Um pobre-diabo que corre um dia inteiro por um prato de arroz-e-feijão não tem tempo sequer para ler jornal.

Os meus temas, a minha linguagem, as minhas histórias se lastreiam no seio dessa massa de esquecidos, espezinhados e feios. E mais: se algum dia algum texto meu foi brilhante, isso se deve ao fato de que brasileiros que transitam em *Malagueta, perus e bacanaço* e *Leão-de-chácara*, por exemplo, são brilhantes, vivos, criativos, apesar do miserê crônico em que estão metidos. Eles, garanto, sabem fazer a arte da miséria melhor que eu.

Como você vê a valorização da "reportagem romanceada" – a aproximação literatura/jornalismo – nos anos 70?

Isso começa antes de 70. Uma das maiores contribuições para a compreensão, exposição, reflexão e até mapeamento das realidades populares brasileiras foi a da equipe da ex-revista *Realidade*, que encerrou seu período mais produtivo com a chegada da frente mais sinistra da repressão, o AI-5. Ali foi inaugurado o conto-reportagem no Brasil em 1968 e, além de mim, outros profissionais fizeram experiências bastante significativas em romancear o fato, em extrapolar os limites da reportagem, da entrevista, do perfil etc. A partir da equipe dessa que foi a mais brilhante e vitoriosa das revistas brasileiras (400 mil exemplares vendidos em 1968, sem contar com assinantes) e, seguramente, a maior revista da América do Sul, várias realizações de parajornalismo foram executadas no Brasil. A imprensa nanica, já na década de 70, aceitou alguns desafios e, por exemplo, *Movimento* partiu para as *Cenas Brasileiras*. Talvez o ano de 1975 seja o mais vivo do parajornalismo brasileiro com os trabalhos de José Louzeiro, Aguinaldo Silva e outros.

Mas é preciso ressaltar que o parajornalismo brasileiro é feito de forma caseira e tupiniquim. Enquanto nos Estados Unidos um editor tem dinheiro, profissionalismo e fôlego para financiar durante seis anos uma obra como *A sangue frio*, de Truman Capote, nós aqui não temos um editor que nos financie nem por seis meses. Como também não temos fundações culturais, auxílios do MEC etc. E a própria palavra pesquisa está inteiramente desmoralizada no Brasil.

Fatores fortes me levam a crer que temos profissionais de investigação e de texto para fazer bom parajornalismo. Esse trabalho poderia lançar muita luz sobre a compreensão de vários de nossos problemas, principalmente sociais, comunitários etc. Mas não temos empresários ou investidores nesse trabalho.

Um país pobre economicamente não pode se dar a certos "luxos" culturais de informação, conhecimento etc. Terá no máximo, a meu ver, uma boa e sentida arte da miséria.

WILSON COUTINHO
Filósofo e jornalista

Como você vê, hoje, a questão do nacional e do popular tão polemizada nesta década? Estas questões estão presentes ou superadas?

Os termos nacional e popular são termos políticos. Eles nasceram na medida em que a cultura brasileira se debate com problemas econômicos, sociais etc. Como termo político ele se opõe à colonização cultural, à opressão cultural que faz com que poucas pessoas tenham acesso aos bens culturais. Creio que é um termo amplo e, por si só, não define as inúmeras práticas artísticas realizadas aqui. Como projeto político ele significa, ao meu ver, um processo em que a cultura pode ser comunicada para um maior número de pessoas, processo que exige não só uma série de procedimentos artísticos (a questão nem está aí), mas, sobretudo, um longo programa que passa pelas universidades, pelo livro, pela alfabetização, enfim, um processo realmente político que coloque a cultura e sua produção dentro de um espaço até hoje interditado pelas elites dominantes.

O nacional popular é uma questão com pontos nodais. O que interessa é como esses pontos aparecem, como o nacional e o popular são defendidos. No final da década de 70, alguns escritores defenderam nos seus textos uma "ida ao povo" e foram pejorativamente chamados de populistas. O "nacional" e o "popular" que apareciam ali eram a expressão de uma literatura que tateava um segmento do mercado e descrevia, talvez por causa disso, o povo de forma carismática, como o político que em época de eleições assume os tiques populares e que tenta estar no mesmo rio em que o povo nada. Mas não como peixe, evidentemente.

O problema foi a maneira, formal e de conteúdo, como o "povo" aparecia. A percepção destes escritores o captava em seu estado natural. Ele era um bom selvagem, utilizava-se de uma linguagem peculiar que devia ser registrada, descrições físicas e de costume que deveriam ser acentuadas etc. O populismo era, ao meu ver, um atraso literário e que conduz ao atraso do leitor pequeno-burguês, consumidor dos enlatados populares. Analisando um pouco, podemos talvez dizer que o populismo literário é a emergência política do leitor pequeno-burguês na literatura. A maioria daqueles livros foi escrita para esse público, para o seu prazer e para construir para esse público a sua visão de povo.

Como você vê essa questão na literatura de Jorge Amado e de João Antonio?

O último Jorge Amado – como se costuma dizer – e o primeiro e último João Antonio são escritores dessa emergência do leitor pequeno-burguês na literatura. Eles estão mais próximos de uma história da leitura do que, propriamente, de uma história da literatura. Ler é também uma instituição e o leitor, não tomado como um mero receptáculo de textos, mas como uma instituição definida, caracterizada ideologicamente e pelo mercado, não é uma coisa somente passiva, que desembarca na livraria e compra tal livro, com tal mensagem "popular". O leitor é ativo – ele se entranha nesta literatura. Talvez seja, até, o seu verdadeiro personagem. Talvez, um dia, possa-se estabelecer uma história da leitura no Brasil, momentos em que irrompe não o texto, mas uma massa de leitores determinados por gostos, pelo estilo, por uma determinada convenção do ler e tirar o seu prazer disto.

Como você vê a proximidade da ficção com o jornalismo em nossa época?

Foi, de saída, um mimetismo do colonizado. Alguns escritores americanos inventaram esta fórmula, principalmente Truman Capote no *A sangue frio*. Tivemos o nosso Lúcio Flávio. É uma literatura popularesca e não popular. O seu sucesso – os livros foram escritos por bons jornalistas – é que acrescentavam uma diferença à leitura dos jornais. A diferença da emoção. Desde que, por exemplo, Lúcio Flávio pense e se movimente como ficção, longe da suposta imparcialidade da imprensa, ele pode se tornar uma agradável massa de texto comunicável ao leitor pequeno-burguês. Aquilo funciona – como se diz – para uma máquina precária, de pouca utilidade, mas que continua movimentando suas engrenagens.

A história desta década foi contada pela literatura?

A história desta década, a história oficial desta década foi a história da repressão e da violência política. Somente agora os escritores estão tentando documentar este período. Houve, evidente, livros como os do Callado, que tentaram descrever a situação vivida. Mas não sei se somente a história oficial da repressão e o seu contrário, a luta contra ela, possam dar conta de uma história de dez anos. Ou para ser mais simples: se esta documentação é inteiramente representativa de um fato literário completo, onde há uma real comunicação estética com os fatos sociais, espaço este onde os escritores são obrigados a traçar a estratégia e o destino dos seus textos.

JULIO CESAR MONTEIRO MARTINS

Escritor. Autor da obra *Algemas da terra* (1975), *Torpalium* (1977), *Sabe quem dançou?* (1978), *Artérias e becos* (1978) e *Bárbara* (1979).

Num momento de intensa repressão, como foi a década de 70, que função política pôde desempenhar a produção cultural, e em particular a literatura?

Durante os anos negros da repressão política, e em grande parte como uma reação quase que fisiológica a esta, a produção cultural brasileira deu um salto, inicialmente quantitativo e aleatório, para logo depois solidificar-se em projetos de grande amplitude e crescente qualidade. Isto ocorreu em algumas áreas culturais, que pela sua forma intrínseca e veiculação foram atingidas com rigor dosado pelo sistema repressor. Outras áreas, mais ligadas à comunicação de massa, embora também enriquecidas pela diversificação, pela pluralidade compulsória a que foram submetidas, ainda não encontraram caminhos para fruição das idéias dos novos tempos, e sustentam a perplexidade inicial da década, marcada pela oscilação entre o inexato e o emasculado. A meu ver, seria apressado e equivocado supor que a repressão esmagou e volatilizou a cultura da década, que passamos por uma pequena "idade das trevas" tupiniquim. A repressão gerou uma cultura de resistência, uma produção artística subterrânea, *de grande poder de convocação* da opinião pública e de aliciamento para o exercício da criação, além de forçar a busca de novas linguagens em todos os gestos de cultura, desestruturando o óbvio e o simplismo das duas décadas anteriores, tornando-os ineficazes ou demasiadamente perigosos. Uma rápida recapitulação da poética das letras musicais, por exemplo, do período pré-bossa nova e das demais que a sucederam até o momento pode servir como um claro exemplo da desagregação, da sofisticação imposta pela perplexidade, da metaforização dos conceitos (acompanhada de uma evolução no mesmo sentido por parte do público), da sutileza aguçada, da síntese indispensável e da objetividade pelos rumos do possível. Se os anos 60 foram anos de ação, os anos 70 foram de reflexão sobre esta ação, de autocrítica e de reformulação de projetos já então obsoletos, através do acréscimo de novos dados e da constatação da complexidade das relações históricas, antes nem mesmo pressentidas. Os anos 70 começaram pela análise, pouco fértil em obras porquanto estudo, e desembocaram, a partir de seus meados, numa síntese abundante dos elementos da nossa realidade. Sem dúvida, soubemos sair enriquecidos da nossa mais amarga trajetória no tempo político, e ficamos com as cicatrizes mal ocultas da paranóia, por muitos anos ainda impulsiva, instintiva e irracional, e sua filha bastarda, a autocensura, que deixará resíduos por mais algumas décadas, isto se nenhum outro macabro acidente político intervir no rumo das nossas esperanças.

A função política da produção cultural e da literatura em particular, nestes anos, foi principalmente a de *resguardar a nossa integridade criativa*, a nossa dignidade ameaçada. A cultura, a todo momento, relembrava os nossos princípios mais básicos, no instante em que praticamente todos estavam sendo violentados, manteve viva *a presença de um pensamento humanista*, provou a capacidade de reciclagem criativa de um povo que pretende consolidar-se como nação, e denunciou, freqüentemente sob o extremo risco de severas penas, as tentativas bestiais de esmagamento da nossa essência e de aniquilamento da nossa existência física ou moral, revigorando todos os valores que, de cima para baixo, eram vilipendiados sucessivamente. Foi uma década de guerrilha cultural, de golpes francos ou baixos de ambos os lados, de escaramuças da arte contra as casamatas da censura, de tocaias e emboscadas da imaginação contra o opressor obtuso e seu tacão de ferro.

A que atribui a emergência da ficção nos meados da década?

Entre outras, três razões podem ser detectadas de imediato. A primeira trata do fato de que a literatura *é a arte mais barata* de ser produzida, principalmente se considerarmos os recursos ditos "marginais", fator importante para atrair a preferência de uma geração ávida para exprimir-se e conhecer formas não-oficiais de expressão. Acrescente-se a isto o fato de que havia *um certo consenso de que a literatura, por não ser um veículo de massas no Brasil, não oferecia tanto perigo ao regime político em vigência*, pois seu consumo era limitado a umas poucas dezenas de milhares de leitores, e as informações que porventura contivessem as obras seriam redundantes, pois repetiriam denúncias e conceitos que, embora considerados subversivos na época, *já seriam de conhecimento do leitor potencial, pelo menos em tese*. Esta propalada *negligência da censura pela obra literária provocou uma procura crescente pelo produto escrito*, arregimentando leitores e criadores neófitos, confiantes na possibilidade, que se mostrou verdadeira, de passar pela literatura dados e juízos de valores impossíveis nas demais expressões artísticas. Lembremos ainda que o livro, o folheto, o panfleto, pelo seu caráter portátil, é a maneira mais eficiente de "contrabandear" informações. Projetar um filme proibido ou montar uma peça interditada, por exemplo, seria muito mais perigoso do que mimeografar, manuscritar ou emprestar um volume impresso, atos que dificilmente seriam detectados pelas milícias repressoras.

A segunda razão trata de uma *circunstância mercadológica*. As editoras perceberam ou intuíram que havia um público potencial disponível para a literatura muito mais numeroso do que aquele que estava sendo ativado. Isto significava estar perdendo dinheiro, pecado que o capitalismo não perdoa jamais. Os autores que mobilizavam o público eram praticamente os mesmos há 15 anos ou mais, isto em meados dos anos 70, e o público ou não tinha mais interesse por eles, ou mantinha este interesse estagnado em uma faixa já ativada de consumidores, ou já tinha adquirido as suas obras. Surgiu a necessidade de arregimentar novos nomes e novas obras, e reabilitar nomes esquecidos ou obras cujo potencial de sucesso jamais havia sido ativado por razões várias. Os instrumentos desta grande convocação foram as revistas literárias, que de repente apareciam às centenas, e em cada pequeno vilarejo dos estados mais longínquos, os concursos literários milionários, que contavam com grande publicidade e o apoio do Estado e de fortes empresas privadas, e a promoção exaustiva de ciclos de debates, palestras de escritores, caravanas pelo interior, reportagens, entrevistas, depoimentos, badalações e mitificações de toda sorte. Arregimentados e reabilitados os possíveis sucessos editoriais, passou-se a uma fase decrescente, de esvaziamento do espírito de convocação, levando em conta que o mercado potencial já estava não apenas ativado integralmente, como já principiava a dar mostras de saturação do seu poder de consumo de novos lançamentos. Sobre esta fase nos ateremos melhor adiante.

A terceira razão trata do fato universal de que a literatura é a matriz de todas as artes, detonando e extinguindo linguagens de época e pesquisando *a priori* novas formas de representação do real, que depois são transferidas para as artes cênicas, visuais, musicais, etcétera. A literatura, por ter palavras e conceitos como matéria-prima de construção, dá sempre o primeiro grito e o último sussurro das vertentes expressivas que se sucedem, e este talvez tenha sido o século em que elas se apresentaram com maior vigor e se sucederam com maior velocidade, algumas até surgindo e desaparecendo simultaneamente, nos mesmos centros de produção cultural. Nos períodos de crise histórica, em que a cultura como um todo está ameaçada, como nos primórdios da década de 70 no Brasil, a literatura se apresenta como o veículo mais propício para experimentações de todo gênero, como ponta de lança para o rompimento de impasses que à primeira vista parecem incontornáveis, como pólo catalisador de exercícios temáticos ou estilísticos mais radicais, e como região definidora de vertentes em contextos confusos e relações contraditórias do homem com as suas circunstâncias.

Pode se dizer que o chamado boom *de 75 sofreu um decréscimo no final da década? E por quê?*

O chamado *boom* de 75, como ficou apelidada a tal convocação editorial a que me referi anteriormente, sofreu um decréscimo significativo a partir da constatação *da saturação do mercado* e de uma *recessão econômica* que atingiu principalmente a classe média – a maior consumidora de livros e revistas – a partir de aproximadamente 1977. Como um trem que houvesse partido repleto demais. Os retardatários, por mais que se apressassem, não mais o alcançariam. O trem, em andamento, por não suportar a carga que comportava (e nem pensar em acréscimo de carga!), começou a atirar pela janela uma boa quantidade de passageiros. Esta imagem pode servir para uma visualização do que seria o *crack* literário, que sucede ao tão afamado *boom*. Algumas editoras que, em 1975, publicavam livros de contos ou romances sem sequer os ler, estas mesmas, hoje, recusam originais dos mesmos gêneros, também sem sequer os ler, com raras e honrosas exceções. Autores que foram lançados com grande alarde quatro anos atrás, ou mesmo menos, não conseguem hoje que seus originais sejam sequer apreciados pela mesma editora que os lançou, ou por muitas outras, pelo fato de não terem estes autores atingido no prazo previsto ou tolerável a marca de vendagem esperada. Para os autores ainda inéditos, a situação se mostra ainda mais difícil, e não se vislumbram perspectivas de reabilitação de autores mais antigos, que não tenham sido reabilitados até o princípio da fase de recessão editorial. As tiragens monumentais, que atingiam a marca dos 30, 50 ou até 100 mil exemplares para obras em prosa, ficaram substancialmente reduzidas para os convencionais 3 ou 5 mil exemplares. As revistas literárias foram desaparecendo uma a uma, e apenas algumas poucas ainda sobrevivem em permanente déficit, graças ao mecenato de seus fundadores. Os jornais reduziram o espaço dado à literatura e aos escritores, assim como as revistas de variedades. Os concursos literários desapareceram ou caíram em total descrédito, deixando também de interessar aos seus antigos patrocinadores. Este quadro pouco animador reúne fatos estatísticos inegáveis. Acredito que o pior período de decréscimo já passou, e que o mercado está voltando a reagir, num crescimento estável, assim como as editoras estão adotando uma política não mais de severa contenção, mas distante do irrealismo que imperou na fase da descoberta do potencial mercadológico. A meu ver, entre as causas do decréscimo estão exatamente a política irrealista anteriormente adotada, que transformou uma pequena recessão num fracasso retumbante, e o recente clima de "abertura" implantado no país, que deu margem ao público de voltar-se com mais atenção para outros meios de manifestação cultural, antes rigorosamente sufocados e controlados, como o cinema, o teatro, a música, a televisão, entre outros. De qualquer modo, se compararmos ao período anterior a 1975, o saldo foi bastante positivo, pois houve um crescimento real do mercado, que acreditamos permanente e em expansão. E, se houve um decréscimo, foi relativo a um período curto, de investimentos altíssimos e fantasistas, com características muito específicas, e que dificilmente se repetirá a curto ou médio prazo.

Como vê a reação de certos setores da esquerda ao que chamaram de neopopulismo, identificado no tipo de tratamento de alguns temas emergentes, tais como a marginalidade, o submundo e o "povo"?

A princípio, eu não creio que esta reação seja somente de alguns setores da esquerda, até porque já está bastante difícil conceituar com um mínimo de precisão o que seria "esquerda", "centro" ou "direita" no Brasil de agora. A reação a este tipo de literatura (que, a despeito dela, continua sendo febrilmente produzida, principalmente no interior do país), partiu a princípio de camadas da intelectualidade, que se rebelaram contra o tratamento privilegiante que aquela estava recebendo por parte da imprensa, de uma parcela do público leitor e de uma certa crítica especializada. Depois, esta reação estendeu-se ao próprio público, fazendo com que a literatura dita "marginal", ou de temática "marginal", fosse, ela própria, pouco a pouco, marginalizada. Nós estamos falando de literatura, mas vale lembrar que esta identidade do criador brasileiro com temáticas "marginais" ou populistas deu-se, num certo período, em todas as áreas de criação. A meu ver, esta identidade espúria da intelectualidade, com uma certa imagem de "povo" folclorizada e estereotipada, deveu-se a uma forte sensação no inconsciente coletivo dessa intelectualidade de que estava sendo absolutamente marginalizada do processo político e decisório de seu país. O intelectual sentia-se um "marginal" dentro de um sistema totalitário que o absorvia e o emasculava. Esta ficção de falsos "pingentes", "malandrecos" e "bóias-frias", por outro lado, estava de tal modo sufocando a criação dentro de outros prismas de análise, como o existencial, o experimental, o mágico e o intimista, que involuntariamente promovia, ou ameaçava promover, um empobrecimento da nossa literatura. Ela estava se tornando também totalitária, reproduzindo ao avesso o sistema que procurava criticar. O princípio das chamadas "aberturas" políticas, inicialmente chamada "descompressão", lá pelos idos de 1977, foi o golpe de misericórdia na vertente neopopulista, então dominante. A posterior arregimentação de intelectuais para o exercício do poder, com uma dose de delegação decisória, também chamada por outras vertentes de "cooptação", tirou das camadas da intelectualidade, com exceção das que mantêm posturas mais radicais ou ortodoxas, a sensação de "marginalidade" diante do sistema. Extinguindo-se as causas, cessaram imediatamente seus efeitos.

Como você vê as tendências e a ficção brasileira atual e como situa neste quadro o seu trabalho?

A política cultural adotada pelo governo após o grande fechamento de 1968 e o clima de repressão e medo dela resultante criaram uma espécie de "frente ampla das oposições" em todas as áreas, a cultural inclusive. A literatura radicalizou esta "frente ampla", reunindo do mesmo lado, e com o apoio da crítica especializada, todos os que se opunham ao sistema em vigor, a despeito das enormes diferenças de nível qualitativo, visão de mundo, estilos literários e tudo o mais. No final da década de 70, com a notável redução da influência destrutiva do Estado sobre a cultura, nós estamos assistindo a uma desagregação desta "frente ampla" em todos os setores, as diferenças ideológicas (que não são pequenas) dentro desse amálgama de criadores descontentes estão vindo rapidamente à tona. Este processo, na minha opinião, não traduz um esfacelamento do pensamento brasileiro, enfraquecendo pela divisão o que antes, unido, era forte. Ele traduz, isto sim, o desvelamento das disparidades ideológicas e formais, que haviam tido uma união provisória e de certo modo artificial, apenas para combater, ou resistir ao inimigo comum, aparentemente mais poderoso. Uma união tática e estratégica, mas que em momento algum eliminou as diferenças abissais existentes dentro do meio de produção cultural. Não se poderia mesmo manter as diferenças ideológicas profundas ou sutis achatadas e niveladas sob o manto do medo. Não poderia ser sustentada uma cultura do pavor. A rica diversidade cultivada nos subterrâneos da repressão teria que, mais cedo ou mais tarde, vir a público com todas as suas proposições. E é o que está ocorrendo. A década de 70, tendo sido uma década de reflexão, deu margem a um enriquecimento ainda incalculável das teorias e das práticas de representação do real, e este enriquecimento implica numa composição cultural multifacetada e pluralista. Se em algum momento a literatura neopopulista resumiu os anseios nacionais no campo da ficção, sua abrangência não ultrapassou os limites da multiplicidade que se esboçava. Na verdade, não tivemos um estilo de época fortemente dominante nesta década, como tivemos diversas vezes em épocas anteriores. Os resultados disto estão sendo conhecidos agora, e já se pode divisar que foram extremamente benéficos. Jamais a nossa literatura apresentou tamanha diversidade temática ou estilística, e portanto jamais atingiu o grau de representatividade que ora se nos apresenta. A tendência para os anos 80 é de acirramento destas posturas e de desenvolvimento prático das tendências que agora se revelam, ainda de modo embrionário, principalmente nas publicações dos autores que emergiram durante a fase de arregimentação dos meados da década. Os panoramas confusos irão se clarificando, o patético, o cético e o lúdico irão sendo substituídos pela manifestação de crença nos mais variados valores, e os anos 80 prometem ser férteis em definições, posturas revisadas e questionamentos internos dentro da própria intelectualidade, tudo isto a partir de obras de ficção e ensaísticas que tendem a proliferar-se, com crescente interesse e acompanhamento do público leitor. Nos anos 70 bastava saber-se o que não se queria. Nos anos 80, há que se revelar o que se pretende, sob o risco de, se assim não o fizer, ser o intelectual hesitante atropelado por uma avalanche de definições categóricas e passar a residir num certo limbo cultural, que também já aponta em estado embrionário.

Situar meu trabalho neste quadro não é exatamente tarefa minha, mas sim da crítica que porventura se ativer sobre ele algum dia. Mas posso adiantar alguns dados. Minha obra, que hoje conta com dois livros de contos, *Torpalium* e *Sabe quem dançou?*, dois romances, *Artérias e becos* e *Bárbara*, três peças teatrais, *Abrindo o seu corpo ao coringa*, *O que se come* e *Motivo de força maior*, e um livro de poemas, *As algemas da terra*, esta obra em fase de rápida transformação e ainda em processo de pesquisa e estudos, foi altamente beneficiada pelo clima de pluralidade temática e estilística da década de 70, reproduzindo assim praticamente todas as tendências que nela se esboçaram e tentando traçar variantes e desenvolver cada uma das proposições, dentro de uma visão de mundo estritamente pessoal e alguns princípios básicos intrínsecos à minha criação. Assim, por exemplo, o livro de poemas *As algemas da terra* é subdividido em três partes: parte cega, parte surda e parte muda. Cada uma delas reúne um número considerável de poemas dentro da vertente que lhe é própria. Assim, a parte "cega" reúne poemas de raízes regionais ou populares, utilizando-se da linguagem da literatura de cordel, das cantorias nordestinas, dos folhetos de feira, com propósitos semididáticos de uma poética política acessível às camadas mais populares. A parte "surda" reúne poemas retrabalhados sobre a poética da contracultura, do *underground*, de surrealismo osvaldiano, do tropicalismo e do exercício lúdico e livre da palavra e suas sonoridades. A parte "muda" reúne poemas da vertente mais forte e conhecida da poesia brasileira, poemas que fundem construções românticas, como as de Castro Alves, com o tom de um João Cabral e a informalidade de um Drummond, estas poéticas digeridas e transformadas visceralmente, antropofagicamente, para servir a temáticas sociais, políticas e principalmente existenciais, próprias do meu tempo, do meu lugar, da minha índole e da problemática que me envolve. Assim, *As algemas da terra* pode bem representar a poética do criador num período de transição e reflexão como foram os anos 70, dando lugar a toda sorte de experimentações, radicalizações, redefinições e desenvolvimento de tendências que já vinham se projetando anteriormente. Maior diversidade ainda poderá ser encontrada em meus livros de contos, nos romances ou no teatro, por terem constituído campo de experimentações ainda mais vastas e radicalizantes que a poesia.

Quanto à publicação de meus trabalhos, posso dizer que foi um processo diretamente derivado do chamado *boom*, fui um dos arregimentados para um mercado potencial não-ativado, e *Torpalium*, aprovado para publicação em 1976, foi mandado para a editora que o publicou pelo correio, sem maiores explicações ou relações. Em princípio de 1977, a coletânea de contos *Histórias de um novo tempo*, que organizei e da qual participo com dois contos, vendeu nada menos que 30 mil exemplares em poucos meses, o que fez de seus autores portadores da imagem, logo depois desmentida parcialmente, de prováveis best-sellers tupiniquins. São fatos anteriores à recessão do mercado, o que não tornaria incorreta a impressão de que eu seria um "filho do milagre brasileiro", que desabou fragorosamente, com danosas conseqüências para o próprio mercado editorial, às quais, felizmente, sobrevivi, talvez porque alguma meia-dúzia tenha realmente gostado do meu trabalho e resolvido pagar pra ver. Preocupo-me somente em exercer o meu ofício, o de escritor, com coerência e dignidade, e dedicar um certo número de horas diariamente ao seu desenvolvimento. É possível que a década de 80 arranque de mim definições mais precisas, o que talvez seja uma pena. Ao menos, tenho consciência de que o outro lado da multiplicidade pode ser o empobrecimento e, consciente, torço e trabalho para que ocorra o oposto. Viveremos e veremos.

Há 25 anos minha casa estava em obras e eu só tinha um dia para acabar de escrever esse apanhado sobre a poesia dos '70. Era o último prazo, já que tinha perdido o primeiro e o segundo. Na verdade, acabar de escrever era um eufemismo, pois o que eu tinha em mãos era um maço de papéis com muitas notas que Ana Cristina Cesar tinha me ajudado a fazer, notas estas sem nenhum desenvolvimento maior. Me lembro que era um domingo à tarde, quando me atirei (o termo é exato) para a redação final. Talvez por ser a primeira vez que ia ganhar dinheiro com algo escrito por mim (e me lembro que era uma boa grana) estava inquieto achando que não ia dar conta. O fato é que escrevi à mão, como sempre faço, de meio-dia e pouco até as onze e tanto da noite, quase ininterruptamente. Quando acabei a maratona estava com uma espécie de dor de dente no braço ou algo parecido: doía muito, doía tudo. Sozinho na casa em reformas, abro um jornal qualquer para descansar, e dou com um anúncio discreto: "Massagem: atendimento a domicílio". Aquilo tinha caído do céu, sem dúvida. Telefonei, gemendo, e pedi urgência. Cerca de uma hora depois, a campainha bate; saltei da cama como pude e abri a porta para a massagista. Ela me curou, milagrosamente. Era uma senhora massagista.

Por ter sido o último (assim me diziam) a entregar o texto não tive direito de revisá-lo. Quando agora, em 2004, me foi oferecida essa oportunidade, pretendia fazer uma revisão em regra. Não do conteúdo, é claro, mas, em algumas passagens, da maneira de dizê-lo. Mas qual o quê. Estou aqui numa madrugada de domingo escrevendo afobado, para entregar tudo na segunda, tal como na vez anterior. Só ficou faltando a massagista. A revisão foi feita como Deus é servido, e o que estava escrito assim ficou, "biblicamente". No fundo, acho que foi melhor: manter o atropelo e o passionalismo daquele manuscrito é ser fiel à época que buscava retratar e àquele redator que se despedia do que ainda sobrava da juventude.

/ comentário de Armando Freitas Filho /

POESIA VÍRGULA VIVA

Armando Freitas Filho

DA CIVILIZAÇÃO BRASILEIRA À PINDAÍBA

Em 1968, pouco antes de serem apagadas todas as luzes e começarem a bater abaixo da cintura, a editora Civilização Brasileira publicava *Poesia viva 1*, com introdução de Antonio Houaiss, datada de 1º de agosto. Neste texto, escrito com toda pompa e circunstância, se lia: "Primeiro, poetar é necessário; segundo, isso implica em publicação; terceiro, a editoração de poesia é, de regra, economicamente deficitária; quarto, há que superar o estrangulamento (já ajudando a matar os poetas e seus poemas, já encontrando-lhes um veículo de comunicação)." E mais adiante: "É que a experiência e bom êxito que dela derivarem irão por certo condicionar o aparecimento de *Poesia viva* – 2 e 3, e 4, 5 ... e *n*."

Se os pontos abordados por Houaiss apresentavam um diagnóstico correto – e atual – da situação do poeta e da poesia brasileira, sua previsão editorial iria se revelar completamente frustrada. No fundo, acertava como crítico e falhava como profeta: *Poesia viva 2*, nos mesmos moldes, só viria a lume dez anos depois. A poesia mais comprometida com o debate cultural daí para frente iria continuar viva, sim, mas graças ao empenho pessoal de cada poeta, sem quase nenhum apoio ou legitimação editorial. O que se conseguiu com *Poesia viva 1* foi prolongar e institucionalizar (para se fazer uso de um termo muito em voga na época) as experiências volantes dos *Violões de rua*, aparecidos nos anos de 1962 e 1963. Nesses anos ocorria uma saudável disputa entre a vanguarda estética representada principalmente pelo movimento da Poesia Concreta e Instauração Práxis versus poetas que não se filiaram a nenhuma dessas correntes, muitos desses últimos sobreviventes mais ou menos inteiros da tão justamente difamada geração de 45, e que entendiam que os movimentos de vanguarda se alienavam do processo político efervescente do Brasil de então. Concretos e praxistas usavam, cada um a seu modo, a máxima de Maiacóvski: "sem forma revolucionária não há conteúdo revolucionário" e procuravam realizar, através de esforçados "saltos-conteudísticos-participantes", uma abordagem e uma integração mais concreta (sem duplo sentido, aqui), menos hermética, um texto político, enfim, que apresentasse um compromisso maior com a realidade circundante e que, sem perder sua novidade estética, conseguisse maior legibilidade e comunicação. Como exemplo do que foi dito, vamos citar três poemas, de poetas de vanguarda como Decio Pignatari e Mario Chamie, que representam os movimentos Concreto e Práxis, respectivamente, e Affonso Ávila, que representa o movimento dissidente da poesia concreta em Minas Gerais, que se reunia em torno da revista *Tendência*:

beba coca cola
babe   cola
beba coca
babe cola caco
caco
cola
        cloaca

(Decio Pignatari)

Adubo

I

Outubro,
o mês açula o povo.
Modorra
atrás, na frente esforço e moço
velho
e moça; um entrar sempre um
entrar
na luta faz de todos
(velho e moços)
a mesma hora que é do povo
em grupo
no mês que açula o povo:
outubro.

(Mario Chamie)

Carta sobre a usura

A usura gera
  de seu ovo
  (homem solércia
  pele solércia
  urso solércia
  fome solércia
  uso solércia)

A usura cresce
de seus embriões
(no homem calvície
na pele calvície
no urso calvície
na fome calvície
no uso calvície)

A usura veste
de seu tecido
(de homem e ornato
de pele e ornato
de urso e ornato
de fome e ornato
de uso e ornato)

(Affonso Ávila)

Os poetas da Civilização Brasileira, apoiados na ideologia populista dos CPCs, usavam outro jargão, à la Sartre; se diziam "engajados", isto é: acreditavam eles que o produto cultural deveria ser popularizado, mesmo se isso representasse um rebaixamento estético. O sinal verde e legitimador dessa última tendência tinha sido dado por um poeta maior: Ferreira Gullar, autor de *A luta corporal* (1954) e referência obrigatória da poesia contemporânea brasileira, vinha de publicar, numa edição universitária da UNE, em 1962, *João Boa-Morte, cabra marcado para morrer*, onde, com os recursos "pobres" da literatura de cordel, abordava diretamente os problemas do camponês, como se vê neste trecho:

Que a luta não esmorece
agora que o camponês
cansado de fazer prece
e de votar em burguês
se ergue contra a pobreza
e outra voz já não escuta,

só a voz que chama pra luta
– voz da Liga Camponesa.
Mas João nada sabia
no desespero em que estava,
andando aquele caminho
onde ninguém o queria.
João Boa-Morte pensava
que se encontrava sozinho
e que sozinho morreria

Sozinho com cinco filhos
e sua pobre Maria
em cujos olhos o brilho
da morte se refletia.
Já não havia esperança,
iam sucumbir de fome.

Na verdade, Gullar, ao se apropriar, à la Duchamp, do *objet trouvé* da linguagem anônima e geral dos cantadores, realizava uma manobra tática que, no seu caso particular, resultava num recomeço, a partir do marco zero, de um necessário movimento de reescrita mais objetivo e contundente sobre a realidade política de então. Estrategicamente falando, significou uma marcha a ré na produção poética daqueles dias. Poetas menos dotados começaram a realizar uma poesia demagógica e diluída, plena de dós de peito, onde comiseração social e incompetência poética geravam um produto que, ao contrário das intenções, pois ao que parece se realizava de encomenda, não era oportuno, mas oportunista; por isso mesmo essa poesia perdia todo o seu gume, e na ânsia de não deixar passar o bonde ou o bode da história, os seus poetas desandaram a falar como matracas *pelo* povo, tematizando-o academicamente de cima para baixo, e não levando em conta os exemplos maiores, as conquistas efetivas, em nível de linguagem de, por exemplo, Drummond (*Sentimento do mundo*, 1940; *A rosa do povo*, 1945) e João Cabral (*O cão sem plumas*, 1950; *O rio*, 1953; *Vida e morte severina*, 1955), que neste último texto, um Auto de Natal, usou da mesma técnica de apropriação, e fez, anos antes, o mesmo percurso de Gullar; foi à fonte popular da linguagem poética brasileira, a poesia de cordel. Um outro exemplo positivo, que não pode ser esquecido nessa busca do texto empenhado no social, foi o de Vinícius de Moraes, que, antes de cair definitivamente no samba (no que fez muito bem, diga-se de passagem), alcançou com "Operário em construção" um outro bom momento dessa poesia de denúncia:

Era ele que erguia casas
onde antes só havia chão.
Como um pássaro sem asas
ele subia com as casas
que lhe brotavam da mão.
Mas tudo desconhecia
de sua grande missão:
não sabia, por exemplo,
que a casa do homem é um templo,
um templo sem religião,
como tampouco sabia
que a casa que ele fazia
sendo a sua liberdade
era a sua escravidão.
De fato, como podia
um operário em construção
compreender por que um tijolo
valia mais do que um pão?
Tijolos ele empilhava
com pá, cimento e esquadria;
quanto ao pão, ele o comia.
Mas fosse comer tijolo...
E assim o operário ia
com suor e com cimento
erguendo uma casa aqui,
adiante um apartamento,
além uma igreja, à frente
um quartel e uma prisão;
prisão de que sofreria,
não fosse eventualmente
um operário em construção.

Como se vê, aqui há rigor, eficiência sem abdicações ou concessões ao pieguismo social, tão presentes na versalhada, que não podia aspirar ao palanque, pois era no mínimo chata; e nem tampouco ao livro, folheto ou volante, pois era, politicamente falando, inofensiva, previsível, e sua "mensagem" era mais bem expressa, e com muito mais vigor, pelos líderes políticos da época.

Se em 1962/63 essa linguagem ufanista, às avessas, já fracassava no seu intento de instigar, em 1968, quatro anos depois do golpe militar, seu reaparecimento, requentada e servida de afogadilho e de cambulhada em *Poesia viva 1*, era como um prato-feito – embora seu prefaciador seja um *gourmet* nas horas vagas – frio e inofensivo para qualquer paladar, mesmo os menos exigentes. Gullar, que, como já foi dito, com a força de seu talento, colocou na ordem do dia essa tendência populista e esteve presente nos *Violões*, já não aparece sintomaticamente neste volume, que reúne presumivelmente os "melhores" e mais "acabados" momentos daquela experiência, que teve, apesar de tudo, seu lugar, época e oportunidade. E se não aparece é por uma razão muito simples: já estava em outra. Abandonando o *ready-made* verbal dos cantadores, retorna, renovado, à sua própria experiência, às "raízes" de sua poética que estão todas à mostra n'*A luta corporal*. Só que com uma mudança, diria, de "tom": se, na *Luta*, o surreal muitas vezes permeia suas mensagens e mesmo a linguagem propriamente dita, que intencionalmente "fracassa" e se desintegra, agora, no poema-livro *Por você, por mim no Vietnã*, diagramado e editado, em 1968, pelo saudoso Léo Victor, ela assume um definido e definitivo compromisso com o *real*, sem perder, em nada, uma das marcas registradas de sua poesia: sua extrema agilidade, o "corte" e montagem de seu verso verdadeiramente cinematográfico. Ler *Por você, por mim* é ver um filme sobre o Vietnã, um documentário, a cores, da guerra, numa época em que tais filmes ou relatos ainda não eram feitos, ainda não tinham entrado "em moda" nem pesavam na consciência dos povos, e o fragor da batalha não deixava ouvir e ver os corações e mentes, pois só a mentira oficial do agressor tinha vez e voz:

> Que se passa em Hué? em Da Nang? no Delta
>   do Mekong? Te pergunto,
> nesta manhã de abril no Rio de Janeiro,
>   te pergunto,
>   que se passa no Vietnã?
> As águas explodem como granadas, os arrozais
> se queimam em fósforo e sangue
>   entre fuzis
>   as crianças
> fogem dos jardins onde açucenas pulsam
> como bombas-relógio, os jasmineiros

soltam gases, a máquina
da primavera
danificada
não consegue sorrir.
Há mortos demais no regaço de Mac Hoa.
Há mortos demais
nos campos de arroz, sob os pinheiros,
à margem dos caminhos que conduzem a Camau.
O Vietnã agora é uma vasta oficina da morte, nos campos
da morte, o motor
da vida gira ao contrário, não
para sustentar a cor da íris,
a tessitura da carne, gira
ao contrário, a desfazer a vida, o maravilhoso aparelho
do corpo, gira
ao contrário das constelações, a vida,
ao contrário, dentro
de blusas, de calças, dentro
de rudes sapatos feitos de pano e palha, gira
ao contrário a vida feita morte.

Também em 1968, à margem dessas já antigas e defasadas competições entre literatos, explodia na música popular brasileira o movimento tropicalista, que iria representar para as vanguardas o que o movimento antropofágico representou para o Modernismo de 22. Pouco antes disso, a Poesia Processo, que foi o último carro vanguardista, já tinha sintomaticamente declarado extinta a vigência do literário; havia chegado até ao exagero de uma "rasgação", em janeiro de 1968, nas escadarias do Teatro Municipal, dos livros de poetas consagrados, como Drummond, Cabral etc., e partia sem hesitações para a poesia visual, para o poema-objeto, de consumo e uso imediato, descartável, prolongamento mais radical e exacerbado do gesto da poesia concreta.

O impasse, como se vê, era radical: de um lado as vanguardas pressionadas interna e externamente por uma maior necessidade de comunicação e participação, chegando com o poema-processo ao tresloucado gesto de abdicar da própria palavra em favor de signos, bolotas e triângulos, atitude esta que tinha muito a ver inconscientemente com o crescente aumento da repressão, pois acabava sendo o seu melhor "retrato", e sem querer servia a esta última, ao trocar as palavras pelos códigos, a linguagem por uma espécie de senha consentida pelo silêncio que a todos nós era imposto; do outro, a poesia insuficiente e artificial, com as exceções de praxe, do populismo. Se no "poema" de Álvaro de Sá, que é de 1968, o que está presente é a ausência da palavra, ou o seu silêncio, já no de Cirne, que é de 1974, há indiscutivelmente uma retomada do discurso muito bem resolvida aliás, no plano do visual e uma preocupação (um neoprocesso?) nítida de refletir, significar e atuar politicamente:

(Álvaro de Sá)

(Moacy Cirne)

A contra-revolução cultural do tropicalismo procurava, no caos, trazer a arte brasileira para o seu chão, tal como pretendeu, anos antes, Oswald de Andrade. Tínhamos, então, toda uma geração voltada para a lição oswaldiana da retomada das "raízes", com a diferença, entretanto, de que os produtos não eram especificamente literários, mas interdisciplinados, um *pau-brasil* eletrificado, ligado na tomada dos amplificadores, um cafarnaum onde o poema se fazia não apenas na página, mas no papel da voz, no palco, sob o som estridente das guitarras:

Tropicália (Caetano Veloso) – sobre a cabeça os aviões / sob os meus pés os caminhões / aponta contra os chapadões / meu nariz / eu organizo o movimento / eu oriento o carnaval / eu inauguro o monumento / no planalto central / do país / viva a bossa-sa-sa / viva a palho-ça-ça-ça-ça /...

Que fique claro que essa era, sem dúvida, a melhor solução. Nada mais interessante que observar esse trânsito: os corifeus da poesia concreta, antes tão eruditos, escrevendo capas para disco de Caetano e esse compondo canções como *Batmacumba*, cuja letra, como se vê, é rigorosamente um poema concreto:

Batmacumba

Gil & Caetano

batmacumbaieiê batmacumbaobá
batmacumbaieiê batmacumbao
batmacumbaieiê batmacumba
batmacumbaieiê batmacum
batmacumbaieiê batman
batmacumbaieiê bat
batmacumbaieiê ba
batmacumbaieiê
batmacumbaie
batmacumba
batmacum
batman
bat
ba
bat
batman
batmacum
batmacumba
batmacumbaie
batmacumbaieiê
batmacumbaieiê ba
batmacumbaieiê bat
batmacumbaieiê batman
batmacumbaieiê batmacum
batmacumbaieiê batmacumba
batmacumbaieiê batmacumbao
batmacumbaieiê batmacumbaobá

Fisiognomicamente representava o corpo ou a asa do morcego, bicho de mau-agouro, segundo a tradição, e que logo depois, em *Gotham City,* de Macalé e Capinam, aparecia, durante o IV Festival da Canção, no Maracanãzinho, anunciado pela voz de Macalé, esvoaçando "na porta principal". Tudo muito claro e conseqüente: os morcegos, podemos bem imaginar quem são, só voam nas trevas e aí sim, fazia escuro, mas ainda se cantava.

Também a Práxis, um movimento sempre mais comprometido com a literatura e que dentro do bojo das vanguardas, sem abrir mão da pesquisa vocabular, tinha conseguido um *habeas corpus* para a palavra, recuperando-a da prisão emudecida do poema concreto, corroborando, portanto, com o mandado de segurança impetrado, em boa hora e em desespero de causa, pelos neoconcretos que tinham conseguido, anos antes, a liminar que veio possibilitar, naqueles momentos de radicalismos estéticos, o inicialmente tímido reaparecimento do *discurso*, e que a Instauração Práxis, a partir de 1962, com *Lavra lavra*, de Mario Chamie, começou a redescobrir e a desentupir de uma vez a fonte da linguagem, atulhada, até então, de pedregulhos teóricos e práticos que em nome de impedirem, como diques, o *discursivo* (pedra-de-toque, palavra-de-ordem, ou mais exatamente, pecado mortal que hoje nos faz sorrir, como sorrimos diante de antigas fotos que nos mostram a "ousadia" dos primeiros biquínis), tinham calado e soterrado o fluxo das frases, o trânsito do verbo, a face do sujeito e o sonho do predicado.

As "alianças" estratégicas da Práxis, sem serem, entretanto, ostensivas, assumidas e proclamadas como a concreta/tropicalista, foram muito visíveis na produção, no resultado estético, nos textos.

Como, por exemplo, com algumas teorias do Cinema Novo, que no seu começo era predominantemente feito por autores que não escondiam suas origens literárias: Carlos Diegues e Maurice Capovilla foram colaboradores da revista *Práxis* desde seu primeiro número.

O mesmo ocorreu na música popular, pelo menos junto a autores mais próximos, por tendência e formação, da literatura: *Pedro Pedreiro* e, mais tarde, *Construção*, para citar, apenas, duas composições de um mesmo autor, Chico Buarque, apresentam indícios, conscientes ou não, de influência praxista:

Pedro Pedreiro – Pedro Pedreiro penseiro esperando o trem / Manhã, parece, carece de esperar também / Para o bem de quem tem bem / De quem não tem vintém / Pedro Pedreiro fica assim pensando / Assim pensando o tempo passa / A gente vai ficando pra trás / Esperando, esperando, esperando / Esperando o sol / Esperando o trem / Esperando o aumento / Desde o ano passado para o mês que vem / Pedro Pedreiro penseiro esperando o trem / Manhã, parece, carece de esperar também / Para o bem de quem tem bem / De quem não tem vintém / Pedro Pedreiro espera o carnaval / E a sorte grande do bilhete pela federal /...

Construção – Amou daquela vez como se fosse a última / Beijou sua mulher como se fosse a última / E cada filho seu como se fosse o único / E atravessou a rua com seu passo tímido /..../ Amou daquela vez como se fosse o último / Beijou sua mulher como se fosse a única / E cada filho seu como se fosse o pródigo / E atravessou a rua com seu passo bêbado /...

A desmontagem das vanguardas vem, portanto, de dentro, como desesperada tentativa de sobrevivência enquanto poder, tentando, em vista disso, sua ampliação de auditório e entradas através dos meios de comunicação de massa, e, inseridas nesses outros circuitos, habitam novas freqüências, procurando atuar também fora do livro para atender a um número maior de necessidades.

Desses casamentos, oportunistas e oportunos, como tantos, que os bem-pensantes poderiam julgar espúrios, é que começou a nascer a nova poesia brasileira.

Estavam lançadas as pontes. Os poetas que participaram dessa discussão transformaram-se: eram mutantes em transe e em trânsito e procuravam atravessar o Rubicon. Para isso embarcaram, alguns deles, na *Navilouca*, um barco que, há algum tempo, estava secretamente em construção e que só tornou visível a sua navegação em 1974, quando seu livro de bordo foi publicado, já que antes estava ruço.

De fato, essa revista que proclamadamente, em sua capa, se dizia em primeira e única edição mostrava na produção do seu elenco de colaboradores as profundas metamorfoses por que estava passando a poesia brasileira: Augusto "cometia" um soneto; Caetano realizava um poema concreto/processo: *Viva a vaia.*

Sonoterapia

"desta vez acabo a obra"
gregório de matos

drummond perdeu a pedra: é drummundano
joão cabral entrou pra academia
custou mas descobriram que caetano
era o poeta (como eu já dizia)

o concretismo é frio e desumano
dizem todos (tirando uma fatia)
e enquanto nós entramos pelo cano
os humanos entregam a poesia

na geléia geral da nossa história
sousândrade kilkerry oswald vaiados
estão comendo as pedras da vitória

quem não se comunica dá a dica:
tó pra vocês chupins desmemoriados
só o incomunicável comunica

(Augusto de Campos)

Neste soneto de Augusto, denunciador do que então se acusavam os concretos e – *latu sensu* – as vanguardas: "O concretismo é frio e desumano / dizem todos (tirando uma fatia)", aparecia a alusão "custou mas descobriram que Caetano / era o poeta (como eu já dizia)", uma preocupação que historicamente sempre foi o mal necessário das vanguardas: o da "descoberta" profética, do compromisso mais com o futuro do que com a urgência do presente. Indicava também uma mudança na produção da poesia concreta. Com efeito, com o passar do tempo, esses poetas, em nome do futuro, realizavam prospecções na historiografia literária; "reabilitaram" (assim como fizeram com Oswald) Sousândrade, Kilkerry, em revisões de competência crítica inegável, mas que sempre procuravam desenvolver a seu modo, sectariamente, um vínculo obrigatório que desembocava como num passe de mágica na teoria da poesia concreta. "Faziam" a história a seu favor, puxando a brasa para a própria sardinha, legislando, enfim, em causa própria. Tentavam, ainda, exercer o poder, manter o arbítrio intelectual, estar por cima da onda e da carne-seca. A evolução do processo da poesia brasileira não congregava as mais variadas influências: era, segundo eles, um ascético e coerente percurso, elitista e excludente, que culminava – obrigatoriamente – na poesia concreta. Isso gerava a deformação bem brasileira e provinciana do maniqueísmo cultural. Oswald, sim; Mário de Andrade, não. Sousândrade, somente; Gonçalves Dias, nem pensar; Kilkerry, o maior barato, enegrecido pela "maldição"; Cruz e Souza, uma espécie de Pelé: preto, mas de "alma branca", e assim por diante. Era um constante Fla x Flu de cartas marcadas; um jogo de eleições/ressurreições fatais e de assassinatos ou seqüestros súbitos. Nenhum sentido aglutinador, ecumênico. E se até a Igreja, depois do Vaticano II, procurava se transformar numa espécie de ONU do sobrenatural, por que não tentar o mesmo com a literatura que nunca foi santa? Mas isso, à revelia de quem quer que fosse, começava a ser feito. Não é por acaso que, no transcurso dessa década, a produção da poesia concreta tenha se dedicado a odes ou elegias, prolixas e discursivas, a artistas de sua preferência. Drummond, por exemplo, sempre fez isso e, para dizer o mínimo, com muito maior competência, amplitude e originalidade. Também na, com perdão das más palavras, prosa-poética, a tentativa de *Galáxias* (Haroldo de Campos) se revela desanimadora: perto desse metatexto, dessa verborréia tatibitate, dessa metástase verbal, Coelho Neto é pinto, Rui Barbosa é pouco. Não está, como julga o seu autor, no futuro, mas sim no passado pré-joyceano: é primário, e não primeiro. E mesmo se fosse o contrário, essas "galáxias" não serviriam para nada, pois tanto semantizaram suas palavras-estrelas, que elas se tornaram insignificantes, nubladas, de pouca ou nenhuma legibilidade. É pura modorra, um catatau massudo e desnecessário – uma verdadeira punheta e, já que estamos falando em cosmo, no caos. Mas, como dizia, a transição já tinha começado. Ironicamente, como é costume, mas sem nenhuma surpresa, a aliança estabelecida pelos concretos com os tropicalistas fez cair todo o sistema de influência, orientação e controle, que os primeiros tentavam, a custo, manter: expostos a todos os ventos, que sopravam pelas janelas ainda abertas das TVs, os que estavam acostumados ao ar condicionado de suas naves-gabinetes dançaram e caíram no vácuo; os outros, com mais propriedade, dançavam no espaço conquistado dos palcos.

Talvez os dois poetas que mais apresentavam no seu corpo e em sua bagagem as marcas dessa "viagem" fossem Torquato Neto e Waly Sailormoon; encontramos neles a representação do estilhaçamento, dos mil caminhos e descaminhos da poesia brasileira; uma verdadeira salada, um *melting pot*, ou melhor dizendo, um *meeting* das mais díspares tendências. Não há, em suas produções, nenhuma preocupação de coerência estilística, e a epígrafe do aludido soneto de Augusto de Campos, tirada de Gregório de Matos ("desta vez acabo a obra") a eles, sim, serve como uma luva, pois nos seus trabalhos, sob qualquer critério metodológico, não existe a noção de continuidade organizada; o conceito cronológico não importa nem preocupa; cada poema é a obra, no seu único e sempre outro momento; este poema de Torquato, em 1969, que cito agora, tem influências nítidas de e.e. cummings – referência básica da teoria da poesia concreta – lido, com certeza, na tradução que Augusto de Campos fez para o MEC em 1962:

Ao mesmo tempo, em outros textos, ele já demonstra ser um dos precursores do que anos mais tarde seria chamado de poesia marginal; como nesse poema de 1971:

você me pede
quer ir pro cinema
agora é tarde
se nenhuma espécie
de pedido
eu escutar agora
agora é tarde
tempo perdido
mas se você não mora, não morou
é porque não tem ouvido
que agora é tarde
– eu tenho dito –
o nosso amor michou
(que pena) o nosso amor, amor
e eu não estou a fim de ver cinema
(que pena)

Em Waly, a fusão/confusão das teorias de vanguarda que aqueceram o caldeirão tropicalista aparecem no texto *Planteamiento de cuestiones*:

Quueu não estou disposto a ficar exposto a cabecinhas
ávidas quadradas ávidas em reduzir tudo todo esforço
grandioso como se fosse expressão de ressentimentos por
não se conformar aos seus padrões culturais:
Meu texto não é só para ser visto numa ordem emocional
(grilado ou sem bode, numa "boa" ou numa "ruim",
incucado ou desbundado, alegre ou triste, amor ou ódio,
etc.) porque os estados sentimentos são muito dependentes
da rareté, da insuficiência carência de condições – deve ser
visto do ponto de vista duma ordem menos impressiva,
menos passiva, mais criadora – como experimentação de
novas estruturas, novas formas de armação, como modo de
composição não-naturalista.
Alargamento não-fictional da escritura.

Também nele vamos encontrar, mais tarde, no poema *Livro de contos*, a mesma tendência precursora:

Alma emputecida
Sombra esquisita
Se esquiva
Entre
Laços de Família

Os "laços de família" estavam, finalmente rompidos. A "alma emputecida" solta nas ruas, se perdendo e se encontrando ao acaso, nas calçadas, sem nenhum programa preestabelecido, sem nenhum acordo ou compromisso implícito ou explícito. E já que *ninguém segurava esse país*, que ia à deriva ou "às direitas", o caminho era esse, sem alternativa: *ame-o ou deixe-o* seria o título ou legenda mais apropriado para esse roteiro que se descobria e se inventava a cada passo, na onda de cada dia.

CORAÇÃO INCÓLUME, CORAÇÃO DIVIDIDO – RASGA CORAÇÃO

À margem de toda essa confusão de alianças estratégicas declaradas ou não, a poesia brasileira dos poetas consagrados continuava sendo feita. Talvez seja preciso lembrar que Cassiano Ricardo, poeta do Modernismo, já havia legitimado o poema concreto e a Instauração Práxis. Rompeu, inclusive, com o primeiro, para integrar-se de corpo e alma à Práxis, chegando até a escrever um livro, editado pela José Olympio (1966), *Práxis e 22*.

Carlos Drummond de Andrade, e que se diga logo, criador principal e inesgotável da poesia brasileira moderna e contemporânea, publica, em 1969, *Boitempo e A falta que ama*, que na verdade é o que o título de seu livro de 1958, *A vida passada a limpo*, sugere; o poeta maior começa o seu balanço com poema sobre sua infância em Minas, verdadeira memória poética tão grandiosa quanto as memórias, em prosa, de outro mineiro, Pedro Nava. Essa produção tem sua seqüência em 1973, com *Menino antigo*, e mais tarde, em 1977, com *Discurso da primavera e algumas sombras*. João Cabral, à sua maneira concisa, também realiza, em 75, o seu balanço: *Museu de tudo* é um livro que, como o próprio título indica, reúne poemas de várias épocas e parece revelar o fecho de um ciclo. Se falo em Cassiano, Drummond e Cabral é porque a poesia contemporânea brasileira, pela participação ostensiva do primeiro e influências marcadas e marcantes dos outros dois, a eles muito deve. Mas já naquela altura, o eixo tão enfatizado pelas vanguardas, drummond/cabral, começava a ser alterado; com a publicação, em 1966, da 2ª edição das *Poesias reunidas de O. Andrade, poète maudit* do Modernismo, a virada para retomar a lição de 22 por um outro ângulo foi deflagrada. A "escrita" começa a incorporar e tender mais para o *take*, "corte" e montagem cinematográficos, estilisticamente falando, do que para a abordagem discursiva, linear e paulatina do literário. O poema-minuto, o poema-piada, relegados ao esquecimento, muito por culpa da geração de 45, que tentou engravatar a irreverência de 22 e que, no começo da década passada, a poesia concreta apertou o nó, com a sua ortodoxia formal, começam, de novo, a entrar em foco e em cena. Nada mais natural, como *mea culpa*, que um poeta concreto, Haroldo de Campos, prefacie essa edição e "reabilite", 21 anos depois, para todos nós, com competência exemplar, o desbocado poeta do Modernismo:

Secretário dos amantes

I
Acabei de jantar um excelente jantar
116 francos
Quarto 120 francos com água encanada
Chauffage central
Vês que estou bem de finanças
Beijos e coices de amor

II
Bestão querido
Estou sofrendo
Sabia que ia sofrer
Que tristeza este apartamento de hotel

III
Granada é triste sem ti
Apesar do sol de ouro
E das rosas vermelhas

IV
Mi pensamiento hacia Medina del Campo
Ahora Sevilla envuelta en oro pulverizado
Los naranjos salpicados de frutos
Como una dádiva a mis ojos enamorados
Sin embargo que tarde la mía

V
Que alegria teu rádio
Fiquei tão contente

Que fui à missa
Na igreja toda gente me olhava
Ando desperdiçando beleza
Longe de ti

VI
Que distância!
Não choro
Porque meus olhos ficam feios

Cumpre lembrar, com largueza, um outro contemporâneo de Oswald que continua, até hoje, muito pouco conhecido: seu nome é Luiz Aranha, e a sua poesia, que mereceu estudo magistral de Mário de Andrade, já mostrava nos seus livros *Drogaria de éter e de sombra* (1921), *Poema Pitágoras* (1922) e *Poema giratório* (1922), as marcas do que hoje é mais contemporâneo, como nesses dois poemas:

Eu lia um jornal:
Todos os telegramas todos os artigos todos os anúncios
Acontecimentos universais
Campanha da polícia contra a toxicomania...
Eu droguista não podia vender cocaína morfina e ópio
Mas poeta queria provar o suco da papaverácea como Quincey
e Coleridge!

Telegrama

Vim telegrafar
Devo partir
O telégrafo bate
Na estação
Dentro das grades do elevador o empregado é prisioneiro na sua
cela

Manobras
S.P.R.
163

A campainha manda um som tremido
E o chefe sacode a bandeirola
Apito
Os ferros gritos
Choques de vagões
Locomotiva Moloch
Na ponte lindo manto de peles
Tu não morreste por ter tocado o zaimph de Tanit como
[Salambô
WILLIAM – FOX – FOX-TROT – William-fox-fox-trot-
[William-fox-fox-box
Locomotiva Carpentier jogando box pelo espaço
Só dás uppercuts
Com tuas luvas de ferro
As campainhas das estações marcam os rounds
Teu ring é o mundo
Xuixixixixixixx
Poeta
Sofro a vaia da locomotiva como no Teatro Municipal
Diz-se impropriamente que sou futurista
Impressões
Erros da geometria euclideana
Os trilhos não são paralelas e se encontram antes do infinito
Na porteira todos esperam
Lavadeira a mulher de Atlas suspende o mundo às costas
Pede-se trazer o dinheiro certo para facilitar o troco
Vim telegrafar
Parto pelo último trem
Espere-me na estação

(Luiz Aranha)

Outro nome consagrado juntava-se a *Oswald Aranha* para a releitura das novas gerações: Manuel Bandeira, melhor dizendo, a parte de sua lírica mais casual, mais cotidiana:

Poema tirado de uma notícia de jornal

João Gostoso era carregador de feira livre e morava no morro
da Babilônia num barracão sem número
Uma noite ele chegou no bar Vinte de Novembro
Bebeu
Cantou
Dançou
Depois se atirou na Lagoa Rodrigo de Freitas e morreu afogado.

Também Jorge de Lima e Murilo Mendes, que apresentavam em suas obras grande carga místico-visionária, muito coincidentes com o espírito alucinatório e surreal das Naviloucas, tinham a sua vez:

Poema do cristão

E tendo a luz eterna nos olhos, sou o maior mágico:
ressuscito na boca dos tigres, sou palhaço, sou alfa e ômega,
peixe, cordeiro, comedor de gafanhotos, sou ridículo, sou
tentado e perdoado, sou derrubado no chão e glorificado,
tenho mantos de púrpura e de estamenha, sou burríssimo
como São Cristóvão, e sapientíssimo como Santo Tomás.
E sou louco, louco, inteiramente louco, para sempre, para
todos os séculos, louco de Deus, amém!
E, sendo a loucura de Deus, sou a razão das coisas, a ordem e a
medida;
sou a balança, a criação, a obediência;
sou o arrependimento, sou a humildade;
sou o autor da paixão e morte de Jesus;
sou a culpa de tudo.
Nada sou.
Miserere mei. Deus, secundum magnam misericordiam tuam!
(Jorge de Lima)

Panorama

Uma forma elástica sacode as asas no espaço
e me infiltra a preguiça, o amor ao sonho.
Num recanto da terra uma mulher loura
enforca-se e vem no jornal.
Uma menina de peito largo e ancas finas
sai do fundo do mar,
sai daquele navio que afundou e vira uma sereia.
A filha mais moça do vizinho
lá está estendida no caixão
na sala de visita com paisagem,
um cheiro enjoado de angélica e meus sentidos pêsames.

Tudo está no seu lugar
minha namorada está sozinha na janela
o sonho está dormindo na cabeça do homem
o homem está andando na cabeça de Deus,
minha mãe está no céu em êxtase,

eu estou no meu corpo.

(Murilo Mendes)

Na verdade, o que se fazia era abrir o leque e rever – totalmente – sem exclusivismos a lição de todos os poetas do Modernismo. Não mais "paideumas", fatalidades estéticas, visões ordenadas sob um único prisma ou parâmetro. Era o vale-tudo. As mãos duplas. O *catch-as-catch-can* com todas as linguagens, as "impurezas do branco", o abrir as janelas para todos os insetos entrarem. A era dos caciques, caudilhos ou simplesmente xerifes literários, com suas ordens-unidas estéticas, está definitivamente encerrada. O momento de agora pede mais consensos, sindicatos (em vez de sindicâncias), e o poder é patrimônio geral, está em todas as mãos e cabeças e não há mais recibos, contas e obrigações a serem pagas e resgatadas ao tesouro da *intelligentzia* de ditadores ou a ditaduras de gabinete de qualquer espécie e formação.

Os vanguardistas mais eminentes e criadores de escola reuniam suas obras completas: em 1969, Affonso Ávila com *Código de Minas e Poesia anterior*; em 1977, Mario Chamie publica *Objeto selvagem*; Decio Pignatari, *Poesia pois é poesia*; e Haroldo de Campos, *Xadrez de estrelas*. Na verdade, apenas um deles, Mario Chamie, tinha publicado, em 1974, um livro novo: *Planoplenário*. Isso indicava, talvez, o encerramento do ciclo da vanguarda como poder, enquanto ortodoxia, já que o pluralismo das tendências de tal maneira tinha se cruzado e se imposto que qualquer sectarismo não mais seria aceito. Já em 1972 a PUC realizava a Expoesia 1, que apresentava em *stands* separados as principais tendências poéticas dos últimos anos. Tudo isso muito bem arrumado, enquanto a "lixeratura" – termo usado por Affonso Romano de Sant'Anna, num dos seus infelizes momentos conceituais – ficava no pátio, no maior carnaval. As "tendências", portanto, no andar de cima, dispostas como num museu. Tudo ainda em ritmo e nível universitários. O *JB*, nesse mesmo ano, por iniciativa do mesmo Affonso, abria, por quatro vezes, uma página ecumênica de poesia.

Em 1973, o MAM realiza a Poemação, onde, se por um lado os *stands* persistiam, o espaço do pátio era de todos, terra-de-ninguém; alguns poetas freqüentavam, com suas obras, os dois ambientes. O que, na PUC, era considerado, um ano antes, "lixeratura" passa a ser incorporado como manifestação, *happening* – o espaço universitário se confunde com o não acadêmico. O grupo da poesia concreta não participou desses eventos. Embora as razões alegadas fossem outras, acredito que, simplesmente, a ausência do concretismo se deu pelo fato de falta de pique e de projetos-impacto; o ciclo de sua produção já tinha se esgotado e seus programas e produtos não apresentavam mais invenção ou novidade. Limitavam-se, agora, a pegar "caronas" culturais em cabriolés do passado e nas naviloucas do futuro. Em vez da explosão, um outro fenômeno, o da implosão, um haraquiri intelectual, complicado, sectário e provinciano: e como auto-epitáfio, o verso final de *Sonoterapia*, de Augusto de Campos: "só o incomunicável comunica". Na verdade, neste verso exemplar, todo o impasse do projeto da poesia de vanguarda, quando encarado de maneira ortodoxa, e da poesia concreta, especificamente, aparece resumido. Que não fique nenhuma dúvida que Decio Pignatari, Augusto e Haroldo de Campos foram poderosos e instigantes interlocutores do debate cultural, e agentes de superlativa atuação no processo de desenvolvimento da poesia brasileira; até mesmo a contribuição dos seus "erros" é muito mais valiosa do que a maioria dos "acertos" que se divulgam e proclamam. Mas o inegável canto de cisne, incompreendido e arrepiado, de "só o incomunicável comunica" por si só vale, numa segunda leitura, para além do paradoxo que encerra, numa confissão irônica mas resignada, em 1974, do fracasso de um velho problema de 1962/63 que não foi solucionado: o da tentativa de inserção no circuito mais amplo, para um maior auditório, da produção "concreta" de seus esforços. O anunciado, naqueles idos, salto-tríplice – "conteudístico-semântico-participante" – não teve o impulso e o alcance necessários.

Aquelas três iniciativas, que reagrupam a poesia brasileira, ajudaram a deslanchar o seu curso: Lélia Coelho Frota, Olga Savary, Carlos Nejar, Cláudio Willer, Fernando Py, Ivan Junqueira, Octavio Mora, Gastão de Hollanda, Florisvaldo Matos, Maria Amélia Melo, Fernando

Mendes Vianna, Elizabeth Veiga, Leonardo Froes, Carlos Rodrigues Brandão, Yone Gianetti Fonseca, Marly de Oliveira, Paulo Mendes Campos, Affonso Romano de Sant'Anna, Ricardo Ramos, Maria Lucia Alvim, Armando Freitas Filho, Nauro Machado, Pedro Paulo de Sena Madureira, Mauro Gama, Moacir Félix, Carlos Henrique Escobar, Adão Ventura, Libério Neves, Walmir Ayala, Armindo Trevisan, Gilberto Mendonça Telles, Mário de Oliveira, Pedro Garcia, Leila Miccolis, Jorge Wanderley, Sebastião Uchoa Leite, Ivo Torres, Hayle Gadelha, Telmo Padilha, Cleber Teixeira, Ronaldo Periassu, Luiz de Miranda, Astrid Cabral, Affonso Félix de Sousa, Gramiro de Matos, Ana Maria Miranda, Adaíton Medeiros, Alberto da Costa e Silva etc. É claro que a listagem é incompleta. Se houve omissões, umas são conscientes, outras, não. Também é claro que muitos desses poetas tinham a sua obra em curso, principalmente aqueles que, vindos da vanguarda ou da tradição poética estabelecida, conseguiam virtualizar suas propostas e seus projetos. É sempre interessante notar que os primeiros produziam quantitativamente menos, enquanto os outros, muito mais. Talvez isso seja devido ao fato de que os poetas mais ligados à tradição do verso trabalhem sua poesia dentro das formas, como "mestres" (segundo definição de Pound), alcançadas pelos inventores. Que fique claro que a vanguarda, como é entendida por quem escreve esse apanhado, não é obrigatoriamente de ruptura. Inventores maiores para a poesia brasileira de hoje, como já ficou visto, ainda são os poetas do Modernismo, pois ainda não temos, nós, os contemporâneos, o distanciamento histórico para criarmos nossos epígonos.

Assim como nas Vanguardas há os que apenas repetem a lição *ipsis litteris* dos instauradores, trabalhando portanto dentro de uma forma, de um pré-moldado estético, também na poesia mais ligada à tradição existem os que não conseguem virtualizar, criar sua voz própria, e apenas passam a limpo sem maiores riscos as descobertas anteriores. Seria como ser, em ambos os casos, um reflexo das estrelas, uma realimentação desnecessária e entrópica do sistema, uma vocação apenas nostálgica. Uma literatura assim não traz data, não depende e não apresenta compromisso com a história contemporânea, não se relaciona com os debates do momento e não discute a relação – sempre necessária – da poesia com as questões político-culturais. Relaciona-se, quase sempre, com a memória, com o universo atemporal; suas estruturas são consagradas, sem surpresas e sem suspenses; as dicções são nobres, já foram conquistadas. A linguagem de que essa poesia psicografada faz uso não contém as palavras faladas por seus contemporâneos; pertencem mais às *personae* do que às pessoas.

A alta poesia de Lélia Coelho Frota e de Mauro Gama são significativos exemplos de virtualização e desenvolvimento. Neles temos, em plenitude, o autor que cria, e não, apenas, o ator que interpreta:

Ad Usum

O meu ofício é de palavras
que só estremecem ao rumor
do amor.

O meu ofício é de missão
secreta, sob a capa do ar:
lembrar.

O meu ofício desconhece
qualquer das formas de folgar:
sonhar?

No meu ofício é que se aprende
por dentro – terra e ultramar –
a olhar.

Sua alegria é de um minuto
e nada a pode compensar:
cantar.

Entre um minuto e outro perpassam
nuvens de tamanho esperar:
durar.

O meu ofício é de saber
morrer, de nas pedras gravar:
passar.

(Lélia Coelho Frota)

Edifício

cristais: mero mirante: mar
num último andar patamar
tonto manto de tinta e
areia   suor   cimento
cascalho vigas e braços
se armam se argamassam
em etapas: telas do bairro

birra de homem   barra
de fome janelas – fêmea
areia   suor   cimento
cascalho vigas e braços
se armam   se argamassam
em camadas: praça de cera
se abre no barro berro
que se perdera da massa
areia   suor   cimento
cascalho vigas e braços
se armam   se argamassam
em andares: casa ao lado:
crimes ímpares brado
que pare corpo de cromo
areia   suor   cimento
cascalho vigas e braços
se armam   se argamassam
em alicerces: se cravam
estacas – toques – se lixam
na terra – taques – se fixam

(Mauro Gama)

DA PINDAÍBA À CIVILIZAÇÃO BRASILEIRA

Mas voltemos à Arca de Noé, ou melhor dizendo à Navilouca. Parece que um dos últimos a entrar para essa viagem foi Chacal. E foi sem dúvida o primeiro a sair. *O preço da passagem* é de 1972 e o seu título aqui é empregado no seu sentido simbólico e não por sua razão real: custear uma viagem para Londres. Nos parece evidente que a linha média Torquato, Waly e Chacal prepara o aparecimento do que mais tarde se convencionou chamar de *poesia marginal*. Este último, aliás, declarou numa entrevista concedida a Márcio Almeida, e que aparece publicada no suplemento literário do *Minas Gerais* de 1º de setembro de 1979, o seguinte: "A gente tem o lance de 22, de 45, da vanguarda dos concretos. Eu fiz Poesia Concreta, faço e farei. Agora, a posição dos concretos é que eu discuto profundamente." A afirmação é verdadeira: no encarte que vinha solto do corpo da *Navilouca*, como se fosse um passageiro clandestino, aparece o seguinte texto de Chacal:

ludo iludo ludo
iludo ludo iludo
ludo iludo ludo
iludo ludo iludo
ludo iludo ludo
iludo ludo iludo
ludo iludo ludo

que, sendo iniludivelmente um poema concreto, pode servir como *ars poética*, tanto no que se refere ao texto, mas também, e talvez principalmente, ao comportamento, do que já começava a aparecer na poesia brasileira. Toda uma geração de poetas muito moços começava a criar uma rede Peg-Pag para a poesia. O que Affonso Romano chamava pejorativamente, como foi lembrado, de "lixeratura" era, na verdade, a criação de um circuito alternativo, fora da ditadura das editoras, e que se impunha ao ar livre, como já vinha ocorrendo com a chamada *imprensa nanica*. Acho que já é hora de dizer, de público, que todos nós da geração anterior devemos pelo menos uma coisa a esses "marginais": eles nos devolveram o orgulho de sermos apenas poetas, de irmos, sem vergonha, para as ruas apregoando essa condição e vendendo nossa produção. O outro eixo de influência já apontado (*Jorge/Murilo*), não tão ocorrente, quantitativamente falando, como o primeiro (*Oswald "Aranha" Bandeira*), tinha seus melhores representantes em Afonso Henriques Neto e Roberto Piva. O primeiro, aliás, co-autor juntamente com Eudoro Augusto de um curioso livro, até hoje não suficientemente observado, publicado em 1972, *O misterioso ladrão de Tenerife*, no qual ambas as influências apareciam muito bem delineadas. Em Affonso e em Piva a ambientação surreal, a enumeração "mágica" do caos prestam tributo, com independência, à "poesia em pânico", na beira do abismo, de Jorge Murilo Mendes de Lima:

Assim

Vomitaram trinta estrelas nesse charco
de líquidos corpos empoçados.
Nas tocas iluminadas os que se iniciam na morte
fantasmas de si mesmos
fecundam ritmos e bússolas e fracassos.
Há desgosto e música na atmosfera branca
negra.

Vomitaram trinta estrelas talvez mais
mas o buraco se fecha.
Em silêncio algumas flores resistem
nas verdes gramas do sol.

(Afonso Henriques Neto)

Poema de ninar para mim e Bruegel

"Ninguém ampara o cavaleiro do mundo delirante"
(Murilo Mendes)

Eu te ouço rugir para os documentos e as multidões
denunciando tua agonia as enfermeiras desarticuladas
A noite vibrava o rosto sobrenatural nos telhados manchados
Tua boca engolia o azul
Teu equilíbrio se desprendia nas vozes das alucinantes
madrugadas
Nas boites onde comias picles e lias Santo Anselmo
nas desertas ferrovias
nas fotografias inacessíveis
nos topos umedecidos dos edifícios
nas bebedeiras de xerez sobre os túmulos

(Roberto Piva)

Travessa Bertalha, primeiro conjunto de poemas de Charles, poderosa vocação poética, é, ao que eu saiba, anterior ao *Preço da passagem*. Com este poeta, cujo estilo lembra um *bang-bang*, começamos a ver o cotidiano do Rio, a velocidade de sua violência:

Colapso concreto
vivo agora uma agonia:
quando ando nas calçadas de copacabana
penso sempre que vai cair um troço na minha cabeça

Ou:

o operário não tem nada com a minha dor
bebemos a mesma cachaça por uma questão de gosto
ri do meu cabelo
minha cara estúpida de vagabundo
dopado de manhã no meio do trânsito
torrando o dinheirinho miudinho a tomar cachaça
pelo que aconteceu
pelo que não aconteceu
por uma agulha gelada furando o peito
(Charles Peixoto)

Neste último também podemos ver que o *Poema tirado de uma notícia de jornal*, de Manuel Bandeira, citado anteriormente, ganhava a sua mais perfeita virtualização: o que Bandeira compunha na página de um livro Charles como que rasgava da folha de um jornal.

Em 1973 sai postumamente o livro *Os últimos dias de Paupéria*, obra infelizmente completa de Torquato Neto, organizada por Waly Sailormoon. Sua publicação ajuda a acelerar o processo que tento descrever. No ano seguinte a Coleção Frenesi reúne um conjunto de poetas vindos de variadas tendências.

Francisco Alvim, autor, em 1968, de *Sol dos cegos*, que tem ecos da geração de 45, rasga a fantasia *Na salinha* e proclama em *Passatempo*:

Nós temos um problema de feed-back
Nossa entropia cada vez aumenta mais
Você pergunta a um cara daqui
o que é entropia
o que é feed-back
e ele te responde: é a mãe

Antônio Carlos de Brito, que em 1967 lançava *A palavra cerzida*, onde, na nota introdutória, José Guilherme Merquior assinalava que "a poesia de A.C. de Brito é, declaradamente, tributária da rica tradição poética do Modernismo", realiza o seu salto.

Não quero os sóis que praticam
as mil fotos do objeto, a noite sempre
nascendo da noite em revelação.
Preciso
da palavra que me vista não
    da memória do susto
mas da véspera do trapezista.

E entra em cena com *Grupo escolar*, livro em que o título parece ser uma homenagem ao *Primeiro caderno do aluno de poesia O. de Andrade*, presente no *Grupo*, em todas as salas, acompanhado por Manuel Bandeira, sendo que curiosamente o primeiro não aparece arrolado na nota de Merquior, como influências visíveis no livro anterior de Cacaso: lá os nomes são os de Drummond, Cecília, Murilo Mendes, Schmidt e João Cabral. Roberto Schwarz, crítico de grande competência (*A sereia e o desconfiado*) com *Corações veteranos*, e Geraldo Carneiro, com *Na busca do Sete-Estrelo*, engrossam a tendência *Oswald "Aranha" Bandeira*. Já *Motor*, de João Carlos Pádua & Bita, mantendo predominantemente as mesmas características estilísticas, apresenta, contudo, um certo tributo às vanguardas e aos "marginais", não só pela programação visual (é o único que não constitui um volume; é apresentado dentro de um envelope), como *O preço da passagem* (de Chacal), como também por esse texto, um poema "neoconcreto".

O PÁSSARO

O
PÁSSARO
PASSA/LI/GEIRO
ALTO PLENO
PASS **AR** INHO
PLENO ALVO

(João Carlos Pádua & Bita)

A Coleção Frenesi, portanto, cristaliza a mudança de eixo antes apontada (Drummond/Cabral) para Oswald/Manuel; e pelo seu apuro gráfico apresenta, revela e desperta para um maior número de pessoas a produção ainda muito esparsa e não sistematizada dos "poetas marginais". Isso se dá, também, pela razão de que os cinco autores que compõem *Frenesi* possuem uma bagagem já reconhecida pela crítica de melhor nível. Não querem ser, mas são, para os bem-pensantes, a legitimação cultural de Charles, Chacal e Cia.

Em 1975, a Coleção *Vida de Artista* realiza a primeira mixagem: *Beijo na boca*, de Antônio Carlos de Brito, onde a presença de Bandeira é fortemente notada no posfácio de Clara Andrade Alvim; *América*, de Chacal; *Segunda classe* (o título relembra, mais uma vez, Oswald), de Luís Olavo Fontes e Antônio Carlos de Brito; e *Aqueles papéis*, de Carlos Saldanha. É o ano também do aparecimento dos primeiros títulos da hoje tão conhecida coleção, "marginal, com muita honra", *Nuvem Cigana: Creme de lua*, de Charles, e *Vau e Talvegue*, de Ronaldo Santos.

Mas foi em 1976, com a antologia *26 poetas hoje*, de Heloisa Buarque de Hollanda, que toda essa produção, emergentes uns e ainda submersos outros, veio à tona, e ganhou uma definida, necessária e merecida divulgação. O livro foi editado pela Labor, já que nenhuma editora brasileira teve peito e sabedoria para bancar este *best-seller*. Na introdução, de novembro de 1975, Heloisa fixa com clareza e pioneirismo os novos rumos da poesia brasileira. Mas não fecha questões, já que lida com a contemporaneidade: "A seleção realizada não registra apenas uma tendência de renovação na poesia de hoje mas, também, procura sugerir alguns confrontos entre as várias saídas que ela adotou." No mesmo ano, numa coletânea resumida da primeira, de apenas dez poetas, publicada na revista *Tempo Brasileiro* (nº 42/43), sob o título de *Antologia da poesia brasileira hoje*, novamente Helô ressalta o caráter de abertura: "Os poetas aqui apresentados não oferecem, ainda, sequer um painel da poesia atual, mas, certamente, abrem um leque de caminhos e tendências de um momento cultural que merece ser observado e analisado mais de perto."

As *Artimanhas* (a primeira durou três dias, 1976), o lançamento dos *Almanaques Biotônico Vitalidade* (o primeiro, em 1976; o outro, em 1977) foram realizados com todo o *Charme da Simpatia* (o cartaz data de 77), no MAM, antes do incêndio, no Parque Lage, hoje, infelizmente, desaquecido, e na Livraria Muro – que (como a falecida Folhetim), ao contrário das outras, é ponto de venda de toda essa produção alternativa – locais esses que vieram a ser, nesta década, pontos de encontro dos "deserdados". Enquanto os eventos anteriormente citados nos anos 72/73 – a Expoesia 1 e a Poemação – serviram para reunir, sem cronologias, a poesia até então dispersa, e foram a base para essas posteriores badalações; o que se via então, como é natural, era o acampamento de uma nova geração, formada não tanto por critérios etários, mas sim por padrões de comportamento. Assim como os "marginais" tiveram seus veículos nos *Almanaques*, a revista *Anima* (cujos dois números saíram em 1976 e 77), uma espécie de *Navilouca* passada a limpo, em águas mais calmas e conhecidas, dirigida por Abel Silva e Capinam, representou, anos mais tarde, o veículo que recolheu o prolongamento da produção tropicalista. Também a poesia que pagava um maior tributo à tradição teve em *José* (que alcançou nove números de 1976 a 77), dirigida por Gastão de Hollanda, assim como também com *Alguma poesia*, dirigida por Luiz Carlos Lima, nos seus dois números de 1978 e 79, lugar e espaço para a sua divulgação.

A revista *Escrita*, dirigida por Wladyr Nader, em São Paulo (de todas as citadas a que alcançou vida mais longa e permanente, com vinte e nove números de 1975 a 79), vem mantendo seu fluxo de existência. É publicação aberta, bem ou mal, a todas as tendências e caracteriza o pluralismo atual da poesia brasileira.

E já que estamos falando dessas revistas não custa dizer que o Brasil de hoje só tem, ao que eu saiba, cinco (!) suplementos literários. O "espaço cultural" nos meios de comunicação de massa é – e isto é regra geral – poluído por interesses exclusivamente de mercado. Uma pornochanchada qualquer merece críticas desfavoráveis, é certo, mas em três laudas! Falem mal, mas falem de mim, parece ser o caso. Um bom livro de poemas é comentado em sessenta linhas, se tanto, e olhe lá. Mas nós, poetas, não estamos nem um pouco agradecidos com essa colher de chá, como parecem acreditar os editores dessas publicações.

Os "grandes" jornais como, por exemplo, *O Globo* e o *Jornal do Brasil* mantêm duas páginas semanais, mas apenas para resenhas de livros. Os *best-sellers* estrangeiros, bons ou ruins, abundam, para dizer o mínimo, nesses privilegiados e disputadíssimos espaços.

O suplemento do *Minas Gerais*, órgão oficial, sustenta-se, sabe Deus como, e divulga, apesar de tudo, poetas e poesia.

Aqui no Rio, o suplemento da *Tribuna da Imprensa*, primeiramente dirigido por Lúcia Miners e, agora, por Maria Amélia Melo, é um exemplo heróico nesse panorama que merece ser ressaltado com toda a ênfase, pois mesmo tendo, por quase toda a década, sua redação ocupada pelos meganhas da censura, manteve, com independência, a flama da poesia acesa, num esforço de reportagem, em meio a esses sinistros bombeiros, e alcança, em 79, sete anos de vida e de resistência sem concessões.

Enquanto isso, a *Nuvem Cigana* publica mais dois títulos: *Perpétuo socorro*, de Charles, e *Hotel de Deus*, de Guilherme Mandaro. As publicações e coleções se sucedem, as edições Folha de Rosto publicam uma antologia composta pelos poetas César Cardoso, Marcos Vinício, Claudius H. Portugal, Adauto, Maira, Durval de Barros, Fernando, R. Arnt, que demonstra as novas tendências influindo no meio dos cursos de letras universitários, geralmente tão reacionários. A revista *Gandaia*, que já começa a acertar pelo nome, é veículo de grande importância e deve ser mantido a todo pano e a todo risco, pois é a válvula de escape contra o *sufoco* dos currículos acadêmicos, cada vez mais imbecilizados, já que preferem, em vez de "estudar" a literatura através dos seus produtos, fazê-lo apoiados em sofisticadas e importadas muletas teóricas, que não se adaptam ao nosso clima e ao nosso chão, e via de regra robotizam a leitura e aleijam a escrita. A revista *Pólem*, no seu único número, que estava pronto muito antes, só veio a conhecer a luz do sol em 1974; quatro anos mais tarde, ela como que tem sua continuidade nos dois números da revista *Através*

(1978). Ambas publicações são os encaminhamentos das soluções que a vanguarda, representada pela poesia concreta, conseguiu realizar; inclusive os concretos, muito adequadamente nesses tempos de feminismo declarado, ressurgem agora agarrados às saias de Pagu (Patrícia Galvão), um verdadeiro e fascinante travesti de Oswald. A poesia feminina se liberta de Cecília Meireles e Henriqueta Lisboa, que – segundo as más-línguas e os conceitos vigentes pré-feministas – escreviam "tão bem quanto qualquer homem", e ganha nova dicção: com Adélia Prado, em *Bagagem* e *Coração disparado*, Angela Melim, com *Das tripas coração*, e Ana Cristina Cesar, em *Cenas de abril*, o primeiro de 1976, os outros dois de 1978 e o último, de 79, e com Isabel Câmara, desencadeadora desse novo "estilo":

Ninguém me ama
Ninguém me quer
Ninguém me chama
De Baudelaire.

(Isabel Câmara)

Solar

Minha mãe cozinhava exatamente:
arroz, feijão roxinho, molho de batatinhas.
Mas cantava.

(Adélia Prado)

lh
de mulher
molhado
fundo
difícil
ulh: musgo,
        dentro,
coisa muito funda,
        muito.

(Angela Melim)

"Nestas circunstâncias o beija-flor vem sempre aos milhares"

Este é o quarto Augusto. Avisou que vinha. Lavei os sovacos e os pezinhos. Preparei o chá. Caso ele me cheirasse... Ai que enjôo me dá o açúcar do desejo.

(Ana Cristina Cesar)

Em 1978, Sérgio "Azul" Santeiro publica *Saudades de Copacabana*, um verdadeiro cinepoema – político e violento como um filmepoema de Godard – de longa-metragem, escrito e filmado, com a caneta na mão e uma câmara na cabeça, em menos de um mês. E se a Civilização Brasileira publica a *Poesia viva 2, video-tape*, dez anos mais tarde, de um filme que já foi visto, incorporando ao seu elenco um dos fundadores das edições Pindaíba – Aristides Klafke –, a geração Peg-Pag responde com seus *best-sellers* nos *drive-ins* da vida: Flávio Nascimento com o seu cine-poeira-portátil, numa caixa mágica de imagens, onde os textos são dramatizados através de ilustrações e sonoplastia com inteireza lírica e comunicação instantânea; Nicolas Behr e Tavinho Paes, cujo último livro, *Cat xupe*, todo escrito no verso de panfletos, volantes, comunicações, junta, com a urgência necessária, num mesmo gesto, o cotidiano político da "abertura", o devaneio e o patos lírico-patafísico da burguesia. A poesia brasileira que no Modernismo apelou para a Kodak para descobrir os instantâneos da vida hoje realiza o poema-polaróide, de revelação instantânea, e "elabora" um estilo e uma estética do inacabado, do "surpreendido" pelo acaso da interferência do poeta. Mas isso não tem nada a ver com o que se convencionou chamar ultimamente de "estética do fragmento", conceito, diria, construtivista, cerebrino e "fechado", enquanto o fenômeno que descrevo, a meu ver, é de outra espécie: sua raiz começa no sexto sentido que é o instinto ou no seu instante aberto e casual. Essa tendência, tão marcada atualmente, sempre esteve nas mãos dos nossos poetas modernos. Os exemplos que se seguem, de autores de diferentes épocas e formações, são a sua melhor comprovação:

Pensão familiar

Jardim da pensãozinha burguesa.
Gatos espapaçados ao sol.
A tiririca sitia os canteiros chatos.
O sol acaba de crestar os gosmilhos que murcharam.
Os girassóis
                    amarelo!
                                        resistem.
E as dálias, rechonchudas, plebéias, dominicais.

Um gatinho faz pipi.
Com gestos de garçom de restaurant-Palace
Encobre cuidadosamente a mijadinha.
Sai vibrando com elegância a patinha direita:
– É a única criatura fina na pensãozinha burguesa.
(Manuel Bandeira)

Ao rés-do-chão

Sobre a cômoda em Buenos Aires
o espelho reflete o vidro de água de colônia
Avant la Fête (antes,
muito antes da festa), reflete
o vidro de Supradyn, um tubo
de esparadrapo,
a parede em frente, uma parte do teto.
Não me reflete a mim
deitado fora do ângulo como um objeto que respira.
Os barulhos da rua
não penetram este universo de coisas silenciosas.
Nos quartos vazios
na sala vazia na cozinha
vazia
os objetos (que não se amam),
uns de costas para os outros.
(Ferreira Gullar)

Luz

Em cima da cômoda
uma lata, dois jarros, alguns objetos
entre eles três antigas estampas
Na mesa duas toalhas dobradas
uma verde, outra azul
um lençol também dobrado livros chaveiro

Sob o braço esquerdo
um caderno de capa preta
Em frente uma cama
cuja cabeceira abriu-se numa grande fenda
Na parede alguns quadros

Um relógio, um copo

(Francisco Alvim)

a área interna é um lugar muito frio
onde as roupas secam
o sucesso toca
uma criança chora
a empregada
um passarinho uma gaiola um cachorro
o sol fica lá no alto

(Guilherme Mandaro)

O sol, sem dúvida, ficava lá no alto e sua luz iluminava apenas os quartos da solidão e do exílio em Buenos Aires, Brasília e Rio. Os girassóis resistiam. Mas todos já sabíamos, embora se apregoasse o contrário em alto e bom som, nos rádios e nas TVs, que o Brasil *não* era feito por nós.

ENVOI, AVIÃO – TORPEDO

Em 1968, Caetano cantava no Tuca de São Paulo *É proibido proibir*. Mais importante do que a própria música foi o "discurso" com que o cantor, em cena aberta, se defendeu da vaia com que o público "politizado" recebeu a canção. Tão importante que esta fala ficou sendo parte integrante da mesma:

> *Nós não entramos no festival desconhecendo tudo isto. Nunca ninguém nos viu falar assim. (...) Tivemos coragem de entrar em todas as estruturas. (...) Se vocês, em política, forem como são em estética, estamos feitos! (...) O problema é o seguinte: estão querendo policiar a música brasileira.*

Este foi talvez o primeiro pronunciamento contra as hoje tão conhecidas e comentadas "patrulhas ideológicas". Mas, acredito, é *proibido proibir* também esse patrulhamento. Quem sofrer seu assédio que se defenda, no ato, como Caetano, berrando mais alto e se fazendo ouvir no meio das sirenes. Pois a cultura jamais foi pura, e sim, historicamente falando, puta. E das boas, das que se prestam a todas as manipulações e abordagens. Não deixa de ser engraçado que Carlos Diegues, que vive graças ao bom Deus e ao financiamento pontual da Embrafilme, é que tenha cunhado essa expressão – patrulha ideológica. Logo ele, que mantém um fluxo de produção dos mais regulares, e cá entre nós até excessivo, no panorama cultural brasileiro. Talvez por isso mesmo, por estar de fora, conseguiu, num pronunciamento que tem muito de operístico, denunciar um "patrulhamento" que ele na verdade não sofre.

> *Eu já enfrentei a polícia em diferentes situações; tenho sete filmes que foram todos censurados; e, sinceramente, quando eu ouço essas pessoas falarem, parece que estou vendo os policiais que encontrei na Censura, em outras circunstâncias. Eu não vou dar satisfações ideológicas para a polícia. Não dei para os fardados: vou dar para os paisanos?* (*Estadão*, 31 de agosto de 1978).

Embora a censura possa ter existido, o fato é que Cacá não ficou com nenhum filme na cabeça e com nenhuma idéia na mão, como é o caso de por exemplo Rogério Sganzerla, e, para voltarmos ao âmbito do literário, Tavinho Paes, entre tantos outros, que poderiam falar melhor, com mais conhecimento de causa e com mais competência, dessas questões. Mas eles não estão nem aí. Não têm tempo a perder para denúncias. Têm mais é que se virar, e como se viram, para, subindo na contramão, driblar as errepês e os camburões. São, salvo sejam, os pivetes do espírito e sem nenhum heroísmo fátuo ou declamatório, transformam, a cada passo e carreira, a aventura da arte em arte da aventura. Por todas essas razões é que não devemos alimentar vocações puristas e nostálgicas. As patrulhas passam, as caravanas também e os cachorros, idem. Repetir procedimentos culturais não dá pé. Prefiro a *Ebulição da escrivatura* (1978) à *Poesia viva 2* (1978), pois aquele livro, com todas as suas deficiências e ingenuidades, sacode a poeira e, se não dá a volta por cima, rasga de qualquer maneira uma janela tosca no edifício editorial.

Preferiria que a *Revista da Civilização*, em sua nova fase, se chamasse, em vez de *Encontros, Desencontros da Civilização Brasileira*. Como preferiria também que o *Violão de rua 4*, que vem por aí, incorporasse no seu canto por exemplo de maneira ampla, geral e irrestrita os melhores exemplos da poesia "política" da década, isto é, a poesia de Mario Chamie em *Planoplenário* (1974), que consegue, como se vê, magistralmente, levantar o discurso tecnocrático do poder:

O tribunal

antes do
veredito. a veracidade do dito. o bico do urubu, a gola desta
toga.
o adro. o pórtico das colunas, a pena de pavão no capacete
desta águia.
o patamar, o topo desta escada, o posto desta guarda em vossa
honra.
as rótulas, esta entrada, o corredor do centro, o lustre desta
luz. a vossa sombra.
as alas. o teto de teu anfiteatro, as aras. o altar de vosso
magistrado.
o estrado, os autos sobre a mesa. a defesa, o libelo no corpo
deste jurado.
o cenáculo, o pêndulo da balança, a venda nestes olhos, o altar
de vossa deusa.
a espada, o escudo, os brasões deste varão, o bronze deste
busto, vossa cabeça.
a baioneta, o veludo, o carmim, o clamor, o tambor, o clarim
de teu juízo.
...
o benigno, o temor, o tumor, o siso do meritíssimo nas tramas
deste cipó. nosso nó.
o teu amparo, a vossa cautela, o rosto do censor na janela
deste espelho.
o teu reflexo na vítima, o sósia de vosso povo sob a aura sob
o freio deste conselho.

Ou do sempre indispensável Gullar no *Poema sujo* (1976), onde, a pretexto de rememorar sua infância e a cidade de São Luís, sua poesia consegue impecavelmente nos trazer o retrato falado de todo um Brasil provincial, carente e expectante:

viver, mesmo
no salão de bilhar, mesmo
no botequim do Castro, na pensão
da Maroca nas noites de sábado, era pouco
                    banhar-se e descer a pé
para a cidade de tarde
(sob o rumor das árvores)

                                        ali
                                        no norte do Brasil
                                        vestidos de brim.

            E por ser pouco
            era muito,
            que pouco muito era o verde
fogo da grama, o musgo do muro, o galo
que vai morrer,
a louça na cristaleira,
      o doce na compoteira, a falta
de afeto, a busca
do amor nas coisas.
                              Não nas pessoas:
nas coisas, na muda carne
das coisas, na cona da flor, no oculto
falar das águas sozinhas:
                              que a vida
passava por sobre nós,
                        de avião.

Também Affonso Ávila, excelente poeta, não devidamente lembrado pela crítica, seria presença obrigatória na poesia de engajamento social e que nem por um minuto deixa cair o tom de sua nobre, nova e incisiva dicção:

façamos a revolução
antes que o povo a faça
antes que o povo à praça
antes que o povo a massa
antes que o povo na raça
antes que o povo: A FARSA

o senso grave da ordem
o censo grávido da ordem
o incenso e o gáudio da ordem
a infensa greve da ordem
a imensa grade DA ORDEM

terra do lume e do pão
terra do lucro e do não
terra do luxo e do não
terra do urso e do não
terra da usura e DO NÃO

mais da lei que dos homens
mais da grei que os come
mais do dê que do tome
mais do rei que do nome
mais da rês que DA FOME

libertas quae será tamen
liberto é o ser que come
livre terra do sertanejo
livro aberto será a trama
LIBERTO QUE SERÁ O HOMEM

Ou ainda na produção de poetas que apareceram posteriormente surge uma outra linha de "participação" e "engajamento", que nos parece ter a mesma eficácia, contundência e originalidade: ela atua em dois níveis – no livro e na canção. Assim, na corda bamba, entre a página e o palco, caem também no samba, como Vinícius, e mais para trás, bissextamente, o onipresente Bandeira, Torquato, Waly, Capinam, Geraldo Carneiro, Tite de Lemos, Cacaso, Xico Chaves e Abel Silva, que dão seu recado com o microfone numa das mãos e a caneta noutra. Bom exemplo disso pode ser o de Capinam, que, em meados de 60, publica *Inquisitorial*, alcançando uma espécie de lirismo desatinado e perturbador:

Quando um soldado capenga
surgir em cena,
não compreenda, e, se compreender,
não ria – porque não estamos
ante um soldado nem ante o III Reich.

Quando um tanque se precipitar
da ponte,
não cante, e, se cantar,
não dance – porque não estamos
ante a firmeza do tanque e a verdadeira ponte.

E quando um gueto se sublevar
e for morto heroicamente,
não comente, e, se comentar,
não glorifique – porque não houve heróis,
só houve homens no III Reich.

Na canção, o mesmo se dá, num outro tom, metafórico, alegórico e alusivo, onde o subtexto captável vale tanto quanto o texto aparente (técnica, aliás, naqueles tempos de sufoco, amplamente usada em todas as áreas – da linguagem jornalística, que a imprensa nanica aperfeiçoou, ao poema), temos *Gotham City*, letra de Capinam, que a música e o canto aberto e destemido de Jards Macalé acompanham:

Gotham City (uma homenagem a todos os homens-morcegos) – Aos quinze anos eu nasci em Gotham City / Era um céu alaranjado em Gotham City / Caçavam bruxas no telhado em Gotham City / No dia da independência nacional / Cuidado, há um morcego na porta principal / Cuidado, há um morcego na porta principal / Eu fiz um quarto quase azul em Gotham City / Sobre os muros altos da tradição de Gotham City / No cinto de utilidades as verdades: / Deus ajuda a quem cedo madruga em Gotham City / (estribilho) / No céu de Gotham City há um sinal / Sistema elétrico nervoso contra o mal / Meu amor não dorme / Meu amor não sonha / Não se fala mais de amor em Gotham City / (estribilho) / Só serei livre se sair de Gotham City / Agora vivo o que vivo em Gotham City / Mas vou fugir com meu amor de Gotham City / A saída é a porta principal / (estribilho) / Cuidado, não se fala mais de amor em Gotham City / Cuidado, vou fugir com meu amor de Gotham City / Cuidado, a saída é a porta principal / Cuidado, há um abismo na porta principal.

A boa poesia de Alex Polari, a seu modo, realiza essa interação entre o poético e o político. No seu livro *Inventário de cicatrizes*, de 1978, o testemunho e o documento de todo um período de pauleira, tortura e barra pesada nos aparece inteiro:

Amar em aparelhos

Era uma coisa louca
trepar naquele quarto
com a cama suspensa
por quatro latas
com o fino lençol
todo ele impresso
pelo valor de teu corpo
e a tinta do mimeógrafo.

Era uma loucura
se despedir da coberta
ainda escuro
fazer o café
e a descoberta
de te amar
apesar dos pernilongos
e a consciência
de que a mentira
tem pernas curtas.

Não era fácil
fazer o amor
entre tantas metralhadoras
panfletos, bombas
apreensões fatais
e os cinzeiros abarrotados
eternamente com o teu Continental,
preferência nacional.

Era tão irracional
gemer de prazer
nas vésperas de nossos crimes
contra a segurança nacional
era duro rimar orgasmo
com guerrilha
e esperar um tiro
na próxima esquina.

Era difícil
jurar amor eterno
estando com a cabeça
a prêmio
pois a vida podia terminar
antes do amor.

Convém contudo lembrar, para que não nos apareça uma enxurrada diluidora, cheia, é claro, de boas intenções infernais, como em 1968 com *Poesia viva 1*, tipo "por que eu *não* me ufano do meu país", que quanto mais a poesia de hoje fizer uma convocação urgente das falas do presente, mais ela conseguirá uma real inserção e atuação na realidade atual. Não se conseguirá nada se elegermos temas tipo "povo, praça e condor", que já tiveram sua vez, e programarmos grandiloqüentemente "poemas de esquerda", "poesia de protesto", ou coisa que o valha, como antigamente se falava. Toda essa transa deve se dar no nível da linguagem, e seus problemas, isto é, em vez de impressões, *expressões*, fora do vale de lágrimas e das lamúrias, e somente através dela, a linguagem, repito, entendida e apreendida no coloquial do seu dia-a-dia, conseguiremos trazer o *documento* que transcende a mera circunstancialidade e se transforma em *testemunho* atuante e aberto a todos os ventos, como a meu ver é a boa e direita lição daqueles poetas que citei entre outros, linhas acima, como exemplos exemplares. Para o pessoal que chega e que desembarca das naviloucas e dos aviões de carreira, depois da longa, trevosa e tumultuada travessia, apenas um pedido: que a nuvem cigana, que tão bem enxergaram do alto da gávea e da cabine, não se transforme em nuvem de marfim: fiquem com a cabeça no ar, mas ponham pelo menos um dos pés no chão nosso de cada dia, o que equivale dizer: voem, mas não sejam avoados, e que, de resto, os gaviões e as ciganas se multipliquem e se locupletem para o bem de todos e felicidade geral da nação. Pois a poesia deve ser encarada como um fenômeno coletivo; está nas ruas, nos muros, não mais como a pátina dos tempos, mas no *spray* que conjuga gesto e palavra em suas páginas de pedra e cal, em constante e acelerado processo de acumulação, aviso e reparo.

Assim, sem profetizar, mas torcendo nas gerais e na arquibancada, é que entendo o que está por vir: as *Marcas do Zorro*, feito, à mão livre, e publicado, em 1979, por Tite de Lemos, traz, neste final de década, na sua capa, a última letra do alfabeto, e uma gota de sangue do próprio poeta. "Há uma gota de sangue em cada poema" de hoje (pelo menos em alguns), e se o Z é também o de zênite, onde estamos esperando o filme que ainda não vimos, ele está, como marca e cicatriz, em toda parte e nos mostra que o

> exercício para letras gothicas
> dona Irene foi quem me aplicou
> quando ponho um pé na catedral sinto que um oceano me
> assassina
> o que isso tem a ver com o futuro? entrementes
> uns índios guaranys incendeiam ervas sagradas ali logo na
> esquina.

E entendo finalmente com esse poema de Tite que, graças a Deus e ao diabo, nesse tempo de abertura que pode arrebentar e prender, o outrora sagrado, estético, secreto coração da literatura já não existe mais – ele está

> ... bordado,
> em pleno vôo,
> na camisa do peito.

Agradecimento e dedicação: a Maria Helena Torres e a Tite de Lemos, colaboradores inestimáveis e amigos do coração, ofereço este trabalho.

Declaração: a prestimosidade e competência de Lúcia Mousinho e Sueli Nunes Neiva no levantamento de títulos, autores, cronologia e conseqüente mapeamento dos roteiros da produção poética de 70 facilitaram sobremaneira o autor em sua tarefa.

teatro

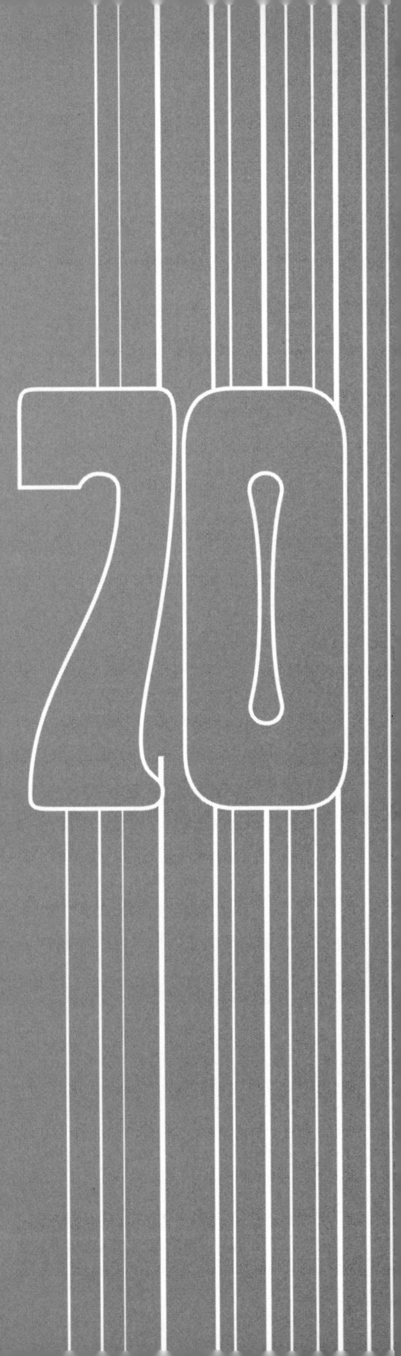

Há mais de uma década não relia o texto Anos 70: momentos decisivos da arrancada, *escrito por mim, precisamente, há um quarto de século. Com a republicação de agora pela Aeroplano Editora, tive de voltar a esse artigo, ponderando a respeito de sua valia para os leitores de hoje.*

Não desgostei de seu eixo, diretriz e estilo. O sabor da releitura tão somente me confirmou a costumeira satisfação que sempre sinto com quem fui e sou.

Desagrados ocasionais nunca me incompatibilizam comigo. E o texto reencontrado trouxe lembranças firmes, também prazerosas.

Vivi minha juventude por ocasião do pior e mais perverso período da história republicana de nosso país, os anos da ditadura militar. Situação que me incomodou bastante a vida.

A postura do referido artigo reeditado neste livro assegura que soube viver esse tempo áspero conforme a melhor maneira que permitiram os limites de minha modesta existência.

É evidente que o texto tornou-se uma obra de época, pequena peça da história peculiar do pensamento crítico, no interior da história do teatro no Brasil. De lá expressa sua voz.

Consta que o mundo mudou muito deste então, ainda que a vasta história da humanidade seja a mesma história do homem lobo do homem.

O mundo mudou... quer dizer... mudou e não mudou... ora para pior, ora para melhor.

Temos à nossa disposição a mais sofisticada tecnologia em todas as áreas do conhecimento e bilhões de pessoas vivendo em miséria absoluta, excluídas até da mínima vida digna no planeta.

Demoliram o muro de Berlim, que, por sinal, jamais devia ter sido construído. Acabou a União Soviética, que, vale dizer, não era lá tão unida, muito menos soviética.

Outros muros visíveis são levantados (feito o de Ariel Sharon, em torno da Palestina). Muros invisíveis permanecem (que nem os muros que os Estados Unidos da América do Norte impõem em torno de Cuba, Iraque, Irã, Síria, Coréia do Norte etc.).

Verdade é que nesses 25 anos poucas pontes sólidas foram construídas na Terra. Muros são mais freqüentes.

Deveras acabou a ditadura militar no Brasil e temos um líder sindicalista de origem operária, migrante nordestino, na Presidência do país. Contudo, se nos indignávamos protestando contra o horror da tortura durante a ditadura militar brasileira, hoje nos horrorizamos e protestamos contra a tortura praticada pelas tropas do país da Estátua da Liberdade nas prisões iraquianas.

Verdade é que o mundo precisa mudar de verdade no rumo de uma outra história para a humanidade.

A favor dessa outra história humana, o texto Anos 70: momentos decisivos da arrancada *permanece desde sua modesta história peculiar.*

Penso que sim.

/ comentário de José Arrabal /

ANOS 70: MOMENTOS DECISIVOS DA ARRANCADA

José Arrabal

Para Yan Michalski
(A história do teatro, no Brasil, sabe por quê)

> *Em determinadas épocas a loucura e a realidade se unem e se tocam. O que é desumano e irracional é aceito com tranqüilidade, o que ameaça por ser novo é controlado imediatamente, o que representa novos valores, novas aspirações é cerceado violentamente, o que eclode como a maior possibilidade do ser humano, a de poder criar livremente, não é permitido. O homem, então, volta-se para o plano individual, não podendo agir... imagina, muitas vezes se embaraça em seus próprios labirintos.*
>
> (José Luiz Ligiero Coelho, para o espetáculo *As loucuras do Dr. Qorpo Santo*, Teatro Mágico, Rio, anos 70)

I

O que me proponho com este texto, em hora de balanço, é dar uns poucos passos no sentido de uma contribuição à remontagem de alguns aspectos de certas propostas determinantes da trajetória do teatro, no Brasil, durante os anos 70. Polemizar questões dessa trajetória passada, tentando assim trazer subsídios a uma melhor articulação política da criação dramática e cênica dos próximos anos, nos termos de uma alteração de seu caráter de classe.

No teatro, a década foi mesmo uma empreitada de definições. O dia-a-dia opressivo muitas vezes entravou o processo cultural, enfumaçando ainda mais suas tensões estruturais, confundindo e até mesmo aplacando muitas das propostas emergentes por uma arte insubmissa à ideologia dominante. Mas neste processo de dificuldades, por outro lado, também desmoronaram alguns mitos da questão teatral, clarificando-se de certo modo alguns interesses em jogo. Por isso uma empreitada de definições.

Um balanço mais imediato dos últimos dez anos nos remete à conclusão de que agora o Estado, com suas características de classe definidas, conforme o modelo que o regime militar implanta, é o mediador hegemônico da produção teatral, com um programa de ação organizado sob perspectivas de considerável operacionalidade, para o que conta com o apoio dos empresários de espetáculos.

Mas ver os anos 70 não será possível se nos desligarmos de toda uma série de polêmicas e propostas culturais que emergiram no bojo das lutas populares da década anterior, meses antes da instauração do Ato-5. E no teatro esse fator de análise é determinante e fundamental para toda uma compreensão mais real do processo. É por esses conturbados dias dos 60 que começam a se demarcar as diversas propostas que irão refletir-se no palco nos anos seguintes, em meio a controvertidos caminhos, avanços e recuos, quase como num jogo de cabras-cegas.

Determinemos então os marcos básicos do início da travessia. Os momentos decisivos da arrancada. De um lado, o delineamento das ambições do regime para com o processo cultural. De outro, algumas idéias por um teatro combativo, insatisfeito com suas condições de existência e expressando toda uma ansiedade por superar os impasses advindos com a debacle de 64. Idéias que se polarizam em três propostas: as de Oduvaldo Vianna Filho, Augusto Boal e José Celso Martinez Correa. As demais propostas emergentes aliam-se de um modo ou de outro a essas três linhagens que se prenunciam. E é delas, como marcos ou momentos decisivos, que se deve enxergar a continuidade da luta pela organização dos artistas, nos 70, consideradas as suas limitações, suas estreitezas teóricas e sobretudo considerada a força das pretensões do projeto cultural do regime, já em andamento.

São três propostas que emergem por volta de 1967/68, se debatendo nas suas transitoriedades e com suas variantes, até nossos dias. Um teatro que pretenda romper com a dominação de classe, criando no seu interior um pólo de consciência revolucionária, há que considerar essas propostas como experiências fundamentais de sua história (ou pré-história) e de suas lutas, para delas aproveitar seus acertos e recusar suas fragilidades frente à violência das ideologias de dominação.

Tratemos uma por uma dessas propostas, a partir da descrição de alguns de seus sentidos, sem querer esgotá-los.

II

Começamos por Oduvaldo Vianna Filho. Seu ideário se concentra fundamentalmente no ensaio *Um Pouco de Pessedismo Não Faz Mal a Ninguém*, texto publicado em caderno especial da revista *Civilização Brasileira*, no mês de julho de 1968. Trata-se de uma proposta herdeira das experiências de organização teatral e compreensão política para a cultura que tiveram seus momentos altos nos primeiros anos dos 60. Para o pensamento de Vianinha converge toda uma "consciência de um destino comum" muito própria de certas ideologias do Instituto Superior de Estudos Brasileiros (Iseb). Sonhos que em última instância servem ao mascaramento das relações de classe, em nossa sociedade, se não a um ideário utópico por uma sociedade de classes sem luta de classes.

Vejamos, porém, o modo como se desenvolve a pretensão política de mobilização do *mundo teatral* na exposição de Vianinha, sob as controvérsias tanto de seu lugar de classe, como de seus compromissos sem dúvida sinceros com o desenvolvimento das artes cênica e dramática, no Brasil. Antes há que se esclarecer que, no processo, esta proposta se perde das mãos de Oduvaldo, cujas reflexões irão até mesmo superá-la. É o que se pode constatar no avanço de seu pensamento teórico e de sua dramaturgia, muitas vezes nos indicando verdadeiras autocríticas do miolo de suas ambições para a direção da luta cultural, em 1968. Outros, porém, hão de retomar essa sua imagem para com ela fundamentar certos modelos de intervenção na vida teatral.

Sem dúvida, Vianinha (cuja morte, em 1974, é um desastre para a história do teatro, no Brasil) foi um artista em progresso da maior importância. A mais significativa personalidade intelectual de seu grupo. Quem mais avançou dentre aqueles que com ele se alinhavam. Seu compromisso com a linguagem dramática é crescente e pouco a pouco vai se radicalizando. E do utilitarismo imediato e direto da arte pela política, transmuta-se – infelizmente sua morte interrompe esse processo em emergência – numa busca por toda uma sobredeterminação do signo dramático frente às ideologias que tentam naturalizá-lo em favor do imaginário burguês.

Não é à toa que *Rasga coração* tende a pulverizar o tempo e o espaço dramáticos, numa direção de negação da concepção aristotélica do drama. Não é em vão que Oduvaldo, de seus contemporâneos com ele afinados, é o único a considerar e reconhecer pouco a pouco cada vez mais – conforme nos indicam suas últimas entrevistas – a validade de certas experiências de vanguarda na busca por uma afirmação não naturalista da escritura cênica. E toda essa direção controvertida e contraditória de seu pensamento em progresso, material riquíssimo de estudo para a história do teatro, no Brasil, hora nenhuma se desliga (malgrado os equívocos de sua concepção política) de uma busca de maior esclarecimento das condições concretas do processo cultural, em nossa sociedade, chegando mesmo a se aproximar de uma perspectiva de classe para a situação da cultura, numa visível ruptura com as lições do Iseb.

É preciso conhecer melhor a complexidade da trajetória de todo o ideário em processo desse homem de teatro, com o que temos, sem dúvida, muito a aprender, a partir de uma leitura materialista de seus momentos mais significativos. Leitura que saiba reconhecer e denunciar a recuperação e a utilização do nome de Oduvaldo, de sua obra e de seu papel por aqueles que conspiram e trabalham em favor da consolidação de um teatro burguês no processo cultural.

Mas vejamos o que, em 1968, tem a propor Oduvaldo Vianna Filho para o desenvolvimento da história do teatro nos anos seguintes. Oduvaldo pretende uma unidade dos que lidam com o teatro no país. Unidade ainda marcada mais por sua formação política do que por sua compreensão do fenômeno artístico e cultural, pois que politicamente sua coloração está no momento bastante definida, enquanto o artista está ainda por se definir: a direção de suas grandes obras é um fenômeno que começa a aflorar por essa época.

Sua proposta de unidade parte da consideração de que há um ponto em comum entre todos aqueles que lidam com a cena: "A insatisfação geral com as condições de nosso teatro". Considera absurda "a noção de luta entre um teatro de esquerda, um teatro esteticista e um teatro comercial, no Brasil de hoje, com o homem de teatro esmagado, quase impotente e revoltado". Para ele só há um combate a se levar adiante e contra "a política cultural do governo". E frisa: "Não somente a deste governo, que só fez pisar no acelerador".

Sua reflexão considera a impossibilidade de *industrialização* do teatro por parte dos *homens de teatro*, unidos numa linha de produção artesanal de bens simbólicos, universo onde não se distinguem as relações de exploração, onde há toda uma situação que reverte o patrão de hoje a empregado de amanhã e vice-versa, compondo-se daí um mundo comunitário distinto do contexto social mais amplo, o que dá a essa *classe teatral* – imagina – uma possibilidade de unidade em pontos comuns contra a ação governamental.

> *O teatro... é uma mercadoria industrializável, sim, submetida, porém, na política cultural do governo a um processo de extinção.*

O resultado de sua análise das aparências é tomado como resultado de uma análise das contradições concretas do real. Ver o governo como um centro só empenhado na extinção do teatro é não entender a direção das ambições estatais com relação ao desenvolvimento da produção de espetáculo. Talvez o governo de então quisesse, por enquanto, desarticular um tanto o teatro existente, contudo para impor seu projeto cultural melhor delineado. O certo é que o teatro existente, conforme as peculiaridades de seu modelo de teatro comercial, na época, carecia de condições para resistir às novas direções do processo de desenvolvimento capitalista que se impunha à sociedade. E uma oposição definida às pretensões governamentais não passava – hoje nos é fácil afirmar, mas uma análise concreta das condições do teatro, na época, também o afirmaria – por uma preservação inglória do *mundo teatral* existente. Passava sim e já por toda uma criação de pólos de organização independente dos trabalhadores do palco, na defesa de seus interesses como artistas. Um trabalho nesse sentido teria auferido de imediato conquistas menores, avançando muito lentamente, mas seria um trabalho embrionário de grande significado.

Para Oduvaldo, porém, "a contradição principal é a do teatro como um todo, contra a política cultural dos governos nos países subdesenvolvidos".

O que será esse *teatro como um todo*? A proposta assume a concepção de um *teatro brasileiro*, de um *teatro nacional* sem contradições internas, redondo e sem arestas, evoluindo e se afirmando aos trancos e barrancos, heroicamente. Teatro brasileiro que é preciso construir – em meio à *insatisfação geral* – com o que se tem, somando-se todas as suas forças contra os governos empenhados em diluir sua função crítica (?) e em destruir a própria existência do mercado de trabalho.

Não se entra no mérito de classe desse *teatro brasileiro* e na verdade assim se enfumaçam as tensões estruturais geradas na montagem do capitalismo, em nossa sociedade, conforme elas se refletem no interior da produção teatral.

O ideário de Oduvaldo desse modo liga-se, arqueologicamente, ao projeto romântico expresso por Gonçalves de Magalhães, mais ou menos nos anos 30/40 do século passado, ocasião em que o pai do romantismo brasileiro escreveu *Antonio José, o judeu/O poeta e a Inquisição* e formulou seus conceitos *teóricos* para a construção de um *teatro nacional*. Não há assim por parte da proposta de Oduvaldo a menor ruptura com o modo com que a dominação de classe compõe a existência da vida teatral, no Brasil. Muito pelo contrário há, no seu ideário, até uma certa coloração nostálgica desse modo de existência da vida teatral, considerando-se que já chegava a hora de seu esgotamento histórico, pois que a direção do processo de desenvolvimento capitalista da sociedade brasileira estava por exigir um outro teatro como seu aparelho ideológico de dominação.

Mas o que será manter unido esse *teatro como um todo*? Ou seja, qual o sentido da mobilização que se propõe? É lógico que há um sentido político mais amplo na proposta, sentido que se sobrepõe aos interesses concretos de uma organização independente dos trabalhadores do teatro atolados nos mitos de uma existência particularizada frente ao contexto global da existência social.

Não pretendo, contudo, aqui, abordar a significação e o significado desse atrelamento da prática e da luta do *mundo teatral* em tal projeto político mais global. Quero entrar no mérito da proposta apenas do ponto de vista da organização independente dos artistas, no seu sentido histórico.

Manter unido esse *teatro como um todo* parece ser manter o mercado de trabalho como tal, sem polemizar e atritar as suas contradições internas[1]. Se possível, empenhar o *teatro brasileiro* em favor do fortalecimento desse mercado de trabalho. Mas que mercado de trabalho é esse, se há, como Oduvaldo mesmo constata, "uma insatisfação com as condições atuais de nosso teatro"? Aliás, vale notar que essa *insatisfação* é tão redonda e sem diferenças como o conceito de *nosso teatro*. Nosso, de quem?

> *Há três anos, ou mais, Fernando Torres luta por formar uma associação de empresários, sem resultado. Oswaldo Loureiro, praticamente só, se desfez num sindicato que corre atrás dos sindicalizados.*

Da afirmação de Oduvaldo se conclui que já existe uma tendência em favor da organização dos empresários teatrais. O que significa que esses empresários – ainda que refratários, por enquanto – já tendem, um mínimo que seja, a uma tomada de consciência de suas funções e papéis sociais. Tanto a ponto de alguém entre eles propor a organização coletiva de seus esforços e interesses patronais. Constata-se também a dificuldade de organização sindical dos trabalhadores de teatro. Mas responsabiliza-se, no contexto do raciocínio de Oduvaldo, a categoria profissional por essa dificuldade. Imputa-se a dificuldade a seu baixo nível de consciência de luta. Não se questiona o programa de lutas (?) mobilizatórias desse sindicato. A justeza ou não de suas propostas organizativas. São questões – tanto para uma análise concreta das perspectivas patronais como das perspectivas dos trabalhadores do palco – que a reflexão de Vianinha deixa de lado para embrenhar-se e comprometer-se com as dificuldades da organização dos patrões e dos empregados como problemas do *destino comum*. Não polemiza e embaça as contradições reais das estruturas de poder no interior da produção teatral.

A falência ou o colapso do projeto populista, em 1964, os desastres das propostas políticas do regime anterior não servem de lição à elaboração da análise de Oduvaldo. Seu equívoco será o bastante para que sua proposta, ao longo da definição dos anos, sirva às manipulações em favor justamente da consolidação do Estado como mediador de todo um processo cultural voltado ao empresamento capitalista acelerado do espetáculo[2].

As aspirações de unidade dos *homens de teatro*, por parte de Vianinha, são amplas, generosas, tanto quanto ingênuas. A sua apreensão do real carece de uma análise concreta da realidade. Toma o real por sua aparência, com a leitura ideológica que faz das condições de existência da produção teatral no país. As questões que coloca como possíveis impasses para o bom sucesso de seu projeto, ele as responde de modo não substantivo, pois é as adjetivando que as enfumaça.

> *A noção de luta entre um teatro de esquerda, um teatro esteticista e um teatro comercial, no Brasil de hoje, com o homem de teatro esmagado, quase impotente e revoltado é absurda (...) Ninguém aqui está formulando posição contrária à experimentação. O que não podemos é tomar a posição de fazer do teatro brasileiro um imenso laboratório desligado de suas condições comerciais, de seus atrativos para o público. Como se fosse melhor não existir o que já existe, para então começar do começo.*

Não se discute o caráter de classe do público a quem atende esse teatro. E, na verdade, procura-se é fortalecer esse teatro, por seus aspectos comerciais. O mito de um teatro abstrato sobrepõe-se ao teatro existente para justificá-lo e consolidá-lo sem que se entre no mérito de suas contradições:

> *O teatro brasileiro... é um teatro profissional que cumpre profissionalmente a indescritível tarefa de montar de 80 a 100 espetáculos por ano, no Rio e em São Paulo, sem auxílio praticamente nenhum... Na verdade, cada vez que um pano de boca se abre neste país, cada vez que um refletor se acende, soam trombetas no céu – trata-se de uma vitória da cultura, qualquer que seja o espetáculo.*

O conceito de cultura perde qualquer perspectiva histórica. A atividade teatral se heroiciza. E vacila-se no combate *aos governos*, tornando esse combate apenas um marco moral da proposta, pois que se sente na situação da *ausência de auxílios*[3] uma certa reivindicação latente de maior apoio ao *teatro* (ou melhor, aos empresários) por parte desses mesmos *governos*, contra quem esse teatro de patrões e empregados – com patrões e empregados todos no mesmo barco – deve se levantar: estranho paradoxo que faz da proposta de Oduvaldo um prato para os produtores de espetáculos[4].

A noção burguesa de *classe teatral* se sobrepõe por todo o raciocínio de *Um Pouco de Pessedismo Não Faz Mal a Ninguém*, marco que há de iluminar uma das direções programáticas de luta, no interior das transformações da *vida teatral*. Marco frágil, se tomado por marco de resistência às investidas do ideário cultural das classes dominantes, na expressão do regime vigente.

As ambigüidades da proposta de Oduvaldo são tantas, suas vacilações frente aos problemas da realidade concreta dos interesses em jogo tão significativas, que em dado momento do processo de desenvolvimento da história do teatro, na década de 70, algumas de suas ideologias, nas distorções que se permitiram, são recuperadas para a consolidação de todo um projeto oficial para o teatro. Nesses termos, a proposta se descaracteriza até de seus fundamentos morais, *o combate a uma possível mediação ou controle do teatro pelo Estado*. Necessário se faz destacar na proposta essa preocupação ética de Vianinha em dar combate aos programas culturais do regime. Isto para considerarmos os seus propósitos, sem confundi-los com o que veio depois[5]:

> *Na verdade, a contradição principal é a do teatro como um todo, contra a política de cultura dos governos nos países subdesenvolvidos.*

A linhagem da proposta de Oduvaldo, por sua falta de consistência, pouca base concreta de fundamentação, ingenuidade de argumentos, serve, desfigurada de sua inspiração ética, a quem ele se propusera enfrentar com *o teatro como um todo*.

É claro que se reconhece em Oduvaldo Vianna Filho um homem de teatro que procurou com imenso esforço e muita dignidade colocar todo o seu imaginário idealista em favor do palco e do drama. Tragicamente ele não está entre nós, mas a leitura crítica da continuidade de seu pensamento e de sua dramaturgia – vale repetir – hoje nos permite entrever toda uma série de contradições suas posteriores, com essa sua formulação de 1968. Se foi superficial na análise da realidade, da condição de existência e da situação do teatro, em *Um Pouco de Pessedismo Não Faz Mal a Ninguém*, não há maior autocrítica de sua parte com relação a isto do que ter, numa de suas últimas entrevistas, insistido na proposição brechtiana que então parecia estar tomando por lema: "Aprofunde, aprofunde o mais que puder, pois só assim poderá descobrir a verdade".

III

As idéias e formulações de Augusto Boal partem de pressupostos diversos das aspirações de Vianinha. Considera a crise do mercado de trabalho, mas não reivindica uma unidade do *teatro como um todo*. Nem mesmo está preocupado com qualquer proposta que venha resolver as dificuldades dos produtores em geral. Vê o teatro existente vivendo "seus momentos agônicos. E a presente morte não vem para certas tendências ou para certas correntes: é morte total, genérica".

Seu ponto de vista se faz ouvir por um artigo intitulado *Elogio Fúnebre do Teatro Brasileiro*, também publicado no mesmo caderno especial da revista *Civilização Brasileira*, de julho de 1968. Fala da morte do *Teatro Brasileiro*. O que há de vir, Boal desenvolve na continuidade de suas reflexões. Constata uma divisão no seio do *elenco nacional*:

> *Os elencos nacionais, independentemente das qualidades de seus espetáculos, dividem-se em clássicos e revolucionários. São clássicos não os que montam obras clássicas, mas os que procuram desenvolver e cristalizar um mesmo estilo através de seus vários espetáculos. Nesse sentido, o senhor Oscar Ornstein*[6] *seria um produtor clássico, já que seus espetáculos procuram aperfeiçoar sempre a novela radiofônica em termos vagamente teatrais.*

No caso, revolucionário seria o Arena de São Paulo, pois "o seu desenvolvimento é feito por etapas que não se cristalizam nunca e que se sucedem no tempo, coordenada e necessariamente. A coordenação é artística e a necessidade, social". Para Boal, mesmo o CPC da UNE foi *clássico*, pois se manteve nos limites de um estilo.

Essa compartimentação da prática teatral é arbitrária e subjetiva na sua arbitrariedade. Não tem o menor fundamento. Como é arbitrária a previsão do teatro que há de se seguir a esse *teatro agônico*:

> *O único caminho que parece agora aberto é o da elitização do teatro. E este deve ser recusado, sob pena de transformarem-se os artistas em bobos da corte burguesa, ao invés de encontrarem no povo a sua inspiração e o seu destino.*

De um lado, o *teatro de elite* emergente. De outro, o *teatro popular*. Descarta-se a possibilidade de uma organização livre e independente e a politização do nível de consciência dos artistas trabalhadores desse suposto *teatro de elite*. E a opção por uma organização da vida cultural em favor do povo (?) é de fundo moral e postura heróica:

> *O beco não parece ter saída. A quem interessa que o teatro seja popular? Descontando-se o povo e alguns artistas renitentes, parece que a ninguém de mando e poder. Vindo o que vier, neste momento de morte clínica do teatro, muitos são os responsáveis: devemos todos analisar nossas ações e omissões. Que cada um diga o que fez, a que veio e por que ficou. E que cada um tenha a coragem de, não sabendo por que permanece, retirar-se.*

Se os pressupostos da análise de Augusto Boal são acima de tudo éticos, há na continuidade de sua proposição um movimento crítico bem mais dinâmico do que nas pretensões de Vianinha. Boal quer organizar e estruturar um sistema de produção dramática e cênica mais ágil, com elencos fixos, cenários simples, de maneira que as trupes possam cobrar menos pelo preço do ingresso e mesmo deslocar-se com mais facilidade com os seus trabalhos. Pensando assim, elabora uma estrutura precisa de dramaturgia e espetáculos. É o método *Coringa*.

> *No Coringa, pretende-se propor um sistema permanente de fazer teatro (estrutura de texto e estrutura de elenco) que inclua no seu bojo todos os instrumentos de todos os estilos ou gêneros. Cada cena deve ser resolvida esteticamente segundo os problemas que ela isoladamente apresenta.*

O método tem objetivos estéticos, econômicos e políticos. Os estéticos se demarcam, em última instância, por um contraponto de certas concepções épicas com certas concepções dramáticas. Um convívio contraditório que se resolve acentuando o poder do palco frente à platéia. A pedagogia do Coringa – que é um teatro de propaganda – assim estrangula os seus propósitos libertários. Verticaliza a relação do artista com o público, o que se acirra com a exaltação temática nessa festividade de estilos.

O diálogo entre as partes – palco e platéia – não se impulsiona dialeticamente, num sentido de mútua alimentação crítica. Assim, a idéia de povo, nesse processo, será sempre a idéia que desse povo faz esse artista pequeno-burguês que se quer itinerante com sua mercadoria[7]. O modelo do Coringa pede mesmo é um suposto espectador mais ou menos nas condições de classe, de saber e principalmente de empolgação do elenco. Espectador que viva a experiência como um cúmplice bem comportado dos propósitos da montagem.

A leitura do real, no Coringa, é analógica, vendo a história como uma espécie de depósito de lições moralizantes e heróicas para o futuro. A cosmogonia do modelo não apreende as massas como sujeito das transformações históricas. No seu entendimento da mobilidade histórica sempre alguém há de interpor sua mediação entre essa história e as massas. Na vida, quando muito um herói, um mito. No palco, o artista, que, na sua dinâmica aparente, assim se expressa e se comunica. O que se quer é um outro modo de se ver o mito e o herói, confirmados como tal. Um novo modo de ser do artista como tal, na expressão de seu poder, de sua *teologia* renovada.

Na época, com o texto *Heróis e Coringas* (revista *Teoria & Prática*, nº 2), Anatol Rosenfeld questionou o método:

> *É evidente que toda comunicação teatral deve tomar em conta o público específico a que se dirige. Mas não há nenhum público que, indo a um teatro dedicado à interpretação da realidade nacional, mereça menos que arte e menos que a verdade. O herói místico, sem dúvida, facilita a comunicação estética e dá força plástica à expressão teatral. Todavia será que a sua imagem festiva contribui para a interpretação da nossa realidade, ao nível da consciência atual?*

Por seus objetivos econômicos, o Coringa enfrenta a crise do mercado com elencos fixos e maior mobilidade de suas montagens. Politicamente, pretende aumentar a viabilidade de uma popularização do teatro, além de levar às platéias uma informação crítica *sem ambigüidades*, num sistema que impeça interpretações subjetivas do que se mostra em cena: "Cada texto é o que declara ser". Ainda que as interpretações do real pelo Coringa sejam bastante discutíveis.

Demarcando as contradições da história por heróis e mitos, na verdade o Coringa acaba se expressando por dilemas morais. Mas, apesar de todas essas controvérsias, o certo é que Augusto Boal buscava uma saída para a organização de um teatro mais comprometido com os setores populares.

As raízes de suas reflexões, estando calcadas numa procura por novos estilos de representação e num processo de pesquisa constante por novos métodos de expressão do palco, nos apontam que via o Coringa mais como uma experiência conjuntural. Seria um modelo apenas mobilizador de grupos e elencos para o que chamava *teatro popular*. Modelo que evitava nesses grupos o estrelismo individual, coletivizando de certo modo o processo interno de produção de texto e de criação do espetáculo e, por conseguinte, a relação entre os artistas. Afastava também esses artistas do *palcão*, na promoção de um outro processo de apreensão e entendimento da *vida teatral*.

Não trata mesmo de uma solução para o *teatro como um todo*. Nem de uma organização dos trabalhadores artistas que lhes permitisse o desenvolvimento de uma consciência profissional e política capaz de enfrentar com maior resistência as condições adversas do modelo capitalista selvagem que se impunha à sociedade.

Num certo sentido, porém, por suas particularidades e facilidades estruturais, a proposta do Coringa, posteriormente, há de se refletir como contribuição significativa à criação e à organização de muitos grupos de teatro não-empresarial pelo interior do país. Grupos que com o Coringa começaram a escrever suas peças, a montar seus espetáculos. O mesmo ocorreu com outros tantos grupos de teatro estudantil. Contribuição embrionária para a emergência de um outro teatro em construção, responsável por toda uma atividade de resistência cultural, na década.

Já nos fins de 1968, insatisfeito com alguns impasses do Coringa, Boal joga-se em propostas mais ágeis ainda, no campo do *agit-prop*[8], com a *1ª Feira Paulista de Opinião*, outra tentativa de articulação dos *artistas renitentes,* a partir de um confronto de suas produções e de uma polemização de suas diferenças. A promulgação do Ato-5 faz fracassar o projeto, deixando o Arena numa relativa crise interna.

Daí se chega à proposta de *Teatro-Jornal*, um trabalho preocupado em passar algumas técnicas e habilidades cênicas às camadas populares, no sentido de assim elas se familiarizarem mais com a arte da representação, para as suas formas de resistência e comunicação política.

O grupo que trabalha com Boal chega praticamente a abandonar o circuito do mercado, voltando-se a uma atividade não-empresarial. Está se tentando como se pode, a todo o custo, manter o *teatro* mais próximo das classes populares.

Augusto Boal é preso em 1971. Da prisão, vai para o exílio. Ainda que não tenha conseguido mobilizar, no *meio teatral*, os *artistas renitentes* com suas idéias, estas vão servir à mobilidade de um Teatro Independente que, naqueles anos de dura repressão, se desenvolveu fora do circuito, e hoje, em meio a tantas contradições, se esforça para se articular de modo mais coeso, como uma das possíveis alternativas críticas à política cultural do regime.

Trabalhando no exterior, Boal aprofunda algumas técnicas de *agit-prop*, no que alcança surpreendentes resultados, avançando em sua compreensão de um teatro transitório que contribua a seu modo para alterar o caráter de classe do processo cultural:

> *Fazer o teatro explodir dentro de um ritual diferente do ritual teatral. Quando você faz o teatro dentro do teatro, se o espectador está lá apenas como espectador, ele é um ser passivo com o qual se faz o espetáculo. O espetáculo se faz a fim de impor a ele uma visão de mundo que é acabada e na qual ele não pode interferir. Às vezes ocorre que essa visão é correta, mas de qualquer maneira trata-se de uma visão imposta, da qual o espectador não participa. Minha tentativa é a de libertar o espectador de sua condição de passividade, para que ele possa usar o teatro e através dele conseguir outras liberdades.* (Augusto Boal, 1976)

IV

A proposta de José Celso Martinez Correa por uma transformação intensa na história do espetáculo, no Brasil, é uma recusa radical das ideologias presentes no interior de todo um *teatro progressista* ainda comprometido com as ilusões do modelo político de antes do golpe militar de 64. Denuncia a coloração populista desse teatro. Por outro lado, não se satisfaz com a perspectiva de uma prática teatral que se volte apenas para o *agit-prop*. Quer ir além disso, polemizando o papel do artista criador, a autonomia do código cênico frente às ideologias de dominação, discutindo o sentido de um teatro revolucionário e suas relações com o público. Nos passos de um ideário emergente por volta de 1968, há toda uma coloração ainda voluntarista e carente de um programa cultural melhor explicitado em suas táticas. Seu raciocínio vai assim um tanto a reboque de certa intuição política e artística para a revolta. Isto de modo algum desmerece o processo das iniciativas e as contribuições de José Celso à história do teatro, no Brasil. Um teatro localizado no coração da classe média radical e de quem é cúmplice – seu público privilegiado – só há de expressar desse modo a partida de seu nível de consciência mais avançado, nas suas contrariedades com determinadas condições de produção e de existência do fenômeno cultural. E se o marco da grande virada de José Celso tem essa coloração, por outro lado expressa também toda uma angústia por rupturas com tais limitações, na direção de uma mudança de seu caráter de classe.

A formação política e ideológica de José Celso tem seus compromissos arqueológicos com certas correntes existencialistas. Sartre, basicamente, está presente nos seus modos de engajamento na luta cultural. A ruptura com isso é um processo árduo que nos últimos anos da década de 60 ainda carece de condições para se efetivar. Vendo de hoje o processo, creio que a experiência de luta cultural empreendida por José Celso no exterior, em Portugal e Moçambique, é determinante fundamental de toda uma alteração significativa nesse seu modo de comprometimento com uma intervenção do teatro e das artes na sociedade, esclarecendo mais profundamente o sentido de sua militância de criador.

É claro que não é só a isso que há de se dever a transformação do ideário de José Celso, no decorrer dos anos. A riqueza de sua trajetória de artista combativo está sempre empurrando-o cada vez mais para diante, nas suas inquietações, em meio a erros e acertos, mas nunca se deixando abater pela acomodação. Se foi quem fez os mais significativos espetáculos do circuito, nos anos 60, e quem mais ousou, no seu voluntarismo, na década seguinte, há ainda muito que se esperar de surpreendente por parte desse homem de teatro e de sua revolta contra os mil modos de dominação do imaginário burguês.

Em 1968, para ele "uma época sobretudo de negação", sua voz, como diretor e personalidade maior do grupo Oficina, é a expressão no teatro que mais profundamente abre o jogo dos erros do passado, por sua acentuada característica de radicalidade:

> *... Hoje, com o fim dos mitos das burguesias progressistas e das alianças mágicas e invisíveis entre operários e burgueses (...), nós não podemos ter um teatro na base dos compensados do TBC, nem da frescura da Commedia Dell'Arte de interpretação, nem do russismo socialista dos dramas piegas do operariado, nem muito menos do juanadarquismo dos shows festivos de protesto.*[9]

Reivindica então um teatro que "transmita essa realidade de muito barulho por nada, onde todos os caminhos tentados até agora para superá-la se mostraram inviáveis". Um teatro voltado a uma *opção brasileira* (?) que balance a platéia, que a perturbe no seu cotidiano. Este propósito de perturbação do cotidiano da platéia se fragiliza, enquanto proposta radical, com a manutenção do circuito tradicional para os seus espetáculos. Por essa época, ainda não abre mão das salas de espetáculos, da comercialização do palco, conforme o velho modelo de compromissos com a bilheteria. É assim, num primeiro momento, que há de circular a negação radical de José Celso. Sua expressão mais polêmica é *Roda viva*, musical de Chico Buarque de Holanda, que dirige com um grupo de atores jovens, na sua maioria estreantes. O espetáculo surpreende por suas ousadias no modo de se relacionar com o público.

Para a crítica, trata-se de um *teatro agressivo* que desrespeita e afasta a presença da platéia, com sua violência. Uma violência que chega a ser considerada *mera provocação.*

Yan Michalski, no Rio, observa que a "atitude intelectual do encenador de *Roda viva* é comparável à atitude de uma criança de três anos que faz xixi no meio de um salão cheio de visitas e fica espiando com curiosidade a reação refletida no rosto dos pais e dos convidados". Em São Paulo, por seu ensaio *O Teatro Agressivo* e com sua autoridade teórica, Anatol Rosenfeld comenta, falando da montagem, que

> *fazer da violência o princípio supremo, em vez de apenas elemento num contexto estético válido, afigura-se contraditório e irracional (...) A mera provocação, por si só, é sinal de impotência. É descarga gratuita e, sendo apenas descarga que se comunica ao público, chega a aliviá-lo e confirmá-lo no seu conformismo.*

O ideário por uma ação direta do palco, por palavras e gestos que balancem uma suposta passividade do público, José Celso já o expressara com a montagem de *O rei da vela* (Oswald de Andrade). *Roda viva* leva adiante e radicaliza essa pretensão. Produz-se no *meio teatral* a categoria de um *teatro agressivo*. Segundo seu inspirador, a expressão é *invenção da imprensa*. Para José Celso, hoje,

> Roda viva *instaurava uma nova relação com o público. Uma relação de quebrar as máscaras, de quebrar a careta, na violência do nascimento. Fez o público experimentar um estado forte do teatro. Um teatro que era o prolongamento do que se fazia nas ruas, naquele tempo. A força das passeatas, a força de* Roda viva.

É claro que o modelo de *Roda viva*, preso ao circuito comercial de época e apenas expressando um modo mais ousado da relação do espetáculo com o público, não significava uma proposta de organização dos artistas, muito menos do *teatro como um todo.* O que se está polemizando é a linguagem de cena. Discussão embrionária de toda uma vertente de ricos debates que emergiram nos anos seguintes, no interior da questão teatral.[10]

O circuito comercial, porém, por suas tradições, era refratário e mesmo repudiava essa discussão. Um certo nível de disciplina do artista e da mercadoria teatral é uma exigência da natureza mercantil desse circuito para *bem atender* a sua freguesia. *Roda viva* rompe com a *naturalidade* dessa situação. Daí a análise considerar sua proposta como *irracional*, essa análise tomar por modelo de *razão*[11] a racionalidade do mercado. Uma crítica mais conseqüente à proposição do espetáculo, se justa, como uma negação à sua esquerda, só teria sentido passando por um questionamento profundo das limitações e das condições de possibilidades do palco de empresa de época, com relação à escritura cênica.

Quanto à violência do espetáculo, o que há de se considerar é o seu caráter de classe, determinando-se daí a sua significação política. Tratava-se de uma *violência* calcada num ideário de radicalidade pequeno-burguesa. E, de certo modo, uma radicalização, nos termos, um tanto gratuita, salvo como exorcização de tantas ansiedades mal resolvidas por aqueles comprometidos com a concepção do espetáculo. Seria justamente esse conjunto de ansiedades que o pensamento crítico de época deveria procurar polemizar e aprofundar, para politizá-lo na direção da construção de um outro teatro alternativo a esse que se negava com a rebeldia de *Roda viva.* Teatro este limitado para o desenvolvimento histórico da escritura cênica.

Questionar *Roda viva* por sua *violência*, a partir de uma consideração metafísica da violência, é tentar conter as ansiedades expressas pelos ímpetos combativos da montagem. E, com essa postura conservadora, não se contribui para a transformação dessas ansiedades em expressões políticas mais conseqüentes. Aliás, revendo a questão da violência, José Celso, nos dias de hoje, a formula melhor do que na época:

> *É preciso pensar melhor essa estória da violência. Nada que é novo nasce sem violência. Não há uma violência absoluta, sem partido. Tem a violência fascista, mas tem também a violência revolucionária, a violência popular, que é legítima, porque se põe contra a violência do dia-a-dia (...) Existe uma violência que é uma coisa guerreira, uma coisa que faz nascer o novo. É lógico que uma peça forte como* Roda viva, *que virava a mesa, que fazia toda uma revolução cultural, que negava o pensamento acadêmico, o pensamento idealista com relação ao teatro, é óbvio que uma peça como* Roda viva, *surgindo naquele ambiente super-careta, super-intelectual, super-social-democrata, ia acabar mesmo gerando, por um lado, toda uma série de equívocos. Mas também ia balançar, como balançou, muitas coisas. Ora, não vejo, nem via, a violência como uma abstração, ou como um conceito acadêmico (...) Será que a violência não tem o seu caráter de classe? O que nós fazíamos estava voltado para a vida, para o nascimento de uma coisa nova. O nascimento de um outro teatro.*

Se hoje há uma consciência mais precisa do papel histórico de *Roda viva*, conforme a compreensão de seu diretor, na época isto não se dava. É o que se pode concluir com a pesquisa em entrevistas ou mesmo com a leitura do programa do espetáculo, onde a expressão dos propósitos da montagem se revela muito mais como uma conseqüência de certa intuição política e artística, certas ansiedades, uma revolta ainda sem programa e direção definida. Daí também a fonte dos equívocos gerados com o trabalho. Equívocos que não se devem apenas ao *ambiente careta* da vida intelectual. Mas também à própria fragilidade de conceituação do que se desejava com a intervenção artística e política da obra. A proposta tem desejos, mas não os sabe organizar teoricamente, melhor caracterizando-os. São desejos até justos por um novo teatro, porém expressos sem base numa análise real e concreta de suas justezas. Mas de qualquer modo, para o imaginário de José Celso, a experiência lhe abre novas perspectivas de melhor apreensão do fenômeno cênico. E é nesse sentido que ele há de avançar, inaugurando, no interior da história da cultura, no Brasil, toda uma série de novas reflexões sobre a criação teatral.

Será na montagem seguinte do Oficina, após o trabalho com *Roda viva*, que as proposições de José Celso hão de expressar os pontos mais altos de seu ideário por um outro teatro, naqueles dias de fim de década. Em *Galileu Galilei* é que se concentram as mais significativas e organizadas contribuições artísticas desse encenador, para o momento.

O teatro no Brasil chega a Bertolt Brecht com toda a sua grandeza revolucionária para a questão do palco. O espetáculo, conforme o concebeu seu diretor, reunia em si todo um conjunto de críticas pertinentes e profundas aos impasses conjunturais da vida intelectual no país. É uma crítica à naturalização da escritura cênica. É uma recusa do racionalismo burguês como método de leitura lógica do real. Uma afirmação do caráter dialético e material da política. Um combate à atitude heróica pequeno-burguesa frente à dominação de classe. Uma polemização de certos matrizes oportunistas da prática política da intelectualidade de oposição. É uma reflexão sobre as relações dessa intelectualidade com as classes oprimidas e exploradas. É sobretudo uma exaltação do materialismo histórico e do materialismo dialético como instrumentos para uma leitura mais concreta das contradições do real. Uma afirmação da semiologia como instrumento de construção do espetáculo. *Galileu Galilei*, como hoje acentua José Celso, é "o primeiro trabalho do Oficina em que as coisas se amarram para se libertar, com uma força cultural consciente nunca vista, com a gente dizendo tudo do tempo em que vivíamos."

Mas, por ironia da história[12], o espetáculo estréia no dia da assinatura do Ato-5. Nesta situação, não irá despertar a discussão que merece:

> *Estreou* – diz José Celso – *sem as seqüências do contato físico com a platéia, as passagens do* Carnaval do povo, *conforme o nosso projeto (...) De fato não teve a discussão profunda que*

> *desfechava. Ninguém podia discutir nada. E muito menos nós, que não íamos levantar a lebre, entregando a peça para o inimigo. Não tinha nem um programa de apresentação que falasse das coisas como a peça exigia. Só em Belo Horizonte é que abrimos o* Carnaval do povo, *e desse miolo do* Carnaval do povo, *nessa experimentação, é que começamos a pensar numa coisa parecida com o* Gracias, señor. *Ou seja,* Galileu *foi o primeiro passo para* Gracias, señor.

Galileu Galilei é um trabalho que irá influenciar toda a trajetória futura de José Celso. Não apenas indica seus primeiros passos rumo ao polêmico *Gracias, señor*. É com *Galileu Galilei* que José Celso irá trabalhar em Portugal, por ocasião do ascenso do movimento de massas português, após a Revolução dos Cravos. E hoje, de volta ao Brasil, é com o *Ensaio geral do carnaval do povo* que ele retoma suas atividades.

> *O que se ressalta no espetáculo é toda uma discussão entre a razão aristotélica e a razão dialética, como um passo importante na grande discussão, na grande negação do teatro aristotélico, por Brecht. A peça é o maior barato! Brecht não tem nada a ver com toda uma visão de teatro político de catecismo e catequese, de povo ingênuo e fudido, que os clichês dos que clamam por teatro social andam divulgando por aí. Brecht é dialético, mágico. O teatro dele é a própria contradição posta a nu. Um poeta incrível, vivendo toda uma coisa cósmica e lutando, guerreiro, armado com a dialética, dentro disso! (...) E um artista em movimento permanente. Um artista da imaginação e da criação (...) No sentido em que se liga com todo um processo coletivo de luta ao movimento de massas; quando uma sociedade está em luta, aí é que é a hora mesmo de Brecht (...) Arrebenta com quem está mentindo, com quem não quer o movimento, o movimento de massas.*

A proposta marca sua posição, ainda que tardiamente, pois que o Ato-5 desarticula as discussões sobre a vida cultural. Tem-se com *Galileu Galilei* um modelo de teatro desencadeando rupturas com toda a tradição cênica, no Brasil. É um marco avançado de arrancada por essas rupturas em processo histórico.

Com o espetáculo não despertando, por questões da conjuntura política, o nível de discussão que reivindica, esse impasse acelera as contradições de José Celso com o esquema dominante de produção de espetáculos. Acirra suas contradições radicais com o modelo de palco em que apresenta seus trabalhos, remetendo-o a um questionamento, nos termos de seu nível de consciência, desse mesmo palco. Eis o sentido de *Na selva das cidades*, que estréia em 1969, levantando uma certa polêmica moral sobre a situação em que se encontrava o artista no Brasil. A moral do espetáculo se resume no seguinte: "Vende a tua opinião e você tem tudo, do contrário eu te mato, e você vende na marra"[13].

A força do espetáculo volta-se contra o próprio espaço da representação. O cenário e os elementos de cena são destruídos a cada dia. Da antropofagia de *O rei da vela* chega-se à autofagia de um Bertolt Brecht expressionista e anárquico. O que se devora é um *teatro morto* na concepção do Oficina.

Situando as condições de existência da produção cultural por belíssima metáfora, num discurso de muitos sentidos, *Na selva das cidades* põe em debate toda uma série de considerações muito próprias do momento. Segundo José Celso, "era toda uma nossa discussão final com o teatrão".

> *O que nós queríamos era arrebentar com a violência cultural, a violência da indústria cultural, do sistema cultural. Um sistema cultural que estava se implantando com a Editora Abril, com a Globo. Uma política das multinacionais para a cultura, que castrava a criatividade da gente e fazia da cultura uma droga muito mais sofisticada. E a gente estava dizendo, sobretudo, isso, dizendo que isso estava tomando conta do teatro, com o sistema de subvenções do Estado, consolidando uma coisa capitalista no teatro. A gente era hostil a isso e o nosso corpo não suportava isso, todo esse bordel em que a gente estava sendo metido. O grupo sentia isso, falava isso e falava do que estava acontecendo no Brasil (...) Era coisa do momento. E a gente tem, no teatro, que mostrar o momento que a gente vive como ele é.*

A beleza de *Na selva das cidades*, por seu modo radical de expressar toda uma cosmogonia *apocalíptica com* relação ao teatro, não conseguia enfrentar certa contradição que trazia no bojo de suas proposições: propunha-se a destruição do *palco morto*, sua devoração. Mas e os trabalhadores desse palco, como ficariam, abraçando o projeto da montagem? Atuando apenas no espaço não-institucional?

O impulso radical de tomada de posição que se expressava por *Na selva das cidades*, com sua moralidade e revolta, ainda que pudesse servir de opção para o Oficina – e essa opção foi dura de ser assumida pelo próprio Oficina, em meio a rachas e mais rachas até sua dissolução – não poderia jamais ser uma saída que mobilizasse em torno de si os artistas, na busca pela superação de seus impasses.

José Celso parecia não compreender que nessa "coisa capitalista que estava tomando conta do teatro" o sentido da luta exigia – como exige – uma organização mais estreita de seus trabalhadores, na construção de uma política e de aparelhos próprios de reivindicação e combate por seus interesses de profissionais e criadores da cultura. Reivindicação e combate nos mais diversos níveis dos enfrentamentos econômicos, políticos e ideológicos.

Ainda que se deva desenvolver toda uma luta no campo da linguagem teatral, questão fundamental do processo da revolução cultural, com táticas e estratégias definidas por uma mudança do caráter de classe da escritura cênica, por uma perversão do sentido do teatro dominante, enfim, não se pode deixar de lado, como problema menor e desprezível, a questão da organização dos trabalhadores desse teatro. Organização em seus aparelhos de representação e expressão, para que esses trabalhadores, se fortalecendo no processo, consigam elaborar seus programas de luta, conforme suas posições mais avançadas e o desenvolvimento do nível de consciência da categoria, consideradas também suas condições concretas de existência e situação histórica.

Há em *Na selva das cidades*, na sua concepção do real, ainda que *apocalíptica*, uma afirmação da verdade carregada de imenso sentimento poético que merece ser recordada aqui, sobretudo para uma maior compreensão dos anos que vieram depois: "O caos acabou, foi o melhor tempo!"

De fato, o *caos* na ordenação da vida teatral extinguia-se. Os lugares sociais, nessa ordenação, os lugares dos empresários, dos artistas e da burocracia de Estado começavam a se distinguir. Distinção que será a dura luta dos 70, luta ideológica, sem dúvida, no seio da categoria dos atores. Luta que no processo tantas vezes se enfumaça, outras vezes avança, outras ainda retrocede. Luta ainda dos dias de hoje. Mas luta que passa por diversos enfrentamentos, em cada um de seus instantes.

A pura e simples destruição do *palcão* (ainda que belíssima imagem de força e disposição dos artistas em *Na selva das cidades*, simbolizando um confronto radical no campo que a burguesia demarca para a prática do teatro) como proposta não é o suficiente para mobilizar os atores, frente a seus impasses, naquele crepúsculo negro da década. A luta cultural, considerada a sua autonomia relativa, não pode, para o seu bom sucesso, desgarrar-se de outros níveis de luta.

No teatro há todo um elenco de profissionais explorados como força de trabalho e meio de produção. Profissionais que precisam estar sempre se organizando e se expressando nos seus mil espaços – sejam institucionais ou não –, levando em conta as suas condições de trabalho, suas necessidades e seus interesses imediatos, tanto quanto a transformação do sentido histórico da arte.

Essa questão hoje parece estar mais clara para José Celso:

> *É importante a luta do sindicato, a luta no sindicato, mas isso não deve ser motivo pra fazer a gente cair num sindicalismo barato, sindicalismo de pelego, sindicalismo alemão, sindicalismo americano ou nos moldes do nosso, que, atrelado ao Estado, não é mais do que uma defesa do próprio sistema capitalista, defesa da própria sociedade capitalista. Esse sindicalismo pode até dar condições de o explorado ser um pouco menos explorado. E isso não interessa no sentido de uma revolução. A gente tem que ir além. E depois tem o lado da revolução cultural. Nesse aspecto tem momentos em que as contradições são tantas que é preciso estourá-las, fazer com que elas estourem dentro da própria luta da categoria. Isso tudo é uma questão atualíssima, no Brasil, hoje. A questão da organização do trabalho tem que ser repensada e praticada de novas maneiras em todos os níveis.*

Desse momento decisivo da arrancada, em 1969, com *Na selva das cidades*, reconhecendo que o caos tinha acabado, que o velho teatro comercial estava morto[14] – ou *agônico*, como dizia Boal –, que um novo e mais estruturado e sofisticado teatro comercial se ensaiava, é que José Celso, com o Oficina, se lança na década, aprofundando os seus pontos de vista, errando e acertando, na sua reação radical a essa capitalização acelerada e selvagem da produção de espetáculos e do processo cultural. Lança-se na década aprofundando seu modo de ver e querer transformar as relações do palco com a platéia, experimentando a construção de um outro teatro, com outro modo de expressão antagônico ao modelo burguês emergente. Ousando nas massas, no campo, nas universidades e mesmo no *palcão*, com seus trabalhos sempre polêmicos, nunca trabalhos apenas para fazer número nas temporadas. Um processo que devora o próprio grupo, nas controvérsias de seus avanços, da resistência possível e de seus recuos frente às dificuldades. Traçando num tempo de terror uma contribuição que exige toda a atenção por parte dos que se empenham hoje em levar adiante a luta cultural por um novo modo da existência, contrário à dominação burguesa.

Num dado momento, quando as coisas estão mais do que desarticuladas, levanta a bandeira de uma *re-volição*, um voltar a querer. Mais adiante, quando as esperanças parecem perdidas, repõe o teatro como um *Te-Ato*:

> *Não é uma coisa do palco. É uma coisa que mostra o teatro nas relações humanas. Quando você descobre o teatro nas relações humanas, você tira as máscaras. É isso!* Te-Ato *é uma atuação exatamente no desmascaramento do teatro das relações sociais... Nesse desmascaramento, o* Te-Ato *provoca uma consciência física da existência. Não uma experiência intelectual, mas sim uma experiência com o corpo*[15] *que passa por uma ação real.*

A tentativa de pôr em discussão, no circuito do *teatrão*, essa proposta nova de comunicação cênica, com a experiência de *Gracias, señor*, remete o grupo à sua maior crise econômica, política e sobretudo ideológica, que se agrava com a proibição do espetáculo no meio da sua temporada:

> *O espetáculo... cada dia era uma coisa, mudava todo dia, ainda que percorrendo uma estrutura muito sólida, uma linha de condução interior fortíssima. Era toda uma tensão. (...) A censura ficava louca, não conseguia computar nada para a proibição da peça, por mais que eles se esforçassem (...) Só proibiram o trabalho usando de toda a violência. Proibiram por proibir. (...) A gente estava numa situação econômica péssima. O espetáculo lotava, mas era tudo a preço muito popular e, depois, muita gente entrava de graça. Nessa época, a gente fez muita loucura. Estava num tal jeito se destruindo, virando a mesa de tudo, que caímos num certo barbarismo. (...) Mas a gente já estava se aprumando e, com o tempo, o* Gracias, señor *ia entrar numa boa e resolver tudo muito bem. Mas a proibição da censura arrebentou tudo. Acabou com o processo da gente.*

É todo um processo em que o Oficina se desinstitucionaliza. Sua negação solitária e voluntária do mercado, se, por um lado, leva o grupo à produção de trabalhos extremamente polêmicos, numa linha viva, ainda que discutível, de busca por uma prática teatral alternativa à violência do sistema de produção de bens simbólicos que se implantava de modo dominante, por outro lado, essa solidão remete seus atores a um impasse de tal monta, num meio cultural desarticulado, que uma nova *tentativa de intervenção* (nos últimos dias de 1972) *nesse mesmo meio*, com um espetáculo da dramaturgia clássica – *As três irmãs*, de Tchecov –, não chega a ter durabilidade.[16]

O Oficina, desgastado e dividido, após a temporada se dissolve, no ano seguinte. José Celso tenta rearticular-se com grupos jovens, num trabalho mais ou menos fechado, recuo forçado pelas circunstâncias. Isto até 1974, quando a polícia – num último golpe – invade o Teatro Oficina, em São Paulo, pondo tudo a perder. José Celso é preso.[17]

> *O que a polícia queria era mesmo destruir o grupo, acabar com a gente, porque a gente tinha resistido, porque a gente estava dizendo não! Não ao projeto ideológico deles. Eles sabiam muito bem disso. Era o grupo que eles queriam destruir. Destruir a força do grupo!*

Em liberdade, José Celso viaja para o exterior. Trabalha em Portugal e Moçambique com teatro e cinema. Retorna ao Brasil quatro anos depois, instalando-se no Teatro Oficina, de onde procura rearticular seu processo de intervenção no movimento artístico, ainda mais identificado com a construção de toda uma linha de ação cultural livre e independente do modelo dominante:

> *O teatro, pra mudar, tem que sair de seu gueto, para ter uma outra dimensão. E o próprio fato de ele sair de seu gueto, tomando contato com um outro Brasil, com as classes oprimidas, tudo isso há de provocar uma nova transa, mil relações. (...) O nosso trabalho a partir de 1970, no Oficina, começa a sentir e demonstrar toda uma necessidade de sair do gueto teatral, isso quando a gente sai em viagem e começa a fazer trabalho no campo, na periferia (...) Nós tínhamos um certo messianismo, nas viagens de 70, mas, de nossa parte, queríamos devorar esse messianismo, aprender com a própria realidade. Nós ensaiamos isso em 70 e estamos tentando ir nessa direção, hoje. Romper, sair do gueto em que o teatro se vê metido pela burguesia.*

V

Vianinha, Augusto Boal e José Celso expressam por seus pontos de vista e por suas proposições os pólos mais significativos em torno dos quais as pessoas envolvidas com o teatro, por seus interesses os mais diversos, hão de se organizar, para os anos 70. São momentos decisivos da arrancada.

Significam propostas que, no processo da década, se desdobraram em algumas variantes. Outras propostas isoladas, na medida da desarticulação da vida cultural, após a promulgação do Ato-5, também se fizeram ouvir, contudo esgotando-se mais facilmente na conjuntura. Será enfrentando essas três perspectivas para a organização da *vida teatral* que o regime há de impor o seu programa cultural, paulatinamente, até a elaboração do *1º Plano Nacional de Cultura*, pelo MEC, momento em que o Estado assume a direção da história do palco, em nossa sociedade. Isto após absorvida uma das propostas em questão, devidamente distorcida, e contidas com prisão, tortura e exílio as lideranças das outras duas, na travessia dos anos.

O que se constata é que nenhuma das três proposições – apesar da grandeza de seus esforços – foi capaz de oferecer resistência mobilizada aos ímpetos da cultura oficial.

Uma avaliação final dos resultados e desdobramentos desses três marcos iniciais para os 70 há que considerar o terror cultural implantado para descaracterizá-los ou massacrá-los. São, porém, marcos tão fortes, o bastante para deixar aos artistas toda uma experiência vivida que não se permitiu aplacar da memória na história do palco, no Brasil. Expressões de ansiedades que apontam, de um modo ou de outro, por seus erros e acertos, para um teatro comprometido com as massas trabalhadoras, no dia-a-dia. Ambição que vai se inscrevendo no pensamento e na obra em progresso de Oduvaldo Vianna Filho, até sua morte irreparável, que se expressa na influência de Augusto Boal com a firmeza de seu desempenho e que se transmite no gesto largo, bonito, combativo e ousado da arte de José Celso Martinez Correa!

É claro que não é apenas com esses marcos que os artistas de teatro entram na década de 80, em meio à luta de muitos deles por um outro teatro. O nível de consciência dos trabalhadores do palco foi capaz de se desenvolver nas suas lutas específicas. Ensaia-se todo um movimento de teatro independente, nas capitais e no interior do país. Trabalho que tende controvertidamente, em meio à fumaça que ainda permanece, a uma maior aproximação e compromisso com o movimento de massas operário e popular, na sua formação. Uma nova geração de atores ocupa seus lugares nos elencos, desprovida de mitos que tanto embaraçam, como cantos de sereias, a consciência dos elencos que trouxeram nas costas o teatro de 60 para cá. Os equívocos de um teatro naturalista demagogo, burguês e hegemônico como *teatro progressista*, até há bem pouco tempo, como concepção *mais justa* de apreensão do real pelo código do palco, começam a tombar por terra, na busca que já se empreende por uma transformação da escritura cênica, hoje com maiores fundamentos em conquistas da ciência da linguagem.

Assim, a década que termina não é de má, nem de boa lembrança. Foi uma empreitada de definições, um tempo de terror cultural, sobretudo um tempo de duras lições que permitem agora compreender melhor o significado da mensagem de Bertolt Brecht, em *Na selva das cidades*: "O caos acabou..." O caos dos sonhos dos anos 50/60. Das alianças de classes. De seus reflexos na organização da vida cultural. A lição está aí!

Nunca, em toda a história de nossa formação social, foram proibidos tantos textos dramáticos e tantos espetáculos de teatro. Por outro lado, nesse universo em que a realidade mais parece loucura, jamais tanto dinheiro dos cofres públicos escorregou para as mãos dos empresários teatrais. Homens de teatro foram presos e torturados. Alguns se exilaram. Outros abandonaram a profissão. Outros, premidos pela violência, abriram mão de suas posições e ambições literárias. Outros fizeram isso por dinheiro, mesmo. Outros ainda, pensando que estavam contribuindo para com o desenvolvimento histórico do drama e da cena, mais contribuíram para o fortalecimento dos que continuam agindo em favor do congelamento dessa história nas mãos das classes possuidoras.

O terror cultural foi tal que, para referir-se à ação da censura, críticos e jornalistas viram-se obrigados a mirabolantes artifícios de linguagem, para se expressar com um mínimo que fosse de compromisso com toda a verdade. Vale recordar, sempre. Eis alguns exemplos:

O processo de proibição do musical *Calabar* (Chico Buarque de Holanda e Ruy Guerra) se faz acompanhar do veto à citação do nome da peça nas páginas dos jornais. Numa entrevista, seu diretor, Fernando Peixoto, falando da dura resistência que empreendeu para tentar pôr a montagem em cena, refere-se a seu trabalho e à obra de teatro anatematizada por quase um ano, como *a peça inominável*. Era assim que se podia falar, para não se deixar ficar mudo. *Peça inominável*, parece cômico, se não fosse a história vivida!

O crítico Yan Michalski, no *Jornal do Brasil*, para falar da censura, com o esforço e a coragem comuns a seu feitio, vê-se na contingência de referir-se a ela como "várias circunstâncias de ordem geral que conspiram contra o progresso de nossa literatura dramática." O máximo que se podia fazer para se recusar o silêncio, no dia-a-dia da vida institucional. E, para citar *Calabar*, escreve: "Uma superprodução musical sobre um episódio da história do Brasil que levava a chancela de vários nomes conhecidos."

Muitas das peças premiadas nos concursos de Dramaturgia do Serviço Nacional de Teatro foram proibidas e uma delas, *Patética*, de João Ribeiro Chaves, por tratar de modo alegórico do assassinato do jornalista Vladimir Herzog, teve o envelope de sua inscrição no concurso seqüestrado pelos órgãos de segurança.

Por outro lado, é a consolidação da capitalização acelerada do teatro de empresa, mediada pelo Estado, inflacionando o custo da produção com subvenções milionárias, inflacionando o preço do ingresso, fechando ainda mais o gueto teatral. Assim esse teatro de empresa firma-se – depois de algumas porretadas até em um ou outro empresário, para disciplinar, também entre eles, o ambiente – com suas montagens, mercadoria variada, repertório ordenado. Espetáculos grandiosos, de arquitetura megalômana, eventos de ocasião para ofuscar ainda mais os olhos, musicais de todo tamanho e de todas as colorações, pornochanchadas, encenadores famosos do exterior, festivais internacionais de teatro, casas de espetáculos sofisticadas: organiza-se o supermercado.

O terror cultural, aterrorizando, não só castrou a liberdade de expressão e de criação, mas também promoveu, fazendo a sua parte na política do morde e assopra, a desmobilização dos trabalhadores do palco na luta contra suas dificuldades, confundindo-os, ao mesmo tempo em que se deposita, nas mãos dos produtores teatrais e da burocracia de Estado, a direção e a hegemonia da *vida teatral*.

Para um teatro que sequer atende a 2% da população do país, os critérios de subvenção ao produtor capitalista crescem anualmente, em progressão geométrica. Inflacionam-se os aluguéis dos teatros. Seus proprietários começam a interferir na contratação dos elencos, na escolha dos textos e dos diretores.

Hoje, todo o processo de produção teatral encontra-se predominantemente mediado pelo Estado e se a censura, agora, arrefeceu, devido às questões da conjuntura política e mesmo à situação de hegemonia do poder governamental e do empresariado, na direção da vida teatral, enquanto aparelho repressivo, a censura continua aí, intacta, montadinha. No teatro, também a anistia foi restrita.

Nesse panorama contraditório há muitas questões a se enfrentar para que os artistas desenvolvam sua consciência por um outro teatro diverso e antagônico ao teatro dominante. Uma outra e dura travessia. A dos próximos anos, talvez. E nessa travessia há que se considerar como uma exigência a superação da ideologia de um *teatro brasileiro* muito matreiro que mascara tantas questões e permanece até hoje enfumaçando as realidades desse teatro comercial, pura e simplesmente comercial, voltado a atender seu público, com sua mercadoria variada, conforme o modo de diversão das classes possuidoras. Teatro comercial que se determina pela bilheteria nas transas do mercado.

NOTAS

[1] Por volta de 1973/74, no fervor do Plano de Ação Cultural (PAC-MEC), com os empresários já articulados em associação atuante, esta é uma questão que se retoma do coração das ideologias do *Teatro Brasileiro*. É quando se fala muito que "é preciso trabalhar e da melhor forma". Para manter a chama acesa! Curiosa coincidência.

[2] A proposta de Vianinha é retomada – com a descaracterização necessária –, em meados de 1973, pela Associação Carioca de Empresários Teatrais (Acet). Orlando Miranda é presidente da entidade patronal. Em documento enviado ao ministro Jarbas Passarinho, da Educação, a Acet, após fazer um balanço da situação do teatro, "atividade que se inscreve no setor terciário da economia", reivindica do governo formas de financiamento, e não paternalismo ou assistência. Quer o fortalecimento infra-estrutural do teatro. O objetivo é em última instância uma carteira de crédito e financiamento a juros módicos que permita às companhias teatrais trabalhar *independentemente da tutela estatal*, desenvolvendo uma infra-estrutura própria de auto-sustentação.

[3] No ano de 1974, Orlando Miranda é nomeado diretor do Serviço Nacional de Teatro. O seu primeiro plano de trabalho diz, dentre outras coisas, que se pretende colocar em um "estabelecimento bancário oficial a importância de até 3 milhões de cruzeiros, para empréstimos a produtos teatrais. Tais empréstimos serão concedidos a juros baixos, prazo de 12 meses para amortização e prazo de carência para o início do resgate". Estão mantidos, no caso, os propósitos do documento da Acet de se desenvolver o empresamento de espetáculos *independentemente da tutela estatal*. Por outro lado, o plano do SNT também registra que o Estado "tem como função essencial a de intermediário" do processo cultural. À história coube definir a ambigüidade do plano de ação do Serviço Nacional de Teatro.

[4] À medida que empresários e Estado foram se aproximando e se comprometendo, a luta contra a censura foi se desmobilizando. No documento da Acet, em 1973, a censura é tratada como um problema que traz prejuízos à produção de espetáculos. Despolitiza-se desse modo, desde aí, a questão mais forte de unidade dos artistas contra a política oficial de cultura. Por fim, com o passar dos anos, a censura, com toda a sua violência, acabou virando um problema a se resolver nos gabinetes do poder, na base do jeitinho, do *fala com fulano*, do *procura sicrano*. Os artistas que haviam se jogado nas ruas contra a censura, poucos anos antes, numa demonstração de unidade da categoria e de força, também viam aos poucos a questão da liberdade ou não de expressão das artes e da criação artística ser transformada num problema burocrático. É o tempo da política do morde e assopra. Proíbe hoje e dá a subvenção amanhã. Nova tática de desmobilização da categoria. A política dos dois governos num só. Em entrevista publicada a 21 de agosto de 1974, no *Jornal do Brasil*, Orlando Miranda inaugura essa política, ao situar o problema da censura: "Às vezes é mal compreendida e, quando não é, é problema do ministro da Justiça".

[5] Mais que nunca, hoje, uma discussão que precisa ser retomada, não nos moldes idealistas de Oduvaldo Vianna Filho, mas de maneira concreta, devassando e esclarecendo as atuais estruturas do poder, no seio da produção teatral, seus meandros, suas contradições reais. Mobilizando-se a luta dos artistas também nesta direção, no processo de superação de alguns mitos que a emperram, neste aspecto.

[6] A noção de *elenco nacional* é outra noção ideológica que tanto ajuda a enfumaçar a realidade e suas contradições. Perturba, por exemplo, no caso, a reflexão de Boal. O sr. Oscar Orstein, produtor de espetáculos do Teatro Copacabana, como participante do *elenco nacional*. Ao lado do Arena, do CPC, do Oficina etc. Enfim, uma família! E que interesses comuns!

[7] O que transforma esse artista em mero instrumento ou porta-voz de estereótipos de uma *imagem do povo* que com o teatro se tende recalcar na mentalidade do público. Aliás, um grande tema para uma pesquisa é a questão da noção de *povo*, conforme ela se retrata no chamado *teatro brasileiro*. Por exemplo, muitas peças – e de muito autor de nomeada – demarcam o modo de intervenção política desse povo nos conflitos sociais como uma intervenção sempre moderada, permanentemente a um passo do recuo, ou mesmo *sempre sugerindo* um recuo, frente a qualquer movimento do opressor. Sem dúvida, esse modo de ver e reproduzir no teatro a intervenção política das camadas populares liga-se à velha ideologia da *índole pacífica de nossa gente*. Há também a imagem do popular como o homem do jeitinho, da malandragem. Há peças que representam a classe operária por uma empregada doméstica. Isso então é o que mais tem. Uma sacrossanta tolice que sequer enxerga que o proletariado produz bens materiais e a doméstica apenas presta serviços. Isto sem que consideremos as questões ideológicas em jogo, que aprofundam ainda mais as diferenças.

[8] O *agit-prop é* um tipo de prática teatral muito importante. Não há que se ter preconceito contra o *agit-prop. O* teatro tem também um papel de agitação e propaganda a cumprir como contribuição ao movimento de massas operário e popular. E se há um *agit-prop* burro, óbvio, ridículo, há também o *agit-prop* inteligente, mobilizador das estruturas de pensamento, dialético. É uma técnica que exige muito do artista. Boal pensa o *agit-prop* com muita perspicácia. Os grupos interessados em *agit-prop*, no Brasil, devem se voltar ao estudo das descobertas de Boal, na discussão e no enriquecimento de seus métodos, avançando conforme as exigências da realidade e da sensibilidade artística.

[9] in *A guinada de José Celso*, entrevista a Tite de Lemos publicada em caderno especial da revista *Civilização Brasileira*, julho de 1968.

[10] O *Teatro de Invenção*, linha de trabalho cênico surgida no Rio, por inspiração de Paulo Afonso Grizolli, João Rui Medeiros e Amir Haddad, é uma variante que, por exemplo, tem muito a ver com a linhagem de trabalho de José Celso, no sentido da polemização da escritura cênica e de todo um questionamento das relações tradicionais do espetáculo com o público. Surge em 1968, atuando então no Museu de Arte Moderna, com o grupo A Comunidade, conjunto premiadíssimo nos anos de passagem da última década. João Rui e Grizolli, com o tempo, afastam-se do movimento, indo para a burocracia de

Estado. Amir leva adiante as propostas, superando algumas de suas ideologias, rompendo enfim com os propósitos iniciais, avançando no terreno das pesquisas. A Comunidade acaba, mas Amir continua seu trabalho, em outros grupos ou em escolas de teatro. Nos anos mais negros da repressão chega a ter problemas sérios com a censura. Monta um trabalho importantíssimo em 1974, *Somma ou Os melhores anos de nossas vidas*, num balanço de tudo o que fizera até ali. O espetáculo é proibido. Amir, com o grupo, consegue organizar a retirada e se reestruturar, na continuidade de suas experiências. É um trabalho que existe até hoje, cada vez mais forte e mais identificado com modelos avançados de Teatro Dialético, procurando uma linha de atualização das lições de Bertolt Brecht, conforme as exigências do momento histórico do teatro, no Brasil. Atualmente Amir Haddad trabalha com dois grupos de Teatro Independente: o Grupo Tá na Rua e o Grupo de Niterói, este existindo há quatro anos. As propostas de Amir enfrentam formulações teóricas, indo além da intuição artística, o que é pouco comum entre os diretores de teatro, no Brasil. Sua grande preocupação é com o ator, no sentido de um desenvolvimento integral de seu nível de consciência de artista e criador. Tenho impressão de que para a década entrante a linha de trabalho de Amir Haddad é de importância básica.

[11] Nos anos 70, algumas falsas questões tomaram conta do debate, no teatro. Uma dessas falsas questões é a que dizia existir um *teatro racional* e um *teatro irracional*. Para os *racionalistas*, os *irracionalistas* estavam *fora da realidade*. Estes, por sua vez, consideravam os *racionalistas* uns *caretas*. Em meio à censura e às subvenções, a questão continuava e a briga era eterna, enfumaçando as coisas no teatro. O caso é que nunca se chegou a uma conclusão. E ninguém entrou mesmo no mérito da verdade. A razão tem uma história, sua expressão de classe. E através da história, várias *razões*, muitas *razões*. Existe uma racionalidade dominante, que é a racionalidade da opressão. Existe, por exemplo, uma racionalidade dialética e materialista, libertária. Bertolt Brecht, por exemplo, fica com essa. Frente ao discurso da racionalidade burguesa e dominante, a racionalidade de BB é uma *piração*. Uma coisa irracional. Quem lê bem a obra de Brecht, sem distorcê-la a favor do humanismo clássico ou do pensamento liberal, sabe disso.

[12] Há muitas passagens irônicas na história do teatro, no Brasil. Há coisa mais irônica do que a década começar com uma peça, no Rio de Janeiro, de nome *Fala baixo, senão eu grito*? O repertório da temporada de 1964, no Rio, registra os seguintes títulos: *O hóspede inesperado*, *O inoportuno*, *Eles mandaram brasa*, *Depois da queda*. Isso para não falar de *Caiu primeiro de abril*, que já não é coincidência, nem ironia. Foi de propósito mesmo. Mas *Galileu Galilei* estrear no dia da assinatura do Ato-5 não é só uma ironia, é uma polarização radical e extremada do momento histórico do processo cultural no país.

[13] Essa fala de *Na selva das cidades* sintetiza o desafio que há de enfrentar o Oficina, nos anos 70.

[14] A questão da *morte do teatro é* bem definida por José Celso, no programa de *Gracias, señor*: "O teatro que se faz hoje no Brasil está preso a uma estrutura obsoleta e a partir das mudanças sociais ocorridas qualquer tentativa de renovação profunda dentro de seus quadros exige o abandono definitivo das antigas

vinculações. No processo de transformação, o teatro, antecipando a morte de outras formas de comunicação, de estruturas e instituições sociais, perdeu sua contemporaneidade. Foi mesmo o primeiro a morrer."

[15] Outra falsa questão dos anos 70 é a luta empreendida pela *volta da palavra ao centro das preocupações teatrais*. Seus combatentes diziam que o uso da expressão corporal havia arrancado a palavra do palco, alienando o palco, *tirando o palco da realidade* ou *a realidade do palco*, sei lá! Esse bate-boca com o que se gastou muita *palavra* dizia-se comprometido com um *teatro social, politizado*, contra o *teatro alienado*. Enquanto isso, a bilheteria faturava, as subvenções vinham, a censura agia, etc. e tal. Até que apareceu um espetáculo de Teatro Independente, vindo de São Luís do Maranhão, *Tempo de espera*, em que por toda a representação não se dizia uma palavra, mas expressava uma força de polemização das contradições sociais tal, que os *palavristas* não tiveram mais o que dizer. A polêmica perdeu seu sentido. O teatro comercial continuou com muita palavra como sempre. E com a bilheteria no centro de suas preocupações, como sempre. Para os *palavristas* vale registrar o que diz Louis Althusser, que notoriamente não pode ser chamado de um *alienado*: "Pouco importa que as coisas sejam ditas (elas são ditas em Brecht sob a forma de apólogos ou de songs) ou não: não são as palavras que, em última análise, efetuam a crítica, mas sim as relações e não relações internas de forças entre os elementos da estrutura de uma peça". O livro em que ele escreve isto se chama *Pour Marx*; o artigo, *Notas Sobre um Teatro Materialista*.

[16] *As três irmãs* representa uma belíssima soma de esforços de pessoas das mais diversas gerações, para soerguer a tradição do Oficina. Uma prova de solidariedade muito forte. Além de todo o grupo novo, dos que do Oficina já se haviam afastado voltaram para trabalhar na montagem, se bem me lembro, Maria Fernanda e Fernando Peixoto. Parece que, em São Paulo, atuou Othon Bastos. Mas a história do Oficina já não se permitia mais aquele retorno sonhado. O espetáculo era muito bonito! Zé Celso com toda a sua força.

[17] O ano de 1974 é uma tragédia para a história do teatro, no Brasil. Morte de Vianinha, invasão do Oficina, prisão de José Celso, proibição de *Somma* e de *Calabar*.

Ao reler agora este texto sobre as estratégias de agrupamento concebidas pelos artistas de teatro durante a ditadura ocorreu-me chamar a atenção do leitor para o modo como foi escrito. Também nós, pesquisadores reunidos por Adauto Novaes para refletir sobre a cultura dos anos 70 do século 20, tínhamos uma certa prática de trabalho coletivo. De um modo geral, quando a pressão sobre a liberdade de expressão acentuou-se, o trabalho intelectual tornou-se gregário. Cooperativas, publicações alternativas, grupos de pesquisa amparados por instituições privadas e núcleos de estudo vinculados à Igreja Católica e a sindicatos independentes corresponderam, do ponto de vista organizacional, ao formato dos grupos de artes cênicas descritos neste ensaio.

Nessa rede de resistência cultural o todo era certamente maior do que a soma das partes e a marca autoral perdia a importância. Pode-se supor que a vaidade de cada um dava-se por satisfeita ao proclamar o vínculo com um grupo, instituição ou publicação que não dava o braço a torcer.

Foi essa a prática de trabalho adotada na pesquisa Anos 70. *Ouvimos o que tinham a dizer pesquisadores de diferentes áreas da cultura. Emprestei idéias com a maior sem-cerimônia e há trechos deste ensaio que parafraseiam conceitos de José Arrabal. Com civismo espartano, nós, pesquisadores encarregados das artes cênicas, dividimos os temas de um modo que parecia útil aos leitores, sem levar em consideração as preferências e aptidões dos autores. Talvez tenhamos sacrificado a capa do estilo e o penacho da competência, mas a proposta da pesquisa era compreender o que estava acontecendo. Depois disso viriam – se não me engano – os especialistas.*

/ comentário de Mariângela Alves de Lima /

QUEM FAZ O TEATRO

Mariângela Alves de Lima

Na primeira semana de agosto de 1979, um espetáculo que se apresentava no Teatro Eugênio Kusnet serviu como campo de experiência para um grupo de ação cultural paulista. Como a ação cultural no caso é realmente uma prática, vale a pena descrevê-la:

A certa altura de *A vaca surrealista*, quando há dois atores em cena, dois espectadores se deslocam do espaço reservado ao público e desabam subitamente no meio do pequeno palco em arena. Ficam inertes, prostrados, atravancando a movimentação prevista do espetáculo. Ao mesmo tempo outro espectador avança em direção ao centro da cena e ocupa uma cadeira do cenário destinada à representação de um bar.

Visivelmente abalados com a interferência imprevista, os atores reagem como podem e sabem: a atriz tentando dar continuidade às suas falas, preservando uma tradição imemorial que faz com que a representação sobreviva mesmo que o circo pegue fogo. O ator, mais atento aos seus próprios instintos, reage com um copo de água lançado em cheio sobre o seu repentino companheiro de cena. E o público? Inquieto, sussurrante, com a sensação de que não era isso exatamente o combinado. Mas, de qualquer forma, pagando para ver. E, nesse sentido, cumprindo também a sua tradição imemorial de passivo usufruto de um espetáculo.

Esse último grupo que aparece em São Paulo, interferindo concretamente no espetáculo, é o afunilamento de uma onda de agrupamentos e desagregações que constitui talvez a nota mais característica das formas de associação do artista de teatro nesta década. Associações que se constituem tendo como base postulados ideológicos, novos modos de produção econômica ou que, simplesmente, são tentativas de unir qualquer coisa com o objetivo de fazer qualquer coisa. Dentro de uma configuração política e social que concentra em poucas mãos o poder e a riqueza, o artista de teatro tenta, com a maior boa vontade, opor a esse "salve-se quem puder" um projeto coletivo. Ser coletivo nessas circunstâncias é uma condição primeira e imperiosa. Pode-se começar a ilustração pelo fim, ou seja, pelo grupo Viajou sem Passaporte. Esses amáveis invasores da seara alheia, que ousam romper a polidez da convenção teatral interferindo e desarticulando um espetáculo, são, a seu modo, a sublimação dessa vontade de agrupar-se. Por que estão juntos?

> *Pois bem,*
> *não sabemos recitar, representar, cantar, desenhar, escrever, dançar*
> *não sabemos ensinar lições angustiantes ou reconfortantes*
> *nada faremos por ou para vocês: desistam.*[1]

Alentadoramente o texto encerra-se com uma afirmativa, depois de caracterizar-se amplamente pelas exclusões: "Queremos apenas quebrar as paredes que envolvem as janelas!" E esse ponto de exclamação garante que, apesar de tudo e graças a Descartes, trata-se de um manifesto. Manifesto é uma coisa que a gente sabe o que é: os surrealistas já fizeram, os dadaístas já fizeram e a antropofagia ofereceu um belo espécime, tanto que o manifesto já pode ser considerado um gênero literário sedimentado. Quem manifesta declara, quem declara debate e a conversa pode continuar. A despeito do eventual mutismo de um dos interlocutores.

O fato é que esse grupo se forma porque quer e faz alguma coisa. Arrisca-se a impropérios e aguaceiros porque pratica a sua negação dos modelos culturais vigentes. Tem uma coesão interna que lhe permite atuar com uma representação de base, por mais ínfima que seja a constituição numérica dessa base. Ainda que pareça insólita, a sua poética é um compromisso público de transformar a vontade de agir numa ação conseqüente. E nisso, como na sua recusa em delinear uma arte para o futuro, o Viajou sem Passaporte é parente próximo de muitos grupos de teatro, música, literatura e artes plásticas que se formaram nesta década. Reunir pessoas, conseguir alguma forma de atuação, parece mais importante do que definir, de uma forma clara e indiscutível, o que se quer fazer para responder às exigências do tempo e do espaço.

Observando com atenção as declarações programáticas dos grupos de teatro que se organizaram nos últimos dez anos, é fácil encontrar muitos pontos comuns. O desejo de ser coletivo, de produzir uma arte que não seja apenas expressão individual, nasce de uma oposição explícita da história do país a esse modo de convivência e trabalho. Antes de corresponder a um ideário artístico, o grupo responde a uma desarticulação real da sociedade, prevista inclusive no modo de produção predominante nessa sociedade. Se os homens de teatro se agrupam é porque há um inimigo externo que obriga a invenção de estratégias de associação.

Está certo que o teatro é uma obra coletiva. Só isso bastaria para justificar a formação de um grupo que produz uma única obra. Mas há outro fator a ser considerado. Repetidamente a história mostra que o modo de produção de uma arte adapta-se, por tortuosos caminhos, ao modo de produção predominante na sociedade em que essa arte é produzida. No caso do teatro, que é por natureza uma arte produzida por várias pessoas, a empresa teatral funcionou durante muito tempo como uma organização intermediária, que adapta esse produto coletivo às exigências do modelo econômico capitalista. No caso do teatro, a empresa participa da natureza de qualquer núcleo de produção que trabalhe com produtos essencialmente diferentes, como sapatos ou enlatados. Uma empresa teatral precisa do dono do capital, de assalariados e de intermediários que se encarregam de veicular o produto no mercado.

O fato de que um espetáculo só vive se contar com a participação consciente e interessada de todos os que o realizam é certamente um ponto de eterno conflito dentro dessa organização empresarial.

Entre outras razões, é essa uma das dificuldades de implantação de uma empresa em estado puro na produção teatral. É muito difícil conseguir um bom resultado com atores trabalhando em linha de montagem, colocando apenas um cordão num sapato cuja forma final ignoram. Para si mesmo, como unidade dentro de um todo que o contraria, o grupo significa uma tentativa de eliminar do interior da criação teatral a divisão social do trabalho. É uma entidade ideal, célula anômala no tecido político e econômico do país, que representa para o artista de teatro uma estratégia foquista. Mil grupos de teatro podem irradiar para áreas circundantes à produção artística a idéia de que é possível arregimentar, unir, socializar. O grupo em vez da empresa, a coletivização do produto em vez do lucro retornando ao dono do capital.

Muito bem, a empresa é o vilão ou o testa-de-ferro do vilão. Repetidas análises, programas, entrevistas individuais concordam em caracterizar a empresa teatral como a face nítida do capitalismo na arte. Seu produto, afirmam várias vozes, é carta marcada. Visa o lucro, aliena o trabalhador, satisfaz apenas as necessidades já manifestas do público consumidor e, portanto, a vontade ainda mais claramente manifesta do poder que determina os rumos políticos do país.

Assim, da empresa teatral só pode nascer uma arte retrógrada, porque conivente com as linhas predominantes de uma história que já deveria ser passada. A empresa é omissa quando se trata de produzir uma obra mobilizadora e prospectiva, uma obra que realize a potencialidade divinatória da arte.

Neste ponto pode-se recorrer novamente ao Viajou sem Passaporte: "Não há correntes de opinião! Não há propostas globalizantes! Não há debate, polarização! Há sim uma variedade infinita de manifestações de ganância financeira travestidas de *saídas* para o *cinema brasileiro*, a *música brasileira*, o *teatro brasileiro*, cuja profundidade dura o tempo exato da temporada do filme, show ou peça em questão. Auferida a bilheteria, encerra-se o debate..."

Se a bilheteria é assunto primordial, entra em segundo plano a tarefa não menos primordial de encontrar vertentes para a produção de uma obra que sobreviva de alguma forma ao seu consumo imediato.

E o que é que o grupo tem que a empresa não tem? Em primeiro lugar, é contra. Sendo contra tem algumas raízes fincadas na década anterior. Seu ascendente direto é a companhia, as famosas companhias ensaiadas e executadas por elencos insatisfeitos com a linha de montagem na produção artística: Os Comediantes, o Teatro Brasileiro de Comédia, o Arena, o Oficina.

Essas companhias são ainda empresas, mas são o primeiro passo contra o estatuto jurídico que lhes serve de suporte. São companhias que têm um ideário artístico, que pretendem uma unidade entre diferentes encenações que seja não apenas uma satisfação imediata às exigências do consumidor, mas também uma manifestação da vontade dos artistas empenhados na confecção de uma obra. Além do lucro pretendem imprimir na memória do espectador uma imagem residual, que sobreviva à duração do espetáculo.

Só que o grupo acrescenta a isso algumas outras coisas: não é apenas contra determinada concepção da função da arte. Sua forma de organização é uma contraproposta a uma organização exterior ao mundo da criação artística.

O modo de produção de um grupo de teatro é uma alternativa real, em microcosmo, do modo de produção capitalista. Pretende eliminar da esfera da criação a linha de montagem representada pela definição rigorosa de atribuições no processo de produção do espetáculo. Em tese, um grupo de teatro não admite a preponderância deste ou daquele setor do espetáculo ou mesmo o monopólio de uma área por um único indivíduo.

Como resultado artístico, a obra é de autoria coletiva. Quem faz o texto, quem organiza a produção executiva ou quem sobe ao palco é sempre o intérprete. Intérprete no sentido original do termo, ou seja, aquele que interpreta o mundo através da arte. O grupo pode ser um globo de espelhos porque congrega, num único objeto, o espetáculo e o reflexo. Cada membro de um grupo emprega na confecção da obra a sua história e o seu desejo. O globo é coletivo e deve conter o sujeito e a sociedade. A forma como é construído é tão modelar quanto a sua existência tridimensional.

A história manifesta do grupo de teatro não é muito diferente, portanto, da história de outros setores da atividade cultural do país a partir de 1968. Mostra que há um esforço consciente e racionalizado em vários programas de ação para aglutinar a atividade cultural, encontrar uma irmandade que no espírito e na letra se oponha à diáspora ordenada pelo governo.

No momento em que um grupo de duas pessoas é conspiração e o de três é sedição, há um esfacelamento dos canais de informação mais informais, como o mero convívio social. Formar grupos culturais significa reunir fiapos de informação dispersos, criar um espaço expressivo para sedimentar a amargura, levantar a dúvida e ensaiar a resistência. Independentemente do espetáculo que venha a produzir, a formação de um grupo é uma ação cultural e uma ação social.

Por trás da associação existe a idéia da legitimidade. O Estado fala em nome de poucos porque governa de acordo com os interesses de uma minoria. De alguma forma o grupo cultural quer formar uma base mais ampla que possa representar vértices do interesse coletivo. Não é circunstancial que a década de 70 tenha propiciado o aparecimento da Confenata, das cooperativas de teatro e de cinema, aglomerando produtores independentes, e mesmo de associações de produtores que funcionavam normalmente dentro de um esquema tradicional de empenho de capital e contratação de assalariados. Um artista não se sente seguro falando em seu próprio nome e além disso não dispõe de informações suficientes para embasar a construção de uma obra. É indispensável construir circuitos internos de veiculação de informações, para poder aumentar a representatividade do que se coloca no palco.

Poetas, produtores, artistas plásticos, músicos e bailarinos procuram as asas protetoras da associação para organizar não só uma frente ideológica de resistência como para tentar viabilizar a produção e a comercialização das suas obras.

Além dessa história manifesta, entretanto, há um rio mais profundo, de sondagem arriscada, que só pode ser penetrado experimentalmente. A busca de um semelhante, da harmonia do conjunto, corresponde também à formação de um gueto cultural que até certo ponto resiste ao caos de um país em que a progressiva estagnação econômica da maioria produz conseqüências nada menos do que violentas.

Enquanto as pessoas se agregam sadiamente para resistir, há um movimento paralelo de neutralizar a eficácia dessa resistência. O grupo deve funcionar também como reforço de certos comportamentos ou idéias já estabelecidos, porque é uma forma de procurar a concordância em meio à geléia geral de um país em que a atuação do cidadão é reduzida a pó.

Ora, se não há meios legais para expressar opiniões discordantes, se o papel do cidadão é concretamente restrito, é preciso encontrar outras pessoas que ouçam, um grupo social onde seja possível atuar, algumas pessoas que ou concordem com algumas coisas comuns ou simplesmente discordem da ordem vigente. E aqui entramos na limitação numérica do grupo.

Muitas vezes o grupo é uma casa, um lar, uma família, um porto relativamente seguro. Mas não é nem pode ser, pela semelhança entre os indivíduos que o constituem, uma amostragem das variações que ocorrem à sua volta. Todos os grupos que se formam nesta década têm como ponto de partida, e isto é óbvio, alguma identificação entre os participantes. Juntar-se ao grupo significa também construir uma cidadela onde o ataque e a defesa são planejados estrategicamente, mas onde a sólida realidade do cotidiano contribui para alicerçar um refúgio imune às tempestades do mundo exterior.

É possível identificar um vértice em que o conforto e o perigo se estabilizam momentaneamente, criando condições para um trabalho que é ao mesmo tempo agressivo ideologicamente e estável na sua coerência interior. Por outro lado, a trajetória de muitos grupos denota como passo seguinte a opção pelo útero, pelo refúgio. Com conseqüências evidentes para o conteúdo e a linguagem dos espetáculos idealizados por esses grupos.

Há inúmeros casos que poderiam exemplificar essa atuação flutuante dos grupos. Mas como o objetivo deste trabalho é menos fazer história e mais identificar alguns rumos, basta citar um caso que parece dos mais significativos.

Em 1971, durante o governo Médici (um período de triste memória para a liberdade de expressão, entre outras coisas), o grupo do Teatro Ipanema colocou em cartaz uma peça de José Vicente, *Hoje é dia de rock*.

Na forma de encenação estavam contidas embrionariamente todas as proposições típicas de um grupo de teatro: os atores e demais trabalhadores do espetáculo participavam como co-autores do trabalho, ideologicamente identificados com o resultado apresentado no palco.

Não era exatamente o "todo mundo faz tudo", mas sim um tipo de trabalho em que o produto cênico deveria corresponder à proposta de vida que os participantes haviam idealizado para si mesmos. O texto, uma caminhada lírica do autor em direção ao seu *Eu* presente, esgarçava os contornos do acontecimento e do tempo, fazendo de cada personagem um rio tributário de uma única personalidade, aquela que ativa o arquivo da memória. Os fatos, exatamente porque pertenciam a uma memória pessoal, podiam ser deformados, embelezados, reconstruídos com inteira liberdade. Indiretamente a peça propunha a utopia de um reino livre, o reino interior de cada ser humano onde é possível exercer-se.

Alguma coisa especial aconteceu nesse espetáculo. Talvez a máscara da personagem tenha se colado indissoluvelmente ao rosto do ator. Ou talvez os tempos fossem realmente propícios para o retorno aos mananciais, às cavernas mais profundas da vida coletiva. Quando tudo parece disperso e difícil de abarcar com a consciência, é compreensível que as pessoas concentrem-se intensamente nas raízes comuns de humanidade, na pré-história.

O que interessa observar aqui é que esse espetáculo ficou em cartaz durante dois anos, atraindo um público que não ia apenas para conhecer uma obra, mas para viver com ela e por ela a duração do espetáculo. Algumas pessoas viram mais de 30 vezes a representação. Não interessava a esses espectadores o fato de que uma obra teatral dá-se a conhecer. Interessava fazer coincidir o momento vital do espectador com a manifestação teatral.

Por estar muito perto da essência do teatro, por proporcionar uma comunicação em que a mediação da máscara se torna cada vez menos perceptível, os atores do Teatro Ipanema reuniram em torno de si um fantástico grupo de co-participantes dessa cerimônia. Uma cerimônia que só não atingiu a dimensão do rito porque a capacidade de adorar exige uma proposta transcendente que o grupo não pretendia oferecer. O que estava em cena, sob a forma de teatro, era ainda assim a metáfora obscura de um acontecimento muito concreto, que dizia respeito antes de mais nada à vida terrena. Junto com o público os atores celebravam a possibilidade do prazer, um atributo humano que resiste às mais intensas pressões e que permite armazenar energias para o ato. Sob a forma de um trabalho artístico, esses atores funcionavam também como um grupo de pessoas que conseguia atrair mais pessoas e, junto com elas, fazer alguma coisa. Segundo observações da época, esse encontro, por mais discutível que fosse a sua validade política e social, assumiu as dimensões de uma verdadeira pororoca.

Em outubro de 1973, no dia em que o espetáculo deveria dizer adeus ao público, Yan Michalski relata os acontecimentos:

> *Entre as mais de 600 pessoas que devem ter estado presentes, relativamente muito poucas eram as que queriam realmente assistir a* Hoje é dia de rock *e receber pela última vez a sua mensagem de fraternidade. A imensa maioria (integrada, aliás, em grande parte por quase crianças, que de qualquer modo dificilmente assimilariam o conteúdo da obra) estava ligando muito pouco para o espetáculo e para aquilo que este já lhe trouxera em visitas anteriores, ou poderia lhe trazer ainda na sua última apresentação. Para estes, a única coisa que contava era não sofrer a frustração de ficar à margem do local que era naquela noite o mais badalado da Zona Sul, era exibir a sua própria desinibição e a sua própria energia vital, de uma maneira bastante parecida com o alienadíssimo comportamento da torcida do Festival da Canção. E para conseguir esse objetivo, os jovens abriram mão da sua individualidade e se transformaram numa multidão incrivelmente fanatizada, que não hesitaria em abrir seu caminho à força de músculos e de brutalidade, e em impedir sem qualquer escrúpulo a realização do espetáculo que seria o próprio motivo da festa, contanto que ninguém ficasse do lado de fora. A violência e o inconsciente fanatismo desses adolescentes impressionaram-me bastante, pois senti neles um grão que pode facilmente tornar-se uma planta muito perigosa.*

E conclui:

> *De qualquer modo estou convencido de que o pessoal do Teatro Ipanema, que hoje em dia se tornou uma espécie de guru coletivo dessa juventude desorientada e carente de afeto, saberá meditar sobre a séria responsabilidade que esse merecidamente conquistado prestígio lhe impõe.*[2]

O que esse trabalho propiciou, de acordo com depoimentos, não pode ser resumido pela proposta do espetáculo. Houve realmente um encontro onde não só o prazer predominou, mas a platéia pôde revelar o seu estado anímico, aquilo que a impulsiona para a sala de espetáculos.

O paraíso terreno que o grupo do Teatro Ipanema mostrava não era despido de arestas, mas pelo menos era um espaço onde o espectador podia ser e acontecer. Vale a pena dizer que esse espaço idílico vive simultâneo com a apropriação da palavra comunidade. Havia um trabalho comum e esse trabalho resultava num produto amorável, cheio de encantos, encantos que adornam a obra onde o artista põe "tudo de si". E, ao mesmo tempo, nenhuma sugestão de sacrifício. Em nenhum momento os artistas cobravam do espectador o fato de que aquela oferta representava uma doação abnegada das suas individualidades.

Era possível ser um núcleo harmonioso dentro do todo, porque havia uma obra que comprovava isso e que, pela sua própria existência, convidava à proliferação de experiências semelhantes.

Certamente havia uma aura em torno desse espetáculo. Eu, que nunca vi uma aura face a face, uso a palavra para exprimir o inenarrável. E assim todas as pessoas que testemunharam esse trabalho partilham dessa incompetência para transpô-lo para outra linguagem.

Quem partilhou da cerimônia teatral de *Hoje é dia de rock* do Teatro Ipanema pode não ser capaz de explicitar a natureza desse espetáculo. Mas pode também discorrer longamente sobre as suas experiências pessoais durante o desenrolar do espetáculo.

Onde estava a ligação desse espetáculo com a história que lhe era contemporânea, com a desagregação que levou tantos indivíduos a procurar o ninho do grupo? Aparentemente em lugar nenhum, e esse é o *x* da questão. Não era preciso nominar, apontar, aclarar as analogias. O simbolismo das personagens e o fato de que elas caminhavam bastava para englobar tudo, para canalizar para dentro da encenação a história pessoal de cada espectador presente. O contorno amplo do espetáculo comportava muitas idéias, muitos sentimentos, mas principalmente dava o desenho de um movimento interior que, independentemente da sua validade, estava acontecendo. Os espectadores investigavam seu espaço interior.

Pode-se especular. O túnel negro inaugurado em 1964 chapou todas as expectativas, senão por outras razões, no mínimo porque impediu a participação do cidadão na vida política do país. O Ato Institucional nº 5 desorganizou os últimos setores que ainda permitiam ouvir os murmúrios da discordância social. Depois disso o país se dividiu, silenciosamente, entre os poucos comandantes e os muitos comandados. As táticas de oposição ensaiadas, verdade seja dita, não foram eficazes para arregimentar os setores populares porque antes de adquirir forças foram aniquiladas pela repressão. Havia apenas o sentimento geral, claramente expresso na produção cultural, de que as trevas eram demasiadamente longas e que era muito difícil, embora não fosse impossível, mobilizar-se contra ela. Por isso a arte foi genérica. Porque a insatisfação foi genérica, como se o opressor não tivesse nome e história, mas fosse apenas um opressor com O maiúsculo.

Esse teatro, como o que o grupo de Ipanema faz, convida a um diálogo escandaloso, e não furtivo, com o próprio eu. Pode portanto abarcar essa identidade monstruosamente deformada do inimigo e introjetá-la para estabelecer um combate invisível ao observador externo. É uma forma de agir sobre si mesmo, com armas em que o oprimido pode levar vantagem e que de qualquer forma revelam um conflito que não precisa da anuência do poder constituído.

Essas considerações passam ao largo do espetáculo em questão. Não se relacionam com a peça de José Vicente a não ser por exclusão, porque abordam não o que o espetáculo ofereceu intencionalmente, mas aquilo que se criou pelo fato de o grupo ter conseguido estabelecer uma relação especial com o seu público. Uma relação tão rara no teatro quanto escassa na vida social do país na época em que o trabalho foi produzido. Qualquer espaço aberto para o exercício da pessoa ou flexível à permeação de qualquer forma de comunicação parecia tão importante que foi imediatamente e intensivamente ocupado pelo público.

Interessa observar aqui o fato de que o Teatro Ipanema proporcionava aos seus espectadores a oportunidade de vivenciar alguma coisa que não pertence exclusivamente ao terreno da arte. Durante a representação o palco e a platéia realmente formavam uma unidade. O espetáculo era a mediação de um acontecimento novo, alguma coisa profundamente diferente da experiência do mundo exterior, com limites imaginários muito mais amplos do que os que rodeavam a casa de espetáculos.

Era possível sentir-se integrado, irmanado aos atores, porque eles gentilmente convidavam a isso, além das personagens que ofereciam como invólucro dessa oferta pessoal. Não era um teatro para levar para casa, como o melhor teatro geralmente é, mas um teatro para ser vivido. Diga-se de passagem que o espetáculo nunca cumpriu a enganadora tarefa de oferecer uma ponte de fuga para compensar as frustrações do cotidiano, como aquele teatro que vulgarmente chamamos digestivo faz. Pelo contrário, o grupo arriscava-se a partilhar com o espectador desconhecido suas experiências mais pessoais, arriscando-se também a reações emocionais imprevisíveis, com as que o crítico do *Jornal do Brasil* descreve.

Está claro que, em dois anos de trabalho, isso acaba ficando um tanto cansativo para os atores. Despir a situação ideal e voltar a vesti-la na noite seguinte é angustiante para qualquer pessoa e muito mais para um grupo de atores treinado para trabalhar ao nível de superexcitação. Tentar ser um homem feliz ao mesmo tempo em que indica a possibilidade da existência desse homem é uma tarefa, ao fim e ao cabo, exaustiva. Na medida em que o espetáculo possibilitou relações interpessoais entre o elenco e o público, exigiu dos atores uma reserva de humanidade que iria muito além da dedicação profissional. Essa mesma corda-bamba seria experimentada com igual ou menor intensidade por outros grupos de atores que, partindo de impasses artísticos diferentes, tomaram o mesmo rumo do Teatro Ipanema, misturando indiscriminadamente a obra e a vida, a individualidade e o projeto coletivo.

Em que pese a elaboradíssima realização desse grupo em particular, o produto artístico criado enfatizava a semelhança entre o espectador e o ator. Deliberadamente criou-se a ilusão de interpessoalidade e os atores preferiram trocar a ilusão por uma espécie de compromisso pessoal em torná-la verdadeira. Através da obra não se encontraria uma caminhada simbólica, mas um exemplo vivo, o convívio com pessoas que estavam experimentando a viagem inventada por José Vicente. Entretanto, por tradição e nada mais do que por tradição, não é a verdade que interessa à arte, mas sim a ilusão, a mais perfeita das ilusões.

Rejeitando essa tradição o grupo abriu um espaço. Não pôde mantê-lo por muito tempo. O mesmo grupo trabalhou em mais uma encenação, em que se poupava, reservando ao espectador uma participação mais contemplativa. E, depois disso, no final de 1973, dissolveu-se como grupo, com os atores dispersos em outras formas de atuação profissional.

O que pode se questionar, utilizando o Teatro Ipanema como ponto de partida, é se essa forma de associação, o grupo, é um invólucro suficientemente elástico para encaminhar a produção de um conjunto de obras coerentes entre si e, ao mesmo tempo, manter ativos os canais de contato dos participantes com o mundo exterior. O Teatro Ipanema experimentou ativamente, chegou a novos resultados e também usou a si mesmo, como grupo, para informar e construir uma obra. Sua dispersão, em pleno auge da realização artística, é sintoma de um certo esgotamento, de uma dificuldade em realimentar o grupo com experiências vitais que pudessem gerar outras obras. De uma certa forma, o contato do grupo com o público e consigo mesmo foi tão satisfatório e absorvente que tornou tênues os laços com os espectadores que não foram atingidos, os possíveis espectadores de outras obras.

De qualquer forma, há uma tensão permanente e visível nos grupos teatrais que, de certo modo, precipita a sua dissolução durante esses anos, muito antes que o grupo tenha realizado sua potencialidade.

Quando a vida profissional e a vida pessoal do artista confluem até se tornarem indissolúveis, as contradições entre a ideologia da arte e a realidade cotidiana tendem a explodir sob a forma de conflitos pessoais nem sempre claros para os diretamente envolvidos.

A história dos grupos de teatro é caracterizada por uma luta intensa, e a cada espetáculo reafirmada, pela unidade grupal. Nem todos os membros resistem a essa pressão constante que tangencia a arte e a vida pessoal. Depois de um certo tempo em que as pessoas se sentem protegidas pela integração social e pelo trabalho coletivo, há um momento em muitos grupos em que essa proteção e essa coletividade parecem tornar-se constrangedoras.

Num certo sentido a produção convencional pode oferecer aos que abandonam os grupos alguma coisa mais do que a segurança de uma remuneração. A empresa, com todos os entraves que pode opor à liberdade de criação, oferece, além de um papel ficcional, um papel social definido. O ator é ainda um intérprete, mas não mais o intérprete de si mesmo. Pode ser inclusive, dependendo da rigidez da companhia, um mero executor de uma proposta artística com a qual não tem o menor ponto de contato pessoal. Está disposto a executar uma tarefa e será pago por ela.

Para um analista apaixonado o panorama é desolador. Como alguém pode trocar o seu grupo de teatro, onde há amigos, pessoas que pensam mais ou menos as mesmas coisas, possibilidades de criar uma obra, por uma situação de tarefeiro da arte?

O fato é que isso acontece com uma freqüência maior do que a situação deixa supor. Há um movimento inverso de retorno do grupo à empresa. Depois de atravessar a experiência do grupo muitos atores retornam a um trabalho mais convencional. Há um alto custo pessoal para construir uma obra enraizada no sujeito que a produz. É compreensível portanto que muitos atores procurem livrar-se por tempo indeterminado de uma forma de arte que não tolera o recuo e oferece poucas oportunidades de estabilidade material.

A precariedade econômica, aliás, não justifica a dissolução dos grupos mais significativos da época. Em primeiro lugar porque alguns desses grupos, como o Oficina ou o do Teatro Ipanema, foram responsáveis por grandes sucessos de bilheteria. Depois porque a companhia está longe de ser uma alternativa econômica promissora. A dissolução dos grupos, quando acontece, tem motivos muito mais complexos do que a inviabilidade econômica do projeto.

Voltar à empresa, entretanto, é um movimento que, como toda ação humana inscrita na história, não se processa em linha reta. Algumas das propostas essenciais da poética dos grupos penetram na empresa através da mobilidade dos participantes. A idéia de que é preciso associar-se para sobreviver atinge inclusive as áreas aparentemente mais imobilizadas da criação teatral: o Estado (através do órgão que regulamenta a atividade teatral) e as associações patronais (como a associação de produtores de São Paulo e a do Rio de Janeiro). O Serviço Nacional de Teatro, a partir de 1974, inclui os grupos na lista de agraciados com subvenções oficiais e as associações patronais passam a incluir representantes de grupos entre os associados.

Seria interessante ensaiar a demarcação desse movimento no tempo. Os teatros de Arena, em São Paulo e Porto Alegre, os Centros Populares de Cultura, que foram especialmente ativos no Rio de Janeiro e nas capitais do Nordeste, têm raízes na década de 60. São agrupamentos de artistas que, através de uma unidade ideológica, procuram oferecer uma produção coerente de diversos espetáculos. Não querem garantir apenas a boa qualidade artística, mas também estabelecer com o público um diálogo que permita chegar a um acordo. Um diálogo que só pode evoluir, aliás, se o espetáculo conseguir essa mútua concordância, se conseguir convencer o espectador de que as teses que dão origem a esse tipo de arte são válidas.

Nesses movimentos é possível encontrar, embrionariamente, os grupos de teatro que aparecem com nitidez e constância na década de 70. Dentre esses há exemplos de companhias que evoluem para a participação igualitária (como o Arena) e de outras, como os Centros Populares de Cultura, que adotam na produção da arte uma forma tributária da ação política que lhes dá o suporte ideológico. O que é marcadamente diferente dos grupos posteriores é que, nessa forma de associação, há ainda papéis definidos no processo de produção. Há o diretor, o cenógrafo, o ator e o iluminador.

A história dessas companhias já é bastante conhecida para que se retorne a elas. De qualquer forma interessa aqui observar que, além da contribuição evidente que ofereceram à linguagem do teatro, interferiram também nos modos de produção da arte. Quando o Teatro de Arena de São Paulo foi dissolvido, em 1970, o processo de desagregação dessas companhias completou-se. Algumas desapareceram, outras transformaram-se radicalmente, ou formando grupos ou fornecendo atores para empresas de teatro ou canais de televisão.

Uma vez que a continuidade dessas companhias foi cerceada por fatores externos ao desenvolvimento da arte, as formas de associação e as concepções artísticas que as sucederam são duas faces radicalmente diferentes e dificilmente complementares. Num certo sentido eram formas harmoniosas de evolução da empresa ao grupo, resolvendo em termos de síntese muitas contradições que foram retomadas pelos grupos e empresas a partir da estaca zero.

Essas companhias de teatro reuniam não só a experiência técnica e administrativa da empresa como a unidade ideológica que veio a constituir a marca distintiva dos grupos. Conheciam um *métier* tradicional e bastante desgastado, mas acrescentavam a isso uma grande paixão pelas transformações mais novidadeiras da história e da arte. Foram esmagadas quando estavam no ápice da sua capacidade de representação, ou seja, no momento em que realmente eram a voz audível de setores da sociedade em vias de mobilização. O regime calou os ideários que sustentavam essas associações, descaracterizando-as assim como formas de produção teatral. O campo experimental inaugurado não foi reabsorvido ao nível do modo de produção da arte. Individualmente os participantes dessas companhias integram-se às vezes a outros projetos interessantes. Mas começaram de outras bases, interrompendo assim um fio que poderia dar resultados menos contraditórios.

O período que vai de 1974 a 78 é quando se define com maior nitidez a contraposição de dois modos de produção teatral. De um lado há a empresa, juridicamente estabelecida e produzindo um teatro perfeitamente assimilável aos objetivos do Estado. Essa empresa não chega a ser uma companhia: para cada espetáculo organiza-se um elenco sob a responsabilidade e supervisão muitas vezes estrita de um produtor. Há pouco a falar sobre isso. Basta olhar os anúncios, a coleção de "tijolinhos" dos jornais para obter uma imagem bastante precisa desse tipo de teatro. Os esforços mais bem-intencionados para transmitir uma "mensagem" através dessas obras estão suficientemente louvados pela crítica, enquanto as obras mais declaradamente omissas estão suficientemente relegadas ao seu merecido esquecimento. O fato é que a produção isolada, nos seus melhores momentos, não chega a constituir um fator que abale ou modifique de alguma forma a linguagem disponível do teatro. Muda o texto, mudam os atores, mas os grandes espetáculos são mais ou menos aquela coisa que a gente já sabe o que é antes de ter chegado lá.

Para se ter uma idéia da importância do processo de produção basta lembrar que um texto tão importante como *Gota d'água* tem o mesmo impacto, quando encenado, de uma comédia de costumes do Sr. João da Silva. Ou seja, não tem impacto nenhum. O espetáculo fica muito tempo em cartaz, é sucesso de bilheteria, mas sai de cena sem deixar atrás de si um único herdeiro que possa aproveitar alguma idéia em outros trabalhos.

Dentro desse panorama a formação de grupos não representa apenas uma alternativa, mas sim uma postura antagônica cuja base envolve tanto uma nova forma de pensar a arte como uma nova forma de organização social. A linguagem é o campo da experimentação, mas o fim é atingir, através desse labirinto, novos conteúdos.

A importância do grupo fica mais evidente considerando-se que a bipolarização com a empresa espraia-se além dos grandes centros de produção teatral do país, transferindo-se para os movimentos amadores, que constituem mais de 80% da produção teatral do país.

Nos lugares onde a empresa é praticamente inviável, como nas cidades do Sul, do Norte e do Nordeste, mas onde a atividade teatral é intensa, a ideologia do grupo reforça uma prática. O que já era uma experiência comum dos amadores (quando não há capital empenhado no financiamento de um espetáculo a divisão de trabalho é forçadamente pouco nítida) passa para o nível da consciência, norteando o espírito de novas produções.

Os encontros de teatro amador, que até então eram marcados pela discussão da qualidade estética das obras, passaram a discutir também o seu modo de produção.

Já em 1970, num encontro nacional de amadores em São José do Rio Preto, elencos de todo o país discutiram em seminários a necessidade de reforçar as bases da criação artística esclarecendo individualmente os participantes de cada espetáculo sobre a sua responsabilidade na totalidade da obra.

Nesse encontro, cujas teses são repetidas até hoje por amadores de diferentes lugares do país, havia uma "oficina de teatro" orientada por Joana Lopes com o objetivo de instruir os participantes sobre a sua capacidade de criar em qualquer área da expressão humana. Para muitos amadores era a primeira vez que alguém dizia que qualquer pessoa pode fazer teatro e, mais do que isso, que esse teatro não precisa ser parecido com nenhum espetáculo visto anteriormente. Teatro não precisa de diretor, nem de texto, nem de cortina, nem de falha trágica. Pode ter ou não ter tudo isso. Essa liberdade circulou como uma boa nova e libertou muita gente dos dilemas técnicos de uma cópia bem-feita. E reinstaurou com mais força uma solidariedade que já era real pela necessidade, mas que não tinha nenhuma justificação teórica. Com atores-autômatos não seria possível mesmo renovar nada em teatro.

Resta saber como é que essas novas idéias postas em circulação se refletem na produção de espetáculos. Qual é o conteúdo diferencial que aparece a partir de novas concepções do modo de produção?

Primeiramente a responsabilidade igual de todos os participantes elimina uma série de especificidades normalmente atribuídas a cada participante. A tendência é eliminar, ou tentar eliminar, as funções de cenógrafo, figurinista, iluminador, autor e ator. Na medida em que o espetáculo veicula um consenso interpretativo, todos os participantes devem estar capacitados para opinar em cada área do espetáculo e, se possível, para passar das palavras à ação.

Como conseqüência prática, o aumento da carga de trabalho de cada participante é assustador. De todas as tarefas a que acarreta maior sobrecarga é, sem dúvida alguma, a de produzir o espetáculo.

Além de trabalhar no processo criativo propriamente dito, o membro de um grupo tem que reunir as condições materiais para a execução dos seus devaneios de natureza poética. Ele é responsável não só pela idéia como pela forma que essa idéia adquire no espaço do palco.

Nesse ponto juntam-se duas esferas da arte, num esforço para recuperar para o teatro a sua condição original de produto artesanal. Como o artesão de uma corporação de ofícios, o ator é agora o proprietário dos meios de produção da arte e deve saber manipulá-los ainda que não disponha mais da orientação de um mestre. E não é fácil adquirir esse domínio num período curto de tempo.

Se um ator é obrigado a conhecer profundamente uma caixa de luz, além de trabalhar na confecção de uma caixa de luz, está dividindo suas energias, canalizando parte da sua força criadora para a construção de um alicerce invisível aos olhos do espectador. Por mais rica que seja essa aprendizagem, não há como negar que o tempo que seria utilizado na criação das cenas é dispendido em corte e costura, pintura e divulgação do espetáculo.

Esse dilema prático se agrava quando se considera que um espetáculo teatral confeccionado segundo moldes artesanais entra no mercado em condições de igualdade competitiva com o produto empresarial. Um grupo precisa divulgar o seu trabalho e vendê-lo quase sempre ao mesmo público que aflui às produções empresariais. No balanço comercial o grupo inclui nas despesas o contrato com o teatro, o pagamento dos tijolinhos, as obrigações sindicais e a confecção de cartazes. Parte das despesas é solucionada internamente, na medida em que um ator construiu o cenário e outro instalou a luz. Mas ainda assim esses trabalhos de grupo percorrem, em escala reduzida, o mesmo circuito de comercialização dos espetáculos empresariais.

Essas dificuldades repercutem profundamente não só no cotidiano da produção de um espetáculo como na própria formulação estética que esses grupos constituem para embasar o seu trabalho. Funcionando internamente como uma corporação de ofícios, mas colocando o seu produto num mercado regido pela oferta e pela procura, os grupos formulam uma poética que pretende valorizar esse produto artesanal através da ênfase dada à sua especificidade.

O "segredo" do grupo, assim como o segredo de uma corporação, pode ser um elemento químico adicionado ao esmalte, é a valorização da expressividade. Mais interessante do que o acabamento formal de um espetáculo é a sua intensidade tanto ao nível das idéias como da execução. Essa verdade deve sobrepor-se sempre a um magistral dó de peito.

A verdade passa aqui a integrar os domínios da arte porque é, programaticamente, a mensagem que o grupo oferece através do seu trabalho, como o grupo do Teatro Ipanema encenou *Hoje é dia de rock*. É dessa forma que muitos grupos entendem a função da arte: para ser eficaz a arte precisa ser sincera e a sinceridade, não apenas um discurso sobre ela, é o que o grupo tem a dizer de mais importante.

Eliminando freqüentemente a mediação de um autor, o ator em cena constrói os signos da representação a partir da sua experiência vital. Situa-se no palco não apenas como instrumento de uma imagem a ser representada, mas como parte constituinte dessa imagem.

Os objetos que utiliza em cena, a forma como dialoga com um interlocutor ficcional ou com o próprio público são formas pessoais e intransferíveis de atuação artística. Diferentes atores podem iluminar diferentes facetas de Hamlet, mas o próprio Hamlet sobrevive a todas essas incursões. Ao contrário, a personagem apropriada por um grupo só pode existir sob aquela forma de representação. Representada por outro grupo será outro ser no mundo, completamente inaugural. Mesmo o *Policarpo Quaresma*, quando representado pela companhia Jaz-o-Coração, tem pouco ou nada a ver com o original de Lima Barreto.

Uma vez que a representação é o resultado da interferência de cada participante no processo criativo, o espectador deve saber que está em contato, no mesmo espetáculo, com diferentes expressões individuais. Como contraponto ao ator perfeito, ao ator-Stradivarius, a cena apresenta o ator "visceral", que deve ir muito além do mero instrumento. Esse não é o ator que transmite uma emoção, mas aquele que vivencia a emoção em cena. Mesmo que esse ator não tenha disponibilidade para cultivar-se, as possíveis arestas podem ser compensadas com uma outra exigência que o ator faz a si mesmo. E que implica necessariamente num tremendo desgaste emocional e físico, em cordas vocais arrebentadas e numa avaliação da qualidade do espetáculo não pela comunicação racional que estabelece com o público, mas pelo trânsito das emoções que cruzam o espaço entre o palco e a platéia. Ressalve-se o fato de que esse turbilhão de paixões não tem a menor intenção de minimizar o conhecimento que a arte proporciona, mas sim altera a veiculação desse conhecimento na ordem da percepção do espectador.

O trabalho do ator é mencionado a título de exemplo, mas esses valores perpassam todas as áreas do espetáculo. A cenografia, por exemplo, torna-se campo para o expressionismo, cada vez menos empenhada em situar a ação e cada vez mais preocupada em participar da interpretação de uma idéia, de um sentimento, de um clima.

Como resultado, a tônica dominante da composição cenográfica é o elemento de cena que o ator ajuda a descobrir e que freqüentemente relaciona com a sua atuação individual em cena. Os espaços construídos cedem lugar aos espaços cambiáveis, preenchidos esporadicamente por objetos de cena que o autor manipula segundo as intenções de determinada cena.

Por sua vez, os materiais que compõem a imagem do espetáculo são muitas vezes matérias-primas em estado bruto, e o uso que se faz delas é mais importante do que a sua aparição formal. Ou, como diriam Brecht e José Celso Martinez Correa: há muitos objetos num só objeto. A função do teatro é revelá-los, mudando a sua significação através da imaginação ativa.

Como conseqüência, o teatro da década mostra panos, cadeiras, caixas de papelão, papel crepom, velas e ornamentos de lata. Em vez de esconder a verdadeira natureza de um objeto, a cenografia expõe orgulhosamente a transformação de um repertório comum em criação artística. Isso é feito, diga-se de passagem, sem nenhuma inspiração no didatismo brechtiano. Não é para mostrar que as pessoas estão vendo ficção, mas para mostrar-lhes que a imaginação criadora pode transformar e criar coisas novas. Ninguém pretende com isso anular o poder encantatório da arte e transformar o espetáculo numa aula de criatividade para meninos pobres.

Também a unidade dramática sofre vários golpes e retaliações a partir desse império da expressividade. Com a minimização do texto ou com a sua substituição por textos criados pelo próprio grupo, a ação dramática é esgarçada para permitir o acesso das individualidades que compõem o grupo.

Em *As três irmãs*, uma peça de Tchecov encenada pelo Teatro Oficina em 1973, o texto foi seccionado em "árias". O momento crucial de uma personagem foi alargado para que cada ator pudesse intensificar no espetáculo as suas relações pessoais com a personagem, principalmente nos pontos em que a trajetória da personagem se aproximava da vida pessoal do ator. No momento da ária dessa personagem, os outros valores do espetáculo esmaeciam-se, abrindo uma espécie de clareira onde o ator desenvolvia o trabalho com os recursos que, pessoalmente, achasse necessários. Antes disso, durante o processo de produção do espetáculo, os atores haviam procurado papéis que se adaptassem à função que cada ator desempenhava dentro do grupo de trabalho.

Da mesma forma, o ex-diretor do Oficina, José Celso Martinez Correa (quem em 1973 declarava-se apenas um membro do grupo e não mais o diretor), terminava o espetáculo assumindo a forma e o conteúdo de Tcheboutkine e não apenas representando o personagem. Balançava-se entre o palco e a platéia, em movimentos gradualmente mais enérgicos e mais amplos dizendo como ele mesmo, José Celso, as falas da sua personagem: "Que sentido terá tudo isso?". A pesada massa do tempo que Tchecov interpretou como insuportavelmente estagnada foi interpretada pelo Oficina como uma massa explodida cuja poeira provoca um doloroso obscurecimento. Outro tempo, outra obra.

Muitos grupos de teatro preferiram escrever os seus próprios textos, com um resultado invariável de uma composição nitidamente dividida em cenas. Para quem cultiva as unidades aristotélicas, a absorção desses textos continua difícil.

A esses grupos parece menos importante, como valoração estética, a transmissão de uma idéia ou de uma experiência do que a organização lógica da representação. As lacunas de raciocínio, quando existem, devem ser preenchidas por um outro tipo de comunicação que privilegia a contradição como mensagem. Contraditórios somos todos nós, contraditório é este país – dizem esses textos. E dizem mais ainda: "A contradição é o nosso conflito. Como sair dela?"

A perplexidade transparece portanto como parte integrante da verdade que esses grupos querem imprimir à sua poética e à sua obra. Muitos desses trabalhos concentram-se explicitamente em explorar as experiências individuais dos membros do grupo como participantes da vida do país. Como se cada membro do grupo pudesse oferecer com a sua própria vida uma parcela representativa da comunidade.

Quer lidando ou não diretamente com a realidade política e social da década, é um tema comum a esses grupos o delineamento de uma situação extrema. Ao que parece, o cidadão se coloca antes do artista para tentar uma espécie de auto-análise que lhe permita compreender não só a sua função social como artista, como o seu papel social fora da arte.

A perplexidade é o lote comum deste tempo e deste espaço. Na medida em que não tem liberdade para transcender os seus limites, o homem de teatro representa em profundidade (maior ou menor, e nesse ponto entra o que se pode chamar de qualidade artística) o seu próprio espaço social e existencial. Essa área limitada, com todas as suas particularidades exploradas, deve funcionar pelo menos para indicar ao espectador uma situação análoga à que ele próprio está vivendo. Dentro dessa perspectiva, compete ao teatro não tanto lançar novas luzes para espaços novos, como tornar públicos a confusão e o sufoco. Por uma ironia histórica, o teatro é obrigado a reinventar o lirismo e a tirar dele o melhor partido.

Está claro que a exploração poética dos temas a serem representados, esse reviver do lirismo, nada tem a ver com imagens açucaradas ou tênues. Pelo contrário, embora prevaleça a relação emocional com o universo a ser representado, é uma relação marcadamente agressiva onde se utiliza o grotesco, o exagero e a ironia. Se não é possível avançar lealmente contra uma instituição ou um sistema, é possível pelo menos mostrar a sua face mais negra através dos efeitos que provoca sobre a existência dos indivíduos.

Não se argumenta tão bem porque não se vê tão claro. Enquanto os grupos mais avançados da década anterior, como por exemplo o Arena, tinham um projeto ideológico para o país que norteava a construção das obras, os grupos da década de 70 mal conseguem definir a sua própria imagem no espelho do tempo. Não podem, como o Arena, ensinar alguma coisa a seu público nem propor atitudes que considerem válidas para transformar a face do mundo. No máximo podem oferecer eles mesmos um espelho em que o público se veja refletido e possa, a partir desse reflexo, compreender-se um pouco melhor, ou então entregar-se à angústia de não conhecer a própria identidade.

Um espetáculo dos mais significativos desta década, o *Trate-me, leão*, funciona aqui exemplarmente para ilustrar essas tendências. O grupo que o produziu escolhe como material para construir um espetáculo a sua própria esquina, a esquina de qualquer centro urbano onde ao cair da tarde se reúnem os adolescentes e as crianças.

Isso é tudo que o grupo tem para contar, porque é nesse espaço reduzido, na confluência de duas ruas, que acontecem as experiências sociais e humanas de um jovem da cidade grande. Há um limite físico intransponível em cada canto: a parede do prédio, o mar e o buraco do metrô.

Trata-se portanto de explorar intensivamente os meandros que essa geografia retilínea pode proporcionar. Mesmo porque não há outro espaço alternativo previsto para que essa juventude possa crescer como melhor lhe aprouver. A possibilidade de intercâmbio e movimento que essa sociedade coloca à disposição dos jovens corresponde em gênero, número e grau ao espaço físico e está perfeitamente representada pela escola.

Por isso o grupo narra-se no seu teatro com a angústia claramente expressa de que levanta a voz a partir de um espaço diminuto. O gesto que procura romper esse espaço é a vontade de narrar essa cela a inúmeros interlocutores.

Mesmo referindo-se a um espaço tão particular, a experiências tão restritas ao mundo de uma classe média de cidade grande, o espetáculo relaciona-se indiscriminadamente (e a afluência de público em São Paulo comprova esse interesse universal) porque lamenta o isolamento, a ignorância e a sensação de desamparo que têm os jovens do período pós-64: crianças mal-informadas, sem história e sem objetivos.

Para cada cena que explora os desejos, as angústias e a consciência possível dessas personagens com uma experiência de vida tão pobre há um grande espaço vazio que o espetáculo enfatiza. Os fatos deslizam sobre um vácuo ideológico, as personagens trafegam ao sabor dos acontecimentos, sabem narrar apenas o que sentem e vêem, mas não têm a mais tênue capacidade de prever ou organizar o desejo.

O mais importante não é o que está expresso por palavras ou gestos, mas um espaço obscuro ao redor da cena onde circulam coisas sem nome e que não têm denominação porque não puderam vir à luz. "No momento em que estou mais frágil..." é a frase final do espetáculo e que passa para o espectador como uma deixa de um diálogo que continua fora da casa de espetáculos. Quem conhece e experimentou esse desgarramento, essa limitação espacial, talvez possa, a partir dessa experiência, ensaiar mais um passo para alargar os horizontes de alguma forma que os atores não podem indicar.

É evidente que esses espetáculos que tomam como centro de investigação o próprio grupo não formam uma única linha nos trabalhos de grupo. Mas o grupo é, de qualquer forma, o centro nevrálgico de onde partem as referências para investigar e representar o país.

Em 1975 um grupo de São Luís do Maranhão encenou a peça *Tempo de espera*. Embora seja um espetáculo com uma divisão de trabalho delineada (o diretor é Aldo Leite), o grupo funcionava na cidade como um grupo de ação cultural, com todos os participantes colaborando na investigação do assunto que resultou no espetáculo.

Neste caso, a mesma perplexidade comum a outros trabalhos transparece na linguagem adotada para representar a vida da população do interior do Maranhão. A ênfase na lentidão, a minuciosa cópia de detalhes que formam o cotidiano, a descrição de uma forma de vida em que a comunicação inexiste porque não há um *sentido* a ser comunicado expressam a sensação de impotência e isolamento dos artistas em relação ao sujeito da sua obra.

Quando um grupo escolhe deliberadamente o reflexo, por mais poderosa que seja a organização artística desse reflexo, está colocando no espetáculo a incomensurável distância que o separa dos homens que escolheu representar. Resumir o significado desse trabalho a uma denúncia é acatar apenas o lado mais fácil e evidente da obra. O que realmente se destina ao espectador de *Tempo de espera*, como usufruto de uma experiência artística, é uma desolada sensação de incompetência para transformar a realidade. Sabe-se através do espetáculo como vive a população rural do país, pode-se sentir e compreender perfeitamente a extensão da miséria e do abandono desses seres humanos. Mas compreender não basta, como não bastou ao grupo Mutirão. O insulamento tanto dos artistas como do público é por demais consolidado para que se possa extrair desse conhecimento alguma ação sensata, algum relacionamento produtivo entre os dois extremos do país.

Em parte, essa tão mencionada perplexidade, essa sensação de insulamento, essa busca de uma identidade dizem respeito a toda e qualquer criação artística. Formam o substrato comum de todo homem que se aparta ligeiramente do mundo para refletir sobre a sua natureza e poder assim representá-lo. Todo ato de criação exila temporariamente o criador para preparar a gestação da obra num certo silêncio. Esse exílio normal dentro da anomalia que é a arte deveria ser, entretanto, um arco tenso de onde sai uma flecha que alcança longe. Mas, como o tempo não permitiu, o exílio se tornou involuntário e perene, o que deveria ser circunstância passou a constituir a essência da criação teatral.

Isso não quer dizer, absolutamente, que se tenha estancado a criação teatral ou que não tenham aparecido espetáculos bons, fortes e importantes. Pelo contrário. Mas o que parece claro é que a qualidade prospectiva da arte foi menos exercida do que a sua qualidade exploratória, simplesmente porque explorar os próprios limites era uma tarefa premente que consumiu todas as forças. Não houve muito espaço para transcender.

E é dentro do grupo de teatro, onde *o que* dizer tem a mesma importância do *como* dizer, que as características da década aparecem de forma mais aguda e conflitante. Cada nova produção gerada por um grupo, muitas vezes sem o subsídio de um texto oferecido por um dramaturgo e sem a garantia de um circuito de distribuição, suscita um frenesi exploratório que põe em pauta todas as questões do teatro, começando por definir novamente a sua função ideal. Muitas vezes o grupo, que não tem um projeto social definido (porque não consegue vislumbrar a viabilidade desse projeto), faz um espetáculo em que a questão social é o resíduo mais importante da obra. Simplesmente porque pensa tanto, revê tantas coisas, que acaba chegando não só a uma única imagem, mas a vários campos que abarcam as questões mais interessantes da vida social.

Neste ponto se situa talvez a distinção operacional mais importante entre o grupo de teatro e a empresa teatral. A empresa teatral funciona ainda como se fosse a detentora dos signos que compõem uma linguagem e como se fosse possível deter os signos que compõem uma linguagem. Possui uma herança, um cabedal solidificado pela convenção que é, ao mesmo tempo, a sua riqueza e a sua prisão. Tem um método de trabalho que segue invariavelmente as mesmas etapas e onde o artista se encaixa respeitando principalmente o cronograma.

Para compor um espetáculo é preciso encontrar um texto cujo significado seja, por si mesmo, adequado aos interesses artísticos e financeiros do produtor. Depois disso é preciso encontrar um diretor que seja adequado ao texto, atores que sejam adequados às personagens, e assim sucessivamente até que o resultado final se aproxime com a maior fidelidade possível do conteúdo intencionado pelo texto.

O texto, inventado por um autor que está sozinho na sua sala de trabalho, pode ser pura virtualidade. Mas o espetáculo, produzido como uma corrente que deve ser coerente na adição de cada elo, é muitas vezes a materialização do imaginário, e não uma criação independente. Já não se trata de fazer viver a imaginação de uma forma tridimensional, mas sim de consubstanciar uma obra que foi construída mentalmente, a partir de palavras e visualizações de uma única pessoa.

Dentro desse esquema de produção, a capacidade de criar do ator, do diretor e do cenógrafo é dirigida para um objetivo, e ao mesmo tempo limitada por esse objetivo que é a obra dramática. Se alguma coisa falhar, se alguém não atingir o objetivo ou render menos do que deveria, o todo fica irremediavelmente comprometido. O que se viu é menos, muito menos do que o autor imaginou quando estava só. Enquanto o grupo valoriza cada parte a ponto de que ela possa respirar por si, a empresa depende do conjunto, de uma execução disciplinada da partitura, para que não sobressaiam as notas dissonantes.

Nesse sentido, porque é pouco maleável e não dispõe de caminhos alternativos, a empresa teatral foi mais duramente atingida pelas interferências da censura na década de 70. Inventou menos do que poderia ou desejaria porque não teve alguns recursos sacados do bolso do colete, ou seja, a vivacidade de compreender que mesmo dentro do buraco pode-se discorrer sobre o buraco.

O primeiro passo que um produtor teatral dá antes de organizar uma produção é conferir se o texto que o interessa pode passar pela censura. E nesse primeiro passo já encalharam muitas produções teatrais idealizadas para esta década.

Não se sabe ainda, e não é possível saber antes que a censura franqueie os seus arquivos, quantas foram as peças de teatro interditadas nos últimos anos.

Só se pode conjeturar, e a conjetura não leva longe, sobre um teatro que não pôde vir à luz tal como teria desejado. Além disso muitas obras que conseguiram emergir, e não circunstancialmente as mais interessantes, tiveram a sua aparência desfigurada pelos cortes. Pode ser que as características de virtualidade e prospecção que o teatro não pode oferecer estivessem contidas em alguns desses textos. Entre os dramaturgos pode existir alguém que tenha criado para si mesmo um espaço mais amplo, que tenha conseguido enxergar além das fronteiras impostas.

Mas o fato concreto é que a empresa teatral, que poderia ter trabalhado outros temas, limitou-se a funcionar com as peças disponíveis, com aquelas que escaparam às malhas da censura. Com uma economia periclitante e textos inócuos, a empresa teatral fez ainda menos do que o seu esquema de produção pode oferecer. Os bens herdados foram subaproveitados e, como a ousadia não é o seu traço distintivo, o panorama teatral foi marcado pela atuação dos grupos, ainda que os sucessos ocasionais de uma ou outra produção empresarial reativassem momentaneamente o interesse dos produtores pela continuidade das produções.

O grupo, como se propõe a rever o modo de produção da arte, não pode repousar sobre louros do passado. E, na maior parte dos casos, o ator de um grupo não domina as técnicas mais elementares de um ator do teatro empresarial. Tem que descobrir técnicas adequadas para o seu próprio processo de produção. Trabalhos encenados por grupos tornam-se portanto discussões em torno da linguagem do teatro. O que é o teatro, como ele deve e pode ser, como executá-lo são questões que permeiam o cotidiano dessas produções. E como tudo que os preocupa acaba aparecendo no palco, o próprio teatro torna-se personagem dessas representações.

O artista não está seguro da sua linguagem, assim como o espectador não está seguro do seu papel social e do seu repertório de direitos. A linguagem da cena não pode ser pensada como um código transmissível porque a instabilidade dos conteúdos é a mesma que atinge o artista e o espectador. Para ambos a falta de liberdade tem a proporção tão alarmante quanto a falta de segurança. Sobre isso é possível representar, mas uma representação eternamente cambiável, uma representação que, para não mentir e para estabelecer uma comunicação sincera e válida, precisa questionar constantemente os seus signos.

Esse é apenas um dos efeitos que um Estado autoritário pode exercer sobre a criação artística. Os outros, os que só podem ser ensaiados por um estudo mais profundo, se referem não só às coisas que não puderam ser ditas como às coisas que não puderam ser vividas.

Embora essa seja uma tarefa de fôlego e mais adequada para historiadores e cientistas políticos, há algumas coisas que qualquer pessoa sabe por experiência própria ou por informação remota, e que não foram nem sequer tangenciadas pelo teatro, quando deveriam constituir pontos cruciais de qualquer forma de manifestação. Repercutiram também, está claro, porque não foram abordadas. Produziram uma espécie de negativo que de alguma forma é um registro histórico.

Sob o lema "segurança e desenvolvimento", o país deveria estar florescendo admiravelmente, de acordo com o retrato falado que era oferecido pelos órgãos oficiais de informação. A progressiva dívida externa, a deterioração da qualidade de vida do trabalhador, os índices inflacionários, a violência dos órgãos de repressão, as questões fundiárias, o hipercongestionamento dos centros urbanos do país, a corrupção de muitos dos nossos dirigentes foram assuntos olvidados, contornados e sufocados pela interferência direta do Estado. Todas essas coisas foram proibidas na arte, assim como foram proibidas de circular como informação em todos os veículos de comunicação.

O que não se soube, mas se intuiu, o que não foi dito, mas foi visto por alguém, o que não foi obtido, mas foi desejado, todas essas coisas, de alguma forma, constituíram matéria de representação artística. Muitas vezes o espetáculo não chegou até o público, mas o fato de ter sido pensado e às vezes até ensaiado provou que as informações de alguma forma obscura circulavam, que nem todos os buracos podem ser tapados quando o dique vaza por muitas brechas.

Durante dez anos os críticos de teatro (e aí me incluo) bateram incansavelmente na mesma tecla: o teatro está pobre, o teatro vai mal, porque a censura não permite que ele se manifeste. Era uma forma de protesto, certamente necessária, ainda que frágil. Agora, aproveitando a oportunidade dessa visão em perspectiva de dez anos, posso perceber que a primeira parte do corolário não correspondia à verdade. O teatro não esteve mal coisíssima nenhuma. Esteve realmente ótimo, não só disse o que era possível dizer, como disse muitas coisas importantes que realmente precisavam ser expressas. Apenas não disse tudo o que poderia ter dito, e nesse sentido deve retomar a batalha para reconstruir um caminho que não pôde trilhar. Mas a perseverança, o empenho e principalmente a capacidade de criar garantiram para o teatro brasileiro formas inéditas de atuação, para não dizer esdrúxulas.

As táticas são certamente estranhas, mas nem por isso ineficazes. Muitos trabalhos teatrais foram criados a partir de um processo de eliminação. O que unia primariamente um grupo era a vontade de fazer teatro. A partir daí os participantes traçavam o círculo em que poderiam eventualmente se movimentar. Não se tratava de perguntar primeiro, como seria natural, o que eu quero dizer com o meu teatro, mas de perguntar antes: o que eu posso dizer além do que não se pode dizer? E qual é portanto a linguagem adequada para este tempo em que eu devo dizer que não posso dizer o que gostaria de dizer?

Essa enroladíssima questão final parece ter-se tornado em muitos casos a temática de vários grupos. É preciso revisar uma a uma todas as etapas da criação artística para encontrar meios de expressar uma coisa que não está clara nem para quem faz. E é compreensível que essa questão apareça explicitada nos espetáculos, inclusive porque ela pertence ao mundo do espectador.

A eterna suspeição aos olhos do Estado atinge tanto o artista como o cidadão que nunca pensou em expressar-se através da arte, mas que ainda assim deseja expressar-se e não pode. Nenhum dos dois tem um espaço reservado na sociedade para pensar livremente e irradiar as suas idéias como bem entender. O ato comum que partilham nas áreas respectivas do palco e da platéia está sob estreita vigilância, da mesma forma que os atos que praticam nas suas vidas "leigas", no cotidiano de qualquer aparição pública.

Se o artista não dispõe de uma área livre para pensar, refletir e veicular, nem por isso deixa de exercer a sua vontade de representação. Deixa claro para o espectador qual é a sua situação e procura, a partir daí ou dentro desse núcleo, novas táticas que possam, ainda que indiretamente, relacioná-lo com o público. E contar a sua própria história parece ter sido, em muitos casos, a tática que permitiu maiores avanços no campo da linguagem, porque guardava a sinceridade fundamental para a expressão desses grupos.

A criação artística e a situação social do ator, quando minuciosamente revolvidas, funcionam para estabelecer uma analogia entre as diferentes atividades produtivas. Em qualquer área da atividade humana há alguém que nesse momento não consegue fazer o que gostaria ou não pode ir um pouco além e enxergar a que fim se destina o seu produto, o resultado do seu trabalho.

O teatro falando de si mesmo foi largamente explorado como metáfora da sociedade. E há aí também um aspecto de eterno retorno, como a serpente que engole o próprio rabo. A incansável utilização de si mesmo resultou, para vários artistas, num processo de esgotamento, numa espécie de estagnação e desespero porque, uma vez explorada intensivamente a metáfora, a situação permanecia a mesma.

Os grupos que sobreviveram produzindo bem durante um período de tempo maior foram aqueles que conseguiram armar um projeto, ainda que de dimensões reduzidas, fora do circuito normal de veiculação da arte.

Grupos como o Núcleo, ou o Teatro União e Olho Vivo, para citar apenas dois dos inúmeros grupos que dentro dessa linha proliferaram, resistiram mais no tempo, porque se desgastaram menos como artistas. Para esses grupos o público a ser atingido constituía também um elemento diferencial da reação. O espectador desses grupos é o trabalhador ou o marginal que mora na periferia dos grandes centros urbanos. Mesmo sem poder dizer coisas fundamentais para esse público, esses grupos teatrais de periferia puderam alimentar o seu trabalho estudando uma realidade que era muito diferente da sua própria. Cada produção era subsidiada não só pela consciência da opressão e do forçado imobilismo social, mas também pela ginástica necessária para entrar em contato com um espectador que era atingido por essa opressão e reagia a ela de uma maneira totalmente desconhecida.

No exato momento em que este trabalho está sendo escrito, há grupos de teatro embrionários ou já funcionando a todo vapor situados nas zonas mais carentes de várias grandes cidades do país. Da mesma forma que o Núcleo, outros jovens ou não tão jovens atores procuram outro tipo de público. É mais que provável que nessa procura encontrem novos conteúdos e novas linguagens.

Deve haver alguma obscura razão para esse movimento em direção ao círculo exterior das cidades. As antenas são propriedade do artista e ele é que sabe como sintonizá-las. Mas uma coisa que até o governo pode perceber é que, onde a arte está agora, se inicia um movimento provavelmente incontrolável de pessoas confinadas ao largo não só do espaço central da cidade como dos bens que a sociedade utiliza discriminadamente. O teatro pelo menos já está acontecendo e não se parece em nada com o que conhecemos até agora.

Na sua *Ópera do malandro*, Chico Buarque de Holanda nos mostra, numa linguagem que podemos reconhecer, o avanço dessas forças que ainda não vimos descortinadas. Por enquanto os manifestantes que Duran coloca na rua ainda não estão visíveis. São criações da imaginação de autor, digamos assim. De qualquer forma o teatro central, feito por uma empresa, afirma que é possível vislumbrá-los. E ao mesmo tempo os pequenos grupos de teatro, funcionando dentro das associações de moradores, ou dentro das salas paroquiais, trabalham para descobrir não só o teatro de um futuro próximo como o espectador de um futuro próximo.

Pessoalmente devo dizer que um observador do teatro, ou pelo menos eu, como observadora de teatro, partilho dessa perplexidade, dessa invenção intensa desenvolvida sobre uma área reduzida, dessa ignorância do todo, e dessa falta de uma visão mais ampla de como o teatro poderia ser, porque ela inclui uma visão de como o país poderia ser se lhe fosse permitido desenvolver-se de acordo com o interesse da maioria da sua população.

O que eu posso saber, por enquanto, é que o teatro sobrevive à Idade das Trevas. Os grupos, mais do que as empresas cadastradas pelo Serviço Nacional de Teatro, foram, nestes últimos dez anos, pequenos pontos luminosos que permitiram entender a extensão das trevas.

Permitiram enxergar, entre outras coisas, que para se obter um novo produto é indispensável alterar o modo de produção. Parece simples agora.

NOTAS

[1] *Viajou sem Passaporte,* in *Cine Olho*, nº 5/6. Junho/julho/agosto de 1979.

[2] Yan Michalski. *Os perigos do entusiasmo, Jornal do Brasil*, 12/10/1973.

Não sei como se sentiram os demais autores, ao reencontrar seus textos desta coleção Anos 70. *Apesar do ambicioso título (*O teatro e o poder*), o fato de eu ter lidado na verdade com uma pesquisa sobre a ação da Censura ao longo dos primeiros 16 anos de ditadura deveria propiciar a chance de errar menos, já que não exigia análises e prognósticos* brumarianos. *Mas não pude deixar de sorrir ao me reler, quase ao final, afirmando: "O que será a década de 80? Como saber?! Os debates sobre modos de produção, a formação de cooperativas de artistas e técnicos, tudo parece conduzir-nos a crer que o teatro brasileiro esteja em vias de acordar de sua longa anestesia". Nada mais equivocado!*

Na verdade, iríamos caminhar em total contramão com a ascensão do novo sindicalismo, dos movimentos sociais, com a criação da CUT e com o surgimento do PT e do MST, que se avizinhavam. A sociedade civil se organizava e construía as bases para a derrocada da ditadura, enquanto o teatro dos grandes centros (um dos sustentáculos da resistência imediata ao golpe e ao AI-5) se apequenaria, nos anos que viriam. Falo principalmente do Rio de Janeiro e de São Paulo, mas o mesmo poderia ser dito com relação às principais capitais, onde a chamada "classe artística" antes se reunia em praças para protestar; transformava o palco em palanque quando necessário; e mostrava sua solidariedade a outras categorias, às quais a luz dos holofotes e a conseqüente proteção pública por eles até certo ponto oferecida eram negadas.

Por outro lado, importante e justo lembrar os grandes batalhadores do nosso teatro que, como outros tantos artistas/intelectuais de outras áreas, permaneceram "remando contra a corrente", mesmo quando tratados por alguns de seus pares como loucos que brigavam com a realidade. Relembro aqui, como um símbolo fora dos palcos, a presença de Lélia Abramo, apoiando as primeiras greves do ABC e cobrando de Lula a criação de um partido político, que fosse ao mesmo tempo uma alternativa ao MDB e uma resposta ao novo momento que o movimento sindical vivia. Em cena, recordo João das Neves, transformando o palco do Teatro Opinião e, mais tarde, a Bienal de São Paulo numa estação de trem para nos instigar, numa metáfora brilhante e comovente, a levar o Brasil para seus trilhos.

A Intersindical de Artistas e Técnicos teria vida curta. A Comissão Permanente de Luta pela Liberdade de Expressão perderia sua razão de ser pouco tempo depois, decretado o fim da censura. As gavetas finalmente abertas mostrariam, entretanto, que a autocensura acostumara mal os autores...

Para artistas e técnicos, as lutas da década seguinte teriam um mote predominantemente corporativo; seus alvos maiores seriam conquistas de espaços na esfera governamental. Assim, o Serviço Nacional de Teatro ganharia também a responsabilidade por dança, circo e ópera, e viraria Instituto Nacional de Artes Cênicas, Inacen, mantendo-se a gestão de Orlando Miranda até o fim do Governo Militar e a posse de Sarney. Antes de partir, ao fim de uma década na presidência do órgão, Orlando faria seu sucessor: Carlos Miranda, até então seu braço direito na condução das políticas federais para o teatro. Uma nova luta, e o Inacen seria transformado em Fundação Nacional de Artes Cênicas, primeiro órgão público brasileiro a ser gerido por um conselho executivo paritário, representantes de entidades de classe dividindo as cadeiras com seus diretores e impulsionando uma real tentativa de descentralização, regionalização e democratização da política cultural. Até que Fernando Collor e Ipojuca Pontes assumiram e decidiram brincar de se vingar da cultura brasileira...

Mas tudo isso já é outra história, que sem dúvida mereceria bem ser contada! E pelo que ela teve de utopia, de sonho e de trabalho árduo, do qual me orgulho de ter participado, gostaria de dedicar a republicação deste trabalho à memória de quem a "comandou" e que foi, ao mesmo tempo, um dos seres humanos mais belos, generosos e íntegros que conheci: Carlos Pereira de Miranda.

O TEATRO E O PODER

Tania Pacheco

Nosso objetivo é ajudar a arte no Brasil, (...) dando aos artistas maior liberdade de criação e facilidades de entendimento com as autoridades, evitando que um sargento de polícia, por exemplo, censure obras que é incapaz de julgar. 1968 será um ano de tranqüilidade para todos nós, podendo o povo confiar na ação serena do presidente Costa e Silva.

A declaração do ministro da Justiça, Gama e Silva, foi feita precisamente no dia 4 de janeiro de 1968, paralela à notícia da constituição de um grupo de trabalho para elaboração de uma reforma na legislação de Censura em vigor, datada de 1946. Assim começava um ano que seria decisivo para a sociedade brasileira e que – na área específica do teatro – viria a determinar um recuo de uma década ao nível da mobilização de artistas e técnicos, principalmente, além de trazer danos irreparáveis para a cultura nacional.

Mais que isso, entretanto, o discurso do ministro da Justiça prenunciava uma nova postura, por parte do Poder, em relação a artistas e intelectuais. Nova postura que teria seu estabelecimento adiado, na medida em que um novo golpe viria a ocorrer no país, com o predomínio das facções que então defendiam um endurecimento nas forças de coação e arbítrio. Os setores mais inteligentes da ditadura, que buscavam outros meios para "domar" a intelectualidade brasileira, teriam de esperar ainda alguns anos para poder colocar em prática suas teses. E, nesse meio tempo, o embrião de tentativa de articulação por parte das pessoas mais conscientes do meio teatral seria dissolvido à custa da intimidação, da prisão, da humilhação, da tortura, do exílio ou, simplesmente, do medo.

Voltemos um pouquinho atrás, para entendermos melhor o que acontecia neste começo de 1968. O início da década de 60 havia sido dos mais ricos para o teatro brasileiro. O aparecimento de grupos que realizavam uma efetiva pesquisa de linguagem – concordemos ou não com os seus pressupostos ideológicos – determinara, pela primeira vez, uma ebulição criadora, uma busca de caminhos (em alguns casos iniciada já na segunda metade da década de 50) como jamais antes acontecera na história do nosso teatro. Quando o golpe aconteceu, o Arena voltava de uma excursão ao interior, terminada na noite de 31 de março, com a peça *O filho do cão*. O Oficina estava apresentando *Os pequenos burgueses*, que teve sua carreira paralisada a 1° de abril.

Após o desnorteamento inicial, o teatro brasileiro buscou ressituar-se. Havia, ainda, brechas utilizáveis. E, na maioria dos casos anarquicamente, em outros poucos de forma mais conseqüente, procurou-se ocupá-las. Mesmo durante o Estado Novo, os artistas haviam gozado de relativa liberdade. E, com a imprensa burguesa ainda com liberdade de atuação e sendo considerada uma aliada em potencial, o teatro ingenuamente considerou plausível uma possibilidade de resistência. Os primeiros golpes viriam logo em seguida, entretanto.

Na atmosfera de medo inicial, os que permaneceram trabalhando viram, entre outras coisas, *A megera domada*, de Shakespeare (montagem oficial do Teatro de Comédia do Paraná, comemorando os 400 anos do autor inglês), ter diversas frases cortadas no Rio de Janeiro. Segundo o censor, entretanto, a razão era "cultural": ele defendia a imortalidade do escritor, conspurcada por *palavrões* (traduzidos diretamente do original) no espetáculo. No caos inicial em que todos mandavam, não era apenas a Censura a inimiga oficial, entretanto. A classe média – que "marchara, afinal, com Deus e pela família em defesa de nossas tradições" – julgava ter igual direito ao seu quinhão de poder arbitrário. Assim, em Minas Gerais, uma montagem de *A invasão*, de Dias Gomes, foi proibida por "pessoas influentes da sociedade de Leopoldina". Acusação: pornografia.

> *Não permitirei a apresentação de peças anti-revolucionárias, como* Opinião *ou* Liberdade, liberdade. *Não tolerarei propaganda subversiva ou comunista em espetáculos.*

Com essas palavras, Jônatas Cárdia assumiu a chefia do Departamento de Censura, no Rio de Janeiro, em fevereiro de 1965. Dias mais tarde, *O vigário*, de Rolf Hochhuth, dava início à escalada de proibições e interdições que varreriam a dramaturgia brasileira e mundial mais conseqüente dos nossos palcos. Feydeau (*Paris, 1900*), Gorki (*Os inimigos*), Brecht (*Tempo de guerra*), João Cabral de Melo Neto (*Morte e vida severina*) e Dias Gomes (*O berço do herói*) foram apenas alguns dentre os autores vetados no decorrer do ano. No caso de Feydeau, a proibição foi feita pelo secretário de Segurança do Rio Grande do Sul, coronel Washington Bermudes, que afirmou: "O teatro vem sendo utilizado como veículo de desmoralização e se caracteriza pela péssima e decrescente qualidade artística e pela destacada pornografia e sensualização das cenas!" E o elenco foi sumariamente intimado a depor no Dops, por tal afronta.

Dias Gomes teve a honra de ser censurado pelo próprio governador do então Estado da Guanabara, Carlos Lacerda, poucas horas antes da estréia. Escrevera uma peça "ofensiva às Forças Armadas, subversiva e imoral". O despacho do coronel Gustavo Borges, oficializando a decisão do governador, foi ainda mais claro: acusava os responsáveis pelo texto e pelo espetáculo de "estarem engajados na implantação de uma *ditadura cultural*, através do abuso de liberdades democráticas e em estrita obediência à recente diretriz do PCB".

Os jornais publicaram ainda a ação da Censura sobre as seguintes peças, em 1965: *No país do benguelê*, de Alfredo Ribeiro e Nestor Cavalcanti (proibida após liberação), *Voz do povo*, de Otávio

Terceiro (proibida), *Os sinceros*, de Id Almeida (proibida), *Arena conta Bahia*, de Augusto Boal (cortada), *Deitado em berço esplêndido*, de Álvaro Guimarães (proibida), *Brasil pede passagem*, de diversos autores (proibida dias antes da estréia no Teatro Opinião, no Rio), *Opinião* e *Arena conta Zumbi* (cortada).

Quase no final de 1965, em outubro, *Liberdade, liberdade* iniciaria, ainda, seu processo de brigas nacionais com a Censura. Após o grande sucesso no Teatro Opinião, sua estréia em São Paulo foi inicialmente ameaçada de interdição total. Quase um mês de negociações possibilitaram, afinal, a apresentação com mais de 20 cortes, inclusive de músicas de Chico Buarque que integravam a montagem original.

Enquanto a Censura agia, o teatro abandonava a perplexidade inicial e tentava esboçar algum tipo de reação. A prisão de Isolda Cresta, em maio, no Rio, por ter lido um manifesto contra a intervenção na República Dominicana antes da apresentação de *Electra*, gerou uma série de protestos, manifestações e declarações públicas. Dias mais tarde, no início de junho e corroborando o discurso de posse de Jônatas Cárdia, o diretor-geral do Departamento de Polícia Federal, general Riograndino Kruel, mandava tirar de cartaz *Opinião* e *Liberdade, liberdade*, ao mesmo tempo em que uma nova legislação centralizava em Brasília a ação da Censura, dando início a uma série de idas e vindas e leis e portarias que passariam a reger, através do total arbítrio, a vida do teatro.

A "classe teatral" reagiu: reunidos no Teatro Santa Rosa, artistas e intelectuais redigiram telegrama de protesto, enviado ao presidente Castelo Branco. A resposta foi imediata e pode ser encarada como sintomática da época que então atravessávamos: Castelo telefonou à atriz Tônia Carrero, negando ter determinado medidas restritivas à liberdade de expressão e prometendo apurar as interdições das duas peças. No mesmo dia, Riograndino Kruel desmentia a proibição de *Opinião* e *Liberdade, liberdade*. Mas, no dia 27 de junho, aos 81 anos, Viriato Corrêa alertava, através dos jornais:

> *Acautele-se o povo, porque acabou a liberdade no Brasil. Só no choque das idéias é que ela pode ser testada; quando ninguém é contra, a liberdade é operária sem serviço, é vazia e completamente inútil.*

A mudança da Censura da área do Ministério da Justiça para o da Educação, assunto discutido desde 1954, voltava à pauta, e, em agosto de 1965, 1.500 artistas e intelectuais enviaram carta aberta ao presidente Castelo Branco, perguntando como poderiam exercer sua profissão e ser coerentes com a responsabilidade de criadores, "se o direito de opinião e a divergência democrática passam a ser encarados como delito, e a criação artística como ameaça ao regime". Desta vez, não houve resposta.

Mas, afinal, redigir telegramas, cartas abertas e manifestos não é coisa tão difícil, e, assim, eles continuaram a ser escritos e enviados à imprensa, ao Governo e, até, à Comissão de Direitos Humanos da ONU (no final de outubro), protestando contra "as arbitrariedades dos órgãos de censura e a coação policial no Brasil". Dois dias mais tarde, a Censura paulista vetava, em *Liberdade, liberdade*, o *Discurso de Gettysburg*, de Lincoln, e trechos de Sófocles, entre outros.

Em 1966, *Liberdade, liberdade* sofreria novos cortes, durante excursão em Belo Horizonte e em Alagoas, onde recebeu uma proibição inédita: "não poderia ser apresentada em teatros oficiais". Sorte mais drástica tiveram *S.A. Século XX Responsabilidade Ltda.*, criação coletiva do Grupo Contato, no Rio de Janeiro, e *Joana em flor*, de Reinaldo Jardim. Neste último caso, a inquisição foi reeditada pelo secretário de Segurança de Sergipe, que, afirmando que "quem entende de teatro é a polícia", mandou queimar os livros com o texto editado e prendeu por 54 horas os atores da montagem. Era um cavalheiro, entretanto: deixou em liberdade a única moça do elenco, explicando que "mulher jovem e bonita não merece grossura".

Acabaram liberadas – com cortes –, *Relatório Kinsey*, *Ciranda*, *Terror e miséria no Terceiro Reich* (de Brecht), *Meu refrão*, *O triciclo* (de Arrabal), *O senhor Puntila e seu criado Matti* (de Brecht) e *O homem do princípio ao fim*, de Millôr Fernandes, que após meses em cartaz foi exorcizada, entre outros, de dois textos sem dúvida perigosos à segurança nacional: uma oração de Santa Teresa d'Ávila e a carta-testamento de Getúlio Vargas.

Em resposta aos manifestos e cartas abertas, que continuavam a ser escritos, o general Edgar Façanha assumiu a chefia do Departamento de Censura, no início de agosto de 1966, prometendo uma *brecha* para o teatro brasileiro: convidaria críticos e dramaturgos para participarem de um exame prévio de liberação dos espetáculos. Seis dias mais tarde, agentes do Dops invadiam o Teatro Jovem, no Rio de Janeiro, impedindo a realização de um debate sobre a obra de Bertolt Brecht, o qual, aliás, estavam incumbidos de prender. Receberam a explicação de que o sr. Bertolt Brecht estava morto havia dez anos.

No mês seguinte, em setembro, a Censura mutilava *O triciclo* alegando que frases como "os tanques são necessários para nivelar o solo"; "no céu não se faz xixi"; e "como ele tem dinheiro em casa pode fazer o que quiser" eram, respectivamente, "subversiva", "anti-religiosa" e "comunista". A palavra "happening" foi cortada por "parecer palavra esquerdista".

O pequeno ato inquisitorial do secretário de Segurança de Sergipe, no final de setembro, e a mutilação de *O homem do princípio ao fim*, em novembro, levaram a chamada classe teatral brasileira a uma nova postura. Deixando de lado a máquina de escrever e a caneta, 300 pessoas abriram o ano de 1967 num ato público, na ABI, de lançamento da Semana de Protesto contra a Censura. Claro que, na ocasião, foi lançado mais um manifesto dos intelectuais.

No mesmo dia – 9 de janeiro – os jornais anunciavam que um inquérito instaurado no Departamento de Polícia Federal, para apurar acusações de corrupção, levava à suspensão de diversos censores. E, em Brasília, Romero Lago, diretor do Departamento de Censura, afirmava que baixaria "nova regulamentação" para a matéria, de forma a "evitar que esses espetáculos (as montagens teatrais) induzam ao desprestígio das Forças Armadas ou provoquem atos contrários ao regime vigente ou às autoridades constituídas". A regulamentação viria em março, estabelecendo uma amplitude e uma rigidez ainda maiores para a censura teatral e englobando nela os ranchos e estandartes carnavalescos.

Os erros crassos da Censura policialesca dos anos anteriores precisavam, entretanto, ser evitados, segundo algumas facções do Governo. Assim, coube ao Serviço Nacional de Teatro a honrosa atribuição de, ainda em março, promover um curso de teatro para 30 censores, o que não impediu que, em novembro, Sófocles (*Antígona*) fosse considerado *perigoso* para a segurança nacional: em Belém, só conseguiu estrear após severos cortes, perdendo ainda o cenário criado para o espetáculo. E o jornal *A Província do Pará* sofreu inquérito policial por publicar fotos do cenário subversivo.

Liberdade, liberdade voltou a ser censurada em 1967, agora no Ceará e pelo governador em pessoa, e *Navalha na carne*, de Plínio Marcos, iniciou em junho seu pequeno processo kafkiano: primeiro, foi proibida, com o Teatro Opinião sendo cercado pela polícia no dia da estréia para convidados; depois, liberada, em outubro, pelo ministro da Justiça, num início de proibições/liberações que se prolongariam pelos anos seguintes.

Ainda em junho, *Volta ao lar*, de Harold Pinter, sofreu 52 cortes depois de estreada, e, em agosto, 17 deputados paulistas foram contagiados de forma inversa pela capacidade do teatro de escrever manifestos: enviaram documento ao ministro da Justiça solicitando "mais rigor por parte da Censura". Em setembro, *Dois perdidos numa noite suja*, de Plínio Marcos, é proibida em Niterói. O censor alega que "o povo da cidade não está preparado para assistir a uma peça como esta" e aconselha o grupo a escolher um repertório mais leve, citando como exemplo de uma dramaturgia ideal *A moral do adultério*. Na mesma época, 16 atores da Associação de Teatro Amador do Cabo, Pernambuco, são presos por 16 horas e fichados como "comunistas" por terem lido nota contra a Censura.

Enquanto, na Câmara Federal, Márcio Moreira Alves e Dias Menezes tentavam acabar com a censura prévia, através de projetos de leis, em outubro o Teatro Oficina seria invadido, em São Paulo, por quatro agentes policiais – dois da Censura, dois do Dops. Sua tarefa: apreender um canhão de madeira e um sorvete de plástico, usados em *O rei da vela* e considerados material "subversivo", e intimar o diretor José Celso Martinez Correa a depor.

Os jornais do dia 5 de outubro de 1967 noticiam a liberação, pelo ministro da Justiça, de *Navalha na carne*, acompanhada de grandes elogios do sr. Gama e Silva à atriz Tônia Carrero. Os do dia 23 trazem declaração do general Façanha, diretor do Departamento de Polícia Federal, chamando Tônia

Carrero de "vagabunda" e afirmando ainda: "A classe teatral só tem intelectualóides, pés-sujos, desvairados e vagabundas que entendem de tudo, menos de teatro."

Novos protestos e manifestos viriam, enquanto outros textos eram proibidos ou liberados com cortes, e, em novembro, portaria do diretor-geral do Departamento de Polícia Federal centralizava toda a censura à dramaturgia em Brasília. A proibição de *O poder negro*, de Le Roy Jones, que o Oficina estava ensaiando, marcou o início de uma mobilização nacional contra a Censura, a partir do Rio de Janeiro e de São Paulo. Nova carta foi escrita ao presidente da República, enquanto, no Rio, artistas e intelectuais se reuniam no Teatro Santa Rosa, no dia 20 de dezembro, para planejar uma ofensiva contra a Censura.

Embora, como sempre, a reboque dos acontecimentos, o teatro brasileiro tentava timidamente organizar uma reação – na maioria dos casos, nitidamente emocional e sem qualquer aprofundamento crítico – contra o arbítrio, sentido de forma particular através da ação da Censura. Isso acontecia, entretanto, sem que o artista tivesse chegado a compreender, sequer, sua condição de *trabalhador em teatro*; ao contrário, a pequena-burguesia teatral continua alimentando seus mitos; continuava almejando, em termos de carreira, uma ascensão à burguesia; continuava sem jamais ter compreendido e assumido sua função na sociedade brasileira.

Em toda a história do nosso teatro, os grupos se limitaram sempre a, no máximo, *levar o povo ao palco*, para o consumo de uma classe média que se permitia pagar os preços dos ingressos e sabia lidar com porteiros, bilheteiras e poltronas de veludo. Passada – e negada – a fase tebeciana, buscou-se um teatro brasileiro que continuou entretanto a obedecer a modelos colonizadores. Sintomático que, num país como o nosso, raros atores sejam capazes de cantar, de sambar, de "batucar", no palco. Mesmo nas escolas de Teatro, o ensino é pautado por enfoques que pouco têm a ver com a nossa realidade. E nem mesmo movimentos como o CPC conseguiram ir além de um populismo inócuo, de uma visão elitista e paternalista de um teatro que se pretendia político e "democratizante".

Num quadro como este, num país como o nosso, não é de espantar que a chamada classe teatral tenha chegado a 1968 inteiramente despreparada para a agitação – principalmente em nível de movimento estudantil – que explodiria em todo o mundo e até no Brasil. Nem é de espantar que tenha sido incapaz de apreender – como o foi, de resto, toda a chamada "inteligência" brasileira, e até mesmo as lideranças políticas ainda no país –, através dos conflitos que os diferentes setores e facções do governo mostravam mesmo nas decisões e redecisões da questão censória, que um "golpe dentro do golpe" era iminente.

A falta de clareza, a falta de consciência e de consistência ideológicas, as cisões e divisões que impediam uma real aglutinação de forças contra a ditadura encontravam, no teatro, um campo onde eram potencializadas pelas próprias contradições, individualismos e voluntarismos de uma profissão ao mesmo tempo marginalizada e mitificada, incensada e humilhada, à qual o Poder recusava até reconhecimento legal. Em meio a tudo isso – e apesar de tudo isso – o teatro brasileiro começava também a sua mobilização; era necessário aquietá-lo.

Assim chegamos ao dia 4 de janeiro de 1968 e à *apaziguadora* declaração do ministro da Justiça, num momento em que o sr. Felinto Rodrigues Neto entrava no seu segundo ano à frente do Serviço Nacional de Teatro (onde ficaria até 1974), com o ator Juca de Oliveira sendo eleito para a presidência do Sindicato dos Artistas e Técnicos de São Paulo (para uma gestão que seria de dez anos, com duas reeleições) e com o ator Osvaldo Loureiro desde 1965 na presidência do sindicato do Rio (onde ficaria até maio de 1972). Mas 1968 merece um tratamento cronológico. Vamos aos jornais da época, obedecendo às datas de publicação das notícias:

4/1 – Censura proíbe *O sonho americano*, de Albee, em São Paulo;

4/1 – Censura proíbe a colagem *O homem, a mulher e os poetas*, de Walmor Chagas, que Cacilda Becker vinha apresentando;

7/1 – Intelectuais se manifestam contra a possível criação de um Conselho Superior de Censura, dizendo que jamais participarão de atividades policiais;

9/1 – No Rio, na ABI, é lançada nova Semana de Protesto contra a Censura, com divulgação de manifesto assinado por 500 artistas e intelectuais;

9/1 – Romero Lago, chefe do Departamento de Censura Federal, é afastado do cargo, no prosseguimento das investigações sobre corrupção entre os censores;

9/1 – Gama e Silva anuncia constituição de grupo de trabalho para estudar nova lei de censura, dando seqüência às suas promessas;

21/1 – Artistas exigem retratação do general Façanha por ofensas a Tônia Carrero e à categoria em geral;

25/1 – Censura determina cortes para *Um bonde chamado desejo*, de Tennessee Williams;

31/1 – General Façanha determina que censores ajam com rigor contra os espetáculos *O apartamento*, *Navalha na carne*, *O rei da vela* e *Roda viva*;

5/2 – Censura eleva proibição de *Roda viva* de 14 para 18 anos;

11/2 – Censura proíbe, no Rio, *Senhora na boca do lixo*, de Jorge Andrade;

11/2 – Censura proíbe *Um bonde chamado desejo* e suspende, por 30 dias, a atriz Maria Fernanda e o produtor Oscar Araripe;

14/2 – Gama e Silva recebe comissão de artistas e promete total liberdade para o teatro, dependendo de portaria a ser assinada "nos próximos dias";

15/2 – A ação da Censura contra *Um bonde chamado desejo* e seus integrantes leva os artistas do Rio e de São Paulo a se declarar em greve de três dias. As *vigílias cívicas* realizadas nas escadarias dos Teatros Municipais das duas cidades acabam em conflitos com a polícia, e Tônia Carrero chega a ser presa;

18/2 – Gama e Silva promete levar a Costa e Silva decreto solucionando a questão da Censura;

28/2 – Comissão de artistas volta a procurar Gama e Silva, exigindo medidas imediatas;

7/3 – Censura proíbe *Barrela* (Plínio Marcos), *Santidade* (José Vicente), *O capeta de Caruaru* (Aldomar Conrado), *Dr. Getúlio, sua vida e sua obra* (Dias Gomes e Ferreira Gullar), *Um uísque para o rei Saul* (César Vieira) e *Cordélia Brasil* (Antônio Bivar). Destas, *O capeta* e *Um uísque* seriam posteriormente liberadas. No caso de *Santidade*, o presidente Costa e Silva comenta, na televisão, sua "imoralidade" e distribui exemplares da peça aos donos dos principais jornais do país, para que possam verificar o conteúdo danoso do texto;

8/3 – Ministro da Justiça instala grupo de trabalho que vai redigir nova lei de Censura, sob a presidência do jurista Clóvis Ramalhete e com representantes das diversas entidades de classe. Na ocasião, fala aos artistas: "O teatro é livre; a Censura não incomodará mais."

20/3 – Novo protesto dos artistas, nas escadarias do Municipal, é disperso pela polícia;

20/3 – Censura proíbe *João da Silva*, de Emanuel Morais, no Rio;

28/3 – Departamento de Polícia Federal anuncia que o ex-chefe do Departamento de Censura, Romero Lago, afastado do cargo dois meses antes, chamava-se na realidade Ermelindo Godoy e era procurado pela polícia por crime de assassinato; ao mesmo tempo, dezenas de censores são afastados e processados em conseqüência do inquérito da corrupção;

31/3 – Grupo de trabalho aprova descentralização da Censura e fixação de prazos para recursos contra as decisões dos censores;

2/4 – Censura faz cortes em *Oh! Oh! Minas Gerais*, de J. D'Ângelo e Jonas Bloch, que depois será proibida. Motivo: referências ao ex-presidente Juscelino Kubitschek;

10/4 – Grupo de trabalho aprova censura etária e criação do Conselho Superior de Censura;

?/4 – Censura proíbe *Maria Minhoca*, de Maria Clara Machado, no Recife, por conter "intenções subliminares";

10/5 – Censura proíbe *Toda nudez será castigada*, de Nelson Rodrigues, já montada em 1965 e apresentada em São Paulo e em Porto Alegre, sob a alegação de que "desmoraliza a família";

10/5 – Gama e Silva recebe anteprojeto da nova legislação de Censura, acompanhados de Carta de Princípios, estipulando censura exclusivamente etária para o teatro;

22/5 – Censura proíbe *Relações naturais*, de Qorpo Santo, após seis dias em cartaz no Rio;

28/5 – Censura proíbe *Jeremias, Jeremias*, de Aghy Camargo, e *Um santo homem*, de Otto Prado;

31/5 – Censura proíbe *Andorra*, de Max Frisch, em montagem do Teatro Popular do Nordeste. A peça, montada pelo Oficina em 1964, será depois liberada com cortes;

4/6 – Artistas decidem não acatar Censura, a partir dessa data; organizam passeatas e escrevem carta de protesto ao general Orlando Geisel, chefe do Estado Maior das Forças Armadas, contra a prisão do diretor Flávio Rangel, que teve a cabeça raspada no Rio de Janeiro;

?/6 – Censura proíbe *Arena conta Tiradentes*, de Boal e Guarnieri, que mais tarde será liberada;

12/6 – Censura determina, horas antes da estréia, 71 cortes em *Primeira Feira Paulista de Opinião*. Cacilda Becker sobe ao palco e garante a estréia do espetáculo na íntegra, classificando sua própria atitude como "um ato de desobediência civil legítimo e honroso";

15/6 – Censura libera *Homens de papel*, de Plínio Marcos, depois de diversos cortes;

21/6 – Em repúdio à Censura e às ameaças terroristas contra teatros e elencos, a "classe teatral" paulista devolve ao jornal *O Estado de S. Paulo* os Sacis – prêmios por ele distribuídos;

15/7 – Censura proíbe montagem de *O rei da vela*, de Oswald de Andrade, acusando de "incitamento contra o regime" o espetáculo, que já fizera carreira de total sucesso no Rio e em São Paulo e que iria representar o Brasil em Nancy;

?/7 – Após diversas ameaças por telefone, a organização terrorista Comando de Caça aos Comunistas invade o Teatro Ruth Escobar e ataca o elenco de *Roda viva*, agora em cartaz em São Paulo. Armados de revólveres e socos-ingleses, distribuindo pontapés e golpes de cassetete, cerca de 30 terroristas atiram o contra-regra José Luís do palco contra as cadeiras da platéia, fraturando-lhe a bacia, e agridem, entre outros, os atores Marília Pêra, Margot Baird, Jura Otero, Eudóxia, Valquíria Mamberti, Rodrigo Santiago, Antônio Pedro, Zelão e a camareira Isa. Do CCC, dois terroristas foram detidos e levados pelo elenco à delegacia próxima: Flávio Ettori, carteira de identidade 56.203, do Ministério do Exército, chegou a ser identificado; o outro mostrou ao delegado documento provando ser oficial da Aeronáutica e foi imediatamente liberado. Dias depois, o jornal *O Estado de S. Paulo* recebia carta dos terroristas afirmando que continuariam a agir e que a "operação quadro-negro" – nome que deram ao ataque ao espetáculo – era apenas uma "amostra";

?/8 – Censura proíbe *O clube da fossa* (Abílio Pereira da Silva – depois liberada), *A prostituição de Temis* (Francisco César Palma) e *Banana, Opus 69* (Laís Costa Velho);

?/8 – Em todo o país, há protesto contra a ação do CCC; em São Paulo, ocorrem novos casos de terrorismo: bombas de gás lacrimogêneo são jogadas no Teatro Gil Vicente, enquanto o elenco de *Navalha na carne* recebe ameaças de espancamento;

9/9 – Censura proíbe *Senhoritas*, de Alcir Ribeiro Costa, e os atores são presos em Salvador;

10/9 – Censura proíbe *Um dia na vida de Brasilino* (J.G. de Araújo Jorge) e *Os 50 anos que abalaram o mundo* (Maria Inês Barros de Almeida);

11/9 – Censura proíbe *Xadrez especial* (Alfredo Gerhardt), *Qual foi a última vez que você andou com a minha mãe?* (Dalmo Jenuon) e *Na onda da perereca* (Luís Felipe Guimarães);

20/9 – Censura proíbe *O vermelho e o branco*, de Waldemar Solha;

25/9 – Cacilda Becker é demitida da TV Bandeirantes, em São Paulo, por ordem da Censura;

26/9 – Polícia Militar dispersa concentração de artistas e intelectuais, nas escadarias do Teatro Municipal;

?/10 – *Papa Highirte*, de Oduvaldo Vianna Filho, vence o Concurso de Peças do SNT. É proibida e, em conseqüência, o sr. Felinto Rodrigues decide acabar com o concurso, para "evitar problemas". Somente seis anos mais tarde, na gestão de Orlando Miranda, o concurso será reativado;

3/10 – Gama e Silva entrega ao presidente Costa e Silva o anteprojeto da nova lei de censura;

7/10 – Descobre-se que o anteprojeto encaminhado não é o mesmo elaborado pelo grupo de trabalho e mantém a censura política; Gama e Silva explica alegando "razões de Estado";

7/10 – Agora em cartaz em Porto Alegre, *Roda viva* é novamente atacada. O CCC age novamente com 30 homens bem armados, que tentam raptar dois dos atores. Os jornais locais relatam que, ao final do ataque, "o hall do hotel onde se hospedava a companhia teatral ficou coberto de sangue". Elizabeth Gasper teve de ser hospitalizada; o resto do elenco fugiu da cidade. A montagem foi proibida no Rio Grande do Sul; dez dias mais tarde, o Departamento de Censura ratificava sua interdição para todo o território nacional;

10/10 – Costa e Silva encaminha ao Congresso o anteprojeto da nova lei de censura;

?/10 – Novos protestos da "classe teatral" contra os terroristas e a omissão das autoridades;

3/11 – Censura proíbe *O misterioso roubo do sabão limpa-limpa contra a parafernália da democracia* (Mauro Braga), *O quarto* (Marcos Granato) e *Prova de fogo* (Consuelo de Castro);

?/11 – Teatro Ipanema desiste de montar *A mãe*, de Brecht, após meses esperando resposta da Censura;

21/11 – O Congresso aprova a Lei 5.536 – a nova legislação de censura –, determinando ao Executivo um prazo de 60 dias para a sua regulamentação e entrada em vigor. A regulamentação não foi feita até hoje, e sua aplicação pelos censores se faz apenas quando a legislação de 1946 não se mostra suficientemente arbitrária. A primeira reunião do Conselho Superior de Censura, por ela criado, foi no dia 25 de outubro de 1979;

29/11 – Censura proíbe *Análise do homem* (Carlos Eduardo Ferri), *Não há vagas* (Joaquim Ribeiro Filho), e, em Porto Alegre, a apresentação de *Quando as máquinas param*, de Plínio Marcos, é interditada;

14/12 – Os jornais noticiam a decretação, na véspera, dia 13, do Ato Institucional n° 5.

A verdade é que 1968 havia sido muito mais que um simples ano em que se prometia a liberdade de expressão para o teatro e, paralelamente, usava-se de forma indiscriminada a censura. Logo no final de março, o assassinato de Edson Luís, no Calabouço, abrira as comportas do movimento estudantil, no Brasil ainda tímido. As passeatas quase diárias ganharam o Centro do Rio de Janeiro, principalmente. A Igreja passou a uma posição mais ostensiva, contra o arbítrio; o Congresso pareceu voltar à discussão e ao debate dos grandes temas nacionais; a imprensa burguesa se dividiu entre a condenação à agitação popular e o repúdio à ação da extrema-direita, agora claramente organizada em grupos terroristas; as denúncias de tortura continuavam, e as ruas, aparentemente reconquistadas, viram surgir um aparato militar ostensivo.

Bombas de gás lacrimogêneo, bombas de efeito moral, lança-líquidos, brucutus e tiros respondiam a bolas de gude atiradas pelos estudantes para fazer a cavalaria perder o equilíbrio. Do alto dos edifícios, papel picado, espelhos, objetos variados que incluíram até máquinas de escrever eram atirados contra os policiais. Nesse crescendo de violência, chegou-se ao segundo semestre e ao último passo de um jogo que o Poder ainda tentava camuflar como democrático.

À solicitação para processar o deputado Márcio Moreira Alves – acusado de ofender, no Plenário da Câmara, as Forças Armadas –, o Congresso teve um de seus últimos gestos dignos: negou-a. Na crise urdida pela extrema-direita, todas as peças estavam agora colocadas, enquanto uma ação eufórica e quase anárquica da esquerda impedia qualquer análise clara do que se passava. O golpe final veio com o AI-5 e, conseqüentemente, com o fechamento do Congresso e as cassações que condenariam o Poder Legislativo à inação, à omissão, ao medo.

As prisões, desaparecimentos, torturas e exílios que se seguiram apenas ampliaram a desarticulação da oposição brasileira. Na década seguinte, os resultados dessa situação perdurariam durante toda a primeira metade. E a modificação da conjuntura brasileira seria determinada, inicialmente, muito menos pela articulação dos movimentos de oposição que pela própria necessidade do sistema de conseguir novos meios de dominação, capazes de serem utilizados em longo prazo.

O teatro foi, ao mesmo tempo, participante e espectador passivo de tudo isso. O ano de 1968 serviu para acirrar as contradições do artista brasileiro, levando-as à exaustão antes que servissem como caminho de transformação. Os equívocos cometidos tiveram, entre outros, o poder decisivo de afastar o próprio público teatral, na medida em que os grupos mais conseqüentes no período anterior e nos primeiros anos do golpe tomaram caminhos extremos.

Para alguns, a opção foi por um teatro de agressão, determinado por uma visão colonizada e errônea da chamada vanguarda mundial, que afastou a pequena-burguesia da sala de espetáculos, enquanto os artistas enveredavam por um caminho anárquico-*lsdiano*. Já para os politicamente mais conseqüentes, a busca envolveu de alguma forma assumir o papel de vanguarda política, também sem muito sucesso. A classe média se retrairia, de um lado perturbada por discursos que, na realidade, não estava em condições de (ou não desejava) acompanhar; de outro, amedrontada, à medida que a ação da extrema direita se fazia sentir de diferentes maneiras. Resultado: entre mortos e feridos, salvou-se, como seria de se esperar, o velho teatro digestivo e assumidamente comercial, sempre pronto a responder camaleonescamente às arremetidas do sistema. E a mobilização emocional que a "classe" conseguira esboçar, afinal, foi condenada à inação e ao desaparecimento, na década que se seguiu.

Acompanhar a evolução dos acontecimentos (ou seria *involução* a palavra correta?), nos anos seguintes, apresenta um problema sério: a rigidez da Censura imposta à imprensa, a partir do AI-5, não levou apenas jornais como *O Estado de S. Paulo* a publicar sonetos de Camões e receitas culinárias. Serviu, igualmente, para "limpar" da memória nacional, da história da imprensa brasileira (e, por conseguinte, da própria História do Brasil, até certo ponto) os principais acontecimentos políticos. E, junto com eles, foram igualmente varridos dos noticiários os poucos atos de contestação do teatro ao Poder.

Em 1969, no nível da organização interna da "classe teatral", dois fatos aconteceram: o Sindicato dos Artistas e Técnicos em Espetáculos de Diversões do Estado de São Paulo surgiu, substituindo, juridicamente, o Sindicato dos Atores Teatrais, Cenógrafos e Cenotécnicos, criado em 9/3/1942. E, no Rio de Janeiro, foi criada a Associação Carioca de Empresários Teatrais, tendo como primeiro presidente Paulo Nolding. Um novo tipo de relações de produção seria agora de fato assumido, no teatro, sob as benesses do sistema. A figura do empresário – antes relegada a um segundo plano muito mais *jurídico* – viria determinar, nos próximos anos e durante quase toda a década de 70, uma nova postura para artistas e técnicos.

No campo da Censura, foram proibidas: *Rogério*, de Orris Soares; *Quando o fim é o princípio*, de Jefferson Bacelar; *Até o fim do Reino da Cascata*, de Carlos Campanella; *Na sombra do girassol*, de Hélia Terezinha Giácomo e José Antônio Pinto Arantes; e *A invasão*, de Dias Gomes (em janeiro). Em abril, a vez foi de *Matakiteram*, de Dalton Sala Jr.; e *Um cadáver almoça flores*, de Vitor Hugo Recondo. Maio trouxe a proibição de *Tio Patinhas e a pílula*, de Augusto Boal (acusada de subversão e de erotismo), e de *A cara preta do fidalgo agitador*, de Carlos Mero.

Em junho, apesar da atmosfera de medo que imperava no país, o Poder Judiciário tentou reagir à Censura, em São Paulo. Dois mandados de segurança foram concedidos pelo juiz da Primeira Vara Federal, Luiz Rondon Teixeira Guimarães. O primeiro assegurava ao Oficina o direito de manter em cartaz *O rei da vela*. O segundo garantia a Fernando Torres o exame, pela Censura, do texto de John Ford *Pena que ela seja uma...*. No seu parecer, dizia o juiz:

> *A Censura Federal não tem competência para apreciar textos teatrais. A competência da União (Constituição, art. 8º, nº VI, 'd') é para censurar diversões públicas: teatro não é diversão e, sim, arte; e as artes são livres.*

Apesar disso, em julho foram proibidas *Vamos brincar de amor*, de Leda Sylvia; *Toda rotina se manteve*, de Milton Lautenschlager; *O raciocínio de Tutóia*, de Gabriel Álvaro Novaes; e *Otelo 69*, de Ell Sov, adaptação de Paulo Bernhardt; em agosto, foi a vez de *Adúlteras honestas*, de Roberto Mara, cuja estréia foi impedida no Rio Grande do Sul; e, em setembro, a Censura proibiu *As pílulas da imoralidade*, de Ítalo Cúrcio, e *O poder jovem*, de Fernando Pinto.

Em outubro, *Arena conta Tiradentes*, de Boal e Guarnieri, já proibida e depois liberada, é novamente interditada, agora no Rio Grande do Sul. O produtor Jairo de Andrade tenta recurso para estrear, com base em que o texto está "apenas interditado; não proibido", mas nada consegue. Enquanto isso, no Rio, a Censura impede a apresentação de *Loucos ou quem sabe Santos* (Marcos Jacob), *Matheus e Matheusa* (Qorpo Santo) e *O louco dr. Ricardo* (Reginaldo Cipolatti), durante o VI Festival de Teatro Amador, organizado pelo Serviço Nacional de Teatro. Após muita discussão, autoriza-se a cena do nu em *Hair*, desde que apresentada na penumbra; e em novembro é proibida *O vestibular*, de Carlos Queiroz Telles.

O ano de 1970 começaria com o discurso de posse do novo chefe da Censura, Wilson Aguiar, que no dia 14/1 afirmava "acreditar no diálogo como processo de interação, como estrada livre ao entendimento, à unidade de esforços, à comunhão de idéias e de propósitos". Sete dias mais tarde, o governo baixava o Decreto-Lei 1.077, instituindo a censura prévia a livros e periódicos (inclusive peças teatrais), sob a justificativa de que "o emprego desses meios de comunicação obedece a um plano subversivo, que põe em risco a segurança nacional".

E o que acontecia com o teatro? Um bom depoimento é o de Fernando Peixoto à Funarte, feito em 1978:

> *... Dia 13 de dezembro de 68, enquanto nós estávamos fazendo o ensaio geral de* Galileu Galilei, *ouvimos no rádio, nos bastidores, a decretação do AI-5. Comunicamos ao censor ao fim do espetáculo, e ele foi muito simpático: disse que ia assinar logo a liberação da peça, antes que fosse tarde. (...) A partir desse ano, o teatro foi perdendo aquela força de reflexão, força mais transformadora. O Oficina chegou ao anarquismo quase absoluto, uma tentativa de envolvimento da platéia a ponto de tirar a platéia da platéia e botar a platéia no palco. Foi uma loucura total. Veio* Na selva da cidade, *e as divergências internas do grupo se tornaram mais claras; surgiram as primeiras cisões; as brigas; e tudo aparecia no espetáculo, onde chegou a acontecer de alguém ficar horas em cena esperando um texto que não vinha, porque o outro ator estava brigado e aí ficava olhando e rindo, sacaneando. (...) Era a companhia mais importante do país, e nós estávamos sendo consumidos fora da nossa proposta; a gente agredia; os caras compravam a nossa agressão; aceitavam; achavam ótimo. A gente começou a desconfiar, a ter medo de ficar institucionalizado justamente por um esquema oficial contra o qual nós estávamos nos colocando. (...) Aí começou o êxodo. Saiu Ítala; eu fui trabalhar com o Arena. Mas tanto o Oficina quanto o Arena já estavam em processo de morte. O Arena foi assassinado, foi*

> *estrangulado pouco a pouco; o Oficina se suicidou. Mas não houve mortes naturais. São dois caminhos provocados por uma violência repressiva de fora. O suicídio do Oficina para mim é nítido; é um desespero que vai... começa a bater com a cabeça na parede até morrer. E o Arena é realmente estrangulado pouco a pouco. As últimas contorções do Arena eu acompanhei porque eu estava lá dentro. (...) A partir de 68 o teatro começou a caminhar lentamente para o que é hoje, quer dizer, para o comércio mesmo, para a mercadoria...*

A análise – precisa – não envolve apenas os dois mais importantes grupos paulistas do início da década. Vai mais longe, na medida em que, se eles eram a "nata", a partir do que lhes aconteceu fica ainda mais fácil – e trágico – entender o que sucedeu às gentes do teatro como um todo. Voltemos a Fernando Peixoto:

> *As pessoas foram se afastando, foram desistindo, foram enlouquecendo. Houve de tudo: desde gente que pirou no nível místico, pirou no nível irracionalista total, pirou no nível ideológico total, a ponto de passar para o avesso. Gente que largou tudo, gente que pouco a pouco revelou que estava a fim de outras coisas mesmo, gente que abandonou, gente que foi embora, gente que morreu, gente que foi presa, gente...*

No Rio de Janeiro, o quadro, inicialmente diferente, acabaria coberto pela mesma pátina. O Grupo Opinião, que nascera literalmente das cinzas da UNE, pelas mãos de Oduvaldo Vianna Filho, João das Neves, Armando Costa, Denoy de Oliveira, Paulo Pontes e Pichin Plá, seria, nos primeiros anos pós-golpe, o grande ponto de encontro da resistência carioca. *Opinião, Liberdade, liberdade* não se limitaram a marcar uma geração; abriram espaço para todo um movimento cultural que se desdobraria em noitadas de samba, na revalorização de artistas populares, em cinema de arte, seminários de dramaturgia, cursos, debates, conferências, exposições... Mas a censura, as dificuldades financeiras e o terrorismo de direita, jogando bombas e afastando o público inseguro, serviriam de fermento para as eternas dissensões...

Em meio a tudo isso, a televisão apareceria como a grande proprietária de bordel, prostituindo o mercado de trabalho, incentivando, nos vacilantes, a ambição a um "status" de piscinas e fotos em capas de revista, apontando o caminho fácil do alto salário, do "sucesso" e da acomodação para muitos que até então vinham se arriscando nas concentrações e assembléias, vinham assinando os manifestos, vinham, enfim, tentando uma reação ainda que apenas emocional à ação do Poder. Das frustrações e do medo nasceriam as relações entre o teatro e o sistema, na década de 70.

Mas a ação da Censura também continuava. Já no dia 3 de janeiro de 1970, os jornais anunciavam que mais uma vez fora impedida a estréia de *A falecida*, de Nelson Rodrigues. Em fevereiro, portaria da Censura determinava o reexame de grande número de textos teatrais anteriormente liberados; e, em março, o Decreto-Lei 1.077 era acionado pela primeira vez, em relação ao teatro, contra *Quantos olhos tinha o teu último casinho?*, de Fernando Melo.

No início de abril, Paulo Autran é obrigado a depor no Departamento de Polícia Federal, enquanto a colagem *Brasil & Cia.*, que vinha apresentando, é temporariamente proibida pela Censura. Em maio, a Censura proíbe *Durante o vôo dos pássaros*, de Otani di Carlo; e, ao mesmo tempo, *Os rapazes da banda*, de Mart Crowley, inicia sua carreira de proibições e liberações, no Rio, após meses de sucesso em São Paulo. Enquanto isso, o Departamento de Polícia Federal queixa-se de suas carências, publicamente, afirmando aos jornais precisar "de mais censores".

Em julho, a revista *Capixaba* é apreendida, em Vitória, por publicar fotos de *Oh, Calcutta!*, em cartaz em Nova York; e em agosto a Censura impede, em São Paulo, a estréia de *Neurose*, de Carlos Iafelice. Setembro traz novas "normas doutrinárias" a serem seguidas pelos censores e, em outubro, Vitória proíbe a peça infantil *Chapeuzinho Vermelho*, enquanto Minas interdita uma montagem de *Os fuzis da senhora Carrar*, de Brecht, embora – interessa lembrar – a Censura continue centralizada em Brasília. Finalmente, em dezembro, Porto Alegre proíbe a estréia de *Não sai da faixa de segurança*, de Carlos Carvalho, e, em São Paulo, *Cemitério de automóveis* é retirada de cartaz, após três meses de sucesso.

Em 1971, as contradições dos censores locais aumentariam ainda mais, enquanto a repressão se institucionalizava no país. Logo em janeiro, a Censura carioca proibiria *Les girls* (de Meira Guimarães e Roberto Kelly, já há dois meses em cartaz) e *A vida escrachada de Joana Martini e Baby Stompanato* (de Bráulio Pedroso, há 25 dias em cartaz). Em fevereiro, Renato Borghi e Ivan Setta são intimados a depor no Departamento de Polícia Federal, em São Paulo. Motivo: o DPF teria recebido denúncia de espectadores de que ambos teriam ficado nus durante uma apresentação de *Galileu Galilei*, de Brecht.

Em março a Censura veta, de uma só vez, 14 peças: *Girândola S.A.* (Guilherme Kohler), *Ilusão* (Haroldo Félix), *Família pirada não fica parada* (Ricardo Silva), *A passagem da rainha* (Antônio Bivar), *Liturgia* (Márcio Sgreccia), *Assim vive a sociedade* (Arenir Ângelo Rosa Filho), *A falência das artes* (Alberto Luiz Barreto), *Um dedo na garganta* (Manuel Alves Palmeira), *O mictório* (Alcyr Costa), *Os espantalhos* (Eunice Machado), *Duelo de carne* (Eunice Machado), *Na República do Leme* (Ari Soares e Carlos Couto), *O aborto* (Sebastião Marques de Brito) e *Golias em circuito fechado* (Marcos César, Mièle e Bôscoli).

Mas ainda em março um fato chocará a "classe teatral", aumentando ainda mais a atmosfera de medo. Em São Paulo, enquanto sua peça *O comportamento sexual do homem, da mulher e do etc.* é proibida, Augusto Boal é preso. No pau-de-arara, sob tortura, é acusado de afirmar que "existe tortura no Brasil". A indignação do torturador é séria, embora a cena resvale para o tragicômico. Processado, Boal será absolvido pela 2ª Auditoria Militar, de São Paulo, mas deixará o Brasil, num exílio que se prolongaria até novembro de 1979. A morte do Arena está consumada, nesse início de 1971.

Em abril, a Censura impede a estréia, no Rio, de *O corpo*, de Serge Rezvani, tradução de Millôr Fernandes, e proíbe, ainda, *Piperis in cucas ou Nem a favor...*, de César Moreira, e *Feira Latino-Americana*, de diversos autores. Ambas são acusadas de "incitamento contra o regime e as Forças Armadas". Em maio, a proibição é para *Esse deus miserável* e *A mulher despida*, de Augusto Almeida Oliveira; *A pensão*, de Eurípedes Thomas; *A pequena tragédia de Vera Maria de Jesus*, de Fernando Mello (Prêmio Coroa – 1969); *As hienas*, de Bráulio Pedroso; *Uma certa filosofia*, de Alvim Alves; *O brasão*, de Marcos Lana; e *Os entendidos*, de Adamar Abreu. A revista *Tô na donga dela*, de Silva Filho, é suspensa, e seu diretor é intimado a depor no Dops.

Ainda em maio, começa um episódio que duraria até quase o final do ano: há algum tempo trabalhando no Brasil, para onde veio a convite do Oficina, o elenco do Living Theatre foi preso em Ouro Preto. A polícia deu uma batida na casa que o grupo ocupava, encontrou maconha enterrada e prendeu Julian Beck, Judith Malina e outros 15 atores. Enquanto o Dops de Belo Horizonte pedia ao do Rio os "antecedentes criminais do grupo", Julian e Judith conseguiram ser postos em liberdade. Quatro dias mais tarde, a polícia invadia novamente a casa e, seguindo uma seta onde estava escrito "*Look*" (olhe!), *encontrava* um quilo e meio de maconha, além de descobrir que o grupo "estaria ligado ao movimento subversivo nacional". O casal foi novamente preso e, antes que o processo tivesse qualquer conclusão, expulso do país por decreto do presidente da República. Um ano mais tarde, em setembro de 1972, todos os integrantes do Living Theatre seriam absolvidos da acusação, ficando claro, na decisão da Justiça, que a maconha havia sido "plantada" pelos próprios policiais.

Em agosto, um protesto dos moradores faz com que a Censura obrigue Paulo Pontes a mudar o título de *Barata Ribeiro, 200* para *Um edifício chamado 200*; e, em outubro, são proibidas *A forca* (Mário Kupperman), *Uma senhora quase decente* (Eliseu Alvarenga Duarte) e *A urna* (Walter George Durst).

1971 fora um ano trágico, batendo todos os recordes de proibições e levando mesmo às prisões nomes internacionalmente conhecidos, como Augusto Boal e os integrantes do Living. Os danos ao teatro brasileiro aumentavam: a autocensura dominava a maioria dos autores, agora pressionados também por outro tipo de intimidação, a dos empresários, que começaram a temer enviar textos "problemáticos" para a Censura, alegando "não poder correr o risco de ficarem marcados". O espaço proibido a uma dramaturgia mais conseqüente foi ocupado, de forma crescente, pelos espetáculos de apelo comercial, bem dentro dos padrões do interesse do sistema.

Paralelamente, a televisão ganhava terreno e testava sua capacidade para determinar não só um mercado de trabalho humilhado, como a própria "colonização" da cultura nacional. Sintomaticamente, o número de textos proibidos pela Censura iria diminuir, a partir deste final de 1971. Não porque os censores ficassem menos exigentes, e sim porque já não se mandavam mais os textos claramente "censuráveis". Na realidade, eles já nem eram mais escritos, de um modo geral.

Em 1972, Osvaldo Loureiro deixou a presidência do Sindicato dos Artistas e Técnicos do Rio, substituído por Luís Olimecha. E os jornais noticiaram a proibição de um número relativamente pequeno de peças: *A saga da liberdade*, de Carlos Alberto Campos e Adelmo dos Santos (em janeiro); *Teatro-jornal, 2ª edição*, de Ana Maria Taborda e Carlos Magno; *A fraude*, de Mário Kupperman; *Retrosexo*, de Aghy Camargo; *O Cristo nu*, de Carlos Alberto Sofredini; e *Auto das várias gentes no dia de Natal*, de Ivo Bender (em fevereiro); *Antecedentes de nossa Independência*, de Rubens Carneiro, foi acusada de *subversão* e de *incitamento contra o regime*, em abril.

Em maio, a Censura impediu a estréia, em Salvador, de *Quero fazer blup-blup com você*, de Nonato Freire; e, em São Paulo, *Gracias, señor*, do Oficina, foi suspensa por 20 dias e sujeita a reexame. Mais tarde, a Censura proibiria a peça em definitivo. A razão para a suspensão, apresentada pelos censores, foi "risco à integridade física dos espectadores". Em junho, *Navalha na carne*, de Plínio Marcos, voltou a ser proibida "para todo o território nacional". Em março, Plínio afirmava, em entrevista ao *Jornal do Brasil*: "A falta de dignidade dos artistas é que permite o endurecimento da Censura."

Encerrando o ano, a Censura proibiu ainda *Topografia de um desnudo*, de Jorge Diaz, e *Babete, o rebotalho de uma sociedade decadente*, de Roberto de Brito (que há seis meses esperava a decisão dos censores), em agosto; e *A bolsinha mágica de Marly Emboaba*, de Carlos Queiroz Telles, em dezembro.

1973 foi um ano de poucas proibições, o que equivale a dizer: um ano criativamente anêmico. Uma delas, entretanto, iria determinar uma reviravolta nas relações Teatro/Poder: *Calabar, o elogio da traição*, de Chico Buarque e Ruy Guerra. Em janeiro, foi proibida *A heróica pancada*, de Carlos Queiroz Telles; em março, foi a vez de *Amanhã, Amélia, de manhã*, de Leilah Assumpção, mais tarde liberada com uma centena de cortes; em julho, a Censura proibiu de forma grandiosa, impedindo a apresentação, no Rio, de *Pilato sempre*, de Giorgio Albertazzi, trazida ao Brasil pelo Governo da Itália em excursão oficial; em outubro, foram proibidos *Apareceu a Margarida*, de Roberto Athayde (que depois voltaria a cartaz, com cortes), *Mamãe, papai está ficando roxo* e o show *República do Peru*, escrito por Chico Buarque para o MPB-4; em novembro, a peça *Madre Joana dos Anjos*, de Clovis Levi e Tania Pacheco, foi suspensa por 20 dias e depois proibida.

Mas o episódio do ano seria *Calabar*: liberada em abril, a peça estava sendo ensaiada quando começaram os rumores de que seria proibida. Os ensaios continuaram, e às perguntas do grupo a Censura respondia evasivamente. O impasse durou sete meses, e o espetáculo ficou pronto. Era a mais cara produção até então montada no país, chegando aos Cr$ 400 mil. Finalmente, marcada a data de estréia e convocada para o ensaio geral, a Censura informou que não compareceria porque "o texto havia sido avocado por instâncias superiores para reexame".

Tudo é tentado, inutilmente, chegando Bibi Ferreira a ir a Brasília, no início de dezembro, solicitar a liberação ao general Médici, que chega a prometer "um reestudo da Censura". Finalmente, o elenco é dissolvido, e os produtores assumem o prejuízo. A imprensa foi proibida de noticiar o fato e, até, de publicar o título da peça, enquanto o elepê com as músicas de Chico Buarque era recolhido, também para mudança do nome da capa. Enquanto isso, o Museu da Imagem e do Som toma a iniciativa, também em dezembro, de suspender sem explicações a atribuição dos prêmios Estácio de Sá e Golfinho de Ouro, só retomada em 1977.

O episódio *Calabar* teria, entretanto, outro tipo de conseqüências. A Associação Carioca de Empresários Teatrais mudara de presidência, sendo Paulo Nolding substituído por Orlando Miranda. E o novo secretário-geral da Acet, Paulo Pontes, redigiu um documento de reivindicações ao ministro da Educação e Cultura, colocando o ponto de vista dos empresários ante a Censura:

> *Não nos cabe analisar neste documento os efeitos do excessivo rigor da Censura sobre a permanente e legítima aspiração de liberdade de expressão, para que os artistas e intelectuais formulem, de maneira cada vez mais íntegra, sua visão pessoal da temática que abordam em seu trabalho. Neste documento, o problema da Censura está sendo ventilado porque sua ação excessivamente rigorosa é um dos fatores conjunturais que mais prejudicam a sobrevivência econômica da empresa teatral.*

Dentre as medidas que a Acet propunha ao ministro Jarbas Passarinho, citemos duas: "manter entendimentos com as emissoras de TV para a veiculação de *jingles*, *spots* e *slides* de teatro, possivelmente utilizando para a sua confecção o *know-how* da Aerp", e "dedicar espaço a teatro no noticiário da Voz do Brasil". Basicamente, o que o Relatório da Acet propunha era uma coisa só: o auxílio financeiro ao teatro, por parte do Governo Federal. Mas, na realidade, sua essência ultrapassava em muito esse pedido. A falta de clareza e de consistência ideológica levava o empresariado teatral a sugerir ao Poder um *pacto*, em pleno ano de 1973, no auge da ação repressiva dos órgãos de segurança: o assunto censura era deslocado do seu eixo real – o político – para o eixo secundário e conseqüente – o econômico. A própria colocação da Acet ("ação excessivamente rigorosa") pressupunha a aceitação de uma outra censura, mais branda, menos rígida. E as sugestões apresentadas novamente sublinhavam esse pacto, *legitimando* mecanismo que o Poder vinha usando contra a população brasileira, como a Aerp e a Voz do Brasil.

Mas uma nova tendência se sobrepunha ao poder da extrema-direita, na área federal. E, na mudança de governo, buscava-se a retomada de uma filosofia de institucionalização do golpe, abandonada em meados de 1968. Novamente, o Poder decidia abrir mão da força bruta e encontrar em mecanismos mais persuasivos a fórmula correta para *domar* artistas e intelectuais. E o teatro, desatento, buscando desesperadamente um meio de reerguer-se e adotando, para isso, a postura equivocada do documento da Acet, iria fatalmente dividir-se.

Enquanto Orlando Miranda era encaminhado, por vontade da maioria dos grupos profissionais, à direção do SNT, em 1974, pondo fim à gestão pusilânime de Felinto Rodrigues Neto, criavam-se, em Teresópolis, a Federação Nacional de Teatro Amador, e, no Rio, a Associação Carioca de Críticos Teatrais. Marginalmente, buscando um caminho que agora mais ainda se estreitava, o chamado "teatro não-empresarial" viria a transformar-se, nos anos vindouros, na quase única opção para os artistas mais inquietos e ainda preocupados com a discussão da realidade brasileira e da revolução do conteúdo e da forma, para a arte cênica.

À medida que o empresariado assumia uma atitude "bem-comportada", os problemas com a Censura diminuíam: agora, bem antes de chegar às dependências do Departamento de Polícia Federal, os textos teatrais já haviam sido "depurados" de conteúdos que pudessem vir a causar atritos com o sistema. E, aos poucos, os próprios autores foram ou desenvolvendo a linguagem cifrada da metáfora, para continuar a falar alguma coisa, ou simplesmente abrindo mão de seus discursos.

Assim, 1974 mostra um número pequeno de peças proibidas. Em janeiro, *Basta*, de Guarnieri, é proibida; em julho, uma suspensão, de 20 dias, para *Somma ou Os melhores anos de nossas vidas*, colagem de Amir Haddad; em setembro é proibida *Roda cor de roda*, de Leilah Assumpção; em outubro, a Censura determina que a revista *Elas querem é poder...* tenha seu título modificado para *Elas querem...*, e em novembro, *Descasque o abacaxi*, de Marcos Nanini, é finalmente liberada, com cortes.

Enquanto isso, em julho, o Oficina voltava a sofrer a violência policial. O teatro foi invadido e o diretor José Celso Martinez Correa foi preso e incurso na Lei de Segurança Nacional "por possuir livros subversivos". Libertado em agosto, após o arquivamento do inquérito, Zé Celso parte para o exílio, de onde só regressará quase no final da década, em 1978.

Mais uma vez, 1975 começaria com uma palavra de esperança. Durante a inauguração do Teatro Amazonas, em Manaus, para a qual diversos artistas haviam sido convidados, o general Geisel prometeria melhorar as relações do teatro com a Censura. Dias depois, são proibidas *Eles não usam black-tie*, de Guarnieri; *Chapetuba Futebol Clube*, de Vianinha; *Revolução na América do Sul*, de Boal; e *A invasão*, de Dias Gomes. Em abril, *Um elefante no caos*, de Millôr Fernandes, sofre cortes tão drásticos que impossibilitam a sua montagem, por Fernando Torres.

Paralelamente, o ressuscitado Concurso de Peças do Serviço Nacional de Teatro era vencido por Oduvaldo Vianna Pilho, com *Rasga coração* (1º lugar), e Consuelo de Castro, com *A invasão dos bárbaros* (2º lugar). *Rasga coração* iniciaria, aí, um longo período de cassações brancas e engavetamentos, até ter sua proibição oficializada, em maio de 1977, "ao nível de texto, montagem, publicação, ou, até mesmo, leitura". Somente em 1979 viria a ser liberada e, finalmente, montada.

Nos primeiros dias de maio, o ministro Armando Falcão (que engavetara pessoalmente *Rasga coração*) determina a proibição da estréia, em São Paulo, de *Abajur lilás*, de Plínio Marcos. A imprensa – agora com razoável liberdade – se manifesta. O autor vai a Brasília, tentar a liberação junto a Falcão; dá entrada em recurso no TFR (Tribunal Federal de Recursos) e afirma, em entrevista à imprensa, ser esta a sua 18ª peça proibida. Os teatros paulistas fazem greve de um dia, em solidariedade a Plínio; Jarbas Passarinho sugere, mais uma vez, a passagem da Censura para a área do MEC; e, revoltado, Paulo Autran afirma:

> *Se forem julgar a Bíblia apenas pelo pedaço que fala do Salomão, vão concluir que se trata de um livro pornográfico.*

Os críticos de teatro enviam apelo a Geisel, pela liberação da peça, enquanto Armando Falcão distribuía o texto para diversos jornalistas, solicitando suas opiniões. No início de junho, Plínio Marcos foi chamado a prestar depoimento na Comissão de Comunicação da Câmara sobre a Censura e o Teatro: seu depoimento foi requisitado pela polícia. Finalmente, ainda em junho, tentou-se lançar nacionalmente a campanha *Mais vale uma leitura badalada que uma peça engavetada*.

Enquanto o ministro Armando Falcão ignorava, em agosto, convocação para prestar esclarecimentos à Câmara dos Deputados, outros textos e shows (entre eles, *República de Uganda*, do MPB-4) eram proibidos e mutilados. E o ano chegaria ao fim com notícias díspares: no Rio Grande do Sul, o Concurso Anual de Dramaturgia seria "anulado", depois de vencido por Eid Ribeiro (*Delito carnal*) e Mauro Chaves, que seriam obrigados a recorrer à Justiça para receber seus prêmios. Enquanto o DPF descentralizava novamente a Censura, delegando poderes ao Rio e a São Paulo para examinar textos e espetáculos locais, o Serviço Nacional de Teatro ampliava a Campanha das Kombis (criada em 1973, pela Acet), no Rio e em São Paulo. Também para os dois estados e de acordo com o documento enviado ao Governo Federal pelos empresários em 1973, era estabelecido o patrocínio público para montagens teatrais.

Na área sindical, Luís Olimecha era substituído por Otávio Augusto, no Sindicato dos Artistas e Técnicos do Rio, enquanto era criada uma entidade arrecadadora – ASA –, sob a presidência de Jorge Ramos. A mobilização de artistas e técnicos iria recomeçar, tendo por objetivo, agora, a regulamentação da profissão – uma luta infrutífera de anos. Mas a própria forma como seria reiniciada – mais uma vez esquecendo a luta real pelo mercado de trabalho e pelo piso salarial, em função de uma ambição centrada no recolhimento dos direitos autorais e conexos, pela ASA – determinaria sua fragilidade perante o poder econômico e os atrasos que fatalmente decorreriam da divisão ditada por uma postura elitista e pela incapacidade de apreensão da função maior de artistas e técnicos enquanto trabalhadores.

Segundo declaração oficial do chefe do Departamento de Censura, Rogério Nunes, foram proibidos 29 textos, no decorrer de 1976, além dos cortados, mutilados, suspensos. Entre eles, citamos *Mockinpott*, de Peter Weiss (proibida em fevereiro, em excursão a São Paulo, após meses em cartaz no Rio Grande do Sul e no Rio de Janeiro, e posteriormente liberada); *Dependências de empregada*, de João Carlos Motta (proibida no Rio, horas antes da estréia, posteriormente reescrita e liberada), em março; *Alqui Cabá la Silva*, de Clovis Levi e Tania Pacheco (proibida após vencer a edição única do Concurso Nacional de Dramaturgia de Curitiba, que incluía a montagem do texto vencedor) e *O aprendiz de feiticeiro*, de Maria Clara Machado (proibida em Porto Alegre, após ter sido liberada por Brasília), em agosto.

Em outubro, três peças seriam proibidas, sendo que duas delas também horas antes da estréia: *Gran Circo Raito de Sol*, do Grupo Amador Amadeu, em Salvador, e, no Rio, *Quarteto*, de Antônio Bivar, prevista para ser a despedida de Ziembinski dos palcos e depois liberada com cortes. A terceira foi *A cidade impossível de Pedro Santana*, de Consuelo de Castro. *Trivial simples*, de Nelson Xavier, seria proibida após dois meses em cartaz, em novembro.

Ainda em 1976, a Censura proibira, em março, a apresentação de uma gravação do balé Bolshoi, pela televisão, enquanto, em maio, Wilson Garcia prometia uma reformulação na Censura; e, em junho, era lançado o livro *A censura autodefinida*, do censor Coriolano Fagundes. Em maio, um Festival Internacional de Teatro, organizado por Ruth Escobar, acabou com o cancelamento da vinda de diversos grupos convidados e dos debates programados. Um manifesto do teatro paulista, protestando contra as pressões da Censura, ficou sem resposta do ministro Ney Braga, da Educação.

Em novembro, a Fundação dos Teatros do Estado do Rio de Janeiro – Funterj – inclui o atestado de ideologia entre os documentos necessários às solicitações de auxílio ao teatro. Protestos gerais determinam o fim da medida. E, no mesmo mês, enquanto Consuelo de Castro declara que não receberá mais prêmios nem concorrerá a eles (*A cidade impossível de Pedro Santana* havia sido premiada pelo SNT), Sartre anuncia que não permitirá a montagem de suas obras no Brasil, enquanto "perdurar a ditadura".

Dezembro acaba com uma piada: um incêndio no Teatro Arcádia, em Nova Iguaçu, no Rio, permite a "descoberta de material de guerrilha". Eram os mosquetões, capacetes e botas que a Brigada Pára-Quedista local havia emprestado para a montagem de *Pic-nic no front*, de Arrabal, em cartaz no teatro.

Em janeiro de 1977, artistas e intelectuais enviaram ao ministro da Justiça um memorial com 1.046 assinaturas, exigindo o fim da Censura. O documento foi encaminhado por Armando Falcão ao Departamento de Polícia Federal, "para exame". Em julho, no dia 28, inicia-se em São Paulo o Ciclo de Leituras de Peças Proibidas, organizado por Ruth Escobar. Na mesma semana, a atriz tem seu passaporte apreendido no aeroporto, ao tentar embarcar para a Europa em viagem pelo Ministério da Educação, com passagem do Banco do Brasil. Agosto traz uma promessa do ministro da Justiça de "verificar imediatamente por que não foi implantado o Conselho Superior de Censura". No mês seguinte, descobre-se que a Lei da Censura, que deveria ter entrado em vigor em janeiro de 1969, estava na gaveta de um funcionário do Ministério da Justiça, que "fora liberado para tratamento de saúde no Rio".

> *(A Censura) é exercida com fundamento na Constituição e nas leis, de maneira até parcimoniosa e em defesa da sociedade contra fatores de dissolução e de degenerescência sócio-cultural.*

A frase, de Armando Falcão, foi sua resposta à ida a Brasília de Ruth Escobar, para solicitar a Ney Braga a liberação de *Rasga coração*, *O homem e o cavalo* (Oswald de Andrade), *Sinal de vida* (Lauro César Muniz), *Enquanto se vai morrer* (Renata Pallottin) e *A heróica pancada* (Carlos Queiroz Telles), no início de fevereiro. Três meses mais tarde Falcão tiraria *Rasga coração* da gaveta: para proibi-la. Também em maio, César Vieira fundamentaria legalmente sua ação judicial pela liberação de *O rei morreu, viva o rei*, proibida em março após meses aguardando a decisão da Censura. Afirmava ele: "O autor não se dedica à ficção científica, nem se adorna com dotes adivinhatórios. Sem pertencer à escola de Júlio Verne, não poderia ainda desvendar o futuro e escrever sobre a morte de Herzog seis anos antes de ela ocorrer."

O texto, escrito, lido publicamente e editado em 1969, falava do assassinato do deputado italiano Matteotti, ocorrido no início do século. Mas o governo brasileiro, um ano e meio depois de Vladimir Herzog ter sido assassinado no DOI-Codi de São Paulo, buscava evitar qualquer assunto que de longe pudesse "espicaçar" a extrema-direita. Assim, apesar de recorrer a todas as instâncias da Justiça, César Vieira teve sempre referendada a proibição inicial, onde a Censura alegava que a peça tratava de "matéria subversiva, além de conter insinuações inaceitáveis à morte do jornalista Vladimir Herzog".

O mesmo *assunto delicado*, aliás, causaria o escândalo teatral do ano: vencedora do Concurso de Peças do SNT, *Patética*, de João Ribeiro Chaves Netto, esperou meses até que Brasília permitisse a Orlando Miranda realizar a reunião final do júri, embora a imprensa desde julho viesse exigindo uma solução para o impasse. Afinal, marcada a data para a reunião do júri, o Serviço Nacional de Teatro foi invadido por agentes dos órgãos de segurança do governo, que "confiscaram" o texto que – já se sabia, a esta altura – venceria o concurso, bem como o envelope de identificação de seu autor.

Pressionado para avisar ao júri, antes de abrir a reunião, que a peça que recebera o número máximo de pontos de todos não estava mais concorrendo (e dessa forma evitar o escândalo), Orlando Miranda manteve-se calado. E, assim, o "confisco" tornou-se público, com o resultado sendo divulgado, no caso da vencedora, apenas em termos de *número de inscrição*. Mais uma vez, a morte de Vlado – aqui verdadeiramente assunto de uma peça, com a farsa do suicídio sendo desmascarada pelo cunhado do jornalista assassinado – era considerada assunto "intocável".

No decorrer do ano, diversas peças foram proibidas. Entre elas, destacamos: *A longa noite de cristal*, de Oduvaldo Vianna Filho (suspensa, em janeiro); *Olhando para ontem*, de Luiz Carlos Guaraldi (cortada de 80 para 17 laudas, em março); *Belos e malditos*, de Álvaro Guimarães, em abril (apresentada em Natal, a peça é tirada de cartaz à força: atores são espancados, e o elenco, que vinha de Salvador, recebe prazo de quatro horas para deixar a cidade). *Trate-me, leão*, *Lição de anatomia* e *Exercício* – todas em cartaz no Rio – são proibidas e 24 horas depois liberadas, "com instruções especiais de iluminação para as cenas dos nus", em junho.

Em julho, a proibição é para *O homem que não dorme há 30 anos com medo de ser assassinado*, de Marcos Borges. Em agosto, a Censura proíbe *Moço em estado de sítio*, peça inédita de Oduvaldo Vianna Filho; *A ilha do quintal*, de João Carlos Morta e Geraldo Rosa (ambas no Rio), e *Milagre na cela*, de Jorge Andrade, em São Paulo. Em setembro, no Rio Grande do Sul, o elenco de *Trate-me, leão*, agora em excursão, será preso e processado, em Santa Maria, sob a alegação de posse de drogas. A estréia da peça na cidade é assim impedida. No Rio, *Van Gogh e o ciclo da carne*, de Jesus Chediak, é proibida (depois será liberada), e *Sodoma e Gomorra: o último a sair apague a luz*, de João Bethencourt, é suspensa por 15 dias. E, em novembro, são proibidas *Caixa de cimento*, de Carlos Henrique Escobar (2º lugar no Concurso do SNT), e *Carne e osso*, de Eid Ribeiro (nova versão de *Delito carnal*, premiada e proibida no Rio Grande do Sul), enquanto *Viva Olegário*, de Luís Carlos Cardoso, é suspensa por 15 dias, em Belo Horizonte.

Ainda em 1977, o patrocínio aos empresários teatrais seria estendido a todo o Brasil. Em São Luís do Maranhão, a Fenata seria transformada em Confederação Nacional do Teatro Amador, sob a presidência de Tácito Borralho. No Rio, era criada a Federação de Teatro Independente, Fetierj, sob a presidência de Almério Belém, enquanto a Acet mudava de presidente: saía Fernando Torres e era eleito Jorge Ayer.

1978 começou com a negativa, do ministro Armando Falcão, de rever a proibição de *Cordélia Brasil*, de Antônio Bivar. Em dois meses, março e abril, foram proibidas quatro peças: *O belo burguês*, de Pedro Porfírio (no dia da estréia); *A ópera do malandro*, de Chico Buarque (liberada depois de reescrita); *América, América*, de Márcio Sgreccia (mutilada a ponto de ser impossível montar o que sobrou do texto); e *Canteiro de obras*, também de Pedro Porfírio (que seria liberada um ano mais tarde).

A primeira reação veio através dos júris dos prêmios Mambembe (do Ministério da Educação, via SNT) e Molière. Na reunião do Mambembe, em 6 de abril, os jurados premiaram todos os finalistas a Melhor Autor, especificando: "Consideramos Aldo Leite, Chico Buarque e Paulo Pontes, Guarnieri, Plínio Marcos e João das Neves símbolos de uma dramaturgia de resistência." Uma semana mais tarde, na indicação do Molière, os críticos se recusaram a conferir o prêmio Melhor Autor, reafirmando: "Consideramos prejudicada qualquer tentativa para indicar o melhor autor de 1977, uma vez que o acesso à dramaturgia brasileira foi cerceado, quer pela proibição de obras já antigas, como *Rasga coração*, quer pelo confisco e interdição de obras novas, como *Patética* e *Caixa de cimento*, vencedoras do Concurso do SNT nesse ano." Embora tardia, alguma reação se esboçava.

Ainda em abril, no dia 25, na ABI, diversas entidades ligadas a diferentes setores – Música, Teatro, Artes Plásticas, Cinema e Imprensa – fundavam, em ato público, a Comissão Permanente de Luta pela Liberdade de Expressão, CPLLE, que em poucos meses teria a adesão de todas as entidades ligadas ao teatro no país – exceto a Associação Carioca de Empresários Teatrais.

No final do mês, uma manifestação contra a censura reuniu cerca de 800 pessoas, nas escadarias do Teatro Municipal de São Paulo. E, no início de maio, Renato Consorte declarava aos jornais que "não mais pisaria no palco, até que a censura tivesse terminado". Dias mais tarde, atendendo a convite do SNT para integrar o júri de seu Concurso de Peças, Ilka Zanotto, Jairo de Andrade, B. de Paiva, Luís Carlos Ripper e Tania Pacheco aceitavam através de carta aberta aos jornais, exigindo garantias de que sua escolha seria respeitada e de que o episódio *Patética* não mais se repetiria.

Em junho, a proibição dos textos de João das Neves, Lauro César Muniz e Guarnieri – além de cortes em diversos outros –, tornavam impossível, em São Paulo, a montagem da *Feira Brasileira de Opinião*; e, em julho, novamente em São Paulo, a polícia apreendia a segunda edição de *Abajur lilás*, de Plínio Marcos, enquanto, em Volta Redonda, era proibida a realização da Segunda Mostra de Teatro Independente, organizada pela Fetierj.

No início de agosto, a realização do I Encontro Nacional de Artistas e Técnicos, no Circo Garcia, Rio de Janeiro, abriria pela primeira vez um espaço especial para a discussão da censura. Como conseqüência, dentre as diversas resoluções tiradas, o Dia do Ator – 17 de agosto – foi transformado em Dia Nacional pela Liberdade de Expressão, com manifestações públicas e enterros simbólicos da censura sendo realizados nos diferentes estados. E em Belo Horizonte, também seguindo as diretrizes tiradas no Circo Garcia, começava no dia 30 a Semana do Proibido, com leituras e apresentações de peças, filmes, músicas e poemas interditados, num ato assumido de desobediência civil.

O exemplo seria seguido a partir de 18 de setembro pela Escola de Teatro da Fetierj, do Rio, que com o auxílio da Comissão Permanente de Luta pela Liberdade de Expressão e do Comitê Brasileiro pela Anistia, CBA, promoveria, todas as segundas-feiras, até o final do ano, a leitura e o debate dos principais textos proibidos nesses 15 anos, começando por *Patética*, que aliás voltaria a ser proibida em novembro, agora com nome modificado para *Sangra picadeiro*. Coincidentemente, também em novembro, o SNT foi autorizado, finalmente, a homologar e pagar o prêmio conquistado pelo autor de *Patética*, João Ribeiro Chaves Netto.

Entre as peças proibidas, em 1978, destacamos ainda: *Dentro da noite veloz*, coletânea de poemas de Ferreira Gullar, posteriormente liberada com cortes, no Rio; *Beijo no asfalto*, de Nelson Rodrigues, proibida em maio, no Recife; e *O reino da luminura ou A maldição da besta-fera*, de Oswald Barroso, proibida em agosto, no Ceará, após meses em cartaz. Em dezembro, encerrando o ano, o chefe do Departamento de Censura, Rogério Nunes, afirmava: "A legislação em vigor impõe restrições de tal forma incoerentes com a moral vigente na moderna sociedade, que o trabalho dos censores acaba se transformando numa constante batalha contra a realidade."

Ainda em 1978, a Campanha das Kombis foi ampliada, do Rio de Janeiro e São Paulo, para Curitiba, Porto Alegre, Salvador e Belo Horizonte, enquanto os patrocínios às montagens teatrais continuavam a ser oferecidos a todo o país. No Sindicato dos Artistas e Técnicos de São Paulo, a chapa Urdimento, de oposição, era eleita, com uma plataforma que pela primeira vez englobava um capítulo dedicado à luta "Pelas Liberdades Democráticas", assim definidas:

> *Pela liberdade de reunião, organização, expressão e manifestação; Pelo direito de greve; Pelo restabelecimento do habeas-corpus; Contra a censura; Pela formação de um organismo nacional de trabalhadores em espetáculos, eleito democraticamente; Pela volta de todos os trabalhadores em espetáculos, exilados e cassados, com o restabelecimento de seus plenos direitos profissionais e de cidadãos.*

A saída de Juca de Oliveira e a nova postura do sindicato paulista, agora sob a presidência de Lélia Abramo, num ano decisivo para a luta pela mobilização da categoria em função da regulamentação da profissão, só poderiam entrar em choque com o tipo de filosofia assistencialista predominante no sindicato carioca. Em nome de uma "unidade" inteiramente falsa e apesar de cientes de que a categoria, como um todo, mantinha-se em total descompasso com o aprofundamento ideológico que a mobilização pressupunha, o sindicato de São Paulo aceitou a liderança do carioca, nos *acordos* para a aprovação da lei. Aproveitando a brecha clara, o Governo Federal foi hábil o suficiente para garantir, através da utilização dos grandes nomes da categoria, uma propaganda eleitoral gratuita, lançada através de todos os meios de comunicação.

Na aprovação da lei, em maio, e na de sua regulamentação, em outubro, caravanas de artistas especialmente convidados foram a Brasília. E fotógrafos e cinegrafistas puderam documentar a falta de clareza de uma categoria, para suplementos especiais de revistas de baixo nível jornalístico e programas carregados de euforia na televisão. Enquanto isso – dado sintomático – o Ciclo de Leituras de Peças Proibidas acontecia semanalmente, na Escola de Teatro do Rio, com a "classe teatral" omissa e ausente, não participando sequer dos debates e negando-se a fazer parte dos elencos. O verdadeiro escândalo que foi a chamada Festa de Regulamentação, em Brasília, levaria à queda de Otávio Augusto, reeleito em maio para a presidência do sindicato do Rio e demissionário já em setembro.

Abrimos este trabalho em 1968, ano do Ato Institucional nº 5. E o fechamos em 1979, ano de mudança de governo, no qual o AI-5 foi extinto. No mesmo mês, janeiro, a chamada classe teatral brasileira se reunia, em Arcozelo, para a realização do Primeiro Seminário Nacional de Arte Cênica, promovido pelo sindicato do Rio, agora sob a presidência de Vanda Lacerda. Timidamente, esboçava-se, em Arcozelo, uma retomada, pelo teatro, de seu destino, até então entregue à (má) vontade do Poder.

Se nas assembléias de artistas e técnicos continuaria ainda a predominar a cobrança de uma função meramente assistencialista pelos sindicatos, se os direitos do autor e conexos ainda permaneceriam como o grande assunto obrigatório de qualquer reunião de artistas, por outro lado sentia-se, pela primeira vez, não só em São Paulo e no Rio, como ainda à frente da maioria das Associações Profissionais de Artistas e Técnicos, uma maior consciência. Uma vanguarda, de certa forma, mas uma vanguarda buscando acordar a categoria, dar-lhe clareza e coragem, fazê-la vislumbrar a natureza real de suas lutas e seu significado político e ideológico.

Enquanto os movimentos populares levavam o novo governo a "declarar a abertura", e as gavetas da Censura começavam a vomitar textos omitidos durante uma década e meia, artistas e técnicos criaram, em julho, em Salvador, sua Intersindical. A unidade da categoria e sua ligação às demais lutas dos trabalhadores afinal começava a ser compreendida. De forma emocional, em muitos casos, mas pela primeira vez buscando um efetivo posicionamento dentro da sociedade brasileira.

No primeiro número de seu jornal – *Cena Aberta* –, publicado em outubro de 1979, Vanda Lacerda afirmava, em editorial assinado:

> *(Temos) trabalho mais árduo: o de conquistar colegas para a nossa causa. Trazer para o nosso lado aqueles que ainda permanecem acuados diante da empresa ou da eterna espera pela capa de revista. O poder econômico acena sempre com esta perspectiva e, desta forma, cala, acua e afasta das assembléias e do sindicato aqueles que, inebriados com a possibilidade da fama ou apavorados diante da idéia do desemprego, acabam esmagados exatamente por este poder. Enganam-se os que acreditam terminar aí esta encruzilhada. Isto é o que o poder quer fazer crer para afastar a categoria da discussão à procura de novos caminhos e soluções. Estes caminhos existem, sim. Encontrá-los depende, unicamente, do interesse e, sobretudo, da coragem de nos unirmos para encarar e analisar, coletivamente, os nossos problemas.*

O que será a década de 80? Como saber?! Os debates sobre modos de produção, a formação de cooperativas de artistas e técnicos, tudo parece conduzir-nos a crer que o Teatro brasileiro esteja em vias de acordar de sua longa anestesia. A leitura de livros como *Milagre no Brasil*, de Augusto Boal, só agora publicado entre nós, leva cada integrante desta equipe heterogênea que é o nosso Teatro da vergonha à esperança. No caso dos empresários, a questão é mais complexa. Seria necessário, talvez, que antes de mais nada separássemos o empresariado carioca (muito mais omisso e bajulador) do paulista, que vem dando guarida às propostas mais avançadas de pesquisa teatral e oferecendo seu apoio (até mesmo em nível de plataformas de diretorias) a algumas das lutas do povo brasileiro.

Para todos nós, entretanto, talvez valha recordar alguns trechos do estudo de Rudolf Rach, publicado na revista *Kulturbrief* n° 12, de 1976:

> *Só se pode compreender o que é hoje designado de "cultura teatral alemã" considerando dois aspectos: o desenvolvimento dos novos meios de comunicação (rádio, filme, televisão) e as pavorosas conseqüências do domínio nazi. Depois de os meios de comunicação de massa, dotados de uma autêntica superioridade técnica, iniciarem a sua marcha vitoriosa nos anos vinte, a situação financeira dos teatros como empresas particulares tornou-se cada vez mais difícil. Reconheceu-se a necessidade de prestar auxílio aos teatros e, por curioso que pareça, mas dentro de certos critérios de coerência, os nazis desenvolveram o sistema dos teatros subvencionados pelo erário público. Ao mesmo tempo, eliminaram os autores mais importantes, uma boa parte dos diretores artísticos, artistas e diretores técnicos. E aqueles que se mantiveram nos seus postos tiveram de subordinar o seu trabalho aos objetivos propagandísticos do regime. (...) Gozava-se o sentimento de ter uma cultura teatral sem precedentes, sem correr o risco de surgirem protestos e reivindicações. E os homens de teatro viam-se na perspectiva sedutora de poderem dispor de recursos cada vez maiores para as suas sempre mais aparatosas produções. Poderá alguém negar a sério que, após mais de 25 anos de política de subvenções, o teatro alemão foi cunhado decisivamente por este sistema de subvenções municipais e estaduais?*

A comparação não é exagerada, uma vez que, como já demonstramos, também aqui alguns dos autores e diretores mais importantes, dos pontos de vista artístico e ideológico, foram pelo menos temporariamente "eliminados". Não nos campos de concentração, mas no exílio, alguns, ou no cerceamento, na humilhação, no desespero e, até, na acomodação, outros.

O papel exercido pelo Serviço Nacional de Teatro em tudo isso é, entretanto, relativo. Honra seja feita a Orlando Miranda: alegando sua condição de "liberal", manteve sempre íntegras suas relações com o teatro do qual faz parte. Jamais, de 1974 para cá, o SNT aprovou ou reprovou qualquer montagem pela ideologia expressa em seu contexto. Assim, a omissão e a opção por um teatro falsamente apolítico e na realidade subserviente ao sistema couberam apenas àqueles que consideraram mais fácil aceitar o pacto com o Poder. Tenham eles assim decididos por ignorância, por irresponsabilidade, por má-fé, por confusão mental ou por reles ganância.

cinema 70

Estimulado por Ana Maria Bahiana, releio rapidamente os textos publicados nos anos 70, pensando na eventualidade de acrescentar algum apêndice. Concluo que não há necessidade. As idéias sobre o documentário foram a primeira versão do Cineastas e imagens do povo, *editado em 1985 e reeditado em 2003. Não vejo o que modificar, os textos antigos são para mim documentos de época, produção de um momento histórico, esse momento passou. Portanto, deixar os textos como estão, ou então refazer tudo.*

Mas estranho uma frase, escrita a respeito de filmes que "podem gerar entre nós novos conceitos de cinema". A frase é: "O conceito de obra, diante dessa prática de filmagem, perde muito do seu sentido. A idéia de obra como unidade, bem como a de autor, se dilui. A idéia de obra como objeto diferenciado tende aqui a ser substituída pela idéia de processo que pode ou não resultar num objeto final. Mesmo que se chegue a um objeto final, este não é o objetivo principal do processo". A surpresa vem de que no ano passado publiquei um artigo que teve bastante repercussão em São Paulo, intitulado O processo como obra. *Ao redigir este artigo, tinha a impressão de estar trabalhando sobre um tema novo para mim, em decorrência de conversas recentes com Tata Amaral sobre sua participação na exposição* A respeito de situações reais, *no Paço das Artes, em São Paulo, e do meu interesse crescente pela crítica genética. Essa arqueologia me levou a constatar que não fiz nada mais do que desenvolver uma idéia que já tinha tido havia cerca de um quarto de século, motivado por trabalhos de Andrea Tonacci. O que me deixou perplexo.*

Outra dúvida me assaltou: os textos dos Anos 70 *fazem um recorte na produção documentária brasileira, destacando determinados filmes e atitudes de cineastas como marcos. Esse é um discurso que organiza a realidade, a estrutura. O receio é que esta organização passe a ser tomada como sendo a própria realidade, a qual é sempre infinitamente mais complexa e menos organizada do que os discursos a seu respeito. Os discursos sobre a realidade não a substituem, fazem parte dela.*

Adendo:

Ficção e documentário são categorias falidas, vestígios de uma problemática que começou a se colocar nos anos 20. Recentemente houve em São Paulo uma mesa-redonda sobre esse tema, muito ilustrativa (simplifico): Eduardo Escorel esboçou uma definição de termos: ficção seria subjetiva, para dentro e mais alguma coisa, enquanto documentário seria objetivo, para fora... Paulo Sacramento (realizador de O prisioneiro da grade de ferro*, a ver absolutamente) falou em seguida e retomou as categorias propostas por EE, dizendo que documentário era para dentro, subjetivo, enquanto ficção* *era para fora... Usavam as mesmas palavras com significação oposta. Em seguida, alguém estranhou que Paulo tivesse estreado no longa-metragem com documentário, já que na escola ele só tinha realizado ficções, e via nisto alguma incoerência, ou algo que pelo menos devia ser explicado. Mas Paulo tem uma trajetória coerente, pois o problema dele não é documentário/ficção, mas marginalismo, limites sociais, não julgar as pessoas, o que ele faz nos seus filmes, qualquer que seja o gênero, não é um problema.*

/ comentário de Jean-Claude Bernardet /

A VOZ DO OUTRO

Jean-Claude Bernardet

Este texto não é um balanço do cinema documentário brasileiro na década de 70. Pretende apontar para algumas atitudes que se diferenciam do conjunto, algumas atitudes de ruptura que o documentário brasileiro atual não pode ignorar.

UMA CONGADA INVISÍVEL

Em 1972, *Congo*, de Artur Omar, aborda uma temática perfeitamente enquadrada no cinema de curta-metragem da época: a cultura popular, o folclore. No entanto, com uma sensível diferença: nenhuma imagem refere-se à temática anunciada pelo título. O filme compõe-se de cerca de 148 planos, dos quais 124 são letreiros, letras pretas, fundo branco, filmados em *table-top*, assim como um desenho, algumas fotografias e páginas de livros. Apenas 24 são planos filmados ao vivo, nenhum deles porém ilustrando a congada. Filme paradoxal por não fornecer ao espectador o que ele anuncia. Filme de sonegação ("filme em branco") em oposição aos outros que oferecem abundantes imagens destas festas populares em vias de desaparecimento. Em ruptura com estas imagens. A ruptura – nunca diretamente dita pelo filme, devendo ser elaborada pelo espectador em contato com o filme – consiste na afirmação radical da impossibilidade de representar, de reproduzir na tela o fenômeno *congada* ou uma congada em particular. Problema este que os outros filmes da época não tematizam, fornecendo ao espectador uma última olhadela ingênua sobre estes espetáculos antes que a cortina se feche definitivamente. Com exceção exclusiva, a meu conhecer, de *O país de São Saruê* (Vladimir de Carvalho, 1971), que coloca a representação de um cavalo-marinho na tela na dependência de uma encenação.

Plano geral de uma imensa praça retangular formada por edifícios de alguma fazenda. Vazia. No fundo, minúsculas, três crianças brincam, acentuando o vazio do espaço. É um palco. É o lugar do espetáculo que não ocorre, que não se dá, que não dá.

Fotografia fixa de uma família negra em trajes cotidianos diante de uma casa de roça. Supostamente guardiã de tradições. Nenhuma informação. Suponho que eles preservem o ritual da congada, transmitido por antepassados e que talvez não conseguirão passar adiante. Talvez, nada a ver.

Primeiro plano de um jovem e belo mestiço. Chapéu de palha, olhando para a câmara. Mudo.

Há um espaço vazio. Há uma retenção. Há um silêncio. Há um segredo. Em oposição às imagens loquazes esbanjadas pelos filmes preservadores da cultura popular. É grave. Este filme nega até a função de registro do cinema. Guardar o real, guardar o passado enlatado. A função da imagem cinematográfica para a elaboração da memória nacional. Temas tão queridos. O arquivo histórico, assunto sobre o qual me debruço num projeto para a Fundação Cinemateca Brasileira.

Se não esbanja imagens, Artur Omar esbanja palavras. Cataratas de palavras escritas. O livro é que é o lugar da palavra escrita, não a tela, inclusive porque no livro a gente pode se deter à vontade, voltar, comparar, meditar. O ritmo da projeção não permite que extraiamos todas as significações que rapidamente percebemos nestas palavras, nem que estabeleçamos entre os letreiros as relações que vislumbramos. Mergulhados num mar de palavras que assumem uma força dramática em si, além do que elas significam. Num deserto de imagens, vamos vivendo a nossa vida urbana, universitária, livresca. As palavras de Omar são as nossas palavras de autores ou leitores de sociologia, antropologia, folclore etc. É através de nossas palavras sociológicas ou antropológicas emitidas nas cidades e nos livros que entramos em contato com formas da cultura popular, rural, tradicional. E não através de uma vivência produtiva. Mesmo que nos aproximemos de um bumba-meu-boi, por mais que tentemos aspirar por osmose essa tradição cultural, a nossa formação não deixará de ser os livros e a cidade; e até se rompermos esta formação, poderemos ser espectadores empáticos, nunca produtores de um bumba-meu-boi em evolução. Mas palavras poderemos produzir, livros como esse *Dança dramática no Brasil*, de que o filme reproduz uma partitura tirada por Mário de Andrade da congada de Atibaia.

É disso que fala *Congo*. Da distância entre nossa cultura, nosso meio, nossa classe e aquilo que chamamos de cultura popular. Distância que o projeto de memória nacional nega em nome da unidade nacional. Um filme não sobre a cultura popular, mas sobre a relação que estabelecemos com a cultura popular, pois a única e exclusiva maneira de atingirmos a cultura popular é através dessa relação, já que jamais seremos produtores de cultura popular, que será sempre o outro mediatizado.

Ao negar o alcance direto e mágico à cultura popular e ao trabalhar sobre a mediação, *Congo* faz surgir o sujeito que, tradicionalmente, o documentário tende a ocultar. Ao apresentar-se como contato direto com o real, como registro do real, o documentário tradicional disfarça o sujeito que toma contato, que registra o real. O sujeito finge que não existe. Em realidade, existe. É o sujeito, nem tão invisível assim, que assume uma posição onisciente: ele sabe tudo sobre o real de que trata, e assim fazendo ele torna o real objeto de seu conhecimento, objeto de seu filme. Ao afirmar a presença do sujeito e ao trabalhar sobre a mediação, *Congo* não atribui à cultura popular a função de objeto, mas estabelece relações entre dois sujeitos, do ponto de vista do sujeito que fala. Donde a radical impossibilidade de sua representação, que tornaria objeto, para o documentarista e para o espectador, o representado, já que qualquer representação seria sempre uma representação produzida pelo sujeito.

Imagens, palavras, músicas de *Congo* ordenam-se como uma rede que constitui a mediação entre o sujeito e a cultura popular. Não descreverei o filme. Apenas alguns exemplos. A faixa imagem constitui-se de duas séries: uma referente à cultura burguesa e ao catolicismo, a outra ao interior. Numa sala de prédio colonial, uma panorâmica de 360º durante a qual a câmara encontra medalhões onde lemos "Indústria – Poesia – Escultura – Pintura" etc. São os valores de uma certa cultura burguesa, é o recorte que ela estabelece no saber e nas atividades culturais. Vacas, porcos, um galpão, crianças: é o que o sujeito apreende do interior. Os letreiros fazem piscar a palavra "Mímesis", dizem: "Antigas epopéias contra herói atual" (uma referência a Lukács), "Romances históricos – marítimos – mouriscos – cavalheirescos e novelescos", "Kinoglaz", "Dialética do filme + alvos táticos": são as referências culturais do sujeito, seu instrumento de conhecimento para abordar a congada. Ou uma fotografia de *Os inconfidentes*, de Joaquim Pedro de Andrade. Aí *Congo* dialoga explicitamente com outros filmes de seu contexto cultural: o filme histórico representa a História, gruda a ela como grudam os documentários à cultura popular, ou instituem a História como outro sujeito? *Os inconfidentes*, em particular? Na sua abordagem da cultura popular, *Congo* posiciona-se em relação a outros discursos cinematográficos que fazem parte de seu contexto cultural.

Até o sistema de pensamento que apreende a congada e a relação com a congada se explicita: "sudaneses x bantus", "marujos x mouros", "Rainha Ginga contra Ana de Souza", "poder absoluto contra dissolução dos laços", "1618 + 1972": é esta forma de pensamento binário, por junção ou por oposição, que estrutura cerca da metade dos letreiros, tal como esse "Tese contra antítese", e que estrutura a relação com a cultura popular.

Congo nos diz que, do lugar onde estamos, não temos contato direto produtivo com a cultura popular. Não existe essa de registrar, preservar, memorizar, arquivar a cultura popular em filmes. Donde estamos, falar de cultura popular só pode ser trabalhar sobre a nossa exterioridade, a nossa mediação com a cultura popular.

UM PEIXE MÍTICO

Congo nega radicalmente um tipo de cinema sociologizante que pretende falar sobre o outro tomado como objeto, que se recusa a reduzir o outro a ser falado. *Rito e metamorfose das mães nagô*, que Juana Elbein dos Santos realiza em 1979, nega este cinema sociologizante, mas também se opõe a *Congo*, porque, ao invés de trabalhar sobre a exterioridade, tenta construir um ponto de vista de dentro. *Rito e metamorfose* aborda o mito da mãe ancestral no imaginário nagô. Só que não fala sobre o rito, nem fala sobre uma comunidade de candomblé, seus rituais e sua mitologia. As duas primeiras seqüências, que são as que importam aqui, expressam diretamente o mito. O discurso é de dentro para fora. O filme não nos diz que há pessoas para as quais pássaros e peixes simbolizam a mãe ancestral. A linguagem cinematográfica reelabora o mito. As imagens de pássaros, suas pausas, a fixação de fotogramas, as fusões, são o mito. As imagens não se referem ao mito, elas são cinematograficamente o mito. Há evidentemente muito a fazer nesse sentido, já que o documentário que trabalha nos campos da sociologia, da antropologia e da etnografia está pouco preparado para isso, inclusive pouco preparado para deixar de ser um documentário sociológico, antropológico ou etnográfico.

Num momento da segunda seqüência, o filme chega a provocar no espectador uma emoção reveladora, a meu ver, dessa ruptura com o discurso "científico" a que estamos acostumados. A primeira seqüência estabelece o mito da mãe ancestral, ligado ao pássaro e suas plumas, ao peixe e suas escamas. A segunda seqüência mostra mulheres baianas em afazeres cotidianos, na feira. Uma peixeira escama um peixe, num gesto familiar para quem vai à feira. O peixe morto é escamado, um objeto que compraremos e comeremos. Mas sobre o plano do peixe sendo escamado entra um trecho do poema já ouvido na primeira seqüência e que afirma o status mítico do peixe e das escamas. Este peixe, de repente, é invadido por uma outra dimensão que nos escapa nas relações que mantemos habitualmente com ele. Valor de troca, valor de uso, mas mito e imaginário. Essa realidade peixe não pode ser abordada de um ângulo único, esta realidade é múltipla e irredutível.

A ruptura com a voz sociológica que opera Juana dos Santos em relação a religiões populares não é um ato solitário. Encontramo-la também em filmes de Geraldo Sarno e Nelson Pereira dos Santos. Nelson montou, no início dos anos 60, o filme de Glauber Rocha *Barra-vento*, onde o candomblé era visto sob o ângulo "religião ópio do povo", como uma alienação que bloqueava o despertar da consciência social e obstruía uma prática lúcida e eficiente. Em 1965, Sarno concluía *Viramundo*, o clássico do documentário sociológico brasileiro: a miséria, o deslocamento social, as condições de trabalho, a humilhação, a fome, a impossibilidade de se tornar dono de sua vida empurram o contingente nordestino da classe operária paulista para comportamentos místicos em que os crentes compensam suas frustrações sociais e emocionais e se alienam. Freqüentes são os filmes dessa época que apresentam cenas de explosão mística em que deságuam a frustração, a opressão, a humilhação, a agressividade reprimida, a impotência, seja a religião propriamente dita, como nos filmes acima citados ou em *Opinião pública* (Arnaldo Jabor, 1966), seja a religião futebolística, em *A falecida* (Leon Hirszman, 1965) ou principalmente *Subterrâneos do futebol* (Maurice Capovilla, 1965).

Nos anos 70, essa atitude muda de 180°. Faz-se uma crítica do intelectual superior que do alto de sua câmara julga cientificamente o comportamento do povo, lhe mostra seus erros e aponta para o caminho correto pelo qual evolui a História. Num documentário Super-8 realizado no Recife, Geneton assume o papel de um intelectual que se dirige à elite cultural negando taxativamente as interpretações pseudocientíficas oriundas dessa elite, conforme as quais o futebol é uma alienação e gera ou decorre da passividade do povo, ou é exclusivamente uma manipulação por parte da classe dominante. Ele afirma (antes afirma verbalmente do que mostra ou vivencia e, por isso, não altera o nível do discurso, que continua sendo um discurso "sobre" o povo) que futebol é um prazer, que prazer não é alienante nem incompatível com consciência e luta social e política. Em relação à religião, encontramos uma reviravolta semelhante em *Iaô*, de Geraldo Sarno (1975), e *O amuleto de Ogum*, de Nelson Pereira dos Santos (1975). Candomblé e umbanda passam a ser aceitos. Nelson afirma que a atitude do cineasta diante deste comportamento religioso deve ser acrítico e o filme, intencionalmente, é dirigido aos umbandistas, que, diz Nelson, ao sair da projeção, deveriam sentir-se bem e aprovados no seu comportamento. A vontade de se dirigir aos umbandistas e de tentar oferecer uma visão de dentro está explícita nas intenções de Nelson quando ele diz que os espectadores não familiarizados com a umbanda não entenderão os ritos apresentados pelo filme. Basta que, no terreiro, se vejam algumas pessoas se comportarem como crianças para que um umbandista identifique de imediato a festa de Cosme e Damião, e quem não estiver a par não entenderá. Mas uma maior explicação do ritual, que se dirigiria a pessoas não informadas, já afirmaria o ponto de vista externo e tornaria a festa de Cosme e Damião objeto. Afinal, no "nosso" cinema, basta que vejamos uma mulher vestida de branco numa igreja para que, sem mais amplas explicações, reconheçamos um casamento e achamos isso natural, pois, católicos ou não, fomos formados nos rituais católicos. Para quem não tivesse essa formação, seria necessário dizer: eles vestem as suas mulheres de branco e as levam para um edifício onde...

Quanto a *Iaô*, Sarno filma o processo de iniciação com extrema dedicação e ternura, e afirma que os valores populares expressos no candomblé são revolucionários. E Sarno não pretende tratar o candomblé como objeto, revelando explicitamente essa preocupação quando o próprio diretor se filma praticando rituais: ele não é exterior ao que filma, ele penetra dentro. Ao nível desta seqüência, pode pairar alguma ambigüidade entre a participação e a atitude tática para poder filmar. Mas não deixa de ser uma tentativa de quebrar a relação sujeito-objeto e encontrar um discurso de dentro.

Nem Nelson, nem Sarno, a meu ver, deram o salto qualitativo de elaborar uma expressão religiosa de dentro, o que com certeza não poderiam ter feito. Mas as suas atitudes expressam a profunda mudança de postura dos filmes dos anos 60 para os dos anos 70, e sua posição pode ser vista como uma transição para a de Juana dos Santos.

A ANTROPOLOGIA DE NÓS MESMOS

Gostaria de relacionar com este assunto outros filmes que na aparência não têm rigorosamente nada a ver com isso: *Loucura e cultura*, de Antônio Manuel (1972), e *Di*, de Glauber Rocha (1977), por exemplo, trabalhos que inovam em matéria desse cinema que se tem chamado de antropológico. Tradicionalmente, antropologia, cinematográfica ou não, pratica-se junto a povos tidos como primitivos, em todo caso não aos grupos sociais aos quais pertencem os próprios antropólogos.

Loucura e cultura retoma um debate sobre a arte realizado em 1968, no Museu de Arte Moderna do Rio de Janeiro. Do filme participam Rogério Duarte, Lígia Pape, Luís Saldanha, Caetano Veloso e Helio Oiticica, nesta ordem. Rogério, Lígia e Caetano são filmados ao vivo e aparecem sucessivamente de frente, de perfil e de costas, posando para a câmera, encostados sobre o fundo, praticamente imóveis. Saldanha não aparece, é substituído por ponta preta. De Oiticica, foi filmada uma fotografia de perfil. No total, onze planos muito destacados, pois o corte nunca é disfarçado. Na faixa sonora, fragmentos do debate, que fora gravado, e *A Marselhesa*, inicialmente só música instrumental e a seguir cantada. "Atenção. Atenção. Eu preciso falar. Atenção. Eu quero falar" é a primeira frase do debate selecionada para o filme. Fala-se da "grande farsa que é a cultura brasileira", "a loucura para mim significa um sentido de liberdade, de criação", "é que eu sou muito garoto ainda, entendeu?", acusa-se a atitude repressiva e policial de parte da platéia, em particular uma pessoa que tachou a discussão de "masturbação intelectual". O filme revela um momento de uma intelectualidade oprimida, acuada, desorientada. A opressão policial manifesta-se pelo tipo de enquadramento: as pessoas estão filmadas como se se tratasse de uma identificação policial. O exílio é a ponta preta e a foto de Oiticica. A dureza geométrica da filmagem e da montagem, que lembra a dureza de certos filmes de Júlio Bressane, expressa a repressão a que estão submetidos estes artistas e se vincula também à propagação no Brasil de certas teorias lingüísticas (composição em série etc.). A faixa sonora é o lugar da aspiração à liberdade: fala-se e expressa-se necessidade de falar (enquanto as pessoas na imagem permanecem mudas), fala-se da repressão, mas da repressão no ambiente, fala-se de liberdade e criação. *A Marselhesa* é o sonho literário. O que escrevi até agora representa mais ou menos o nível intencional do filme.

Mas *Loucura e cultura* adquire maior dimensão se percebido como profundamente ambíguo. A começar pela *Marselhesa*. Se foi um hino de liberdade, há muito deixou de ser, é hoje um hino oficial manipulado pelos donos do poder. A gravação escolhida por Antônio Manuel só reforça este aspecto: pomposa orquestração, canto operístico. Nada a ver, por exemplo, com a *Marselhesa* assobiada no final de *O noivo da morte* (Walter Rogério, 1975): um assobio interrompido, hesitante, desafinado, pobre, paradoxalmente forte. *A Marselhesa* de *Loucura e cultura* é um apelo à liberdade, mas uma liberdade abstrata, indefinida, já deglutida pelo poder. A imagem, ela também é ambígua: repressão policial, sim, mas o que vemos na tela é sinistro. As pessoas estão mudas e petrificadas. E o fato de o último segmento da série ser uma foto fixa aumenta a sensação de petrificação progressiva. Essa petrificação será só efeito da repressão, será ela só uma fachada atrás da qual fervilha uma vida reprimida? Não é essa a impressão: antes parecem horríveis figuras de cera de que se retirou a vida, a morte já interiorizada, o que é resultado da maneira de filmar (é um dado da expressão de Antônio Manuel, não das pessoas filmadas). Mudas porque não as deixam falar, ou mudas porque não têm mais o que dizer, a não ser esse confuso apelo a uma liberdade abstraída e fossilizada?

Há uma tensão entre o que chamarei o nível intencional, planejado, controlado pelo autor, e a ambigüidade das leituras possíveis, o que provavelmente lhe escapou. Esta repressão, esta dureza de estilo, esta morte, este apelo à liberdade, esta confusão no apelo à liberdade delimitam um campo em que se debatia a angústia de uma determinada intelectualidade, findo o sonho.

Glauber faz da morte uma festa. A morte do amigo é um momento de vida exuberante, altamente erotizada, donde jorra o carnaval de uma vida. Através do morto, Glauber mergulha na sua vida. Profundamente chocante para quem a morte é um momento de silêncio, de sepulcro, para quem o morto deve ser reverenciado pela tristeza. Ao se opor à atitude que adotamos usualmente diante da morte, *Di* nos confronta com esta atitude (que consideramos inquestionável – quem não fica triste diante do morto querido? – qualquer questionamento seria irreverente) e ao mesmo tempo nos abre para outras possibilidades de nos relacionarmos com a morte na nossa sociedade, de vivermos a morte de outra maneira. É bastante diferente fazer um filme que encara o processo da morte na nossa própria sociedade ou sobre os rituais fúnebres de uma longínqua aldeia zulu.

Interprete mais, pague mais, que Andrea Tonacci realizou em 1975 a partir de uma turnê de Ruth Escobar no Oriente Médio, também se inclui neste movimento de fazer a antropologia de nós mesmos. O filme poderia ser promocional ou um relato de acontecimentos: o espetáculo, os ensaios, a viagem etc., há tantos assim. Porém, a maneira de Tonacci filmar, o que ele valoriza e aquilo a que ele dá pouca importância tornam os episódios um simples pano de fundo. O que ele desenvolve (com a participação, às vezes, das próprias pessoas envolvidas no filme, embora não tão intensa como ele teria gostado) são as relações que as pessoas estabelecem entre si e com as situações que as envolvem. Num dos momentos mais intensos do filme, a produtora do espetáculo, o diretor, atores, técnicos discutem em torno de uma máquina indispensável ao espetáculo, mas que não funciona e cujo conserto é problemático. Perplexidade geral, a discussão estagna. Esquecemos a máquina. E o que desponta nesta grotesca e angustiante discussão, que vai se tornando sem objeto, são os comportamentos e as relações entre as pessoas. Dominação, submissão, proteção, alheamento, narcisismo, pequenas demissões, pequenos apoios, pequenos rituais. O mesmo ocorre com um laboratório que acaba em briga. Não é o comportamento de algum povo "primitivo", nem mesmo o de seres estranhos e engraçados que seriam as pessoas de teatro, mas é o comportamento do próprio meio a que pertencemos. Somos sujeitos e objetos, simultaneamente, na tela e na sala.

Lembro de uma frase de Valêncio Xavier: estávamos conversando sobre a Guerra do Contestado, as motivações religiosas dos chamados fanáticos, o primeiro militar morto em combate, a quem foi feito, em Curitiba, um enterro copiado no de Sadi Carnot em Paris. Valêncio observou que nós e os livros sempre consideramos como digno de estudo o comportamento religioso dos rebeldes, mas nunca questionamos o comportamento religioso dos militares e da classe dominante que os reprimiam. Basta isto para marcar posições: os rebeldes são os outros, por quem podemos ter a maior simpatia, mas continuam os outros; estamos do outro lado. Do lado dos militares, por quem podemos até ter a maior antipatia, criticar sua ação, mas não os consideramos como objetos de estudo estranhos a nós. O que estou dizendo é que os filmes de Antônio Manuel, Glauber e Tonacci inauguram um cinema antropológico sobre nós mesmos, uma antropologia em que não se distingue o sujeito do objeto (o que não deve parecer muito científico). Antônio Manuel não fica de fora do grupo de artistas que ele mostra na tela, ele investiga dimensões ideológicas deste grupo de dentro. Glauber fala da vivência ou da não-vivência da morte que tem o grupo a que ele e seus espectadores pertencem.

A CÂMARA NA MÃO DO OUTRO

Haveria um outro passo: passar a câmara para as pessoas que são vistas na tela, de forma que o filme não expresse apenas como elas são vistas por outros olhos ou como se dialoga com elas, mas como se vêem. Por volta de 1972, Aluísio Raulino realiza *Jardim Nova Bahia*, onde ele tenta dar esse passo. O filme mostra um nordestino lavador de carros em São Paulo; Raulino o leva a Santos e, na praia, lhe passa a câmara. No filme, vemos o rapaz filmar e o material por ele filmado. O resultado é pouco significativo, nem podia deixar de ser; muito significativa é a situação do documentarista que sente a necessidade de quebrar o domínio de sua voz e de deixar o outro falar. Mas o documentarista defronta-se com o exótico da situação do lavador-cineasta: este se encontra numa situação estranha às coordenadas de sua vida, uma situação concedida, e não sabe manejar o equipamento. Quanto à seleção do material, montagem e sonorização do filme, ficam nas mãos do cineasta. De qualquer forma, o filme de Raulino expressa uma das tensões principais do documentário brasileiro e aponta para uma solução mais radical que a que se divulgou nos anos 60: dar voz àqueles que não falam através das entrevistas do Cinema Verdade.

Outros trabalhos vêm sendo feitos. Enquanto Juana dos Santos filma *Rito e metamorfose*, pessoas da comunidade filmam em Super-8. Por enquanto estas filmagens servem de treino para o pessoal da comunidade e de informação para os cineastas. Tonacci vem desenvolvendo há tempo um trabalho semelhante com comunidades índias, só que usando TV, o que permite uma resposta imediata: quem opera logo vê no vídeo o resultado de seu trabalho e pode reagir na hora à imagem que, com o aparelho, ele cria de si próprio, como também podem reagir os que aparecem no vídeo.

Essas atitudes, desde que não entendidas como experiências de etnólogos, podem gerar entre nós novos conceitos de cinema. O conceito de obra, diante dessa prática de filmagem, perde muito de seu sentido. A idéia de obra como unidade, bem como a de autor, se dilui. A idéia de obra como objeto diferenciado tende aqui a ser substituída pela idéia de processo que pode ou não resultar num objeto final. Mesmo que se chegue a um objeto final, este não é o objetivo principal do processo. Também se dilui a idéia de mercadoria a que atualmente o objeto artístico está visceralmente ligado. Também fica colocada a questão da fonte de produção. Enquanto produção e equipamento permanecerem nas mãos exclusivas dos cineastas profissionais, a passagem da câmara será sempre uma situação concedida e limitada, por mais que as experiências se tornem mais complexas e interessantes. A transformação estrutural da produção coloca evidentemente questão extracinematográfica; é toda a questão dos meios de produção e da produção do saber que está em jogo. Neste contexto, o cinema amador, o filminho de família, as anotações de viagem podem vir a se tornar bastante significativos.

DOCUMENTÁRIO DE INTERVENÇÃO

Existe uma fortíssima tradição conforme a qual o documentarista deve desenvolver todos os esforços possíveis para não alterar a realidade que documenta. De fato, há sempre um processo de intervenção, nem que seja pela presença do equipamento e da equipe, nem que seja pela escolha do enquadramento na filmagem e pela montagem. Mas, freqüentemente, o documentário faz de conta que não há intervenção, dá a volta por cima e a realidade lá estaria na tela, objetivamente.

João Batista de Andrade assume uma posição antagônica: a intervenção é inevitável, deve ser assumida, e mais: deve ser uma intervenção ativa e produtiva. Longe de fingir a neutralidade, Batista intervém na realidade que filma, o que ele pretende é que esta intervenção faça vir à tona aspectos do real. O que ele filma é esta intervenção, como o real se revela graças a esta intervenção, que envolve o documentarista na sua relação com o que ele filma.

Foi esta a proposta mais interessante do Cinema de Rua, movimento documentarista que se desenvolve em São Paulo na primeira metade da década de 70, e que retoma uma temática popular ausente das telas durante muitos anos: condições de vida, acidentes de trabalho, condução, trombadinhas, construção civil etc. O tom é de reportagem. São feitos em condições de produção precárias. Dirigem-se especificamente a pessoas concernidas pelos problemas abordados na tela. A proposta de uma dramaturgia de intervenção foi certamente, para o nosso propósito, o que de mais rico houve no movimento no sentido de criar novas relações entre o documentarista, a realidade abordada e o público. *Migrantes*, realizado por Batista, é o primeiro filme do movimento.

Já em 1966, ele dava início a esta proposta com *Liberdade de imprensa*, filme cuja originalidade não foi devidamente percebida na época. Ao lado de entrevistas com personalidades que falavam sobre o assunto-título, ele aproximava-se de pessoas que estavam perto de bancas de jornal, entregava-lhes livros com trechos grifados sobre imprensa, pedia-lhes que lessem, e depois as entrevistava sobre o que acabavam de ler. Tecnicamente, era uma heresia, o inverso dos bons modos, pois o entrevistador não deve motivar o entrevistado, nem lhe sugerir pistas de respostas. Mas o que Batista queria registrar era exatamente isto: como reagia o entrevistado ao receber informação nova, e essa reação revela tanto a situação em que se encontra a pessoa, como o desequilíbrio provocado pela informação e eventual reequilíbrio. Num sentido semelhante, em vez de filmar policiais na cidade para mostrar a repressão, ele armou na rua uma situação: um debate entre algumas pessoas na calçada provocou ajuntamento de gente; policiais intervêm para dispersar o grupo que discute. *Liberdade de imprensa* foi tão importante pelo tema que abordava como pela proposta que lançava no quadro do documentário brasileiro. Era a negação do discurso sociológico como fonte de verdade, a recusa da posição de superioridade que consiste em mostrar fatos e pessoas e falar a respeito, ex-câmara, era assumir não o papel de um pretenso observador neutro, mas uma posição ativa que assume a responsabilidade de criar situações nas quais as contradições sociais se expressam. É isto, me parece, que leva Batista ao conceito de dramaturgia de intervenção.

Essa proposta desenvolve-se em alguns filmes do Cinema de Rua. Deste ponto de vista, a seqüência mais significativa de *Migrantes* é um diálogo entre um nordestino recém-chegado a São Paulo, instalado com a família debaixo de um viaduto, e um colarinho-branco paulistano. O nordestino expõe a sua situação, a impossibilidade de trabalhar a terra no Nordeste, a necessidade de um trabalho para sustentar a família. Enquanto o burocrata defende a tese de que "São Paulo tem muitos problemas, os migrantes trazem mais, de qualquer modo o baiano não vai resolver seu problema, devia ter ficado no Nordeste ou pelo menos ir para o interior do estado trabalhar a terra".

Esse diálogo não tinha sido previsto pelo diretor, que começa a seqüência entrevistando ele próprio o nordestino. O burocrata, como outras pessoas, parou para assistir à filmagem e se meteu na conversa. Ao invés de afastá-lo, como faria o documentarista tradicional, o diretor o integrou à filmagem. Há um aproveitamento da situação de filmagem e do que essa situação pode fazer surgir espontaneamente. Esse espontâneo é aproveitado desde que seja revelador das contradições que o documentarista quer expor. O documentarista não fala sobre o nordestino, ele procura na realidade que filma os elementos cujo choque revela as tensões que ele quer passar para o espectador. Uma situação semelhante encontra-se em *A escola de 40.000 ruas*, sobre menores desamparados. A filmagem provoca ajuntamento de gente. Uma senhora, que diz ter sido roubada recentemente por um trombadinha, agride verbalmente um menino, como se ele fosse o ladrão, e o menino, encurralado por inimigos, defende-se.

Os dois atores em oposição podem não se encontrar no mesmo local e então o filme promove o contato. Os moradores de uma favela da marginal do Rio Pinheiros vão ser deslocados para o Jardim Maria Luiza, perto de um conjunto habitacional operário. Mulheres de operários do Jardim queixam-se contra a remoção dos favelados: como poderão criar os filhos se estes estiverem em contato com favelados, isto é, marginais, ladrões, toxicômanos etc. Esta a situação. Batista vai ao Jardim, filma mulheres de operários e grava seus depoimentos sobre os favelados. Em seguida, vai à favela, bota o gravador e faveladas ouvem o que as mulheres de operários disseram a seu respeito; esta cena é filmada, bem como a resposta que elas dão aos comentários do Jardim Maria Luiza. Com este material, monta-se o filme, que foi feito no quadro do departamento de jornalismo da TV Globo de São Paulo. Batista avisa aos dois grupos quando o filme irá ao ar. A sua intenção (ficou na intenção, porque não teve condição de produção para terminar o projeto) era voltar aos dois lugares, filmar novamente e verificar que modificações tinha provocado (ou não) o filme nos espectadores envolvidos na situação, principalmente se as mulheres de operários mudavam de opinião após ter ouvido as faveladas. Este documentário, que não foi conservado, cria uma situação nova que não existe independentemente dele (faveladas e mulheres de operários dialogando através do filme), define as posições antagônicas pelo choque entre elas, registra as reações provocadas por informações novas (as faveladas ouvindo as mulheres de operários e, se o projeto tivesse ido para frente, as reações ao filme).

Em *O buraco da comadre*, a intervenção iria mais longe ainda, não tivesse o material em grande parte se perdido por motivos técnicos: no Jardim Brasil, um enorme buraco de mais de cem metros atravessa uma rua; moradores filmados e entrevistados explicam a situação desse buraco, que não cessa de crescer pelos anos, sem que nenhum ofício, nenhuma gestão junto à Prefeitura tenha surtido qualquer efeito, donde as queixas contra os poderes públicos. Durante a filmagem, atores que trabalham em teatro de periferia também entrevistam e recolhem informações junto aos moradores. A seguir, descem no buraco e fazem uma representação teatral baseada nestas informações e no comportamento que se depreende do que disseram os moradores. Estes vêem o seu comportamento estilizado pelos atores, estabelecendo-se então um diálogo entre atores e moradores sobre a sua dependência em relação aos poderes públicos. Tal como ficou, o filme é uma queixa contra o descaso da Prefeitura, o que não impede que a proposta seja de uma grande riqueza. A situação de filmagem não é uma circunstância que permite a realização do filme e que deve ser mais ou menos disfarçada para não "prejudicar a abordagem do real", mas ela se constitui como a situação concreta em que se estabelecem relações dramáticas que revelam o real.

A REALIDADE MÚLTIPLA

Quero falar de outro filme. Como ler *A pedra da riqueza*, de Vladimir de Carvalho (1975)? Inúmeras maneiras. Pelo que nos interessa aqui, eu diria que o filme apresenta-se como muitos outros filmes que descrevem as más condições de vida e de trabalho do proletariado brasileiro. Vemos um garimpo, a dureza do trabalho, a insuficiência de proteção contra acidentes. Sobre as imagens, a voz de um depoente que fala de sua vida na época em que trabalhava no garimpo: trabalho árduo, acidente de trabalho, família sem proteção, dormir debaixo de árvores para se proteger contra eventuais despencamentos de barreira durante a noite. Ruídos ambientes. Música. Assim lido, *A pedra da riqueza* não oferece grande originalidade.

No entanto, aprofundando o nosso contato com *A pedra da riqueza*, o filme vai revelando outros aspectos. Já a fotografia. Uma fotografia branco-e-preto extremamente lavada, pouco matizada, oferecendo poucos detalhes sobre o que ela mostra. Obviamente, a finalidade desta fotografia não é apenas mostrar. Esta fotografia tosca, que poderá provir de uso de negativo vencido (usado fora do prazo dentro do qual o negativo mantém a sua maior sensibilidade), nos remete à produção tosca. A pobreza assumida da produção e a aparente precariedade da fotografia nos remetem à precariedade e pobreza daquilo que nos é mostrado. Tenho impressão de que foi com *Aruanda* (o primeiro filme do movimento documentarista paraibano, no fim dos anos 50, e no qual trabalhou Vladimir de Carvalho) que se começou a interpretar a pobreza da produção em documentários, desde que assumida, como a expressão da miséria das pessoas mostradas na tela. Isto logo virou cacoete. *A pedra da riqueza*, na tradição paraibana, retoma isso e vai além: a fotografia estourada parece tender para uma abstração de manchas pretas e brancas, às vezes numa perda quase total de perspectiva. A gente sente neste jogo de manchas que há algo além da descrição. O que é reforçado pela música, estridente e dissonante, que cria uma tensão, mas não se relaciona diretamente com o garimpo. Os ruídos ambientes também são usados musicalmente: batidas de ferro sobre ferro surgem, na faixa sonora, no início do filme, sem que se veja a fonte do ruído, e, quando esta aparece, não há sincronização: uma defasagem entre o que se ouve e o que se vê. O filme nos faz tomar conhecimento do que ele mostra, mas ao mesmo tempo nos distancia.

Um elemento de montagem que nos distancia mais ainda são quatro pequenas seqüências escuras (uma delas a primeira do filme), que contrastam com a fotografia estourada do garimpo. É a mesa de montagem onde o depoente está vendo o material. Longe da luz do garimpo, é a caverna onde o filme está sendo transado. O garimpo que estamos vendo na tela não é o garimpo puro e simples, mas sim o resultado desse trabalho de montagem.

Uma pessoa, encostada à mesa de montagem, faz uma pergunta ao depoente: "Você sabe para que serve a xelita?", o único som sincronizado em todo o filme, o que salienta a força dramática da frase. Ficamos sabendo que se trata de uma mina de xelita, e provavelmente não saberíamos responder à pergunta. Como também não sabe o operário. "Não sei para que serve a xelita. Porque eles levam a xelita para Campina Grande, mas eu não tou sabendo para que é (...) acho que eles levam... traz aqui para o estrangeiro." Esta é a última fala do filme, deixando patente não apenas uma deficiência de saber, mas fundamentalmente um aspecto da relação de trabalho: o operário ignora a finalidade do seu trabalho, uma das formas da espoliação. O filme, num longo letreiro final, responde à pergunta: "O tungstênio retirado da xelita é usado, sobretudo, na indústria de guerra, na requintada tecnologia das grandes potências. Foguetes e naves espaciais são revestidos dessa poderosa liga de aço, de têmpera resistente ao fogo e ao choque mais violento (...) O garimpo visto aqui é um dos muitos da extração rudimentar no Nordeste, onde se situa a reserva brasileira, talvez a maior do mundo, depois das jazidas da China Continental." Com este texto, dá-se um pulo imenso: o pequeno trabalho sofrido desse homem no garimpo, um detalhe minúsculo, encaixa-se de repente num sistema internacional. O garimpeiro tinha conhecimento da exploração do trabalho, mas ao nível mais imediato, aquele que ele sente na pele. Assim ele fala do patrão: "O cara que descobriu que havia minério na terra dele continuou a exploração, então ficou numa situação boa, mas porque era dono da terra. Ele compra o minério por um preço e vende por outro. Se ele compra por, digamos, dois, ele vai vender por uns dez contos." Só que, da exploração internacional do trabalho, o operário não tinha conhecimento. A banalidade da pergunta, a resposta do garimpeiro, o garimpo rudimentar, a ponta de lança da tecnologia espacial: estes diversos elementos dão grande força dramática à discrepância entre este nordestino miserável e a finalidade de seu trabalho. É particularmente relevante aparecer essa dimensão da exploração do trabalho em *A pedra da riqueza* porque ela é completamente ausente do documentário brasileiro, que, freqüentemente, descreve a miséria e a exploração exercida pelo patrão mais imediato, mas não alcança o capitalismo internacional. E só este dado já diferencia profundamente o filme de Vladimir de Carvalho no contexto do documentário brasileiro.

Essas "naves espaciais" de que fala o letreiro final nos remetem ao letreiro inicial que anuncia: "A Cinemateca do MAM apresenta / *A pedra da riqueza* / ou *A peleja do sertanejo para desencantar a pedra que foi parar na Lua com a nave dos astronautas*". O subtítulo tem o sabor de um título de livrete de cordel e gera uma expectativa que em nenhum momento o garimpo, a mesa de montagem, o depoimento, a música satisfazem. É só nas naves espaciais do letreiro final que vem ecoar a pedra mágica da literatura de cordel. E subitamente novo circuito se estabelece na realidade elaborada pelo filme. Este subtítulo sugere outra dimensão da realidade: a do imaginário, como o imaginário trabalha a realidade. E esta, mais uma vez, é uma dimensão que raramente aparece no documentário brasileiro, que ou aborda o imaginário (festas, artesanato etc.), ou descreve as condições de vida e de trabalho, mas raramente se preocupa em abranger os vários níveis da realidade. O que destaca nitidamente o filme de Vladimir de Carvalho do contexto documentarista em que foi feito é que ele trabalha simultaneamente em vários níveis. A realidade é um dado da vida cotidiana, um dado de um sistema internacional, uma vivência imaginária. Os vários níveis não resultam da fala de algum narrador que nos explicaria como são as coisas, mas os vários circuitos do real surgem da própria estrutura do filme, ao mesmo tempo complexa e simples. É a relação estabelecida entre a imagem e a fala, e os dois letreiros que as imprensam, que faz surgir os vários níveis em que a realidade é trabalhada.

Filmes que afirmam de modo inequívoco que o documentário brasileiro passou por profundas transformações nos anos 70. Numa fase de intensa repressão, que não favorece as inovações culturais, numa fase em que concursos públicos levam cineastas a produzir filmes estéreis sobre igrejas barrocas, artesanato e personalidades do mundo cultural, atitudes novas despontam. Não apenas filmes melhores ou filmes bons. Mas, sim, filmes que revelam nova compreensão da sociedade, do outro, do sujeito cineasta, da inserção do artista na sociedade. Naturalmente, não houve geração espontânea. Algumas destas atitudes são anunciadas na década de 60 por filmes como, além de *Liberdade de imprensa*, *Lavra-dor*, de Paulo Rufino, *Indústria*, de Ana Carolina Teixeira Soares, *Rodas e outras histórias*, de Sergio Muniz, e outros.

Entre os diversos filmes que citei (e, com certeza, poderia ter citado mais alguns, como o de Rudá Andrade sobre Oswald de Andrade, de Otávio Tavares sobre Harry Laus, trabalhos de Sérgio Peo), por mais diversos que sejam, afinidades são encontradas. Duas me parecem essenciais. A primeira é que a realidade tende a não ser mais achatada por uma compreensão unívoca. A realidade é múltipla. A multiplicidade de seus aspectos não é excludente, nem um mais verdadeiro que o outro: os vários níveis articulam-se entre si e todos pertencem a vivências tão importantes e significativas umas quanto as outras. Outra afinidade não menos essencial: a quebra do poder do documentarista que não aborda seu objeto de estudo do alto de sua sabedoria, reduzindo o outro à categoria sociológica. O cineasta coloca-se como um sujeito, e não como o sujeito onisciente e onipotente; ele se recusa a constituir o outro como objeto e trabalha sobre a distância entre ele e o outro; institui o outro como sujeito, dialoga com o outro como outro sujeito. O fato de aparecer o sujeito documentarista (e não filmando ingenuamente a câmara filmando, mas na estrutura do filme) e a constituição do outro, não em objeto, mas em outro sujeito, são movimentos complementares de um mesmo processo. Assim como são movimentos complementares o surgimento do usual objeto sociológico ou antropológico em outro sujeito e o aparecimento de uma antropologia de nós mesmos.

Este outro, nos filmes comentados, são grupos populares, e isto terá profundas conseqüências sobre as linhas populistas do cinema brasileiro. Nestes filmes, ao deixar de ser objeto do documentarista, do filme do saber, passa ao status de sujeito da história e do saber, embora, por enquanto, não tenha havido alteração nos meios de produção, o que é fundamental para que o processo evolua. Estes filmes não significam apenas uma evolução no setor do documentário, são sintomas de profundas transformações no campo social brasileiro. Transformações ainda não sabidas, que não sabemos por onde evoluem, mas que sugerem que o conceito de poder que vigora tradicionalmente no Brasil e organiza a nossa compreensão da sociedade e a nossa ação está passando por uma mudança da estrutura. A destituição do documentarista sociológico, dominador, a destituição da "voz do dono", na expressão de Sergio Santeiro, é a destituição do príncipe, do caudilho, do presidente da República, do reitor, do pai, generoso ou não, bem ou mal-intencionado, com suas aberturas ou censuras, tanto faz: ele não é o eixo da realidade; não é ele o princípio estruturador da realidade, embora possa controlar os canhões. O fato de não se fazerem filmes-sobre-objetos-de-estudo mas reconhecer a voz do outro como igual é o desmoronamento da concepção de sociedade vista como uma composição de círculos concêntricos ou pirâmides que se encaixam umas nas outras, com o primeiro topo ocupado pelo pai ou o chefe da repartição, subindo até o príncipe. A sociedade não se organiza conforme um poder central ou uma rede de poderes centrais que ecoam uns nos outros, mas sim numa multiplicidade de poderes relativamente autônomos que se afirmam a si próprios e se relacionam entre si. É significativo e auspicioso que estes sintomas tenham despontado justamente numa época de intenso autoritarismo e repressão. Isto deixa claro que durante "a noite de quinze anos" (será que temos a ilusão de estar na alvorada?) a vida cultural da sociedade brasileira não parou, que os traços desta vida cultural não se reduziram ao "vazio cultural" ou à "cultura de resistência". Formas positivas de cultura e de imaginário foram sendo trabalhadas. Os filmes documentários aqui comentados e suas características não resultam de qualquer forma de incentivo oficial, financiamento ou influência de alguma "política nacional de cultura". O autoritarismo não molda a totalidade da vida social brasileira, nem a nossa vida se limita a uma relação de subjugação ou oposição a ele. Durante o autoritarismo mais intenso dos últimos anos, outros processos ocorreram e estão ocorrendo, mal sabidos, mal conhecidos, às vezes nem intuídos, mas de que estamos começando a tomar consciência. E estes documentários nos ajudam a perceber esta evolução e talvez aprofundá-la. Este projeto do cinema brasileiro não está confirmado, ele está balbuciando. Mas basta estar despontando para já negar todos os projetos oficiais e paraoficiais de unidade ou identidade nacional. No entanto, ele não se define pela oposição ao tema da união. Define-se pela afirmação da autonomia e multiplicidade das vozes. Projeto emergente, nele se deve apostar. Ou não? Pois é óbvio que a aposta não está ganha; tais movimentos podem ser brecados, neutralizados, recuperados; e também podem se limitar a ser uma forma de atualização e modernização do capitalismo no Brasil.

Este texto poderá ser (aliás, será) considerado como parcial ou excessivamente pessoal; na verdade, só falei de filmes pelos quais me apaixonei, que me perturbaram e me modificaram. Usei para escrever não apenas o conhecimento que tenho de cinema documentário, usei também como instrumental a minha reação emocional e o diálogo amoroso que mantive para chegar a uma intimidade com estes filmes. E, pelo visto, tenho a pretensão de afirmar que tal diálogo pode ser generalizado e revelador de uma dimensão atual do cinema brasileiro.

OPERÁRIO, PERSONAGEM EMERGENTE

Jean-Claude Bernardet

Emerge, no cinema brasileiro dos anos 70, ficção e documentário, o personagem do operário. Operário de fábrica, em geral ligado a setores avançados da indústria no Brasil, como os metalúrgicos, ou trabalhadores na construção civil, que, na década, constituiu um setor de grande investimento.

Até poucos anos atrás, os operários, raríssimos na filmografia brasileira, apareciam principalmente em filmes patrocinados por empresas. É o tradicional Jean Manzon. Em *Esta é minha vida*, um mecânico, ao receber o escudo da Willys com seu número de empregado, declara: "Era para mim uma verdadeira condecoração", e finaliza a narração: "Segui a profissão dos meus sonhos. Melhorei muito de vida. Tenho uma casa, um automóvel, um lar. Nós podemos viver sem receio, felizes também, neste país de homens livres". Quer seja nos filmes que nos anos 20 e 30 produziram Votorantim ou Matarazzo, quer nos mais recentes J. Manzon, Primo Carbonari e outros, o que aparece é um operário idealizado cuja função é enaltecer a empresa, sua quantidade e competência são sinais de prosperidade da fábrica. Se o operário é visto fora do ambiente de trabalho, é para mostrar que a firma lhe assegura boas condições de vida.

Fora desse cinema institucional, operário não tem vez. Talvez apareça esporadicamente numa ou noutra chanchada, como este *O caçula do barulho*, realizado em 1949 pelo italiano Ricardo Freda. Mesmo nos filmes que cantam a pujança de São Paulo, no fim dos anos 20, mesmo quando os cineastas reconhecem que esta pujança se ergue em cima de muito sofrimento (*Fragmentos da vida*, José Medina, 1929), operários não aparecem. Faz as vezes de proletário o vagabundo, o "baixo mundo" preenche a ausência de classe operária. Ou então o sambista de morro espoliado pela gravadora. Ou então o "malandro carioca", que sempre dá um jeito. Ao não identificar operários ou camponeses no conjunto social, e ao ver a burguesia antes como café-society (a importância do colunista social no cinema popularesco dos anos 50) que como burguesia, o cineasta evita apresentar uma sociedade estruturada em classes sociais e pode projetar seu próprio marginalismo (ou impressão de) sobre os vagabundos e os malandros.

Quando o Cinema Novo constrói uma atitude crítica diante da sociedade brasileira, é no camponês, o nordestino principalmente, que o cineasta vai buscar a representação do popular oprimido (*Deus e o diabo na terra do sol*, *Vidas secas* e outros). Nessa primeira metade da década de 60, em que se elabora uma imagem, que para nós foi forte, dos oprimidos, o operário continua ausente do cinema brasileiro. Talvez somente o episódio de Leon Hirszman para *Cinco vezes favela*, *Pedreira de São*

Diogo (1962), tenha abordado o operário urbano. Trata-se de uma visão idealizada de como idealmente processa-se uma luta social.

1965

Teria sido necessário esperar a década de 70 para ver o cinema brasileiro preocupar-se amplamente com a classe operária, não fosse o ano de 1965. *O desafio*, de Paulo Cesar Saraceni, e *São Paulo Sociedade Anônima*, de Luiz Sergio Person, apresentam seqüências referentes a operários. Neste, operários não registrados são trancados num mictório durante a visita de um fiscal do Ministério do Trabalho. Naquele, uma dama da alta burguesia, ao visitar o marido na fábrica, é confrontada com operárias trabalhando, e mergulhada, um tanto atemorizada, na massa que sai da fábrica. Em ambos os filmes, a burguesia não é vista exclusivamente sob aspectos mundanos, mas como classe dirigente. Mas, em ambos, o ponto de vista sobre os operários é claramente o dos personagens das classes altas: em *São Paulo S/A*, mostra-se como os patrões tratam mal seus operários e desrespeitam a legislação. Em *O desafio*, mostra-se a base que sustenta a vida dessa senhora e sua ideologia. De qualquer modo, há aqui indício de um elemento novo, talvez mais acentuado em *O desafio*: com o golpe de 1964, esvai-se a idéia de uma burguesia nacionalista a que o povo deveria se unir para enfrentar o imperialismo. O pacto com uma suposta burguesia nacionalista (pacto que, a meu ver, foi um dos suportes ideológicos do Cinema Novo e o encaminhava para a temática rural, distanciando-o do proletariado urbano) se rompe, o que possibilita a tímida aparição da classe operária em oposição à burguesia. Nesse mesmo ano de 1965, Geraldo Sarno realiza *Viramundo*, que está sem dúvida vinculado ao golpe. As condições de vida e de trabalho, a falta de estrutura, levam o contingente nordestino da classe operária paulista estudado pelo filme a um comportamento místico compensatório, e não a uma postura de luta social. Por que o golpe não encontrou resistência popular? *Viramundo* tenta trazer elementos da resposta a esta indagação.

O operário, então, some da tela durante vários anos. Efeito da Censura, sem dúvida. Mas resultado também do próprio nível de consciência dos cineastas e de sua inserção na sociedade. Tema para ser estudado. E de repente, na década de 70, principalmente a partir do governo Geisel, irrompe uma série de filmes, de curta ou longa metragem, de ficção ou documentários, que se referem a operários, ou mesmo tratam diretamente da temática do proletariado urbano. Nestes últimos anos, bem mais de vinte filmes relacionam-se de alguma forma com esta temática.

O vagabundo e o malandro desaparecem quase por completo e talvez não seja errado afirmar que eles têm dois herdeiros: o trabalhador por um lado, por outro o bandido. Essa zona intermediária do jeitinho, da viração, do trambique, do favor, da malandragem – de fortíssima tradição na cultura brasileira – bem que pode estar se dissolvendo: ou é o batente e a mais-valia, ou é a hiperviolência de um *Lucio Flávio, o passageiro da agonia* (Hector Babenco, 1978) ou de um *Barra pesada* (Reginaldo Faria, 1978). É bastante expressiva uma seqüência deste último, em que, com grande violência, é assassinado um marginal numa obra; os assassinos abandonam o cadáver; chamados pelo barulho, aproximam-se alguns trabalhadores que ficam olhando o morto com indiferença e afastam-se.

O CINEASTA NO CAPITALISMO

É provavelmente cedo demais para compreender quais as modificações que levaram ao desenvolvimento da temática operária e que imagem do proletariado o cinema brasileiro está elaborando nestes anos. A explicação conforme a qual a movimentação operária dos últimos anos, as grandes greves recentes são responsáveis por essa evolução cinematográfica é, senão errônea, pelo menos simplista demais. É a tese de que a realidade social pressiona a produção artística, a qual, sob essa pressão, acaba refletindo a realidade social. Essa relação direta e mecânica não existe. Basta lembrar que o Brasil já conheceu amplos movimentos operários que, pelo conhecimento que temos atualmente do cinema brasileiro, não se refletiram tematicamente nos filmes: os movimentos da década de 10 não deixaram vestígios cinematográficos conhecidos; é verdade que Alex Viany levantou a hipótese de que Alfonso Segreto poderia ter realizado documentários em sintonia com o movimento anarquista. Até mais recentemente: a "greve dos 300 mil" em 1953, a "greve dos 700 mil" em 1957, as mobilizações da CGT no fim dos anos 50 e início dos 60 não se tornaram temas cinematográficos, inclusive em filmes voltados para uma temática popular urbana como *Rio quarenta graus* (Nelson Pereira dos Santos, 1955), *Rio Zona Norte* (N.P. dos Santos, 1957), *O grande momento* (Roberto Santos, 1958) e outros.

Torna-se necessário procurar uma articulação entre o grupo produtor de arte, sua consciência, sua inserção na sociedade, e a evolução da estrutura social como um todo.

É plenamente aceito pelos sociólogos brasileiros que o capitalismo progrediu durante a ditadura militar, verificou-se um aumento de concentração capitalista e o desenvolvimento, via multinacional e financiamentos externos, de setores da indústria brasileira. Conforme estatísticas, o proletariado urbano, que fica na faixa de 13% a 15% da população economicamente ativa durante os anos 60, passa a 28% em 1976, ou seja, duplica. Este crescimento e o desenvolvimento de certos setores da indústria, ao lado de outros fatores, favorecem, apesar do autoritarismo, da repressão e da dominação do aparelho sindical, o aparecimento de uma classe operária ativa e consciente que não só luta por melhores salários, como começa a reivindicar um papel político. Esta situação certamente não é suficiente para o aparecimento de uma temática operária no cinema, mas cria uma situação favorável, talvez mesmo indispensável, para que o cinema, ao tratar de operários, não se limite a veleidades e ao voluntarismo. É uma situação que pode motivar cineastas ideologicamente voltados para esta área de interesse e fornecer uma base para seu trabalho.

Temos, por outro lado, que indagar na área dos cineastas. Achatando um tanto a situação e sem entrar na questão específica do artista, pode-se dizer que, profissionalmente, eles pertencem a uma camada social de intelectuais e profissionais liberais que está passando por grandes modificações. Intelectuais e profissionais liberais, professores, médicos, jornalistas etc. estão cada dia mais despossuídos de sua aura de prestígio cultural e cada vez mais assalariados. Essa "perda" de renda, de status e de posição sem dúvida os aproxima da classe operária. No cinema, exemplifica esta evolução o personagem masculino de *O casal* (Daniel Filho, 1975), estudante de pós-graduação que coloca seu saber a serviço de uma empresa produtora de fascículos e enciclopédias, deixando de lado a tese universitária pela qual ele se justifica intelectualmente; ou o jornalista de *A queda* (Ruy Guerra e Nelson Xavier, 1978). Os vínculos deste jornalista com a empresa, e as conseqüências financeiras e ideológicas, são nitidamente marcados (talvez até caricatos), se comparados com os jornalistas de *O desafio* ou de *Um ramo para Luísa* (J.B. Tanko, 1965), que são personagens desligados de uma relação de trabalho mais rígida.

Mais especificamente na área de cinema, por mais dominadas que continuem sendo a produção e a comercialização dos filmes brasileiros pelo cinema importado, é indiscutível que houve nos últimos dez anos uma evolução no sentido capitalista, pelos financiamentos e co-produções com o Estado, ampliação da reserva de mercado, concentração de poder econômico nas mãos de alguns produtores, penetração ou possibilidade de penetração de capitais estrangeiros e sua aliança a produtores brasileiros: são indícios de que o avanço capitalista também se dá no cinema. Sintoma dessa evolução é, por exemplo, a oposição, cada vez mais nítida e ao mesmo tempo sempre flutuante, entre os chamados "grandes produtores" e os chamados "produtores independentes". É sintoma, também, a organização dos técnicos e atores, principalmente na época da regulamentação da profissão (1978), quando adquiriram consciência de que, quer lucre muito ou pouco a produção, este lucro resulta de seu trabalho. O técnico vê-se cada vez mais como um trabalhador remunerado e cada vez menos como auxiliar privilegiado de um artista. Sintomaticamente também, na fase mais intensa da mobilização dos técnicos, grande parte dos "produtores independentes" e suas associações profissionais tendiam a se manifestar favoravelmente aos técnicos.

O que se afirma aqui é que, de modo global e sem considerar a especificidade de cada caso, a própria evolução do meio profissional dos cineastas lhes permite e talvez os leve a considerar a sociedade brasileira sob o ângulo da evolução do capitalismo e, nesse sentido, os aproxime da classe operária. Tal afirmação não pode ser generalizada, não são todos os cineastas que tratam dessa temática, o meio cinematográfico deve ser visto como diferenciado. Mas é esta a situação que teria provocado um deslocamento na representação do popular. A tese que estou sugerindo é que a visão que os cineastas elaboram da sociedade e a temática que elegem não são fruto da situação do setor da sociedade para o qual se voltam tematicamente, mas fruto de uma articulação entre o setor a que profissionalmente pertencem e o setor para que se voltam, que a situação de seu setor serve de instrumental de apreensão e compreensão da sociedade global.

Passe livre (Oswaldo Caldeira, 1974) pode ser entendido como uma compreensão capitalista da sociedade e serve de transição para a representação operária. O filme não trata de operários, e sim de jogadores de futebol. Se, num nível, é um ensaio sobre futebol, em outro é uma metáfora sobre as relações de trabalho do proletariado, pelo menos em parte, já que a existência do passe não permite uma perfeita analogia entre o jogador e o operário. A exploração do jogador pelo clube, os cartolas, o time juvenil que prepara craques podem ser claramente lidos como a exploração dos operários pelas empresas, os empresários, a formação de mão-de-obra operária etc.

A temática operária está muito diferenciada neste cinema brasileiro dos anos 70. Talvez seja válido desenhar dois eixos principais: num, encontraríamos principalmente filmes de ficção, de longa metragem, que, de modo geral, seguem as normas habituais da produção do "cinema de autor", e apresentam quadros sociais bastante amplos em que a classe operária é situada, ou mesmo que giram em torno dela. E no outro, em geral documentários de curta metragem produzidos em íntima articulação com entidades ou grupos operários; este último caso parece ser um fenômeno exclusivamente paulista.

AS GREVES PAULISTAS

Em São Paulo, verifica-se uma produção vinculada a entidades sindicais realizada por pessoas pertencentes ao meio cinematográfico, mas financiada pelo Dieese e/ou pelo Sindicato dos Metalúrgicos de São Bernardo, e que atende a interesses imediatos dessas entidades. É o caso de *Sobre a origem da riqueza* (1979), filme didático a ser usado em cursos promovidos pelo Dieese, ou dos filmes realizados por Renato Tapajós, que visam a pontos específicos do programa do Sindicato (*Acidentes de trabalho*), acontecimentos (um congresso em *Trabalhadoras metalúrgicas*) ou a greve de 1979 em *Que ninguém, nunca mais, ouse duvidar da capacidade de luta do trabalhador*. Atribuo a maior importância a esta produção por ela criar um fator novo. Se for verdade que transformações estruturais do cinema, sua temática, sua linguagem, sua função, suas relações com os públicos não dependem apenas do posicionamento ideológico e estético dos cineastas, mas são indispensáveis modificações na área da produção, esta produção, ainda incipiente, cria um campo experimental fecundo. Ela mobiliza outros públicos, que, de alguma forma ou idealmente, são representados pelas entidades produtoras, e que podem encontrar nos filmes temas e posicionamentos que lhes dizem diretamente respeito. É claro que pode se tornar um cinema de serviços que põe na tela palavras de ordem, limitando-se o cineasta a executar tarefas. Tais restrições foram feitas a filmes de Tapajós e ao filme do Dieese, como a de usar uma linguagem nada inventiva em que não se refletiria a alteração da fonte de produção, ou então transmitir informações e palavras de ordem e não propor discussões.

Mas tudo bem, esses filmes não devem ser considerados em si, mas como o início de um processo que logo vai se deparar com contradições.

Paralelamente a estas produções ou co-produções sindicais, outros filmes, com a mesma temática, são produções independentes, como os curtas de João Batista de Andrade *Greve* e *Trabalhadores, presentes*, e o longa de Sergio Toledo e Roberto Gervitz *Braços cruzados, máquinas paradas* (1979). Neste caso, os cineastas articulam-se politicamente com grupos operários, por decisão própria, sem que haja vínculo ao nível da produção.

O conjunto desses filmes, os sindicais e os independentes, traz bastantes elementos novos para o cinema brasileiro. Nenhum deles apresenta o caráter de pesquisa universitária, nenhum é um estudo sobre o operariado, diferentemente de *Viramundo*, que, até agora, constituía o principal documentário sobre o proletariado. São filmes envolvidos na ação, eles posicionam-se, e as posições assumidas não parecem resultar apenas de uma opção individual do cineasta, mas sim de um vínculo com tendências políticas existentes no meio operário, ou suas lideranças. Este dado é absolutamente novo no quadro do cinema brasileiro (com a eventual exceção do caso Segreto, a que fiz alusão). A inserção na ação manifesta-se de dois modos principais, digamos a curto e a longo prazos. Filmes como *Que ninguém, nunca mais* e *Greve* foram feitos muito rapidamente, em cima da greve de São Bernardo, no primeiro semestre de 1979, em condições de produção mais que precárias e para serem usados dentro dessa situação. Esses filmes atendem a uma circunstância precisa, visam a um público específico e pretendem alcançar um efeito determinado, no caso de contribuir para manter a mobilização operária durante os 45 dias que mediaram o fim da greve e a assembléia em que seria apresentada a proposta do governo e dos empresários. Muita coisa pode ser discutida nestes filmes, a começar pela exaltação do carisma de Lula, mas eles criam uma situação nova no cinema brasileiro: o filme diretamente envolvido numa ação específica. E sua discussão deve ser feita em função dessa proposta, inclusive a maneira pela qual é apresentado Lula.

Já *Braços cruzados*, que teve um prazo bem maior de elaboração e oferece um nível de reflexão mais complexo, ficou pronto muito tempo depois dos acontecimentos a que se refere: as greves de 1978 em São Paulo e as eleições no Sindicato dos Metalúrgicos. Aí, o filme não pretende intervir no quadro dessas greves, mas propor uma discussão de mais longo alcance. A proposta é feita através das colocações da oposição sindical (Chapa 3), que o filme assume. Procede-se a uma crítica de todo o aparelho sindical brasileiro, sua organização corporativista, sua dependência do Estado. Em última instância, estão em jogo toda a estrutura da sociedade brasileira e uma proposta de democracia de base. Na filmografia brasileira é provavelmente um filme de ruptura, não só pelo tema e pelas colocações propostas, mas também pela atitude que estas colocações levam a assumir diante de Getúlio Vargas. O cinema brasileiro ou exaltou Vargas, ou o poupou nas suas críticas. Quando muito, jogou ironias em cima de seu populismo. Ainda recentemente, *Getúlio Vargas* fascinava Ana Carolina Teixeira Soares, que exaltava as grandes concentrações de massa e o pai da nacionalidade. *Braços cruzados* abre negando a herança do sindicalismo getulista, qualificando-o de fascista.

OUTROS CURTAS

Ainda na área do curta-metragem, cabe salientar alguns títulos. Provindos de atividades universitárias, *Os Queixadas* (Rogério Correia, 1976) e *Libertários* (Lauro Escorel, 1977). Ambos abordam aspectos da história do movimento operário. Não que uma perspectiva histórica estivesse ausente de filmes como *Trabalhadores, presentes* ou *Braços cruzados*, quando se referem a Vargas, por exemplo; neste último a perspectiva histórica está particularmente viva, pois a posição da Chapa 3 inclui toda uma crítica do passado, do sindicalismo atrelado. Mas os filmes de R. Correia e Escorel procuram recuperar momentos da luta operária, fato este absolutamente inédito na filmografia brasileira. *Libertários* se aplica em reconstruir a participação anarquista nas duas primeiras décadas do século. *Os Queixadas* reconstrói a greve de Perus em 1961. O filme apresenta como visão objetiva o que é provavelmente a interpretação de uma das tendências que estavam atuando no movimento. Mas ele tem um aspecto importante: a representação, sob a batuta do diretor, é feita, alguns quinze anos depois, por pessoas que participaram do movimento. Ele sugere uma abertura para uma forma possível de construção da memória operária, de elaboração dessa memória pelos próprios operários. A reconstrução assim feita não se limita a tentar reviver ou fixar um momento do passado, mas permite uma reflexão, interpretação, revisão, crítica ou exaltação feitas não só com palavras e argumentações, mas com todo um envolvimento emocional e corporal.

Dois outros filmes de curta-metragem escapam aos enfoques até aqui encontrados: *Esfacelamento cerebral*, de Paulo Chaves, e *Zezero* (1973), de Ozualdo Candeias.

O filme de Candeias narra ficcionalmente a vinda para a cidade de um camponês que vai trabalhar na construção civil e após um golpe de sorte volta enriquecido. A parte principal do filme é a da cidade, que desenvolve com incrível selvageria as relações de Zezero com o dinheiro e com o sexo. O operário apresentado aqui está reduzido a um nível mínimo de sobrevivência, para a manutenção da qual ele tem que se "desumanizar". Candeias não apresenta a opressão exclusivamente pelas relações de trabalho, mas nos impulsos mais íntimos do indivíduo.

O documentário *Esfacelamento cerebral* relata a trajetória, estabelecida através de entrevistas e correspondência, de um operário da Volkswagen, considerado excelente trabalhador, membro ativo do sindicato, bom pai de família, que, um belo dia, sem aviso, rompe com tudo, família, sindicato, fábrica. Viaja pelo Brasil, numa trajetória solitária em busca de algum absoluto (trajetória que tem afinidade com as de *Uirá, um índio em busca de deus* e de *Triste trópico*), até chegar a Natal, onde se suicida dramaticamente. Paulo Chaves pega um caso limite: a ruptura radical, como reveladora da situação média e como aspiração a um mundo, a uma totalidade, a uma realização que toda a sociedade nega. Estes dois últimos filmes ampliam consideravelmente a temática operária apresentada pelo cinema.

AS TESES

Na área da ficção, excetuando *A queda*, talvez não seja errôneo dizer que encontramos basicamente um operário de tese: ele ajuda a situar o personagem ou os personagens principais que não são operários, através dele o autor expressa a sua visão (esperançosa) do futuro, ele se integra na denominação de uma tese sobre história e sociedade, é utilizado pelo autor para mostrar como deve ser operário. Por exemplo. *Trem fantasma* (Alain Fresnot, 1976): um proletário desgarrado de sua classe, entregue a atividade teatrais e a tóxicos, é moralmente condenado pelo filme, que o confronta a outro, positivo; no final, o diretor reconduz o desgarrado à fábrica, às máquinas, que é onde ele poderá desenvolver uma luta conseqüente, no entender do cineasta. *Chuvas de verão* (Carlos Diegues, 1978) contrapõe um operário à pequena classe média proletarizada de um subúrbio carioca: ele tem mil qualidades, salva o velho personagem principal da polícia, é o único que trabalha com as mãos (conserta uma torneira), é negro e é sobre ele que o filme se encerra, caminhando pela rua afora, com a família, em direção ao trabalho. Em *Coronel Delmiro Gouveia* (Geraldo Sarno, 1978) o operário serve para apoiar a tese conforme a qual a "burguesia nacionalista" faria rodar a história em sentido positivo: Zé Pó é um camponês que se torna operário; de operário sem qualificação passa a operário intelectualmente mais exigente que quer se qualificar; morto Delmiro, o operário encerra o filme com um monólogo em que se aponta para a eventual passagem do poder para os operários. *Se segura, malandro* (Hugo Carvana, 1978) cultua o bom-mocismo diante de venerável figura do operário favelado. No final do filme, o operário faz um discurso sobre solidariedade popular, como se aprende vivendo com o povo etc., isto a sério (pelo menos parece). O que fica ainda mais ressaltado por ser o filme uma comédia que envolve seus personagens em situações absurdas, e mais: *Se segura* cria o personagem bastante interessante de um filho de burguês que, para se tornar mais tarde melhor burguês e melhor aproveitador do trabalho dos operários, seu pai obriga a viver numa favela com operários. Quer dizer que com burguês pode-se brincar e fazer comédia. Com operários e favelados, não pode. Eles estão aí para dar lição de moral ao burguês (e ao espectador). Brincar com o povo seria um desrespeito à História. Nestes filmes, os personagens operários são manipulados, não são senão engrenagens nas exposições que fazem os autores sobre a sociedade e a história. Mesmo que simpatizem com os operários, estes filmes só confirmam o poder dos autores e seus enfoques. *Tudo bem* (Arnaldo Jabor, 1978) é certamente mais complexo, mas continuam os operários, aí da construção civil, a ter um papel periférico: eles qualificam a família classe média que é o eixo do filme: revelam sobre o que se assenta esta família, desmascaram sua moral e humanismo, e revelam também um aspecto moral do filme: lamentação sobre a miséria do povo. Mas *Tudo bem* diferencia-se, pelo menos superficialmente, dos filmes anteriormente citados pela sua forma bufa. A seriedade respeitosa que cerca os operários positivos dos filmes anteriores é aqui diluída pela farsa.

NÃO FALAR DE OPERÁRIOS

Diante desses filmes, por inesperado que pareça, o operário de *Shirley* (roteiro de Leopoldo Serran, 1979) apresenta maior densidade. É um personagem periférico que gravita em torno do eixo que é Shirley, mas ele adquire densidade por não servir à comprovação de tese nenhuma, seu comportamento não recebe nenhuma explicação sociológica, psicológica ou outra. A paixão violenta e incondicional de João pelo travesti fica como uma afirmação que não é achatada por algum sistema explicativo. Esse olhar absolutamente externo torna paradoxalmente o personagem misterioso e um operário mais presente que em outros filmes (isso, no roteiro).

Outro filme em que o olhar exterior ressalta a presença operária é *Crônica de um industrial* (Luiz Rozemberg, 1978), olhar exterior no lugar de uma falsa intimidade ou da inserção do personagem em teses. *Crônica* é a meditação de um "burguês nacionalista" falido sob todos os aspectos. Um dos pólos que delimitam o mundo do burguês são os operários (os do metrô carioca que reencontraremos em *A queda*). Eles são absolutamente estranhos ao burguês: ele não tem afinidade com eles, não os entende, nem se aproveita de seu trabalho, já que se entregou a alguma multinacional que agora detém o poder. Esse alheamento é alegoricamente representado pelo burguês e família de máscaras brancas na Praça 15 do Rio de Janeiro, como bichos estranhos circundados por transeuntes com os quais nada têm a ver. Essa ruptura é expressa pela diferença de tratamento estilístico: enquanto a meditação é uma ficção com encenação altamente elaborada, os operários são mostrados em forma de documentário. Diferentemente do que se verifica em *A queda*, documentário e ficção aqui estão em oposição, oposição que expressa o olhar do burguês bem como o do cineasta. A distância estabelecida não implica em rejeição. Inclusive a segunda grande seqüência de trabalho é acompanhada por uma música de Bach que aparecera antes sobre um casal de adolescentes resplandecentes de vida e beleza: aspira-se a um mundo de pão e rosas, música essa que substitui a faixa sonora da primeira seqüência de trabalho, onde operários falam de suas más condições de vida. O olhar exterior, a ruptura estilística e a absoluta ausência dos operários na ficção expressam a negação de Rozemberg em fazer um discurso sobre o proletariado, julgar os operários, prejulgar o que devem fazer ou que papel lhes reserva esta ou aquela teoria – atitudes que são formas de dominação. Os operários são aqui mostrados antes para salientar a ausência de discurso a seu respeito, e isto encaminha para relações de classe entre o cineasta e o proletariado.

A QUEDA

É sem dúvida *A queda* que mais problematiza a representação do operário no cinema e as relações que se estabelecem nesta representação entre a classe operária e o cineasta. Ressaltamos alguns pontos dessa problematização. *A queda* compõe-se de várias séries: a ficção filmada ao vivo que constitui o eixo em que se inserem trechos de *Os fuzis*, que Ruy Guerra realizara mais de dez anos antes, cenas documentárias e fotografias fixas, também de ficção. A ficção ao vivo conta a história de Mário, trabalhador nas obras do metrô carioca: após o acidente de trabalho que mata um companheiro seu, Mário desenvolve uma luta para que a empresa seja responsabilizada e a viúva, indenizada. *Os fuzis* apresenta antecedentes dos personagens quando eram soldados e pertenciam às forças repressoras no Nordeste. As cenas documentárias descrevem o ambiente "real" onde se desenvolve a ficção e os personagens "reais" interpretados por atores na série ficcional. As fotos mostram os empresários nos seus escritórios, onde são tomadas as decisões. O tratamento destas séries e as relações que se estabelecem entre elas delimitam o campo em que se dá a representação do operário.

Pode-se dizer inicialmente que o esforço dos cineastas foi evitar a concepção do operário como categoria científica que esgotaria a questão, e construir uma visão de dentro. A simplificação com que são vistos os empresários (fotos fixas – o mundo congelado) radicaliza este ponto de vista: os empresários são vistos de fora, como objetos. O ponto de vista é do operário. Há uma tentativa de apreensão global da pessoa. Mário não é politizado, nem tem compreensão do sistema; ele vai se pautando pelos acontecimentos e pelas forças que o pressionam, levando-o à violência e a uma ação individual e desesperada. As forças que o pressionam não são exclusivamente a empresa empregadora e o sistema de trabalho, são também as relações familiares: o sogro, com sua aspiração de ascensão social, exerce uma pressão sobre Mário porque este depende em parte dele (mora na sua casa), o sogro continua como chefe de família. A própria amizade entre os dois funciona como mecanismo de pressão. O poder não se encontra apenas nos centros de decisão e opressão mais evidentes, mas constitui uma rede fina extensiva ao conjunto das relações sociais. O próprio Mário é opressor em relação à esposa, como, por exemplo, na cena em que a força a manter relações sexuais. A opressão exercida por Mário resulta de ele ser um homem numa sociedade dominada por homens, bem como da opressão que se exerce sobre ele, levando-o ao desespero e à humilhação. Esta compreensão leva a perceber a multiplicidade de lutas interligadas que se desenvolvem na sociedade. A esposa de Mário pode ser solidária com ele num ponto, no tocante ao amigo morto, e em oposição noutro, enquanto esposa oprimida pelo marido, por sua vez dominado pelo sogro.

A procura desta visão interna e o esforço de expressar o sistema, tanto naquilo que tem de geral como nas suas ramificações, encaminharam grande parte da ficção para o naturalismo. Para apreender a vida cotidiana, onde se dão todo o jogo de poder e o suceder de situações às quais Mário vai reagindo. É exatamente nestes momentos de descrição da vida cotidiana que o filme encontra alguns de seus melhores momentos (melhores no sentido de que são, no presente, os momentos que os espectadores recebem com maior intensidade emocional e maior índice de verossimilhança). Mas naturalismo que cria uma tensão dentro do filme por se opor ao prólogo metafórico (sobre o qual voltarei), tensão que se estende a toda uma área da produção brasileira do fim dos anos 60 e 70, qualificada de cinema de metáfora, parábolas ou alegorias. Tensão, em particular, com um filme do próprio Ruy Guerra, *Os deuses e os mortos* (1969). Tensão com seu contemporâneo *Tudo bem*. Até o comportamento da câmara contrasta com o cinema alegórico. Neste, a tendência é de uma câmara estática, planos razoavelmente abertos, mantendo distância dos atores, provocando forte "teatralização" do espaço, o que ressalta a expressão didática das alegorias (por exemplo *Os herdeiros*, de Carlos Diegues, 1968; *Os inconfidentes*, de Joaquim Pedro de Andrade, 1972; *O dragão da maldade contra o santo guerreiro*, de Glauber Rocha, 1969; etc.). Em *A queda*, como em todos os filmes de Ruy Guerra, a câmara é sinuosa, ela segue os personagens. Essa câmara não é, em si, nem mais nem menos expressiva que uma câmara estática; só que, ao seio de um setor de produção que tende a trabalhar com um espaço teatralizado, ela estabelece um intenso diálogo. Não tem nenhum sentido isolar o aspecto naturalista de *A queda* e julgá-lo como um neopopulismo ou um recuo para uma estética do século XIX. Este naturalismo existe em tensão com a alegoria, e neste sentido propõe uma discussão sobre a representação do operário e as relações político-estéticas que, através da representação, o cineasta mantém com o operário. Certamente não é por acaso que os "melhores" momentos da representação naturalista são cenas familiares. A chopada, o jantar na casa do sogro, a cena no terraço entre Mário e o sogro. O que se dá em detrimento das cenas de trabalho.

Para um filme que trata de trabalhadores e se relaciona com o naturalismo, *A queda* é singularmente pobre neste sentido. A única cena em que me lembro de Mário trabalhando é quando ele é visto e identificado como agitador por empresários e chefes que se encontram numa plataforma: com o auxílio de um operário (provavelmente não um ator), ele está empurrando uma viga. Mas, claramente, o eixo da cena é o olhar dos chefes, não o trabalho; o ator foi colocado numa situação em que finge o trabalho para abrir a cena. Há o jantar na casa do sogro em que a trena perdida tem grande importância, ritmando parte do diálogo e revelando relações familiares. Mas a trena está no ambiente familiar e aparece mais como um instrumento artesanal. Basta comparar *A queda* com alguns filmes italianos e principalmente alemães cujos personagens sejam operários, para perceber quão mais complexa é a apreensão do mundo do trabalho. A não-captação do trabalho em *A queda* é seguramente uma limitação porque trunca a apresentação global de Mário, da complexidade de sua relação com a sociedade e o detalhamento da rede fina de poder. Mas é também a honestidade do filme que não tenta mistificar: a distância entre o cineasta e o mundo do trabalho é um dado real da relação entre o cineasta e o operário. Aliás, é interessante notar quão pobre e rarefeita é a representação do trabalho industrial, inclusive em filmes recentes que abordam os movimentos operários. Em parte devido às dificuldades de acesso às fábricas, mas não só. Vemos máquinas, peças produzidas e até a agilidade de operários realizando tarefas, mas raramente é tratada a relação do operário com o trabalho. Em contrapartida, diversos filmes apresentam cenas de trabalho rural e artesanal em que se revela a relação entre o trabalhador e o trabalho, por exemplo a cerâmica em *Aruanda* (Linduarte Noronha, 1960), o trabalho das mãos, do corpo e dos sentidos em *O rastejador* (Sergio Muniz, 1970) e muitos outros. A dificuldade de *A queda* em captar o trabalho é uma dimensão do momento ideológico do cineasta.

Talvez se possa ver outro aspecto dessa distância na relação entre a ficção e o documentário que, de certo modo, apresentaria o trabalho e a vida operária que a ficção não apresenta. A obra e os operários do metrô têm duas funções: eles são objeto das partes documentárias (o filme quer registrar a vida desses operários, trabalho, almoço, dormitório etc.) e elementos de ambientação, pano de fundo, na ficção, sendo que nunca confundimos estas funções. Permanecem sempre diferenciadas, nem que seja pelos olhares que os operários dirigem à câmara, enquanto, na ficção, os atores respeitam a norma de não cruzar o olhar com o eixo da câmara. Documentário e ficção estabelecem relações contraditórias. Por um lado, o documentário está aí para conferir uma chancela de autenticidade à ficção: os personagens de ficção representam autenticamente os operários. A ficção funciona, desse ângulo, como um pedacinho de documentário que teria sido desenvolvido, visto pelo microscópio. Em resposta, o documentário generaliza: o caso particular visto na ficção pode se estender a todos estes outros, assim como Mário, os outros... Por outro lado, o documentário funciona como aquilo que a ficção não quer, não pode ou não consegue integrar, aquilo a que Mário, como personagem dramático, não tem acesso. Então o distanciamento entre documentário e ficção é enorme, a ponto de se poder dizer que o documentário é, sobre os operários, um olhar tão externo quanto sobre os empresários nas fotos fixas. Deve-se notar também que as várias séries encontram na obra seu ponto mais intenso de cruzamento: a ficção que se desenvolve em parte na obra; o documentário, desenvolvido inteiramente na obra, havendo um momento da quebra da norma de os operários não falarem: eles respondem brevemente a um entrevistador; e na obra também se quebra a norma de apresentar os empresários em fotos fixas: num momento em que Mário está presente, eles visitam a obra e discutem, momento este próximo da seqüência das entrevistas com os operários. Este cruzamento torna o lugar da produção lugar privilegiado do encontro das várias forças e das várias séries estilísticas que atuam no filme.

Esta distância em relação ao mundo do trabalho está internamente justificada pela concepção do personagem de Mário. Pois ele não é um operário como os outros. O seu status na obra não fica muito claro, mas ele não é um simples peão, nem um operário especializado. O fato de ele ser genro de um empreiteiro e de trabalhar sob as suas ordens talvez seja o que lhe confere esta diferenciação. Aí, reencontramos em Mário um aspecto do personagem que chamei de pendular e que me pareceu uma das características do cinema dos anos 60, em particular do Cinema Novo: o personagem que não está enraizado em nenhuma camada social em particular, oscila entre as classes dominante e dominada, relacionando-se com ambas, não se identificando com nenhuma. Claro que Mário está nesta situação, está bastante ancorado no meio operário, e sua relação com o empresário é de agressão. Assim mesmo, ele é um personagem que, na economia geral do filme, tem acesso aos diversos grupos, está em contato com todos os personagens de ficção, e é através de sua circulação que todas as ramificações do sistema aparecem. Mário, hipoteticamente por enquanto, pode ser considerado como um personagem de transição entre o personagem dos anos 60 e um outro que está se definindo como mais marcadamente vinculado a um segmento da sociedade, menos móvel, que expressaria uma sociedade mais rigorosamente estruturada, em que as relações de trabalho são mais estritamente definidas.

É talvez devido a esse eventual caráter de transição do personagem que se chega à inesperada imagem final de Mário e do filme. Na alvorada, ao lado de um operário jovem que, obviamente representa o futuro e o prosseguimento da luta encetada por Mário, a câmara fixa Nelson Xavier em primeiro plano e o fotograma é congelado sobre um semi-sorriso do ator, o olhar levantado à altura do horizonte. Imagem surrada dos amanhãs que cantam. Além de chocar um pouco, porque a função das imagens fixas no filme era bem diferente. Como se, de repente, o filme se desgovernasse e, meio perdido, apelasse para um velho chavão: o operário, por definição e essência, está do bom lado da história... filme com operário tem que acabar bem... o bom-mocismo operário. A volta repentina deste clichê dos filmes "bem-intencionados" rompe com o que vinha sendo proposto.

Essa passagem a que me referia para uma sociedade mais avançada no capitalismo é um dos temas do filme. Basta dizer que o ambiente inicialmente pensado para o filme era o da construção civil mais tradicional. A transferência para o metrô é significativa por marcar um meio de trabalho mais avançado, com maiores investimentos, maior tecnologia, mais rigoroso enquadramento e opressão dos operários. A implosão de um prédio na abertura do filme já indica que a construção civil se afasta de métodos artesanais e se torna industrial. Os fragmentos de *Os fuzis*, marcando a passagem do meio rural para o meio urbano, vão no mesmo sentido.

O meio rural não é apenas o passado dos personagens de *A queda*. É também o ambiente em que se desenvolve grande parte dos filmes do Cinema Novo. Portanto, passado dos personagens e também do filme. Ruy Guerra abre simultaneamente uma discussão sobre a classe operária, sobre o cinema, sobre a representação popular no cinema. Um momento que torna perfeitamente claros os níveis em que se situam as propostas do filme é a metáfora anterior aos letreiros em que vemos um matadouro bastante mecanizado e os empresários bebendo sangue cru de boi. O sangue remete ao sangue dos operários de que se nutrem os empresários. O tratamento metafórico se distingue do tratamento naturalista do resto do filme. A metáfora se relaciona com outra célebre metáfora: a do matadouro de *Greve* (1924), de Eisenstein, ampliando dessa forma a questão da representação do proletariado, que não é uma questão meramente nacional. E se relaciona com o final de *Os fuzis*: ao massacre selvagem do boi santo pelos camponeses esfomeados sucede o massacre industrializado dos bois no matadouro de *A queda*, onde são empresários que bebem o sangue. A seqüência do matadouro revela a articulação dos vários níveis do filme e a apreensão de uma sociedade mais avançada no capitalismo. As contradições de que vive *A queda* marcam, na ficção, o ponto mais agudo a que chegaram nesta década as relações entre o cinema e a representação popular.

QUAL É A HISTÓRIA?

Jean-Claude Bernardet

O filme histórico tem sido uma vedete cinematográfica da década. Gostaria de fazer algumas reflexões a respeito, não dos filmes, mas de um mecanismo de pressão ideológica e estética. Muito se tem falado sobre a intervenção estatal e o dirigismo cultural na década, em particular no cinema. O caso do filme histórico não só *não* resume as formas de intervenção estatal na produção cultural, nem é tão característico da atuação do Ministério da Educação e Cultura na área artística, visto que só no tocante à adaptação de obras literárias e do filme histórico a Embrafilme deu uma orientação temática e estética à produção cinematográfica. São, portanto, exceções, mas que não ferem o sistema geral. Resta que a máquina burocrática, o sistema de financiamento e co-produção, os mecanismos de distribuição etc. têm mais poderes. No entanto, uma reflexão sobre o sistema que envolve o filme histórico pode sugerir como funciona um mecanismo de pressão acionado pela classe dominante, ou um segmento dela, no sentido de promover a produção de obras que sirvam diretamente a seus interesses ideológicos e estéticos.

A questão do filme histórico coloca-se realmente na década de 70, embora o gênero já existisse muito antes no cinema brasileiro. A diferença é que, até então, ele vinha sendo esporádica e espontaneamente praticado, enquanto nestes últimos anos ele resulta de determinadas pressões políticas e administrativas. O que, aliás, não altera necessariamente a ideologia e estética das obras.

É sabido que no Brasil o gênero histórico é quase tão antigo como o próprio cinema de ficção. Só que, nesses anos a que se convencionou chamar de "Bela Época do Cinema Brasileiro", a temática histórica era exclusivamente portuguesa. Só a partir do surto paulista dos anos 10 é que aparecem filmes históricos de temas brasileiros. Nenhum desses filmes, com exceção de *O caçador de diamantes* (Vittorio Capellaro, 1933), chegou até nós. Mas os títulos, anúncios e comentários na imprensa são sugestivos. Encontramos *O grito do Ipiranga ou Independência ou morte* (Lambertini, 1917), *Heróis brasileiros na Guerra do Paraguai* (Lambertini, 1917), *Tiradentes ou O mártir da liberdade* (Paulo Aliano, 1917), *Anchieta entre o amor e a religião* (Arturo Carrari, 1931), entre outros. Os títulos indicam uma visão heróica da história, baseada em grandes feitos e grandes personagens. Como se verifica pelos nomes dos diretores, foram principalmente os cineastas italianos que se responsabilizaram pelo gênero. Pode-se fazer a hipótese de que estes imigrantes, num esforço de aculturação, estavam se voltando para uma temática nacional, assimilando e assumindo os valores considerados nobres da nacionalidade e, assim, reproduzindo uma imagem da história construída pela classe dominante.

Entre os anos 10 e 70, o cinema brasileiro não teve nenhum outro momento de intensa produção de filmes históricos, embora o gênero se manifestasse esporadicamente. E sempre dentro de um leque temático restrito, sempre baseando a história em atos e figuras "heróicas", sempre apresentando uma história feita pela classe dominante, entrando o povo com fins ornamentais ou para provar como a classe dominante sempre foi bondosa e voltada para os interesses populares. Os temas da Inconfidência, da Independência ou do abolicionismo serviram para isto. Por exemplo, *Inconfidência Mineira*, de Carmem Santos (1948), ou *Sinhá moça*, da Vera Cruz (1953). O Cinema Novo não se voltou para a temática histórica, mas pelo menos um filme foi feito na primeira fase, cujo enfoque e estética se opunham ao que vinha até então sendo feito: *Ganga Zumba*, de Carlos Diegues (1963). Diegues opõe à história da classe dominante uma história de lutas populares.

A partir do governo Médici, não se deixa mais à espontaneidade dos cineastas a produção dos filmes históricos. É verdade que não era a primeira vez que o governo manifestava interesse pelo assunto. Em 1953, Getúlio Vargas solicita uma exibição especial, no Palácio do Catete, de *Sinhá moça* e, em diversos jornais, aparece frase atribuída a Alzira Vargas: "Finalmente, agora, já se pode assistir aos filmes nacionais" (conforme tese de Maria Rita Galvão sobre a Vera Cruz). A partir de 1970, a coisa mudou de figura: o ministro da Educação toma a iniciativa e exorta os cineastas a se voltarem para o filme histórico. Isto é fato novo, o governo manifesta explicitamente o seu desejo. E vai mais longe: o ministro sugere temas que, conforme a revista *Filme Cultura*, da Embrafilme, são os seguintes: FEB, CAN, Borba Gato, Anhangüera, Paes Leme, Oswaldo Cruz, Santos Dumont, Delmiro Gouveia, Duque de Caxias, Marechal Rondon. A justificativa deste último item merece citação: permitiria que se traçasse um paralelo histórico com outras nações que, ao contrário do Brasil, dizimaram os seus índios durante a campanha de conquista. As exortações ministeriais não surtem efeito: o filme histórico é dispendioso, não tem mercado assegurado. Difícil os produtores se lançarem em grandes orçamentos só para agradar ao ministro. Além disso, parece que o ministro desconfia de todo e qualquer cineasta, de forma que nem os contatos que Oswaldo Massaini, conforme suas declarações, fez em alto nível surtiram efeito: *Independência ou morte* não recebeu ajuda. Pronto, o filme agradou e do material publicitário consta o seguinte telegrama: "Acabo de ver o filme *Independência ou morte* e desejo registrar a excelente impressão que me causou PT Está de parabéns toda a equipe diretor VG atores VG produtores e técnicos pelo trabalho realizado que mostra o quanto pode fazer o cinema brasileiro inspirado nos caminhos de nossa história PT Este filme abre amplo e claro horizonte para o tratamento cinematográfico de temas que emocionam e educam comovem e informam as nossas platéias PT Adequado na interpretação VG cuidadoso na técnica VG sério na linguagem VG digno nas intenções e sobretudo muito brasileiro *Independência ou morte* responde à nossa confiança no cinema nacional PT Emílio G. Médici Presidente da

República". O governo encampa o filme, tomando posição ideológica e estética na matéria, ajudando a vender.

Uma segunda fase abre-se com as normas da Embrafilme de 1975. A simples exortação não basta, o governo entra na produção. Para os filmes históricos, e somente para eles, cria-se uma verba especial; a Embrafilme, que, pelos valores de 1975, participa de co-produção em até Cr$ 270.000, pode investir até Cr$ 1.500.000 num filme histórico, sendo que a sua participação será considerada como de apenas Cr$ 750.000, isto é, os outros Cr$ 750.000 são subvênção. Instala-se uma comissão a nível ministerial, cuja tarefa é receber e avaliar roteiros, e indicá-los ou não para produção; a comissão atua em dois pontos: avaliar projetos de diretores estreantes e de filmes históricos. A instituição da comissão e sua composição não deixam dúvida de que é a burocracia cultural que seleciona e promove o que lhe interessa, e rejeita o resto. A comissão reuniu-se sob a presidência de um representante do Departamento de Assuntos Culturais (DAC) do MEC, com representantes do Conselho Federal de Cultura, do Instituto Histórico e Geográfico Brasileiro, da Embrafilme, do Sindicato Nacional da Indústria Cinematográfica e outras. O filme histórico torna-se cada vez mais assunto de Estado, mas, mais uma vez, os resultados não foram brilhantes para a burocracia e o tiro saiu pela culatra. Primeiro porque a comissão recebeu apenas dois projetos (contra mais de vinte na categoria diretor estreante – há quem pergunte: onde estão os novos diretores do cinema brasileiro?), aprovou um: *Anchieta, José do Brasil*, de Paulo César Saraceni. Mas, após uma conturbada produção, o filme não agradou: nem sucesso de público, nem de crítica, nem institucional, nem a história como se queria: a burocracia não tem como manipular este filme.

O governo não desiste: uma terceira tentativa será feita, serão dadas melhores condições econômicas, e o novo ministro da Educação afirmará que temos um bom modelo a seguir, assumindo explicitamente posição ideológica e estética: *Independência ou morte*, em entrevista ou *press-release*, é reafirmado como conveniente ao governo. Mais uma vez o governo solicita projetos, só que não pede roteiros, apenas argumentos, e os projetos escolhidos terão seus roteiros financiados pela Embrafilme (Cr$ 300.000 em 1977), após o que a Embrafilme fará nova escolha para a co-produção, cuja decisão final caberá ao ministro. Dessa vez, em função das condições econômicas, a resposta foi bem melhor: 74 argumentos encaminhados à Embrafilme. A primeira parte do mecanismo foi cumprida, a segunda está em suspenso: mudança de direção da empresa, precária situação financeira, eventual modificação na orientação ideológica do ministério.

Os resultados dessa máquina por enquanto não são nada brilhantes. Na década, apenas um filme de indiscutível repercussão cívica, *Independência ou morte*, que não resulta dos esforços governamentais. O filme em que o governo mais se empenhou, *Anchieta, José do Brasil*, é inaproveitável por ele. Outro filme de sucesso, *Xica da Silva*, de Carlos Diegues (1977), nada deve em especial ao projeto governamental.

Mesmo que tivessem surgido os filmes almejados, o mecanismo, por mais que envolva dinheiro e burocracia, não tem a sua vitória assegurada. A maioria dos cineastas que mandaram projetos históricos não o fez necessariamente por simpatia pelo governo, nem por afinidades ideológicas, nem por comungar com uma visão da história, embora o simples fato de mandar projeto indique que não há incompatibilidade completa. É, para os cineastas, uma possibilidade de produzirem filmes – históricos ou não –, ainda mais podendo se beneficiar de subvenção, além de co-produção, e de ter financiamento para roteiro, o que é excepcional na história do cinema brasileiro. Se o projeto lançado pelo governo fosse sobre zoologia ou esportes, grande parte dos produtores atenderia igualmente à solicitação. E nem o fato de lançar o projeto histórico, até mesmo com dois crivos, no argumento e no roteiro, assegura que os filmes sairão conforme a expectativa governamental. Anchieta que o diga.

Deve-se dizer que o governo não toma uma atitude radical, que consistiria em assumir a produção, coisa essa que os governos brasileiros nunca fizeram, com exceção dos filmes curtos do Departamento de Imprensa e Propaganda (DIP) do Estado Novo, Agência Nacional, ARP e esporadicamente um ou outro ministério. O que diferencia este sistema de outros, por exemplo do dos governos socialistas, em que entidades cinematográficas estatais produziram e determinaram tema, estilo, enfoque da história etc. de filmes históricos. Por mais que os ministros tenham exortado os cineastas a fazer filmes históricos, por mais que tenham sugerido temas ou citado modelos, o governo nunca produziu uma definição de história nem traçou uma perspectiva ideológica precisa a que os filmes teriam que obedecer. Isto, oficialmente. Porque esta situação está de fato grávida de subentendidos. Tanto sabe o governo que ele não está pedindo qualquer coisa, como sabem os cineastas que não terão qualquer projeto aceito. Mas não é indiferente que as determinações não se explicitem, que muitas "transas" fiquem nos bastidores, podendo chegar ao ponto de funcionários do MEC telefonarem a produtores questionando a veracidade histórica de tal ou qual seqüência. Mas o fato de o governo não assumir diretamente a produção nem oficializar suas expectativas dá ao sistema uma margem de elasticidade em que tanto o governo como os cineastas defendem os seus interesses. Essa forma de procedimento não é evidentemente um grande risco para o governo. A elasticidade tem cartas marcadas, visto que o diálogo não se dá de igual para igual. O governo sabe que os cineastas precisam fazer filmes e implicitamente, na média, acabaram respeitando as determinações. Para qualquer excesso, o mecanismo cinematográfico dispõe de controles e o governo, de meios de repressão. E também porque, em matéria de filmes históricos, o governo não está pedindo nada demais. Tudo o que ele pede já se encontra no corpo social, e em particular no meio cinematográfico. A concepção heróica e pomposa da história, os grandes vultos, a história pacífica é o que se encontra na maior parte do filmes históricos brasileiros, independentemente de qualquer pressão governamental. Basta lembrar que muitos dos temas tratados nesta década já tinham sido espontaneamente abordados pelo cinema; que todos os temas dos filmes anteriores ao Cinema Novo que citei acima voltaram na década de 70, inclusive a Guerra do Paraguai, que não foi objeto de filmes mas de diversas propostas encaminhadas à Embrafilme. (Não só os temas, como o enfoque histórico e estético.) Respeitadas a evolução técnica e as modas, não há provavelmente grande diferença entre o *Mártir da liberdade*, de Aliano (1917), e *O mártir da Independência*, de Vietri (1977). "... um grande luxo de encenação... O autor (do filme) fez muito bem em não subordinar absolutamente a sua elaboração ao fato histórico. Deste aproveitou a feição acentuadamente característica, entremeando-a de episódios românticos... o juramento de D. Pedro na colina do Ipiranga. O espectador fica contente em passear os olhos por uma paisagem do seu velho conhecimento: a cavalaria a um lado, de espada erguida, o carro de bois caipira suspenso ante o insólito espetáculo..." Estas frases não seriam descabidas se aplicadas ao *Independência ou morte* de 1972, mas referem-se a *O grito do Ipiranga* de 1917. Não se pode dizer que os governos da década de 70 tenham procurado inovar na matéria, nem criar, nem impor alguma coisa que já não estivesse aí. Procuraram é sustentar, dar melhores meios de expressão e divulgação a esta visão da história que já estava aí, incentivá-la, privilegiá-la em relação a outras. Ao reforçar o filme histórico, ao reforçar determinada abordagem da história, mesmo que subentendidamente, o governo, com pressão moderada, exerce um autêntico dirigismo cultural, porque reforça uma tendência e este reforço entrava outras possibilidades.

A FORMULAÇÃO DA ESTÉTICA

O governo não formula a visão da história e a estética do filme histórico, mas uma parte do corpo social encarrega-se dessa tarefa: é a crítica. Se examinarmos grande parte das críticas jornalísticas referentes a filmes históricos, verificaremos que os críticos não costumam formular explicitamente as suas posições ideológicas e estéticas, mas estas podem ser deduzidas com facilidade dos textos, elas vêm à tona. Chamarei de "naturalismo" o princípio básico que perpassa pela maior parte das críticas e sustenta os juízos sobre os filmes. Encontram-se formulações do tipo: "Os atores se sentem tão à vontade nas roupas de época quanto um escafandrista na passarela do viaduto" – "Não evitou o que acontece em quase todo filme histórico-lendário: que os atores, influenciados pelo traje inusitado... tomassem atitudes intencionalmente solenes, que, na prática, roçam pelo ridículo e ficassem encabulados pela exigência de fingir pertencer a um tempo diverso" – "... as coisas soam falso. Tudo é artificial" – "O filme sofre de um mal crônico...: falta de credibilidade. Tudo soa falso, parece artificial..." – "... esforço em compor uma Iracema com o mínimo de credibilidade... o desprazer de mais uma vez constatar que a caracterização de atores e atrizes nacionais, principalmente quando têm de fazer papéis de índios, é uma aberração em falsidade" – "... uma assombrosa sucessão de desacertos sem um único momento de verossimilhança" – "Falhas marcantes acontecem na dicção e no sotaque dos aventureiros portugueses... começam a falar com sotaque luso, mas logo em seguida descambam para o carioquês corrente" – "figurantes que volta e meia desviam o olhar para a câmara... Petroleiro no tempo de Anchieta?... Algo que parece realmente ser um desses grandes barcos transportadores de combustível" – "os atores dentro (das roupas) têm sempre o ar de bonecos de cera guardados num museu". O que desaprovam estas frases ao comentar figurinos e atores, ou um petroleiro que se veria no fundo de um plano geral de um filme ambientado no século XVI? Reclamam que o que é julgado defeito deixa perceber que se trata de um filme, revela que se trata de uma composição, queixam-se de que tais "defeitos" não permitem ao espectador aceitar estas imagens como se fossem a própria história. O crítico pretende poder acreditar nas imagens, que elas lhe dêem a impressão de que estaria vendo verdadeiramente um verdadeiro momento da história. Ele quer acreditar. Ele quer que o filme lhe possibilite uma relação de familiaridade com a história, ainda mais em filmes que querem criar esta familiaridade. O que perturba essa relação – a história como se eu a estivesse vendo – é defeito.

Mas essa relação não pode ser gratuita, ela tem que estar enraizada solidamente em alguma coisa séria, senão ela não passaria de um jogo, não seria uma verdade. O que autentifica a impressão de familiaridade e verdade só pode ser a ciência. Portanto, o naturalismo requerido apóia-se na pesquisa. "Um certo cuidado na recriação dos usos e costumes indígenas, em grande parte referenciados pelo próprio Alencar, mas também resultando de pesquisas mais recentes" – "Ótima também a reconstituição da vida indígena, feita através de cuidadosas pesquisas e consulta a antropólogos" – Pesquisa "com investida inclusive a bibliotecas italianas" – "E a produção pesquisou para que as reconstituições se aproximassem o máximo possível do espírito da época" – "As famílias mais tradicionais da região estão emprestando móveis da época, objetos antigos, jóias de família para reconstituir os ambientes do século XVIII" – "Cuidado na procura de lugares que servissem de autêntico pano de fundo. Até a cena do grito imita o quadro de Pedro Américo, e é igual o número de pessoas – trezentas – colocadas numa e noutro" – "Uma série de pesquisas para que o filme tivesse a autenticidade desejada" – "O Instituto do Patrimônio Histórico está remodelando a Casa de Xica da Silva para as filmagens". A pesquisa histórica possibilita a reconstituição (palavra por demais usada no vocabulário crítico) e a reconstituição "autêntica" possibilita a impressão de naturalismo.

A respeito de *Como era gostoso o meu francês*, lemos: "Uma produção meticulosamente cuidada... que fez os artistas falarem em tupi, português e francês". Ora, qual o conhecimento do crítico que lhe permita avaliar o cuidado meticuloso a respeito das línguas faladas no filme? É especialista em lingüística? Pouco provável. Eu achei o francês bastante mal falado, provavelmente incorreto em se tratando do século XVI. Nelson Pereira dos Santos não esconde que o tupi falado no filme é altamente problemático (a palavra "fajuto" foi usada por ele mesmo a esse respeito), visto que a gramática não foi inteiramente reconstituída. De forma que se pode afirmar tranqüilamente que a exigência de pesquisa não se reveste de caráter científico, mas é simplesmente um índice ideológico. Uma impressão de cientificidade para legitimar o naturalismo. Não é à toa que este princípio ideológico é expressamente formulado nas normas da Embrafilme: "cujos roteiros sejam apoiados em pesquisas criteriosamente elaboradas".

A esse complexo naturalismo/pesquisa associa-se, não raro, a idéia de nobreza. A história é nobre, pelo menos os temas e figuras escolhidos para assuntos de filmes. "Em seu sesquicentenário de nascimento, José de Alencar não merecia um filme como este. Não é uma homenagem ao escritor" – Anchieta "é apresentado muito mais como um ingênuo missionário... do que como um verdadeiro apóstolo" – A posição é oposta, mas o conceito é o mesmo: "Ney (Latorraca) consegue emprestar ao personagem de Anchieta uma surpreendente dignidade" – "Não se preocupou em mostrar aspectos novos dessa figura extraordinária, dessa personalidade forte e marcante que foi certamente D. Pedro de Alcântara". Essa nobreza vai longe: quem pecado tiver, digno não estará do filme histórico, ou pelo menos de certos papéis: a história poderia ficar maculada. De Helena Ramos, atriz paulista conhecida por ter trabalhado em pornochanchadas, diz-se: "H.R. é o tipo vistoso. Uma 'boa' mulher, por que não? Naturalmente uma boa moça. Mas... a atriz está como que maculada pela aparição em tantas pornochanchadas" – Coimbra "é o único culpado por entregar a uma atriz de pornochanchada o papel da virgem" – "... acabou escolhendo uma veterana de mais de vinte filmes da Boca do Lixo, H.R., uma atriz até bonita (e com belo corpo) mas muito distante da inocência..." – "a gritante inadequação de H.R. (intérprete de pelo menos uma dezena de pornochanchadas e pornoaventuras) ao papel-título". Tudo isto a pretexto de que o personagem interpretado por Helena Ramos é uma virgem. Medieval!

Essa nobreza relaciona-se com a nobreza do próprio cinema, entendida aí como superprodução. Massaini realiza *Independência ou morte* para festejar um quarto de século de atividades cinematográficas. E naturalmente ligam-se os grandes vultos da história aos grandes vultos do espetáculo. É uma velha história, já se conjugava grandeza cinematográfica com grandeza histórica em 1917. A publicidade de *Tiradentes* anuncia: "A indústria nacional de fitas cinematográficas tem tomado um grande impulso ultimamente... acaba de aparecer a empresa Aliano Filme, com um trabalho histórico... Esse filme, que reproduz com muita felicidade uma das páginas mais belas da história pátria, é de uma grande concepção (entenda-se: grande produção) artística..." E, como a grandeza cinematográfica é uma mercadoria, ela não existe sem dinheiro. "Procurou reproduzir com grande empenho (na medida dos recursos materiais disponíveis) o Brasil quinhentista... Em termos de cinema brasileiro, estamos ante uma superprodução. Em princípio, pela importância do tema, mereceria até orçamento maior" – "poucas vezes, dentro do cinema nacional, encontrei alguma coisa tão supérflua, exceção lógica às costumeiras banalidades das realizações pobres. Não se admite numa obra que recebeu o carimbo da Embrafilme e, inclusive, um gordo financiamento do Banco do Estado de São Paulo um tamanho rolo de descuidos..." Estas frases são explícitas o suficiente.

Por que essa busca do naturalismo? Chegando a se criticar pelas falhas do naturalismo, da reconstituição, da reprodução um filme como *Anchieta, José do Brasil*, rompido com o naturalismo e afastado de qualquer intenção de reconstituição. Ou elogiando esse mesmo filme pelas qualidades da reconstituição: "Ótima também a reconstituição da vida indígena, feita através de cuidadosa pesquisa", quando a vida indígena do filme nada tem a ver com reconstituição, tendo Sarraceni entregue papéis de índios a brancos e pretos. E que uma complexa questão está em jogo. O naturalismo – no sentido em que estou usando a palavra – dá uma impressão de veracidade, de autenticidade, e elimina, ou deve eliminar, as marcas do trabalho, as marcas da fala. Não se deve perceber que alguém fez o filme, que o filme é um trabalho sobre a história, que é uma interpretação, que poderia haver outras. Se pode haver outras interpretações, a que está na tela não é necessariamente a verdadeira, ou as outras podem ser igualmente verdadeiras. É necessário eliminar essa dúvida para que não se questione a verdade da tela. E essa verdade é indispensável à ideologia dominante, pois, para dominar, ela não pode apresentar-se nem como ideologia, nem como uma visão da história entre outras. A luta estética pelo naturalismo é uma luta ideológica; a estética não pode abrir brecha na interpretação dominante, sob pena de ameaçá-la como verdade. E é somente enquanto ela se apresenta como verdade inconteste e sem falha que ela pode ser transmitida e aceita como a verdade, como a História. A História é assim. O trunfo não é pequeno. Para a dominação ideológica é indispensável dominar a história, já que a história é sempre uma interpretação do presente. Impor uma visão da história é impor uma maneira de a sociedade se pensar no presente. Por isso é um campo de intensa luta ideológica. Por isso o mecanismo crítico que delineei acima fecha-se com esta outra posição: "um filme digno, muito bonito, além de *informativo*" – *Anchieta, José do Brasil*, "tão importante, 'como projeto', para a *informação* do público" – "E, se o que se sabe sobre o padre (Anchieta) é pouco, fica-se *sabendo* ainda menos através do filme" – "... vai *divulgar* a nossa história..." – "filme bem cuidado e bem produzido, destinado a *penetrar* em todas as camadas *populares*" – "uma divertida e movimentada *aula* de História do Brasil" – "É feito para a *massa* ignorante e está um filme bonito. Os erros não são apreciáveis pela maioria" – "o filme de Nelson Pereira dos Santos é interessante apenas como uma *aula* de história ilustrada com slides" (grifos meus). A Embrafilme é consciente dessa função do filme histórico: divertida aula de história para as massas, e a primeira afirmação das normas de 1975: "A co-produção de filmes históricos pela Embrafilme visa a incentivar a realização de películas que concorram para a ampla divulgação dos temas da História do Brasil." Ao lutar ferrenhamente para a afirmação naturalista, valorizar ou desvalorizar obras em função de sua "verdade" e de sua "credibilidade", esta crítica se insere no sistema de confirmação e reprodução da ideologia dominante. É de se notar que *Anchieta, José do Brasil* provocou ira em críticos, numa intensidade que, a meu ver, vai além dos "defeitos" apontados; estes mesmos críticos podem apontar "deficiências" em *Iracema*, e rejeitar o filme, decepcionados, porém sem ira. É que, para eles, *Iracema* é um filme ruim, porém dentro da estética que eles defendem. *Anchieta* fere esta estética. E mais uma vez nada de novo. A classe dominante sempre viu a obra de ficção histórica como forma de dominação. Escrevia, em estudo sobre o romance brasileiro, A.F. Dutra e Mello: "E contudo o romance histórico pode achar voga entre nós; tem uma *atualidade* que não se deve desprezar... pode tornar-se de envolta *moralizadora* e poética..." (1844 – citado por T. Pires Vara em *A cicatriz de origem*) (grifos do autor).

* * *

Este texto é injusto com os críticos, pois há evidentemente um achatamento das posições individuais, e porque trabalhei com uma média. Alguns, poucos, críticos e pessoas ligadas a outras áreas que escrevem esporadicamente sobre cinema estão conscientes da manipulação da história, não trabalham com o conceito de reconstituição, não limitam a história a uma questão de fatos e figurinos, não tomam a verossimilhança por verdade, situam a história e o trabalho estético feito sobre ela numa luta ideológica. Mas estes trabalhos são raros em jornais, revestem-se de um caráter ensaístico. Trabalhei sobre uma média da crítica jornalística cotidiana, principalmente a produzida em São Paulo e no Rio de Janeiro. (Este texto recebeu a colaboração de Martino Sbragia).

Escrito em 1979 para a coletânea Anos 70, *este texto foi revisto em 1986, para ser incluído em* O cinema dilacerado, *e revisto e atualizado para a presente edição. As correções feitas nestas duas releituras não alteram sua essência, mas procuram eliminar vazios hoje mais difíceis de serem preenchidos pelo leitor.*

Impossível recompor o processo na memória e afirmar com precisão se a estrutura que organiza o texto com estes vazios se fez assim planejada ou espontaneamente.

Talvez seja conseqüência direta do trabalho jornalístico. Desde a metade dos anos 60 vinha escrevendo regularmente em jornais, lidando com essa escrita essencialmente inacabada e feita para o tempo presente; discutindo o filme no instante mesmo em que o filme se encontrava em exibição; propondo ao leitor um encadeamento entre o filme, o texto sobre o filme e os outros textos do jornal. Escrito pouco depois do relativo abrandamento da censura, aprofundando observações feitas em jornal no lançamento de cada um dos filmes, o texto se dirigia ao leitor mais ou menos como uma notícia de jornal.

Talvez tenha sido uma construção conscientemente feita para reafirmar que o texto crítico não é (apenas, não é principalmente) o que comunica a conclusão de determinada análise, mas sim o que gera um espaço crítico em torno dele, dentro dele, a partir dele. Desde a metade dos anos 60 a repressão do poder a toda e qualquer forma de pensar conduzira a crítica a revigorar este seu pedaço de obra aberta, deflagradora de um processo que vai além dela. A crítica, de certo modo, se constrói mesmo com espaços abertos, para o leitor, aí, no vazio do texto, participar ativamente do processo; fala tanto da obra com que dialoga quanto de um modo de se relacionar criativamente com qualquer outra obra.

Com toda certeza, publicado entre o final de 1979 e começo de 1980, o texto se propõe com certo quê de urgência, de discussão feita para o tempo presente – no que não se difere muito da reflexão que todos procurávamos produzir então.

Buscando um equilíbrio entre a manutenção da estrutura original, porque de certo modo ela desenha um dos aspectos da década, e a necessidade de preencher certos vazios, convém lembrar:

que hoje não vamos mais ao cinema assim como o fazíamos antes do vídeo, antes do DVD, antes da internet, antes do multiplex;

que desde sempre a idéia de pornografia no cinema esteve associada a qualquer coisa suja, escatológica, proibida, grosseira;

que o grotesco da pornochanchada possivelmente aparecia mais grotesco ainda diante do barroco das tradicionais salas de exibição, várias delas então ainda em funcionamento, com seus espelhos, tapetes, lustres, colunas e escadarias, uma arquitetura de aparência solene, entre o palácio e o templo, que antecipava o cenário das produções da grande indústria;

que pouco depois da pornochanchada os filmes pornográficos se instalaram por algum tempo em grandes salas de cinema e, se não contribuíram diretamente para isso, pelo menos acompanharam a decadência destes espaços enquanto o negócio de cinema se deslocava para os shoppings, a caminho dos multiplex.

Preencher vazios do texto significa abrir novos vazios, para pensar os anos 70 com olhos de hoje e melhor analisar o cinema de então através de seu contracampo. Para tanto seria conveniente lembrar também o debate de cinema de abril de 1975. O debate foi o primeiro do ciclo organizado pelo Teatro Casa Grande que discutiu também teatro, literatura, música, televisão, artes plásticas, jornalismo e publicidade. Umas tantas perguntas do público sobre o som ruim nos cinemas e uma em especial sobre o possível efeito nocivo da pornochanchada no desenvolvimento do cinema brasileiro refletem o sentimento de parte dos espectadores. A resposta de Leon Hirszman (na mesa comigo e com Alex Viany) sobre a pornochanchada expressa um sentimento semelhante àquele que desenvolvia na análise dos filmes. Para Leon o cinema brasileiro não ficara ruim por causa das pornochanchadas; elas nasceram de um tipo de pressão da censura e de um tipo de solicitação do público e procuravam mais uma sugestão de pornografia que pornografia propriamente dita: "O que acontece nelas é que, em lugar do erotismo ou de pornografia, o que existe é uma grosseria de relações, uma grosseria de tratamento entre as pessoas".

O público de cinema dividido entre igual intensidade de entusiasmo e de irritação diante da pornochanchada sugere investigar em que medida ela contribuiu para aumentar a rejeição ao cinema brasileiro e em que medida os preconceitos contra os nossos filmes contribuíram para aumentar a rejeição à pornochanchada. É possível supor que a imagem negativa que se construiu em torno do filme brasileiro – que seria por natureza incompreensível e de má qualidade técnica – identificou na pornochanchada o requinte do malfeito: não apenas filmes de má qualidade mas o próprio mal, o que exigia uma reação extrema como a que ocorreu. É igualmente possível supor que a regular produção de pornochanchadas e a quantidade de espectadores que tais filmes reuniram tenham gerado uma generalização simplória de que tudo no cinema brasileiro, do produtor ao espectador passando por tudo o mais, era grosseiro, nocivo, inaceitável e exigia uma mobilização para extinguir de vez a atividade como a que se montou em jornais e revistas especialmente entre o começo dos anos 80 e a metade dos anos 90.

*Seria conveniente ainda investigar mais rigorosamente o período em que a pornochanchada surgiu: as notícias (na imprensa ou censuradas e circulando nas entrelinhas) da invasão das salas comerciais pelo cinema pornográfico nos Estados Unidos (*History of the blue movies*, 1971, de Alex de Renzi;* Deep throat*, 1972; e* Devil in Miss Jones*, 1972, ambos de Gerard Damiano), e na Europa (*Emmanuelle*, 1973, de Just Jaeckin).*

E investigar também outros possíveis e mais distantes antecedentes da pornochanchada, além dos citados no texto. Investigar por que a chanchada da ditadura Vargas se vestia de ingenuidade e a da ditadura militar, de grosseria. Investigar pelo menos parte das soluções usadas em tempos anteriores ao da pornochanchada para fugir ao bloqueio da censura e circular no mercado brasileiro. Lembrar, por exemplo, os inúmeros filmes com cenas de strip-tease*, como os distribuídos pela Horus Filmes e exibidos regularmente entre 1965 e 1973 na sala programada pela distribuidora em sociedade com o circuito Darze, o Cineac Trianon, na Avenida Rio Branco, no Rio. A memória registra a utilização de pelo menos dois filmes brasileiros,* Barravento *e* Cinco vezes favela*, como suportes para a aprovação do programa pela censura. Na fachada os títulos apareciam pequeninos, escondidos por baixo de letreiros de letras bem grandes e com frases idênticas às que seriam adiante usadas pelas pornochanchadas para agarrar o espectador na porta do cinema. O filme de Glauber se transformava em* A praia dos desejos eróticos*; o de Diegues, Leon, Joaquim, Marcos e Borges em algo assim como* As incríveis bacanais na favela*. Os filmes eram efetivamente exibidos, mas três ou quatro cenas de* strip-tease *que pertenciam ao exibidor eram acrescentadas no final ou começo de cada rolo.*

Finalmente, talvez convenha ainda examinar melhor o período final da pornochanchada, a tentativa de se aburguesar e a busca de reconhecimento. Dois anos depois da publicação de Anos 70 *o Departamento de Informação e Documentação Artísticas da Secretaria Municipal de Cultura de São Paulo publicava* O imaginário da Boca*, pesquisa de Inimá Simões "sobre a produção mais recente, de 1978 a 1980, particularmente no universo da pornochanchada", da Boca, espaço "entre edifícios descuidados do antigo bairro de Santa Efigênia", ruas ocupadas "por distribuidoras e produtoras, freqüentadas por profissionais de cinema, intelectuais e jornalistas". Concentrado na produção paulista, a pesquisa ouve diretores, produtores, intérpretes e técnicos (Antônio Galante, Ody Fraga, Aldine Muller, Zilda Mayo, Rajá de Aragão, Jean Garret, entre outros) e, ponderando as respostas obtidas, faz um comentário que parece resumir bem precisamente os becos sem saída – nada relativos – abertos a quem se propôs a realizar pornochanchadas. Diante da pesquisa "o profissional de cinema se via na contingência de se 'explicar', segundo algumas formas básicas: desprezo pelo próprio trabalho, numa posição claramente defensiva; preocupação em evoluir até uma posição harmoniosa com a visão mais acadêmica de cultura; e finalmente, há os que assumiram a postura de homens solitários (como os mocinhos do faroeste), em luta constante contra os obstáculos – dificuldade de conseguir dinheiro, hostilidade dos meios intelectuais, indiferença da imprensa etc. Três alternativas do indivíduo e seu modo de ser em relação à cultura estabelecida".*

/ comentário de José Carlos Avellar /

A TEORIA DA RELATIVIDADE

José Carlos Avellar

Em setembro de 1978, ao mesmo tempo em que o governo militar armava as festas da Semana da Pátria, chegava aos cinemas do Rio de Janeiro *Laranja mecânica* (*A clockwork orange*), de Stanley Kubrick. O filme ficara proibido durante sete anos e sua liberação parecia indicar uma nova orientação de censura. Aparentemente estavam terminados os dias de intervenções violentas como aquela da sexta-feira 22 de junho de 1973, quando dez filmes já com certificados de censura e em exibição no Rio de Janeiro foram arrancados das salas de projeção e proibidos em todo o país por determinação da portaria 313 do diretor-geral do Departamento de Polícia Federal, general Antônio Bandeira.[1] A retirada de cartaz de filmes anteriormente liberados para uma reavaliação, imposição de novos cortes ou proibição não era um fato novo. Basta lembrar o que ocorreu por exemplo com *O padre e a moça*, de Joaquim Pedro de Andrade, retirado dos cinemas (em 6 de junho de 1966) quase dois meses depois de sua estréia (em 28 de março, no Rio de Janeiro) para ser submetido a novo exame. A nova avaliação (o filme, então, estava liberado para maiores de 18 anos) se devia "às inúmeras queixas e polêmicas surgidas em torno da mensagem contida no filme", explicava o chefe do Serviço de Censura, Antônio Romero Lago. Junho de 1973: não era a primeira vez que um filme previamente liberado pela Censura era apreendido para nova avaliação, mas pela primeira vez não apenas um mas dez filmes eram retirados de cartaz ao mesmo tempo e passavam a ter sua exibição proibida em todo o país.

A proibição, no começo, foi uma proibição relativa. A portaria foi baixada em Brasília numa sexta-feira à tarde, logo noticiada nas rádios e televisões e no dia seguinte, nos jornais. Como nos sábados e domingos os censores não trabalhavam, os filmes só foram apreendidos nos cinemas na segunda-feira, dia 25, quando finalmente a Polícia Federal do Rio recebeu o comunicado oficial de Brasília. Entre a ordem e o cumprimento da ordem as salas de exibição promoveram sessões especiais no sábado e no domingo, dez da manhã, meio-dia, meia-noite, duas da madrugada, e muita gente pôde ver os filmes que pouco depois estariam proibidos para valer mesmo. Esta tragicômica proibição foi relativamente bem noticiada pela imprensa, e por isso a Censura decidiu reforçar a censura a notícias sobre a Censura. Na terça-feira a Polícia Federal enviou uma ordem aos jornais, rádios e televisões para reforçar a proibição feita no começo do mês. A ordem enviada pela Polícia Federal no dia 4 de junho dizia: "De ordem superior fica, terminantemente, proibida a publicação de críticas ao sistema de censura, seu fundamento e sua legitimidade, bem como qualquer notícia crítica, referência escrita, falada e televisada direta ou indiretamente formulada contra órgãos de censura, censores e legislação censória". A imprensa não comentou a proibição imposta pela portaria 313, apenas noticiou a decisão de proibir o que havia sido previamente liberado. E assim, na terça-feira 26, nova ordem: "Fica reiterado radiograma anterior, no sentido de proibir a publicação de crítica ao critério de censura, seu fundamento, sua legitimidade, bem como qualquer notícia crítica ou referência contra órgãos de censura e censores e legislação censória, até posterior liberação".[2]

Cinco anos depois, o anúncio da aprovação de *Laranja mecânica*, em setembro de 1978, parecia indicar que a Censura estava disposta a deixar de cortar e proibir (ainda que de forma lenta e gradual) para se limitar a classificar os filmes (e tudo o mais) de acordo com a idade do espectador. Em verdade o que aconteceu então foi uma liberação relativa. O governo, poucos meses antes, dissera que estávamos começando a viver uma "democracia relativa". 1978, convém lembrar, é o ano em que se realizam as primeiras greves dos trabalhadores metalúrgicos do ABC paulista e em que o general Ernesto Geisel, nos últimos meses de seu governo, revogou o ato institucional número 5. Convém lembrar ainda: em outubro deste mesmo ano de 1978 o general João Batista de Figueiredo, confirmado como sucessor do general Geisel, afirmava enfaticamente: "É para abrir mesmo. E quem não quiser que abra eu prendo e arrebento".[3]

Abertura, *Laranja mecânica*, democracia relativa. A Censura passava a promover liberações relativas. Mas continuava a manter proibições nada relativas.

[Por exemplo: em abril de 1982, quatro anos depois da permissão concedida a *Laranja mecânica*, a Censura apreendia cópias de *O encouraçado Potemkin* (*Bronienosets Potemkin*, 1925) e de *Outubro* (*Oktiabr*, 1928), de Sergei Eisenstein, programadas para exibição num seminário sobre montagem na Cinemateca do Museu de Arte Moderna do Rio; e proibia *Pra frente, Brasil*, de Roberto Farias. O filme, em evidência depois de premiado no Festival de Gramado, foi considerado de "baixo padrão moral" porque empenhado em fazer "a apologia do terror e do terrorismo", de acordo com o general Octávio Luiz de Rezende, chefe do Centro de Comunicação Social do Ministério do Exército. Para o general o filme de Roberto Farias procurava "subverter a história" apresentando "como heróis os seqüestradores, assassinos que, friamente, disparavam na cabeça de gerentes de bancos, assaltantes que deixaram a escola para o banditismo que hoje se pratica, bem urdido e planejado". O general dizia ainda que a presença de "artistas que se apresentam diariamente na televisão e que despertam a simpatia do público" era "uma tentativa de ganhar adeptos para o terrorismo"; que o filme procurava "disfarçar seus propósitos com determinadas cenas rápidas, com as quais, provavelmente, o produtor pretende livrar-se de um enquadramento legal, no que só enganaria a idiotas"; que era lastimável que filmes como esse fossem produzidos no país, "secretamente e nos subterrâneos de sabe Deus onde", enquanto o Exército, ao contrário, produzia "mensagens positivas, animando o povo a alcançar uma democracia com justiça social, mas sem lutas internas".[4]]

Laranja mecânica, realizado em 1971, trazido pouco depois para ser lançado no mercado brasileiro, não chegou a ser propriamente proibido pela Censura, que até agosto de 1978 não teria recebido o filme para exame em caráter oficial. Existia uma cópia em Brasília, bem precisamente no Serviço de Censura de Diversões Públicas do Departamento de Polícia Federal. Uma cópia com legendas em português, de quando em quando usada em sessões para convidados especiais. Mas oficialmente o filme não tinha sido enviado ao Serviço de Censura. Oficialmente o filme não existia. Oficialmente não existiam também *Último tango em Paris* (*Last tango in Paris*, 1972), de Bernardo Bertolucci, e *Emmanuelle* (1973), de Just Jaeckin, embora um e outro fossem igualmente exibidos com regularidade em sessões especiais no auditório da Censura em Brasília.

> [Na verdade os distribuidores de filmes estrangeiros não chegaram a ter grandes problemas com a Censura. Depois de junho de 1973 estabeleceu-se um entendimento relativo entre as partes. Alguns filmes eram enviados em caráter oficioso, para uma consulta. Vários outros, digamos, inadvertidamente importados, entraram para o grupo de filmes que oficialmente não existiam, condenados a uma existência extra-oficial até que, liberados e legalizados a partir de 1978, passaram a ter uma existência relativa em velhas e descoloridas cópias nas telas dos cinemas.]

O que não existia oficialmente não poderia ser oficialmente proibido. O que estava mais ou menos proibido foi mais ou menos liberado. Democracia relativa, censura relativa para *Laranja mecânica*: em todas as cenas em que um personagem qualquer aparece nu ou seminu, uma bola preta carimbada imagem por imagem cobre a nudez. O filme estava liberado, no entanto, mais forte que a liberação, aparecia a censura, a mancha grosseira que impede o espectador de ver a cena tal como ela foi feita.

Antes de bater na tela em forma de bolas pretas, a censura apareceu duas outras vezes neste mesmo programa de estréia do filme de Kubrick – duas outras vezes sem contar a aparição rotineira que se fazia desde sempre (em particular desde o decreto-lei 20.493 de 24 de janeiro de 1946)[5] em cada filme exibido comercialmente, longo ou curto, ficção, cinejornal ou trailer: para se apresentar num cinema, cada cópia deveria ser acompanhada de um certificado de censura em papel e de um certificado-película. O certificado-papel original (não se admitiam fotocópias), em papel de dupla face (frente, com a indicação das faixas etárias para as quais o filme estava liberado, e verso, com a indicação de cenas eventualmente cortadas), deveria obrigatoriamente ser colocado dentro da lata do primeiro rolo do filme. Além disso a frente do certificado deveria ser filmada e colada na ponta de cada cópia para ser projetada pelo tempo necessário à sua identificação e leitura – o certificado-película passava desse modo a fazer parte integrante da cópia. Assim, aqui, nesta sessão, antes das bolas pretas sobre os nus de *Laranja mecânica*, e além dos certificados de censura no começo dos filmes, duas outras aparições da censura, então com aparência e colorido mais suaves.

Primeiro numa propaganda de cigarros, filmezinho de dois planos apenas, com cerca de meio minuto de duração. O plano número um começa fechado no rosto de um homem, cigarro na boca; uma lenta abertura do enquadramento por meio de um movimento da lente zoom, mostra que ele está no jardim de uma casa luxuosa, na beira da piscina, dia de sol. Enquanto a imagem vai-se abrindo entra em cena um grupo de mulheres sorrindo, ao mesmo tempo, para o fumante na beira da piscina e para o espectador na sala de projeção. O homem cercado de mulheres, uma voz masculina sussurra: "Riqueza é como mulher, só não se preocupa quem já tem o bastante". Terminada a frase, termina a imagem. Bate na tela o plano número dois, um maço de cigarros, a embalagem dourada em destaque contra o fundo escuro. Uma legenda no pé da imagem, o nome e o endereço do produto, e a mesma voz masculina, agora num tom mais incisivo, repete em voz alta o que está escrito.[6]

Depois da propaganda do cigarro, a censura voltou a aparecer numa propaganda do governo. Desde pouco depois do ato institucional número 5, filmetes diretamente produzidos ou encomendados pelo governo militar eram obrigatoriamente colados nos cinejornais, que então ainda se exibiam regularmente nos cinemas. Tais filmetes eram também inseridos várias vezes por dia, em diferentes horários, nos programas de televisão. O daquela semana era um desenho animado com quatro bonecos alegres: um branco, um preto, um vermelho-alaranjado, o quarto amarelo. Numa gaivota de papel, voavam sobre Manaus, Recife, Salvador, São Paulo, Porto Alegre, Rio de Janeiro e Brasília, para "cantar ao mundo inteiro a alegria de ser brasileiro" e se colocar à disposição do país: "Conte comigo, Brasil, acima de tudo brasileiro".

Um fumante, quatro bonecos coloridos e uma bola preta sobre a nudez. Quem saiu de casa entre o final de agosto e o começo de setembro de 1978, entre o Dia do Soldado e a Semana da Pátria, para comemorar no cinema a abertura de uma censura relativa encontrou numa única sessão o que tornou possível o aparecimento da pornochanchada: a Censura (compreendida aqui não apenas como o serviço que proíbe, elimina, corta, mas também como a essência mesma do poder, sua imagem e sua voz) e a propaganda.

Antes de mais nada, a pornochanchada é uma invenção da Censura.

São poucos os trechos em que um personagem aparece nu em *Laranja mecânica*. Longe, lá no fundo do plano, sobre o palco de um teatro ao ar livre, uma mulher, na cena em que o bando de Alex se prepara para atacar o bando de Billy Boy. Longe da câmera também, na cena do assalto à casa do escritor Alexandre, entre socos, chutes e golpes de cassetete, Alex rasga a roupa da mulher do escritor com uma tesoura. Além disto, o que mais? As duas garotas no quarto de Alex, a policial, no momento em que comprova a eficiência da *Técnica de Ludovico*, e a mulher na neve, no final do filme. Talvez uma outra imagem ligeira, que de tão ligeira nem ficou na memória. O que fica mesmo é a certeza de que nestas cenas a nudez é o que menos se nota. Pouco provável, por exemplo, que no meio da violenta briga entre os bandos de Alex e de Billy Boy o espectador veja a mulher no fundo da cena como um corpo nu. Vê mesmo é o que ela é, personagem humilhada, agredida, violentada por Billy Boy. Menos provável ainda que na invasão da casa de Alexandre o espectador veja a nudez da mulher do escritor. Ela está nua, sim, mas a nudez não é o centro da ação. O espectador, caído no chão, colado no rosto de Alexandre, sofre violência igual (numa outra dimensão mas igual) à do escritor amarrado, amordaçado, surrado. No centro do plano está seu rosto inchado, vermelho, olhos esbugalhados, uma bola de tênis enfiada na boca. No centro está também o rosto debochado de Alex, que agita o nariz comprido de sua máscara perto da câmera, perto dos olhos do escritor, bem perto dos olhos do espectador. O que aparece, com força, sem deixar que se veja outra coisa, é a carranca deformada do agressor e a expressão desesperada da vítima. Envolvido pela violência da ação, difícil, se não impossível, que o espectador se dê conta da nudez da mulher no fundo da imagem. De certo modo é um alívio que ela apareça fora de foco, pois assim não somos obrigados a encarar olhos nos olhos a vítima daquela brutalidade. E quando Alex se fecha no quarto com as duas garotas que encontrara ao acaso numa loja de discos, mesmo neste momento em que os personagens correm para a cama e tiram a roupa depressa só pensando em sexo, mesmo neste momento a nudez quase nem se nota. A cena foi filmada de modo que na projeção os gestos se tornassem cômicos e acelerados, o que o espectador vê é o movimento rápido. Na cena não tem importância o fato de os personagens estarem nus, mas sim a comicidade daquele balé mecânico.

Não fossem as bolas pretas que, carimbadas quadrinho por quadrinho, fotograma por fotograma, ficam dançando desajeitadamente na tela, os nus não seriam sequer notados. Os personagens estão nus porque frágeis e absolutamente desprotegidos. Estão absolutamente sem nada: nus. A nudez em *Laranja mecânica* é uma roupa, um figurino que ajuda a platéia a sentir a brutalidade de Alex, nem seriam vistas como nudez e cenas de sexo não fosse a intervenção da Censura. Tornaram-se aparentes e obscenas graças às bolas pretas que alteraram a composição e o significado original da imagem. A mancha imposta para cobrir o que no fundo do quadro já estava escondido traz o que estava quase invisível para primeiro plano. A mulher do escritor está lá atrás. A mulher perseguida por Billy Boy, mais atrás ainda. Não importa. Depois da censura o que aparece é o nu – pior: o nu escondido, a grosseria que deforma aquilo que esconde. O mesmo acontece nas pornochanchadas. São chanchadas e são pornográficas não tanto pelo que exibem mas sim pela solução grosseira usada para encobrir o que não exibem. Trata-se de imitar a Censura, de procurar qualquer expediente tão estúpido quanto a bola preta imposta a *Laranja mecânica* para cobrir/deformar a nudez. Na verdade, quando a Censura decidiu servir-se das bolas pretas para liberar o filme de Stanley Kubrick, a pornochanchada já existia há quase dez anos; deste modo o que de fato aconteceu neste caso em particular foi uma retomada: a Censura foi à pornochanchada apanhar de volta o que a pornochanchada aprendera com ela: a linguagem estúpida, a expressão truncada, a palavra cortada.

Uma conversa autoritária que avança aos tropeções, como se tivesse sido censurada, autocensurada, deformada, na origem; na origem, no instante mesmo em que começa a se articular; negação, expressão contrária à vontade que comanda toda e qualquer expressão, a vontade de dizer algo; variante da proibição de falar imposta pelo poder – uma pornochanchada é isto. Uma conseqüência do impedimento de conversar livre e abertamente, uma acomodação a este impedimento. A pornochanchada não exatamente se opôs à Censura, ao contrário, tentou ser a imagem dela, como se o que foi inventado para esconder procurasse se mostrar. Foi assim não porque isto tenha sido previamente pensado e organizado – mesmo porque pensar e organizar, minimamente que fosse, significava uma articulação, o que é incompatível com esta procura de se compor como a imagem da Censura. Simplesmente: a Censura estava no poder e a pornochanchada incorporou a idéia do poder sem se dar conta disto, reproduzindo em sua prática o mecanismo do sistema como um todo. O jornal, o rádio, a televisão, o disco, o teatro, o livro, como o cinema, como tudo o mais, estavam sob controle. As informações não podiam circular. As conversas eram amordaçadas. A pornochanchada transformou isto numa imagem, numa linguagem, num modo de falar. O primeiro plano de um personagem soletrando um palavrão apagado da pista de som – imagem inventada pelo Serviço de Censura ao cortar o palavrão da faixa sonora e deixar a imagem falando muda, sem som mas permitindo a leitura labial. Esta foi uma das primeiras marcas registradas da pornochanchada. A imagem bateu na tela como cinema emudecido. Deu certo, o público riu (muito provavelmente da Censura, que ganhava forma visível) e a solução começou a ser repetida, transformou-se em clichê. Nada se deu em atendimento a um projeto. Se fosse possível falar de um projeto nisto que nem chegou a ser pensado, o projeto seria exatamente esse: não ter projeto, desarticular-se, cada um por si e o governo contra todos, não criar um modelo, um procedimento, um corpo capaz de ser identificado e então reprimido. Nada se deu em atendimento a um desejo. Vontade nenhuma. A vontade era trabalhar no interior da repressão da vontade, na opressão do desejo. Não agir, reagir. Passivamente, desarticuladamente. Estratégia de fôlego curtíssimo, talvez, mas incapaz de ser desmontada pelos mecanismos de repressão criados pela ordem militar para reprimir as vontades livres. Uma estratégia para se mexer sem sair do lugar como recomendava a desordem que no poder reprimia qualquer gesto. Os temas, as formas de narração e os métodos de produção foram determinados por pressões e circunstâncias que pouco têm a ver com o cinema. Proibindo todo discurso crítico, (mais exatamente: proibindo todo discurso articulado) o poder militar abriu espaço para uma fusão da prática da chanchada dos anos 40 e 50, que imitava desajeitadamente o comportamento do poder cinematográfico, com o que parecia despontar como um novo poder subversivo nos mercados da

Europa e dos Estados Unidos, o filme pornográfico. Fusão não é a palavra exata: confusão define melhor o que resultou deste retorno à prática do tempo das chanchadas de carnaval inspiradas nos musicais de Hollywood (fazer paródias, imitações, versões brasileiras) com uma avaliação de que então, começo da década de 70, o modelo a ser copiado, porque capaz de reunir maior público, era o filme pornográfico, que começava a invadir as salas comerciais regulares européias e norte-americanas. Copiar o filme pornográfico à maneira das velhas chanchadas: era preciso fazer malfeito para tocar um sentimento de inferioridade, para estimular uma reação de deboche diante da própria incapacidade (muito antes de se transformar em verso de canção irônica e distanciada, a pornochanchada cantou em imagens grosseiras: "Inútil, a gente somos inútil"). Resultado de uma informação imprecisa sobre o que parecia estar na moda, o pornográfico, e da lembrança imprecisa da chanchada de carnaval, e principalmente, resultado da precisa desordem provocada pela censura, a pornochanchada surgiu num vazio de cinema brasileiro. Um vazio de cinema, porque ela mesma se apresentava como um cinema relativo. Um vazio provocado pela censura. E um vazio de características especiais: a produção cresceu.

A produção brasileira anterior ao período de ação mais intensa da Censura, embora especialmente marcada pelo Cinema Novo, experimentava diferentes modelos cinematográficos, inspirados por estilos e gêneros estrangeiros ou por práticas brasileiras anteriores ao Cinema Novo – como podemos observar numa rápida consulta aos filmes do final dos anos 60. Produzíamos então entre 40 e 50 longas-metragens por ano.

Cinema Novo, sim – por exemplo: *Terra em transe* (1967) e *O dragão da maldade contra o santo guerreiro* (1969), de Glauber Rocha; *O caso dos irmãos Naves* (1967), de Luís Sérgio Person; *Fome de amor* (1968) e *Azyllo muito louco* (1969), de Nelson Pereira dos Santos; *Macunaíma* (1969), de Joaquim Pedro de Andrade; *Os herdeiros* (1969), de Carlos Diegues; *Brasil ano 2000* (1969), de Walter Lima Jr.

Cinema Marginal, também – por exemplo: *A margem* (1967), de Ozualdo Candeias; *O bandido da luz vermelha* (1969), de Rogério Sganzerla; *O anjo nasceu* e *Matou a família e foi ao cinema* (ambos de 1969), de Julio Bressane.

E várias tentativas de estabelecer uma prática que recuperasse o molde dos dramas europeus adaptados pela Vera Cruz – por exemplo, *O quarto* (1967), de Rubem Biáfora, *As amorosas* (1968), de Walter Hugo Khouri – ou que recuperasse as lições das chanchadas de carnaval – por exemplo: *Jovens pra frente* (1968), de Alcino Diniz; *Golias contra o homem das bolinhas* (1969), de Vitor Lima.

Ou, ainda, várias tentativas de tradução dos gêneros que organizavam a produção industrial norte-americana: aventuras policiais – por exemplo: *O mistério do Taurus 38* (1965-1968), de Ary Fernandes e Oswaldo Oliveira; *Os viciados* (1968), de Braz Chediak; *Tempo de violência* (1969), de Hugo Kusnet. Filmes de terror – por exemplo: *Esta noite encarnarei no teu cadáver*, 1967, de José Mojica Marins.

E cangaço no lugar do *western* – por exemplo: *Corisco, o diabo loiro* (1969), de Carlos Coimbra; *Meu nome é Lampião* (1969), de Mozael Silveira; *Deu a louca no cangaço* (1969), de Nelson Teixeira Mendes e Fauzi Mansur; *O cangaceiro sem Deus* e *O cangaceiro sanguinário* (ambos de 1969), de Oswaldo de Oliveira; *Quelé do Pajeú* (1969), de Anselmo Duarte.

Nos anos seguintes vários destes diretores e produtores que procuravam trabalhar apoiados em modelos comercialmente bem-sucedidos se dedicaram à pornochanchada: Mozael da Silveira (*Com a cama na cabeça*, 1972; *Mais ou menos virgem*, 1973; *O erótico virgem*, 1978), Braz Chediak (*Os mansos*, 1973; *Banana mecânica*, 1974; *O roubo das calcinhas*, 1975), Oswaldo de Oliveira (*Os garotos virgens de Ipanema*, 1973; *As meninas querem... e os coroas podem*, 1976; *Histórias que nossas babás não contavam*, 1979), José Mojica Marins (*Como consolar viúvas*, 1976; *A mulher que põe a pomba no ar*, 1977; as duas assinadas com o pseudônimo de J. Avelar), Fauzi Mansur (*A noite das fêmeas*, 1975; *Belas e corrompidas*, 1976; *O mulherengo*, 1977), Alcino Diniz (*Motel*, 1975), Alfredo Palácios (produtor de *Trote de sádicos*, 1974, de Aldir Mendes de Souza; *Empregada para todo serviço*, 1978, de Geraldo Gonzaga), Antônio Polo Galante (produtor de *As cangaceiras eróticas*, 1974; *A ilha das cangaceiras virgens*, 1976, ambos de Roberto Mauro), Ary Fernandes (*O supermanso*, 1974; *Essas deliciosas mulheres*, 1979). E mesmo Luis Sérgio Person (*Cassy Jones, o magnífico sedutor*, 1972), Anselmo Duarte (*Já não se faz amor como antigamente*, 1975, filme de três episódios, os outros dois dirigidos por Adriano Stuart e John Herbert) e Walter Hugo Khouri (*O prisioneiro do sexo*, 1979) se aproximaram da pornochanchada. E pelo menos três filmes feitos em 1969 (*Os paqueras*, de Reginaldo Faria, *As libertinas*, de Carlos Reichenbach, Antônio Lima e João Callegaro, e *Adultério à brasileira*, de Pedro Carlos Rovai), quer pelo tema quer pelo modo de produção, antecipam sinais do que viria a se transformar na pornochanchada nos anos seguintes. Vale lembrar ainda que também em 1969 começa a circular *O Pasquim*, cuja irreverência e deboche não têm propriamente a ver com a pornochanchada, mas reforçam a idéia de buscar uma saída pelo grotesco.

O que tínhamos no final dos anos 60, uma produção diversificada, desapareceu com o aperto da Censura. Ao mesmo tempo em que se preparava a transição do Instituto Nacional de Cinema para a Embrafilme, a Censura desorganizava o cinema (mais exatamente: desorganizava o país), prendendo, cortando ou criando dificuldades para a liberação de filmes. Pensemos num filme realizado entre dezembro de 1968, entre o ato institucional número 5, e dezembro de 1970, quando surgiram as primeiras pornochanchadas: *Macunaíma, Como era gostoso o meu francês, São Bernardo, Brasil ano 2000, Os herdeiros, O dragão da maldade contra o santo guerreiro, A vida provisória, O bravo guerreiro, O país de São Saruê, Matou a família e foi ao cinema, Jardim de guerra, Manhã cinzenta, A mulher de todos, Navalha na carne*. Qualquer um. Todos tiveram problemas com a Censura. E ao mesmo tempo mais que todos e menos que todos, as pornochanchadas tiveram problemas com a Censura. Mais que todos: a Censura proibiu títulos, cortou o som, cortou cenas. Menos que todos: as mutilações impostas se revelaram ineficientes para coibir o que em si já se apresentava como expressão mutilada. Na desordem imposta pela Censura só a desordem e o vazio de idéias se moviam à vontade.

Esta desorganização, repressão, censura, vazio, se revela por uma imagem na aparência contraditória: a produção sobe quantitativamente depois da maior grosseria da Censura: 25 filmes brasileiros foram exibidos em 1967; 51 em 1968; 44 em 1969 – de acordo com dados divulgados pelo Instituto Nacional do Cinema, em 1974, e pela Embrafilme, em 1975.[7] De acordo com estas mesmas fontes: em 1970, foram distribuídos comercialmente 74 novos filmes brasileiros; em 1971, foram 76 novos títulos; em 1972, ligeira queda, 68 filmes foram distribuídos; em 1973, a queda se acentua, 57 filmes; mas logo novo crescimento: 74 títulos chegam aos cinemas em 1974 e no ano seguinte, 79 – já então a metade dos títulos brasileiros exibidos comercialmente eram pornochanchadas. Algumas delas com os sinais mais evidentes das chanchadas pornôs – comédias, produções divididas em episódios – outras com a grosseria semi-encoberta pelo disfarce de drama, aventura policial, comédia de costumes.

Foram 31 em 1974, num total de 74 lançamentos (entre elas: *A virgem e o machão*, de José Mojica Marins, *Gata devassa*, de Raffaele Rossi, e *Oh! Que delícia de patrão*, de Alberto Pieralisi).

Foram 38 em 1975, num total de 79 títulos (entre elas: *Com as calças na mão*, de Carlo Mossy, *Onanias, o poderoso machão*, de Geraldo Miranda e Elio Vieira de Araújo, *O incrível seguro de castidade*, de Roberto Mauro).

Foram 41 em 1976, num total de 84 títulos exibidos (entre elas: *As mulheres que dão certo*, de Adnor Pitanga e Lenine Ottoni, *O dia das profissionais*, de Rajá de Aragão, *O sexo das bonecas*, de Carlos Imperial, *Quem é o pai da criança*, de Ody Fraga).

Em 1978, ao lado das bolas pretas de *Laranja mecânica*, entre os 88 títulos brasileiros exibidos comercialmente, encontravam-se ainda 41 pornochanchadas, entre elas uma com um título que funcionava como uma despedida: *Assim era a pornochanchada*, de Vitor di Mello e Claudio MacDowell. O título retomava o de uma antologia das chanchadas de carnaval da Atlântida Cinematográfica lançada em outubro de 1975, *Assim era a Atlântida*, de Carlos Manga, que por sua vez retomava a idéia da antologia de musicais de Hollywood feita por Jack Haley Jr. em 1974, *That's entertainment*, lançada no Brasil em dezembro deste mesmo ano com o título de *Era uma vez em Hollywood*. E deste modo, por uma série de coincidências, a cerimônia de despedida remete a um dos pontos de partida.

O que existiu no tempo da pornochanchada talvez possa mesmo se definir como um quadro de desordem e de vazio de filmes brasileiros provocados pela Censura – ainda que este vazio tenha se caracterizado por um aumento quantitativo da produção. Vazio de fato porque cinema nas chanchadas pornôs era uma questão relativa, embora pouco adiante realizadores de pornochanchadas se apresentassem como autores de um projeto de cinema nacional e popular que teria realizado o que "os filmes intelectualizados" não tinham conseguido: a conquista do mercado. Por exemplo, Pedro Carlos Rovai, produtor e diretor, entre outros, de *A viúva virgem* (1972), *Os mansos* (1973) e *Ainda agarro essa vizinha* (1974), definia a pornochanchada em janeiro de 1976 como uma retomada do cinema popular que fora esquecido "em favor da grandiloqüência, de filmes voltados para fora, os festivais, as revistas. Um cinema afastado do público. Este foi o pecado capital do cinema brasileiro na última década. Tão capital que deixou uma brecha para um cinema menor, a pornochanchada (...) assim se rotulou um tipo de cinema. A palavra adquiriu carga negativa. Em qualquer reunião de classe média, se falar em pornochanchada parece uma doença contagiosa. Tiram as criancinhas de perto da gente. A menina que estava te dando bola não dá mais, porque você dirige pornochanchada (...) O sucesso desses filmes se deve à repressão do sexo nas camadas populares, que vão ver esses filmes para se libertar. Isto se aplica a todo o cinema. Quem vive em conjugados de Copacabana ou em favela vai ao cinema para ver castelos".[8]

Noutros momentos as pornochanchadas, no jeito de filmar ou em depoimentos de seus diretores em jornais, faziam de conta que se aproximavam do projeto do *Udigrudi*, do Cinema Marginal: um cinema pobre, menor, do Terceiro Mundo. Um cinema *péssimo e livre*, de acordo com a expressão usada por Rogério Sganzerla para definir *O bandido da luz vermelha* (1969). Um cinema que se avacalha: "Quando a gente não pode fazer nada, a gente se avacalha. A gente se avacalha e se esculhamba". A pornochanchada radicalizou e embruteceu a fala do bandido de Sganzerla. Censura no poder? Sigamos a lição da Censura. Pornochanchada e Censura falavam a mesma língua, falavam no mesmo tom, e talvez por isso brigavam o tempo todo. Os desentendimentos foram muitos. Algumas pornochanchadas perderam trechos longos, outras chegaram aos cinemas sem cartaz e sem fotos (ou porque haviam sido proibidas ou porque se apresentar assim ajudava a sugerir uma intervenção da Censura). O espectador não ia ao cinema para ver um filme malfeito mas para ver a censura no malfeito do filme. Os cortes, as proibições, o que não podia se mostrar tinham força maior do que o que se mostrava.

Quando a ação da Censura já se revelava claramente ineficiente diante da pornochanchada, surgiu no poder a idéia da pressão absoluta, a cassação dos cineastas envolvidos com as chanchadas pornôs. No princípio de agosto de 1975 o deputado federal Ary Kffuri, da Arena do Paraná, em atendimento à reivindicação de uma União Cívica Feminina Paranaense, discursou no Congresso propondo a cassação dos direitos dos cineastas, assim como tinham sido cassados os direitos dos políticos subversivos. O deputado e a união feminina paranaense não foram os primeiros a protestar. Dois anos antes, junho de 1973, pouco antes da proibição dos dez filmes previamente liberados e em exibição comercial, o deputado Cantídio Sampaio, da Arena de São Paulo, e o deputado Braga Ramos, da

Arena do Paraná, apontavam o cinema como "o mais perigoso instrumento de desagregação, a pior de todas as poluições" porque "corrompe a alma de uma nação, a sua juventude". Citando movimentos de recuperação da juventude e movimentos em defesa de um mundo cristão, apontavam "a corrupção no cinema", parte de "um plano organizado para diluir a civilização cristã em seus valores essenciais". Alertavam que o Estado poderia ser tragado pela "avalanche de anarquia moral" existente nestes filmes, que são "um insulto em palavras, gestos, cenas indecorosas". Dois anos depois, Kffuri retomou os protestos atacando "fitas produzidas por cineastas nacionais que visam principalmente ao lucro e servem para deformar consciências, especialmente a da juventude"; denunciou que "vultosas verbas do Instituto Nacional de Cinema, destinadas à educação do povo e à elevação de seu padrão cultural", estavam sendo "empregadas para a deseducação do país"; e concluiu que, "assim como houve intervenção do poder no processo político", era preciso "cassar ao cinema nacional, por sua vez, o poder de corromper, carreando, depois, as reservas de que dispõe para ajudar na formação de uma juventude sadia com que o país possa contar para seu engrandecimento". Para o deputado, o cinema deveria ficar "sob o rigoroso controle dos objetivos educacionais" que o poder tinha "para a juventude em particular e para o povo em geral". Kffury elogiou a União Cívica Paranaense "pela inigualável felicidade da campanha proposta a fim de transformar o cinema numa agência positiva de educação, segundo os moldes que interessam à pátria."[9] Meses mais tarde, na já citada entrevista de Pedro Carlos Rovai, a pornochanchada reagia: "E chanchada é só no cinema? Nunca vi falarem da chanchada da arquitetura, da política, da economia, dos pronunciamentos oficiais, da devastação florestal, das festas dos grã-finos. Essa chanchada ninguém vê. A chanchada cinematográfica virou bode expiatório para as pessoas integradas no sistema. Se acabar com a pornochanchada, o Brasil vai ficar mais digno? Mais independente?"[10]

Os desentendimentos foram muitos mas serviram só para reforçar cada uma das partes em briga. A Censura não conseguia censurar o que já tinha nascido censurado. Não se sabia como vigiar e punir quem tinha se colocado à margem sem deixar o centro do sistema e que por isso podia seguir indiferente às pressões e ameaças da autoridade. No íntimo a Censura gostava da pornochanchada, precisava dela como estímulo para desenvolver novas medidas restritivas e para dizer a si mesma que era necessário proibir, cortar, esconder, calar, usar a força bruta para civilizar. E a pornochanchada, por sua vez, precisava da Censura como modelo e justificativa para continuar repetindo que a conversa cortada, escondida, calada, que a grosseria, enfim, era a mais fina representação do poder. Xingavam-se, mas os xingamentos soavam como um discurso amoroso de amantes pouco convencionais. Xingavam-se porque a existência de uma expunha a impotência do autoritarismo da outra, a incapacidade de uma delas se impor sobre a outra. A violência do poder se mascarava de bons modos. A da pornochanchada dispensava a aparente polidez, ia direto ao assunto. Do ponto de vista da

Censura, a pornochanchada na tela representava uma outra ditadura relativa no poder. No cinema, durante a projeção, o espectador, qualquer pessoa, podia se sentir tão arbitrário, estúpido e sem critérios quanto um censor. Do ponto de vista da pornochanchada, a Censura representava uma imitação malfeita da avacalhação e esculhambação que ela fazia na tela com tanto (seria esta a expressão adequada?) esmero. Xingavam-se, precisavam-se. Como irmãs siamesas, uma não poderia sobreviver sem a outra.

Voltemos à propaganda de cigarro no começo da sessão de *Laranja mecânica* porque, invenção da Censura, a pornochanchada é invenção que só se fez porque instrumentalizada pela propaganda.

A frase que conclui a imagem do fumante cercado de mulheres – "riqueza é como mulher, só não se preocupa quem já tem o bastante" – é uma idiotice encaixável em qualquer das nossas pornochanchadas. O homem olha para a câmera, desinteressado nas mulheres em volta. Olha como se quisesse só ostentar o que tem de sobra. Seu olhar é de zombaria e menosprezo. As mulheres, com sorrisos e gestos em câmera lenta, também se exibem mais para o espectador que para o fumante ao lado delas. Nenhuma diferença entre o que se vê aqui e o que se vê numa das "mensagens de interesse educativo" da Censura. Numa pornochanchada o movimento teria sido irregular e trêmulo, a dicção do locutor afetada, o machão com o cigarro e as mulheres oferecidas teriam expressões debochadas; em lugar do dourado e das linhas sóbrias, teríamos muito provavelmente um contraste desagradável; em lugar de referências a Nova York e ao luxo da Park Avenue, teríamos uma ruela suja de uma cidade não identificada. Tais diferenças são superficiais porque tanto a propaganda de bons modos como a chanchada grosseira usam o sexo para representar a conquista do poder: mais poderosos são os homens que conseguem o maior número possível de mulheres, ou as mulheres que depois de muitos homens, já experimentadas, se instalam numa espécie de palácio de governo para controlar e educar jovens de ambos os sexos para os maus costumes: censurar, autocensurar, agredir os outros, agredir a si mesmo. A propaganda vende não propriamente o produto que anuncia, o cigarro, mas um modo de se comportar em que o cigarro possa se inserir. A propaganda de cigarro e a pornochanchada não vendem o sexo nem vendem por meio do sexo mas por meio do embrutecimento do sexo, da repressão do sexo, de sua substituição pelo cigarro ou por uma fantasia impotente e sadomasoquista. O que está em jogo é uma relação agressiva, onde um dos parceiros deve obrigatoriamente comer o outro, onde um dos parceiros deve derrotar sexualmente o outro. O fato de a propaganda de cigarro ter sido aceita como natural, bem-educada e simples, e a repetição destes mesmos ideais numa pornochanchada ter sido reprovada por grosseira e intolerável é especialmente significativo para a compreensão do ponto comum entre os diferentes e aparentemente antagônicos dialetos cinematográficos falados pela parcela da sociedade que naquele momento ia ao cinema.

Piscina, sol, seis mulheres para um homem só, um maço de cigarros como um edifício no meio de uma avenida, eis a grosseria comportada da propaganda. Logo depois, a contrapropaganda berrava deselegante e debochada as mesmas coisas, desmontando as boas aparências e revelando a grosseria sem retoques. A Censura atacava na pornochanchada não o que ela estava dizendo, mas o maldizer, a gíria, o dialeto. Para o governo militar, que via as pessoas comuns como incultas e broncas, a forma mal-acabada da pornochanchada equivalia a um desmonte dos privilégios das elites militares e econômicas que impunham: a grosseria deve ser civilizada. O espectador defendia na pornochanchada principalmente a grosseria da composição que parecia um revide à brutalidade civilizada que batia nele a todo instante com o apelo para consumir mais e para participar da riqueza do país – que não estava, como nunca esteve, ao alcance das pessoas comuns. O tom debochado da pornochanchada devolvia às claras a sensação imprecisa que tomava conta do espectador depois da propaganda do cigarro: a sensação de que do alto do edifício dourado da Park Avenue, da borda da piscina, estavam debochando dele.

Percebida pelo que é de modo mais evidente – uma linguagem inventada pela Censura e instrumentalizada pela propaganda –, a pornochanchada pode então ser vista também como uma desarticulada oposição. Consentida, estimulada, aceita pelo poder, porque inócua. Porque embora oposição defendia visão do mundo igual à da situação, bem assim como o governo militar desejava que a oposição se comportasse.

Atividade política legal, regular, no tempo em que a pornochanchada viveu, praticamente não existia. Depois das cassações de direitos políticos, do fechamento do Congresso e da extinção dos partidos pelos atos institucionais, a propaganda passou a substituir o debate político – não exatamente como hoje, preparando a imagem dos candidatos nos períodos de eleições (que então não se realizavam), ou cantando os governantes para estimular índices de aprovação favoráveis e preparar a reeleição. Não exatamente como hoje (quando governar é antes de mais nada contratar ou montar uma agência de publicidade), a propaganda, então, tinha substituído o debate: ela censurava a conversa política com palavras de ordem, apelos de consumo, lições de (assim se chamava então) moral e civismo. Os partidos políticos eram uma espécie de concessão do governo, que impunha regras bem definidas para a existência de diferentes opiniões. Em lugar de um verdadeiro debate, notas cifradas nos meios de comunicação e pronunciamentos oficiais formulados por meio de filmetes colados nos cinejornais e repetidos umas tantas vezes por dia na televisão. Neles, num dialeto bem parecido com aquele usado na propaganda do cigarro, o governo falava só de progresso e boa ordem. É neste contexto que a desordem da pornochanchada aparece como uma forma de oposição consentida. O filmete colado no cinejornal nesta mesma sessão de lançamento de *Laranja mecânica*, por exemplo, em que quatro bonecos coloridos sobrevoam o país numa gaivota de papel cantando a alegria de ser brasileiro e a unidade nacional. As boas maneiras (das pessoas filmadas e da câmera de filmar) são o que a pornochanchada procurava desmontar, mesmo sem saber exatamente o que estava fazendo. A cada minuto de fala oficial colada no começo da sessão correspondia hora e meia de violento e debochado desmentido: a má educação, o individualismo, o total descompromisso com o trabalho e o país, a desordem, enfim, era o que podia garantir vida boa. Menos que uma resposta, um gesto bruto entre o esforço de sobrevivência e uma esperteza para tentar levar vantagem na desordem reinante. Uma reação que não resulta das contradições específicas do cinema. Nem na produção brasileira anterior a 1969, nem na produção estrangeira distribuída em nosso mercado (nem mesmo nas chanchadas italianas, que até certo ponto serviram de modelo de produção) podem ser encontrados sinais anunciadores do tom sujo e mal-acabado das pornochanchadas. Elas surgiram do nada criado pela Censura, do vazio que se produziu com a proibição da expressão. Surgiu do arremedo de expressão que a Censura criou para ocultar o vazio: os "assuntos de interesse educativo".

Março de 1969, outubro de 1969, janeiro de 1970. O registro de nascimento da pornochanchada pode se localizar neste período, entre o decreto-lei 483, de 3 de março de 1969, que tornou obrigatória a exibição de propaganda do governo em cinema e na televisão, a emenda constitucional número 1, de 17 de outubro de 1969, que alterou a redação do parágrafo oitavo do artigo 153 do Capítulo Segundo da Constituição de 1967 (sobre a competência da União para promover a censura de diversões públicas), e o decreto-lei 1077 de 26 de janeiro de 1970, que estabeleceu a censura prévia à imprensa.

Em 3 de março de 1969, "no uso das atribuições que lhe confere o parágrafo primeiro do artigo segundo do Ato Institucional número 5", o presidente da República, marechal Arthur da Costa e Silva, baixou o decreto-lei número 483, que tornava "obrigatória a inserção de assunto classificado de interesse educativo com duração de pelo menos dois minutos no início dos jornais de atualidades cinematográficas". Estes dois minutos deveriam ser "produzidos ou adquiridos pelo Instituto Nacional de Cinema, cabendo à Assessoria Especial de Relações Públicas da Presidência da República fazer a indicação dos assuntos", diz o decreto-lei e seu artigo segundo. O parágrafo único deste mesmo artigo esclarece que os filmetes seriam distribuídos "através do Serviço de Censura de Diversões Públicas do Departamento de Polícia Federal, em cópias positivas e sonoras, sem ônus para os produtores dos jornais de atualidades cinematográficas". O artigo quinto do decreto-lei 483 prevê ainda a produção de filmes de curta-metragem considerados "de utilidade pública", igualmente realizados ou adquiridos pela Assessoria Especial de Relações Públicas da Presidência da República, e com projeção obrigatória "em todos os cinemas existentes no território nacional". No final de 1969 começaram a circular os primeiros filmetes, um por semana, colados depois dos letreiros, dentro dos cinejornais, como se fizessem parte do noticiário, e apresentados cinco ou seis vezes por dia, em diferentes horários, em todas as emissoras de televisão. Inaugurava-se um estilo de comunicação que se manteve inalterado durante mais ou menos dez anos, do governo do general Costa e Silva ao final do governo do general João Batista de Figueiredo, quando deixaram de ser distribuídos com regularidade.

Os "assuntos classificados de interesse educativo" eram, em geral, conjuntos de imagens mais ou menos independentes entre si. Planos curtos, de colorido suave, com freqüentes e delicados movimentos de zoom. Mais importante o modo de filmar do que a coisa filmada. As imagens eram agrupadas em torno de um tema musical para ilustrar um conceito enunciado no trecho final por uma voz masculina – dicção pausada e paternal. Veiculavam um (aparentemente) ingênuo apelo nacionalista. Vendiam a idéia de um país mágico, de uma terra sem males, de um país para ser adorado e consumido como um cigarro, como um refrigerante, como uma bebida alcoólica, como um automóvel de luxo – consumo relativo, à distância, através de uma televisão a cores. Uma televisão a cores de controle remoto: o país lá, numa caixa, as pessoas olhando de fora, espectadores. A narração concluía os conjuntos de imagens com apelos como "todos juntos, pra frente, Brasil"; ou "Brasil, ame-o ou deixe-o"; ou "um país se faz com o esforço e o trabalho de todos"; ou "Ninguém segura esse país".[11]

Foram feitos também filmetes para comemorar o Natal, a primavera, o começo do ano letivo, o Dia da Bandeira, o Dia das Mães, o Dia da Criança, o Dia do Soldado ("soldado é o povo armado"), a Semana da Pátria ("meu Brasil, eu gosto de você") e para dar conselhos de higiene e de boas maneiras. Para demonstrar aos motoristas a necessidade de reduzir a velocidade nas estradas, para ensinar a manter a cidade limpa ("povo civilizado é povo limpo"), para reafirmar a necessidade de obedecer aos mais velhos ("cuide bem de seus velhos, eles merecem") e sobretudo para afirmar a necessidade de zelar pelo país ("o bem-estar da coletividade depende do trabalho e da participação de todos"). Em alguns casos a voz mansa do locutor era substituída por um coro que cantava em versos as ordens do dia: "Cantemos a uma só voz, o Brasil é feito por nós"; ou "Este é um país que vai pra frente" (verso seguido de um meio-miado meio-latido que se repetia cinco vezes, "uou, uou, uou, uou, uou"); ou, ainda, "Quero cantar ao mundo inteiro a alegria de ser brasileiro". Em alguns casos, nem a voz mansa nem versos. Só música, como no filmete que comemorou a Semana da Pátria de 1979, onde um marceneiro, um músico, um lavrador, um pedreiro, um vendedor de bilhetes de loteria, um professor, um soldado e um carpinteiro, todos apresentados com letreiros indicando nomes e profissões, se reuniam com seus instrumentos musicais para tocar o Hino da Independência.

Nenhuma informação direta. Só uma propaganda relativa do governo. Os "assuntos de interesse educativo" procuravam criar uma atmosfera favorável ao poder, que aparecia não como uma organização política, representante de determinada parcela da sociedade, mas como uma espécie de zelador da civilidade e da nacionalidade. Para criar esta atmosfera algumas campanhas foram feitas com desenhos animados. Para mostrar, por exemplo, que limpeza leva ao desenvolvimento inventou-se um boneco todo o tempo cercado de moscas, qual uma lata de lixo, o Sugismundo. E com ele, toda uma família de gente suja: a mulher, Dona Sugismunda, o filho, o Sugismundinho, e mais um sugicachorro. Para "ensinar" as pessoas a consumir menos energia foi igualmente criado um boneco, Gastãozinho, um garoto que ao chegar em casa abria todas as bicas, acendia todas as lâmpadas e ligava todos os aparelhos elétricos, até provocar uma pane de energia, e seu oposto, o Prevenildo. Imagens vivas ou desenhos animados, uma frase breve e conclusiva lida em tom manso, uma canção animada cantada em coro como uma marcha de carnaval ou um hino solene – estas variantes são pouco significativas. O que realmente importa está presente em todas elas: as ordens são passadas com bons modos. Com muito bons modos. Mau comportamento era coisa da deseducada pornochanchada. Maus modos, a sério, só nos cárceres e salas de interrogatórios e torturas dos muitos serviços e operações de repressão do governo. No cinema, na televisão, o governo era mansidão e bons costumes. O lema, a frase ou a canção podem até ser diretos, imperativos, mas a leitura é feita como se não existisse ordem alguma, nenhum comando, como se a voz ali fosse a voz do bom senso. O locutor lê de mansinho, a câmera filma de mansinho, as imagens são ordenadas de mansinho. Nem contrastes fortes no tom da fotografia, nem cortes bruscos na ligação de um plano com o outro, nem ruídos fortes na faixa sonora. Luz de fim de tarde, melodia soando ao longe – um choro, um trecho instrumental de uma canção popular, uma frase lenta de um autor barroco, um *andante* romântico para comemorar uma data nacional. A imagem e o som suaves ficavam ainda mais suaves com a entrada da voz do explicador. A explicação – muitas vezes repetida, de que o país era o maior do mundo e nele reinava a calma – já tinha sido traduzida no modo de compor o filmete.

No lançamento da pornochanchada *O estranho vício do Dr. Cornélio*, de Alberto Pieralisi, no Rio de Janeiro, em fevereiro de 1976, o cinejornal *Notícias da Semana 76/06*, produção de Luiz Severiano Ribeiro, trazia um "assunto de interesse educativo" para incentivar o turismo interno. Para ilustrar a explicação final – "Procure conhecer as belezas típicas e naturais de cada região do Brasil" – no pouco mais do minuto de duração do filmete existem 32 diferentes planos, e em quase todos eles a câmera se movimenta: a floresta amazônica filmada de um avião; um mergulho de zoom numa cachoeira; um pôr-do-sol visto de um barco num rio; um movimento circular em volta de uma árvore; um saveiro com pescadores no meio do mar agitado; vaqueiros conduzindo o gado; outro pôr-do-sol; novas imagens de florestas; montanhas em silhueta contra o céu azul; de novo o mar; de novo um rio, agora com gente ao longe na outra margem; a rua agitada de uma cidade. Não há tempo para ver as imagens. Elas batem rápido, uma, duas, três, quatro, seguidas vezes. O espectador vê apenas uma intensa excitação visual. Não vê os vaqueiros que levam o gado. Nem o gado. Não vê os pescadores. Não vê o saveiro, não vê o mar, nem o rio, nem a floresta. O pedaço de realidade registrado nestas imagens é como que censurado. Serve só como projeção do delírio/fantasia/alucinação do narrador/censor. Paisagens e pessoas registradas em fotografias em movimento servem só como estímulos abstratos para que a censura, o que não deixa ver, permaneça dando cambalhotas diante dos olhos para assim melhor esconder as pessoas e as paisagens.

[Convém esclarecer: cinema é a projeção sobre o real de uma imagem inventada pelo realizador por meio do registro de fragmentos de aspectos do real para compor uma reflexão (e não um reflexo) da realidade. Não convém imaginar que a câmera é uma registradora ingênua, objetiva e pura da realidade, nem que a função do filme seja a de espelhar ou reconstituir o mundo tal como ele é. Real, realizador, realidade: o cinema é uma realidade/outra, parte da fotografia em movimento de um pedaço do mundo real, e este pedaço, na tela, antes de ser reconhecido pelo espectador como parte de um filme, é reconhecido como um todo à parte, é apanhado como se fosse o próprio real. Mas este pedaço só ganha seu verdadeiro significado quando passa a ser percebido como parte de uma construção cinematográfica. Parte de uma construção que necessita dele para se fazer tanto quanto ele necessita dela para ganhar existência plena. Qualquer que seja o pedaço, para deixar de ser simples reprodução, para deixar de ser apenas um reflexo limitado do mundo exterior apanhado ao acaso, para passar a ser uma expressão, reflexão, livre invenção do realizador, todo pedaço precisa de uma estrutura que o ordene e que por sua vez depende dele para se ordenar. Todo filme é a projeção de um ponto de vista, e não um inventário da realidade imediatamente visível, da aparência primeira de pessoas, paisagens e coisas. No cinema, o mundo tal como ele é serve principalmente para que o realizador projete o mundo tal como ele o percebe, analisa e sonha. O cinema devolve ao mundo uma visão, assombração, imaginação, a imagem do que ele poderia ou deveria ser, ou do que ele efetivamente é por trás das aparências. Uma imagem, uma imaginação que assim transformada em objeto concreto ou virtual, mas de qualquer forma visível como coisa viva de verdade, passa a fazer parte da realidade exterior de onde saiu, e deste modo a interferir, modificar, subverter a realidade – já diversa, já outra desde o aparecimento deste seu novo componente vivo e atuante. O problema do filmete tomado como exemplo acima não está, portanto, no mecanismo de construção utilizado, pois este, conscientemente ou não, se serve de soluções práticas nascidas do trabalho com câmeras, filmes, gravadores, mesas de montagem e de edição de som para pensar em imagens. O problema não está no mecanismo mas no imaginário deformado que se serviu dele não para criar uma reflexão e nem mesmo para produzir um simples reflexo da realidade exterior, mas para cobrir, ocultar, proibir, censurar o mundo visível.]

Há uma evidente estupidez e grosseria no olhar que descobre um vaqueiro vestido de couro, cercado de poeira e conduzindo o gado e não vê nele uma pessoa, mas só uma sombra colorida para cantar a ordem do dia. Estupidez no olhar que descobre o pescador no saveiro e não vê o homem que pesca, mas um colorido para festejar a nacionalidade. É preciso imaginar a realidade como algo abstrato feito só para servir em termos absolutos e dóceis ao poder. Há uma evidente grosseria (disfarçada de gesto bem-educado) nesta ilusão de ótica que se serve de uma imagem, de uma coisa visível e aberta, para cobrir toda e qualquer outra possível imagem que se interesse pelas pessoas e paisagens que vê. O estúpido deste ponto de vista que não se orienta por uma perspectiva humana pode escapar num primeiro instante ao espectador acostumado a identificar a censura com algo escuro, uma venda, um corte, uma bola preta, uma falta de luz. Neste filmete que – inocentemente? – nos convida a conhecer as belezas típicas e naturais do país a Censura se mostra como superfície polida que, parece, ilumina, monta, revela. A compreensão de que mostrar aqui é um modo de censurar se faz mais claro adiante, neste mesmo programa, por contraste, quando a "mensagem de interesse educativo" do governo se confronta com a "mensagem de interesse deseducativo" da pornochanchada. *O estranho vício do Dr. Cornélio*, por exemplo, conta a história de uma mulher que se casa com um homem muito mais velho esperando livrar-se dele na lua-de-mel, envenenando-o com ostras, para em seguida fugir com o namorado. Conta esta história com maus modos e xingamentos berrados em silêncio (as falas foram apagadas da faixa sonora). A estupidez do sistema aparecia então sem retoques. A imagem do personagem falando, mas muda, sem som, só com o movimento labial, o palavrão censurado, desempenha função idêntica à da movimentada propaganda do governo: elas se mostram aos olhos do espectador como censura, como proibição de ver – pessoas e paisagens, na "mensagem educativa"; palavrão sem som, na "mensagem deseducativa". São diferentes, bem diferentes entre si, mas estruturalmente iguais. A segunda fingindo ser a negação absoluta da primeira mas traduzindo o que ela costumava dizer em linguagem direta e chula. A primeira se fazendo de inimiga da segunda mas consciente de que ambas agiam igualmente empenhadas em impedir a visão de agir assim como ela age, livre e transformadora, aberta para todos os lados. Convém repetir: os desentendimentos entre a chanchada e a Censura, embora freqüentes, foram circunstanciais e as agressões recíprocas, inoperantes. A censura não foi criada pelo governo militar para combater a pornochanchada, que só veio a existir depois dela, nem a pornochanchada se fez como oposição à censura do governo militar. A existência de uma tornou possível a existência da outra.

Foi mais ou menos em junho de 1966, na época em que o marechal Costa e Silva foi indicado para ocupar o lugar do marechal Castelo Branco, que surgiu a idéia de uma Assessoria de Relações Públicas ligada à Presidência da República. Antes da posse de Costa e Silva formou-se um Grupo de Trabalho de Relações Públicas. Este grupo, preocupado com "toda a falta de sintonia entre o governo e o povo", e preocupado com "o anedotário que começava a surgir em torno do futuro governante, tomou para si a tarefa de cooperar na informação e no esclarecimento da opinião pública, e de formar uma imagem positiva do marechal". Em entrevista a *O Estado de S. Paulo*, publicada em 16 de outubro de 1977, o coronel José Maria de Toledo Camargo (em 1966 um dos integrantes do grupo de trabalho e naquele momento chefe da Assessoria de Relações Públicas do governo do general Ernesto Geisel) conta que uma das primeiras decisões do grupo formado em torno da indicação do marechal Costa e Silva foi a de manter sigilo absoluto. Sigilo, "de modo a dar caráter de espontaneidade ao que fosse feito. Se não, não se conseguiria criar imagens pois tudo ruiria sob a impressão de artificialismo. O grupo não deveria permitir o conhecimento de sua própria existência. Para todos os efeitos, deveriam ser reuniões informais de uns poucos amigos". Os objetivos principais do grupo eram "ativar emocionalmente à grande massa. Criar um símbolo. Fazer nascer a crença, o otimismo e a esperança" e também acentuar a imagem do presidente "no que ela tem de calor humano e simpatia". E, finalmente, o grupo deveria planejar sua transformação num Serviço Nacional de Relações Públicas. O que se criou, de fato, foi uma assessoria. A Assessoria Especial de Relações Públicas da Presidência da República. E sua criação durante o governo do marechal Costa e Silva, esclarece o coronel Camargo na entrevista a *O Estado de S. Paulo*, "está intimamente ligada ao clima de agitação que o país vivia nos idos de 1967 e 68. Havia uma clara movimentação contra o governo, a que se precisava reagir. Definiu-se então uma orientação para esclarecer aquela massa passeante sobre os objetivos do governo". A orientação era passar uma "educação informal, tratar de temas como a higiene, a saúde e técnicas de trabalho com o objetivo de melhorar as condições de vida, e com isso a força de trabalho". Tratava-se de fortalecer "o caráter nacional de amor ao trabalho e de patriotismo", de estimular e "manter a boa vontade e a esperança da massa".[12]

O que começou a ser pensado em junho de 1966 passou a existir com o decreto-lei 483, de 3 de março de 1969, e especialmente com a emenda constitucional de 17 de outubro de 1969, que deu aparência legal ao estabelecimento de censura prévia a jornais, revistas e livros, que, em resumo, colocava a Censura no poder. O Estado passava a funcionar como um complexo sistema de censura que não se limitava ao serviço especializado em proibir, cortar, truncar – filmes e tudo o mais: censurava-se a vida nacional como um todo. O Estado pensava-se como censura e afirmava (as palavras são de Coriolano de Loyola Cabral Fagundes, "técnico de censura do Departamento de Polícia Federal" com "diploma de censor federal pela Academia Nacional de Polícia") que, "contrariamente ao pensamento corrente", a censura não tem "como seu *habitat* natural os países em fase de desenvolvimento, politicamente imaturos". Ela é "filha da democracia e não da ditadura"[13] e tem como "escopo organizar e orientar o povo, disciplinando suas relações entre si e com o Estado", além de "proporcionar ao indivíduo o máximo de liberdade possível, para que este possa exercer o direito inalienável de escolher a sua diversão e sua cultura, mas, e sobretudo, deve também vigiar essa liberdade, sempre que a conduta do indivíduo seja perniciosa a outrem ou à sociedade".[14] Foi exatamente no momento em que uma extensa campanha de relações públicas começou a martelar na cabeça das pessoas a necessidade de trabalhar com boa vontade, esperança e patriotismo que surgiu a pornochanchada, para gritar debochadamente que se dá bem quem não trabalha e consegue tirar vantagem em tudo, quem em lugar de boa educação tem maus modos e fala grosso. A censura cortava o som: não adiantava, a grosseria continuava na imagem. A censura cortava a imagem: não adiantava, a grosseria continuava na estrutura, no modo de olhar toda e qualquer coisa. Censura e pornochanchada tinham em comum um comportamento debochado. Assim, por exemplo, em abril de 1969, um mês depois do decreto-lei 483, um comunicado oficial do governo anunciava que Antônio Romero Lago, chefe do Serviço de Censura de Diversões Públicas do Departamento de Polícia Federal desde o início do governo do general Costa e Silva, fora afastado do serviço público. Antônio Romero Lago chamava-se na realidade Hermenegildo Ramirez de Godoy e era foragido da Justiça do Rio Grande do Sul.[15]

Passando da teoria à prática, alguns filmes.

A certa altura de *A ilha das cangaceiras virgens* (1976), de Roberto Mauro, temos uma briga entre um grupo de cangaceiras e o chefe do bando, o capitão Ferreirão. Para filmar os tapas e arranhões das mulheres no capitão a câmera está a meia altura e a uma certa distância, por trás de uma personagem que não briga e fica torcendo pela vitória das amigas. Na imagem destaca-se a mulher que não entra na briga. Ela gesticula muito e, nervosa, pula a todo instante agitando a minissaia. Como a câmera vê a cena de baixo, o que aparece em primeiro plano é a calcinha da mulher. A briga está longe e fora de foco (como a mulher na cena de *Laranja mecânica* em que Alex invade a casa do escritor). Em primeiro plano, a calcinha (tal como no filme de Kubrick estava a máscara de Alex, que deixara a mulher nua no fundo da cena para surrar o escritor). O que realmente importa é a calcinha: a cangaceira que não entrou na briga fica a um palmo do nariz do espectador, ajeitando a calcinha apertada. A briga, longe, ninguém vê – os personagens que se arranham e se empurram estão pequeninos no quadro. Grande mesmo, em destaque, está a bunda da mulher por baixo da minissaia. Noutra cena deste mesmo filme três mulheres prendem uma tabuleta na porta de um hotel. Uma sobe a escada, as outras duas ficam embaixo. No chão também fica a câmera, ao pé da escada. Pregar a tabuleta lá em cima dura pouco tempo, a cena propriamente dita é a descida da escada. O que o espectador vê não é a tabuleta com o nome do hotel que ficou lá em cima, mas sim a bunda imensa, deformada pela angulação da câmera.

Na prática a pornochanchada se mostrava assim. O gesto que o personagem faz dentro do quadro pode ser simples, nada grosseiro em si. Não importa. A grosseria está no olhar. A câmera ensina o espectador a ver o mundo de um ponto de vista escrachado – para usar uma expressão típica da época da pornochanchada. Um escracho. As pessoas iam ao cinema para participar de um ritual de grosseria, espécie de missa oficiada por um conjunto de celebrantes fixos e bem definidos: o machão, a virgem, o homossexual, a prostituta, o velho impotente, a velha cafetina. Às vezes eles apareciam fantasiados de patrões e empregadas domésticas, de burocratas e secretárias, de filho da patroa e de mulatas, de cabeleireiros ou costureiros e de madames, ou mesmo de cangaceiros e cangaceiras. Mas são sempre os mesmos tipos.

E o que fazem em cena estes heróis e anti-heróis?

Num episódio de *Os mansos* (1973) – *A b... de ouro*, de Pedro Carlos Rovai – o herói sonha que uma bunda entra voando pela janela do seu quarto, batendo asas como uma borboleta enquanto ele tenta inutilmente apanhá-la. No dia seguinte, no trabalho, reconhece seu sonho na mulher do patrão, que não se interessa pela mulher e só pensa em ganhar mais dinheiro com as ações na Bolsa de Valores.

Num episódio de *Cada um dá o que tem* (1975) – *O despejo*, de Adriano Stuart – um casal de namorados é atacado por quatro assaltantes no instante em que o rapaz tentava convencer a moça a fazer sexo com ele dentro do carro. Os assaltantes decidem violentar não a moça, mas o rapaz – que na cena seguinte aparece com gestos femininos, plumas na cabeça, véu sobre os ombros e o rosto pintado com maquiagem semelhante à usada por Ney Matogrosso no conjunto Secos e Molhados.

Num episódio de *Como era boa nossa empregada* (1973), de Vitor di Mello e Ismar Porto – *Lula e a copeira* –, o herói, um estudante aparentemente esforçado e desinteressado em coisas de sexo, monta um sofisticado sistema de lunetas, periscópios e binóculos para poder ver de seu quarto, de sua mesa de estudos, mulheres nuas nos apartamentos vizinhos ou a empregada nua no chuveiro.

Em *A virgem e o machão* (1974), que José Mojica Marins assinou com o pseudônimo de J. Avelar, o herói fica sentado diante de um aparelho de televisão que transmite o que se passa no quarto em que o machão se encontra com a virgem. De olho na televisão, o herói agarra e agita o rabo do gato no seu colo como se estivesse se masturbando.

Em *O homem da cabeça de ouro* (1976), de Alberto Pieralisi, o herói, depois de tentar sem sucesso conquistar a garota, vai para o quarto sozinho, com batom, pó-de-arroz, perfume, revistas pornográficas e uma calcinha de mulher. Espalha tudo pela cama, escolhe a melhor página da revista e se masturba.

Em *A banana mecânica* (1974), de Braz Chediak, o herói, Doutor Ferrão, senta-se à beira da piscina de um hotel para um encontro com o rival: esperam passar as mulheres para conferir a contabilidade, ver quem esteve com maior número de mulheres. Ou então o Dr. Ferrão passeia pela praia seguido por um bando de mulheres. Na faixa sonora, no lugar do ruído da praia, um barulhento cacarejar de galinhas.

Mas, para evitar possíveis mal-entendidos com a redução das cenas a suas linhas mais evidentes nos resumos acima: a pornochanchada sugeria mais do que mostrava ou dizia. O sonho do herói de *A b... de ouro* não aparece na tela. O que Lula de *Como era boa a nossa empregada* espia através de suas lunetas e periscópios, também não. Nem a televisão do herói de *A virgem e o machão* mostra o que se passa no quarto. Nada realmente se vê, nada realmente se ouve. As ações são contadas pelos personagens. Contadas, mas não mostradas pela câmera. Ou porque a incapacidade de narrar corretamente deslocava para os diálogos informações sem as quais a imagem perde o sentido, ou porque a Censura não permitia que estas ações fossem mostradas em imagens, ou ainda porque o jeito de falar, a modulação da voz, a pontuação da frase, passava uma grosseria bem maior que a que poderia ser conseguida com a direta visão da cena. O que importava não era ver, mas ocultar para deformar.

Em *Ainda agarro esta vizinha* (1974), de Pedro Carlos Rovai, o conquistador observa da janela de seu apartamento a futura conquista no andar de baixo. Ele come um omelete. Ela tem um sorvete na mão. O que ele diz para ela – "Vamos trocar? Eu te dou os meus ovos e você me deixa chupar o seu sorvete" – ganha outro significado graças à dicção debochada. Em *As moças daquela hora...* (1974), de Paulo Porto, o homossexual aconselha a mocinha virgem que vai visitar o namorado no circo a ter cuidado com a tromba do elefante. Em *Café na cama* (1973), de Alberto Pieralisi, o machão convida a mocinha virgem para ir ver o seu pintinho de cabeça vermelha (e mais tarde aparece mesmo um pinto com a cabeça e o bico pintados de vermelho). Em *Luz, cama, ação!* (1976), de Cláudio MacDowell, a virgem reclama que embora convidada para uma pescaria ainda não conseguira ver a vara de pescar. Em *Um varão entre as mulheres* (1975), de Vitor di Mello, um tímido vendedor de livros conquista a freguesa solteirona ao lhe oferecer um livro sobre Picasso. Em *Bacalhau* (1976), de Adriano Stuart, a mulher que todos imaginavam já devorada pelo peixe volta satisfeita nadando para praia e conta sorridente: "O bacalhau me comeu", o que leva o costureiro homossexual a se atirar n'água gritando: "Também quero bacalhau". Em *Secas e molhadas* (1975), de Mozael Silveira, o herói vai à cozinha, coloca dois ovos na frigideira e pergunta para a mulher onde ela enfiou a lingüiça dele.

Não importa o que se fala, mas a pronúncia arrastada e mole com que se fala, o destaque a uma palavra na frase, uma sílaba mal pronunciada ou uma falha no som que ajudava a dar um duplo sentido ao que não se conseguia ouvir com clareza. Não ouvir parecia natural. Não era mesmo possível ouvir, ler ou ver com clareza naquele tempo de censura. O melhor de um filme, um livro, música, jornal, peça de teatro, o melhor da vida estava em outro lugar. Fora arrancado dali pela censura. Bom era o que não se via. Tudo estimulava a prestar atenção nas entrelinhas. Tudo parecia ter um duplo sentido. Bastava ajudar com um jogo de palavras, que começava na porta do cinema, nas frases coladas aos títulos. O cartaz de *O homem da cabeça de ouro*, de Alberto Pieralisi, perguntava: "Será que você tem uma cabeça tão privilegiada quanto a dele?". O de *Cada um dá o que tem* (1975), de Adriano Stuart, John Herbert e Sílvio Abreu, prosseguia dizendo que "nunca deram tanto em tão pouco tempo". *Eu dou o que ela gosta* (1975), de Braz Chediak, vinha acompanhado de um subtítulo, "O que ela gosta não é mole". O cartaz de *Como é boa nossa empregada*, de Ismar Porto e Vitor di Mello, acrescentava: "Ela faz tudo, lava, passa, cozinha, arruma a cama..." O de *Mulher, mulher* (1979), de Jean

Garret, prometia desde o trailer mostrar "uma mulher, sua sexualidade, seus homens, seu cavalo..." *Um varão entre as mulheres* (1975), de Vitor di Mello, acrescentava que "o varão não é mole". O jogo de palavras começava no cartaz, prosseguia nos diálogos e, vez por outra, ia até a canção-tema. Em *Amada amante* (1978), de Cláudio Cunha, por exemplo, a música começa cantando as belezas e vantagens do Rio, que tem "mulherzinha pra cantar, coqueiro pra trepar e sorvete pra chupar" e pouco a pouco vai embaralhando as palavras.

Música feita especialmente para uma pornochanchada, no entanto, é uma exceção. Elas usavam uma faixa de um disco qualquer, encaixada nos momentos em que não existem diálogos para cobrir os silêncios e acompanhar os letreiros de apresentação. A reprodução de um disco era solução menos cara do que a montagem de ruídos com ligação direta com a cena – e do ponto de vista de produção, a pornochanchada (mesmo depois que começou a dar dinheiro, por insegurança talvez) procurava gastar o mínimo possível. Pegava uma melodia qualquer, do disco mais à mão. A utilização de discos não impede que a música se integre com a imagem, é verdade, mas a pornochanchada não se preocupava em ligar uma coisa com a outra. Um dos exemplos de associação "sofisticada" entre som e imagem numa pornochanchada se encontra em *Pesadelo sexual de um virgem* (1976), de Roberto Mauro. Um estudante obrigado a decorar *A divina comédia* se masturba diante do retrato da empregada. Na tela aparece primeiro a cara debochada do herói e depois o retrato da empregada, ao lado de um gravador, sobre a mesa de cabeceira. O gravador é ligado, a imagem permanece sobre o retrato da empregada, e ouvimos o tema que Elmer Bernstein fez para *O homem do braço de ouro* (*The man with the golden arm*, de Otto Preminger, 1956). A sugestão da masturbação não vem só da música. Vem da imagem mesmo, aproximações e afastamentos da zoom do retrato da empregada, mais e mais rápidos, até deixar de ser possível perceber o retrato – na tela, apenas o movimento, o vai e vem da zoom, *A divina comédia* e *O homem do braço de ouro*.

Com maior freqüência, um disco qualquer, assim como fez Mozael Silveira com uma gravação de *In the heart of Texas* para sonorizar *Secas e molhadas* (1975). A música é um meio-termo entre o que poderia ser uma rumba e um desses ritmos híbridos que orquestras norte-americanas costumam apresentar como música latino-americana. Ela aparece nos letreiros determinando o tempo dos cartões. Como a gravação tem a duração média de uma faixa dos discos comerciais de então, os long plays, temos mais ou menos três minutos de letreiros. A equipe é reduzida e, passados os nomes dos intérpretes, técnicos, pessoas e empresas que colaboraram com a produção, não há mais nada a dizer. São poucos cartões, e cada um deles permanece na tela muito além do necessário para a leitura, para seguir a duração da música. Terminados os letreiros, já na primeira imagem, volta a mesma gravação de *In the heart of Texas*. De novo, do princípio. Ao longo da ação ela se alterna com três outras faixas, ao que tudo indica do mesmo disco, e aparece e desaparece sem qualquer outra função além da cobertura dos silêncios entre os diálogos. Funciona como ruído, em volume mais baixo quando os personagens dizem alguma coisa, em volume mais alto, quando não existem falas. A solução adotada durante os letreiros de apresentação se inverte: não é mais a duração da música que determina o tempo da imagem mas a imagem que determina a duração da música: a gravação se interrompe bruscamente se por acaso a cena termina antes dela. Não seria difícil, não implicaria em investimento maior ou em trabalho mais complicado, suavizar as entradas e saídas da música ou selecionar fragmentos musicais que (pela duração ou pela musicalidade) se encaixassem mais adequadamente nas imagens. Mas, guiada pelo instinto ou consciência de que bom acabamento deveria ser evitado, a pornochanchada escolhia a solução mais grosseira, a mais de acordo com o modelo de narração inventado pela Censura: em lugar de um corte cinematográfico, um outro, seco e besta como se tivesse sido feito por alguém interessado em não deixar que a música, a fala, a imagem, a conversa seguissem francas e abertas. A má qualidade era uma atração para o público audiovisualmente educado pela censura. O mau acabamento era uma vingança (inconsciente e nada eficaz, mas vingança) contra a propaganda oficial, que cantava o superpaís do milagre econômico, do mar de 200 milhas, da Transamazônica, da Ponte Rio-Niterói, da maior hidrelétrica do mundo, do maior futebol do mundo e de outras coisas assim, igualmente gigantescas e maiores do mundo mas longe, muito longe da realidade do espectador.

Em *Pesadelo sexual de um virgem*, por exemplo, o herói abandona a cena e se volta para o espectador para comentar: "O diretor certamente é um bicha, prefere mostrar um português barrigudo em primeiro plano deixando a mulata seminua no fundo da imagem". Quase no final é a empregada que se volta para o espectador e desabafa enquanto vai para o quarto com um homem: "Afinal tive uma oportunidade nesta droga de filme". A pornochanchada cuidava com esmero de sua má qualidade, chamava atenção para ela, reafirmava que a coisa ruim na tela gostaria de ser ainda pior. Onde este elogio/xingamento não se fazia assim, de modo declarado, aparecia subentendido na solução canhestra adotada para imitar o modelo. No momento em que mostra o herói frustrado se masturbando na cama, *O homem da cabeça de ouro* finge que filma assim como em Hollywood se fazia uma cena de sexo. Movimentos sinuosos da câmera sobre uma mulher (no caso, uma fotografia de revista pornográfica) e um homem se alternam num ritmo que cresce pouco a pouco com a diminuição do tempo de cada plano na tela. No fim, os olhos e a boca entreaberta do homem, antes do corte para a manhã seguinte, o herói de bruços, nu mas protegido pelos lençóis. Impossível dizer se a imitação é ruim porque quer funcionar como uma paródia que zomba do que imita ou se é ruim porque o imitador não soube sequer imitar e produziu apenas uma careta de zombaria e de desprezo por si mesmo e pelos espectadores.

O cinema norte-americano, o cinema europeu e mesmo o cinema brasileiro de boa aceitação pelo público serviram de modelo ou de referência, ou de ideal inatingível (porque parecia um poder civilizado). Numa quase tradução, *Tubarão* (*Jaws*, 1975, de Steven Spielberg) vira *Bacalhau* (com um subtítulo entre parênteses, *Bacs*, para, aos olhos do espectador brasileiro, ficar mais parecido com filme estrangeiro). *Laranja mecânica*, ainda relativamente censurado, deu origem a *Banana mecânica* (1974), de Braz Chediak. *Emmanuelle* (1973), de Just Jaeckin, também relativamente censurado, inspirou *Emmanuelle tropical* (1977), de J. Marreco, *A filha de Emanuelle* (1978), de Oswaldo Oliveira, e *Emmanuello... o belo* (1978), de Nilo Machado. *Dona Flor e seus dois maridos* (1976), de Bruno Barreto, transformou-se em *Seu Florindo e suas duas mulheres* (1978), de Mozael Silveira. *Como era gostoso o meu francês* (1970), de Nelson Pereira dos Santos, inspirou o título de *Como era boa a nossa empregada* (1972), de Vitor di Mello e Ismar Porto. Os filmes de Kung Fu produzidos em Hong Kong inspiraram um personagem de *As massagistas profissionais* (1976), de Carlo Mossy, o chinês Fung Ku, e inspiraram a história de *Kung Fu contra as bonecas* (1976), de Adriano Stuart. *O exorcista* (*The exorcist*, 1973, de William Friedkin), por exemplo, foi lembrado na história de *Pesadelo sexual de um virgem* (1976), de Roberto Mauro, e no título de *O exorcista de mulheres* (1974), de Tony Vieira. Antes disto foram chanchadas italianas (algo parecidas com as nossas) que inspiraram a construção dos primeiros filmes em episódios, em histórias rápidas que dispensam uma estrutura mais elaborada porque ficam na tela só o tempo de uma anedota – entre outras exibidas aqui em 1967, 1968 e 1969: *Idéia fixa* (*l'Idea fissa*, 1964), de Gianni Puccini e Mino Guerrini; *Esses nossos maridos* (*I nostri mariti*, 1966), de Lugi Filippo d'Amico, Luigi Zampa e Dino Risi; *Os italianos e as mulheres* (*Gli italiani e le donne*, 1962), de Mario Girolami; *A segunda esposa* (*Letti sbagliati*, 1965), de Steno; *Os complexos* (*I complessi*, 1965), de Dino Risi, Franco Rossi e Luigi Filippo d'Amico; *Três noites de amor* (*Tre notti d'amore*, 1964), de Renato Castellani, Luigi Comencini e Franco Rossi; *A noite do prazer* (*Le piacevoli notti*, 1966), de Armando Crispino e Luciano Lucignani; e *Vejo tudo nu* (*Vedo nudo*, 1969), de Dino Risi. Cinema italiano, norte-americano, francês e mesmo o brasileiro: a pornochanchada foi buscar apoio em qualquer filme que obteve uma boa resposta de público. Parafraseando o que Glauber Rocha escreveu na *Estética da fome*, talvez seja possível dizer que onde houver alguém, de qualquer idade ou de qualquer procedência, pronto a pôr seu cinema e sua profissão a serviço da grosseria, aí existe um germe da pornochanchada. O cinema estrangeiro tinha e não tinha importância. Repetia-se o mecanismo da chanchada, mas, ao mesmo tempo, ele era o mesmo e diferente daquele usado quando a chanchada de carnaval parodiava o cinema feito lá fora. Na década de 70 o cinema estrangeiro (em alguns momentos também o brasileiro) era só um espaço de prestígio e só por um motivo interessava à pornochanchada: não exatamente como estilo ou história a ser imitada. Mais importante era aproveitar as sobras da promoção feita no lançamento do produto estrangeiro. Repetia-se o mecanismo cinematográfico que nas décadas de 40 e 50 sustentou as chanchadas de carnaval e mesmo os então chamados "filmes sérios", versões brasileiras de melodramas norte-americanos ou europeus. A força da propaganda do filme da grande indústria do audiovisual servia então como *marketing* indireto para o subproduto produzido aqui, que, por sua vez, porque subdesenvolvido, reafirmava a qualidade do cinema estrangeiro – servia de promoção direta ao cinema que se fazia lá fora, este sim, aos olhos do público e da pornochanchada, cinema de verdade.

Um dos modelos parece ter sido mesmo o da chanchada italiana, que trouxe para o mercado brasileiro a idéia de anedotas grosseiras e breves: um homem do interior, que não acredita na fidelidade das mulheres a seus maridos, casa-se com uma galinha. Um sujeito míope sai do banheiro nu e sem os óculos e confunde a própria nudez refletida no espelho com a vizinha do apartamento em frente. Exemplos estrangeiros foram considerados, sim. No entanto, mais forte que qualquer influência recebida do estrangeiro (que deu principalmente uma fórmula ajustável às condições precárias impostas pela desordem da Censura e do mercado), mais forte foi a influência de um filme brasileiro mesmo, que sugeriu um modelo de construção dramática: *Os paqueras* (1969), de Reginaldo Faria. Não é justo apontar esta comédia até certo ponto ingênua como inspiradora deste conjunto de filmes grosseiros. Ao fazer esta afirmação é preciso dizer logo que não existem grandes semelhanças de estilo entre *Os paqueras* e o que veio depois. Mas, certamente, o primeiro a atender àquela necessidade (então ainda não muito claramente identificada) de reagir pelo deboche foi este. O herói de *Os paqueras* é um solteirão mulherengo – mais tarde o espectador ficará sabendo que ele se casou um dia e tem uma filha que não mostra a ninguém. Ao lado dele, um jovem aprendiz de solteirão mulherengo. História, mesmo, não existe. Apenas um conjunto de situações soltas. Numa delas o herói é apanhado em flagrante na cama com a amante. O marido invade a casa com a polícia. Saem todos para a delegacia e na porta do edifício os vizinhos vaiam o marido enganado, aplaudem a mulher e carregam em triunfo o conquistador até o carro da polícia. Vários outros episódios se sucedem até o instante em que o herói e seu jovem seguidor se apaixonam e de um certo modo se regeneram. Mas aí, nesta anedota do conquistador carregado em triunfo, surgiu um tipo capaz de representar a insatisfação popular, de liderar não uma oposição mas uma desordem popular contra o sistema. No cinema, com entusiasmo bem maior que o dos vizinhos na porta da casa do marido enganado, as pessoas aplaudiram o personagem bem-sucedido com as mulheres, preguiçoso, de maus modos. Viram nele o extremo oposto do que era exigido pelo poder. Viram nele um avanço de sinal, um descompromisso, um cuspir pela janela, um palavrão gritado para o céu, o lixo jogado na rua: os maus modos, o franco deboche contra um poder que educadamente debochava de toda gente.

O primeiro longa-metragem de Reginaldo Faria se transformou num sucesso de público. Foi o bastante. Pouco depois apareceram *Ascensão e queda de um paquera* (1969), de Vitor di Mello, *A ilha dos paqueras* (1970), de Fauzi Mansur, e *Quando as mulheres paqueram* (1972), de Vitor di Mello. Havia alguma coisa no ar. Talvez a palavra paquera – quem sabe? Alguma coisa no ar, um espaço, embora a

Censura apertasse. E assim, desorganizadamente, aos trancos, as pornochanchadas foram se fazendo, imitando-se umas às outras. Personagens e situações começaram a se definir. Adiante o paquera deixou de ser apenas o sujeito de olho na mulher do próximo para se transformar numa espécie de espectador que, não convidado para a festa, passava a se comportar como agente passivo, agente secreto, espião: espiava a mulher nua pelo buraco de fechadura, pelo binóculo, pela luneta; espiava por cima do decote, por baixo da saia, pela janela do chuveiro. *Amada amante* (1978), de Claudio Cunha, por exemplo, tem a sua história a todo instante interrompida por uma espécie de entreato. Um paquera examina pela luneta as janelas do edifício em frente à procura de uma mulher nua enquanto a amante o espera na cama. Sem ver uma mulher nua no apartamento do vizinho ele não consegue se interessar pela que está no quarto com ele. O paquera inventado pela pornochanchada é um tipo bem assim: de tanto espiar acostumou-se à vida passiva de espião. Em *Amada amante*, quase dez anos depois de sua invenção, o paquera já nem existe como personagem. Aparece só nos entreatos. Daí em diante, nem aparece mais. Pouco a pouco, em torno do paquera foram surgindo outros personagens que logo saltaram para o primeiro plano. Mas ainda assim, mesmo tendo deixado de ser um personagem visível, o paquera continuou presente. Na câmera. Por fora da cena mas ali. Narrador. Ponto de vista de onde a história é contada. O poder convidava então as pessoas comuns a agir como paqueras, como espectadores, acompanhando a festa do país grande e em ordem unida tal como um paquera vê uma mulher nua no apartamento no outro lado da rua. No lugar do periscópio/binóculo/telescópio, a televisão.

Nenhuma pornochanchada se propôs realmente a discutir esta questão. Pelo menos, não assim como se propôs Arnaldo Jabor em *Toda nudez será castigada* (1973), especialmente no Patrício interpretado por Paulo César Pereio (que mais adiante viveria personagem idêntico em *Iracema, uma transa amazônica*, de Jorge Bodanzky e Orlando Senna, realizado em 1974 mas liberado pela Censura somente em 1978). Jabor viu na peça de Nelson Rodrigues "a perfeita representação do que se passava então no país: uma tentativa de dissimular a desordem e o desespero dos seres humanos sob o pretexto de manter a boa educação. Uma tentativa estúpida (e trágica) de reinstaurar virtudes antigas, de enfiar a marteladas na cabeça de todo mundo a idéia de que as consciências podem ser resumidas aos sete pecados capitais ou aos dez mandamentos, e os homens podem ser divididos entre os bons e os maus". Para Jabor a peça de Nelson apontava o caminho para "lutar contra um tipo de pensamento que tenta hipocritamente provar que existem homens melhores que outros, quando na verdade o que ocorre é que alguns têm mais poder que outros".[16] As pornochanchadas atravessaram essa mesma questão sem se dar conta dela. Tocaram no assunto sem saber do que estavam falando. Mas o espectador aprendera a conviver com a censura, a interpretar meias palavras (mesmo lá onde não havia grande coisa para interpretar), e leu a pornochanchada com uma reação bronca, de igual para igual, contra a censura. Não é por simples acaso que o palavrão tirado da faixa sonora e compreendido pelo movimento dos lábios do personagem filmado em primeiro plano tornou-se um dos mais eficazes efeitos cômicos da pornochanchada. O discurso populista do poder durante a ditadura de Getúlio Vargas, e nos primeiros anos da abertura democrática de 1946, inventou o malandro da chanchada de carnaval, herói falador que preenchia o vazio de sua conversa com palavras empoladas, dicção e gestos apaixonados, e uma pose de mando – especialmente naqueles momentos em que, sentindo-se ameaçado, apelava para as imunidades das pessoas importantes perguntando com ar aparentemente zangado: "Você sabe com quem está falando?" Já o discurso autoritário do poder durante a ditadura militar inventou o machão da pornochanchada, herói que trocou a conversa prolixa e em tom de quem fala em praça pública pelo conciso palavrão gritado em voz alta e lido em silêncio e em câmera lenta. Entre 1930 e 1945 o rádio e mais alguma coisa apanhada no cinema estrangeiro (os musicais norte-americanos, o tipo falador e malandro do mexicano Cantinflas), na censura do DIP, Departamento de Imprensa e Propaganda, contribuíram para a definição do malandro da chanchada de carnaval. Mas o que, muito provavelmente, mostrou mesmo o que ele deveria ser foi a retórica dirigida aos trabalhadores do Brasil, corrente na grande e na pequena autoridade política para garantir seus privilégios. Depois de 1964 a televisão, a propaganda e mais alguma coisa apanhada no cinema estrangeiro contribuíram para a invenção do machão da pornochanchada. Mas o que com toda a certeza de fato mostrou o que ele deveria ser foi a desarticulação grosseira da Censura.

No começo da sessão de cinema, colados nos cinejornais, os chamados assuntos de interesse educativo afirmavam: "Todos somos responsáveis pelos problemas da coletividade, como educação, trânsito e alimentação". Recomendavam: "Com trabalho e imaginação criadora todo homem pode contribuir para a riqueza cultural do Brasil". Ensinavam: "Se o tomate está caro, compre massa de tomate". A pornochanchada, logo depois, traduzia estes conselhos numa linguagem deformada, feia, grotesca. Erotismo não existe numa pornochanchada. Pornografia, a rigor, também não. As histórias (e as imagens usadas para contá-las) são feitas só de grosseria. O ato sexual é uma demonstração de força e implica necessariamente num vencedor e num vencido: o experiente conquistador come a virgem, a velha prostituta come o donzelo. Os mais fortes estão no poder. Os jovens devem aprender com eles a se servir da força bruta: o sexo, franca pancadaria, guerra suja, distorção. Forma grotesca, se pudéssemos imaginar um grotesco (se é que faz sentido dizer assim, imaginar um grotesco) bárbaro, primitivo, inculto. O gesto da mulher que ajeita a calcinha enquanto torce pelas amigas que brigam com o capitão Ferreirão não é um gesto erótico. O ponto de vista escolhido pela câmera para ver a mulher que desce a escada depois de pregar a tabuleta do hotel lá em cima deforma. A pornochanchada enfeia a mulher. Quando a câmera estica o olho para ver os seios da secretária por dentro do decote amplo, ou quando se arrasta pelo chão por baixo da saia da empregada, o que importa não é um possível interesse erótico provocado pela imagem do que está meio encoberto, pela nudez relativa que se completa apenas na imaginação. O que importa é a grosseria da construção da cena. A mulher não é desejável, é feia e desprezível. É comida, devorada, levada para a cama só porque esta parece a melhor forma de menosprezá-la. O sexo gordo, feio, distorcido e de dimensões imensas, o plano mal construído, a imagem indefinida por um erro de exposição, defeito ou sujeira na lente – erros de realização? resultados de uma incompetência técnica? falhas resultantes de problemas econômicos? opção pelo grotesco? que importa? – todas estas coisas tornaram-se imprescindíveis para a construção de um ritual em sua essência masoquista: elas representavam a censura, que deste modo, por transversas vias, se tornava um objeto de consumo popular.

O espectador ia ao cinema procurar só a confirmação na tela de que vivia num beco sem saída. À primeira vista não faz muito sentido esta reação. Mas quando se retira das pessoas a possibilidade de se relacionar afetiva e efetivamente com a sua realidade, que mais pode existir além da emoção embrutecida e de uma doida sensação de que a grosseria faz parte inseparável de nosso modo de ser? Que mais pode existir além da sensação de que a civilização e o desenvolvimento são atributos do estrangeiro (da Nova York dos cigarros dourados, por exemplo) e de que o grosso e o mal-educado, sim, são coisas nossas? No final da década umas tantas produções européias de características abertamente pornográficas chegaram ao mercado brasileiro e passaram pela Censura sob o disfarce de filmes de interesse educativo sobre o sexo. Mas estes filmes, com fantasias eróticas ingênuas, sem a grosseria à flor da pele das pornochanchadas, não despertaram interesse. Depois da abertura política uma invasão de filmes pornôs europeus e norte-americanos tomou conta dos cinemas do Rio de Janeiro e de São Paulo (pois logo que a lei se tornou menos arbitrária exibidores e distribuidores trataram de impetrar mandatos de segurança para garantir a exibição de filmes pornográficos estrangeiros, confiantes na maior tecnologia dos países desenvolvidos). Mas, de novo, histórias de homens e mulheres interessados apenas em sexo, em se libertar de um contexto moralista preconceituoso onde o sexo é pecado, histórias com infinitas cenas de sexo mostradas na tela com os possíveis detalhes não tiveram público ou repercussão semelhante à das pornochanchadas que jamais mostraram uma cena de sexo mesmo. O que levou as camadas populares para as pornochanchadas, ao contrário do que disse certa vez Pedro Rovai, não foi a repressão sexual nas camadas populares, foi a repressão política.

Como muito bem sintetizou Joaquim Pedro de Andrade, a pornochanchada dava "um retrato do que estava se passando socialmente no país". O choque que se produzia nos cinemas "quando um trailer de pornochanchada se exibia para uma platéia conquistada pelas grandes produções americanas" dava uma boa imagem do que se passava no país: "O choque é tão grande com aquele tipo de troço que aparece na tela, tão feio, tão esquisito, que as pessoas têm uma reação de repulsa, de irritação (...) Se a pornochanchada é feia, é porque é feio o nível de vida, o nível de moral, de transação entre as pessoas que curtem aquilo. Portanto, uma boa parte da população de uma cidade como o Rio de Janeiro é tão feia quanto aqueles filmes. E é ridículo querer partir para combater os filmes. Você deve partir para combater esta feiúra".[17]

A feiúra como um meio de protestar contra a feiúra? A feiúra no cinema como uma conspiração contra a ordem instituída que impedia conversas às claras?

O poder falava num dialeto que as pessoas comuns não conseguiam entender: maximização da produtividade, otimização dos meios de produção, aquecimento ou desaquecimento da economia, implantações, implementações, recolhimentos restituíveis, *overnaites*, *praime reites*, mercados futuros, índices de redução da taxa de contenção da inflação – uma ininteligível gíria para explicar um milagre econômico que jamais chegou ao consumidor da pornochanchada. Ele, que ouvia em silêncio do lado de fora do cinema todos estes palavrões, respondia durante a projeção com o palavrão silencioso, voz interior, leitura do movimento labial do personagem. Em silêncio, porque nem mesmo no escuro da sala do cinema o consumidor de pornochanchada estava livre da vigilância e dos palavrões do governo. No filmete colado no cinejornal, na tela dividida em três partes, rotativas de um jornal, tubos de ensaio de um laboratório de química, automóveis nas ruas, estudantes numa sala de aula, um trator trabalhando a terra, operários montando trilhos numa via férrea, o Palácio da Alvorada, o edifício do Congresso em Brasília e uma orquestra sinfônica – tudo isto para dizer no final que "o bem-estar depende do trabalho e da participação de todos". Logo depois da propaganda do governo, a propaganda da pornochanchada: as secretárias que fazem de tudo, as mulheres que fazem diferente, os machões que roubam as calcinhas, os paqueras que fogem com as calças na mão desmentiam na prática o lema do poder: na vida é cada um por si e o governo contra todos.

Num banco de jardim, o machão é interrompido por um pivete que, mal vestido e com cara de fome, pede uns trocados para comprar um sanduíche. O machão consulta o relógio e diz que não vai dar trocado nenhum: quase meio-dia, não era hora de comer sanduíche; come sanduíche, perde o apetite, acaba não almoçando. A terra não é do homem, é de Deus e do Diabo. Os pobres, os fracos, os bem-comportados, os que trabalham, os que têm fome, os que não têm poder, que se danem. O mundo é dos espertos. Na praia, sol de verão, deitado numa toalha com um desenho de uma mulher nua, o herói vive de artesanato ou de arrumar festinhas. Namoradas, nenhuma com mais de 18 anos. Assim é o Bilu de *Eu transo, ela transa* (1972), de Pedro Camargo. Quando é preciso trabalhar, o herói da pornochanchada se disfarça de alguma coisa. De jornalista, como em *Gente que transa... os imorais* (1974), de Sílvio Abreu, repórter que faz sucesso ao contar a história de um homem que agrediu a mãe a dentadas: "Comeu a mãe e gostou". Se o herói da pornochanchada é mesmo obrigado a trabalhar, fica rico e se transforma no patrão, como o Flávio de *Café na cama* (1974), de Alberto Pieralisi, passa a dar ordens: a secretária deve usar saias curtas, sentar-se na ponta da poltrona e imitar a saudação nazista com a perna direita. Quem insiste em ser virtuoso e honesto acaba mal, como a ingênua virgem do segundo episódio (*A bela da tarde*) de *As mulheres que fazem diferente* (1974), de Adnor Pitanga, Lenine Ottoni e Claudio MacDowell. Por equívoco do porteiro do hotel, ela, que procura um emprego de secretária, é enviada ao quarto de um homem que aguarda uma prostituta. Reclama, grita, tenta fugir. Acaba presa como prostituta. Já a verdadeira prostituta, enviada por equívoco ao quarto do patrão à procura de secretária, ganha um novo freguês e o emprego de datilógrafa.

Propaganda antes, propaganda depois. O governo e a pornochanchada reduziam a expressão a apelos de venda de um (manso ou grosseiro, dá no mesmo) mau comportamento. Por isto mesmo, porque analfabetizou-se também com a propaganda, a pornochanchada logo voltou a se apoiar nela.

Nos letreiros de apresentação de *Como nos livrar do saco* (1974), de César Ladeira Junior, depois dos cartões com os nomes dos intérpretes e técnicos, aparece uma extensa lista de agradecimentos. Lojas comerciais (listas com os respectivos endereços), pessoas, autoridades, empresas e secretarias de Estado que com sua colaboração tornaram possível a realização. Nos letreiros de *Um soutien para o papai* (1976), de Carlos Alberto de Souza Barros, um cartão agradece a colaboração de uma firma comercial que gentilmente permitiu a filmagem no interior de sua fábrica. Trata-se, num caso e noutro, de apresentar direta compensação publicitária aos grupos ou indivíduos que participaram da produção com dinheiro ou com a cessão gratuita de cenários e objetos de cena ou ainda com alojamento e alimentação para a equipe. No caso particular de *Um soutien para o papai* a compensação atende às duas partes: à fábrica de soutiens, que exibe os seus modelos, e ao espectador da pornochanchada, que se diverte com o pedaço de seio que sobra por fora do soutien ou se entrevê por baixo do tecido transparente. Compensações publicitárias idênticas existem mais evidentes em *A virgem e o machão*, em *Secas e molhadas*, em *Café na cama*, em *Com as calças na mão*, mais discretas em *Luz, cama, ação!*, em *Um varão entre as mulheres*, em *Amada amante*. Propaganda indireta dentro de um filme não é uma prática exclusiva das chanchadas pornôs, mas nelas as listas de agradecimentos são particularmente longas e destacadas. Quando não se está seguro de poder chegar aos cinemas, o melhor é ter o custo coberto durante o processo de produção. Quando as primeiras pornochanchadas surgiram, esta coisa sempre complicada que é levar um filme feito aqui aos cinemas estava ainda mais complicada, a censura somando-se às dificuldades criadas pelo mercado. Tais dificuldades foram as principais facilidades encontradas pela pornochanchada para se fazer: elas não se apresentavam para os exibidores como um filme brasileiro. Às vezes, nem mesmo como um filme. Não preparavam o lançamento, bastava uma qualquer semana vaga entre dois filmes estrangeiros, nem era preciso gastar em publicidade: a promoção vinha da censura. Tudo parecia acontecer de modo espontâneo, por livre escolha do espectador. Mais tarde, interessados, porque o público aumentava, o exibidor (a Atlântida

Cinematográfica, por exemplo, co-produtora, entre outros, de *O estranho vício do Dr. Cornélio*, 1975, de Alberto Pieralisi, e de *Quando as mulheres querem provas*, 1975, de Claudio MacDowell) e uma ou outra distribuidora estrangeira (a CIC, por exemplo, co-produtora de *Motel*, 1975, de Alcino Diniz) passaram a participar da produção. Adiante, final dos anos 70, a grosseria procurou se tornar menos malfeita (afirmação relativa, exagero para ser tomado como afirmação relativa).

Os primeiros exemplos desta grosseria mais "civilizada" podem ser encontrados em *Luz, cama, ação!* (1976), de Claudio MacDowell, e em *Com um grilo na cama* (1976), de Gilvan Pereira, esta também uma chanchada pornô feita em co-produção com a Atlântida. Na essência nada mudou. Os mesmos personagens e situações, mas as imagens não. MacDowell conta a história da filmagem de uma pornochanchada. Pereira, a história de um machão que fica impotente depois do casamento. *Luz, cama, ação!* se realiza em dois níveis: primeiro temos a aventura de uma equipe de cinema, narrada sem o grotesco habitual das pornochanchadas. Depois, as cenas do que esta equipe produz para uma chanchada chamada *O corno virgem*, e então as grosserias de sempre. Em *Com um grilo na cama* o machão conta a história de um herói que depois do casamento não conseguia se interessar por mulher alguma. Antes ele vivia correndo atrás de todas as mulheres (conseguira conquistar até mesmo a jovem que a tia moralista vigiava de perto). Uma historinha igual a outras contadas em pornochanchadas, mas aqui as corridas trôpegas da lente zoom para dentro dos decotes e para baixo das minissaias cedem lugar a (quase) bem-comportados passeios de câmera sobre cartões-postais com reproduções de desenhos, pinturas e esculturas de nus (no momento em que o machão agarra a mocinha no quarto), ou flores de cactos (quando o machão agarra o mocinha na praia, aproveitando-se da distração da tia moralista). Existem cenas de sexo num elevador, dentro de um carro, por trás das pilastras de um viaduto em construção, por baixo da mesa de uma festa de aniversário. Mas nestes momentos, toda educação e bons modos, a câmera sai de lado envergonhada: não entra no elevador ou no carro – fica na porta, fica do lado de fora, não se estica para ver o que se passa do outro lado da pilastra, não espia o que se passa por baixo da mesa, fica sobre o bolo de aniversário. A ação continua grosseira, os diálogos continuam broncos e cheios de palavrões mas a imagem começa a se mover com uma fingida educação. Estes sinais de educação surgiram bem no instante em que Pedro Carlos Rovai defendia no semanário *Movimento* a vocação de comédia popular da pornochanchada. Neste mesmo depoimento ele afirmava que a pornochanchada "poderia levar o cinema brasileiro ao esgotamento se toda a produção de bilheteria estiver baseada só nela"; e que ele queria "se aprofundar em direção à comédia de costumes, com uma linguagem simples que o público entenda. Linguagem simples não quer dizer medíocre, pode ser uma linguagem apropriada, exata, sóbria".[18] É como se, nova-rica, a pornochanchada começasse a se aburguesar para freqüentar os salões de maneira mais apropriada.

Algo mudava. Os cartões-postais, as flores de cactos e o bolo de aniversário sobre a mesa de *Com um grilo na cama* são os sinais mais evidentes de uma vontade presente também em outras pornochanchadas do final dos anos 70. Às vezes na tentativa de compor uma história, como em *As granfinas e o camelô* (1977), de Ismar Porto, onde três jovens ricas apostam que podem transformar um camelô ignorante num cavalheiro e amante ideal no período de um mês; outras na tentativa de adotar a aparência de aventura policial (inspirada nas séries de televisão *Kojak*, *Police Woman*, *Columbo*, *Hawai 5-0*, *Canon*, entre outras) em *Belas e corrompidas* (1978), de Fauzi Mansur, *Escola penal de meninas violentadas* (1977), de Antônio Meliande, ou *Presídio de mulheres violentadas* (1977), de Polo Galante. Algo mudava, é certo, e talvez o mais interessante de todos os sinais de mudança é o que se pode observar no primeiro dos três episódios de *Gente fina é outra coisa* (1977), de Antônio Calmon. Chama-se *A guerra da lagosta* e conta a história de um nordestino recém-chegado ao Rio trabalhando na casa de um casal rico como mordomo e chofer. Quando sai para passear com o cachorro da casa, colete e calça listrada de mordomo, os muitos desocupados que se espalham pela praça riem dele. Zombam, xingam, apelidam o nordestino de "babá de cachorrinho de madame". Depois, saem de cena e só voltam a aparecer quando a história já está acabando. O nordestino abandona o emprego, briga com o patrão e na porta da rua dá uma bofetada na cara dele. Os desocupados, então, mudam de atitude: elogiam o rapaz, aplaudem, chegam respeitosos, passam a chamá-lo de "bacana", saúdam o nordestino satisfeitos como nunca. Um quase nada, mas um intento de dar algum sentido à agressão dispersa das primeiras pornochanchadas. Ou um intento de voltar a um dos pontos de partida, refazer a cena em que os vizinhos vaiam o marido enganado, aplaudem a mulher infiel e carregam nos braços até o carro da polícia o conquistador de *Os paqueras*.

Imaginemos algo como uma briga de irmãs, tudo se resolvendo em família. Num certo instante as irmãs começam a ceder, a propor um entendimento relativo. Foi mais ou menos o que se passou nesse instante em que a Censura e a pornochanchada procuravam ser um pouco menos mal-educadas. A primeira com bolas pretas sobre os nus em vez de proibição total, a segunda com cartões-postais e bolo de aniversário em vez de franca grosseria.

Com as bolas pretas usadas para liberar o filme de Stanley Kubrick, temos também um sinal do desaparecimento do mundo da pornochanchada. Começava na vida política brasileira um novo período de relativa abertura, a censura e a opressão da ditadura militar mudavam de tom. Não desapareciam. Mas mudavam de tom. E aquele particular tipo de deboche deixou de ser a resposta adequada, aceita e estimulada pela repressão ou conseqüência dela. Menos presente o impulso que a criara, a pornochanchada começava a perder sua identidade e razão de ser. No malfeito, no miserável, no seu jeito sujo, reprimido, grosseiro, existia algo que fazia dela uma coisa à parte no cinema, um sinal do tempo. Tentando eliminar o seu malfeito técnico, dramatúrgico, estrutural, ela se tornou igual a qualquer outra chanchada pornô feita não importa onde, subproduto que circula à margem do mercado mas de modo oficial, mais ou menos confinado a salas decadentes, voltadas exclusivamente para os consumidores de filmes de sexo explícito. O desaparecimento da pornochanchada não foi imediato. Ela durou por muito tempo ainda depois das bolas pretas que liberaram *Laranja mecânica*, até pelo menos a metade dos anos 80 (entre outros: *Bacanal*, 1980, de Antônio Meliande; *Aluga-se moças*, 1981, de Deni Cavalcanti; *Mulher objeto*, 1981, de Sílvio Abreu; *Karina, objeto de prazer*, 1981, de Jean Garret; *Senta no meu que eu entro na tua*, 1984, de Ody Fraga) convivendo com pornôs de sexo explícito, alguns deles realizados pelos mesmos diretores mas assinados com pseudônimos. A pornochanchada assim como existiu entre o ato institucional número 5 e a abertura desapareceu, mas deixou marcas espalhadas pelo audiovisual, às vezes no humor da televisão, às vezes na publicidade, outras num filme que, à procura de público mais amplo, inclui uma cena de sexo em que os amantes se agridem sexualmente como se estivessem numa luta livre, num vale-tudo, numa competição em que apenas um deles pode sair vencedor – e em que o cinema sai sempre derrotado. A dimensão desta derrota pode ser avaliada no resultado de uma pesquisa feita no Rio de Janeiro, em 1998, por solicitação da distribuidora Riofilme. Uma consulta realizada em porta de cinema, nas estações de metrô de Botafogo e Carioca e nos campi da PUC, da Uerj e da UFRJ apontou como principal causa de rejeição ao cinema brasileiro o fato de se produzirem dominantemente pornochanchadas. Muito tempo depois das últimas pornochanchadas, e então ainda se recuperando dos anos da ação devastadora na cultura e na educação imposta pelo governo Collor, o cinema brasileiro trazia carimbada em sua imagem, fotograma por fotograma, uma bola preta como a usada certa vez pela Censura, a marca da pornochanchada – sinal de que, embora não mais na prática, continuávamos vivendo em teoria em plena relatividade.

NOTAS

[1] *A classe operária vai para o paraíso* (*La classe operaria va in paradiso*), de Elio Petri; *Sopro no coração* (*Souffle au couer*), de Louis Malle; *Toda nudez será castigada*, de Arnaldo Jabor; *Sacco e Vanzetti* (*Sacco e Vanzetti*), de Giuliano Montaldo; *Mimi, o metalúrgico* (*Mimi, metallurgico ferito nel'onore*), de Lina Wertmuller; *Os garotos virgens de Ipanema*, de Oswaldo Oliveira; *Queimada* (*Queimada*), de Gillo Pontecorvo; *A aventura é uma aventura* (*L'aventure cest l'aventure*), de Claude Lelouch; *A rebelde* (*La califa*), de Alberto Bevilacqua; e *Cama com música* (*Bedroom mazurka*), de John Hilbard. *Toda nudez será castigada* foi novamente liberado, embora com muitos cortes, em agosto de 1973. Todos os outros foram liberados entre novembro de 1979 e junho de 1980, depois da efetivação do Conselho Superior de Censura, criado em novembro de 1968 mas efetivamente constituído em junho de 1979.

[2] Comunicados da Polícia Federal à redação do *Jornal do Brasil*. Especialmente entre 1972 e 1974, as proibições impostas pela Censura eram levadas à redação diretamente por policiais ou militares. Parte dos comunicados trazia simplesmente a assinatura Polícia Federal, como os dois aqui reproduzidos, mas vários destes comunicados traziam a assinatura do inspetor Costa Sena, do general Nilo Canepa, do general Antônio Bandeira e do coronel Moacir Coelho.

[3] O ato institucional número 5 foi revogado em 31 de dezembro de 1978, dez anos depois de sua edição, em 13 de dezembro de 1968. A declaração do general João Batista de Figueiredo foi feita pouco depois de sua eleição no Congresso, no dia 15 de outubro de 1978, divulgada por rádios e televisões, reproduzida na primeira página do *Jornal do Brasil* do dia seguinte. João Batista de Figueiredo tomou posse em 15 de março de 1979.

[4] *Filme faz apologia do terror, afirma general*, notícia publicada em *O Estado de S. Paulo*, 7 de abril de 1982, primeiro caderno, página 22.

[5] O decreto-lei 20.493 de 24 de janeiro de 1946 criou o Serviço de Censura de Diversões Públicas do Departamento Federal de Segurança Pública do Ministério da Justiça.

[6] Trata-se da propaganda de lançamento dos cigarros Benson & Hedges no Brasil, exibida nos cinemas e nas televisões em setembro de 1978.

[7] Instituto Nacional do Cinema, *Informativo SIP*, edição do Setor do Ingresso Padronizado, dirigido por Alcino Teixeira de Mello. Embrafilme, *Informações sobre a indústria cinematográfica brasileira*, edição da Divisão de Promoção e Propaganda da Embrafilme, coordenada por Helio Contreiras.

[8] Pedro Carlos Rovai, entrevista ao jornal *Movimento*, janeiro de 1976.

[9] De acordo com a transcrição publicada em *O Estado de S. Paulo* de 6 de agosto de 1975.

[10] Pedro Carlos Rovai, entrevista ao jornal *Movimento*, janeiro de 1976.

[11] No primeiro ano de produção a Assessoria Especial de Relações Públicas da Presidência da República produziu 45 filmetes. Os dois primeiros tiveram como tema o Natal; os dois seguintes, o Ano

Novo. Futebol e férias foram os temas dos filmetes números 5 e 6. Em fevereiro, dois filmetes sobre o carnaval. Em março, a volta às aulas foi o tema dos dois primeiros e o aniversário do golpe militar, o tema dos dois seguintes. Ao longo do ano seguiram-se filmetes sobre a Páscoa, o papel dos jovens na sociedade, a participação de todos na sociedade, Tiradentes, os jogos universitários em Brasília, o trânsito nas cidades, as relações entre pai e filho e entre professor e aluno, a Semana da Pátria, o Dia da Bandeira, a Aeronáutica, o Exército, o Dia da Criança, o Dia da Árvore, o papel do jovem na sociedade, o papel do pedreiro, do amolador de facas, do gari, do carpinteiro, do bombeiro, e a importância de doar sangue. E a partir do Campeonato Mundial de futebol no México, um filmete com o tema *Ninguém segura esse país.*

[12] *A imagem oficial retocada para o consumo*, entrevista do coronel José Maria de Toledo Camargo a Gilnei Rampazzo, *O Estado de S. Paulo*, primeiro caderno, página 8. Na entrevista, o coronel Camargo conta que a criação do Grupo de Trabalho de Relações Públicas da candidatura Costa e Silva foi "uma proposta feita pelo coronel Ernani d'Aguiar e levada ao marechal pelo general Jaime Portela"; que para acentuar a imagem do marechal "no que ela tem de calor humano e simpatia e de comunicação com a massa" foram definidas, "entre as providências consideradas imediatas: suspender o noticiário social em torno do marechal; rarear suas visitas a coquetéis e recepções mundanas, evitando atitudes que possam ser tidas como ostentação; de quando em quando passear só ou com a esposa ou com os netos pelas ruas centrais dos bairros (Copacabana e Tijuca) onde moram, respectivamente, ele e seu filho". Cabe notar que, paralelamente à Assessoria Especial de Relações Públicas, criaram-se a Operação Bandeirantes, os organismos de repressão do DOI-Codi, a rede nacional de televisão por satélite. E ainda que 1969 e 1970 foram os anos em que ocorreram os seqüestros de diplomatas de Estados Unidos, Alemanha Ocidental, Japão e Suíça, cuja libertação se deu em troca da soltura de presos políticos.

[13] Coriolano de Loyola Cabral Fagundes, *Censura & liberdade de expressão*, Editau, Editora e Distribuidora do Autor Ltda. São Paulo, 1975, página 27.

[14] Idem, página 93.

[15] Como conta a revista *Realidade*, em sua edição de junho de 1968: Foragido da polícia do Rio Grande do Sul, acusado de mandar matar dois homens em São Borja, no final da década de 40, Hermenegildo Ramirez de Godoy mudou seu nome para Antônio Romero Lago e refugiou-se no Paraguai, onde se tornou amigo de Alfredo Stroessner. De volta ao Brasil na metade dos anos 50 com sua nova identidade, trabalhou no Instituto Nacional de Imigração e Colonização, na Superintendência de Reforma Agrária e, finalmente, por indicação do general Riograndino Kruel, foi levado à direção do Serviço de Relações Públicas do Departamento Federal de Segurança Pública e em seguida à direção do Serviço de Censura.

[16] Arnaldo Jabor, folheto de divulgação de *Toda nudez será castigada*, Ipanema Filmes, Rio de Janeiro, 1973.

[17] Joaquim Pedro de Andrade em depoimento a Marcelo Beraba e Ayrton Tury para o programa da retrospectiva organizada em agosto de 1976 pelo Cineclube Macunaíma, *O cinema de Joaquim Pedro de Andrade*, página 9.
[18] Pedro Carlos Rovai, entrevista ao jornal *Movimento*, janeiro de 1976.

*Ronald F. Monteiro (1934-1996) é dono de um extenso trabalho crítico publicado em jornais (*Correio da Manhã, Tribuna da Imprensa, Jornal do Brasil*) e revistas (*Guia de Filmes, Filme Cultura, Cadernos de Crítica*). No entanto, talvez seja possível dizer que o mais importante de sua produção não se reflete no que publicou. Ronald atuou principalmente como debatedor, professor, pesquisador e organizador (do arquivo de fotos, recortes, revistas e documentos da Cinemateca do MAM do Rio de Janeiro, por exemplo). Os textos reunidos nesta coletânea, embora escritos especialmente para elas, são na verdade roteiros de aulas, introduções para seminários que realizou na segunda metade dos anos 70 (não só, mas principalmente no Cineduc e na Cinemateca do MAM) com estes mesmos títulos,* O cinema de perspectiva popular *e* Do udigudri às formas mais recentes de recusa radical do naturalismo.

José Carlos Avellar

O CINEMA DE PERSPECTIVA POPULAR

Ronald F. Monteiro

INTRODUÇÃO

Entre as tendências significativas que apareceram, no cinema brasileiro, dentro do período que é objeto do presente estudo, insere-se a do filme de perspectiva popular. Predominantemente na área do curta-metragem, mas também em vários exemplares longos, manifestou-se essa tendência, independentemente dos níveis diversos de alcance da proposta, realização das intenções, grau de intensidade e extensão e dimensão do projeto.

Por cinema de perspectiva popular entenda-se uma determinada opção que impulsione o artista sensível à importância da cultura desenvolvida pela massa popular a estruturar seu discurso partindo de dados fornecidos pela maioria. Em outras palavras, o cinema de perspectiva popular consiste numa operação de baixo para cima – dentro da estrutura social em que vivemos – que exige a violentação de fórmulas criadas de cima para baixo, permitindo inserir no sistema de signos que é o cinema valores e padrões populares que, afinal, são os que melhor poderão definir a cultura brasileira.

Nunca é demais lembrar que o cinematógrafo, embora sem ser descoberta elitista, surgiu na Europa, foi apropriado pelos intelectuais quando começaram a ser detectadas suas virtualidades como linguagem, e desenvolvido nos Estados Unidos tendo em vista suas características industriais. Em conseqüência, toda a história da evolução tecnológica, narrativa e humanística do cinema se fez a partir dos núcleos mundiais de dominação. Assim sendo, as condições de produção cultural tornam-se muito mais difíceis para os cineastas do chamado Terceiro Mundo, sobretudo se pretendem refletir sobre a sua realidade. É provavelmente por essa razão que somente no período abordado por este trabalho se depare com um cinema brasileiro dotado de tais características, sem os vícios do popularismo observados a partir de uma elaboração erudita.

Vai de si que um cinema de abertura popular também supõe o interesse de outras faixas de público que as computadas para a avaliação da mesma.

DOIS FILMES DE NELSON PEREIRA DOS SANTOS

Já ficou indicado, no início da Introdução, que a preocupação em criar uma arte cinematográfica brasileira a partir da realidade nacional em seu todo – e não apenas de frações talvez mais atuantes e decisórias, porém minoritárias em termos democráticos – tem sido detectada em vários filmes dos anos 70. Entretanto, qualquer diretriz buscando um panorama abrangente resultaria lacunar e omissa, consideradas as limitações do analista. Daí a opção por dois filmes que denotam, creio que suficientemente, a tendência: *O amuleto de Ogum*, de 1974, e *Tenda dos Milagres*, de 1977, ambos realizados por Nelson Pereira dos Santos.

O propósito primordial deste trabalho não é o estudo da obra do realizador, embora o referencial do autor se faça obrigatoriamente presente. O que interessa é prospectar nos dois filmes aquilo que resulta da proposta de NPS em fazer um cinema de abertura popular e também – por que não? – aquilo que denote essa mesma tendência, ainda que fora das relações de intencionalidade. Como não me foi possível entrar em contato com o realizador durante a pesquisa, restando apenas depoimentos fornecidos a outros e divulgados em jornais e revistas, ficam registradas as reflexões feitas sem a garantia, em alguns casos, da intencionalidade ou não de certas digressões.

Quanto ao alcance dos dois filmes relativamente à proposta de abertura a outras faixas de público, qualquer colocação corre sério risco de erro. *O amuleto de Ogum*, cuja carreira encerra-se no final de 1979, é considerado por sua distribuidora – a Embrafilme – bem mais comercial do que *Tenda dos Milagres* nos circuitos de segunda linha (salas do interior). Imprestáveis as cópias existentes, foi entregue à distribuidora uma nova no início de agosto de 1979 e sua circulação tem sido ininterrupta até outubro, enquanto *Tenda dos Milagres* tem recebido raros pedidos. Entretanto, este último, que funcionou melhor na Bahia (capital e interior), vendeu 63.812 bilhetes a mais do que *O amuleto de Ogum*, segundo o quadro de renda da distribuidora, até junho de 1979. E sua circulação irá até maio de 1982. É possível que o beneficiamento trazido pelas alterações na legislação de exibição tenha operado em favor do filme mais recente. Contudo, qualquer consideração que se faça não vai além da área do provável.

Seguem-se referências aos assuntos dos dois filmes em exame.

O amuleto de Ogum. Um violeiro cego é atacado por três assaltantes. Conta-lhes então a história de Gabriel, garoto nordestino que teve o pai e o irmão mortos e seu corpo fechado numa cerimônia promovida por sua mãe. Ele chega a Caxias protegido pelo amuleto e emprega-se como pistoleiro no bando do bicheiro Severiano. Confirma-se seu corpo fechado, Gabriel adquire prestígio e liga-se a Eneida, amante de Severiano. Rompidas as relações com o patrão, Gabriel é levado por Eneida para outro grupo, que trabalha com pivetes. Abre-se a guerra entre os dois bandos e Severiano encomenda um despacho para que Gabriel sucumba ao alcoolismo. Eneida abandona-o e ele é preso pelo bando de Severiano, que o alveja, atirando seu corpo na água. Gabriel é recolhido por umbandistas e iniciado por pai Erley. Eneida retorna, mas é forçada por Severiano a trair o rapaz. Sabendo que é a vida da mãe que garante a invulnerabilidade de Gabriel, Severiano manda executá-la. Os matadores se equivocam mas a notícia de sua morte chega a Gabriel, que corre à casa de Severiano e os dois se matam. A mãe do rapaz, cuja intuição fez com que viajasse para o Sul, chega à rodoviária do Rio enquanto Gabriel ressuscita. Terminada a estória, o violeiro é surrado e alvejado pelos assaltantes: desfaz-se de todos e segue seu caminho.

Tenda dos Milagres. O poeta e cineasta Fausto Pena monta um filme sobre a vida de Pedro Archanjo Ojuobá, mestiço nascido em 1875 e morto nos anos 40, desconhecido da maioria dos intelectuais e louvado como sábio por um cientista norte-americano, premiado com um Nobel, quando de sua passagem por Salvador (o leitor poderá encontrar mais detalhes no original de Jorge Amado, já que a adaptação respeitou bastante o livro).

NARRAÇÃO CIRCULAR E FRAGMENTAÇÃO

Em ambos os filmes observa-se a recusa ao habitual processo linear de fazer evoluir um relato cinematográfico. *O amuleto de Ogum*, poder-se-ia dizer, opera em dois tempos: o do contador da estória (no prólogo e no epílogo) e o da trajetória de Gabriel, que constitui a própria armação do filme. Dois tempos, esclareça-se, enquanto campos semânticos diversos. O mundo é o mesmo, a realidade é contemporânea, pois o contador eventualmente aparece no quotidiano de Gabriel.

Em *Tenda dos Milagres*, a elaboração é bem mais complexa quanto à linearidade; há vários tempos que se alternam no decurso do filme com características diversas das existentes em *O amuleto de Ogum*. Neste, constata-se o que se costuma chamar de narração circular. Bastante freqüente em certa fase do romance do século XIX, essa forma de relato sofreu um processo de sofisticação que tendeu a retirar do narrador a onisciência que o caracterizava. Isto, no que se refere à literatura erudita.

Em certas modalidades de manifestação popular, no entanto, muito mais interessadas na fantasia do que na reprodução racional do real, a figura do narrador assume importância capital. Tanto nas estórias dos violeiros do interior – alimentadores de boa parte da literatura de cordel – como no mamulengo (para citar apenas dois exemplos modelares), o narrador ou animador "abre" e "fecha" a brincadeira, além de interferir eventualmente durante o curso das ações contadas ou mostradas, acentuando os dois tempos diversos. Contador de estórias – geralmente identificado com violeiro cego – e animador de mamulengo são pessoas respeitadas, por seu status de artista. E o artista é aqui entendido como aquele que sabe das coisas e sabe divertir o público.

Essas últimas considerações sobre o contador de estórias serão retomadas adiante. No momento, interessa sobretudo ressaltar, em *O amuleto de Ogum*, esse recurso às fontes populares, que, aliás, também manipulam, sempre, o fantástico e o sobrenatural (que participam tanto dos relatos quanto dos números com bonecos).

Outro aspecto de certas manifestações populares é o menosprezo à noção de clímax tal como cultuada pela arte ocidental, no sentido das curvas dramáticas ascendentes. Enquanto o aspecto explicativo da trama que se inicia (logicidade) norteia o lançamento da segunda, nos cortejos dos mais variados tipos, por exemplo, a abertura tem de ser um clímax. Veja-se, assim, a comissão de frente nos desfiles das escolas de samba, em que a hierarquia é que define um clímax de abertura (numa substituição do divino das procissões pelo humano).

O amuleto de Ogum inicia-se com um clímax dramático em vários níveis: forte na ação, na expectativa, na moral individual e social pela violentação, na definição geográfica, na individuação do herói-vítima pela esperteza, etc.

Em *Tenda dos Milagres* a narrativa desenvolve-se através de quatro tempos distintos que se alternam: o trabalho de montagem do poeta-cineasta Fausto Pena na moviola carioca (o presente narrativo), o reboliço provocado na sociedade baiana pela descoberta de um sábio ignorado e as conseqüentes pesquisas de Fausto e Ana Mercedes sobre Pedro Archanjo (passado recente)[1], as atividades de Archanjo moço (reconstituição de passado mais distante) e as atividades de Archanjo maduro (reconstituição de passado menos distante). Esta última divisão se patenteia no "achado" da realização em escolher dois atores bastante diferentes para viver o mesmo papel.

Trata-se, assim, de um caso típico de narração fragmentada. E a decomposição não fica aí; o fracionamento também se efetua no interior dos dois tempos predominantes (cronologicamente, o segundo e o terceiro).

A fragmentação do relato provoca a descontinuidade narrativa e o surgimento de relações significativas na sucessão-relação de espaços ou tempos que não sejam contíguos ou contínuos. Em cinema, a fragmentação como oposição ao relato linear – costuma ser apropriada pela elite vanguardista. Entretanto, a continuidade na evolução da narrativa e a linearidade dramatúrgica, que dominam a nossa arte quotidiana – sobretudo nos espetáculos que supõem grande massificação –, vêm sendo há bastante tempo discutidas como circunstanciais. E nem é preciso estudar pesquisas estrangeiras sobre sociedades primitivas para encontrar hábitos ritualísticos e espetaculares radicalmente avessos à ordem linear que rege o raciocínio das sociedades ocidentais e, conseqüentemente, a progressão dramática dos nossos espetáculos.

Particularmente no Brasil, é proveitoso um confronto desse tipo de arte, basicamente escorado na evolução lógica e cronológica das ocorrências, com as diversas modalidades de espetáculos populares, que se realizam dentro de um tempo – é óbvio – mas desdenhando a cronologia e a noção de clímax.

O bumba-meu-boi, que muda de jeito e de nome do Amazonas ao Rio Grande do Sul, é geralmente considerado pelos folcloristas como o mais característico dos espetáculos populares. Na sua formação apropriou-se: de elementos da literatura de cordel e do romanceiro popular em geral; de diversas toadas, inclusive a do pastoril; de louvações e loas – já que auto religioso em sua origem – de tipos populares (humanos, animais, fantásticos), a tudo acrescentando a improvisação dos diálogos e a dança, num acontecimento de efetiva confraternização – co-participação – com a audiência. Embora escorado numa linha simples de enredo que tem por base o capitão e seus dois empregados negros, o boi, sua morte e ressurreição, a grande quantidade de personagens que interferem no auto, a co-participação e a longa duração conferem-lhe obrigatoriamente uma estrutura episódica.

Até mesmo nos desfiles atuais das grandes escolas de samba do 1° grupo, no carnaval carioca – devidamente adequadas às exigências oficiais, posto que erigidas em acontecimento número um do evento (até horário tem de ser cumprido, o que violenta qualquer manifestação espontânea) –, pode ser percebida essa ruptura da evolução linear. A ordenação seqüencial é ditada exclusivamente pela letra do samba-enredo, o que já representa um desdém em potencial. Entretanto, certos clímaces, como a bateria, o mestre-sala e a porta-bandeira, a ala das baianas, são dispostos livremente ao longo do desfile, conforme decisão dos organizadores em acordo com os participantes. E, note-se, os três destaques citados não têm significado meramente espetacular, como por exemplo as várias exibições de passistas; estão fundamentalmente ligados ao espírito do desfile. O único clímax de posicionamento obrigatório é a comissão de frente, questão já abordada.

Não estranha, portanto, que NPS tenha reforçado a fragmentação narrativa do original sem trair sua proposta de fazer um filme popular. Mesmo porque esta fragmentação nada tem a ver com a operada por alguns inovadores do cinema contemporâneo para expressar o caos da sociedade urbana de hoje.

ESTRUTURA NARRATIVA DE 'TENDA DOS MILAGRES'

O romance de Jorge Amado já apresentava essa estrutura fragmentada. Entretanto, o próprio escritor – cuja atomização das informações e sugestões de ocorrências a serem desenvolvidas adiante tornaram-se uma figura de estilo – não hesitou em submeter à continuidade cerca de cem das aproximadamente trezentas páginas do livro, nas quais narra de como Pedro Archanjo se instruiu e instruiu o filho, casou-o e desafiou os racistas, foi demitido de seu emprego na faculdade e preso. Embora atomizando menos a narrativa, o filme mantém-se com mais freqüência nos vários tempos que encerra e vai além. A transformação do poeta Fausto Pena ensaísta no poeta Fausto Pena cineasta e a abertura do filme com o exame do copião de seu trabalho na moviola criam um tempo inexistente no original.

Estudando as relações entre os quatro tempos do filme, observa-se uma preocupação de simplificação nos vários graus de significação, sem desprezo pela constituição dessa nova componente de tensões rítmicas e empáticas.

As seqüências de Fausto Pena na moviola – cinco, ao todo – são breves, o bastante, porém, para garantir sua condição de presente narrativo que conta uma estória já ocorrida e fornece informações sobre a evolução do relato como um todo. O passado distante aparece em quatro seqüências-chave à ação desmistificadora do racismo e à vida amorosa de Archanjo moço. Os dois tempos restantes é que constituem a coluna dorsal do filme.

O tratamento interno desses dois tempos dominantes também obedece a uma estruturação fragmentada. A longa sucessão de episódios sobre os efeitos da revelação do americano no meio social e cultural da Bahia é entrecortada de *flashbacks* desse mesmo tempo (a noite de Levenson com Ana Mercedes recordada na carta que ele escreve ao jornal baiano e os comentários dela a Fausto, no bar, sobre a mesma ocorrência). A narração de todo o episódio de Archanjo maduro, da formatura de seu filho à prisão, é fracionada pela abordagem paralela de dois elementos antitéticos – o branco tradicional, o mulato progressista – consubstanciados na reação dos candomblés à ação violenta das autoridades, na manobra estratégica dos mais novos em realizar um casamento mestiço contra o radicalismo dos mais velhos de ambas as camadas (a recusa do coronel Gomes, a intenção de "botar pra quebrar" dos freqüentadores da Tenda).

As tensões obtidas no tipo de fragmentação operado no longo episódio de Archanjo são mais facilmente recolhidas. Entretanto, o enriquecimento na informação também se constata na relação de contigüidade entre frações distantes de tempo e personagens de origens diversas. É o que acontece, por exemplo, com a primeira seqüência de Archanjo moço na faculdade, em que ele, na base da zombaria, ridiculariza o aluno que defende sua pureza sanguínea. Isto se dá logo após o desentendimento de Fausto com um professor racista no bar. O saldo no tempo é feito sem qualquer indicação, como se a primeira imagem da segunda seqüência – é dia – fosse a manhã seguinte da anterior, quando Fausto sai do bar – é noite. A tranqüilidade com que o mestiço reduz o racista e anula a ofensa reporta o espectador à fúria que acometeu Fausto ao ouvir os chavões elitistas do professor. A contradição nos comportamentos de Fausto e Archanjo, a incidência do preconceito, as diversidades cenográficas dos ambientes, a separação de 75 anos, sem contar as informações complementares ao núcleo de cada uma das seqüências, levam cada espectador a ter "sua" reação (não há propriamente tempo para reflexão). O enriquecimento está exatamente na oportunidade de seleção entre as várias opções levantadas pelo confronto de elementos contraditórios.

Relativamente à projeção do tempo 3 sobre o tempo 4 (em termos cronológicos), indicada em nota no capítulo anterior, cabe uma observação que me parece relevante. Logo no início do filme, Fausto examina seu trabalho na moviola com o auxiliar Dada; são mostrados aos espectadores dois *flashes* de Archanjo moço e velho (rosto dos atores Jards Macalé e Juarez Paraíso caracterizados para o papel). A suposição é de que aquelas são as representações escolhidas por Fausto para viverem os personagens cuja vida ele pesquisou. Há, ainda, indicações de que alguns dos momentos da pesquisa de Fausto e Ana Mercedes, na Bahia, estejam no seu filme. Entretanto, na conclusão, depois que Fausto sai de cena, quando é descerrado o retrato de Archanjo na comemoração do seu centenário, surge a mesma fisionomia do ator Jards Macalé. As fantasias autorais e a realidade dramatúrgica do filme confundem-se e desafiam qualquer esforço de distinção. A única saída que me parece plausível é a de admitir que Fausto possa ter "documentado" tudo, inclusive o passado de Archanjo, desencavado por ele e Ana Mercedes. Saída que talvez pareça absurda, em termos de lógica, podendo no entanto ser aceita como natural posto que a incorporação da visão mágica à realidade, que já fora operada em *O amuleto de Ogum*, repete-se aqui. Afinal, as tensões provocadas pelas relações de seqüências contemporâneas com antigas também violentam o racionalismo. E o sentido do documental está expresso em declarações do autor que serão transcritas no próximo capítulo.

O ESTILO: HUMOR E DESCONTRAÇÃO

A revisão de *O amuleto de Ogum* após a de *Tenda dos Milagres* traz à baila certas questões de modo mais claro. O segundo filme é pontilhado de tiradas jocosas – no texto, na imagem, no texto e na imagem. Alguns desses momentos são criados a partir do livro. Outros, não, como a abertura e o fechamento do filme em íris semelhante ao clique do ligar ou desligar o aparelho de TV, a ridícula apatia da comentarista de TV no estúdio, as referências à Embrafilme (nas várias tentativas frustradas de Fausto Pena em contatos telefônicos, sua alusão à necessidade de mais amor, e até como palpite para o jogo do bicho), a tirada final do poeta ("eu nem preciso terminar um filme que todo mundo já viu"). E há outras ausentes do livro, mas que pareciam, inicialmente, decorrer do próprio estilo brincalhão do original, já que o brincalhão está intrinsecamente ligado ao espírito do mestiço Archanjo, personagem arquetípico em relação a toda a elaboração da narrativa (no livro e no filme).

Entretanto, essa mesma postura zombeteira também é encontrada parcialmente no filme anterior. Basicamente, no prólogo e no epílogo, e de modo bem mais agressivo do que em *Tenda dos Milagres*. No primeiro, o cego atacado pelos assaltantes declara que a estória "aconteceu de verdade e eu inventei agorinha". E toda a trajetória de Gabriel é narrada com preponderância no dramático. Na conclusão, o mesmo cego, que vai se revelar tão imune às balas como o personagem de sua "invenção", agride seus algozes e o público recalcitrante com um sonoro palavrão e, depois de se livrar dos três marginais, sobe a passarela suburbana e segue cantando que, se lhe der na veneta, vai, mata, morre, e volta para curtir.

O desmonte da mentalidade materialístico-pragmática da sociedade capitalista se efetua a partir de uma aparente brincadeira. E ouso aqui levantar, apenas como questionamento, se o corpo fechado de Gabriel, afirmado em duas demonstrações indiscutíveis (os tiros recebidos no peito após o almoço com os companheiros de quadrilha – ao fundo a imagem de São Jorge, o Ogum da Umbanda – e em ter o corpo ensacado jogado ao mar pelos capangas de Severiano e recuperado por pai Erley), não funcionará também como uma brincadeira agressiva sobre o espectador médio que se julga acima das crendices populares e que, no entanto, é obrigado a se submeter ao que considera tolo ou primitivo para acompanhar a trajetória do filme.

A brincadeira está na raiz de todos os espetáculos populares: os próprios participantes definem o seu atuar como brincar. E do riso que é a conquista do êxito depende inclusive a estrutura da encenação. O público do espetáculo popular não paga ingresso (as autoridades é que costumam taxar as representações) – e essa é, seguramente, uma das razões por que os espetáculos populares estão desaparecendo dos centros urbanos, exilados que são, pelo consumismo, para as zonas rurais. A manutenção da assistência torna-se, assim, um imperativo, tanto para a consecução do espetáculo – e há, ou houve, alguns que se fazem ao longo de muitas horas – quanto para a cobrança que, em consonância a seu sentido etimológico, é aqui um pagamento pela diversão que foi ou está sendo oferecida. O dinheiro vai sendo sacado no decurso da brincadeira e, como quem paga tem direito a participar (às vezes é até obrigado, como no bumba-meu-boi, quando, geralmente, uma das crianças da platéia é recrutada para funcionar como o clister a ser aplicado pelo médico no animal visando à sua ressurreição), o espetáculo muda de rumo e mergulha na improvisação, às vezes em decorrência das reações dos assistentes.

Nos espetáculos populares, seus artistas satirizam as autoridades institucionais, oficiais e oficiosas: o chefe político, o magistrado, o médico, o fiscal de rendas, o engenheiro agrimensor, o padre, o policial e todos os representantes da dominação. Mas também zombam das fraquezas do povo, o que lhes fornece um sentido de função inconsciente do controle social. Trata-se de um dado de moralismo conservador e ingênuo, em fase de desaparecimento pela tomada de consciência que o povo vem tendo de seu lugar dentro da sociedade. *Tenda dos Milagres* não refuta esse aspecto, mas redimensiona-o, por exemplo, na seqüência do mamulengo de sombras (modalidade de mamulengo que também se encontra – ou já se encontrou – no Ceará, denominada calunga de sombras). Num sonho, Archanjo identifica suas relações com a amada Rosa de Oxalá e sua amizade fraterna com Lídio Corró, na ação obscena dos três bonecos que ele e Lídio encenam (o derrotado no amor humilha o suposto vencedor, sodomizando-o); abdica, então, do amor da mulata em favor da ligação com o amigo. Isto poderá ser entendido como uma postura moralista de Archanjo na sua relação de amizade com o companheiro. Entretanto, todo o comportamento do personagem ao longo do filme leva a crer que se trata muito mais de uma estratégia de luta contra a opressão, através da solidariedade; e, afinal, Rosa irá demonstrar que não é solidária ao partir para educar a filha com o pai branco e rico (informação pouco clara no filme, compreendida talvez somente com o conhecimento do original de Jorge Amado).

Nessa linha de pensamento, convém comparar todas as conotações cinematográficas de Archanjo – a sabedoria do povo (as generalizações são sempre perigosas, mas aqui é a representação do óbvio) – com a postura do mesmo realizador, quatorze anos antes. No filme *Vidas secas*, durante a primeira visita da família protagonista ao vilarejo, enquanto Fabiano sofria na cadeia por ter ousado enfrentar um soldado, o povo rendia homenagens ao chefe local, encenando um bumba-meu-boi.

A seqüência supracitada do filme inspirado no livro de Graciliano Ramos é criada dramaticamente de modo magistral, através do recurso conhecido como montagem alternada – o que atesta a cancha do cineasta já naquela época. Hoje, entretanto, serve também para demonstrar a imaturidade da proposta quanto à noção de valor relativa ao popular. Conteudisticamente, a seqüência da prisão de Fabiano é típica de uma visão populista do povo segundo a ótica de um intelectual.

Numa entrevista ao *Jornal da Tarde*[2] a respeito de *Tenda dos Milagres*, NPS declarou: "Escolhi atores baianos para haver uma verdade maior no trabalho deles. Aliás, acho que não existe interpretação no filme. As pessoas estão vivendo e eu estou documentando. Proponho ao ator a aventura de viver um determinado personagem e o ator, a pessoa que faz o personagem, é quem determina a forma que vai viver cada figura. Os que estão no filme gostam de trabalhar dessa forma. E tenho a impressão de que estou encontrando um método de trabalho". E mais adiante, na mesma entrevista, declara: "Eu procuro é dar vida aos personagens, e não aprisioná-los aos textos. E muitas invenções vêm dos atores"... "Minha função se resume a filmar bem o que os atores me oferecem. O que pode parecer crítica a algum personagem é uma ambigüidade que eu mesmo coloco e que dá também um resultado de humor. Sem essa ambigüidade não tem graça nenhuma fazer cinema".

O depoimento vale por si: a curtição de se fazer no processo, semelhante à dos atores dos espetáculos populares. E essa mesma preocupação já está presente em *O amuleto de Ogum*, inclusive no recrutamento de vários atores ligados desta ou daquela maneira aos personagens.

O processo adotado é um exemplo extremo de dissociação personagem-intérprete, tal como entendido tradicionalmente, dentro da linha realista da interpretação. Aqui, ao contrário, são os atores que permeiam os intérpretes.

Quem me viu assim dançando
Não julgue que fiquei louco.
Não sou padre, não sou nada,
virei secular há pouco.

Esta quadrinha, dita por um intérprete do padre num boi do Ceará, foi recolhida por Hermilo Borba Filho[3] para reafirmar o sentido anti-realista comum a todas as formas de espetáculos populares, "onde não se pretende impingir uma mera representação do real".

Nos dois filmes, essa diretriz na relação autor-ator conduz, forçosamente, a uma mudança no andamento rítmico que se define dentro do estilo adotado e transmitido.

Julgo oportuna, no momento, uma comparação de *Tenda dos Milagres* com outro filme baseado em original do mesmo autor: *Dona Flor e seus dois maridos*, de Bruno Barreto (1976).

O estilo deste último filme revela um propósito de profissionalização no que diz respeito à eficácia dramático-narrativa, buscando o espetáculo pleno em termos industriais. Aquilo que parece melhor definir as aspirações da realização é contar da melhor maneira possível a estória da professora de culinária e sua gradativa liberação sexual dentro de um quadro social conservador. Para isso é elaborado rigoroso aparato formal que possibilite as consecuções do objetivo; nada do que aparece em cena deve ser ou mesmo parecer gratuito. Bruno Barreto é um entusiasta – textual – do modelo norte-americano de narrativa que visa a alcançar altos índices de massificação.

Vale a pena recordar outro aspecto da adaptação de *Dona Flor e seus dois maridos*. O livro não tem a narração fragmentada de *Tenda dos Milagres*, porém, depois da morte inaugural do primeiro marido de Flor, Vadinho, e do luto imediato, seguem-se as recordações da vida do casal e de Flor antes do casamento – cerca de 30% do total do livro, dos quais metade é narrada de forma rigorosamente fragmentária. Entretanto, na adaptação, para a qual o realizador contratou a colaboração de Leopoldo Serran e Eduardo Coutinho – dois dos poucos especialistas em roteiro no cinema brasileiro –, apesar de respeitada a orientação do original em suas grandes unidades (morte de Vadinho, passado do casal, seguimento da vida de Flor), toda a parte fracionada do livro é posta em ordem rigorosamente cronológica, num longo *flashback* que sucede à morte do primeiro marido.

O filme *Dona Flor e seus dois maridos* alcançou seus objetivos, é o maior êxito de bilheteria de sua distribuidora e tem sobre *Tenda dos Milagres* – pelo menos até junho deste ano – uma vantagem superior a 9.290 ingressos. É a vitória insofismável do produto endereçado à grande massa do público pagante.

O amuleto de Ogum e *Tenda dos Milagres* têm outros propósitos, sob certos aspectos antagônicos aos do filme de Bruno Barreto: a descontração do fluxo narrativo, o descompasso no padrão dos desempenhos, os eventuais defeitos de sincronização entre som e imagem (mais perceptíveis no primeiro), a ambigüidade dos elementos presentes no quadro, a natureza e as motivações do lado jocoso e do humor em geral, a informalidade do documento, a interferência do mágico na infra-estrutura de um espetáculo que se realiza através do tecnológico. Em suma, uma linguagem nova.

TEMÁTICA

Um cinema de perspectiva popular só poderia ter seus cenários com o povo no meio. *O amuleto de Ogum* e *Tenda dos Milagres* ambientam-se exatamente em dois centros urbanos nos quais a interferência da cultura popular vale-se das brechas para participar do dinamismo social: Caxias, o núcleo fluminense da migração nordestina, e a velha Salvador (nas épocas modernas de *Tenda dos Milagres* o povo só participa em uma seqüência documental externa mostrando os confrontos das várias camadas da população local, na troca de comentários entre um contínuo e uma baiana sobre o alvoroço que está provocando a descoberta de Mestre Archanjo pela burguesia, no ritual assistido pelo americano, e só domina o quadro nas últimas imagens, já sob os letreiros, num cortejo de comemoração ao 2 de julho – resposta de espontaneidade às mentiras e ardis lançados na comemoração elitista do centenário do mestiço, constantes da seqüência anterior).

Na ambiciosa proposta do filme mais recente, a manifestação popular é praticamente alijada das épocas modernas, ao contrário do livro, talvez para facilitar a criação das tensões entre o mundo de Archanjo e o de Fausto Pena. Dos quatorze agenciamentos de imagem entre o antigo e o atual, oito pelo menos refletem os constrangimentos maiores que a sociedade contemporânea sofre na afirmação dos valores que definem o espírito popular. As contradições da Bahia de Archanjo são mais primárias e polarizadas concretamente no racismo da elite colonizada – a Faculdade de Medicina e seus instrumentos de poder via autoridade – e na resistência do povo à opressão pela manutenção de seus valores culturais – as ações de Archanjo e a atividade da Tenda. As contradições contemporâneas exibem um grau de complexidade bem maior, posto que se multiplicam em cada intelectual ou pseudo-intelectual, pessoas que estão pensando e sentindo a cultura com desejos e fins diversos, freqüentemente antagônicos.

No filme, as soluções não são tão simples como no livro; destacam-se as tensões. Parece-me curiosa e elucidativa, sob esse aspecto, a dúvida de Dada, o auxiliar de montagem – artífice da tecnologia –, sobre a sabedoria de Archanjo em razão de sua aparência, contrapondo-a com a do americano. No livro, o preconceito racial limita-se às áreas elitistas e conservadoras da sociedade. Essa invenção do filme pode ser entendida como uma interferência da cultura colonizada, recolocando em processo o problema da miscigenação. Aliás, a esse respeito, convém lembrar que o chefe criminoso Severiano, de *O amuleto de Ogum*, ao receber a carta de apresentação de Gabriel, pergunta ao auxiliar se o rapaz é branco.

A proposta de *O amuleto de Ogum* resolve-se sobre uma trama bem mais simples. O mundo dos bicheiros e contraventores de Caxias funciona como uma redução do poder estatal, no mundo do marginal, com suas hierarquias e suas leis. A simplicidade, em oposição à abrangência de *Tenda dos Milagres*, permite um detalhamento mais direto nas diversas faixas de subalternidade dos marginais enfocados. Operários, pivetes, mendigos, pistoleiros, contraventores, torturadores e criminosos em geral, umbandistas honestos e desonestos circulam à volta ou à margem dos donos da cidade, demonstrando suas contradições (notadamente o empregado umbandista de Severiano, o capanga nordestino Quati e o chefe de grupo Chico de Assis).

Essas contradições vão ser encontradas também na esfera de cima: tanto Severiano quanto Baraúna irão demonstrar sua miscigenação cultural em várias passagens expressivas. E essa ambigüidade decorre exatamente da posição assumida pela realização em relação a seus personagens, que foi classificada por alguns de generosidade, mas que me parece muito mais respeito, consciência de limitação na apreensão do real, e recusa aos tipos estereotipados do drama tradicional (mais bem resolvidos no filme mais antigo provavelmente pela quantidade de personagens denotativos que povoa o segundo).

No âmago das contradições, despontam personagens femininos mais ou menos presos aos condicionamentos da mulher na sociedade de homens, cuja problemática é esclarecedora de algumas das questões centrais nos dois filmes.

A MULHER

O tratamento diferencial da mulher em relação ao conceito que ela desfruta na sociedade burguesa não é coisa nova na obra de NPS. Já a sua Siá Vitória, de *Vidas secas* (1963), era bem mais cerebral e decisória em relação à família do que no original de Graciliano Ramos. E o cinema brasileiro, fora da obra de NPS, dedicou espaços proeminentes à mulher antes de o feminismo se erigir também em moda.

De qualquer forma, independentemente de inexistência do novo, a descoberta feita pela mulher de sua condição marginal na sociedade machista encontra exemplos bastante expressivos nos dois filmes abordados; e nas diferenças específicas de encararem o problema de sua inferiorização pode ser encontrado um dado para a intenção global deste trabalho. Ela é representada preponderantemente por Eneida (Anecy Rocha, a intérprete) em *O amuleto de Ogum*, Ana Mercedes (com a atriz Sônia Dias) e Edelweiss Calazans (novamente Anecy Rocha) em *Tenda dos Milagres*.

Eneida é um personagem de trágica lucidez. Ela demonstra saber das coisas, mas não é capaz de se realizar. Além de ser a iniciadora amorosa de Gabriel, é ela que o inicia – ou reinicia – na comunidade familiar, na viagem à casa de sua família, em São Paulo. Este último dado parece-me bastante significativo. Não é à toa que o filme contrapõe duas refeições (apenas): uma no covil dos assalariados de Severino, onde a camaradagem decorre apenas da contigüidade – o almoço termina no tiroteio que confirma para a quadrilha a invulnerabilidade de Gabriel –, e a outra acima citada, onde o espírito de solidariedade domina todos os participantes. Seria, no que diz respeito à participação de Eneida, um grau a mais da iniciação de Gabriel na vida. E a iniciação não fica aí: também foi ela quem acompanhou Gabriel em uma de suas obrigações religiosas de iniciado, na visita aos Ibejis (Cosme e Damião).

Entretanto, é essa clarividência que determina também sua submissão aos homens pelo dinheiro que deles possa tirar, já que inserida na sociedade de consumo, às vezes a contragosto. Ela sabe que depende deles. Embora amando Gabriel, ela revela a Severiano sua provável vulnerabilidade (a morte da mãe). Cabe aqui uma ressalva. Será verdadeiro o amor de Eneida por Gabriel? Em determinado momento ela desabafa estar cansada dos dois machões (ele e Severiano), afirmação que pode também ser entendida como uma reação de autodefesa ao crime moral que estaria cometendo, i. e: a traição. O autor deixa a questão permeável a juízos diversos em relação à atitude de Eneida, sem que se modifiquem os dados do personagem. Em qualquer das hipóteses, sua complexidade é mantida até a conclusão. De posse do dinheiro, ela permanece trancada no quarto, embriagando-se em sua resposta à submissão, enquanto os homens não concluem suas ações. Eneida não tem condição de interferir e, procurando buscar um distanciamento ao duelo primitivo de Gabriel e Severiano, indaga no final do tiroteio se a carnificina já acabou. Entretanto, ela está com medo. Pouco antes gritara que precisava do dinheiro para voltar para a casa da mãe, retorno claramente embrionário (por que não à casa da família, a que ela própria se referira ao convidar Gabriel para acompanhá-la a São Paulo?).

Eneida embriaga-se para toldar seu sentimento de culpa, mas afronta de olhos bem abertos as sugestões que a vida lhe permite assumir, tirando proveito das situações, seja levando Gabriel para sua memória de felicidade (a casa dos pais), para um novo emprego (os inimigos de Severiano), ou traindo-o por dinheiro, duas vezes, pelo menos.

A complexidade do personagem – ou sua ambigüidade – pode ser lida até mesmo pela conotação antagônica que pode provocar no espectador: houve quem a identificasse com a vagabunda cuja definição ela mesma cobra de Gabriel, numa discussão na cama.

Em certo momento, Eneida dança com Madame Moustache – o gerente talvez homossexual do cabaré – ao som de *Esse cara*, de Caetano Veloso. A intérprete da canção está dizendo "ele é o homem, eu sou apenas uma mulher". O momento é bastante definidor do personagem e da personalidade de Eneida. Ela está sorrindo e se entregando sem repressões. No mesmo quarto, uma moça sorridente observa-a, como que aprovando seu comportamento. É Sônia Dias – numa ponta –, a atriz que NPS contrataria para interpretar Ana Mercedes.

A Edelweiss de *Tenda dos Milagres* é personagem secundário na numerosa galeria de tipos que compõem o filme. Contudo, as modificações que sofre na adaptação cinematográfica são bem indicativas da proposta da realização. No livro ela é Edelweiss Vieira, uma autodidata e artesã bem-intencionada e fora do mundo. Distraída, desinformada das manobras interesseiras dos organizadores do seminário que não se fará, ela está sempre em órbita. No filme ela é a professora Edelweiss Calazans, fusão dos três únicos participantes que, no livro, levam a sério o seminário afinal abortado. O personagem ganha com isso uma função especial: é a conhecedora da obra de Archanjo (é sobre ela que se abre a seqüência de conferência do americano, após a morte de Archanjo contada a Fausto por um contínuo), a coordenadora da palestra, e estudiosa decidida que contra-ataca com veemência a deturpação do centenário de Archanjo maquinada pelos homens da publicidade. Como Eneida, ela vê seus propósitos submetidos a decisões masculinas. E consegue, no máximo, esboçar sua derrota com um palavrão.

A Ana Mercedes do filme é a grande peça de encaixe na posição da mulher na sociedade. No livro ela representa a sedução mulata, livre de preconceitos no jogo do amor e suficientemente ladina para explorar seus atrativos em razão de seus interesses. Uma espécie de versão moderna da submissa Rosa de Oxalá, que sacrificou seu amor – por Archanjo – e sua amizade – por Lídio Corró – para ter a filha legitimada pelo pai rico e branco. Poderia se dizer da Ana Mercedes de Jorge Amado que é uma esperta meretriz com veleidades artísticas.

No filme é bem diferente. A relação amorosa entre Ana Mercedes e Fausto Pena perde o caráter xistoso e debochativo do livro e adquire outro tom – até mais problemático para seus protagonistas – pela simpatia que conotam seus personagens. Além disso, a permanência da mulher junto a Fausto confere-lhe outra dimensão de participação no levantamento da vida de Archanjo. Ela passa realmente a desempenhar a visão moderna das submissas negras e mulatas que existiam na vida amorosa do mestiço – como é textualmente dito no ensaio da peça inacabada de Fausto Pena. É ela quem levanta a possibilidade de Rosa de Oxalá ter sido o verdadeiro amor de Archanjo, logo após o sonho sobre sua luta com Lídio – citada na abordagem do estilo. Entre as duas seqüências, Fausto, na moviola, exige de Dada que a descoberta de Ana Mercedes suceda, no filme, ao sonho.

A ambigüidade gira também em favor de Ana Mercedes. De seu encontro com o americano mantêm-se na tela as duas versões (a do americano e a dela). A independência que assume em relação ao sexo deixa de ser, como no livro, um meio de tirar proveito das situações. E isso mais ou menos era o que ocorria – e criava conflitos – em Eneida. Ana Mercedes continua com Fausto porque quer. Ela participa ativamente dos debates sobre a peça. No candomblé, ela incorpora o santo (a relevância dessa invenção do filme em relação ao livro será mais bem entendida no próximo capítulo). A atitude de Ana Mercedes define-se bem, no ensaio da peça. Representando todas as mulheres de Archanjo (mal definidas no filme, em suas individualidades), ela ensaia sério. Depois dos desentendimentos e das brigas ridículas entre os homens é que ela decide aceitar a corte de Ildásio, ou seja, já que os homens não conseguem trabalhar a sério, o melhor mesmo é um amorzinho. Essa seqüência antecede a última discussão – inútil – de Edelweiss com o diretor do jornal, relacionando a sabedoria mestiça de Ana Mercedes à dificuldade de Edelweiss na busca da vitória de seus argumentos. E estabelece uma ponte entre Ana Mercedes e Pedro Archanjo.

RELIGIÃO

Em *Tenda dos Milagres*, na continuada sucessão de seqüências dedicadas a Archanjo maduro, uma das últimas trata de um encontro do mestiço com o professor Braga Neto, num botequim. O professor, marxista convicto, estranha a relação de Archanjo com o candomblé; este retruca afirmando que, na verdade, a leitura lhe tirou a visão ingênua que tinha das coisas. Mas conclui: "Os orixás são um bem do povo. É preciso saber conciliar teoria e vida, amar o povo, e não o dogma. Um dia haverá uma cultura brasileira mestiça, e com a ajuda dos orixás".

Em declaração a propósito de *O amuleto de Ogum*, NPS declarou que o mito representa a verdade da sociedade. As ilações a tirar são cristalinas. A religião é o espírito do povo; ou melhor: encontra-se o espírito do povo nos arquétipos de sua religião.

Assim como o povo está praticamente fora da fase contemporânea de *Tenda dos Milagres*, da mesma maneira, a religião. Ela aparece, no máximo, relegada a uma função cenográfica, quase sempre em cantos de enquadramento, nunca se impondo no meio da tela. Exceção marcante é o transe inusitado de Ana Mercedes, no ritual a que comparece acompanhando o americano Levenson e acompanhada de Fausto. Inexistente no livro, o transe tem todas as características da possessão de um "cavalo" novato ou recém-iniciado, o que explica: a) o desconhecimento – ou pouco conhecimento – do personagem em relação à religião, por sua inserção na burguesia; b) sua condição de médium, i. e: de transmissora dos conhecimentos ancestrais.

Nas épocas antigas, a religião está junto com o povo, sobretudo na defesa do candomblé como fonte de resistência do oprimido à repressão que lhe é imposta pelos donos da cultura dominante (que encontra uma correspondência nas agressões da TV aos cidadãos de hoje na época contemporânea do filme). Entretanto, ainda assim, está muito mais presente na superfície das ocorrências – o enredo, em termos de espetáculo – do que em suas fundamentações estruturais. E, quando deveria aprofundar, o filme nem sempre assim procede. A chegada da Iaba (emissária do demo), que pretende destruir o mulherengo Archanjo e é por ele subjugada a ponto de se transformar na humana Dorotéia e lhe dar o filho Tadeu, é um exemplo. A brevidade de informações – complexas sobretudo porque reveladoras de um sincretismo entre as crenças africanas e o catolicismo – empana a clareza das idéias lançadas. E mais confusa ainda fica a informação pelo fato de a Iaba assumir, eventualmente, as formas de Rosa de Oxalá, personagem tratado com indesejável nebulosidade no resto do filme.

Ressalvas sejam feitas ao enfoque da mãe-de-santo (a rainha do terreiro, admitindo o termo dentro dos conceitos de poder terreno emanado do divino) em suas quatro intervenções, nas quais está presente ou não. No mais, a religião aparece quase que exclusivamente como suporte de comportamento dos mestiços e negros que constituem as camadas oprimidas da cidade de Salvador, e, basicamente, o de Archanjo, símbolo de toda a mestiçagem baiana.

É claro que esta última afirmação já é bastante para se falar de religião a propósito de *Tenda dos Milagres*. Entretanto, na sua configuração de espírito do povo, ela está bem mais presente em *O amuleto de Ogum*.

É bem provável que essa diferença de grau decorra da diversidade das origens. Por mais popular que pretenda ser, e por mais respeito que tenha pela religião do povo, Jorge Amado, acadêmico de renome internacional, é um materialista sofisticado, um representante da elite intelectual. *O amuleto de Ogum* surgiu de argumento escrito por autor popular – Francisco Santos – transparente aos problemas do povo. O fato é que, sob o aspecto que se enfoca neste capítulo, o filme é todo banhado pelas forças místicas da umbanda, a cada momento repetindo-as com verdade infra-estrutural através de indicações secundárias ou impulsionadoras da ação e da problemática.

A simplicidade do assunto, em oposição à ambiciosa proposta diacrônica do outro filme, facilita, evidentemente, a constatação; a freqüência maior de exteriores naturais idem. O fato, entretanto, é que as forças cósmicas da umbanda – a água, a terra, a pedra, a lama, o ar, o fogo – estão presentes a todo instante. E as representações icônicas referenciam também alguns interiores.

A água, sobretudo, tem uma presença constante, não apenas ambiental, mas de ação renovadora e purificadora. É na piscina da casa de Severiano que Gabriel e Eneida iniciam e dão publicidade a seu romance. É na água do mar que pai Erley recolhe o corpo de Gabriel. E à beira de uma cachoeira que o rapaz recebe os primeiros ensinamentos e, nela, o banho iniciático. Após sua feitura de cabeça, ele faz a oferenda recolhida por Iemanjá. E, finalmente, após sua morte – na piscina de Severiano –, segue-se a ressurreição no mar.

Torna-se praticamente impossível para o leigo a compreensão mais adequada da simbologia dos rituais umbandistas e do candomblé, visto que o conhecimento só se aprofunda pela iniciação. Contudo, há certas indicações no filme que dispensam entendimentos iniciáticos para serem entendidas.

O comportamento dramático de Gabriel esclarece bastante a respeito.

Seu corpo fechado em criança tornou-o um predestinado. Por enquanto, não mais que isto. Sua iniciação na vida social – como pistoleiro – nada tem de glorificante em termos de heroicização; ele é simpático, pela tolice e ingenuidade, manipulável facilmente por aqueles que têm mais conhecimento do chão onde pisam (Eneida, Severiano, Dr. Baraúna). E o respeito que passa a infundir nos mais humildes depois da primeira comprovação de sua invulnerabilidade não impede que continue sendo manipulado. Somente quando se liga a pai Erley – após a segunda comprovação do seu corpo fechado – é que Gabriel começa realmente a crescer – ressalva feita à experiência amorosa que lhe tinha sido fornecida por Eneida. É na vinculação de Gabriel com seus semelhantes que sua significação vai adquirindo contornos precisos. A iniciação religiosa concede-lhe a capacidade de entender o povo. "A feitura-de-cabeça" – conforme declara Dilson Bento[4] – "sendo um ritual de iniciação, quando vivenciada psíquica e emocionalmente, pode ter a força de, em casos especiais, individuar a personalidade". Depois de travar conhecimento com os mistérios de sua religião, de receber a guia e o santo – Ogum Beiramar – e ter aceita sua oferenda por Iemanjá, companheira de trabalhos deste, Gabriel já cresceu também hierarquicamente em relação a seu povo e já tem condição de representá-lo. A terceira comprovação de sua resistência às balas, afetada pela suposta morte da mãe, provoca o derramamento do seu sangue – força vital –, outro elemento de forte simbologia, relacionando, nos sacrifícios, o sangue dos animais com o do orixá, o do iniciado com seu guia (por outro lado, surge também aqui a simbologia do número 3, presente nos mais variados mitos, mas especificamente defendido por Juana Elbein dos Santos[5] como princípio dinâmico no candomblé).

Neste terceiro momento, Gabriel já representa o espírito do povo. Mergulha na água doce para reaparecer no mar e ser enviado ao ar: de revólver na mão, um novo Ogum guerreiro.

E o violeiro cego, que soube contar toda essa história, também vai desempenhar o ataque de seus assaltantes, ratificando a frase de Pedro Archanjo de que o povo não acaba nunca. "Se me der na veneta eu vou, se me der na veneta eu mato, se me der na veneta eu morro... e volto pra curtir".

NOTAS

[1] O desenrolar do passado recente ultrapassa, no final, o presente narrativo, projetando-se além deste na última seqüência e na apresentação conclusiva dos letreiros.

[2] Edição de 23 de setembro de 1977.

[3] In *Espetáculos populares no Nordeste,* São Paulo, 1966.

[4] In *Malungo, decodificação da umbanda,* Rio de Janeiro, 1979.

[5] In *Os nagô e a morte*, Petrópolis, 1979.

DO UDIGRUDI ÀS FORMAS MAIS RECENTES DE RECUSA RADICAL DO NATURALISMO

Ronald F. Monteiro

Tratar do cinema marginal, aquele que eclodiu na virada dos anos 70, sobretudo em mostras paralelas e sessões especiais, e cujo efeito se fez quase que exclusivamente nas caixas de ressonância – os meios intelectuais do cinema –, não é uma tarefa árdua, posto que altamente gratificante. Entretanto, um trabalho aprofundado exigiria longa pesquisa, principalmente porque a passagem do tempo transformou os resultados de algumas propostas; e o referencial crítico existente, em termos de documentação, está desligado das formulações que esses filmes provocariam, hoje.

Em relação à última colocação, há que ressalvar a permanência de alguns poucos autores que persistiram – regularmente ou não – na marginalização, como Júlio Bressane, Rogério Sganzerla e Luis Rosenberg Filho. Estes, entretanto, tiveram poucos trabalhos levados ao público. Daí resulta que os comentários críticos mais recentes, a respeito, individualizam inapelavelmente a autoria, desfazendo, em conseqüência, o sentido de surto que, no momento, é o que explicita a preocupação norteadora deste trabalho.

Portanto, um desafio se faz ante as limitações impostas e, sem absolutamente pretender um inventário daquilo que foi uma rotura surpreendente no processo mais ou menos harmônico do Cinema Novo durante os anos 60, escoro este exame em três dados, a saber: a) a revisão do filme *Piranhas do asfalto*, de Neville Duarte d'Almeida, feito em 1970 e comercialmente inédito até hoje por divergências do autor com a Censura; b) pesquisas paralelas sobre o filme *Orgia ou o homem que deu cria*, de 1970 – igualmente inédito e sobre depoimentos da época feitos por seu realizador, João Silvério Trevisan; c) a memória do tempo vivido, revista por documentos de imprensa consultados, recortes de jornal em sua maioria.

Para mim seria provavelmente mais fácil exemplificar o surto do cinema marginal através dos filmes de Júlio Bressane e Rogério Sganzerla – comercialmente lançados ou *não* –, com os quais (filmes) tenho mantido maior intimidade. Entretanto, essa alternativa me levaria a uma análise autoral deturpadora das intenções do trabalho, que, mesmo correndo o risco de se deter em superficialidades, busca uma abrangência no levantamento das características do surto.

PAIXÃO

As coisas começaram a aparecer, embora muito timidamente, no I Festival de Cinema Amador, que se promoveu no Rio, em 1965, como uma parte das comemorações dos 400 anos da cidade. Era a manifestação de uma turma nova – não geração, como foi freqüentemente afirmado: havia até casos de amadores mais velhos do que alguns dos representantes do Cinema Novo –, sôfrega pela recente descoberta que alguns conterrâneos haviam feito do cinema.

Os contornos começaram realmente a surgir no ano seguinte, quando a mostra assumiu caráter nacional: foi então possível confrontar inquietações de jovens mineiros e paulistas e compará-las com as dos cariocas; percebeu-se, enfim, que a vontade de fazer cinema percorria quase todo o país.

As imediações do cinema Paissandu e da Cinemateca do Museu de Arte Moderna, no Rio, o restaurante Soberano, em São Paulo, transformavam-se em platéias de debates informais sobre cinema, e o Cinema Novo em particular, já que estes não cabiam dentro do formalismo acadêmico das mostras – justamente aquilo que lhes forneceria o elemento mais dinâmico e produtivo – provavelmente por serem, também, indesejáveis aos organizadores.

Foi nos debates e nos filmes que se esboçaram os resultados desse mergulho apaixonado na opção criativa que permitia o extravasamento dos desejos e dos preconceitos de uma nova geração – aqui, sim, o termo passa a ter um significado preciso –, motivada pelos trabalhos de alguns companheiros que tinham amadurecido um pouco antes suas posições frente ao veículo. Nunca é demais relembrar que o Cinema Novo constituiu-se no primeiro movimento cultural, cinematográfico, no Brasil, apropriado por intelectuais, ressalvadas, obviamente, as exceções, que decorreram, entretanto, muito mais de esforços individuais, ainda que em alguns casos exprimindo o consenso e o incentivo de minigrupos.

Houve quem encontrasse no edipianismo que pululava nos filmes do cinema marginal uma relação direta com o movimento gerador, i. e.: o cinema-novismo. Em princípio, tudo bem; mas a questão é bem mais ampla e séria. O edipianismo dificilmente deixaria de aparecer num produto cultural em que o autor colocava suas entranhas à mostra de todos e, geralmente, de modo bastante agressivo. Assim, por exemplo: nos assassinatos cometidos pelas piranhas do filme de Neville Duarte d'Almeida – seu explorador e o freguês rico –, no parricídio inicial de *Orgia* e nas lamentações do anjo pela morte do patrão, neste mesmo filme, é impossível não se ver, também, a exorcização de alguns fantasmas e a tentativa de substituição do poder. Em seus filmes às vezes herméticos, as idéias, bem ou mal resolvidas, referiam-se a desejos íntimos, quem sabe, até, às vezes, inconscientes, sem exclusão das relações sociais e das tensões a partir daí provocadas.

JARDIM DE GUERRA

As infindáveis discussões sobre o Cinema Novo, acompanhando o movimento em processo, permitiram aos representantes do cinema marginal atitudes mais precisas diante do seu projeto (e o projeto no singular não significa que se estabeleceram estatutos de coerência entre eles). De imediato, o que se verifica desde as primeiras manifestações mais indicativas da virada de mesa em relação ao cinema que vinha se fazendo é a diferença de postura do autor em relação a seu filme, pela recusa de certo didatismo populista que elas próprias denunciam. Uma das acusações mais freqüentes ao Cinema Novo calcava-se no intelectualismo pequeno-burguês que teriam assumido seus cineastas, às vezes ingenuamente, discutindo uma realidade popular que lhes era estranha, ainda que conhecida. Os resultados a que chegaram os contestadores não fugiam muito ao que criticavam em seus antecessores quanto à imodéstia. A novidade apresentada – e que hoje se pode detectar facilmente como contribuição – foi o desnudamento maior da autoria, i.e.: uma coragem praticamente inédita no oferecer-se ao público como artista-indivíduo, enfocando os problemas levantados de modo mais sincero e menos professoral.

Objetivamente, na busca de um entendimento da escalada do cinema brasileiro, o que interessa são os degraus. E os representantes, voluntários ou não, da marginalidade que explodiu – apenas nos meios intelectuais –, na passagem dos anos 60 para os 70, tiveram sua participação histórica.

É claro que boa parte das condicionantes para o radicalismo marginal do surto encontra-se nas novidades políticas e sociais (do recrudescimento da ditadura à circulação internacional das drogas) e também filosóficas (as idéias da vanguarda progressista na Europa e certas manifestações de sua práxis sofreram modificações ponderáveis no decorrer da década de 60), surgidas no período.

Tanto em declarações quanto nos seus posicionamentos dentro dos filmes, aqueles cineastas, que a princípio deveriam compor um segundo filão do Cinema Novo e optaram pela divergência, refutaram o didatismo intelectual dos cinema-novistas e adotaram um processo criativo que lhes pareceu mais adequado à ruptura com a ideologia dominante. Sua adequação a esse propósito revelou-se nitidamente na renúncia à vida do povo, que eles reconheceram desconhecer; e dentro do mundo mais próximo que os rodeava plasmaram seu protesto.

Antes de tentar abordar as características dominantes no surto, tanto as comuns quanto as diferenciadas por alguns de seus autores, convém estabelecer certas áreas de definição e delimitação.

Dizia eu no início deste trabalho que as primeiras indicações do surto podiam ser encontradas nos curtas apresentados em festivais de amadores. Entretanto, o cinema marginal só encontrou sua base de definição no longa-metragem, posto que o curta, na época, não dispunha de qualquer referencial em termos de mercado: no final dos anos 60, grosso modo, todos os curtas eram marginais.

É na opção assumida pelos realizadores de longas-metragens, a partir das condições de produção, que vai realmente se caracterizar essa faixa de filmes divergentes.

Historicamente, *O bandido da luz vermelha*, de Rogério Sganzerla, feito em 1968, pode ser considerado como o anunciador ainda não devidamente malcomportado: haja vista sua premiação por um júri oficial, no Festival de Brasília do mesmo ano.

Rio e São Paulo tornaram-se os eixos do cinema marginal, absorvendo os mineiros que participaram do movimento, e também o baiano André Luís de Oliveira – com *Meteorango Kid, herói intergaláctico* (1969) –, em razão de sua exclusividade como centros de tecnologia (especialmente para as tarefas conclusivas de montagem, mixagem e sincronização, trabalho de laboratório etc.).

Os cariocas – naturais ou por adesão – definiram-se através de produções individuais, muito embora alguns deles ligados pela camaradagem decorrente do propósito comum. A única exceção, salvo engano, decorreu da criação da Belair, resultante da associação entre Júlio Bressane e Rogério Sganzerla, depois que este realizou seu segundo filme paulista, *A mulher de todos* (1969), o último, aliás, que teve exibição comercial e, este sim, já bem característico do surto.

Em São Paulo, as coisas se passaram de modo um pouco diverso. Antônio Lima e Carlos Oscar Reichenbach Filho partiram para um filme comercial de baixo custo – *As libertinas* (1968) – já sob influência do tipo de cinema que era feito por José Mojica Marins e Ozualdo Candeias. Formaram a produtora Xanadu e, em 1969, lançaram *Audácia*, já devidamente inserido no movimento do cinema marginal, que naquela época era chamado pelos próprios participantes de cinema cafajeste, e que logo a seguir provocou o surto da Boca do Lixo.

Segundo Antônio Lima, o ciclo da Boca do Lixo se comporia de doze filmes, feitos em dois anos e incluindo trabalhos de Candeias e Mojica Marins.

Conquanto os filmes desses dois realizadores possam ter influenciado e, até, definido algumas das preocupações dos novos cineastas, não me parece que se enquadrem no ciclo do cinema marginal, que se caracterizou bem mais por um intelectualismo extremado, até mesmo no deboche e na caricatura de certos conceitos em voga na época.

De qualquer maneira, o ciclo da Boca do Lixo, mais do que o udigrudi carioca, reproduziu as atividades do Cinema Novo no que diz respeito à mobilização de grupos. A rebeldia estabeleceu-se, sobretudo, em relação ao realismo crítico do movimento anterior e ao nível industrial dos produtos que marcaram a segunda fase do Cinema Novo.

O PROFETA DA FOME

O termo udigrudi foi inventado, parece, por Glauber Rocha, numa invectiva aos filmes do underground caboclo. E seu tom pejorativo foi devidamente invertido pelos divergentes do Cinema Novo, que dele se apropriaram, já que definia sua proposta.

Numa entrevista dada a uma revista marroquina[1], João Silvério Trevisan, antes mesmo de realizar seu primeiro e único longa-metragem – *Orgia, ou o Homem que deu cria* – declarava: "Eu busco atualmente um cinema da negação total, um cinema marginal sobre o marginalismo, um cinema ferozmente anticultural que busque a morte da cultura em cada movimento, em cada gesto. Eu quero que meus projetos contribuam para a liquidação simples e absoluta da minha saciedade. Seguramente, um anticinema, porque ele atua *ipso facto* pela morte do cinema. Isto vai fazer a alegria de todas as funerárias."

O radicalismo da posição não exclui sua oportunidade, pois define a tendência predominante nos filmes do surto. Uma revisão de *Piranhas do asfalto* foi bastante útil para a indicação de certas constantes na maioria deles. Elas são enumeradas a seguir.

1. *Condições de produção.* A filmagem rápida de um assunto pensado em termos de produção barata (no caso, um apartamento em Ipanema e os arredores do prédio, a praia, uma mansão retirada – talvez na Floresta da Tijuca – e suas vizinhanças).

Cabe aqui um registro sobre o aspecto urbano da ambientação. São raros os casos de filmes marginais, durante essa eclosão inicial, que tenham optado por um clima rural, ou simplesmente natural, como acontece com *Orgia*, que, como alguns dos exemplares paulistas, aproveitou-se de algumas indicações de *A margem*, de Candeias, onde a escória da sociedade periférica – em relação à metrópole – se apresenta e se impõe. A natureza costuma surgir como fator que gera perplexidade nos personagens predominantemente urbanos que povoam a grande parte dos filmes ligados ao surto. Em *Piranhas do asfalto* observa-se, também, um desligamento do real social. Embora ambientado no bairro de Ipanema, o filme exibe um isolamento quase que absoluto dos personagens que servem de pretexto à poética do autor, admitindo, no máximo, a presença de passantes eventuais na composição de alguns quadros. O bairro funciona muito mais como referencial ao padrão de bom gosto, para melhor caracterizar a agressão estética do autor a esse mesmo padrão.

Também em *Orgia* os exteriores – dominantes – servem muito mais como pano de fundo à sua corte de personagens alegóricos, que o povoam insolitamente: uma estrada, um campo, um monte, um cemitério etc.

2. *Comportamento formal.* A produção apressada não é apenas uma saída, mas, também, uma recusa. E esta se patenteia na maneira pela qual os cineastas enfocam seus personagens e situações, tentando violentar normas e bons-comportamentos que o cinema tradicionalizou.

Em seu aspecto mais exterior, por exemplo, constata-se: a exploração estética da luz sobre a lente; a refilmagem do negativo que resulta em imagens diáfanas e meio indefinidas; enquadramentos incorretos, visando a informações dúbias e à ambigüidade; desequilíbrio desejado no nível dos desempenhos, da neutralidade aparentemente amadorística à exacerbação do *over-acting*.

A importância dos planos-seqüência e sua constância surgem como opções agressivas; de dupla agressão: à narração cinematograficamente tradicional e ao hábito do espectador em ter sua informação selecionada pela *mise-en-scène* através de informações sucessivas. Assim, a longa exposição de situações-limite ao suportável, tanto no que sugere o visualmente desagradável (corpos ensangüentados, tortura física, autocastração, contemplação do lixo), quanto na impressão de vazio (personagens estáticos, muitas vezes olhando ostensivamente para o espectador, esvaziando o quadro de seu conteúdo aparente, talvez um significante sem significado, mas forçando o espectador à reflexão pela duração).

As homenagens cinematográficas são também freqüentemente expressas. Em *Piranhas do asfalto*, além de tributos pela retomada, a câmara focaliza um cartaz de *Rocco e seus irmãos*, de Luchino Visconti, o filme exibe trechos de *Ivã, o terrível*, de Eisenstein.

3. *Implicações estruturais*. A dinamização da evolução narrativa tradicional, seja na manutenção do imponderável entre dois momentos, ou, mesmo, episódios que se sucedem na tela sem indicação clara das relações de causa e efeito, seja pela revelação ostensiva de que um filme está sendo mostrado ao espectador, seja, ainda, pela inserção de dados rigorosamente desligados do relato concreto, cria a instabilidade para o espectador. Os campos do real e do imaginário se misturam ou se sucedem alternadamente; realidade concreta e metáfora passam a participar do mesmo impulso narrativo.

A coerência da rebeldia nos mais variados aspectos do produto é que conferiu aos filmes do cinema marginal surgidos entre os últimos anos da década de 60 e o início da seguinte o peso de sua significação.

O deboche, o grotesco, a caricatura, a imagem suja e mal definida da pobreza e do lixo, o relato sem relato, a exacerbação dos absurdos de uma realidade sem nexo contemplada de dentro, a incapacidade de ação são as peças do puzzle que se encaixam com clareza. Ainda que o excesso de ambigüidade transforme vários dos filmes, total ou parcialmente, em enigmas, em modelos de hermetismo.

Sua marginalização na fase final de atuação – o mercado, tanto pelos constrangimentos governamentais quanto pela negativa dos comerciantes do cinema e a inexistência de uma circulação alternativa – foi uma decorrência da própria proposta, talvez a única com a qual os cineastas divergentes não tenham atinado. Eles foram vitimados pela antropofagia que eles mesmos discutiam como um dado da realidade de então.

O ANJO NASCEU

Os primeiros anos desta década foram marcados por um processo de industrialização até então inédito no cinema brasileiro. E o produto comercial procura normalmente o relato linear, formalmente bem-comportado, o que implica em uma série de limitações à criação.

As pesquisas efetuadas durante o surto do cinema marginal serviram também para nortear certas proposições que se manifestaram mais frontalmente contrárias ao naturalismo, nos últimos anos, sem assumir a marginalidade em relação ao mercado.

Dois filmes recentes – entre outros – resultantes de propostas distintas e buscando caminhos diversos sedimentam – ainda que o contestem seus atores – algumas das contribuições trazidas pelos filmes do *udigrudi*.

A lira do delírio, de Walter Lima Júnior (1978), em sua proposta de abertura a várias leituras, induz o espectador a co-participar segundo seu (do espectador) direcionamento, e apreender do filme algo que existe em potencial na tela mas que se pode amoldar a visões distintas. Todo o lado irracionalista que os filmes marginais, em sua maioria, desenvolveram leva o espectador a comportamento similar, já que a disponibilidade do perceptor permitia co-produzir ou co-organizar à sua maneira o material que a tela enviava concretamente. E as aproximações se avizinham na retomada, pelo filme de Walter Lima Júnior, de personagens ligados à marginalidade urbana de uma grande metrópole (cabaré, drogas, prostituição, seqüestro e tráfico de crianças etc.), e a possibilidade de coabitação de dois campos semânticos: o real e o imaginário.

Independentemente das idéias já algumas vezes veiculadas pelo realizador sobre a importância da ambigüidade, a gênese do filme colaborou sensivelmente para o resultado. A um material originariamente feito para um documentário sobre o carnaval, em 1973, foi adicionado o que deveria ser um musical sobre o carnaval, realizado em 1976. O filme já tinha uma terceira diretriz quando ocorreu a morte da atriz principal – Anecy Rocha, mulher do realizador –, fato que seguramente interferiu, de modo drástico, na montagem definitiva.

Visceralmente diversa deve ter sido a gênese de *Mar de rosas* (1977), de Ana Carolina. Uma simples visão do filme já dá a perceber o cerebralismo que presidiu sua elaboração, o rigor no contato e confronto de poucos personagens que alimentam toda a trama: pai, mãe, filha, estranho ligado ao pai, casal de província. A idéia de discutir o poder – problemática assumida textualmente pela diretora – a partir de conflitos no microcosmo familiar denota um severo controle das situações armadas, enquadradas, filmadas e montadas. Entretanto, nessa rigorosa aparelhagem formal, que deve ter custado à realização, inclusive, algumas curtições criativas – abundantes, por exemplo, no curto e rigorosamente elaborado *Indústria* (1969) –, as colocações das relações familiares são tão claras na caricatura e ao mesmo tempo tão extravagantes que provocam um alto teor de ambigüidade. E, sobretudo, instigam o espectador, dinamicamente, numa espécie de lógica do absurdo e absurdo da lógica, de rebeldia em ritmo de humor negro, de deboche revoltado. O rigor formal do tratamento dado ao filme termina se abrindo – na empáfia e na conceituação – a *n* interpretações. É nesse sentido que os dois filmes se aproximam e se reportam ao do cinema marginal da virada dos anos 70.

NOTA

[1] In *Cinema III*, nº 3, setembro, 1970, Casablanca.

televisão 70

EVA-EU
AINHO

Os 25 anos que me separam da escrita desse texto permitiram que o relesse como se fosse de autoria de outra pessoa. Por isso, em respeito à autora que já não sou eu, decidi não alterar nada além do estritamente necessário. A começar pelo estilo, que eu chamaria de ensaísmo jornalístico: é um texto muito veloz, que busca condensar um grande número de informações sem perder a concisão e a prosa coloquial. Na época, não me lembro por quê, não recorri a nenhuma referência bibliográfica. O nome de Theodor Adorno aparece deslocado por ali, como se fosse o de um colega que me forneceu uma dica interessante; as fontes empíricas são mais nomeadas do que as teóricas. Vou deixá-lo assim mesmo.

Ao mesmo tempo é um texto irreverente, bem ao tom do final dos anos 70. Percebo que "a autora" tentou conciliar seus recursos analíticos com algumas provocações críticas dirigidas tanto.ao leitor como ao seu próprio objeto. Deste segundo aspecto, excluí apenas, talvez por excesso de pudor, alguns termos que me parecem hoje, do alto do terceiro milênio, provocativos demais.

Quanto ao conteúdo, fiquei tocada com o aspecto de "descoberta" desta que foi uma das primeiras tentativas de traçar uma história crítica da Rede Globo. Os primeiros efeitos da expansão de um meio de comunicação tão abrangente como a televisão sobre a sociedade brasileira no período militar aparecem como que em primeira mão, captados no nascedouro. Naquela época o acesso a depoimentos de várias fontes – empresários de televisão, criadores, publicitários e também autoridades militares – que me foi facilitado pelos arquivos da Funarte, com a ajuda inestimável do organizador daquele ciclo de pesquisas, Adauto Novaes, demonstrou que nenhum dos movimentos estratégicos que nortearam a expansão da Rede Globo no Brasil foi espontâneo, ingênuo ou impensado.

A consolidação da hegemonia da Globo foi fruto de uma estratégia muito bem pensada, para a qual contribuíram a experiência e os interesses tanto do capital privado das telecomunicação como dos setores encarregados de pensar políticas culturais compatíveis com as diretrizes dos governos Médici e Geisel. O mais espantoso, hoje, é confirmar como o projeto dos anos 70 era consistente, e como suas linhas mestras se mantêm com sucesso, três décadas mais tarde. Aquilo que me produziu tanta inquietação em 1979, o projeto de construção de um novo "aparelho ideológico" eficiente e sedutor que este texto anuncia com ênfase crítica, hoje já se estabeleceu com tal eficiência que se naturalizou como parte integrante da sociedade brasileira. A televisão existe como um fato inexorável, fruto do progresso tecnológico e das necessidades comunicativas da população. Sua história se escreve como a história dos grandes espetáculos que ela, de fato, ofereceu ao público. A origem, o conluio com os militares, a missão domesticadora desta que foi e continua sendo a maior e mais bem-sucedida rede de televisão do país, tudo se apagou ou tornou-se irrelevante diante do fato de que o público aceita, ama e deseja que a Globo (assim como as outras emissoras) continue cumprindo o seu papel.

A iniciativa da Aeroplano Editora de reeditar esta série de ensaios críticos sobre os rumos da cultura no Brasil da década de 70 é preciosa; só a recuperação da origem do que hoje nos parecem fatos consumados pode produzir algum estranhamento e "desnaturalizar" o imenso poder das emissoras de televisão em nosso país. A televisão participou e participa do progresso e da evolução democrática da sociedade brasileira. Como costumo afirmar nos debates de que tenho participado sobre os efeitos benéficos e maléficos da televisão no Brasil: nossos problemas não decorrem dos poderes da televisão, mas certamente são agravados pela falta de outros poderes que se contraponham a ela. Outros pontos de vista, outros discursos, outros modos de enquadrar a realidade e de ocupar o espaço público ainda estão por ser construídos ou fortalecidos, no Brasil. Enquanto a sociedade não o fizer, a televisão o fará – sozinha e hegemônica.

Por fim, vale reconhecer a atualidade das informações contidas neste pequeno ensaio. Não por mérito da autora. O texto nada tem de profético. Nada do que escrevi aqui ultrapassa o horizonte dos depoimentos dos homens de televisão, das pesquisas e projeções publicadas nos boletins internos da emissora, dos relatórios de encontros entre empresários das comunicações, publicitários e autoridades militares na Escola Superior de Guerra. Se as informações que recolhi permanecem atuais, o mérito se deve à consistência do projeto Globo, que teve nos anos 70 o período mais importante de sua consolidação. De lá para cá, o padrão global só fez seguir as diretrizes iniciais e aperfeiçoar sua linguagem, seus recursos técnicos e sobretudo – passado o período da censura – seu ímpeto criativo. Ao mesmo tempo, na última década, a emissora adaptou-se bem à queda de qualidade das emissoras comerciais em função da migração de uma parte de seu público para as TVs pagas, que tornou mais selvagem a concorrência entre as de canal aberto. Se na segunda metade dos anos 90 a Globo foi tentada a baixar o nível em alguns horários da grade de programação para concorrer com emissoras que se dizem "mais populares" (como é o caso da Record e do SBT), nos anos 2000 a tendência se reverteu e observamos um empenho redobrado da emissora em manter seu público ligado em programas de bom nível ético e estético.

O que mudou, do período pesquisado para cá, foi a maior desenvoltura com que a emissora vem participando do processo de redemocratização do país, sobretudo durante os períodos de campanhas eleitorais. Até certo ponto, o movimento de diluição e acomodação das tensões sociais que apontei no primeiro texto continua a se repetir. A cada reviravolta dos movimentos sociais que expressam anseios de mudar a estratificação e os modos de dominação da sociedade brasileira, a Globo (sobretudo em seu departamento de jornalismo) repete o mesmo padrão de reação. Primeiro, tenta ignorar o movimento incipiente, na esperança de que, se "o que é bom está na Globo", o que fica de fora da Globo não deveria valer nada. Lembrem-se das primeiras greves operárias de 1978, das primeiras manifestações pelas Diretas em 1984, dos primeiros sinais de que a sociedade desejava o impeachment do presidente Collor, em 1992. Enquanto foi possível deixar passar a onda de insatisfação sem dar a ela o estatuto de notícia, esta vem sendo a política da Globo. Mas quando a tendência de mudança começa a fazer ruído, a Globo passa a encampá-la e assume uma espécie de liderança imaginária sobre os rumos das manifestações populares – como fez ao "inventar" a geração cara-pintada, em 1992. Por fim, quando a mudança ocorre, é a primeira a lançar sobre ela uma cobertura de alegre normalidade. Neste sentido a maior emissora do país continua fiel a seu compromisso de origem, com a estabilidade do poder, seja quem for que ocupe os postos no governo. Fatalmente tem se tornado uma aliada imprescindível na manutenção de todos os projetos políticos que já vigoraram aqui. Se ela é capaz, pela força de sua capacidade de criar mitos, de transformar todas as tentativas de mudança em "mais do mesmo", é algo que a sociedade ainda está por discutir. Em todo caso, vale lembrar que uma máquina de contar histórias (e realizar desejos), por mais poderosa e bem-equipada que seja no cumprimento de sua tarefa, só terá o poder que nós lhe outorgarmos.

/ comentário de Maria Rita Kehl /

UM SÓ POVO, UMA SÓ CABEÇA, UMA SÓ NAÇÃO

Maria Rita Kehl

Escrever sobre a televisão brasileira na década de 70 é praticamente escrever sua história. Talvez a TV tenha sido muito mais criativa, muito mais capaz de improviso nos 20 anos anteriores, quando tudo estava por ser inventado e não havia modelos prontos. Mas foi a partir do momento em que a televisão no Brasil "criou seu próprio modelo" – e isto significa exatamente o advento da Rede Globo – que ela passou a existir como fenômeno social significativo e como sistema abrangente. A década de 70 está intimamente relacionada com a expansão da indústria cultural no Brasil. Escrever sobre a TV brasileira neste período é reconstituir a história da indústria cultural no país ligada à atuação dos grandes monopólios econômicos, e conseqüentemente à história da Globo.

Existem oito emissoras de televisão no Brasil: três redes e cinco estações locais (São Paulo e Rio). A princípio, pensamos em escrever um pouco sobre cada uma. Mas chegamos à conclusão de que o fenômeno Globo representava um vastíssimo campo a ser explorado, pela desproporção de sua penetração em relação ao alcance das outras emissoras e também pela complexidade de sua estratégia de conquista do público. A idéia foi concentrar o trabalho numa análise do processo de expansão da emissora ao longo desses dez anos e descrever a luta pela sobrevivência das outras estações face ao monopólio.

Para reconstituir o processo de crescimento da televisão, tivemos que recorrer fundamentalmente a um arquivo: a memória dos homens que trabalham ou trabalharam para construí-la. Refletindo sobre esta memória pudemos descobrir – ou quem sabe, inventar – a história da Rede Globo e suas linhas de programação. Esta história representa um universo tão complexo que acabamos optando por ocupar todo o espaço deste trabalho na sua detalhada descrição e análise – a Globo é efetivamente a síntese da televisão brasileira na década de 70.

1970-1979: à maneira das *retrospectivas de fim de ano* levadas ao ar pela Globo a cada 31 de dezembro, tentaremos uma retrospectiva da década que começa de fato em 1968 – com o AI-5 e o arrocho da ditadura, em termos mais amplos; com os primeiros acertos e definições da política de programação da maior emissora de televisão do país, em termos mais específicos mas nem por isso menos significativos – e que talvez já tenha dado seus últimos suspiros há alguns meses. Os acontecimentos mais marcantes deste ano já não são mais tipicamente "década de 70" (embora conseqüência dela); já anunciam outra década, outra conjuntura, outros problemas e outras perspectivas – aparentemente, menos limitadas. Que esses dez ou 12 anos passados sob jugo militar, tutelados pela indústria cultural em expansão e motivados pelas promessas do já falido milagre econômico brasileiro, não tenham viciado ou embotado as faculdades pensantes e sobretudo desejantes com que nós, brasileiros ("nós" quem?), temos que contar.

Mas, se não embotaram, certamente marcaram bastante. Essas linhas de abertura, por exemplo, independentemente de seu conteúdo, levam o jeito daquelas palavras de estímulo e consolo com que o elegante Cid Moreira encerra o *Fantástico* todos os domingos, deixando a mensagem editorial da Globo para a semana que inicia. E a retrospectiva da década feita em pequenos takes, que se segue, não difere muito do estilo telejornalístico com que a emissora pretende informar seu público. Para escaparmos de tanto determinismo só nos resta refletir sobre os fatos, reencadeá-los de outra maneira, extrair deles significados além das aparentes evidências, fazer emergir da constatação que imobiliza a compreensão que transforma. Nesse terreno, na manutenção e renovação desses estranhos hábitos, residem alguns fundamentos essenciais da liberdade – palavra que pode soar estranhamente vazia de sentido no contexto da década de 70, mas talvez adquira significados mais concretos e menos demagógicos nesses incipientes anos 80, dos quais tenho vagas idéias sobre o que quero que sejam, e idéias muito precisas sobre o que, espero, *não sejam*.

1) 1º de janeiro de 1971. Em Salvador, Bahia, cidade onde entre carnavais e candomblés ainda subsistem elementos do que se poderia chamar de uma "pujante cultura popular", acontece a Procissão dos Navegantes. Centenas de barcos de todos os tamanhos saem ao mar em procissão seguindo a imagem de N.S. dos Navegantes e saudando o ano novo. Num dos barcos, naquele ano, iam dois turistas muito especiais – Tarcísio Meira e Daniel Filho, respectivamente astro e diretor da novela das oito da Globo no momento, *Irmãos Coragem*. Aliás, a primeira novela de grande repercussão nacional da Globo, comparável aos fenômenos de audiência já garantidos pela emissora para quase qualquer coisa que leve ao ar às oito horas, atualmente. De repente, vinda de um dos barcos, a música-tema da novela eleva-se acima dos outros ruídos da festa. Aos poucos os barcos que seguiam a Senhora dos Navegantes vão mudando de rumo até formarem um círculo em torno daquele que transportava nossos heróis. O povo baiano e outros visitantes entoavam em coro "irmãos, é preciso ter coragem..." enquanto Tarcísio os saudava na proa, os braços erguidos, os olhos cheios de lágrimas diante daquela expressão espontânea do afeto popular.

Espontânea, sim, e carregada de muito mais significados do que o simples carinho do público por seu ator predileto. Expressão do poder de mobilizar emoções, conquistado pelos produtos de uma emissora de televisão. Expressão do poder de certas imagens, certos dramas pré-fabricados, certos truques estilísticos que compõem uma telenovela – aliados à capacidade de penetração da rede em nível nacional – em ocupar um espaço central na vida afetiva de milhões de pessoas. Não é qualquer comício que desvia os rumos da curtição de uma festa de rua, na Bahia – e também não foi a primeira nem a única vez que a Globo arrombou a festa nesses anos de seu monopólio. Arrombou a festa, a missa, a passeata, a noite de núpcias, o comício, o divã do psicanalista, a hora do jantar – e tantos outros eventos cuja proporção talvez precisemos de mais alguns anos para avaliar com clareza.

2) Em Caicó, pequena cidade do sertão do Rio Grande do Norte, na região do Seridó, uma rádio local anuncia a próxima música dirigindo-se a seus ouvintes mais jovens: "E agora, para o embalo de vocês, cocotinhas do Seridó...". Deslocado da Zona Sul carioca ou dos grandes centros urbanos em geral, o apelo parece ridículo. No sertão do Seridó, a realidade física é outra, o nível de consumo é outro, os problemas de sobrevivência são outros. Mas outros planos da realidade (nem por isso "menos reais"), o plano simbólico e o plano do imaginário, planos das codificações, dos signos e da linguagem, das fantasias e das aspirações, tornam-se cada vez mais homogêneos por todo o país. Que o digam as cocotinhas do sertão, os motoqueiros (ainda que montados em anacrônicas lambretas) do cerrado, os freqüentadores de discotecas da Zona Franca de Manaus. Se a burguesia reproduz sua imagem pelo mundo afora, a indústria cultural, tendo a TV como veículo mais eficaz, dilui essa imagem em padrões pequeno-burgueses tornando a imitação acessível a quase qualquer outro estrato social. Democracia burguesa é isso aí. *Integração Nacional* via unificação da linguagem, do consumo e da ideologia, também. A Globo cumpre orgulhosamente seu papel.

3) A revista *Amiga* (Ed. Bloch) vem lançando, há três ou quatro anos, uma edição especial – *As casas dos artistas* – para brindar os leitores com a atitude generosa de seus atores, cantores, autores de novelas, locutores e diretores mais queridos: nas páginas coloridas da revista estes personagens abrem as portas de seus lares para exibir seu estilo de vida privada, seus símbolos de sucesso profissional e (como não poderia deixar de ser) amoroso, sua correta moral familiar, seu bem-estar, sua extrema domesticidade, sempre plenamente compatível com a "vida artística". No domínio do espaço privado ostentado pelos artistas, temos o testemunho de uma carreira em linha reta, tal como convém aos bem-ajustados. A televisão, como veículo doméstico e bem-comportado que é, apagou definitivamente a imagem maldita que pesava sobre a carreira artística. Os empregados do Sr. Roberto Marinho transitam, sim, por um território reservado aos deuses (e quantos não sonham pelo Brasil afora em ser "gente da Globo", em qualquer nível!) mas onde a moralidade não deve chocar em nada a de seu público, onde os casais se separam apenas em função de formar uma família ainda mais bem-sucedida que a anterior e a dedicação à carreira só não é grande o suficiente para superar o amor ao lar, a vocação à maternidade, o prazer em cuidar do maridinho. A vida do artista é exemplar. Modelo a ser imitado com as devidas adaptações materiais, na medida do possível (mas o importante é que seja sempre possível) por qualquer cidadão comum.

4) Em fins de 1977, a Globo atingiu sua fase mais ousada em termos de experimentação (que daria lugar a uma volta atrás, logo em seguida). No horário das oito, o horário dos grandes novelões, uma novela de Lauro Cézar Muniz pretendia revelar ao público os bastidores da TV, desmistificar a imagem do ator e o processo de produção das próprias novelas. Um projeto inviável sobretudo por ser executado dentro da chamada Hollywood brasileira. Em todo caso, o *Espelho mágico* chegou a conter uma metanovela – *Coquetel de amor* – a famosa novela-dentro-da-novela que caricaturizava a tal ponto os clichês desse tipo de produto que o público não gostou nem um pouco da brincadeira. Ou sentiu-se ofendido com a revelação? Mas o *Espelho* foi polêmico. Chico Anysio, por exemplo, não gostou da personagem vivida por Sônia Braga, uma atriz principiante que lança mão de todos os recursos a seu alcance para fazer carreira. Também se ofendeu, e desancou a novela no *Fantástico*. No domingo seguinte, o mesmo programa apresentava um debate-promoção da novela de Lauro Cézar Muniz. A televisão tem essa agilidade: ela mesma cria o fenômeno que em seguida critica, debate, justifica, envolvendo ainda mais o público no julgamento desse fato social artificial. Antes de mais nada focaliza a si mesma: "Eu sou o espetáculo". A partir daí tudo é espetáculo. A vida é amiga da Arte, mas em televisão essas categorias se confundem. Melhor dizer: a cultura industrializada é amiga sobretudo de si mesma.

Aliás: no último capítulo de *Espelho mágico*, o personagem de Lima Duarte tirou a máscara e falou como ator em nome de todos os atores. Seu discurso de encerramento da novela reivindicava os direitos profissionais dos trabalhadores de teatro, cinema, circo e TV, e pedia a regulamentação da profissão. A Censura deixou passar a maior parte das lamentações do ator sobre seu trabalho, sua dedicação, suas alegrias e sofrimentos, mas cortou a parte dos direitos autorais e da regulamentação da profissão. Ossos do ofício, implicações das regras do jogo: todo detentor de qualquer tipo de poder precisa de salvaguardas para se revelar aos seus subordinados... Num caso como este (e quantos outros?) a emissora talvez deva agradecer a proteção da Polícia Federal.

SOLIDÃO EM CADEIA

Um dia qualquer, uma hora qualquer desses últimos dez anos. Um ponto qualquer do país (o que em termos de televisão significa qualquer município com mais de 50 mil habitantes; o resto não conta, porque o mercado consumidor potencial é muito pequeno para justificar qualquer investimento). Um brasileiro qualquer no isolamento de seu lar liga o aparelho de televisão e entra em cadeia com todos os que supõe seus iguais, pelo resto do território nacional. Um brasileiro qualquer: o homem isolado, desinformado, conformado. O homem urbano ou subitamente urbanizado por força de um processo de industrialização violento (se em 1950 o Brasil tinha 40% de sua população nas cidades e 60% no campo, em 1977 a população urbana representava 65% do total contra 35% de população rural). O homem moderno e desenraizado cujas tradições, quaisquer que tenham sido, foram aceleradamente substituídas por crenças mais seculares e mais coerentes com o ritmo do país: a fé na felicidade via consumo, no poder das cadernetas de poupança, na viabilidade da casa própria e carro do ano comprado com crédito facilitado; ufanista do seu terno novo e da bela fachada da agência bancária próxima à sua residência – assim como do supermercado inaugurado há pouco – para sua maior comodidade. Este homem convicto do progresso de seu país, que faz dele o cidadão participante de um novo sonho, endividado e angustiado, assoberbado de trabalho e desejos de ascensão. O filho calouro na faculdade de fim de semana, a mulher pedindo um segundo carro, a filha de cabelos cortados à *Pigmaleão 70*, a sogra orgulhosa da nova TV a cores, a geladeira cheia de embalagens coloridas – margarina da moda em vez de manteiga, iogurte com frutas, pudim de pacote, tudo mais sedutor e, quem sabe, um pouco mais barato.

O homem permanentemente insatisfeito cuja participação no processo político do país ficou limitada a concordar ou não com os apelos da ARP ou com as mensagens editoriais do *Jornal Nacional*. O homem desentendido que perdeu em um curto período de tempo a imagem de seu país tal como o concebia dez ou 15 anos antes (uma imagem carregada de valores rurais, ainda que defasados em relação à época) e perdeu ao mesmo tempo seus canais habituais de articulação com a comunidade – "canais" que vão do campinho de futebol de várzea à participação sindical, da festa de rua às eleições diretas. A este brasileiro resta o consolo da festa global, resta entrar em cadeia às oito da noite através do *Jornal Nacional*, ou da novela do momento (e, sendo mulher, mais despudorada em relação a esse tipo de envolvimento, quem sabe até enviar uma carta a Janete Clair pedindo um final reconfortante?). A este homem expropriado de sua condição de ser político, resta a televisão como encarregada de reintegrá-lo sem dor e sem riscos à vida da sociedade, ao *Lugar onde as coisas acontecem*. Pois este lugar é o próprio espaço da imagem televisiva, e este é o principal papel que a rede líder em audiência representou na década. Ela é O Veículo. Ela fala para estes brasileiros como se falasse *deles* – sem deixar de considerar uma faixa importante dos mais marginalizados economicamente, para quem acena com a possibilidade de ser *como eles*. Ela absorve e canaliza suas aspirações emergentes e, cúmplice, coloca no vídeo sua imagem e dessemelhança capitalizando seus desejos para o terreno do possível. Sendo que os limites do possível também é a televisão que condiciona sutilmente, impondo, com a força da imagem, padrões de comportamento, de identificação, de juízo e até mesmo um novo padrão estético compatível com a nova fachada do país "em vias de desenvolvimento".

Foi por volta de 1970 por exemplo que os fins de ano na Globo (e nos *outdoors* por aí) se tornaram mais opulentos. As imagens do casal jovem e bem-sucedido, símbolo do Banco Itaú, diante de sua mesa farta de Natal confundiam-se com as da linda ceia de confraternização/encerramento da novela das sete. Entre um e outro comercial, os atores da Globo aparecem todos juntos convidando o público para sua festa: "Hoje é um novo dia de um novo tempo que começou / nesses nossos dias as alegrias serão de todos, é só querer / Todos nossos sonhos serão verdade, o futuro já começou / Hoje a festa é sua, hoje a festa é nossa, é de quem quiser, quem vier..." O tema de fim de ano não mudou durante toda a década, como uma marca registrada da emissora que conservou sua fé no Brasil Grande, atravessando crises econômicas e conjunturais, inabalável.

O Brasil não é mais o "subdesenvolvido" dos anos 60. O "dia que virá" das canções de protesto perde o sentido no momento em que a Globo anuncia que "o futuro já começou". Se nos anos 60, conforme escreveu Roberto Schwarz, a esquerda regeu e deu o tom da produção cultural consumida inclusive pela burguesia no poder, de 1969 em diante as coisas foram mudando, e os "90 milhões em ação", que a televisão cantou até a exaustão por ocasião da Copa de 70 e que podem ser traduzidos em termos mais concretos por 30 milhões em audiência, não desejavam outra coisa senão serem bem-sucedidos, diretamente – no sentido da ascensão social individual, conquista de símbolos de status etc – ou indiretamente, através da identificação com uma nação vencedora, um país que vai pra frente, o país do futuro onde o futuro é hoje, e tal.

O Padrão Globo de Qualidade que se firmou sobretudo a partir de 1973, com a chegada ao Brasil da televisão colorida, é incompatível com a estética do subdesenvolvimento criada por produtores culturais de esquerda – os teatros de Arena e Oficina (considerando evidentemente as diferenças entre suas propostas), os Centros Populares de Cultura (CPCs), o Cinema Novo. A opulência visual eletrônica criada pela emissora contribuiu para apagar definitivamente do *imaginário* brasileiro a idéia de miséria, de atraso econômico e cultural; e essa imagem glamourizada, luxuosa ou na pior das hipóteses anti-séptica (quando é imprescindível mostrar a pobreza convém ao menos desinfetá-la: em vez de classes miseráveis, um povo "humilde porém decente" para não chocar ninguém) contaminou a linguagem visual de todos os setores da produção cultural e artística que se propõem a atingir o grande público. Hoje, a estética da fome pegaria muito mal, e não é só porque as condições do capitalismo no Brasil evoluíram. Hoje o país é mais tropicalista do que nunca – o desenvolvimento desigual e combinado produz imagens grotescas, o mendigo guardando a comida achada no lixo em uma sacola de butique cara, o aparelho de televisão no barraco do favelado, a mulher da roça tentando curar a fraqueza do filho com Tetrex – mas a Globo despreza solenemente a estética do tropicalismo. No entanto, ela é, a despeito de sua vontade, a própria síntese do que o tropicalismo cantou e ridicularizou há dez anos atrás: o símbolo da tropicália, o Troféu Superbacana conquistado pela burguesia multi e nacional como prêmio por sua farsa em fazer com que o processo de expansão do capitalismo aqui pareça um processo honrado, sério, meritório.

UM SÓ CORPO, UMA SÓ NAÇÃO

Pronunciamento do ministro das Comunicações em dezembro de 1973: a Globo foi a única emissora de televisão que cumpriu até então as exigências do governo federal – "a transmissão eletrônica de recreação, informação e educação nas mãos da iniciativa privada, alicerçada numa sólida estrutura de empresa moderna".

Declarações de Walter Clark à revista *Banas* (13/5/1974): "A partir de 1973, quando completou a parte mais expressiva da expansão da rede (...), todo esforço da Globo foi orientado no sentido da elaboração de uma nova programação" (...) "A TV vive de um *universo quantitativo*; essa idéia, e a de integração nacional, acabaram com a imagem de programas específicos para cada região" (...) "O maior mal da televisão brasileira sempre foi a falta de unidade no comando das empresas" (...) "A Globo tratou de formular uma programação que induz a esse *universo global*".

A "sólida estrutura de empresa moderna" a que se referia o ministro Higino Corsetti, fortemente centralizada em sua direção como propunha Walter Clark, resultou no sucesso não apenas da Rede Globo de Televisão, mas de todo um corpo de empresas, o Sistema Globo de Comunicações, que abrange um jornal, sete emissoras de rádio, cinco emissoras de TV com 18 afiliadas e centenas de estações retransmissoras; uma editora (Rio Gráfica), uma gravadora cuja base mais forte de vendas são as trilhas sonoras das novelas do momento (Som Livre), uma empresa de promoção de espetáculos (Vasglo), uma empresa de promoção e galerias de arte (Global) nas principais capitais do país. Em 1977, foi criada a Fundação Roberto Marinho (provavelmente com vistas a diminuir os impostos sobre os formidáveis lucros das empresas do Sistema Globo), para "prestar serviços à comunidade", concentrando suas atividades nas áreas de cultura, esportes e educação.

Através de convênios com o governo federal ou governos estaduais, a fundação passa a intervir em outras áreas da vida nacional, com programas como o de Preservação do Patrimônio Artístico e Histórico Nacional, em perfeita sintonia com os objetivos do Plano Nacional de Cultura do governo Geisel/gestão Ney Braga, que coloca a preservação da memória nacional (memória de quem?) como meta prioritária. (Coincidência ou não, a outra meta prioritária do PNC/77 era a "identificação do estilo brasileiro de vida", para a qual a televisão muito contribui lançando modelos de comportamento fabricados em São Paulo e Rio para todo o território brasileiro...). O programa propõe, além da "conscientização e interesse da população" para o assunto, o engajamento direto da FRM no trabalho de conservação e restauração das cidades históricas do Rio e de Minas.

Interferindo na área do lazer nos grandes centros urbanos (quase como uma reparação pela distorção dos hábitos de lazer criada pela própria televisão...), a fundação criou um programa de bolsas para atletas brasileiros em convênio com a OEA – o melhor bolsista tem direito a um mês de treinamento nos Estados Unidos, um técnico norte-americano vem ao Brasil pelo convênio para treinamento da seleção que vai competir em Porto Rico etc. No Rio, mantém núcleos esportivos na Mangueira, no Estácio e na Cidade de Deus, além de desenvolver o programa Futeboys, de torneios entre equipes de office-boys organizados por empresas de maneira a promover não apenas o lazer dos menores assalariados, mas também sua maior identificação com a camisa da empresa em que trabalham. Em colaboração com programas das prefeituras de São Paulo e Rio, inventou o *Globinho/Ruas de lazer*, levando atividades recreativas às ruas de lazer das prefeituras. Inventou também um tal *Domingo alegre*, que consiste em promover manhãs de ginástica recreativa para pais e filhos, a cada mês em um bairro do Rio de Janeiro.

Finalmente, atuando de maneira direta sobre a questão educacional, criou o Telecurso Segundo Grau em convênio com a Fundação Padre Anchieta, oferecendo ao Estado os préstimos da iniciativa privada para sanar (e ao mesmo tempo, em se tratando de uma grande rede nacional de televisão, para unificar definitivamente) os déficits do sistema educacional brasileiro, através de aulas de 15 minutos de duração levadas ao ar diariamente, em dois ou mais horários, por 39 emissoras da Globo e TVs educativas, atingindo todos os estados brasileiros desde julho de 1978.

No programa do Telecurso, surge com maior evidência a preocupação em integrar/uniformizar/unificar o processo de informação/formação da chamada "opinião pública" no Brasil: "As aulas na TV têm a vantagem de o veículo permitir a otimização do processo ensino-aprendizagem, pela vantagem que apresenta de unificar as diretrizes educacionais, por ser uma *fonte única de onde emanariam instrução, sugestão e controles, evitando dispersão didática e formativa*" (revista *Mercado Global*, set./out. de 1978). O tratamento empresarial da educação, em termos de otimização de recursos, economia didática e formativa, reforça o enfoque político que propõe o controle centralizado do processo de aprendizagem, utilizando a TV como "força decisiva no domínio da informação", como se fosse um veículo neutro que, "sem ignorar diferenças regionais nem massificar a juventude", é capaz de colaborar decisivamente com o "desenvolvimento harmonioso do país (seus processos de) mudança, modernização e igualdade de oportunidades" (Discurso de Roberto Marinho a autoridades de Brasília em 19/4/1978, publicado no mesmo número da *Mercado Global*).

Um ano depois de inaugurado o Telecurso global, 46% dos alunos que prestaram exame de Segundo Grau haviam se preparado pela televisão, quebrando o monopólio dos cursinhos supletivos. Do ponto de vista do aluno, a vantagem maior da educação pela televisão talvez seja justamente aquela que o Estado deveria oferecer – a gratuidade do ensino, uma vez que ele não paga (ou não percebe que paga; pois, em última instância, de quem é a mais-valia que sustenta a publicidade que sustenta a televisão?) pelos 15 minutos diários de aulas-padrão-Globo, apresentadas por atores famosos e cheias de imagens coloridas muito mais bonitas que as de uma sala de aula comum.

Não contente com o bom cumprimento de seus deveres cívicos através da Fundação Roberto Marinho, a empresa mais representativa e mais poderosa da indústria cultural brasileira criou ainda outra forma de interferência na vida social, de maneira a atenuar mais um pouco os pontos de atrito ou mau funcionamento do sistema do qual é uma das maiores defensoras e beneficiadas. A Divisão de Projetos Especiais da Globo propõe aos anunciantes uma nova relação com o público, através de campanhas promovidas pela emissora em convênio com qualquer empresa interessada. Assim, com um enfoque menos comercial e mais institucional, cria-se a "possibilidade de o anunciante prestar um serviço comunitário ou cultural que só dignifica sua imagem junto ao público" (*Mercado Global* de maio/junho de 1977), contribuindo simultaneamente para o bom comportamento e o bom ajustamento desse público à ordem social.

Baseado nas tensões emergentes entre as classes médias do país em conseqüência da deterioração da qualidade de vida nas grandes cidades, o convênio Globo/Unibanco, por exemplo, lançou a campanha *Guie sem ódio*, em 1974, referindo-se à crescente violência no trânsito; e *Mexa-se*, em 1975, propondo ao homem urbano que não estrague sua saúde com uma vida sedentária – que lhe é imposta a partir do momento em que é condicionado a viver em apartamento, sair cada vez menos da cidade por falta de condições econômicas, perder várias horas por dia em condução, aumentar constantemente a jornada de trabalho para compensar o efeito da inflação sobre os salários e, é claro, despender seu tempo de lazer sentado diante da televisão. Em seguida, a campanha *Desarme-se* propunha maior cordialidade nas relações sociais, também tendo como alvo a crescente onda de violência urbana. Outras campanhas menores foram lançadas, muitas vezes com linguagem bem próxima à das campanhas promovidas pelo governo federal (ARP). Por ocasião das enchentes que arrasaram o Recife, foi feita em Pernambuco a campanha de *Defesa da cidade*. A Bolsa de Valores de São Paulo lançou *É hora de confiar*, e o Bradesco, uma campanha de esclarecimentos sobre a utilidade do Imposto de Renda.

A proposta parece ter pegado bem, e nos fins de ano as grandes instituições financeiras têm deixado de anunciar diretamente seu principal produto – a mais-valia do trabalhador brasileiro transformada em lucro, por sua vez transformado em "rendimentos" para o investidor – para se colocarem na posição de principais defensores de valores humanísticos em extinção: o Bradesco propõe que "Neste Natal... leve um presente a uma criança que não tem papai", o Banorte sugere otimismo e confiança ("Quero ver você não chorar, não olhar pra trás, nem se arrepender do que faz"), o Banespa anuncia-se como o *Banco de um novo tempo* e conclama os homens a, todos juntos, "galgar as colinas da terra até o topo do mundo", e vai por aí. Uma sociedade em que o capital financeiro se coloca como tutor da Caridade, da Fé e da Solidariedade através de um onipresente sistema de comunicações parece de uma organicidade quase perfeita.

No final de 1978, a enorme campanha lançada pela Globo por ocasião da abertura do Ano Internacional da Criança (Unesco) arrecadou em um dia mais de 20 milhões de cruzeiros só em dinheiro, além de receber milhares de doações de outros tipos, ficando 24 horas no ar e provando que, transformada em espetáculo bem empresariado, uma atividade beneficente pode se tornar sucesso nacional. Além disso, provou ser uma instituição poderosa o suficiente para criar um acontecimento social, um fato político de maior penetração na consciência das pessoas do que toda a atuação da Unesco somada, ou de maior impacto do que a existência, no Brasil, de 70% de crianças desnutridas numa população de 23 milhões de crianças de 0 a 6 anos. Uma promoção de grande repercussão para propor que cada indivíduo contribua com um pequeno gesto caridoso – um gesto bem-comportado, o gesto solicitado e permitido – para que tudo possa permanecer como sempre esteve, criando ao mesmo tempo uma válvula de escape para o desconforto que pode causar a situação de miséria da infância no Brasil.

A MÁQUINA DE SUGAR CÉREBROS

Quando se pensa na televisão como "sugadora de cabeças", logo se imagina a imagem, criada por Jaguar no *Pasquim*, do monstro diabólico esvaziando de qualquer conteúdo inteligente, como um aspirador, a cabecinha passiva de seus espectadores. Não gosto da imagem: nem a televisão é tão poderosa assim, nem as cabeças do público tão passivas, nem o processo pelo qual uma e outra interagem equivale a uma mera relação sugadora. Para manter seu público atento, a televisão precisa saber preencher lacunas de insatisfação, dar nome ao que ainda não foi dito, dar forma ao inconsciente coletivo, ordenar o caos das chamadas "manifestações espontâneas" conferindo-lhes um significado único antes que outro aventureiro lance mão da tarefa de compreendê-las. Precisa curto-circuitar processos sociais, ou seja: tomá-los sob sua tutela desde o embrião. Os homens de TV bem-sucedidos (assim como os de publicidade) precisam afiar sua intuição para farejar tendências latentes e fazer delas a *sua* proposta, aparando evidentemente todas as arestas que possam prejudicar o bom funcionamento da ordem social. Para manter seu público fiel, a televisão precisa recriar o mito a cada dia, roubar as falas marginais ou as de vanguarda, enquadrar os malditos. Ela é o aparelho reprodutor de ideologia por excelência, o mais ágil, o mais eficaz por suas próprias características, tanto como veículo quanto pela relação íntima que mantém com as tendências de consumo de bens materiais na sociedade, pois sobrevive e enriquece exclusivamente às custas da publicidade – e, portanto, do controle e conhecimento das tendências de seu mercado consumidor.

Os cérebros que a televisão "suga" são aqueles que ela absorve para incorporar em suas fileiras. Autores e atores, humoristas, dramaturgos, jornalistas, diretores de cinema e teatro, técnicos especializados, cenógrafos de todos os campos de produção artística foram absorvidos aos bandos pela TV, e mais especificamente pela Globo, que engoliu inclusive os melhores profissionais criados por emissoras concorrentes. Seu enorme poder de sedução é facilmente explicável. Em primeiro lugar ela oferece salários mais altos, embora para a grande maioria de seus trabalhadores o alto nível salarial não passe de uma miragem que lhes acena de longe, do alto da escalada do sucesso – para a qual "muitos são os chamados, mas poucos os escolhidos". Se autores de novelas como Janete Clair e Lauro Cézar Muniz chegam a ganhar respectivamente 300 ou 200 mil cruzeiros mensais, trabalhando num esquema de revezamento que lhes garante férias a cada seis ou sete meses (toda vez que terminam um roteiro), a maioria dos atores do *Astro* (1978) ganhava cerca de 5 mil cruzeiros por mês, segundo declarações do próprio diretor da novela à imprensa.

Os figurantes da Globo são contratados através de agências que lhes oferecem 200 a 500 cruzeiros por dia de trabalho que pode durar quatro, sete ou dez horas – e o figurante deve estar disponível todo o tempo. Por ocasião da gravação do último capítulo de *Dancin' Days* (janeiro de 1979), cerca de 200 figurantes estiveram das oito da manhã às nove da noite à disposição da direção, no Salão Nobre do Copacabana Palace, onde deviam fazer fundo para a festa de inauguração da boate de Seu Alberico (Mário Lago). Deviam arrumar figurinos por conta própria, pois a emissora só fornece as roupas dos atores. Da mesma forma, não tiveram nenhuma refeição paga pela Globo, nem horário estipulado para almoço ou jantar durante as 13 horas de trabalho – tinham que correr aos bares vizinhos, nos intervalos forçados entre uma cena e outra. Para os técnicos de televisão em geral – cenógrafos, câmeras, maquiadores, figurinistas, esse elenco anônimo que compõe a infra-estrutura de qualquer programa – essas jornadas de 12 ou 15 horas de trabalho, desde muito antes de começar a gravação até depois de os atores terem sido dispensados, são consideradas normais.

As vantagens de se trabalhar na Globo? Talvez porque ela pague em dia a quantia estipulada na carteira de trabalho, coisa que muitas das outras emissoras não garantem a seus assalariados (entre elas, na cabeça, a Tupi, das Associadas, recordista em problemas trabalhistas). Mas antes disso parece contar um fator mais subjetivo e nem por isso menos poderoso: o status conferido a quem transita dentro da instituição mais popular do país. "Do faxineiro ao figurante, da moça do cafezinho ao jornalista, não há quem não sonhe em ser 'gente da Globo', como o Bozó, do Chico Anysio", comenta Daniel Filho: "A Globo representa em termos nacionais o que a Metro Goldwin Mayer representou em escala mundial na década de 40". Walter Avancini, homem da Globo durante sete anos, principal responsável pelo núcleo das novelas das dez horas até o início de 1979 (depois contratado pela Tupi como diretor do departamento de jornalismo), também reconhece o prestígio da Globo como empresa, como mercado de trabalho, "mas ela nunca ofereceu uma infra-estrutura trabalhista compatível com as necessidades de seus assalariados. Considero inclusive que esses 15 anos de repressão facilitaram muito o comportamento empresarial da Globo, pois com a ausência de sindicatos fortes e a impossibilidade de se reivindicar direitos trabalhistas por meio de greves, etc., todo trabalhador da emissora foi obrigado a aceitar as precárias condições que ela impõe. Qualquer reação podia ser considerada subversiva..."

Mas, segundo o próprio Avancini, essa realidade não corresponde à imagem que as pessoas fazem da Globo como empresa. O prestígio da emissora, a opulência de suas produções, a alta qualidade técnica – quase um preciosismo eletrônico – de sua imagem, sua penetração pelo território nacional são fatores que "contaminam" as expectativas do trabalhador em relação às condições de trabalho lá dentro. É quase um orgulho sofrer para botar o *Fantástico* no ar. É um sonho para quem trabalha em outras emissoras de televisão. É uma eterna possibilidade de se sentir participante do que acontece no país e uma eterna perspectiva de vir a interferir mais diretamente – quem sabe o iluminador não terá alguma oportunidade de mostrar suas qualidades como humorista? E a moça que toma conta dos guarda-roupas, ali tão pertinho dos atores, não vai ter um jeito de saber antes de todo mundo o fim da novela e contar no seu bairro? A figurante mais bonitinha não pode vir a ser "descoberta" pelo diretor e convidada para uma ponta na próxima novela? "Mas eles tratam a gente que nem cachorro", lamenta-se uma figurante mais velha, descansando um minuto no banheiro do Copacabana Palace. "Eu perguntei pra Yolanda (Joana Fomm) se ela ia fazer as pazes com a Júlia (Sônia Braga), e ela nem me olhou. No fim da gravação o Daniel fez o maior discurso agradecendo ao elenco, um por um, e nem falou no trabalho da figuração."

Diferente da motivação desses trabalhadores anônimos é a dos grandes atores e autores de outras áreas – principalmente do teatro – que trocaram o palco pelas câmeras. Ou, segundo a expressão mais comum a todos eles: trocaram a oportunidade de se comunicar com dez, 20 ou no máximo 100 mil pessoas numa temporada pela chance excepcional de falar para 20 ou 30 milhões em uma única noite. "Em 1968 o teatro estava muito cerceado; eu tinha duas opções, ou tinha que ser funcionário público ou ia para a TV. Mas não existe o que discutir: se você luta por um teatro de massa, como recusar um público de 20 milhões? A TV é boa ou não, dependendo de quem faz;

e limitações também existem no teatro" (Dias Gomes à revista *Veja* de 29/6/1977). Com uma trajetória completamente diferente da do teatrólogo/novelista, a atriz Aracy Balabanian apresenta, no boletim para imprensa da Globo, de 30/4/1977, um discurso muito parecido: "Meu trabalho em televisão começou em 1965, por uma necessidade de contato com pessoas mais simples, de falar para uma platéia cada vez maior... Gostaria de fazer só isso (teatro), mas meu trabalho como gente tem que ser socialmente uma coisa maior. E a TV está aí, não posso negar. Quando faço televisão estou assumindo meu momento... Na TV, o artista entra em contato direto com o povo, entra em suas casas, fica sabendo do que as pessoas gostam..."

O dramaturgo Paulo Pontes (falecido em janeiro de 1977), do antigo grupo de teatro Opinião na década de 60 e um dos responsáveis pela série *A grande família*, que a Globo levou ao ar de 1973 a 75, afirmava: "A TV é um veículo essencialmente democrático; pode ser ligado por qualquer um... O grande tema é o que interessa à maioria da população, o que não quer dizer que exista contradição entre qualidade e televisão, mas sim entre a TV e a linguagem aristocrática." Seu companheiro de Opinião e de Globo – *A grande família* – Armando Costa justifica o ritmo da "linha de montagem" de um programa de televisão, em detrimento às vezes da qualidade do produto: "Se semanalmente milhões de pessoas sobrevivem nas piores condições, por que um programa de TV não pode sair a cada sete dias?"

A busca de um público maior é compatível com a industrialização generalizada da produção de bens materiais no país e com a penetração massiva da indústria cultural em todas as áreas da produção de bens simbólicos, o que cria uma nova mentalidade quanto à relação do espectador com a obra de arte: agora, o circuito pequeno, regional ou local, parece inútil, patético. A peça única transforma-se num luxo descabido, a linguagem experimental, intimista ou mais elaborada, é vista como "artistocrática". O fenômeno não é causado *pela* televisão, mas pelo desenvolvimento do país, que incorpora novas e diferenciadas faixas sociais ao mercado de consumo cultural e desperta o artista para uma contradição típica das sociedades de classe. Mas a TV surge, isto sim, como o diluidor da contradição, o veículo democrático que contorna as barreiras de classe e de linguagem, transforma a qualidade em quantidade e estende a mão para os produtores de cultura que buscam desesperadamente fugir do ostracismo a que as propostas intelectualizadas de esquerda dos anos 60 os haviam relegado. O dramaturgo Oduvaldo Vianna Filho, falecido em 1974, ex-CPCista, ex-Opinião e também homem da Globo (*A grande família* e inúmeros casos especiais), também resolvia seus conflitos entre os diferentes tipos de veículo, dizendo que se recusar a trabalhar em televisão em pleno século 20 é, no mínimo, burrice.

Talvez seja. O último dos "cooptados", o ator Paulo Autran, que, até 1976, num debate sobre se o ator do teatro deve fazer TV (revista *TV Guia*, nº 2), dizia *não*, em oposição a outro ator, Raul

Cortez, foi parar na novela *Pai herói*, de Janete Clair, em 1979. Um novelão folhetinesco onde seu talento colaborou para melhorar um pouco o personagem Bruno Baldaracci, um mafioso perdido na Baixada Fluminense, bufão e caricato. Denis Carvalho, ator bem mais jovem criado pela Tupi e posteriormente comprado pela Globo, reafirma seu deslumbramento pelo poder do veículo: "A TV é fascinante. O que você perde em complexidade ganha em penetração". E o diretor Daniel Filho, em entrevista ao *Jornal do Brasil* (24/7/1977), leva um pouco mais adiante a questão do aparente dualismo entre quantidade e qualidade na televisão: "Temos que pensar que as populações brasileiras são muito diferentes entre si. Para se fazer algo popular e nacional deve-se procurar uma linguagem comum e aceitar as regras. Atingir quase todos ao mesmo tempo não é brincadeira – temos que pôr os pés no chão e voar ao mesmo tempo".

NIVELAR PARA NIVELAR

Ou seja: não há dualismo entre qualidade e quantidade, mas a fabricação de uma nova qualidade. De uns dez anos para cá, pelo menos, os intelectuais, artistas, acadêmicos que falavam em "cultura brasileira" tentando enfiar no mesmo saco manifestações as mais diversas e preocupados já há muito tempo em atingir setores "populares" diferentes da burguesia são forçados a reconsiderar seus conceitos a partir do fenômeno televisão. E, mais importante, a partir da formação das grandes redes nacionais, como no caso da Globo, que transmite simultaneamente via Embratel para 96% dos municípios brasileiros com mais de 50 mil habitantes, desde 1975. Se, nas declarações acima, é evidente a impressão de que a TV transforma simplesmente "qualidade em quantidade", não parece nada evidente a nenhum dos entrevistados qual seja o resultado do novo "salto qualitativo" que ela promove, ao jogar uma produção específica num circuito tão ampliado, tão desigual e ao mesmo tempo tão padronizado no que se refere à própria relação com a televisão: doméstica, cotidiana e capaz de conferir a qualquer assunto, a qualquer obra de arte, o mesmo tratamento que confere aos filmes de publicidade. Ou, o que é ainda mais confuso – capaz de abordar no mesmo tom e com a mesma inconseqüência, por exemplo, o julgamento de policiais que torturaram até a morte um operário e os resultados de um jogo de basquete; de conferir o mesmo tratamento a um show tipo parada de sucessos, um festival universitário e uma apresentação do balé Bolshoi, de maneira a mobilizar, em seus espectadores, sempre o mesmo tipo de emoção, de atenção e de tensão.

A entrada massiva da televisão em 19 milhões de lares brasileiros e, por outro lado, a absorção, pela produção televisiva, de qualquer tipo de proposta cultural gerada aqui ou no exterior, agora ou no passado, por autores conservadores ou revolucionários, transformam substancialmente a própria relação do "público" (uma categoria que a indústria cultural tenta fazer passar por natural, mas que é criada por ela mesma) com a cultura dominante. Pois a televisão é capaz de fundir, sem escapar dos termos da ideologia dominante – ou melhor, a reiterar continuamente essa ideologia –, padrões, valores e expressões culturais marginais, minoritários e de oposição. A essa agilidade do veículo, a essa capacidade de neutralizar qualquer proposta e transformar tudo no que ela é refere-se Theodor Adorno ao dizer que a indústria cultural tem uma necessidade voraz da *novidade* para poder recriar continuamente a *mesma coisa.* Essa "mesma coisa" é simplesmente o espetáculo, a *distração.* O grande mérito inovador da Globo foi ter percebido, antes das outras emissoras, que um programa de televisão pode se dar ao luxo de tratar de conteúdos mais ousados, mais atuais, mais "realistas" (termo que resume as pretensões mais revolucionárias da emissora nessa década) se souber transformar tudo em objeto de distração, ou seja: literalmente, aquilo que o público consome *distraído*, entre um comercial e outro, entre a sobremesa e o cafezinho, entre o noticiário esportivo e as chamadas para a próxima novela.

Ao absorver expressões culturais diversificadas e transformá-las de acordo com as características técnicas e as limitações políticas do veículo, a televisão subverte a própria natureza desses produtos. Um balé, um "filme de arte", um debate entre intelectuais, uma cena real de violência, uma adaptação literária, através da TV, já não são mais (como temia Ferreira Gullar na década passada) "inacessíveis ou incompreensíveis para o povo", se é que o problema era de acessibilidade. Mas também não são mais o mesmo balé, o mesmo debate, a mesma cena violenta e real. O veículo, o circuito, a "aura" e o tipo de consumo (ou fruição) também fazem parte da natureza da obra de arte – e a todos estes elementos a televisão contaminou, pela relação padronizada que impõe entre a obra e o consumidor, além de subverter a própria forma das obras ao adaptá-las às suas necessidades básicas das mais corriqueiras: tempo máximo de 50 minutos picotado em três ou quatro intervalos comerciais, exigências de picos de suspense para não dispersar o público durante esses intervalos, necessidade de diluição da linguagem para não se afastar de nenhum setor potencial de seu mercado consumidor, etc.

É preciso não esquecer que a televisão é o veículo cuja relação entre produção/comercialização é mais evidente e mais direta. Não se trata *apenas* do fato de ela veicular, quase na mesma linguagem, publicidade e cultura, informação e propaganda, a ponto de ter criado a sofisticação do merchandising. Não se trata *apenas* do fato de o padrão estético dos filmes publicitários ter influenciado e forçado o desenvolvimento do padrão visual dos programas de televisão. Trata-se do fato de que qualquer nova proposta, em televisão, tem sua viabilidade avaliada em termos de conquista de novas faixas de público porque a conquista permanente de audiência é vital para a TV; e essa conquista não é aferida em números reais como a venda de ingressos para uma peça de teatro ou jogo de futebol. São números-fantasma que assombram o departamento de criação de uma emissora de televisão, números com que ele precisa acenar para o anunciante em termos de perspectiva de abertura de mercado, como horizonte de investimento, como tendência de setores consumidores... e que por isso mesmo não podem nunca oscilar para baixo, pois, por mais insignificante que seja essa oscilação, será igualmente fantasmagórica, assustadora, passível de interpretações que provocarão outras oscilações desproporcionais nos lucros da empresa.

Assim, se o tema da *integração nacional* é um dos principais pontos de confluência entre a política cultural dos governos Médici e Geisel e a política de expansão e unificação da programação da Rede Globo, existe um terceiro termo, ligado ao modelo de desenvolvimento econômico tanto do país em geral como da televisão em particular, responsável pela afinidade entre os dois primeiros. "Integrar a nação" pode significar, em termos políticos, afinar o coro dos descontentes de acordo com o tom ditado pela minoria satisfeita; mas também significa incorporar setores marginais ao mercado, padronizar aspirações e preferências, romper com tradições regionalistas e modernizar hábitos de acordo com as necessidades dos produtores de bens de consumo supérfluos que se expandiram nessa década. Da mútua dependência entre necessidades políticas e econômicas e da possibilidade de a TV conciliar exigências de ambos os lados resulta o êxito da Rede Globo, que conseguiu ser, no fim da década, o produto mais bem-acabado do acordo entre militares e burguesia. Mais bem-sucedida, inclusive, que cada uma das partes a ela associadas...

AVANÇOS PREVENTIVOS

Em conferência pronunciada na Escola Superior de Guerra há cerca de dois anos, o Sr. Mauro Salles, publicitário e dono de uma das maiores agências do país, ex-jornalista da Globo, analisa as desigualdades regionais do país considerando dados de analfabetismo e da marginalização econômica de parte da população. Para ele, o trabalho urgente das "empresas de comunicação social" consistiria em "incorporar ao mercado de consumo o 4º estrato da população, esses 20 milhões de sub-brasileiros que são responsabilidade de toda a nação" (...), pois "na miséria, na fome, na opressão e na desesperança não existe opinião pública".

Sugere então os rumos para a publicidade no Brasil, considerando que 30 milhões de brasileiros são jovens e estudantes, consumidores em potencial e futuros líderes da população: "Temos que estar preparados para seus novos símbolos de status, não mais ligados apenas a posse, propriedade, moda e dinheiro... olhar para frente e atender a essa geração que será produto da Nova Sociedade da Informação" – sociedade em que, para o conferencista, as grandes revoluções pacíficas foram realizadas *pela* indústria cultural: "O fenômeno *hippie*, a contracultura, o despertar da luta contra a poluição, a destruição de preconceitos sexuais, a emancipação feminina, a revolta contra a massificação da moda, etc." (Mauro Salles talvez tenha razão: a indústria cultural, ao absorver todos esses movimentos e reproduzi-los segundo sua versão, termina por recriar cada um deles, semelhante na forma e esvaziado em seus conteúdos mais radicais, lançando-os num circuito internacional e produzindo infinitas repercussões ao nível da criação de novos bens de consumo simbólicos ou não.)

Por isso tudo, a propaganda hoje (e a programação que a reboca) teria que mudar "para responder às questões dessa nova geração consciente que surge". O conferencista prega na ESG o fim da censura, que impede a participação livre e segura dos mídias na formação da opinião pública, e conclui: "Contem o presidente Geisel, as FAs, os legisladores com o apoio de todos os meios de comunicação social deste país, que, acima de seus debates e controvérsias, colocam sempre seu compromisso em orientar e conduzir a opinião pública na sua luta permanente contra a radicalização, na busca de caminhos da Justiça, do Progresso, da Ordem e da Democracia".

Em outro ensaio publicado na revista *Mercado Global*, de janeiro/fevereiro de 1978, o professor Carlos Alberto Rabaça, diretor de Comunicações da Shell e chefe do Departamento de Comunicações da UFRJ, refere-se à importância da informação como fator de desenvolvimento nacional. A desinformação seria, a seu ver, responsável pela formação de focos de intranqüilidade pública e perigo para a segurança nacional. Informar seria, portanto, essencial para se prevenir "a insegurança causada pelo silêncio: surgimento de suspeitas e temores, desenvolvimento de manobras nocivas..." sendo que, em contrapartida, "o silêncio nas informações gera cautela nas atividades econômicas". Propõe então maior circulação da informação entre as diferentes camadas da população, "mas nunca desvinculada da necessidade de controlar seus limites, na procura de liberdade com responsabilidade".

O pensamento dos dois "comunicadores sociais", afinados com os ideais de crescimento econômico e "desenvolvimento harmonioso" da sociedade brasileira sob a batuta dos interesses empresariais e com a "colaboração de todos" (*sic*), ilustra perfeitamente a necessidade de que uma grande empresa de comunicações, como a Globo, esteja sintonizada com todos os aspectos da realidade nacional. Todas as tendências modernizantes ou mesmo vanguardistas da linha de programação da Globo, situadas mais ou menos a partir de 1973, quando a emissora fixou definitivamente o padrão de seus produtos e a liderança na audiência, explicam-se por aí. A Globo, através de programas que já se tornaram tradicionais, como o *Globo repórter* e suas ousadias jornalísticas, os espetáculos musicais da série *Brasil especial*, as telenovelas das oito especializadas em abordar grandes temas nacionais e as antigas novelas das dez, mais polêmicas e ousadas em forma e conteúdo, até os atuais seriados que absorvem inclusive propostas nitidamente de esquerda dos anos 60 (ver texto *As novelas, novelinhas e novelões*), vem se caracterizando por ser uma emissora cuja programação nacional suplanta a importada no chamado horário nobre, e que procura "tratar seriamente os problemas sociais que o povo enfrenta dia a dia ao invés de inventar melodramas escapistas", como escrevem os americanos (de Harvard) Elhiu Katz e George Wedell em seu livro *A TV no 3º Mundo*. Os autores concluem que "a TV só conquista status se utilizar valores artísticos e culturais de todos os campos de arte do próprio país", e, apesar de sua discutível avaliação do que seja o tratamento sério conferido pela Globo aos problemas sociais, acertam em cheio no que consiste à fórmula do sucesso da emissora.

Os ideólogos da Globo simplesmente perceberam que, melhor do que omitir os problemas e calar as exigências da realidade social, é encampá-los sob sua tutela. As reivindicações por "mais realismo", "menos fantasia", "menos ilusão" e outras, vindas de setores mais avançados do público e dos próprios críticos, serviram de orientação à estratégia de programação da emissora, que buscou, ao nível do senso comum, falar da realidade brasileira, colocar o "povo" no vídeo e não omitir nem mesmo os fenômenos criados pelas vanguardas da sociedade – como a libertação sexual, os movimentos ecológicos anticonsumistas e outros, que aliás consistem em excelentes chamarizes para a curiosidade das massas menos informadas e marginalizadas – se abordados, evidentemente, com o devido cuidado para que as tais massas não os considerem "incompreensíveis".

Assim a Globo ingressava na fase da abertura política do país, com propostas que antecederam a própria dimensão governamental e preveniram inclusive sua necessidade para melhor controle e apaziguamento dos setores insatisfeitos da população – a tal "integração harmoniosa" da nação brasileira. Como uma esponja, como o "pulmão da sociedade" a que se refere brilhantemente Mauro Salles, ela aspira e absorve tendências e necessidades emergentes, que canaliza para sua programação, dirigindo assim o próprio debate que pode ocorrer em torno desses fatos; porque, na sociedade dos mídias, um fato social também é a sua versão – e freqüentemente a versão pode se tornar mais poderosa que o fato.

No entanto, não é absurdo que hoje, apesar da maior margem de ação que o governo Figueiredo permite aos órgãos de informação e aos produtores de cultura no país, a Globo recue em vez de continuar avançando e adote uma atitude mais realista que o rei em termos de censura interna. O *Jornal Nacional* desse segundo semestre de 1979 pode ser confundido com um *press-release* da Secom, tal o destaque que dá a pronunciamentos governamentais e aos convescotes que o presidente vem realizando país afora em busca de popularidade. O *Globo repórter* abandonou estranhamente sua linha de grandes reportagens sobre temas polêmicos nacionais e voltou a preencher seu horário com enlatados sobre parapsicologia, a vida dos animais selvagens, os grandes monstros de terror do cinema, as mais recentes descobertas tecnológicas da medicina e outras norte-americanices do gênero. A estratificação por horários se reacentua para as telenovelas e as velhas fórmulas do começo da década se reafirmam: literatura romântica para as seis horas (*Cabocla*), romancinhos leves com um certo toque de humor às sete (*Marrom glacê*), dramalhões às oito horas (*Pai herói*, *Os gigantes*), restando para as dez horas a possibilidade de ser o horário inteligente com os novos seriados nacionais, que mesmo assim ainda não chegam ao padrão atingido pelos antigos *Casos especiais*. Novo *press-release* dos setores mais à direita que governam o país ou influem em seus rumos, no *Jornal da Globo*, especializado em dar voz a velhos arenistas para que "expliquem" ao público os projetos em debate no Senado ou as divergências políticas do momento.

Lauro Cézar Muniz, autor da novela das oito horas, afirma que seu texto não tem sofrido cortes da Polícia Federal, mas costuma ser muito censurado dentro da própria emissora; ele não pode por exemplo usar a palavra *multinacional* para designar a nova indústria de laticínios que se implanta na cidade fictícia de Pilar para concorrer com a pequena São Lucas, de propriedade da família de Fernando Lucas (Tarcísio Meira). As restrições impostas pelo comando da Globo aos temas e linguagem dos seriados atuais quase foram motivo do pedido de demissão do ex-responsável pelo núcleo das séries e atual diretor de criação para o horário, Daniel Filho.

O censor interno da Globo, José Leite Otati, que foi chefe da Censura no Rio de Janeiro durante 25 anos, desde 1968 é funcionário regular da emissora, encarregado da "revisão de textos" a fim de advertir a direção da empresa a respeito de prováveis deslizes na programação e assim evitar "conseqüências mais graves". Ao que parece, o Sr. Roberto Marinho anda bem mais atento às recomendações de seu "revisor de textos" do que alguns anos atrás, quando a Globo chegou a ter alguns entreveros mais sérios com a Censura (ver texto *As novelas, novelinhas e novelões*). É como se, no momento em que o sistema se redefine – ainda que dentro de uma razoável margem de segurança para os detentores do poder –, uma grande empresa capitalista como a Globo, que é ao mesmo tempo fabricante de ideologia, revele com mais clareza sua posição no jogo das forças que nos governam. No atual momento, se a burguesia já não está tão coesa como há quatro ou cinco anos e por isso mesmo já não se sente tão forte, o proprietário da Globo arregaça as mangas e assume seu papel de principal guardião do sistema. Se ocorre uma greve, a emissora não deixa de divulgá-la (e os argumentos de Rabaça e Mauro Salles mostram boas razões políticas para que a emissora não se omita sobre acontecimentos quentes do momento) mas procura encaixá-la no noticiário das sete (local), de menor audiência, tratamento mais leve e menor peso político. E se, por algum motivo, o empresário Roberto Marinho sente-se mais ameaçado pela conjuntura, não tem nenhum pudor em utilizar o *Jornal Nacional* para recomendar ao público, em tom editorial, que leia no jornal *O Globo* o artigo intitulado "As flores de Moscou", sobre a presença de Gregório Bezerra na missa celebrada por Dom Paulo Evaristo Arns, em São Paulo – dois perigosos comedores de criancinhas para cujas artimanhas a Globo estará sempre atenta no dever de alertar seus 30 milhões de espectadores.

AS NOVELAS, NOVELINHAS E NOVELÕES: MIL E UMA NOITES PARA AS MULTIDÕES

Maria Rita Kehl

"Mas eu não sei se essas coisas que acontecem na televisão são de verdade mesmo. Acho que não: pois não é que esses dois tinham se casado no Astro *e agora parece que nem se conhecem de novo?"* (papo de telespectadora em Porto Seguro, Bahia)

Em seu artigo do dia 23/6/1972 para a *Folha de S.Paulo*, intitulado "Ministro, novelas e enlatados", a colunista Helena Silveira comenta as declarações do então ministro das Comunicações, Higino Corsetti, sobre a televisão brasileira. O ministro havia declarado que "o que há de melhor em nosso teatro passou para a televisão, que está num nível artístico muito bom", e a maior comentarista de televisão no país (ao lado de seu colega Artur da Távola, do jornal *O Globo*) se entusiasma com a possibilidade de elogiar o gênero com respaldo governamental: "... E não é a primeira vez que o ministro das Comunicações fala sobre telenovelas em termos de agrado. Lembro-me de que, certa feita, declarou aos repórteres que, tendo ficado acamado, viu, *compulsivamente*, TV. Programas de auditório (alguns) não lhe agradaram e o que achara de melhor realizado ainda era, mesmo, a telenovela". Mais adiante: "Já não é mais pejorativo dizer-se que se está seguindo telenovela" (...) Isto porque, para Helena Silveira, a novela de televisão estava de fato se tornando mais respeitável, digna de um outro status em relação às tradicionais baixarias (veja-se o exemplo dos shows de auditório) produzidas pela "nossa" TV, ou frente à invasão de culturas alienígenas via enlatados, que ela comenta mais adiante na matéria.

Ainda sobre a "subida de nível", das telenovelas: "Depois de *Redenção* (o novelão de Raymundo Lopes da extinta TV Excelsior que agüentou nada menos de dois anos no ar, em 1965/66) muita água correu. O público tornou-se exigente. Hoje em dia não é mais negócio arrastar uma novela. A última que foi esticada (*A fábrica*, Geraldo Vietri, TV Tupi), segundo dados fornecidos, perdeu audiência" (...) "a verdade é que não se pode verberar contra um gênero que tem a servi-lo nossos maiores artistas. Não é na novela que se pode encontrar uma Natália Timberg, um Jardel Filho, uma Dina Sfat, um Francisco Cuoco?" E segue por aí, enumerando gente de teatro que vem sendo incorporada aos quadros da televisão, "profissionais do maior gabarito que (...), se não fossem as telenovelas, ficariam economicamente à mercê de esporádicos sucessos teatrais, para não falar no incipiente cinema nacional, que tão poucas vezes é bem-sucedido comercialmente". O que interessa aqui não é a constatação da "evasão de talentos" de outras áreas da produção artística para a televisão (ver texto

Um só povo, uma só cabeça, uma só nação) ou da importância dos outros veículos, em termos de sucesso financeiro e de público, diante da expansão/penetração da TV. Nesta crônica de meados de 1972, é importante notar que a novela adquire respeitabilidade; torna-se um tipo de diversão "inteligente", que gente culta pode ver sem se envergonhar, como é o caso do citado ministro ou de outro amigo da colunista, professor Rocha Pombo, "uma das maiores inteligências do Brasil", que na hora da novela interrompia qualquer conversa com as visitas e se desculpava: "É hora de minha maconha". A expressão é genial, sobretudo na boca de um ilustre representante do meio universitário: *aparentemente* a novela seria a maconha dos bem-ajustados, a distração inocente que, se permite ligeiros vôos para "fora da realidade" (onde é isso??), não faz mal para ninguém.

A Globo pode não ter sido a emissora que inaugurou a era das telenovelas "inteligentes" (explico as aspas: "inteligência" aqui não está empregada como critério de algum tipo de faculdade intelectual, mas como critério de valor para setores razoavelmente cultos da sociedade). Mas certamente foi quem soube capitalizar experiências esparsas de outras emissoras – as novelas sobre grandes temas nacionais da Excelsior, como *A muralha* e *As minas de prata*, ou a bem-humorada *Beto Rockefeller* (Bráulio Pedroso), da Tupi, que inaugurou o gênero do anti-herói como simpático desencadeador de confusão no meio da alta sociedade. E construiu a partir daí um modelo para sua produção. Atitude, aliás, perfeitamente compatível com a mentalidade empresarial a que se atribuem a eficiência e o sucesso da Globo, utilizando matéria-prima nacional (talentos em diversas áreas) e modelo multinacional de funcionamento de grande empresa, elementos a partir dos quais criou grandes linhas de produção de comando unificado, fórmulas diferenciadas por horários (que pressupõem uma diferenciação do público por idade, sexo e classe social) e núcleos autônomos de realização subordinados evidentemente às diretrizes centralizadas na figura do temido e respeitado (dentro da Globo) Boni, superintendente de Programação.

A preocupação da Globo com a "melhoria de qualidade" e o incremento da programação nacional em horário nobre começa em 1970, segundo Walter Clark, com o início da consolidação da rede. E resulta numa linha de programação que se firma por volta de 1973, com o advento da TV a cores no Brasil (que permite a melhoria de qualidade no padrão visual da publicidade, feita a cores já há mais tempo por motivos de definição da imagem, "puxando" por sua vez a qualidade visual dos programas) e coincidindo com o pico da euforia consumista das classes médias. As telenovelas da Globo modernizaram sua linguagem, nesse período. Ultrapassaram definitivamente os limites impostos pelo ambiente dos estúdios e seus cenários restritos, pela tradição da formação teatral e da experiência de teleteatro – diálogos empolados, marcações rígidas, expressões exageradas – pela sua origem nos dramalhões mexicanos (ou melhor, cubanos de Miami, impostos aqui pela escritora/relações-públicas da Colgate-Palmolive, Sra. Glória Magadan), diretamente chupados do gênero folhetim europeu do século 19; e a Globo passou a investir no talento de seus autores sobre o lucrativo terreno da "realidade brasileira".

Tipos e situações extraídos dos subúrbios cariocas (*O bofe*, 1972, de Lauro Cézar Muniz e Bráulio Pedroso) e do sertão da Bahia (*O bem-amado*, 1973, de Dias Gomes), da decadente aristocracia paulistana (*Os ossos do barão*, 1973/74, de Jorge Andrade) e sobretudo das classes médias, todas as modalidades possíveis e imagináveis de classes médias do Rio e São Paulo, servem de alimento para a insaciável fome de assuntos da telenovela, que se aproxima cada vez mais do coloquial, do cotidiano. A gíria se incorpora despudoradamente aos diálogos. Personagens jovens trazem para o vídeo seus modismos, seus conflitos com a velha geração, suas propostas de transformação devidamente absorvidas e esvaziadas pela indústria cultural, que vende qualquer proposta libertária sob a forma de "calça velha, azul e desbotada". As novelas globais se modificam ao nível formal, ao nível estético das locações, figurinos, cenários, diálogos e direção de atores pela incorporação, em todos esses terrenos, de elementos identificáveis pelo público como sendo componentes de um cotidiano próximo ao seu. Sempre um pouco mais glamourizado, um pouco mais anti-séptico, um pouco mais bem-sucedido no final, mas de qualquer forma um cotidiano que se supõe familiar ao tal "brasileiro médio" – este mesmo "homem brasileiro" cuja identidade cultural é meta prioritária a ser criada a partir da Política Nacional de Cultura do ex-ministro Ney Braga (ver texto *Um só povo, uma só cabeça, uma só nação*).

OS LIMITES DO REAL

"Realismo", "realidade brasileira", "vida real" passam a ser nessa década as grandes bandeiras dos autores e diretores de telenovelas, que encontram na imitação das aparências da realidade empírica um elemento de sucesso, favorecendo ainda mais a identificação emocional dos espectadores com a problemática vivida e sofrida pelos personagens principais. Fala-se em "doses de realismo", "nível de realidade", "graus de aproximação com o real" como se, num passe de contabilidade, a *realidade* para a televisão funcionasse como um tempero, um superaditivo a ser acrescentado em doses maiores ou menores à obra – que assim ocuparia um lugar medido numa escala de zero a dez, ou seja: da fantasia desvairada à realidade nua e crua. Consistindo a última a reprodução perfeita da vida cotidiana pela TV, no ideal (inatingível?) a ser alcançado...

Convivendo com tão pedagógicas pretensões (pois trata-se de *ensinar* ao espectador das telenovelas como é a sua realidade), as fórmulas que determinam o sucesso comercial das novelas permanecem mais ou menos intocadas. Daniel Filho, responsável pela direção ou supervisão da grande maioria das novelas da Globo, define claramente os ingredientes que compõem os estouros de audiência: no horário das sete, a saída ainda é a grande comédia romântica ("tipo Doris Day"), que não se livrou da influência cinematográfica norte-americana. "Mas aos poucos passamos a colocar dados brasileiros, locais brasileiros, som brasileiro... É importante que a novela contenha um nível de verdade, de cotidiano, e um nível de fantasia". No horário das oito, novelesco e "pseudamente inteligente" (*sic*), é preciso que haja sempre um grande mistério. A novela deve dar lugar a personagens de várias faixas etárias (para identificação do público mais amplo possível), mas com uma problemática mais feminina do que masculina. Tem que abranger todas as classes sociais e principalmente é imprescindível que haja ascensão social. O personagem central deve ser o personagem que ascende: a Júlia do *Dancin'Days*, a Lili do *Astro*. Por fim, a novela deve lançar um pouco de gente nova no elenco ao lado dos atores consagrados, e conter sempre uma novidade, um assunto emergente no momento, uma moda qualquer que não é a televisão que cria mas é ela que difunde por todo o país. É o caso das discotecas do *Dancin'Days* (que Daniel, aliás, considera o maior exemplo de novela bem-sucedida em toda a sua carreira dentro da Globo).

Às seis da tarde, horário dos adolescentes, das empregadas e das donas-de-casa, a Globo criou o modelo das adaptações de literatura romântica para televisão e aqui o aditivo milagroso já não é mais "o real", mas a dose da "nossa cultura" que é levada para o povo – pois quantos brasileiros teriam ouvido falar em *Senhora, A escrava Isaura, O feijão e o sonho, Helena,* se não fosse a televisão? Evidentemente a relação do espectador com a novela adaptada não tem nada a ver, qualitativamente, com a relação do leitor com a novela escrita; mas de alguma forma os nomes de livros e autores se incorporam ao repertório do grande público, que, à maneira da burguesia ascendente que consome obras da alta cultura internacional como signos de status, tem através da televisão a possibilidade de se aproximar do círculo dos letrados. Mais uma vez temos razões para nos iludir com as virtudes democráticas da indústria cultural. Finalmente, o horário das dez, define Daniel Filho, é o "mais adulto" (além de atingir um público mais restrito, que não tem que estar de pé às cinco ou seis da manhã), permitindo por isso maior experimentação na estrutura da novela, que pode ser por exemplo na base de crônicas semanais em vez de uma história linear, dispensando o gancho dos grandes mistérios, caprichando nas inovações de linguagem, etc. No núcleo das dez da noite foram produzidas as novelas mais criativas da televisão brasileira, as primeiras a serem exportadas para Portugal e países da América Latina, as melhores estética e politicamente.

No entanto, é importante considerar que o envolvimento emocional do espectador das dez com sua novela não é menos legítimo do que o envolvimento do espectador das novelinhas das sete ou dos novelões das oito (tratando-se por vezes do mesmo espectador a acompanhar mais de um horário). Assim como não é menos real a emoção despertada por uma cena melodramática de telenovela do que aquela vivida diante de uma peça de Shakespeare, um filme de Bergman, de Eisenstein. A diferença está não na sinceridade da emoção (e quantos de nós, críticos ou leitores mas certamente também espectadores, dirão que nunca se envolveram com os climas de suspense, paixão, desespero, euforia, criados pela televisão?), mas no tipo de motivação mobilizado para despertar tal ou tal afeto; na gama de possibilidades que uma obra de arte faz ante o real (e o real nem sempre é evidente ou empírico...) provocado pela nova relação entre elementos da realidade, proposta por qualquer trabalho artístico; e na gama de possibilidades que uma obra de arte faz emergir, a partir deste estranhamento.

Então, o eixo para análise das telenovelas desloca-se da questão do maior ou menor realismo "contido" em cada uma delas. Pois o que a novela faz e fez durante todo esse período de sua hegemonia nos lares brasileiros é exatamente reiterar o real no nível em que ele é percebido e explicado – ou justificado – pelo senso comum, através dos valores, perspectivas e interdições apontados pela ideologia dominante. Se a maior aspiração que a novela alimentou foi sempre a de ascensão social individual, e a maior fantasia, a de um casamento feliz e condigno com esta ascensão; se a maior pobreza humana em termos novelescos consiste ainda em superar as intrigas e desentendimentos que sempre separam os casais predestinados até o último capítulo e a maior sabedoria está em aprender as regras do jogo social para tirar dele proveito maior; então, a novela *não escapa* do real. Reproduz continuamente a maneira como a ideologia explica os fatos históricos – do mais corriqueiro problema doméstico à mais intensa paixão – apresentando-os como fatos consumados, naturais, inevitáveis. Dentro das situações mais absurdas que a novela é capaz de criar para manter a atenção de milhões de espectadores durante meses a fio, ela não deixa de ser absolutamente conforme com este nível do presente, da realidade imediata. Conforme, conformada, conformista – a ponto de nunca apontar para qualquer perspectiva de superação/transformação desse real imediato. Todos os malabarismos que ela cria ocorrem dentro do enquadramento limitado que ela mesma propõe.

"Meus personagens são gente humilde, sem grandes vôos", explica Janete Clair por ocasião do lançamento da novela *Duas vidas* (1976). "André não é um grande herói, é um homem comum, com reações humanas comuns", avisa a mesma autora no final de *Pai herói* (agosto de 1979). Analisando-se o comportamento de tais personagens, fica evidente que a perspectiva "realista" das novelas consiste em fazer com que milhões de pessoas mobilizem-se meses a fio em torno de histórias em que o padrão geral é composto por atitudes mesquinhas, projetos e aspirações medíocres ("sem grandes vôos"... deve ser isto), defesa de interesses imediatistas, jogos e manipulações egoístas com as emoções alheias, valorização exagerada das aparências e das conveniências. Nivelar por baixo, baixar as aspirações sociais ao nível de um "programa mínimo" de felicidade, limitar perspectivas e expectativas – tudo o que a novela propõe e condiciona é coerente com o empobrecimento da vida política e social deste país nos últimos quinze anos. Ao apontar para (esta) realidade como "natural", a ideologia tenta fazer com que as pessoas não se dêem conta de que existem outras possibilidades, outras opções de vida e investimento de energia, outras qualidades de relacionamento humano e de emoção a serem produzidas coletivamente.

O PAÍS SE MODERNIZA

Mas mesmo que o esquemão geral das telenovelas permaneça inalterado e seja o mesmo de todas as outras produções enquadradas pela cultura dominante, do folhetim romanesco à literatura de cordel ou à fotonovela, é importante voltar a considerar que o sucesso do gênero se deve à sua flexibilidade; à sua capacidade de preencher esse esquema geral e redundante com elementos atuais, com os temas do momento, capazes de motivar o público que busca nesse tipo de consumo um canal ou um continente para suas necessidades, desejos e preocupações (sobretudo num período em que outros canais estiveram totalmente bloqueados, no Brasil). No nosso caso específico – Rede Globo, Brasil, anos 70 – a problemática que serve de pano de fundo para o desenrolar da grande maioria das novelas das oito e das dez horas (as "mais adultas", na expressão de Daniel Filho) me parece estar centrada em um só tema: o da urbanização e modernização da sociedade brasileira.

Não que a novela se detenha a examinar ou narrar as bases do processo de expansão do capitalismo aqui dentro, as transas da burguesia nacional com o imperialismo e outros aspectos espinhosos (e censuráveis) do panorama político e econômico da década. O que ela faz é enfocar, através de uma série de recursos estilísticos (uso de metáforas, analogias com o passado, criação de microssistemas que contenham todos os elementos do sistema geral, etc.), as modificações e conflitos ao nível das relações sociais, que se dão em conseqüência desse processo de invasão de todas as instâncias da vida privada, de todas as subculturas regionais, de todas as tradições e valores que regiam a vida de setores diferenciados da sociedade brasileira, pelas novas normas ditadas pela burguesia internacional. As determinações de progresso e desenvolvimento, a necessidade de aquisição de novos hábitos e novos padrões de vida compatíveis com o Brasil da indústria automobilística e da poluição, o Brasil do consumismo e das cadernetas de poupança, das paisagens destruídas pelo "progresso", dos compositores novos gravando em inglês para conseguir um lugar no mercado, dos colonos que viram bóias-frias, dos nordestinos que viram pingentes da Central. Enfim, o Brasil da Rede Globo, que ironicamente parece estar produzindo uma vacinação em massa para que a grande parcela da população que constitui seu público possa absorver sem dor e sem reações as violências do ritmo de desenvolvimento-a-qualquer-preço em que o país engrenou de 1968 para cá.

Embora as experiências de dinamização da estrutura das novelas, através do enxerto de elementos atuais e cotidianos que arejassem um pouco o enredo embolorado dos velhos novelões, já venham acontecendo desde *Véu de noiva* (de Janete Clair, com direção de Daniel Filho, 1969), as primeiras novelas de sucesso nessa década ainda não são representativas do estilo que a Globo firmou e "patenteou" como o tal Padrão Globo de Qualidade, mais ou menos por volta de 1973, 74. Até então, predominava o novelão tradicional, não muito diferente dos modelos criados pela Excelsior, que produzia telenovelas desde 1963, tendo sido campeã de audiência, por exemplo, com Yvani Ribeiro (*Dez vidas*, de 1969, *A muralha*, de 1968, etc.), e pela Tupi, com nomes como Geraldo Vietri (*O cara suja*, de 1965, *Antonio Maria*, de 1968, etc.). A Record, a partir de 1970, fez algumas novelas importantes – *As pupilas do Sr. Reitor* e *Os deuses estão mortos*, tendo Lauro Cézar Muniz como adaptador da primeira e autor da segunda.

Enquanto isso, ainda disputando uma audiência que não era tão garantida quanto é hoje, a Globo não arriscava para o horário nobre mais do que os temas de grandes aventuras e improváveis mistérios, usando e abusando da imaginação folhetinesca de Janete Clair: *Irmãos Coragem* em 1970 fez grande sucesso, *O homem que deve morrer* em 1971, *Selva de pedra* em 1972 – sempre temperados, obviamente, por complicadíssimos romances que acabavam por ocupar o centro das atenções do público até o final feliz.

Sobre *Selva de pedra*, por exemplo, as opiniões da colunista Helena Silveira na *Folha de S.Paulo* foram se modificando com o decorrer da novela. Em agosto, uma boa novela prejudicada pela Censura: "Consta que trinta capítulos já gravados de *Selva de pedra* foram apreendidos. Janete Clair vai ter que mudar completamente o relacionamento Francisco Cuoco-Dina Sfat-Regina Duarte"... "O fato é que, posteriormente, se *Selva de pedra* se tornar mais uma novela simploriamente maniqueísta, sua autora será acusada com impropriedade". Em outubro, a Censura está vencendo o páreo: "Creio que a novelista não está nada bem com a insistente colaboração da Censura (que...) lesou a urdidura do enredo. É absolutamente infantil o retorno de Simone (Regina Duarte) com identidade de Rosana", etc. Em novembro, os rumos da novela são considerados um equívoco da autora: "Muito telespectador ficou revoltado com Janete Clair por causa da dupla Simone-Rosana, equívoco que pode ser derrubado num único episódio..." e Helena Silveira sugere que os autores de telenovelas deveriam ter mais tempo para "estudar a vida brasileira", de modo a não correr o risco da criação de tipos inverossímeis e de situações que revoltam o público. De certa forma a Censura continua sendo um poderoso álibi para as improcedências dos autores, o que não deixa de ser verdade até certo ponto, principalmente se considerarmos que nesta década a Censura atuou em três níveis: o policial, o empresarial (a chamada censura interna das empresas) e o psicológico, mais eficiente e nefasto que todos os outros, pois a repressão à criatividade, os bloqueios, a autocensura não se derrubam por decreto.

Em compensação, o horário das dez, até então menos significativo em termos de audiência, permitia aos autores maior margem de inovação. *Bandeira dois* (Dias Gomes, 1971, direção de Walter

Campos) e *O bofe* (Lauro Cézar Muniz e Bráulio Pedroso, 1972, direção de Lima Duarte), por exemplo, foram grandes brincadeiras sobre a cidade grande, ricos e pobres, suburbanos e marginais, mais puxados para a caricatura do que para o "realismo". Mas parece que *O bofe* exagerou na alegoria e na experimentação (a novela teve três finais diferentes para que o público optasse pelo de sua preferência, e acabava numa cena fantástica em que compareciam todos os personagens, vivos e mortos) e foi um fracasso de audiência. Afinal, cria-se um público reforçando o que existe nele de mais conservador e depois as conseqüências são estas: não se pode mais ousar impunemente. A partir daí o horário das dez também foi relativamente "enquadrado"; as novelas podiam continuar sendo satíricas, "críticas" ou puxadas para a linha de denúncia social e da seriedade, mas sem romper muito com uma estrutura linear ao alcance dos hábitos do público e, principalmente, sem abusar das irreverências em relação a esses mesmos hábitos, valores e padrões estéticos. O "senso de medida" é imprescindível para uma televisão que já se tornou respeitável, evitando grosserias tipo Chacrinha e apelações melodramáticas para as quais a classe média já aprendeu a torcer o nariz. Portanto: rumo à "realidade", que é sempre um terreno seguro – se a Censura deixar.

ASCENSÃO (E QUEDA) DA INTELIGÊNCIA NA TV

Voltando à presença da temática de modernização/urbanização nas novelas, há alguns casos em que esta preocupação fica mais evidente. *O bem-amado*, de Dias Gomes (1973), foi situada na fictícia cidade baiana de Sucupira, onde as águas se dividem com muita clareza: de um lado o coronel Odorico Paraguassu (Paulo Gracindo), prefeito da cidade, seus admiradores e puxa-sacos. De outro lado a juventude (Sandra Bréa, filha do coronel) e os representantes da cidade grande (Jardel Filho no papel do médico humanista e liberal que considera as idéias do velho Odorico ridículas). O coronel Odorico é um Febeapá ambulante, representante da ignorância nacional, de mentalidade atrasada e manias de grandeza. Seu maior sonho é conseguir um defunto para inaugurar o cemitério da cidade com a presença do governador do Estado. No fim da novela é ele quem morre e inaugura pateticamente o cemitério, liberando sua filha, amante do ardoroso médico, para ir viver com ele em Salvador, longe da atrasada Sucupira.

A gozação indireta em cima dos broncos e poderosos que governam o país, representados pela figura do velho Odorico e seus "colaboradores", foi tão bem-feita (houve até um Watergate caboclo no confessionário) que *O bem-amado* foi bem recebida inclusive por setores do público e da crítica que costumavam ver novela com desprezo. E o coronel (que a Censura, bestamente, não deixava ser chamado assim) não representava, de qualquer forma, uma crítica à burguesia ou aos valores burgueses em ascensão. Suas atitudes ridículas e exageradas estavam relacionadas a uma imagem que o Brasil Grande gostaria que pertencesse ao passado, a suas origens agrárias já superadas pela era da urbanização. Os tipos "populares", por sua vez, são pueris e inofensivos, embora comoventes: o pescador romântico, representado por Milton Gonçalves, consegue realizar seu sonho no último capítulo e voar. Zeca Diabo (Lima Duarte) é um cangaceiro de coração mole que só deseja ser "protético", profissão que considera mais digna e nobre que sua vida de matador. No final, os personagens de Sandra Bréa e Jardel Filho inauguram sua liberdade no apartamento do médico, em Salvador. *O bem-amado* foi uma novela bonita e ambígua: fantasiosa, às vezes quase delirante (como no caso do vôo do pescador) e por outro lado apontando, como alternativa à velha Sucupira, o Brasil do presente. Para onde mais poderia apontar, afinal?

Depois dela, uma novela de Jorge Andrade – *Os ossos do barão*, de 1973/74 – encontra um bode expiatório mais fácil para contrastar com os ideais e as perspectivas da modernidade: como o próprio nome sugere, a vítima aqui é a decadente aristocracia paulistana (outra vez Paulo Gracindo) em confronto com a burguesia arrivista (Lima Duarte) e com as aspirações da pequena burguesia jovem e saudável.

Algumas novelas do horário das oito: *Fogo sobre terra*, de Janete Clair (1974), de temática rural, mostra o choque do homem do campo com o progresso que "vem da cidade". Nas palavras da autora, é um conflito entre "o homem do campo, *preconceituoso em relação ao progresso*, e o homem da cidade, *impelido a acabar com a miséria, levar ao campo conforto e civilização*". Para dar maior emoção à história, os dois homens em questão são irmãos, um camponês e outro engenheiro. A pequena cidade de Divinéia deve desaparecer submersa pelas grandes obras de retificação do curso de um rio, importantes para o progresso da região porque tornarão o rio navegável. Os dois irmãos são bons, mas o homem do campo, mais ingênuo, não se conforma com os projetos (vencedores, afinal) do irmão citadino, mais prático e realista...

Escalada (1975), de Lauro Cézar Muniz, trata da ascensão de um caixeiro-viajante do interior de São Paulo, homem empreendedor e perseverante que termina como grande empresário no Rio de Janeiro. Lauro Cézar: "É a história de um brasileiro, de uma classe em ascensão, produto típico da revolução de 30 que propiciou o surgimento de um novo homem. Essa ascensão possível tem a ver com a industrialização e a urbanização que foram propiciadas naquele período". Antonio Dias (Tarcísio Meira) é este homem que vem do campo para a cidade tentar enriquecer com o comércio, com as brechas que o desenvolvimento industrial lhe oferece. É o sonho pequeno-burguês que se realiza. Dados políticos da época (a novela desenvolve-se até a atualidade numa estrutura de três fases, décadas de 30, 50 e 60, tendo seu epílogo em 1975) conferem à história maior credibilidade apesar dos obstáculos da Censura. Na segunda fase (1950), por exemplo, o nome de Juscelino Kubitschek é proibido de ser pronunciado no vídeo...

Lauro Cézar é o autor das grandes sagas a partir de *Os deuses estão mortos* (TV Record, 1971); em 1976 fez *O casarão*, saga de uma família desde 1900, quando são grandes proprietários rurais na cidade de Tangará, até a atualidade no Rio de Janeiro, passando pela década de 20, que marca as transformações da sociedade brasileira do ponto de vista da crise daquela família de fazendeiros. Na comparação entre as gerações há oportunidade para tratamento de temas como a emancipação da mulher, o desquite (este tremendamente prejudicado pela ação da Censura) e até um pouco de política. Ainda a respeito da Censura: *O casarão* foi enquadrado na Lei Falcão, pois, por ocasião das eleições de 1976, o autor introduziu o assunto da campanha eleitoral na cidadezinha de Tangará, onde a heroína da geração atual (representada por Beth Mendes) era vagamente "de oposição". Resultado: Lei Falcão nela e em seu candidato preferido, pois aquilo poderia parecer propaganda do MDB pela televisão.

Até mesmo Janete Clair entrou na linha da "realidade nacional". Chamada às pressas para escrever alguma coisa que substituísse *Roque Santeiro*, de Dias Gomes, totalmente vetada pela Censura (porque se baseava numa peça teatral já proibida, do mesmo autor – é o que dizem...), fez *Pecado capital* (1975), a primeira novela das oito a cores, de temática essencialmente urbana e atual. De um lado, uma família remediada de subúrbio carioca, e de outro uma família burguesa proprietária de uma fábrica de confecções, cujo pai é viúvo e romântico. O amor do velho Salviano (Lima Duarte) pela suburbana que se torna manequim de sua indústria (Betty Faria) e a oposição de ambas as famílias ao casamento consistem no eixo principal da novela. Francisco Cuoco, ex-noivo da jovem, é o tipo grosseirão do subúrbio, bruto e ciumento, que perde a noiva para o rico e gentil industrial. O clima de aventura é criado por um roubo de dinheiro em que o personagem de Cuoco é envolvido, tentando enriquecer ilicitamente. Mas ele é assassinado no último capítulo, enquanto sua ex-namorada se casa com quem enriqueceu pelos canais competentes.

Maior sucesso do que *Pecado capital* teve *Duas vidas*, de 1976/77, que em seu último capítulo atingiu 92% de Ibope. Novamente a autora se arrisca a uma temática urbana e atual, auxiliada pelos recursos de direção de Daniel Filho. Cria uma trama em que as obras do metrô devem levar à desapropriação de uma rua tradicional carioca onde os habitantes, todos antigos no lugar, resistem a abandonar suas relações de bairro e entrar no esquema impessoal da cidade grande. Mais uma vez o progresso, inevitável, invade a estrutura de vida de pessoas que prefeririam conservar seu antigo estilo de vida. Em entrevista à revista *Claudia* de julho de 1977, Janete Clair explica a fórmula do sucesso estrondoso de sua novela: "Hoje em dia estou mudada, não procuro mais só temas românticos; já escrevo procurando contestar alguma coisa". (Mas...) "o público não gosta só de sofrer. Precisa também ver um ambiente sofisticado ou a novela ficará feia, pobre. Eu quero que minha novela agrade, sempre". Por isso, Janete admite que faz concessões: "No final de *Duas vidas*, Leda Maria (Betty Faria) e Vítor

(Cuoco) deveriam se separar... Mas o número de cartas que recebi do público, pedindo que os dois ficassem juntos, foi tão grande que não pude deixar de contentá-los e mudei para um final feliz". Aliás, falando sobre o final de *Pai herói* à revista *Amiga* de agosto de 1979, Janete Clair reitera suas intenções de "agradar o público": "Eu fiz *Pai herói* para André terminar com Ana Preta (Toni Ramos e Glória Menezes)... Mas o público tomou-se de encantos por Carina (Beth Savala), pediu tanto, escreveu tanto, que eu tive que uni-los." E admite novamente: "Confesso que mudei o final, pela primeira vez, atendendo ao público". Mais uma vez a televisão, democraticamente, se curva ante o conservadorismo do público que ela própria ajudou a criar...

• • •

Uma constante no horário das oito, até hoje, é o revezamento quase absoluto entre Janete Clair e Lauro Cézar Muniz; Janete é a autora mais popularesca, plenamente identificada com seu público, e Lauro Cézar apresenta pretensões mais intelectualizadas – de inovações formais na novela, de inserir informações históricas do roteiro, etc. – numa relação um tanto mais tensa com seus espectadores. Atualmente a Globo também começou a adotar essa espécie de revezamento às sete, quando o velho Cassiano Gabus Mendes compõe dobradinha com autores um pouco mais inovadores – Mário Prata, Bráulio Pedroso. Assim, entre as velhas fórmulas garantidas e algumas tímidas experimentações, a emissora assegura seu Ibope enquanto procura renovar-se lenta e gradualmente; pois qualquer empresário bem-sucedido sabe que até mesmo sua linha de produtos mais tradicional necessita certas mudanças de embalagem de tempos em tempos.

Outra constante evidente, entre os temas de ascensão social individual e de conflitos entre o velho e o novo, é a maneira como estes elementos são tratados. Os choques entre o Brasil moderno e o arcaico são representados por oposições entre rural e urbano, tradição e progresso, jovens e velhos, aristocracia agrária e burguesia ascendente. O novo é visto como inevitável, ainda que, em alguns casos, pintado com cores sombrias e representando a destruição de modos de vida e valores nostalgicamente desejáveis, como no caso do *Espigão*, de Dias Gomes (1974, direção de Régis Cardoso), e *O grito*, de Jorge Andrade (1975/76, direção de Walter Avancini). Ambas as novelas, no horário das dez, tratavam da especulação imobiliária no Rio e em São Paulo, respectivamente, mostrando a violência que o crescimento desenfreado das cidades acarreta na vida privada (*O espigão*, segundo Daniel Filho, foi censuradíssima dentro da Globo por pressão dos anunciantes, sobretudo grandes construtoras e/ou imobiliárias).

Mas, geralmente, sobretudo no horário das oito, é possível alguma conciliação entre os oponentes. Os valores tradicionais, caipiras ou suburbanos (e mesmo os aristocráticos) raramente são vistos com desprezo total, embora os personagens que os representem sejam com freqüência apresentados de forma infantilizada, ingênua, folclórica – enfim, como figuras simpáticas porém inofensivas. Até mesmo os pretensos heróis que batalham contra o inevitável – os personagens de Walmor Chagas no *Grito*, Claudio Marzo no *Espigão*, insistentes defensores da ecologia – são neutralizados por sua própria condição quixotesca, a impotência de sua resistência romântica e solitária contra "a força da grana que ergue e destrói coisas belas".

Por sua vez, o "povo" (Pepo e Ana Preta em *Pai herói*, Alzira e as amigas em *Dancin'Days*, a família de Lili no *Astro*) e os velhos (Seu Menelau em *Duas vidas*, Seu Alberto em *Dancin'Days*) recebem um tratamento dúbio, entre o simpático e o pueril. Seus sentimentos são sérios, mas não muito... Entretanto, esses representantes de valores ou de setores secundários perante a ascensão gloriosa dos personagens principais funcionam como elemento afetivo importante na estrutura das novelas, despertando, com sua faceta desprotegida e um tanto patética, fortes identificações por parte do público. Às vezes até mais profundas do que o casal principal, que, como parece evidente no caso de *Pai herói*, desperta mais interesse pelo valor abstrato que representa – o Amor! – do que pela figura humana dos personagens.

Além disso, os personagens não-vencedores da novela (observação: os *perdedores* propriamente ditos são apenas os que merecem punição, no final) existem com uma finalidade específica: sua função é de sobreviver em gentil convivência com os vencedores, e até mesmo beneficiando-se de alguma forma com este contato. Eles estão ali para demonstrar que a convivência não só é possível como também vantajosa para todos, sendo que há sempre um membro da família premiado pelo contato bem-comportado com os vencedores: a jovem pobre que se casa com o moço rico, o rapaz do interior que vai para a cidade grande e sobe na vida, o outro que redescobre um parente desaparecido e recebe enorme herança, etc. O elemento caipira ou suburbano também é recebido na ambiente dos bem-sucedidos (dos modernos) como portador de autenticidade e espontaneidade e, assim, além de lucrar com a convivência pacífica, ainda contribui de alguma forma para alegrar o mundo dos campeões, ensinar-lhes a simplicidade, a alegria das pequenas coisas, a espontaneidade... Valores que, na estrutura da novela, não devem se perder durante a ascensão social.

Ou seja: a não ser os "mal-intencionados", ninguém tem muito a perder; existem apenas obstáculos a transpor até que um novo equilíbrio, muito semelhante ao proposto no início da novela, seja estabelecido. Como não há contradições, e sim *conflitos*, a História não caminha na telenovela: a vida descreve círculos voltando sempre ao ponto de origem, movimento no qual a ordem "natural" das coisas se reafirma, se fortalece, se aperfeiçoa.

O IBOPE BALANÇA, A OUSADIA CAI

Em fins de 1977 a Globo, tendo firmado e reafirmado suas linhas de programação e seu monopólio da audiência, dava-se ao luxo de permitir alguns tímidos avanços e experiências na estrutura das novelas. Às oito da noite Lauro Cézar Muniz tentava desmitificar para o público a vida dos artistas de televisão e os bastidores de uma grande emissora com seu *Espelho mágico*, numa estrutura de metanovela (*Coquetel de amor*, a tal novela-dentro-da-novela que pretendia criticar o esquemão tradicional do gênero) que acabou confundindo os espectadores acostumados, pela relação imposta pela própria televisão, *a ver novelas para não pensar.* De qualquer forma, *Espelho* enfocava a própria Globo como mais digna representante da onda de modernização que assola o país, pois no decorrer da novela *todos* os personagens, artistas das mais diversas áreas, imigram para a televisão encontrando nela o melhor espaço – ou a saída inevitável – para seu trabalho, em vista do esmagamento dos outros setores do mercado de trabalho em "artes e espetáculos". Mas o público se desgostou com a novela, que baixou até 53 pontos de audiência, e quase escapa para a Tupi, que nessa altura jogava alto (ou baixo?) com a mediunidade do *Profeta*, de Yvani Ribeiro, não fosse a intervenção salvadora de titia Janete com seu retumbante (e redundante) *Astro*.

"CRISE NA TV: Cuoco veste turbante para salvar as novelas", anuncia a revista *Manchete*, supondo um desgaste do gênero que motivaria uma queda geral de 11 pontos na audiência da TV, segundo o autor da matéria, Carlos Heitor Cony. Às sete, a novela de Mário Prata, *Sem lenço, sem documento*, cheia de jogadinhas cúmplices para conquistar simpatias de um público de esquerda ou do público jovem antiTV ("Não escrevo para teatro *desde 68*; a barra tá pesada", declara um publicitário ao amigo. Insinua-se que ele precisa do emprego porque manda dinheiro para a família de um amigo, preso político. "Você vai à festa? Vai ter de *tudo*", "Ah, meu filho, eu estou tão careta..." é outro diálogo que vaza entre dois personagens mais "desbundados", insinuando alguma transação com drogas. Em todo caso, esses detalhes se davam numa linguagem tão cifrada que a Censura deixava passar), também não se firma direito. Começa tentando inverter a estrutura tradicional das novelas e colocar, como personagens principais, quatro empregadas domésticas vindas do Recife para o Rio e outros tipos, da pequena burguesia remediada para baixo. O tema central no início do *Sem lenço...* é o desemprego, a luta pela sobrevivência dos nordestinos, e mesmo de famílias cariocas, no Rio. No fim, por injunções de Censura e público, o autor consegue a proeza de promover socialmente todas as quatro domésticas e seus agregados, transformando-as em manequim, dona de butique, esposa de advogado e esposa de um astro do rádio. De qualquer maneira, para o horário das sete, *Sem lenço, sem documento* ainda foi a novela mais inovadora.

Na mesma época, às dez, estava no ar uma nova imagem de Regina Duarte no papel de Nina, na terceira novela de Walter George Durst para a Globo depois de *Gabriela* (a novela mais bonita feita na televisão brasileira, na minha opinião) e de *Despedida de casado*; esta última foi o segundo caso sério entre a Globo e a Censura: para Durst, que tentou fazer passar quatro sinopses diferentes sem sucesso, a novela tratava da "difícil arte da convivência entre um homem e uma mulher", e era "tremendamente construtiva", apesar de tratar do tema do desquite. Mas não passou mesmo, e "hoje existe fragmentada por aí, em temas de outras novelas, do *Malu mulher*, em *Como salvar meu casamento* da Tupi, etc. Agora, pode!"

Nina, por sua vez, foi uma novela bem-feita e difícil, que reconstituía o período de 1926 a 30 em São Paulo e tinha como fundo a decadência da aristocracia cafeeira (Mário Lago), a ascensão da burguesia arrivista (Antonio Fagundes), os abalos sofridos pela moral provinciana da época com as idéias "modernas" positivistas, representadas pela atrevida professorinha Nina (Regina Duarte). Infelizmente, Nina estava condenada a ser uma contestadora puritana, impedida pela Censura de ter qualquer tipo de vida sexual, pois, em se tratando de Regina Duarte, ex-símbolo das menininhas puras da família brasileira, sua sexualidade se tornaria duplamente imoral – tal é o poder da televisão sobre a imagem do ator, condicionando em torno dela as fantasias e desejos do público.

Enfim, *Nina* abordou com uma certa profundidade um período que parece ter um incrível poder de metáfora em relação às transformações pelas quais o país está passando hoje (ou melhor, na década de 70...) – o período que precede a Revolução de 30, utilizado como referência em diversas outras novelas. A vitória da industrialização sobre a economia cafeeira é representada pela ascensão de Bruno (Fagundes), que, numa vantajosa aliança, termina se casando com uma filha da aristocrática família Galba, salvando-os das conseqüências do *crack* da bolsa de Nova York. E a vitória do "livre-pensar" característico do capitalismo de livre-concorrência surge apenas como perspectiva longínqua, pois Nina, depois de presa, perseguida e incompreendida por todos, termina lecionando num colégio qualquer de cidade de interior. A câmara pára sobre o rosto de uma criança atenta, enquanto a professora ensina que "a terra foi feita pelo fogo" (e não por Deus!), sugerindo que o Brasil, através de suas novas gerações, marcha inevitavelmente para o fim da sua longa Idade Média rumo ao começo da modernidade.

Nina talvez tenha se aprofundado demais, o *Espelho mágico* se complicado demais, *Sem lenço, sem documento* brincado demais, e os autores e diretores da Globo perceberam neste período que o preço do monopólio é a quase imobilidade. Para a estrutura comercial da emissora, os pequenos balanços no Ibope (afinal o que são 11 pontos para quem está permanentemente 30 ou 40 pontos à frente das outras?) parecem tão assustadores que a Globo já não tem mais a liberdade de sair do esquema de sucesso que ela mesma implantou. Surpreender o público, contrariar suas expectativas (as três novelas em questão, por exemplo, haviam diluído um pouco o peso dos "casais centrais" a que se refere Daniel Filho, em relação à estrutura total do enredo), abalar seu condicionamento diante da telenovela, implica num risco de audiência que a Globo já não podia mais correr. A partir de então, as fórmulas de sucesso garantido voltaram a imperar – *O astro*, de Janete Clair, *Te contei*, de Cassiano, e *O pulo do gato*, de Bráulio, respectivamente às oito, sete e dez horas, repetem, com pequenas modificações, receitas bem-sucedidas de cada um dos autores e não merecem análises à parte. Dois meses depois de *O astro* entrar no ar, a Globo anunciou triunfante a recuperação de seus picos habituais de audiência ("Isso é liderança", no boletim para imprensa da segunda semana de fevereiro de 1978, acusa que o Ibope no horário nobre já voltou para a média dos 60 pontos nas principais capitais, etc.)

O horário das sete até hoje não apresentou mais nada de importante. Às oito, *O astro* foi sucedido pela esfuziante *Dancin'Days*, de Gilberto Braga, a novela onde Daniel Filho melhor aplicou sua receita infalível de realismo-com-purpurina, misturando um clima de oba-oba da Zona Sul carioca com os velhos desencontros amorosos e familiares, muito merchandising e todo o embalo da onda das discotecas – modismos que aliás a novela difundiu por todo o país, contribuindo para a tal "integração" da nação via aquisição de novos hábitos de consumo etc. Depois dela, e com a saída do entusiasmado Daniel do núcleo das oito, as novelas deste horário caíram numa obscuridade (*Pai herói*, de Janete, *Os gigantes*, de Lauro Cézar) da qual ainda não conseguiram se levantar.

Às dez, merece algum destaque *Sinal de alerta*, em que Dias Gomes parece ter abandonado de vez qualquer resquício de bom humor e levado o realismo às últimas conseqüências, construindo uma espécie de novela-denúncia sobre os problemas da classe operária (superconcentrados na questão da poluição), onde o clima que paira sobre a ala pobre é tão pesado e tão solene, seus personagens são tão exemplares, tão cerebrais e tão sisudos que o eventual público operário não deve ter se identificado na tela, e o público de classe média se afastou entediado. *Sinal de alerta* não passou muito de uma novela carregada de boas intenções, e encerrou com tons cinzentos o núcleo das novelas das dez. Em 1979 a Globo volta com tudo ao sistema da estratificação bem delimitada por horários (ver texto *Um só povo, uma só cabeça, uma só nação*) e concentra todas as suas perspectivas progressistas – ou, em outras palavras, todos os seus esforços – na conquista de setores mais sofisticados de público na proposta das *Séries brasileiras*: *Aplauso*, *Carga pesada*, *Malu mulher* e *Plantão de Polícia*.

O BOM GOSTO ESTÁ À ESQUERDA

> *Eu acho que o sistema político brasileiro tem receio da invasão dos meios de comunicação pelos chamados ideólogos de esquerda. Mas não a indústria. A indústria precisa deles* (Paulo Afonso Grisolli, diretor de *Malu mulher*).

E precisa mesmo; de que outra maneira, a não ser através do trabalho de autores e ideólogos mais progressistas, um veículo abrangente como a televisão pode mascarar seu caráter de classe a fim de atingir parcelas de todas as classes sociais?

No caso específico do Brasil, o discurso populista ainda é o mais abrangente pela sua tradição junto às camadas trabalhadoras e pela sedução que representa para a burguesia, oferecendo-lhe uma ideologia conciliatória capaz de aplacar sua má consciência sem colocar em crise seu poder. É ao tratamento populista que a Globo recorre ao perceber que, de uns anos para cá, setores incômodos do chamado povão brasileiro insistem em voltar à cena política e a televisão não pode ignorá-los: seria um descuido tático e um grande erro estratégico.

Finalmente, se o consenso entre burguesias e classes médias anda um pouco abalado pela crise econômica, urge construir novos pontos de consenso mesmo que à custa de pequenos avanços ideológicos (os tais "avanços preventivos", ver texto *Um só povo, uma só cabeça, uma só nação*): este é o principal papel dos homens que trabalham para o que Mauro Salles chama de "comunicação social"; tarefa diplomática espinhosa porém imprescindível, sobretudo para uma emissora que pretende manter-se como *critério de verdade*, como mediador privilegiado das relações entre seu público e a realidade social.

Até poucos meses atrás, a Globo oferecia canais esporádicos de desafogo para as demandas esquerdistas e/ou inovadoras (ao nível da moral e dos costumes) de seu público. De vez em quando o *Globo repórter* saía com alguma grande "denúncia" (alta do custo de vida, inseticidas envenenando os alimentos, menores abandonados etc.) apresentando, evidentemente, sua própria versão de "por que essas coisas acontecem". O *Planeta dos Homens* utiliza o humor e a sátira política para aplacar consciências mal-humoradas – o riso é uma válvula de escape e uma vacina – e algum *Caso especial* vinha abordar dramaticamente os problemas da "nossa gente". *Indulto de Natal*, por exemplo, em 1975, era uma história baseada na angustiosa e impotente espera de um homem (Joel Barcelos) e seu filho pela esposa/mãe presidiária que deveria ser solta para passar o Natal em família. Escrito e produzido por Walter Avancini, este *Caso especial* misturava realidade e ficção, situando cenas no interior de um presídio feminino verdadeiro e envolvendo o espectador com a cansativa e esperançosa "via-crúcis" da dupla pai-e-filho, às vésperas de Natal, tentando obter alguma informação sobre a lista das indultadas entre os frios corredores da burocracia.

Jorge, um brasileiro, de 1977, baseado no livro premiado de Osvaldo França Júnior, mostrava o mundo dos motoristas de caminhão, com Fagundes no papel principal e Paulo José na direção: "Trata-se de um épico mineiro em tom menor, irônico; Jorge não é o super-herói, é um homem normal, um herói brasileiro..." Botar o povo na tela, "a cara do povo do jeito como ela é", como dizia Paulo Pontes (mas, em se tratando de Globo: o povo banhado, barbeado e, no mínimo, com a dentadura em bom estado...), substituir o grande herói pelo chamado "homem comum" já era proposta de Oduvaldo Vianna Filho para sua *Grande família*, que durou de 1973 a 75 narrando em episódios semanais a vida simples de uma família simples com dramas simples etc., etc. Paulo Pontes, co-autor da série: "A matéria-prima de meu trabalho é a vida do homem comum, este herói desconhecido que por 12 horas diárias carrega nas costas frustrações e dificuldades"...

As elites jovens e supostamente liberadas das grandes cidades, as propostas inovadoras ao nível da moral sexual, das relações familiares e do próprio sistema de vida pequeno-burguês encontraram espaço na curta série *Ciranda, cirandinha* (fins de 1977 e 1978), em que uma equipe de quatro autores – Domingos de Oliveira, Antonio Carlos Fontoura, Lenita Plonczynska e Luis Carlos Maciel – dirigida por Daniel Filho criou alguns episódios baseados na constatação de que, para as novas gerações, "o sonho acabou mas papai não tem razão". Quatro jovens dividem um apartamento em algum lugar da Zona Sul carioca e enfrentam, romanticamente, problemas como o da violência da grande cidade, a crise existencial de um companheiro que "acreditou demais na década de 60", a criação coletiva de uma criança, a dificuldade em realizar os próprios sonhos. Talvez por estar dirigido a um público muito próximo dos próprios autores, talvez por tratar de um tema que *parece* dizer respeito apenas a uma minoria (o que sossega bastante a Censura), talvez por abordar classes médias em vez do "povo", e assim escapar do populismo, ou por tudo isso junto, *Ciranda, cirandinha* foi, a meu ver, a experiência mais avançada da Globo.

Das experiências esporádicas e variadas dos *Casos especiais* a Globo se lançou na produção das *Séries brasileiras*, na esteira de uma proposta da Embrafilme em financiar a produção de seriados nacionais para a TV – mais uma vez, antes que outro aventureiro lançasse mão. As séries são também tentativa de fixar no horário das dez um público de elite que não se interessou pelas novelas, mas de quem a televisão não pode desistir inclusive por motivos comerciais, pois, como diz Homero Sanchez, diretor do Departamento de Análises e Pesquisas da Globo, "conteúdo elevado" chama um "público elevado", que chama publicidade cara... e então "o Dr. Roberto Marinho será não milionário, senão bilionário ou trilionário".

Uma série de adaptações teatrais variadas, uma série que percorra o interior do país, outra que cubra os subterrâneos marginais e/ou suburbanos da cidade grande e uma que permita o tratamento dos problemas existenciais das minorias cultas do país, eis um painel completo, na horizontal e na vertical, das realidades socioeconômica-culturais brasileiras. Rigorosamente vigiadas pelo olhar desconfiado e reacionário do Dr. Roberto Marinho, as *Séries brasileiras* balançaram um pouco em termos de audiência, de custos e de censura interna, mas parece que, depois de seis meses no ar, tomaram pé – fala-se mesmo em uma quinta série para 1980, ocupando a quarta-feira, única noite ainda tomada pelos enlatados.

Seus autores podem ser considerados os tais "ideólogos de esquerda" a que se refere Grisolli, com passagens pelos teatros de Arena e Opinião dos anos 60 e pelas propostas dos Centros de Cultura Popular da UNE. Na Globo, adaptando ligeiramente estas propostas, continuam trabalhando no sentido de fazer com que "o povo brasileiro se reconheça na tela", como pedia Paulo Emílio Salles Gomes ao cinema nacional. É possível conciliar projetos dos setores da produção cultural mais à esquerda, na década de 60, com a linha de programação de uma emissora como a Globo? Pelo jeito, é possível. No mínimo porque o tempo passa, a realidade social do país se transforma e as tais propostas já não se situam mais tão à esquerda (difícil seria talvez que a Globo encampasse as propostas político-culturais de esquerda que surgem *hoje* – se é que ela já não efetuou a tarefa preventiva e aparentemente impossível de encampá-las *antes* que elas surjam). No mínimo porque, transformadas em produtos de consumo de televisão, essas propostas já não são mais as mesmas (ver texto *Um só povo, uma só cabeça, uma só nação*).

"Existe uma continuidade nas minhas preocupações, desde o tempo do CPC até meu trabalho com o *Aplauso*. A intenção de levar cultura ao povo... Curei-me definitivamente do vanguardismo" (Ferreira Gullar, equipe de criação do *Aplauso*). Gullar opõe autores individualistas e forma listas aos que aceitam trabalhar para a TV dado o seu grande alcance, etc.

Carga pesada propõe-se a "fugir do esquema americano. Levantar nossos problemas e até mesmo influir na sua solução" (Gianfrancesco Guarnieri, um dos autores de *Carga pesada*). "*Havaí 5-0*, não: *Maranhão 79*". (Carlos Queiroz Telles, idem). Mas "por enquanto não há como evitar o modelo dos seriados americanos, uma fórmula bem-sucedida. Vamos mudar principalmente no conteúdo". Outro autor desta série, Dias Gomes fala em basear os episódios em casos reais, traçar um vasto painel do interior do país, etc., "mas *sem o exagero de regionalizar*". Também considera importante não desprezar a experiência dos seriados americanos, só que com "uma temática 100% nacional". O recurso dos dois caminhoneiros (Antonio Fagundes e Stênio Garcia) rodando pelo país permite o traçado deste painel a que se refere Dias Gomes. Ao mesmo tempo, a relação passageira, quase "turística" dos dois caminhoneiros com os problemas dos locais por onde viajam impede qualquer aprofundamento nesses problemas, qualquer peso maior para a cabeça do espectador – o que é, aliás, uma limitação da própria forma clássica dos seriados, e que exigiria muitas transformações para ser superada.

"O noticiário policial é um microcosmo da sociedade". Permite a abordagem de "temas fortes, mas também com um pouco de humor" (Antonio Carlos Fontoura, autor de *Plantão de Polícia*). "Não são façanhas de um policial, mas a realidade policial". (Aguinaldo Silva, idem). Acertadamente, o personagem principal de *Plantão de Polícia* não é um policial, e sim um jornalista da seção policial de um pequeno jornal carioca. A estas alturas, com quinze anos de militares nas costas e cansado de ouvir falar ou sentir na pele a violência da polícia, o público provavelmente não acreditaria num herói policial. Hugo Carvana, o Waldomiro Pena, "último jornalista romântico", é o encarregado de percorrer as barras-pesadas e/ou folclorizadas da malandragem carioca na série das sextas-feiras.

Malu mulher é mais uma vez a Regina Duarte tentando escapar das limitações que a Censura lhe impôs por ocasião da novela *Nina*. Mas desta vez, depois de muita briga com a direção da empresa, parece que Daniel Filho conseguiu quebrar a redoma de cristal que protegia a atriz e assim criar uma personagem feminina que é tão exemplar quanto *Nina*, mas consegue evitar ser assexuada. "Essa é uma história de todas as mulheres que tomam consciência. Seus problemas não resolvidos no dia-a-dia são os de todas as mulheres" (Lenita Plonczynska, uma das autoras de *Malu*). "Malu não é uma revolucionária, é só uma mulher que resolveu viver e usar suas potencialidades humanas" (Armando Costa, idem). "Vamos discutir o ser humano através de uma mulher brasileira" (Euclydes Marinho, idem). "Não vamos discutir os problemas das mulheres da classe baixa porque não os conhecemos, seria falso. Mas vamos tentar defendê-las, fazer alguma coisa por elas" (Renata Palottini, idem).

Admitindo mais uma vez que a fórmula dos seriados não será muito diferente da receita implantada pelos "originais" norte-americanos, os autores de *Malu* se propõem, entretanto, a, através da personagem, tratar essencialmente da nossa realidade – se é que se pode dizer que os problemas enfrentados por uma mulher desquitada, universitária, classe média-alta com apartamento bem decorado e carro do ano sejam "representativos da realidade brasileira". Malu, com suas ousadias que chocam patriarcas e donas-de-casa, é representativa, sim, da auto-imagem narcisista de um setor da sociedade que se pretende de vanguarda. Individualista em sua "luta", conservadora em sua maneira de viver, Malu acumula experiências novas com o mesmo furor consumista com que desejaria, tempos atrás, geladeiras, liquidificadores e marido. Ponta-de-lança da Globo em sua programação para a próxima década, Malu vem avisando que as regras do jogo não mudaram muito; embora o vocabulário televisivo tenha se alargado para comportar verbetes como orgasmo, aborto, "porcochauvinismo" e liberação, essas conquistas continuam sendo, como a velha ascensão social das novelas, privilégios dos melhores – dos eleitos. E que, se a vida é dura, não é possível tentar entender o que a torna assim ou procurar novas maneiras de viver. O negócio – diria ela à sua filha e aprendiz Eliza – é endurecer também, entrar na guerra e defender o seu.

A releitura das linhas que escrevi como contribuição para estas reflexões sobre os 70 me conduz de volta a uma breve temporada paulista de minha vida, onde tive o último de meus três filhos (foi, de fato, uma década produtiva e fecunda), vivi o início de uma crise incontornável no meu casamento, fiz amigos preciosos e eternos e sobretudo tive o privilégio de conviver com alguns dos mais inquietos e talentosos profissionais do jornalismo brasileiro. Devo a essa convivência minha opção de incluir na análise da tevê dos 70 um pouco da audácia, da criatividade e do inconformismo que marcaram a trajetória desses valentes profissionais. Da descrição apressada e (devo reconhecer) um tanto tímida e superficial desses anos, me alegra principalmente este pequeno registro de resistência num tempo em que nos recusávamos a acatar, como o cronista e dramaturgo Nelson Rodrigues, *a burrice da unanimidade. Que ele ajude a estimular a diferença nesses anos tão pasteurizados do novo milênio.*

Dos 70 para cá, a tevê entrou e saiu da minha vida algumas vezes. Especialmente pela porta da TV Globo, a rede nacional por excelência, a que vi nascer nesses anos e expandir sua supremacia e domínio nos anos seguintes; que acabou se transformando no mercado de trabalho possível (certamente o único estável) *para os jornalistas de televisão. Voltei a ela no final da década de 80, quando a ditadura chegava ao fim, minha geração pôde votar pela primeira vez para presidente da República e o Brasil elegeu Fernando Collor* de Mello. *Retornaria outra vez na segunda metade dos 90, a tempo de acompanhar de perto a reeleição de* Fernando *Henrique Cardoso, e em seguida a vitória de Luiz Inácio da Silva. Enquanto nossa democracia avançava aos tropeços, aprendi a entender melhor a equação que meu ex-chefe e hoje amigo Armando Nogueira nos ensina no último parágrafo de seu depoimento. "Estou absolutamente convencido de que não adianta um segmento minoritário da sociedade clamar por uma televisão participante, afirmativa, que reflita a realidade nacional, se a sociedade que a inspira for fraca, não organizada democraticamente", nos revela Armando. "A tevê não é um instrumento revolucionário. A tevê está a serviço da ideologia vigente".*

Neste julho de 2004 ainda me encontro lá, responsável por um programa de entrevistas na Globonews, um canal a cabo impensável para todos nós naqueles anos 70. Na avalanche tecnológica que se abateu sobre o mundo e impôs ao tempo uma velocidade progressivamente meteórica, o chamado império global ingressou na era digital e a fibra ótica abriu as portas de um mundo que se dividiu em tevê aberta e tevê por assinatura, direcionadas para um público que acabou se segmentando de acordo com a classe social. Se a tevê democratizou os meios de comunicação, o Brasil continuou espantosamente desigual.

O sociólogo Francisco de Oliveira me chamou a atenção para um dado recente e desconcertante dos tempos em que vivemos, que é a complexidade da nossa pobreza. Achávamos que o acesso dos menos favorecidos à informação e aos avanços tecnológicos significaria uma sociedade mais igualitária. A tevê que se expandiu pelos lares brasileiros nos anos 70 acabou mostrando que não. Mas esta é uma outra história, à espera de um novo registro, uma nova reflexão.

/ comentário de Elizabeth Carvalho /

TELEJORNALISMO: A DÉCADA DO JORNAL DA TRANQÜILIDADE

Elizabeth Carvalho

Sinto-me feliz, todas as noites, quando ligo a televisão para assistir ao jornal. Enquanto as notícias dão conta de greves, agitações, atentados e conflitos em várias partes do mundo, o Brasil marcha em paz, rumo ao desenvolvimento. É como se eu tomasse um tranqüilizante, após um dia de trabalho. (Presidente Emílio Garrastazu Médici, 22/3/1973)

A FORMAÇÃO DE UM NOVO PADRÃO

– Boa noite, senhoras e senhores. Aqui fala o Repórter Esso, o porta-voz telerradiofônico dos revendedores Esso. Pela última vez.

Os tambores e clarins do prefixo que, mesmo não sendo brasileiro, havia se tornado uma espécie de marca nacional das oito horas da noite silenciaram exatamente no último dia do ano de 1970. Aos 17 anos de idade, morria o primeiro grande jornal que o Brasil conheceu através do vídeo de um televisor. O velho porta-voz dos revendedores Esso (fruto de uma época em que o patrocínio na TV se fazia de uma forma direta e ostensiva) chegava ao fim quase exatamente no mesmo estilo em que começou – 15 a 20 minutos de programa em que as notícias lidas ao vivo pelo locutor ocupavam um espaço bem maior que os pequenos e irrelevantes filmes de assuntos locais ou as velhas fotos de arquivo.

Foi uma morte lenta e gradativa. Oito anos antes, o estilo pobre, formal e pouco informativo do *Repórter Esso* havia sofrido um vigoroso golpe com o *Jornal de Vanguarda*, que entrou no ar em 1962, às 10 horas da noite, pela estação da TV Excelsior. Criado por Fernando Barbosa Lima, com um similar em São Paulo que se chamava *Show de Notícias*, o *Jornal de Vanguarda* rompeu com a linguagem tradicional, introduziu no estúdio vários locutores e comentaristas especializados, e acrescentou ao anódino telejornalismo brasileiro um enfoque inédito na informação: o humor dos bonecos de Borjalo, que se movimentavam à presença do velho cronista carioca Stanislaw Ponte Preta. Mas o *Jornal de Vanguarda* não sobreviveria à tempestade daqueles anos. Se conseguiu se equilibrar com dificuldades depois do golpe de 64, acabaria sucumbindo ao Ato Institucional nº 5. O país ingressava numa era de controle total dos meios de comunicação pelo aparelho repressivo do Estado. Paradoxalmente, o telejornalismo passava por uma revolução tecnológica que iria decretar a sentença de morte do estilo *Repórter Esso*. Estava nascendo o *Jornal Nacional*.

– O Jornal Nacional *da Rede Globo, um serviço de notícias integrando um Brasil novo, inaugura-se neste momento.*

Na noite de 1º de setembro de 1969 a cadeia nacional se formava pela primeira vez. O locutor Hilton Gomes anunciava solenemente a manchete do novo Brasil: o presidente Costa e Silva estava se recuperando de uma crise circulatória, e o governo fora entregue aos ministros Augusto Rademaker, da Marinha, Aurélio Lira Tavares, do Exército, e Márcio de Souza Melo, da Aeronáutica. A integração pela notícia coincidia com o endurecimento do regime.

Dez anos depois destes primeiros movimentos de uma revolução tecnológica aliada à mais rigorosa censura à informação, o telejornalismo da Globo atuava com uma média de três horas na programação, cobrindo 23 estações – cinco da rede e 18 afiliadas – e uma equipe de aproximadamente 650 profissionais no Rio, em São Paulo, Belo Horizonte, Recife e Brasília. Metade de seu equipamento já era eletrônico. Tinha dois escritórios internacionais – em Londres, cobrindo a Europa e a África, e em Nova York, encarregado dos Estados Unidos, América Central e parte da Ásia. Mas permanecia um jornalismo descompassado com os tempos de abertura que marcavam a chegada dos anos 80.

Os dez anos do *Jornal Nacional* foram comemorados nas páginas de *O Globo* com uma entrevista de sua maior estrela, Cid Moreira, o *locutor-mestre* (a expressão *âncora* ainda não havia sido adotada): "As pessoas me olham na rua e dizem: 'Olha lá o *Jornal Nacional*', revelava. A imagem do *locutor-mestre* estava indelevelmente ligada ao *Jornal Nacional*, um homem especialmente trabalhado para dar "credibilidade à notícia", tal como credibilidade era entendida pelo novo padrão global: risonho, bem vestido, bem apessoado, segundo um estereotipado padrão de beleza, digno de confiança, que respeitosamente entrava todas as noites de terno e gravata em 90% dos lares brasileiros. O diretor de jornalismo Armando Nogueira, o maestro que atravessou a década na regência de toda a parafernália eletrônica de um jornal estrategicamente espremido entre duas novelas de grande audiência, era um intransigente defensor desta linha de locução. "Até prova em contrário, a mímica, a expressão corporal, a utilização do corpo na leitura de uma notícia representa uma adjetivação que pode ser interpretada como uma indução do telespectador a uma posição", dizia Armando. "Nós achamos que interferir com uma interpretação seria uma deslealdade. O nosso objetivo é uma posição isenta, tanto quanto possível, sobretudo nas matérias polêmicas".

Cid Moreira, porta-voz impecável, era parte de um projeto que caracterizava o novo estilo de telejornalismo da década de 70. Cobria um fantástico volume de assuntos no espaço de meia hora e isso implicava na fragmentação da informação. Um depoimento de 40 segundos no ar era considerado extremamente longo. Os jornalistas da Globo sempre padeciam da angústia de muitas vezes ter em mãos uma entrevista importante, de boa qualidade, difícil de ser editada porque o entrevistado levava muito tempo para fazer uma pontuação onde o corte pudesse ser efetuado. Havia também um padrão estético a respeitar: a pobreza não devia ser mostrada com muito realismo; pessoas com ar miserável não deviam ser mostradas pelas câmeras. No *Jornal Nacional*, o povo era bonito e bem alimentado. O otimismo, a idéia de um Brasil Grande e decididamente unificado, riscado da lista dos países subdesenvolvidos e agora encabeçando, graças ao "milagre brasileiro", o bloco dos intermediários, quase roçando o desenvolvimento – esta era a imagem que o principal telejornal do país deveria alimentar.

Com a chegada da cor na TV, o telejornalismo fortaleceu as dimensões de grande espetáculo. Nasceu o dominical *Fantástico.* A qualidade da imagem passou a representar um dado importante no critério de seleção do noticiário e também no tempo de duração da matéria: privilegiava-se o filme de bom contraste, belas cores, foco perfeito como critério de tempo de edição da reportagem. A informação muitas vezes era comprometida por um código de tabus da empresa, deixando uma estreita margem de movimento para o profissional, já oprimido pela censura oficial.

A informação chegava ao público depois de um processo penoso de "diluição". A significativa vitória do MDB, então único partido de oposição, nas eleições de 1974 foi revelada com o máximo de descrição: ao longo da apuração, o locutor abria a *cabeça* da notícia (o primeiro parágrafo, no jargão telejornalístico) com uma inexpressiva vantagem da Arena, o partido situacionista, em alguma cidadezinha do interior. Isso não apenas minimizava a importância da vitória da oposição, como confundia muitas vezes a avaliação do espectador. A morte do ex-presidente Juscelino Kubitschek mereceu cobertura do *Jornal Nacional* – mas nenhum texto poderia mencionar que seus direitos políticos haviam sido cassados. Os funerais de Mao Tsé-Tung também foram exibidos, mas a expressão "líder dos chineses" era proibida. A realidade precisava ser recondicionada para chegar a 30 milhões de brasileiros. O grande exercício do telejornalismo consistia em disfarçar a realidade. O Brasil era um país desprovido de emoção.

Naqueles anos, a censura ao jornalismo da TV Globo era feita por telefone. A chefia de reportagem recebia várias ligações por dia que conduziam os rumos da edição que iria ao ar. Do outro lado da linha, uma voz *ditava* uma determinação que era anotada e imediatamente repassada aos profissionais envolvidos no fechamento. As notícias caíam em cascata.

> *É proibido divulgar notícias contra autoridades do Paraguai e as autoridades em Ponta Porã* – Agente Dario

> *De acordo com ordem superior, está reiterada a proibição de divulgar manifestações de qualquer natureza em qualquer área do território nacional* – Agente Stenio

> *Fica proibida a divulgação em matéria de qualquer natureza, inclusive tradução e transcrição, referência ou comentário sobre publicação em jornais e revistas estrangeiras de matérias abordando temas ofensivos ao Brasil, suas autoridades e entidades* – Agente Benigno

> *Proibido, até decisão em contrário, qualquer notícia ou nota sobre a chegada ao Brasil do professor Darcy Ribeiro* – Agente Hugo

O esvaziamento progressivo de informações do *Jornal Nacional* estava diretamente relacionado ao recrudescimento da censura oficial imposta à televisão, especialmente a partir de 1973, durante o governo Médici. Nesse ano, foi criada uma assessoria especial da Polícia Federal, diretamente ligada ao Ministério da Justiça. Dezenas de censores espalhados pelo país se encarregavam de levar às emissoras as determinações do que não poderia ser anunciado.

Entre 1973 e 78, as emissoras cariocas receberam 270 ordens da Censura, quase todas formuladas por telefone. Cerca de 100 destas ordens foram transmitidas durante o ano de 1973; 111 em 1974; em 1975, as relações telefônicas entre Censura e telejornalismo sofreram um sensível distanciamento, tendo o número de vetos caído para 17; em 1976 foram apenas 7; 21 em 1977; 14 em 1978; e, em 1979, não se tem notícia de nenhum índex circulando pelas redações dos telejornais. Muitas vezes, os jornalistas tomavam conhecimento da notícia ao receber a proibição, tão grande era a dificuldade de acesso à informação. Outras vezes, as ordens dos censores beiravam o absurdo. Entre os 270 vetos computados neste período no Rio de Janeiro, figuraram proibições de menção ao seqüestro do filho de um anônimo "Rei do Angu", de notícias sobre a corrida de nudistas (*streaking*) no Brasil e no exterior, qualquer notícia que orientasse o consumidor para o uso da carne verde em detrimento da carne congelada, e – suprema contradição – uma entrevista concedida pelo próprio ministro da Saúde sobre meningite.

Mas havia horários em que as amarras ficavam mais frouxas. Ao meio-dia, quando o índice de aparelhos desligados era elevado, o *Jornal Hoje*, dedicado em grande parte à divulgação de acontecimentos na área cultural, pôde realizar com criatividade um trabalho inédito de pesquisa visual e debates normalmente rejeitados no vídeo. Foi talvez o único informativo da emissora a explorar, com inteligência, as infinitas possibilidades que a tecnologia televisiva oferecia, sem descuidar do conteúdo de seu material. Era, no entanto, às 11 da noite, quando pesquisas do Ibope indicavam um público mais reduzido e seleto, que os jornalistas da Globo conseguiam enxertar informações riscadas dos *scripts* às 8 da noite. Nesse horário, foram feitas inúmeras tentativas de contornar a insipiência do informativo dos 30 milhões de telespectadores. O *Jornal Internacional*, que foi ao ar em 1972 sob a liderança de Heron Domingues, que dividia um espaço com o folclórico colunista social Ibrahim Sued, foi durante muito tempo considerado o melhor telejornal da emissora.

Mas a linha do investimento na forma em detrimento do conteúdo substituiu a sobriedade do *Jornal Internacional* por um aparato acrilicoso que cercava o locutor Sergio Chapelin no telejornal *Amanhã*. Quando os ventos da Abertura começaram a soprar com mais freqüência, o *Amanhã* cedeu lugar ao *Painel*, que, em 1977, chegava a oferecer entrevistas mais generosas, a exemplo do que já vinha acontecendo há algum tempo em outras emissoras. O *Painel* foi este ano substituído pelo *Jornal da Globo*, que conta com a inovação de comentaristas no estúdio, dando uma ênfase maior à palavra cassada da televisão ao longo de todos esses anos.

O grande marco das 11 da noite foi o nascimento do *Globo repórter*, originário da série *Globo Shell*, que ia ao ar às sextas-feiras. Único programa da emissora ainda hoje produzido exclusivamente com material cinematográfico, do som direto às moviolas de montagem, e reunindo em sua equipe grandes nomes do cinema brasileiro, como Walter Lima Jr. e Eduardo Coutinho – o *Globo repórter* teve o mérito de fazer passar, de uma maneira mais candente, informações boicotadas pelos demais telejornais. "O documentário de televisão é fundamentalmente jornalístico e acontece como uma decorrência da necessidade que tem o telespectador de saber mais a respeito do que é informado pelos telejornais", dizia Paulo Gil Soares, diretor do programa.

Nem sempre. Há seis anos transferido para o horário nobre das terças-feiras, o *Globo repórter* muitas vezes abriu mão da necessidade de informar em função da conquista de audiência e da própria censura imposta aos programas das 9 da noite. Os documentários produzidos no Brasil cederam lugar aos enlatados, apresentando sob o rótulo de *Globo repórter* – Ciência, Pesquisa ou Documento – um desfile infindável de assuntos pouco relacionados com a meta de aprofundar as informações dos telejornais. A reduzida produção nacional antenada com a realidade do momento foi sempre problemática. Em São Paulo, permanecem engavetados os documentários *O dia em que São Paulo pegar fogo*, um contundente programa mostrando a precariedade dos prédios da cidade, e *Poluição em Cubatão*, a mais grave e venenosa de toda a América do Sul. A abolição da censura federal ao telejornalismo não conseguiu devolver ao *Globo repórter* sua aproximação com o real, com o cotidiano da vida do brasileiro. Nos tensos dias de maio de 1978, a equipe paulista do programa preparou o mais completo documentário retratando a greve dos metalúrgicos de Santo André, São Bernardo do Campo e São Caetano, o ABC de São Paulo. Apesar de aprovado pela direção do Rio, o documentário não foi ao ar. Foi vetado pelo próprio diretor das empresas Globo, Roberto Marinho, que hoje comanda pessoalmente as operações de censura da emissora. Os repórteres envolvidos na cobertura viram-se envolvidos num clima de grande tensão. "Foi muito duro", revelou um deles. "Depois que as primeiras matérias sobre a greve foram para o ar pelo *Jornal Nacional*, fortalecendo a posição patronal, a gente quase não conseguia mais prosseguir na cobertura. Tínhamos que esconder o logotipo da Globo. Se não, o pessoal baixava o cacete."

Dez anos depois da primeira emissão do *Jornal Nacional* em cadeia para o país, o telejornalismo global, ainda sem concorrentes pela própria estrutura precária das demais emissoras, não consegue conciliar os tempos liberais com o conservadorismo da cúpula da emissora. Se é possível reconhecer avanços sensíveis em outros setores da programação, como nas novelas, no humorismo e nos recentes seriados nacionais, no jornalismo eles são extremamente suaves, quase imperceptíveis. Neste final dos anos 70, uma evidência começa a surgir através da manipulação da notícia pelo mais poderoso canal de comunicação brasileiro: a ideologia da Globo está mais à direita que o próprio governo, e seu telejornalismo ainda mais distante dos reais problemas do povo.

Durante esses anos, o comando do jornalismo da Rede Globo de Televisão esteve a cargo de Armando Nogueira. É dele o depoimento a seguir:

> *O telejornalismo se beneficiou frontalmente desta década. Eu assinalo dois fatos muito importantes, duas revoluções fundamentais diretamente ligadas ao desenvolvimento do nosso trabalho: uma tecnológica, no plano da engenharia eletrônica, e a do aumento dos satélites de comunicação, que quase mesmo se vulgarizaram, aumentando o poder de informação internacional com instantaneidade. Do ponto de vista tecnológico, a miniaturização do equipamento eletrônico permitiu um grande avanço no trabalho de telejornalismo. Na década de 60, todo o arsenal que utilizávamos obedecia a uma linha mastodôntica. As câmaras pesavam 80, 90, 100 quilos, exigiam o tripé, os videoteipes quadrúplex eram máquinas imensas que representavam uma mobilização de 300, 400 mil dólares. Hoje o equipamento é todo portátil e infinitamente mais acessível, porque esta revolução ocasionou também uma vertiginosa queda dos preços. Estamos caminhando para uma época em que a operação do telejornalismo será, fatalmente, 100% eletrônica.*
>
> *Ao mesmo tempo, esta foi ainda uma década alcançada pelo AI-5. Vivemos sob um regime arbitrário, autoritário que, no período que foi de 1968 a 74 aproximadamente, muitas vezes chegou aos limites do absurdo. O estado-maior da Censura não tinha muitas vezes controle sobre suas tropas. Era uma coisa angustiante. A partir da segunda metade do governo Geisel a liberalização foi sensível, e a partir do governo Figueiredo nós nunca mais recebemos uma ordem da Censura. Quanto à censura interna, toda empresa tem. Nós também temos normas de procedimento que se podem chamar de autocensura. São normas que tenho a impressão de que qualquer censor assinaria, relacionadas, por exemplo, com a cobertura de um seqüestro. Um passo em falso dado pela TV pode representar a morte de um seqüestrado. Estamos convencidos de que podemos prestar um serviço à coletividade deixando a matéria na gaveta por 24 horas, à espera de a polícia liberar a informação. Isto corresponde a um código de ética que a prática está nos ensinando. É a própria manifestação dos telespectadores que nos leva a pensar e repensar o nosso comportamento na manipulação deste poderoso veículo.*
>
> *Estivemos durante muito tempo preocupados com a forma do telejornalismo, já que razões políticas nos impediam de pensar o conteúdo. Fomos muito criticados. Pessoalmente, sou contra*

um jornalismo opinativo. O nosso objetivo é oferecer ao telespectador uma posição isenta, os dois lados da informação, para que ele possa pesar e decidir. Não sou o dono da verdade, mas o meu receio é de que estaremos exercendo um telejornalismo errado se começarmos a adotar posições pré-concebidas. Dentro desta linha, acho que hoje já avançamos um pouco. Estamos lançando analistas da notícia nos telejornais. Não que eles tenham liberdade de opinar, de influir na posição do telespectador. Mas o comentarista pode ter uma posição mais descontraída que o locutor. Depois destes últimos 15 anos, mal tivemos tempo de prepará-los ainda. Mas estamos tentando. Sociedade forte, televisão forte. Sociedade fraca, televisão fraca. Esta é uma equação que a vivência de todos esses anos me ensinou. Estou absolutamente convencido de que não adianta um segmento minoritário da sociedade clamar por uma televisão participante, afirmativa, que reflita a realidade nacional, se a sociedade que a inspira for fraca, não organizada democraticamente. A TV não é um instrumento revolucionário. A TV está a serviço da ideologia vigente.

TV CULTURA – 1972/1975
UM MODELO DE RESISTÊNCIA

O telejornalismo da Globo fez escola. Impôs um novo padrão estético ao noticiário e uma nova forma de apresentação da notícia, incutiu no telespectador uma forçada ligação entre jornalismo e espetáculo. Formou, também, um razoável contingente de profissionais de jornalismo que, pela primeira vez, se especializava no domínio deste novo e poderoso veículo. As demais emissoras, na ânsia de reconquistar um público que maciçamente transferiu sua preferência para a programação global, cairiam fatalmente na cópia. E, como nenhuma delas jamais conseguiu dispor de condições técnicas capazes de levar ao ar o show telejornalístico iluminado pelo brilho de paetês e nacarados, a cópia era invariavelmente ruim, mal-acabada e pobre.

Mas houve também quem tentasse inovar. Em 1970, portanto um ano após a chegada triunfante do *Jornal Nacional* aos quatro cantos do país, o diretor do telejornal paulista local *Titulares da Notícia*, da TV Bandeirantes, anunciava alguns "recursos plásticos" utilizados na apresentação para enfrentar, "com um pouco mais de charme e ironia", a pobreza de recursos: uma arara no estúdio (a TV Bandeirantes era a única que já trabalhava com câmeras a cores), um pombo-correio trazendo a última notícia, e a dupla caipira Tonico e Tinoco apresentando o noticiário do interior. Outros aparatos cênicos também foram pesquisados na Tupi, que desde a morte do *Repórter Esso* jamais conseguiu retomar os índices de audiência do telejornalismo. Em 1972, a Rede Nacional de Notícias levava ao ar locutores num cenário que reproduzia uma redação num gigantesco painel fotográfico, suprema ousadia num tempo em que os estúdios não conheciam os efeitos do *chroma key*. No Rio, a Tupi conseguia acertar pouco tempo depois com o telejornal *Perspectiva*, que o crítico Artur da

Távola considerou um dos marcos do telejornalismo no Brasil. Mas esta, como outras, foi experiência de curta duração.

O sonho de um telejornalismo diário dinâmico e inteligente que se diferenciasse das linhas do jornalismo global não esteve, contudo, afastado da década de 70. Ele se concretizou pela primeira vez em São Paulo, na recém-nascida TV Cultura local. Era um jornal pobre de recursos mas combativo, radicalmente liberto dos chamados *faits-divers* que pontilhavam a cobertura dos informativos de televisão, provando o que, na época, parecia impossível: que um bom telejornalismo é capaz de levantar os índices de audiência de uma emissora.

"Nossa preocupação foi a de fazer um jornal de informação mesmo, e não com a aparência de informação", contava o diretor Fernando Pacheco Jordão. "Sem a preocupação de dar 30 fatos do dia. Mas com a idéia de selecionar, dentro de critérios que achávamos relevantes, o que supúnhamos ser a necessidade de informação do público. Há quem diga que a publicidade é a síntese da televisão, que defenda a idéia de que tudo pode ser dito em 20 segundos. Eu acho que em 20 segundos a gente não diz nada."

Fernando Pacheco Jordão chegou à TV Cultura paulista em março de 70, quase junto com sua fundação, para implantar, com mais dois jornalistas, o semanário *Foco da Notícia*, uma bem-sucedida experiência que dois anos depois se transformava no diário *A Hora da Notícia*. Com uma pequena equipe de aproximadamente 30 pessoas, *A Hora da Notícia* não tinha grandes preocupações com a forma nem obedecia a um padrão específico, mas todos os assuntos que abordava tinham forçosamente uma ligação direta com o telespectador. O homem da rua era convidado a expor seus problemas, as autoridades vinham depois. Líder de audiência na programação da Cultura, *A Hora da Notícia* favoreceu a criação de um novo telejornal, à 1 hora da tarde. Ainda hoje, algumas de suas melhores reportagens, como *A batalha dos transportes*, sobre a luta diária do trabalhador no percurso da casa ao trabalho, *A escola de 40 mil ruas*, sobre menores abandonados, e *A Casa de Detenção* percorrem escolas no país como filmes de curta-metragem.

A Hora da Notícia valeu-se muito da imparcialidade do primeiro diretor da Fundação Padre Anchieta, José Bonifácio Nogueira, que Fernando Pacheco Jordão classifica de "o último dos liberais". Em 1974, quando um terceiro homem chegava à chefia da TV Cultura, nomeado pelo então governador Laudo Natel, as pressões contra a linha editorial impressa ao telejornal se tornaram invencíveis. Antonio Guimarães Ferri, o terceiro homem, acabou demitindo Fernando Pacheco Jordão numa seca e rápida conversa no prédio da fundação. "Sua demissão está sendo exigida pelo II Exército", ele revelou. "Mas, se você revelar isso, eu desminto imediatamente".

Vladimir Herzog assumiu a direção do telejornalismo da Fundação Padre Anchieta em setembro de 1975. Companheiro de Fernando Pacheco Jordão no curso que fizeram na BBC de Londres por solicitação da própria TV Cultura, apaixonado pelo telejornalismo, Vlado integrava, como secretário de redação, a equipe de *A Hora da Notícia*, e foi dos que combateram a demissão coletiva proposta por alguns jornalistas da equipe com a saída de Pacheco Jordão. Todos ficaram, mas ainda em 1974, quando Walter Sampaio assumiu a direção, acabaram sendo dispensados aos poucos. Vlado, inclusive. Mas em 1975, já no governo Paulo Egydio, o novo presidente da Fundação, Rui Nogueira Martins, convidava Fernando Pacheco Jordão a devolver à Cultura o jornalismo combativo que morrera com a crise. Fernando indicou para seu lugar Vladimir Herzog.

"Pelo menos um mês demorou a formalização de um contato entre Vlado e a direção da TV Cultura, o tempo que talvez tenha sido gasto nas consultas ao SNI", escreve Fernando Pacheco Jordão em seu livro *O Dossiê Herzog*. "Numa entrevista publicada pelo *O Estado de S. Paulo* no dia 7 de novembro de 1975, após um silêncio absoluto de duas semanas, Egydio descreveu o processo: o nome dele foi submetido às autoridades do Serviço Nacional de Informações e as autoridades aprovaram a ficha. Faltaram alguns dados, que depois foram remetidos novamente ao SNI, e não houve restrições".

Vladimir Herzog apresentou à TV Cultura um projeto visando à mudança na programação de toda a linha da emissora, cujos pontos básicos foram assim resumidos:

1 – O jornalismo em rádio e TV deve ser declarado como instrumento de diálogo, e não como um monólogo paternalista. Para isso é preciso que espelhe os problemas, as esperanças, tristezas e angústias das pessoas às quais se dirige.

2 – Um telejornal de emissora do governo também pode ser um bom jornal e, para isso, não é preciso "esquecer" que se trata de uma emissora do governo. Basta não adotar uma atitude servil.

3 – Vale a pena partir para uma "jornalistização" da programação da TV-2; mais documentários semanais ou mensais, debates misturados com reportagens, programas-pesquisa.

4 – É preciso dotar o setor de Jornalismo de recursos técnicos, financeiros e profissionais, para que alimente não só um telejornal diário, mas toda uma gama de programas direta ou indiretamente necessitados de trabalhos jornalísticos.

5 – Política de programação que vise a objetivos prioritários, relacionados com a realidade em que vive a porção de público que se pretende atingir em determinado horário e em determinado programa.

"O projeto do Vlado era um projeto inteligente, importante", avaliou Jorge Bordokan, chefe de reportagem de *A Hora da Notícia*. "Mas dava menos destaque, por exemplo, às questões trabalhistas, não era tão radical quanto o nosso. O Vlado era, digamos assim, mais criterioso".

Ao assumir o telejornalismo da Cultura, Vladimir Herzog era o alvo principal de uma campanha de delação promovida pelo jornalista Claudio Marques, diretor do *Diário Comércio & Indústria*, colunista do jornal dominical *Shopping News* e dono de dez minutos diários na TV Bandeirantes. Foi ele quem denunciou um documentário da agência *Visnews*, exibido no jornal por coincidência no dia em que Vlado tomou posse, como um filme que "fazia a apologia do vietcongue". E completava: "Acho que o pessoal do PC da TV Cultura pensa que isto aqui virou o fio".

Vladimir Herzog morreu no dia 25 de outubro de 1975, durante uma sessão de torturas no DOI-Codi paulista. Quatro dias mais tarde, o Serviço Nacional de Informações, chefiado na época pelo general João Batista de Figueiredo, divulgava uma nota: "... por que não considerar que, uma vez tendo-lhe sido impossível negar sua ação contra o regime democrático, o jornalista não se suicidou consciente de que a agitação nacional e internacional que se seguiria fosse, talvez, o último grande trabalho que prestaria ao partido?"

Nem mesmo a palavra "nota oficial" pôde constar da transmissão da notícia da morte de Vladimir Herzog nesta mesma noite no *Jornal Nacional* para uma audiência ainda chocada com os acontecimentos de São Paulo. Os jornalistas foram proibidos de citar a fonte – o SNI. Cid Moreira leu a nota como se fosse um editorial do jornal.

No prefácio de *O Dossiê Herzog*, o jornalista Rodolfo Konder sintetizou o significado do drama vivido por Vladimir naquela tempestade de 1975. "Além da imensurável tragédia pessoal que representou, a morte do jornalista amigo foi um episódio marcante na evolução do quadro político brasileiro", ele escreveu. "Hoje, mais de três anos depois, examinada na sempre esclarecedora perspectiva do tempo, ela se revela como um marco decisivo de transição. Representou o papel de elemento catalisador, no momento em que o equilíbrio precário entre grupos da direita e da ultradireita, dentro de um governo de condomínio militar, começava a se desfazer, em favor da direita. Representou a argamassa que uniu as concorrentes oposicionistas, na hora em que os ventos começavam a soprar em outra direção".

TV BANDEIRANTES – 1974
NOVA TENTATIVA

Em 1974, o velho *Titulares da Notícia* da TV Bandeirantes ganhava um terceiro diretor e uma nova feição. Gabriel Romeiro, que fazia parte da equipe de Jornalismo da TV Cultura e fora demitido no chamado *passaralho* (demissão em massa, no jargão jornalístico) de Walter Sampaio, chegava para assumir a direção a convite de Claudio Petraglia, o diretor artístico da emissora. Petraglia fora quem havia levado Fernando Pacheco Jordão para a Cultura. Agora na Bandeirantes, pensara no seu nome para o telejornalismo, mas a escolha havia sido vetada pelos órgãos de segurança. O país atravessava momentos difíceis; a concentração do poder autoritário gerava situações por vezes ridículas. Ao ser informado secretamente do veto por Claudio Petraglia, Pacheco Jordão procurou descobrir através de seus próprios meios que órgãos de segurança o impediam de exercer sua profissão. Petraglia o chamou de volta: "Eu disse a você que mantivesse segredo", disse ele. "Agora os órgãos de segurança estão me cobrando o fato de você estar por aí checando os órgãos de segurança."

Gabriel Romeiro avançou um pouco além na proposta de *A Hora da Notícia*. Com uma reduzida equipe de três repórteres pela manhã, dois à tarde, quatro editores e um chefe de reportagem, além de oito cinegrafistas, o noticiário da Bandeirantes trouxe de volta ao vídeo o depoimento popular não como mera ilustração, mas capaz de dar, por exemplo, o mesmo destaque ao ministro Mario Henrique Simonsen e à mulher na feira diretamente afetada pela medida que ele anunciava. Sem o aparato formal que, na Rede Globo, ocultava na verdade o esvaziamento do conteúdo de seus telejornais, o telejornalismo pós-74 da Bandeirantes levou os repórteres para o estúdio, com uma participação mais personalizada, mais em nível de diálogo. Não tinham uma dicção perfeita, não passavam pelo maquiador antes de entrar em cena, nem preparavam uma estudada postura frente às câmeras; mas estavam mais próximos à realidade do telespectador, à realidade de suas matérias.

"Na Bandeirantes era razoavelmente simples fazer jornalismo" dizia Gabriel Romeiro. "Pudemos nos valer da ideologia populista da emissora. Lá você jamais ouviria alguém dizer que o povo é feio. Na Bandeirantes o povo era sempre bonito".

João Saad, o presidente, era genro de Adhemar de Barros. A ideologia populista sempre marcou o tom na Rádio Bandeirantes, que funcionava como uma espécie de braço do adhemarismo. A televisão, fatalmente, seguiria o mesmo caminho. Outro aspecto favorável ao bom telejornalismo que pôde se delinear a partir de 1974 era o caráter regionalista da emissora, com um patrão com autoridade extremamente definida. "Se houvesse pressão", revelou Gabriel, "era em cima dele, e ele próprio vinha exprimir esta pressão. Não era uma coisa confusa, que você não sabe exatamente para onde vai. Isso facilitou uma série de avanços para um bom trabalho jornalístico".

O telejornalismo da Bandeirantes começou a decair quando o sonho de grande rede entrou nos projetos da emissora. A compra do Canal 7, no Rio de Janeiro, e outros convênios firmados com emissoras em outros pontos do país levaram a estação a um grande endividamento, e à fatal necessidade de recorrer aos favores estatais para sua expansão. O publicitário Mauro Salles assumira a superintendência das Associadas. Na verdade, havia uma velada insistência no sentido de convencer o governo de que era mais fácil investir numa segunda liderança que já estava pronta (a Tupi) do que numa outra que ainda estava em fase de montagem (a Bandeirantes). Naquele momento, o telejornalismo da Bandeirantes ficou proibido até mesmo de falar de buraco de rua, de qualquer problema relacionado com a vida urbana que ferisse os interesses do Estado.

TV TUPI – 1978/1979
UMA BREVE RESSURREIÇÃO

Em janeiro de 1978, depois de quase três meses de negociações, a Rede Tupi definiu, através de Mauro Salles, os termos do patrocínio com a Caixa Econômica Federal de seu *Grande Jornal*, que a partir de fevereiro iria ao ar com nova roupagem, novos equipamentos e novos jornalistas, sob o comando de Sergio de Souza. Era um contrato milionário – cerca de Cr$ 1,5 milhão por mês – que deveria garantir o ambicioso objetivo da direção da emissora de fazer "o melhor programa telejornalístico da TV brasileira". O projeto durou até o dia 15 de março. Numa crise que rapidamente se configurou entre a mentalidade emperrada dos donos da empresa e seus novos funcionários, saíram Sergio de Souza e sua equipe, o superintendente de programação Carlos Augusto de Oliveira e o próprio Mauro Salles. Mais tarde, ele próprio daria uma interpretação para a falência de mais uma tentativa de devolver aos Associados o vigor de décadas passadas: "Eram 90 empresas, 22 donos, problemas terríveis e alguns inviáveis, mas os mais inviáveis é que elas se recusavam a ser administradas pelos valores gerenciais do mundo de hoje, isto é, em comunicação você tem que maximizar esforços, não pode ter 20 rádios e cada uma pensar de um lado, ter 22 televisões e cada uma pensar de um modo diferente".

Uma nova tentativa foi feita em julho de 1979, quando o novo superintendente de programação, Walter Avancini, chamou Gabriel Romeiro e sua equipe para a reestruturação do emperrado departamento de Jornalismo. O novo *Rede Nacional de Notícias* contava com dois jornalistas na apresentação, Rui Barbosa e Nilce Tranjan, e representou, ao longo dos três meses em que foi ao ar, um dos mais criativos trabalhos de telejornalismo da década, apesar da pobreza de recursos. Mas fortes pressões por parte da conservadora direção acabaram gerando mais uma crise. Resta apenas ao semanal *Abertura*, dirigido no Rio de Janeiro por Fernando Barbosa Lima, o papel de conceder, ainda que da forma mais superficial possível, um pouco de dignidade a um telejornalismo que mal consegue acompanhar o processo de redemocratização do país. O veterano Narciso Kalili, que acompanhou na chefia de redação todas essas fracassadas experiências em São Paulo, retirou uma conclusão definitiva da resistência ao longo destes últimos anos:

> *É o mesmo fenômeno que ocorre nos países subdesenvolvidos, quando a oposição se levanta. Há imediatamente um golpe de Estado. O jornalismo é o único setor da televisão que lida com o real, e o real deste país é dramático. Toda vez que alguém coloca uma posição mais definida, mais aberta, mais perto do real, mais independente e menos comprometida, a crise se instala. É só uma questão de tempo. O que fizemos durante este tempo foi resistir, falando para 1,2% da população, enquanto o aparelho global falava para 88%. O que não quer dizer que eles tenham saído vitoriosos. Falsear a realidade não bastou para que a realidade não fosse alterada.*

O MODELO ECONÔMICO: UMA SÓ NAÇÃO, UM SÓ MERCADO CONSUMIDOR

Elizabeth Carvalho

A nação brasileira partilhou pela primeira vez a grande emoção da instantaneidade da imagem em junho de 1970, com a vitória na Copa do México, transmitida diretamente por satélite. É certo que, um ano antes, ela já havia acompanhado pela TV o desembarque do homem na Lua. Mas não se tem notícia de nenhuma grande conquista da humanidade capaz de promover uma mobilização como a daquele momento, quando as então 63 emissoras nacionais exibiam para milhões de rostos tensos e delirantes um quarto e definitivo gol do Brasil contra a seleção da Itália. Os pés de Pelé & Companhia sacudiram o país numa gigantesca festa coletiva. O Brasil era tricampeão da Copa do Mundo. A integração nacional pelo vídeo estava nascendo junto com a década, via futebol. O Brasil era Grande e Vitorioso.

A transmissão da Copa de 70 é um marco na história da televisão brasileira. Ela efetiva, entre outras coisas, o uso do satélite, que de fato permitiu a penetração da televisão no país: se em 1970 ela estava presente em cerca de 4 milhões de domicílios, representando quase 25 milhões de habitantes (telespectadores potenciais), em 1980 ela se aproxima dos 16 milhões, isto é, quase 70% dos lares brasileiros. A transmissão da Copa marca também o início da era da grande expansão das emissoras pelo território nacional – de 1970 a 77, o Estado forneceu infra-estrutura a 50 novas estações, levando à consolidação do veículo como a "mídia por excelência" para a publicidade, que nela concentra, nos dias que correm, quase 70% de seus investimentos. E ainda: é a partir de 1970 que se configura a ascensão das empresas líderes da indústria de propaganda no Brasil, e se formaliza o ingresso do governo e das empresas paraestatais no quadro dos grandes anunciantes, criando uma nova fórmula para o negócio publicitário – os consórcios. Na realidade, a penetração da TV possibilitou a unificação de um imenso mercado, por onde se infiltrou uma agressiva e ininterrupta invasão de supérfluos, do desodorante ao automóvel.

A consagração da TV como a mais eficiente porta-bandeira da sociedade de consumo foi explicitamente defendida num documento que a Associação Brasileira de Empresas de Rádio e Televisão (Abert) divulgou em setembro de 1977, "visando a contribuir para a prática cada vez mais profissional da publicidade que se configura nos anos 70". A TV era vista como a soma das vantagens de todos os veículos, o veículo por excelência. O documento dizia:

> *Do cartaz ela herdou o enquadramento visual, reelaborado com infinitas possibilidades pelo movimento. Das mídias impressas se tornou irmã pelo convívio com a notícia, a informação*

> *cultural e a cor. Com o rádio ela compartilha a velocidade e o som. Do cinema, herdou o acervo e com linguagem própria recriou a capacidade narrativa da vida e o clima de espetáculo. Sendo pois mídia nacional, sem também deixar de ser mídia regional e local por excelência, criando a atmosfera apropriada para a exposição publicitária a públicos de massa e seletivos, a TV brasileira como veículo responde com velocidade ao desafio profissional.*

Este "desafio profissional" foi impulsionado ainda em 1971, quando a televisão a cores – outro importante marco da década – chegou ao mercado brasileiro. Dois anos depois, a transmissão a cores se institucionalizava no país: em 1973, as vendas de aparelhos subiram a 1,3 milhão. Por uma dessas graças de mercado, para a felicidade das indústrias de televisores, a TV a cores acabou impulsionando o comércio de aparelhos em preto-e-branco. Em 1954, quando o Ibope fez a sua primeira pesquisa de audiência, os domicílios com TV eram cadastrados como consumidores de produtos altamente sofisticados. Com a chegada da cor, e a ajuda do crediário, a TV passou a ser uma necessidade dos brasileiros: os que não podiam adquirir um produto mais sofisticado sentiam-se impelidos a comprar um aparelho qualquer mais barato. Em 1974, ano da Copa Multicolor, o número de domicílios com TV no Brasil subiu para a casa dos 9 milhões.

A ASCENSÃO DO IMPÉRIO GLOBAL: O CASAMENTO PERFEITO

O gigantesco esforço de integração nacional pelo vídeo promovido pelo Estado encontrou a noiva ideal em fins dos anos 60. Com uma mentalidade empresarial contemporânea que revolucionava os veículos de telecomunicação do país, a nova Rede Globo de Televisão tornou-se porta-voz do moderno modelo econômico brasileiro.

A história da TV Globo remonta a 1962, quando a emissora assinou secretamente um contrato com o grupo americano Time-Life. O documento estabelecia uma "sociedade em cota de participação", e aos diretores estrangeiros garantia cerca de 30% dos lucros líquidos anuais do empreendimento. Quatro anos depois, este acordo viria a público com os trabalhos da Comissão Parlamentar de Inquérito que investigou as relações Globo/Time-Life. Nomes influentes como os dos ministros Carlos Medeiros e Silva, da Justiça, e Luiz Gonzaga Nascimento e Silva, do Trabalho, haviam participado das negociações. A CPI decidiu que os acordos feriam a Constituição. A interferência de um grupo estrangeiro na orientação de uma empresa de comunicação era frontalmente contrária aos interesses nacionais, entendiam os deputados. Mas o inquérito terminaria arquivado em 1967; o governo do general Arthur da Costa e Silva declarava infundadas as acusações. Pressões políticas levariam o Executivo a reabri-lo pouco depois – e a emissora seria, finalmente, nacionalizada em 1969.

A nacionalização da emissora não se deu simplesmente por empenho moralizante do governo. Havia um desinteresse do próprio grupo multinacional. A Globo era uma emissora fraca, pouco rentável, de baixa audiência. O quadro de 1967/68 mostrava-se de tal forma deficitário que o grupo Time-Life facilitou a compra pelo grupo brasileiro. O crescimento da TV Globo se dá justamente a partir de 1969, junto com o *boom* de telecomunicação no país.

Mas a Globo cresceu sob a influência marcante do grupo norte-americano, que criou um modelo empresarial usando e incentivando o amadurecimento de talentos "nativos", adequando um modelo multinacional à realidade brasileira. Este modelo contou com um poderoso tripé diretamente associado ao sucesso da emissora – Walter Clark, seu diretor-geral até 1977, o superintendente de programação José Bonifácio de Oliveira Sobrinho e Joe Wallach, uma espécie de "gerente-geral" que o Time-Life forneceu à Globo. Wallach acabaria se naturalizando brasileiro e incorporando-se definitivamente aos quadros administrativos da emissora.

Modelo empresarial à parte, a Globo se valeu, ainda, do interesse do sistema autoritário vigente numa penetração capilar da televisão na sociedade brasileira nos moldes em que foi concebida. Centralizada a emissão de conteúdo, era fácil controlar. Walter Avancini, ex-diretor do núcleo de novelas da Globo, durante sete anos atento espectador, ativo participante do crescimento do Império, ressalta um fator importante: "O comportamento empresarial da Globo foi facilitado nesses 15 anos pela ausência de um sindicalismo atuante no país. Qualquer empregado da Globo, em qualquer nível, era obrigado a aproveitar as péssimas condições trabalhistas impostas pela empresa, sem ter a menor possibilidade de reivindicar condições mais justas. A Globo nunca teve uma infra-estrutura compatível com o seu gigantismo nem com as necessidades de suas classes trabalhadoras, embora sua imagem para fora seja muito diferente."

A Globo cresceu também pelo fato de que naquele momento o capitalismo nacional (às vezes) e multinacional (maciçamente) necessitava de um canal de abrangente eficácia para veicular a sua mensagem. Às agências de publicidade, à sua eficiência, não bastavam mais a mídia impressa nem o alcance de então da mídia eletrônica. Era necessário expandir os negócios. Vivia-se em ritmo de milagre. O espectador é, em última e verdadeira análise, um consumidor. Este seu caráter é que norteia a expansão das redes de televisão, levando, na prática, à nacionalização do mercado. As agências de publicidade necessitam de uma eficiência crescente, precisam de garantias de audiência. Fátima Jordão, diretora de planejamento da Lintas do Brasil, realça o fato de, até este ano, a Globo ter tido um nível de demanda comercial muito maior do que a sua capacidade horária. "Até bem pouco tempo atrás, a Globo operava com uma seletividade muito grande de anunciantes, ou seja, era possível sentir a propaganda brasileira de décadas diferentes apenas mudando o canal do televisor. Na Globo, a década de 70, os anúncios maravilhosos, a propaganda americana transposta com toda a perfeição. Na Tupi, a década de 60, e nas demais emissoras a propaganda estática, pobre, própria da década de 50. Houve um momento em que a propaganda chegou a ser melhor do que a própria televisão brasileira. Quer dizer, o ideal estético da propaganda chegou a se constituir num modelo."

A penetração da Globo representava, portanto, a expansão do mercado de consumo do país. Presente hoje nos 21 estados brasileiros e no Distrito Federal, ela cobre atualmente 96% dos 325 principais municípios brasileiros com população superior a 50 mil habitantes, com uma população total de 57 milhões de brasileiros. Alcance sequer sonhado pelo MDB e Arena juntos. Eleitorado para dezenas de partidos. Em termos publicitários, são municípios decisivos para a disseminação do consumo. Na edição 37/38 da revista *Mercado Global*, uma publicação da Central Globo de Comercialização endereçada às empresas de marketing, um longo artigo sobre a cobertura (penetração efetiva) da emissora ressaltava a influência mercadológica da Globo nos lares... *sem* TV. "Esta influência", dizia o artigo, "se verifica principalmente com produtos de consumo de massa e pessoal com distribuição nacional, pois os hábitos de consumo são ditados pela televisão para as populações polarizadas pelo veículo".

O MODISMO ELETRÔNICO E A MÃO ÚNICA

Este vastíssimo universo atingido instantaneamente pela Rede Globo recebeu nessa década um único modelo brasileiro – o do eixo Rio-São Paulo. O modelo do grande sonho burguês. "Na prática, integração nacional não houve; o que se estratificou foi a mão única", analisa Walter Avancini. "Bagé e Caruaru não estão na Globo. O que houve foi uma aculturação desses setores da população, uma padronização das regiões mais distantes por um modelo – de programação e, fundamentalmente, de consumo – dos grandes centros urbanos, em detrimento de suas características próprias."

Numa recente entrevista ao *Jornal do Brasil*, o sociólogo pernambucano Paulo Sérgio Duarte observa o fenômeno da penetração da TV no Nordeste brasileiro: "Ainda estávamos engatinhando na televisão em preto-e-branco quando chegou a Globo com a cor e uma programação na base de conceitos, modos de viver e de pensar absolutamente dissociados da realidade regional. Nossa dependência econômica passou a ser também cultural". Esta mesma dependência era denunciada pelo bispo de Marabá, uma pequena e esquecida cidade paraense – para chegar até os seus poucos televisores, a programação da Globo viajava diariamente 387 quilômetros de ônibus. "Um pai de família chegou a vender a sua casa para comprar uma televisão", queixava-se D. Alano Pena à revista *Veja*. "E a população inteira corre agora o sério risco de criar necessidades supérfluas através do massacre da publicidade."

Pode-se dizer que hoje praticamente não há espaço no país imune ao "massacre" a que se referiu o bispo de Marabá. Em sua edição 36, a revista *Mercado Global* publicou um artigo proclamando "a formação do grande celeiro mato-grossense graças à penetração da emissora". O depoimento do diretor comercial de uma agência de propaganda da distante Campo Grande é sintomático: "O tipo de produto que se procura aqui é o mesmo do Rio e de São Paulo... Os jovens têm os mesmos anseios, querem vestir os mesmos jeans, gostam de curtir uma moto, ouvem o mesmo tipo de disco. As crianças constituem atualmente uma fatia muito importante para nós, que lidamos com publicidade.

Às vezes elas pedem um tipo de brinquedo que o nosso comércio ainda não tem, o que demonstra como é incrível a velocidade com que as coisas se processam."

Bancos, sabão em pó, cadernetas de poupança, brinquedos, automóveis, eletrodomésticos, refrigerantes, desodorantes e xampus – estes são os principais recados que a televisão brasileira levou aos brasileiros nos anos 70. Através de dados do Sercin – uma empresa paulista dedicada ao levantamento da concorrência por linha de produtos veiculados pela propaganda – é possível diagnosticar as principais tendências da indústria da publicidade nestes últimos anos, e o conseqüente consumo de supérfluos.

Pode-se constatar, por exemplo, que o principal bombardeio desfechado sobre os brasileiros durante o ano de 1973 foi o do sabão em pó, que investiu cerca de 25 milhões de cruzeiros na propaganda de televisão; a partir de 1974 foram os bancos que assumiram a vanguarda do ataque, praticamente duplicando de ano para ano os seus investimentos na TV; em 1978, eles chegaram a cerca de 373 milhões de cruzeiros. As cadernetas de poupança, por sua vez, só se incluem entre os cinco maiores anunciantes brasileiros a partir de 1975. Nos dois anos anteriores, elas cederam lugar para a sedimentação das linhas aéreas nacionais, que curiosamente desapareceram da lista dos cinco grandes a partir também de 1975. Mas não foi apenas em bancos e em cadernetas de poupança – evidentemente importantes mensagens favorecidas pela política econômica adotada pelo Sistema nesta década – que o país investiu: investiu também substancialmente nos cabelos. A proliferante e lucrativa indústria dos xampus fez jorrar em 1975 nada menos que 42 milhões de cruzeiros em publicidade pelo vídeo. Em 1976, essa quantia subiu a 115 milhões; em 1977, foi de 127 milhões, e em 1978, 168 milhões. Correndo no mesmo páreo dos cinco, constantes ao longo da década, estavam os investimentos em desodorantes, brinquedos, cigarros e refrigerantes. E automóveis, evidentemente. É curioso assinalar que a indústria automobilística, embora próxima à lista dos cinco grandes desde 1973, só foi assumir uma posição de liderança na propaganda de consumo a partir de 1977, justamente quando os efeitos da crise mundial de combustível se tornaram mais fortes e a política de racionamento acelerou-se em todo o país.

Nesta nova década que se aproxima, vale ressaltar que o modelo brasileiro de consumo tende a se expandir além das fronteiras do país, em direção ao território paraguaio e ao sudoeste argentino. Graças ao possante sistema de repetidoras da TV Paranaense, e da TV Cultura de Maringá, ligadas ao Sistema Globo, e mais recentemente à TV Tarobá, de Cascavel, ligada à Rede Bandeirantes, é possível receber sinais de captação da TV brasileira junto às populações dos países vizinhos. Foi em Hernanderias, pequena cidade paraguaia a 30 quilômetros da fronteira, que a repórter da revista *Veja* Teresa Furtado identificou, no início de 1979, o refrão "Vamos construir juntos", de uma propaganda da Receita Federal sobre o Imposto de Renda, cantado em português pelas crianças da localidade. Se os anos 70 foram os da "integração nacional", estes pequenos sintomas podem talvez reforçar a tese de que os anos 80 serão, quem sabe, os anos da integração continental.

Show, a coreografia do milagre, A televisão e o poder autoritário *e* A televisão e a política de integração nacional*, artigos que escrevi em parceria com Isaura Botelho, resultaram da minha primeira experiência de trabalho no Rio de Janeiro. Em 1979, quando me integrei ao projeto desenvolvido na Funarte, coordenado por Adauto Novaes, que visava a avaliar a produção cultural brasileira da década, tinha apenas 27 anos e era recém-chegada de Brasília, onde terminara o curso de Ciências Sociais na UnB. Creio que minha participação neste projeto* Anos 70, *que reunia intelectuais do Rio e de São Paulo – alguns deles bastante conhecidos, como Heloisa Buarque de Hollanda, Jean-Claude Bernardet e José Miguel Wisnik –, se deva ao fato de que a reflexão acadêmica sobre a televisão brasileira estava ainda se constituindo no período e, de uma certa forma, afrontava os cânones institucionais fundamentados na análise de padrões da "alta cultura". Até então, contávamos apenas com os trabalhos inaugurais de Muniz Sodré sobre o tema,* A comunicação do grotesco: um ensaio sobre a cultura de massa no Brasil *(Petrópolis, Vozes, 1975, 4ª edição) e* O monopólio da fala *(Petrópolis, Vozes, 1977); e Maria Rita Kehl, apesar de muito jovem, também de maneira inovadora já se dedicava a pensar a linguagem da telenovela brasileira.*

Construindo minha identidade como socióloga, mostrava-me muito envolvida com as questões políticas e sociais do país e com as tensões geradas pelo governo militar. Acreditava, naquele momento, que a Sociologia me auxiliaria num tipo de missão – ou militância – a que me propunha, no sentido de me vincular aos projetos de libertação (econômica, política e social) das classes trabalhadoras, principalmente as rurais. E eis que a participação no projeto Anos 70: Televisão *acabou me levando a optar definitivamente pela área cultural e não a social; algum tempo depois ingressei no Programa de Pós-Graduação em Antropologia Social do Museu Nacional, UFRJ. É interessante observar que os textos escritos para o volume sobre televisão refletem esta transição de uma perspectiva teórica para outra. Assim, autores como Fernando Henrique Cardoso e Paul Singer, ambos vinculados ao Cebrap, cujas reflexões sociológicas eram avidamente absorvidas pela minha geração, convivem aqui com Roland Barthes e seus seguidores.*

Sem dúvida, tive uma série de surpresas ao realizar esta pesquisa. Tendente a um pensamento maniqueísta, que colocava do lado do Mal (ou das superestruturas perversas do modo de produção capitalista) os produtores ligados à indústria cultural, como a televisão, surpreendi-me ao entrar em contato com pessoas como Walter Clark, Homero Icaza Sanchez e Paulo Afonso Grisolli, que, cada um a seu modo, não só me pareceram extremamente inteligentes como formuladores de propostas culturais interessantes. Assim, por exemplo, na entrevista realizada com Grisolli, causou-me espanto a revelação de que forças do Bem (isto é, pessoas como ele, identificadas com a "inteligência" de esquerda) passaram a trabalhar efetivamente na Rede Globo como diretores e roteiristas no início da década de 70.

Devo confessar que estranhei os textos ao relê-los. Neles não me reconheci, principalmente quando me vi preocupada com fenômenos como "descaracterização cultural", "homogeneidade", veiculação da "ideologia dominante" etc. Mas acredito que esses artigos, a despeito da qualidade da pesquisa, poderiam ser lidos não como verdades definitivas sobre a televisão brasileira da década de 70, mas como interpretações contaminadas com as tensões do momento.

/ comentário de Santuza Cambraia Naves /

Reli os três textos e viajei no tempo, e me dei conta de que quase não me lembrava daquela televisão neles descrita. Lendo com os olhos de hoje, percebo que ali, naquele momento, não me parecia tão claro que a grande política cultural da ditadura se concentrava na implantação de todo o aparato de modernização tecnológica que permitiu a constituição das redes nacionais de televisão. Estava por demais envolvida nas mudanças e nos revigoramentos institucionais dos órgãos federais de cultura (como a criação da Funarte, Embrafilme, etc) para perceber que, de alguma maneira, isso significava que o governo, num jogo de compensações, dava atenção ao "nacional" no plano das práticas culturais tradicionais – de menor impacto político numa sociedade de massas –, enquanto criava as condições de infra-estrutura para a expansão da mídia eletrônica, sua cultura de mercado e seu jornalismo semi-oficial.

/ comentário de Isaura Botelho /

SHOW, A COREOGRAFIA DO MILAGRE

Santuza Naves Ribeiro
Isaura Botelho

Talvez o termo "show" não seja o mais adequado para designar um segundo tripé da televisão brasileira, que consiste no show propriamente dito, no humor e no programa de variedades. Talvez também não se possa ser rígido na classificação dos programas de acordo com estas três divisões básicas, porque os gêneros se misturam, na realidade, e o exemplo mais concreto disso é o *Fantástico – O show da vida* (Rede Globo), pretensioso quanto aos seus objetivos de abordar a vida em seus aspectos sérios e divertidos.

E o que existe, além do entretenimento, nesta esfera da nossa televisão? Muito, pelo menos no que se refere às preocupações das emissoras em inserir – e aqui já contamos com a existência de uma defasagem entre teoria e prática – o dado artístico, cultural e/ou pedagógico na produção do lazer. O *Fantástico*, por exemplo, leva muito a sério o seu espaço informativo (o jornal da emissora, aos domingos, é veiculado através deste programa), com reportagens nacionais e internacionais; a sua produção musical, absorvendo talentos da música popular brasileira ao lado de cantores e compositores de produção mais comercializada, e *tapes* de apresentações sobretudo norte-americanas (como Burt Bacharach, Stevie Wonder etc); e seus quadros de temas aleatórios (por exemplo, Marília Pêra, participando intensamente do programa nos seus primórdios, em 1973, interpreta tanto Valdinete Santos, personagem que é presidente do fã-clube de Jerry Adriani, como Joana d'Arc).

Com relação a esse eventual compromisso com o sério, os critérios que a televisão utiliza para conceituá-lo se formam a partir do ponto de vista do mercado, produzindo-se então a polarização entre o "sério" e o "popularesco". O *Fantástico* assume, neste sentido, a condição de um programa "sério" em conteúdo e técnica, numa tentativa de atender a todos os gostos, ou seja, do público heterogêneo que assiste a ele aos domingos, às 20h. E o próprio programa confirma o relativismo das definições sobre o gênero, pois a sua realização efetiva consegue resultar exatamente no contrário.

É realmente "fantástica" a capacidade desse programa em abordar permanentemente notícias que não são notícias, isto é, coisas que acontecem de fato, mas sem importância relativa no contexto dos acontecimentos sociais. É a presença do *fait-divers* que, na televisão, torna-se o próprio modelo de interpretação dos fatos. Muniz Sodré, a propósito, reelabora a idéia desenvolvida por Roland Barthes em "Structure du fait-divers"[1] de que o *fait-divers* (entenda-se: o crime passional, o fato extraordinário, as anomalias) tem uma significação fechada, imanente à própria informação. Assim, segundo Sodré, Roland Barthes demonstra que

> *A notícia* 20 mil mortos na Guatemala *constitui um* fait-divers, *porque o notável para o* medium *jornalístico é a relação entre a morte e um número elevado, ou seja, entre o ordinário e o* cúmulo. (SODRÉ 1977:31)

O *Fantástico* fornece um bom exemplo dessa grade de *fait-divers* aplicada ao mundo. Um de seus responsáveis estabelece uma espécie de pauta geral na qual se baseiam para selecionar assuntos e temas "fantásticos", como analisa Artur da Távola[2]:

Pessoas: uma matéria que envolva muita gente é sempre fantástica; *Preeminência:* uma notícia sobre algo ou alguém muito famoso; *Ineditismo:* algo nunca apresentado. Envolve também exotismo; *Humor:* uma notícia que envolve um acontecimento muito engraçado; *Contraste:* por exemplo, um brasileiro, Guido Pascoli, revolucionou a arte de fazer violinos; *Ação:* uma corrida de Fórmula 1; *Dinheiro:* notícias sobre Loteria Esportiva despertam interesse, pois envolvem muito dinheiro e muitas pessoas; *Amor:* fatos e acontecimentos de interesse humano; *Recordes:* a quebra de marcas já registradas; o homem se superando em qualquer campo.

O gênero "popularesco", contraditoriamente, na medida em que se despoja de concepções hipócritas sobre o "bom gosto", como o faz o Chacrinha (agora na TV Bandeirantes), consegue veicular uma imagem "sem retoques" na nossa realidade. Vejamos como Muniz Sodré analisa o apresentador:

> *O Chacrinha é o bobo da corte do consumo. Ele não nos impinge uma falsa verdade: seu programa não se disfarça como educador ou artístico. Ele nos faz ver (repetimos: apesar dele próprio) o ridículo de nossa seriedade como sociedade de consumo [...] lá vai bacalhau na cara de quem não tem dinheiro para comprá-lo, mas consome televisão! O Chacrinha é, em suma, o palhaço adaptado à circuiticidade eletrônica. O bacharel quer fazer discurso em seu programa? Lá vai o dedo desmoralizador na boca do chato!* (SODRÉ 1975:81)

E é exatamente o Chacrinha quem sai da Rede Globo para a Rede Tupi em 1972, em nome dos propósitos da emissora de veicular uma programação de "qualidade". Nesse período, o Ministério das Comunicações interferiu diretamente nas televisões, exigindo "melhor qualidade" nas programações. Dizia então o ministro Hygino Corsetti, em entrevista à revista *Veja* (nº 175, de 12/1/1972):

> *Não é possível desconhecer o verdadeiro estágio cultural do povo. Não pensamos que se deva substituir abruptamente o atual tipo de programação. É preciso que a TV suba progressivamente a escada, acompanhada de seus atuais telespectadores. Portanto, sem se distanciar do gosto popular.*

O ministro sugere então que se aproveite o poder de comunicação dos animadores:

> *Por que não usar a força de comunicação deles? Por que não fazê-los melhorar seus programas e torná-los densos de conteúdo, bom gosto, abandonando a linha de agressão à sensibilidade e de grosseria de alguns?*

Chacrinha choca os padrões estéticos da empresa, comprometida com um grande contingente da classe média em seu mercado de largo espectro. Ele não faz média com o público; ele divide o mercado, pois a sua audiência é o "povão". Isto se contrapõe aos projetos da Rede Globo de veicular a cultura sincrética, definida por João Rodolfo do Prado nos seguintes termos:

> *Existe agora uma cultura universal, homogênea como os padrões de produção. Tanto serve para a elite como para as massas. Para atender a gente tão díspar ela precisa ser média, como média é a classe que consome com mais gula e eficiência seus produtos.* (PRADO 1973:216)

Em que consiste esse sincretismo em televisão? Consiste na tentativa do veículo de "medianizar" a sua mensagem, ou seja, em transmitir valores que não sejam específicos de uma classe social. Retomando o exemplo do *Fantástico*, um laboratório para esse tipo de análise, observamos que este programa, transmitido em horário nobre aos domingos para unidades familiares distintas e estratificadas socialmente, tenta descomprometer-se de uma realidade antagônica. As doenças do povo, portanto, jamais aparecem nas reportagens "científicas" de Cidinha Campos. Pesquisam-se então as experiências desenvolvidas (principalmente nos Estados Unidos) na área das doenças e deformidades "neutras", tais como a minicâmera de TV desenvolvida em São Francisco da Califórnia que possibilita aos cegos enxergarem novamente; o aparelho de TV desenvolvido em Nova Iorque pelo psicanalista Dr. Berger para a análise de seus clientes; etc.

A Rede Globo tem melhores condições que as outras emissoras para a utilização dessa linguagem, dado o maior desenvolvimento de sua infra-estrutura tecnológica. A Globo não se sobressaiu, nos anos 70, por ter contribuído, na área de shows, com alguma inovação em termos de conteúdo, mesmo porque esses projetos (pessoais, inclusive) preexistiram à absorção dos profissionais do rádio pela televisão. A proposta da Globo é essencialmente técnica, essencialmente estética, o que não elimina o seu caráter ideológico, porque a sofisticação de sua imagem neutraliza qualquer tentativa de comunicação com o povo através da sua verdadeira linguagem.

O humor chamado político não escapou deste destino. Os personagens criados por Max Nunes e Haroldo Barbosa para os programas de Jô Soares na década (*Faça humor, não faça a guerra, Satiricom* e *Planeta dos Homens*) são submetidos à assepsia técnica da emissora, assim como os tipos regionais de Chico Anysio. Não importa muito, no caso, a idealização original dos personagens pelos seus criadores, porque os tipos que aparecem nos vídeos perdem o seu cheiro (de povo, se for a proposta), a sua cor característica (para dar lugar às tonalidades carregadas e platinadas), as suas próprias raízes (para uma realidade exótica ou em meio-termo com o real).

O fato é que o show, o humor e o programa de variedades têm muito em comum, embora não apresentem uma linha geral de programação. Um primeiro ponto comum advém de suas origens: começam no rádio (nas rádios Nacional e Mayrink Veiga, sobretudo) e passam pelas TVs Rio, Excelsior, Record etc, emissoras mais artesanais que desconheciam o videoteipe e demais avanços técnicos da televisão atual.

Um segundo aspecto é que não houve a criação de uma nova estrutura para esses programas na televisão. Prevalecem, ainda hoje, a linguagem e a técnica do rádio. À pergunta de um repórter da revista *Veja* (8/12/1976) se o programa *Planeta dos Homens* (Rede Globo) não estaria ainda "muito preso a um velho esquema de humor radiofônico", Max Nunes (um dos redatores do programa) responde: "Concordo. Se tirar a imagem ou ficar atrás do aparelho de televisão, só ouvindo, você entende perfeitamente o que está acontecendo." O que ocorreu foi a adaptação, no sentido de lançar a fórmula de anedotas curtas e cortes rápidos em substituição ao tradicional esquete e, no geral, a padronização estética dos programas esteve a cargo do "padrão Globo de qualidade".

A Globo então se sobressai pelo seu produto mais moderno: o "padrão Globo de qualidade". É este um poderoso instrumento utilizado pela emissora para neutralizar a sua linguagem e o que a destaca, entre outras coisas, das demais emissoras, quanto à forma de veicular o discurso dominante. Pois a Globo, como empresa "moderna", participa do sistema de dominação. Tanto ela não precisa submeter-se à veiculação de um discurso alheio – reproduzindo a ideologia dominante, ela reproduz a sua própria ideologia – como utiliza, para tanto, mecanismos mais sofisticados, condizentes com o seu status.

O tripé da área de shows adentra pelos anos 70 bastante associado com o espírito do momento, representando a década não só pela reprodução direta do discurso governamental, como também pela omissão. A Rede Globo, nos moldes das demais emissoras, consegue ser servil nesse período em que inicia o seu processo de expansão.

Como se dá a veiculação direta desse discurso via televisão? Observando o cenário da época, encontramos Flávio Cavalcanti (Rede Tupi) em seu programa de auditório, abrindo todo um espaço para a fala demagógica da política de integração nacional (com elogios à Transamazônica e a produtos semelhantes do milagre) e mostrando-se bastante cordial com os aparelhos repressivos. Quem não se lembra, por exemplo, de Nelson Duarte (um dos doze Homens de Ouro da polícia carioca) em seu programa, fazendo a campanha contra os tóxicos?

Só o amor constrói, na Rede Globo, exemplificando ainda o primeiro caso, explora situações de mobilidade social e antecede a mensagem individualista do *Mexa-se* (slogan do período pós-74, patrocinado pela Rede Globo e pelo Unibanco). O próprio título do programa é copiado literalmente da canção do mesmo nome de trovadores da corte na época do milagre econômico. Quem se omitiu acompanhou o clima geral do país pós-AI-5: a situação não é exclusiva da televisão. A sátira política de Max Nunes e Haroldo Barbosa, entre outros casos, teve que se adaptar aos novos tempos, dando lugar à sátira de costumes e coisas mais leves no gênero.

Mas o que importa é verificar que a Globo deu um salto a partir de 1973. Enquanto Flávio Cavalcanti é repreendido pelo sistema por veicular quadros sensacionalistas e os júris de televisão que institui na década de 60 não alcançam mais a significação de outrora, a Rede Globo substitui a sua mensagem atrelada ao poder por uma linguagem própria. Esta empresa tem agora condições de fazer "média" com o seu público heterogêneo, neutralizando temas de interesse social através do "padrão global de qualidade". Enquanto se refina a forma, desvia-se a atenção do conteúdo.

Fantástico – O show da vida vem então substituir *Só o amor constrói* no mesmo horário aos domingos, inaugurando a cor na nossa televisão. E a partir de 1974, principalmente, as superproduções começam a aflorar na Rede Globo. Em março, o Boletim da Globo anuncia uma nova fase para os programas *Satiricom* (Jô Soares), *Moacyr Franco Show* e *Chico City* (Chico Anysio), justificando a mudança em termos da necessidade de se fazerem alusões mais diretas à sociedade do momento. *Chico City* é bem representativo disso, quando se vê que o vilarejo se transforma em cidade e se moderniza. E o que tem muito a ver com a implantação recente da TV a cores e com a ênfase, também decorrente disso, da emissora na qualidade da programação. Porque a referência à sociedade atual atende aos princípios estéticos da empresa. O provincianismo, o caipirismo, o regionalismo, enfim, a realidade telúrica imediata fere os critérios eugênicos da Globo.

MÚSICA, BRILHO E PURPURINA

No final de 1975, delineia-se a programação da Rede Globo para o novo ano com a entrada do *Sexta Super Show*, programa semanal das sextas-feiras que alterna temas e formas:

Super parada: parada de sucessos;

Brasil especial: centrado no compositor brasileiro;

Sandra e Mièle: "muito luxo, figurino e ritmo de festa", segundo o Boletim da Globo (1976);

O *Brasil especial*, a título de exemplo, estreou em março de 1976 com uma apresentação sobre Ary Barroso. Antônio Chrysóstomo, crítico da revista *Veja*, assim avalia o seu programa de estréia em matéria de 7/4/1976:

> *Seu paupérrimo roteiro nem chegou a mencionar a variedade de atividades de Ary Barroso – compositor, animador de auditório, locutor esportivo – e também não revelou nenhuma preocupação de mostrar as contradições que o levaram da condição de gênio musical à de compositor oficial dos tenebrosos sambas-exaltação exigidos pela ditadura do Estado Novo.*

Estes musicais sofreram sucessivas substituições em seus temas, passando pelo *Levanta poeira* (com a "intenção de mostrar os gêneros e ritmos mais regionais da MPB" – Boletim da Globo), *Saudade não tem idade* (apresentado por Djenane Machado e Ney Latorraca, mostrando "momentos e gêneros históricos da MPB" – BG), *Brasil pandeiro* (apresentado por Betty Faria, retomando o gênero revista) e *Brasil 78* ("atualidade sob a forma de show, temas de interesse geral" – BG, apresentado por Bibi Ferreira).

Levanta poeira, em termos de realização, foi o que mais se aproximou da proposta de lidar com os gêneros de música popular, pois o programa subiu o morro, tentou aproveitar as pessoas locais, os instrumentos etc. Mas, de acordo com a produtora do programa, Maria Carmem Barbosa, "o programa não agradou e saiu do ar"[3].

Saudade não tem idade sofreu estilização em excesso. A abordagem que faz da música italiana, por exemplo, em abril de 1978, desvincula-a do seu clima original. A começar do título do programa, *Te voglio tanto bene*, extraído de uma canção de sucesso nada representativa da cultura italiana no Brasil; também os indefectíveis intérpretes Wanderley Cardoso, Vanusa, Moacyr Franco etc. conseguem dar uma conotação despersonalizada às canções italianas. Isso sem falar no critério utilizado para a escolha das músicas (sendo a maioria das canções de músicos mais recentes, como Sergio Endrigo, Rita Pavone etc.), o que leva a crer que a imigração italiana no Brasil tenha se dado a partir da década de 60.

Brasil pandeiro não passou de um ponto de vista estereotipado sobre o Brasil. Certas concepções acerca do homem brasileiro, como seu "espírito supersticioso" ou mesmo seu famoso "espírito de torcedor de futebol", são pretensiosamente levadas ao ar em nome das chamadas "situações do cotidiano". A difusão desta falsa visão do homem brasileiro, transformando-o num ser folclórico e destituído de profundidade, deslocando-o das suas reais condições enquanto ser social, só faz reproduzir um discurso escamoteador da verdade: a do alegre, pacífico e bonachão, enfim, o "homem cordial".

Alcione comanda o musical mais recente, *Alerta geral*, que hasteia a bandeira da defesa da música popular brasileira, já tentada por programas anteriores.

Brasil 78 e seu substituto *Brasil 79* tentam analisar temas diversos. Este último, inclusive, introduz a discussão de problemas relativos à mulher – o derradeiro grande produto da Rede

Globo de Televisão. *Mulher 80* encerra a década trazendo definitivamente para a área dos shows o que havia sido ensaio em *Brasil 79*: a mulher brasileira. Melhor que isso, *Malu mulher* comanda o espetáculo. Duplamente personagem, Regina Duarte trata de assuntos incorporados por outros programas (inclusive nas séries brasileiras), como temas atuais da realidade do país.

REFERÊNCIAS BIBLIOGRÁFICAS

BARTHES, Roland. *Essais critiques*. Paris, Ed. du Seuil, 1964.

PRADO, João Rodolfo do, *TV quem vê quem*, Coleção Medium, Rio de Janeiro, Eldorado, 1973.

SODRÉ, Muniz. *A comunicação do grotesco – Um ensaio sobre a cultura de massa no Brasil*. Petrópolis, Vozes, 1975, 4ª edição.

______________. *O monopólio da fala*. Petrópolis, Vozes, 1977.

NOTAS

[1] *In Essais critiques*. Paris, Ed. du Seuil, 1964.

[2] Coluna de Artur da Távola em *O Globo*, 24/6/1974.

[3] Em entrevista concedida às autoras deste trabalho.

A TELEVISÃO E O PODER AUTORITÁRIO

Santuza Naves Ribeiro
Isaura Botelho

Como se inicia a discussão sobre o papel da televisão brasileira nos anos 70? Um dado importante é o aspecto contraditório deste papel, pois se por um lado não se pode negar a existência de iniciativas que se poderiam chamar de "progressistas" com relação à programação, também não se pode deixar de considerar a função conservadora que assumiu o veículo, reproduzindo o discurso do governo no período em que o "milagre econômico" coexistiu com o auge da repressão política e mesmo nesta fase posterior de readequação do poder autoritário que estamos vivendo. A análise do problema deve levar em conta, portanto, as tensões existentes entre diferentes projetos culturais e políticos, para não correr o risco de tornar-se linear. Mesmo porque seria ingênuo considerar que a realidade de nossa televisão se traduz num eterno ponto de encontro com o poder e as classes dominantes, a menos que a sociedade, no seu conjunto, permaneça alijada da dinâmica desse processo de comunicação.

Esta discussão adquire maior importância quando se verificam, hoje, os recuos do poder discricionário diante da pressão popular. Verificamos, por exemplo, neste momento, que a imprensa tradicional – um camaleão que exibiu roupagens liberais no período mais forte da ditadura – reassume agora a sua feição conservadora. Já a televisão, ao contrário, híbrida, tanto apresenta propostas progressistas, como mantém o seu discurso reacionário. Temos, por exemplo, neste momento, uma penetração do projeto político governamental de "abertura" em toda a programação. Há alguns anos atrás tinha-se uma demarcação maior de espaços: de um lado, programas que propunham uma abertura em relação ao tratamento de temas mais ligados à realidade brasileira, procurando tratá-los de forma – embora tímida – mais crítica (novelas como *O casarão*, de Lauro Cézar Muniz, alguns programas do *Globo repórter*, entre outros exemplos), e de outro, programas nitidamente reacionários, divulgadores da ideologia do Brasil grande (por exemplo: *Amaral Neto, o repórter*, da TV Globo). Neste final de década, a televisão resolve discutir mais frontalmente temas da realidade brasileira, abrindo maior espaço para os debates políticos, criando jornais que tentam uma linha mais analítica e lançando programas como o *Abertura*, da TV Tupi. Por outro lado, a TV Globo coloca no ar uma nova linha de seriados brasileiros, como *Malu mulher*, *Carga pesada* e *Plantão de Polícia*, e os programas humorísticos ressuscitam a sátira política. Tudo indica, portanto, que a televisão brasileira encampa o projeto governamental de abertura política.

Desde 1974, quando o general Ernesto Geisel foi empossado com a missão de preparar este processo que ora vivemos, a televisão vem também se preparando para assumir esse projeto político que se efetiva neste final dos anos 70. E da mesma forma que a deflagração do processo de abertura política – motivado pelo fracasso do modelo econômico que gerou a falsa euforia do "milagre brasileiro" – foi realizada de cima para baixo, também na televisão esse novo posicionamento frente à realidade brasileira é reflexo de decisões de cúpula.

A televisão vende a pseudo-abertura política. Este projeto serve a ela, na medida em que lhe dá maior liberdade de criação e diminui as contradições geradas pela censura política. Eis como Paulo Afonso Grisolli[1] argumenta que o público estaria preparado para receber as mudanças empreendidas na televisão:

> *Você tem que caminhar para descobrir as tendências do consumo. Mas isso levaria, nos dias de hoje, a uma televisão extraordinariamente ousada, sobretudo nessa fase supostamente final da ditadura brasileira. A avidez desse mercado por uma informação livre, pelo debate, determinaria, em termos de mercado, uma televisão livre, ousada, inquieta, debatendo coisas. E você vê que há arremedos disso aí. Porque o que é um* Malu mulher *e por que há uma resposta ao* Malu mulher *desse nível? O que é o* Abertura *como um programa jornalístico de informação, senão isso? É a televisão que gostaria de chegar lá. Pouco importa a ideologia do dono, porque a ideologia básica dele é conquistar o mercado. Depois de conquistado o mercado, ele pode até induzir esse mercado para outras coisas.*

O caráter híbrido da programação da televisão brasileira, nestes anos, tem muito a ver com a "ideologia do dono" e com a "relatividade" da nossa democracia. Seria simplismo, portanto, atribuir a indecisão da fala televisiva à censura que se fez presente na década de 70. A censura oficial já não incomoda tanto as emissoras. O que pressiona e censura a televisão hoje é, por um lado, obviamente a relutância de seus "donos" em veicular uma ideologia antagônica à sua e, por outro, também no momento da veiculação desse discurso antagônico, as contradições que se processam entre os empresários de televisão e o governo. Exemplo disto foi o episódio recente da saída de Daniel Filho da direção da Central Globo de Séries. Segundo consta, a ousadia por parte de Daniel Filho ao abordar determinados temas até então considerados tabus teria gerado divergências internas na Globo, apesar do sucesso que as séries brasileiras vêm alcançando junto ao público.

A televisão caminha com um passo à frente e outro atrás. Observando a programação da Rede Globo a partir da classificação de seus programas em novelas, seriados, shows e jornais, notam-se, por exemplo, as diferenças entre um tipo e outro de programa. Aos seriados (e anteriormente às novelas das 22h) é conferida a função renovadora de discutir os temas prementes da realidade brasileira. Observa-se que o horário das 22h sempre foi aquele em que, de acordo com Homero Icaza Sanchez (diretor do Departamento de Análises e Pesquisa da Rede Globo de Televisão), "pode-se soltar mais, ousar mais, experimentar"[2], por contar com um público mais selecionado. Segundo Sanchez, a maioria dos telespectadores das chamadas classes C e D costuma se recolher antes da programação ir ao ar, pois tem que acordar cedo. Os shows não chegam a inovar em matéria conteudística. Retomam agora, com o processo de abertura, a linha de humor político do rádio, embora enfeitados pelos sofisticados padrões da emissora. Quanto ao telejornal, mesmo respeitando as suas características informativas, pode-se afirmar que aspectos importantes dos acontecimentos nacionais são omitidos ao telespectador.

De uma maneira geral, entretanto, sendo um veículo da cultura de massa, a televisão não se dirige a um público específico, homogêneo. Não pode, portanto, dar-se ao luxo de veicular conteúdos que possam dividi-lo. Neste sentido, a cultura que ela transmite não pode exprimir os valores de nenhuma classe em particular. Disso resulta, de acordo com Muniz Sodré (1977), o sincretismo da cultura por ela veiculada. Assim, a seleção de público feita pela televisão se limita a determinar linhas de programação de acordo com o horário. O horário das 22h em diante é agraciado com uma programação pretensamente mais séria, mais voltada para o "real" (no que se refere à produção nacional). Já um esforço de classificação no intervalo "nobre" (entre 18h e 22h) seria em si mesmo contraditório, pois este horário mantém o pico da audiência e congrega o telespectador médio. Vejamos o que nos diz Homero Icaza Sanchez[3] a respeito:

> *Se você assistir a todos os jornais da Globo, se dará conta de que muita notícia aparece em outros horários. Então, por exemplo, o horário das 7h é um horário pouco assistido pela sua classe, mas muito assistido pelo subúrbio. Então, se o subúrbio assiste ao noticiário das greves às 7h, diz assim: "Veja só: Crime, quebra-quebra, porrada, o diabo a quatro..." Então, há uma distribuição da notícia. Eu já ouvi gente dizer que todo mundo entrevista Brizola e a Globo não entrevista. Ora, a nossa entrevista com o Brizola foi de mais de uma hora, mas apareceu no último jornal e pouca gente viu.*

Assim, o horário das 22h serve como poderoso álibi para uma censura interna aos temas mais controversos e a realidade brasileira vai sendo veiculada em doses homeopáticas, como argumenta Grisolli[4]:

> *De repente, às 10 da noite a televisão começa a ficar classificada. Não é um horário popular por natureza. O povo vai dormir cedo para trabalhar de manhã. E começa a ser um horário mais intelectualizado, mais sofisticado, e começa a permitir, na medida em que esse mercado de consumo vai sendo gratificado pelo nível de debate, da temática, da elaboração, que se vá ficando mais aficionado. E vai consumindo televisão e vai se tornando o novo mercado consumidor conquistado pelo seriado.*

O que garante, em geral, uma determinada linha de programação é justamente esse público diferenciado, o qual, até o momento, longe de fragmentar-se em diversos núcleos de sustentação de uma proposta televisiva, exige que a televisão alterne seus projetos, sincretize sua fala e, conseqüentemente, homogeneíze os conteúdos que veicula. A Rede Globo alterna, no horário "nobre", novelas do tipo que poderíamos chamar "experimentais", que tentam não só novas formas de linguagem como também abordam temas menos "vendáveis" (arriscaríamos até a dizer mais complexos), com autênticos novelões. Às novelas com propostas novas de um Bráulio Pedroso ou um Mário Prata, às 19h, segue-se um Cassiano Gabus Mendes, mais ao gosto "popular" ou, citando Homero Sanchez, "uma coisa leve, gênero fotonovela"[5]. E no horário das 20h, alterna Lauro Cézar Muniz com Janete Clair.

Além da conseqüente neutralização das diferenças de classe que a linguagem da televisão em si já produz, é interessante verificar a explicitação disto em determinados momentos como, por exemplo, é o caso do editorial abstrato do encerramento do *Fantástico*, quando o locutor Cid Moreira adverte gravemente o "cidadão-telespectador" sobre situações que compõem um máximo denominador comum social. O programa não se engaja, nesse quadro, com questões específicas de uma classe; ao contrário, ele filtra os problemas. O recado é construído, portanto, em cima de temas relativos à "solidão nas grandes cidades", ao "desamor", à "esperança" etc.

A televisão precisa atender a um público heterogêneo, tem que responder a questões atuais, isto é, veicular pelo menos o "clima" de abertura política que seu público está vivendo em outras esferas e, ao mesmo tempo, não pode tomar posições contra o sistema político vigente.

Chegamos num ponto em que a discussão sobre a televisão e o Estado, no Brasil, encaminha-se para algumas vertentes. Um primeiro aspecto a ser considerado são as características das nossas emissoras como empresas privadas, de natureza comercial-industrial, que exploram uma concessão governamental – e do seu produto, muito bem descritas por Paulo Afonso Grisolli:

> *A televisão brasileira é uma indústria de lazer e entretenimento popular. E a regra do jogo é esta: a regra capitalista do sistema de televisão brasileiro. Ela tem que buscar avidamente a tendência de consumo popular e não pode escapar disso enquanto empresa. Se você fabricar realmente refrigerante, não adianta fabricar refrigerante amargo que ninguém consome. Você tem que caminhar para descobrir as tendências do consumo mesmo. Ela está condenada ao mercado e isso é terrível. Se ela quiser assumir funções sociais extramercado, ela está correndo risco.*[6]

Um outro lado da questão é justamente o fato de que a televisão, no Brasil, é uma concessão governamental a título precário. Isto reafirma, em primeiro lugar, a afinidade ideológica com o poder dos grupos que exploram os canais de televisão, pois não se pode anular a força deste veículo de comunicação de massa nem os riscos que ela representa para o *establishment*. Trata-se de uma constatação óbvia, a menos que detalhemos a situação das empresas do gênero e reconheçamos a trajetória ascendente da Rede Globo, por exemplo, para o setor "moderno" da economia. A década de 70 é representativa das rearticulações políticas e econômicas que se processam a partir de 1968. Uma nova aliança se redefine, à medida que os setores "tradicionais" que apoiaram o movimento de 64 – a burguesia rural e os setores médios da população de orientação direitista – vão sendo progressivamente alijados do poder em favor dos setores "modernos", ou seja, a grande empresa, a grande indústria, a tecnocracia etc. (CARDOSO 1975). O conglomerado de Roberto Marinho configura-se, evidentemente, como grande empresa nesse período. E, de maneira análoga ao que se processa entre os setores da classe dominante, a Rede Globo assume uma situação de monopólio, enquanto as emissoras mais artesanais se esfacelam (como é o caso das TVs Rio e Excelsior, ou das tentativas constantes de sobrevivência da TV Tupi). Walter Avancini analisa o processo:

> *A associação com o grupo Time-Life permitiu um modelo empresarial que toda multinacional se propõe, um modelo determinado por altos padrões tecnológicos utilizando o talento e a mão-de-obra nativa. Como essa estrutura não existia, na época, nas outras emissoras de TV, o monopólio foi fácil. Coincidiu também com o modelo caudilhista governamental – note que são quinze anos de ditadura e quinze anos de Globo.*[7]

REFERÊNCIAS BIBLIOGRÁFICAS

SODRÉ, Muniz. *O monopólio da fala*. Petrópolis, Vozes, 1977.

CARDOSO, Fernando Henrique. *Autoritarismo e democratização*, Rio de Janeiro, Paz e Terra, 1975.

NOTAS

[1] Entrevista concedida aos realizadores deste trabalho em 30/8/1979.

[2] Homero Icaza Sanchez, revista *Veja* nº 422, outubro de 1976.

[3] Entrevista concedida aos realizadores deste trabalho em agosto de 1979.

[4] Entrevista citada.

[5] Revista *Veja* nº 422, outubro de 1976.

[6] Entrevista citada.

[7] Entrevista aos realizadores deste trabalho.

A TELEVISÃO E A POLÍTICA DE INTEGRAÇÃO NACIONAL

Santuza Naves Ribeiro
Isaura Botelho

É no início da década de 70 que se consolida a "inflexão para cima" na economia brasileira, cujo marco é 1968. Esta guinada, de acordo com Paul Singer (1976), resultaria de modificações introduzidas na política econômica, como o êxito no combate à inflação e a ênfase na aceleração do crescimento. Delineia-se a estratégia governamental, a qual, sob o pano de fundo de uma política econômica desenvolvimentista, implanta sofisticados aparelhos ideológicos e repressivos. O governo procura legitimar-se nessa fase, e dada a ausência de um suporte político para tanto, utiliza o chamado "milagre econômico" como instrumento ideológico para reforçar o regime. Vivencia-se um momento de superestima dos padrões de racionalidade, de pragmatismo e de eficiência, de onde emerge o tecnocrata como protótipo do realizador de todo um novo trabalho político.[1] Assim, a palavra de ordem do momento – "Este é um país que vai pra frente" – tem muito a ver com o conceito de modernidade que então se difunde. Afinal, os setores "modernos" da burguesia (empresários da Grande Unidade de Produção) e da classe média (a tecnocracia e os militares) se aliam e detêm uma hegemonia no sistema de dominação.

Em 1971 é divulgado o I Plano Nacional de Desenvolvimento (72/74), apresentando, como plataforma básica, os pontos ligados à modernização da empresa nacional e das estruturas de comercialização, assim como a criação de mecanismos de incentivo à exportação, de expansão da poupança e do mercado interno e da formação de um novo mercado consumidor. Estão lançadas as bases da política de integração nacional:

> *A Integração Nacional, com significado primordialmente econômico-social, destina-se, do ponto de vista da demanda, a criar mercado interno capaz de manter o crescimento acelerado e auto-sustentável, e do ponto de vista da produção, a permitir a progressiva descentralização econômica.* (I PND, "Estratégia do Desenvolvimento Nacional" e "Política de Integração Nacional")

É neste contexto de crescimento econômico e de racionalização e burocratização das instâncias políticas que a televisão brasileira, ou, mais exatamente, a TV Globo, configura-se como o principal veículo de comunicação de massa do país. Walter Clark, um de seus principais ideólogos, nos deu o seguinte depoimento:

> *A TV Globo se desenvolveu no período mais difícil da economia brasileira. Ela foi criada, gerada, gestada, no período de 1966 a 67. A TV Globo nasceu num período de recessão do país. E teve o seu crescimento num período em que o país teve grande crescimento.*[2]

De fato, não há como negar a coincidência de ambos os processos, pois a TV Globo, paralelamente à aceleração da economia brasileira, organiza-se como uma indústria tipicamente capitalista. Homero Icaza Sanchez, responsável pelo Departamento de Pesquisa da emissora, afirma que a TV Globo se organizou de acordo com uma mentalidade de empresa que pela primeira vez se introduziu na nossa televisão.[3] E a TV Globo assume efetivamente o ideário estatal da política de integração nacional. Um bom exemplo é o discurso proferido por Walter Clark, por ocasião da convenção das emissoras da Rede Globo de Televisão, em 1971, em que, segundo o *Correio da Manhã*, "elogia o governo Médici pela disposição em compor, via Embratel, novas tarifas para as estações. Assim, a Política de Integração Nacional poderá ter melhor colaboração da iniciativa privada no setor de comunicações.[4] "Walter Clark aperfeiçoa esta idéia ao longo da década de 70, procurando diferenciar a televisão da 'mídia gráfica'. Enquanto os jornais, segundo ele, tenderiam a atuar em áreas especializadas, a televisão, ao contrário, se destinaria a um público de largo espectro. Assim, Clark reafirma seu compromisso com o ideal de integração nacional: 'A idéia de universo quantitativo e a de integração nacional acabaram com a imagem de programas específicos para cada região.'"[5]

A injeção de recursos da área estatal para a expansão do sistema de televisão atingiu as emissoras em seu conjunto. A eletrificação saiu dos cofres públicos; a transmissão da imagem se fez por conta da Embratel (com a criação de uma rede de satélites) e das prefeituras locais (com a construção de torres). A Embratel, sobretudo, avança consideravelmente no final da década de 60. Mas, com relação à reequipagem, a Rede Globo recebe impulsos diferentes. Esta emissora passa a contar, de início, com a assistência técnica e financeira da organização americana Time-Life, ao mesmo tempo em que cria um mecanismo que, gradativamente, permite-lhe trilhar o caminho do autofinanciamento.

Em 1971, o Grupo Time-Life desliga-se definitivamente das empresas dirigidas por Roberto Marinho. Durante todo esse período – da assinatura do contrato ao seu término – diversas denúncias se sucedem contra a "infiltração estrangeira" em veículos de opinião, cujos expoentes são o então governador Carlos Lacerda (1965) e o deputado João Calmon (na época presidente da Associação Brasileira das Emissoras de Rádio e Televisão e vice-presidente do Sindicato de Empresas Proprietárias de Jornais e Revistas do Estado da Guanabara). E, paralelamente ao esfacelamento de várias empresas de televisão, como as TVs Rio, Continental e Excelsior, a TV Globo inicia a sua ascensão em meados da década de 60 e consolida-se como rede a partir dos anos 70.[6] Definindo prioritariamente a sua posição de liderança, a emissora parte em seguida para os investimentos em sua expansão.

A trajetória da empresa acompanha o clima otimista de "Brasil Grande". Trata-se de uma indústria moderna, fabricando um produto de ponta – o "Padrão Globo de Qualidade" –, veiculando um discurso emergente – a ideologia desenvolvimentista – e divulgando, do "Oiapoque ao Chuí", as novas realizações do milagre. O acesso aos bens de consumo "modernos" se estende a uma faixa maior da população, malgrado a política econômica concentradora da renda.[7] Graças à eficiência da Globo, a demanda por anúncios em sua programação é superior a de todas as outras, tão grande que excede sua capacidade de horário. A televisão, portanto, nesse período, e principalmente a Globo, cumpre a missão de "integrar" as populações regionais e periféricas à moderna sociedade de consumo. Disso decorre a necessidade de uma seleção da propaganda que será lançada ao ar.

É interessante observar que o projeto da Política de Integração Nacional do governo coincide com o projeto de expansão econômica da empresa. Este encontro de objetivos produz uma espécie de casamento perfeito dos dois empreendimentos, o privado e o governamental, que podemos acompanhar nos anos de maior enrijecimento político e censura intensa. Walter Avancini, entretanto, evita simplismos ao discutir essa convergência de projetos, afirmando:

> *A Globo foi e é grande o suficiente para não ter precisado se comprometer diretamente em relação ao governo. As outras, menores, é que se colocaram à disposição da política governamental por necessidades econômicas. A Globo, sendo muito forte, sempre pôde manter uma dignidade, não precisava se atrelar.*
> *Mas é claro que houve e há coincidências. A chamada "integração nacional", por exemplo. A centralização da comunicação via TV foi muito mais uma necessidade econômica do modelo de crescimento da emissora do que uma necessidade ideológica, isto é: a necessidade explícita era de atingir 30 milhões de espectadores urbanizados que consomem, e não 120 milhões.*[8]

É exatamente por suas características de empresa capitalista, cujos objetivos se ajustam ao modelo econômico que se efetiva no país, que a TV Globo se torna a veiculadora de maior peso da Política de Integração Nacional. Por outro lado, seria interessante lembrarmos as declarações do então ministro das Comunicações do Governo Médici, Hygino Corsetti, numa entrevista à revista *Veja* (nº 175, janeiro de 1972). Nela, o ministro Corsetti reconhece que a televisão é "um precioso instrumento de integração social e econômica" e declara que o programa do ministério com relação a ela abrangeria dois itens fundamentais:

> *Primeiro, promover a ampliação da área de cobertura da televisão nacional, com a criação de redes e instalações de novas estações. Segundo, controlar e fiscalizar a qualidade técnica dos serviços, mantendo a nossa TV num alto nível de tecnologia. Mas, à medida que se desenvolvia tal esforço*

> *na área técnica, percebemos que o trabalho de engenharia eletrônica e administração não estava sendo utilizado pela TV, como veículo de comunicação de massas, com as mesmas preocupações que animavam o governo, isto é, a construção de um Brasil grande, economicamente forte e culturalmente moderno.*

Segundo Homero Icaza Sanchez, a TV Globo, nesse momento, não assume um projeto governamental, mas sim um papel de rede. "Vou lhe dizer por que é de rede: porque é econômico. Se não tem uma rede nacional, não se pode cobrar por um minuto de comercial o que se cobra. Então, a questão é econômica."[9] Assim, a Globo centraliza sua produção no eixo Rio-São Paulo, cuja retransmissão para o resto do país se faz através de emissoras locais. Homero Sanchez, a propósito, afirma que a Globo não tem intenção de homogeneizar, mas sim de encontrar uma linguagem comum. "Mas uma linguagem comum", complementa, "em que há sotaques locais."[10]

Como conseqüência dessa centralização, as criações locais são extremamente raras, tanto na Rede Globo como nas demais, a Tupi e a Bandeirantes.

O aspecto de descaracterização cultural das diversas regiões não é de modo algum questionado. Na entrevista citada, o ministro Corsetti afirma que, num país como o Brasil, este fenômeno é positivo. Vejamos:

> *Em sociedades já estratificadas, historicamente definidas e economicamente limitadas, talvez fosse perigosa e traumatizante a transmissão de imagens mostrando flagrantes diferentes. No Brasil, entretanto, as imagens do Rio e de São Paulo, longe de criarem traumas e angústias, estimulam e incentivam. Há dias, o presidente assinou a concessão de mais um canal de TV para um ponto distante do Nordeste.* (TV Rádio Clube – Teresina, Piauí)

Com relação ao conteúdo da programação, é evidente que a veiculação da ideologia dominante não se restringiu à Rede Globo. Não há dúvidas sobre a formalização do discurso apologético em programas como *Só o amor constrói*, da TV Globo, mas Flávio Cavalcanti, por exemplo, também usou e abusou do proselitismo político na TV Tupi. O que se verifica é que a mensagem assumida pelas emissoras tende a ser mais significativa do que as imposições oficiais; ou seja, na medida em que as diversas emissoras incorporaram ao discurso de sua programação a ideologia governamental, essa mensagem se torna muito mais eficiente do que aquela das propagandas oficiais da Aerp vinculadas em horário nobre. Amaral Neto, por exemplo, no seu programa *Amaral Neto, o repórter*, da TV Globo, também veiculado em horário nobre, foi um dos mais esforçados propagandistas do milagre brasileiro e das maravilhas nacionais.[11] Seu programa é, talvez, o de conteúdo político mais explícito durante todos esses anos e, segundo Walter Clark, foi colocado na linha de produção da Globo "por pressões da extrema direita".[12] De acordo com Clark, a televisão "reproduziu o discurso do governo na medida em que foi concessionária do governo (tinha a propaganda da Aerp, os órgãos de informação requisitavam espaço). Então, nesse período, a televisão foi um porta-voz do governo."[13]

As mensagens da Aerp e também outras reproduções diretas das palavras de ordem do poder não alcançam o grau de eficiência do "Padrão Globo de Qualidade", cuja linguagem se mostra mais adequada aos novos tempos. Cada brasileiro, "responsável" pela construção de uma nova ordem social, deve inserir-se nos preparativos para a grande festa. Há que se formar um clima de participação centrado no indivíduo. É a ilusão de auferir as vantagens do progresso com a aquisição de um eletrodoméstico, ou a aspiração de ascender na escala social como o personagem da telenovela. Há, portanto, toda uma camada da população receptiva à ideologia desenvolvimentista. É provável que um grande contingente desse público componha a mesma classe média que foi o baluarte do binômio "segurança-desenvolvimento" e que ostentou em seus carros plásticos de propaganda com os dizeres: "Brasil, ame-o ou deixe-o".

Mas a televisão também apresenta propostas nesse período. No início da década de 70, dá-se a entrada da "inteligência" na Rede Globo. A comédia de costumes brasileira, por exemplo, é implantada nesta emissora com *A grande família* (textos de Oduvaldo Vianna Filho e direção de Paulo Afonso Grisolli). Em depoimento para este trabalho, Grisolli conta que *A grande família* foi copiado de um programa americano chamado *All in the family* e que ele e Oduvaldo Vianna Filho começaram a vestir os personagens com um figurino brasileiro. Assim, os personagens de *A grande família* "começaram a falar assuntos do cotidiano da baixa classe média urbana brasileira." Grisolli relata:

> *A proposta foi aceita e experimentada. O programa ficou dois anos e meio em cartaz.* A grande família *afrontava profundamente, nesse momento, os padrões Globo de excelência, de sofisticação.*[14]

A partir do contato com setores da "inteligência" na emissora, passamos a nos perguntar por que a TV Globo investe em um tipo de programação direcionado para setores mais sofisticados, se a emissora conta, nesse momento, com a audiência da faixa popular do público. Levantamos esta dúvida para Homero Icaza Sanchez, que nos deu a seguinte resposta:

> *Ainda que pareça estranho, é importante para qualquer rede que a sua programação seja boa, seja elevada. No dia em que tiver público no Brasil que assista a uma programação culta, o Dr. Roberto Marinho será não milionário, senão bilionário ou trilionário. No dia em que a televisão brasileira tiver um conteúdo elevado, o anúncio não será do supermercado, não será do*

> *bacalhau. O anúncio será do Rolls-Royce, será do champanhe. O mais importante para uma estação de televisão é logicamente que o nível de sua audiência se eleve. Mais caro o patrocinador, mais caro o produto.*[15]

Casos e sucessos especiais à parte, o fato é que a TV Globo se notabilizou, como indústria, pela fabricação do "Padrão Global de Qualidade", um ideal anti-séptico do período do milagre. Este se tornou um parâmetro de "perfeição", de "eugenia", de "limpeza de imagem", o que concorreu, tanto quanto a censura oficial, para abortar ou alterar projetos de veiculação da realidade brasileira. Da mesma forma que a população é excluída do banquete do PIB, aparece nos vídeos uma realidade exótica, alheia aos conflitos sociais, ao aparato repressivo, que, contraditoriamente, retrata esse momento histórico. Quem melhor comenta esse empreendimento é Walter Avancini:

> *Deu-se um belo casamento da Globo com a imagem de Brasil Grande. A Globo passou a ser representante dos ideais e sonhos do milagre, do ufanismo desenvolvimentista, do glamour, acima inclusive das próprias crises e dos próprios altos e baixos do sistema nestes 15 anos. A Globo virou o baluarte da classe média, pairando acima da realidade e vendendo ao espectador um Brasil bonito, bem-sucedido, um Brasil de milagre. Foi afinidade, não foi plano maquiavélico de ninguém. A Globo é, sem dúvida alguma, o produto mais bem-acabado e mais bem-sucedido da ditadura. A Globo concretizou uma abstração: Ordem e Progresso.*[16]

REFERÊNCIAS BIBLIOGRÁFICAS

SINGER, Paul. "Evolução da Economia Brasileira": 1955-1975. In: *Estudos Cebrap* 17, jul/ago/set. 1976.
CARDOSO, Fernando Henrique. *Autoritarismo e democratização*, Paz e Terra, Rio de Janeiro, 1975.

NOTAS

[1] Fernando Henrique Cardoso, a propósito, desenvolve o seguinte argumento: "[...] à hipótese da existência, do fortalecimento e da expansão de um Poder Burocrático e Tecnocrático em oposição à Sociedade Civil e a seus mecanismos clássicos de luta pelo poder (os partidos), eu apresentaria a alternativa de pensar os vários setores do Estado como facções em luta política; cada um deles ligado a interesses sociais distintos. A burocracia e tecnocracia poderiam ser pensadas como aparatos (diversos, naturalmente) a serviço de interesses políticos (sem deixar de incluir entre eles o poder econômico)". (1975:182)
[2] Entrevista concedida aos realizadores deste trabalho em 25/9/1979.
[3] Entrevista concedida aos realizadores deste trabalho em 10/10/1979.
[4] *Correio da Manhã* de 30/5/1971.
[5] "TV Globo: o império da imagem". Revista *Banas*, 13/5/1974.
[6] De acordo com a revista *Banas*, a Rede Globo conta, em 1974, com seis estações geradoras, 11 afiliadas, 16 retransmissoras e oito estações em instalação (Revista *Banas*, idem).
[7] A análise de R.J. Wells relativa aos padrões de consumo da população brasileira é oportuna para essa discussão. Wells afirma: "O mercado de bens manufaturados 'modernos' aparentemente inclui pelo menos 60% de todas as unidades familiares brasileiras. Em vista disso, pode-se rejeitar a hipótese de que a difusão do estilo 'moderno' de consumo limita-se a uma pequena minoria. [...] Todas as classes de renda parecem capazes de incorrer em débito com agentes financeiros externos à família, embora os grupos superior e médio estejam mais endividados que os demais. A finalidade para a qual se incorre em endividamento muda à medida que cresce a renda; as famílias pobres endividam-se principalmente na compra a prazo de roupas e bens domésticos (incluindo utensílios)" (R.J. Wells, "Subconsumo, tamanho de mercado e padrões de gastos familiares no Brasil", in *Estudos Cebrap* 17, idem).
[8] Entrevista realizada com Walter Avancini.
[9] Entrevista citada.
[10] Entrevista citada.
[11] Este programa é fenômeno típico dos anos de ditadura: através dele, Amaral Neto se elegeu deputado federal. Já nas eleições de 1978, com o advento da abertura política, não conseguiu se reeleger.

[12] Entrevista citada.
[13] Entrevista citada.
[14] Entrevista realizada com Paulo Afonso Grisolli.
[15] Entrevista citada.
[16] Entrevista citada.

CRÉDITOS DAS FOTOS

[Página 9] Pelé – Alberto Ferreira / Arquivo JB

[Página 19] Chico Buarque – Rubens Barbosa / Arquivo JB

[Página 95] Antônio Callado – Arquivo Ana Arruda Callado

[Página 205] Asdrúbal – Maurício Leite

[Página 291] Glauber Rocha – Ronaldo Theobald / Arquivo JB

[Página 401] Chacrinha – Ari Gomes / Arquivo JB

Composto em Myriad Headline, Palatino e Times.
Impresso em papel Off Set 90g, pela Gráfica Bernardi, em abril de 2005.